HETERODOXY, SPINOZISM,
AND FREE THOUGHT IN
EARLY-EIGHTEENTH-CENTURY EUROPE

ARCHIVES INTERNATIONALES D'HISTOIRE DES IDÉES

INTERNATIONAL ARCHIVES OF THE HISTORY OF IDEAS

148

HETERODOXY, SPINOZISM, AND FREE THOUGHT IN EARLY-EIGHTEENTH-CENTURY EUROPE

Studies on the Traité des trois imposteurs

edited by

SILVIA BERTI, FRANÇOISE CHARLES-DAUBERT AND RICHARD H. POPKIN

HETERODOXY, SPINOZISM, AND FREE THOUGHT IN EARLY-EIGHTEENTH-CENTURY EUROPE

Studies on the *Traité des Trois Imposteurs*

Edited by

SILVIA BERTI
University of Rome, Italy

FRANÇOISE CHARLES-DAUBERT
Centre Nationale de Recherches Scientifiques, France

and

RICHARD H. POPKIN
Washington University, St. Louis, U.S.A.
University of California, Los Angeles, U.S.A.

KLUWER ACADEMIC PUBLISHERS
DORDRECHT / BOSTON / LONDON

A C.I.P. Catalogue record for this book is available from the Library of Congress

ISBN 0-7923-4192-9

Published by Kluwer Academic Publishers,
P.O. Box 17, 3300 AA Dordrecht, The Netherlands.

Kluwer Academic Publishers incorporates
the publishing programmes of
D. Reidel, Martinus Nijhoff, Dr W. Junk and MTP Press.

Sold and distributed in the U.S.A. and Canada
by Kluwer Academic Publishers,
101 Philip Drive, Norwell, MA 02061, U.S.A.

In all other countries, sold and distributed
by Kluwer Academic Publishers Group,
P.O. Box 322, 3300 AH Dordrecht, The Netherlands.

Designed and typeset in Linotype Janson Text by Jeffrey Dean,
4 Chandos Road, Chorlton-cum-Hardy, Manchester M21 OST, England

Printed on acid-free paper

Printed in the Netherlands

Contents

III. THE THREADS OF A TRADITION

APPENDIX

[Foreword]
The Leiden Seminar

———◁◦▷———

RICHARD H. POPKIN
(UNIVERSITY OF CALIFORNIA, LOS ANGELES)

THIS VOLUME CONTAINS the fruits of the first activities of the Foundation for Research in Intellectual History founded by Constance Blackwell to encourage the kind of scholarship in the history of ideas done by the late Charles B. Schmitt. The Foundation decided as its first venture to conduct a month-long international research seminar for advanced graduate students and beginning teachers and scholars from the Old and New Worlds. A topic was chosen for which there was sufficient available material, published and in manuscript, so that the fellows could each undertake an original research project. The topic chosen, the origin and nature of the *Traité des trois imposteurs*, was also one in which there is ongoing interest and research and concerning which significant contributions can be made. It was decided to hold the seminar in Leiden during the month of July 1990, because of its role in the Republic of Letters, its wonderful ambience, and its marvelous library and university resources. The location of Leiden also allowed fellows and teachers to use the research resources in The Hague and Amsterdam.

We gathered in Leiden on the first of July 1990. The seminar was under the direction of Richard H. Popkin, with Silvia Berti of Rome and Françoise Charles-Daubert of Paris as co-directors. We also had the participation of several visitors, Bertram Schwarzbach of Paris, Miguel Benítez of Seville, Alan Kors of Philadelphia, who spoke formally and carried on informal discussions with the students and staff. Margaret Jacob of New York came to one meeting and led a lively discussion.

Ernestine van der Wall of the Department of Church History at the University of Leiden co-ordinated the operation of the seminar. The twelve student fellows were from Brazil, the United States, England, Italy, Germany, the Netherlands and Sweden. After a couple of initial lectures, we met as a seminar group three times a week from 5 to 7 p.m. after the closing of the University Library. The sessions were conducted mainly in English and French, with each participant speaking in a language in which he or she was comfortable. Members of the group translated when necessary for others. The University Librarians kindly introduced us to the riches of the collection, and allowed us to work all day in the Rare Book and Manuscript section, the Dousa.

All of the participants were residing in the Hotel Doelen or the International House next door. The director, Popkin, had an apartment a block away on the Rapenburg. This allowed for and encouraged discussion, debate, and sharing of ideas and data at breakfast, lunch, and dinner, and on into the night. Fellows could work directly with one or more of the teachers. Almost from the beginning a marvelously exciting rapport developed among all of the participants, fellows, teachers, and visitors.

The teachers and visitors were all actively doing research on some aspect of the topic—the origin, nature, and influence of *Les Trois Imposteurs*—and most had previously used some of the resources in the Leiden University collection.

The document, *Traité des trois imposteurs* (Moses, Jesus, and Mohammed), alternately entitled *L'Esprit de M. Spinosa*, is one of the most radical anti-religious clandestine works that circulated in the eighteenth century. It exists in many, many manuscript copies in library collections all over Europe and in America. (The Hebrew Union College in Cincinnati has the largest number, eight, some of which have been recently acquired.) The work purports to have been written by the secretary of Frederick II in the 13th century. However, since it contains materials taken directly from Thomas Hobbes, Gabriel Naudé, François La Mothe Le Vayer, and Baruch Spinoza, and since it mentions Descartes, it is obviously of later origin. Silvia Berti a few years ago unearthed the first known copy of the first printed edition of 1719, which was immediately suppressed. This copy was found in the Abraham Wolf–Spinoza collection at the University of California, Los Angeles. This edition has been reproduced as *Trattato dei tre impostori*, ed. Silvia Berti (Rome: Einaudi, 1994). The work is often attributed to one Jean Maximilien Lucas, a Huguenot in the Netherlands in the 1680's, who wrote what has been called 'the oldest biography of Spinoza', *La Vie de Mr. Spinosa*, which in the manuscript copies is often followed by *L'Esprit de M. Spinosa*. Margaret Jacob, in her *Radical Enlightenment*, contended that the *Traité* was written by a radical group of Freemasons in The Hague in the early eighteenth century. Silvia Berti has offered evidence it was written by Jan Vroesen. Various discussions in the early eighteenth century consider many possible authors from the Renaissance onwards to whom the work might be attributed.

The *Trois imposteurs* has attracted quite a bit of recent attention as one of the most significant irreligious clandestine writings available in the Enlightenment, which is most important for understanding the development of religious scepticism, radical deism, and even atheism in the seventeenth and eighteenth centuries. Scholars for the last couple of decades have been trying to assess when the work was actually written or compiled and by whom. In view of the widespread distribution of manuscripts of the work all over Europe, they have also been seeking to find out who was influenced by the work, and what it represented for its time. Hitherto unknown manuscripts are being turned up in public and private libraries all over Europe and the United States.

The first problem in dealing with the work, of course, is determining its time of composition. The *Trois imposteurs* is a quite different work than another clandestine writing, the *Tribus impostoribus*. The works differ both in content and in their histories. (There is in fact no known Latin copy of the *Trois imposteurs*. An English manuscript copy exists in the British Library, which is a literal translation from the French.) There is a pre-history of both the French and Latin works. Various writers in the seventeenth and eighteenth centuries discussed the supposed content of the works, the possibility of obtaining one or the other, and even whether such works actually existed.

In the 1640's mention is made of a work accusing Moses, Jesus, and Mohammed of being political impostors, who used purported religious sanctions to gain political control. It is cited in one of Thomas Browne's writings. Some people of the time even claim to have seen such a work.

Queen Christina, Menasseh ben Israel, Isaac La Peyrère, among others, sought to obtain a copy. Christina offered a very large amount of money (which may have been an incentive for somebody to write the work).

There is evidence from the mid-1650's that either the *Traité*, or a description of it, or the gist of it, was being discussed. Henry Oldenburg wrote from Oxford in 1656 that someone (unnamed) had offered the horrendous view that Moses was a political manipulator, who instituted his regulations in order to gain political control over the Israelites, and that Jesus offered his pie-in-the-sky view for similar reasons, and that the cunning Mohammed did likewise. Oldenburg's letter was written at the same time that Henry Stubbe was translating Hobbes's *Leviathan* at Oxford. Just a couple of years earlier Oldenburg had been shocked to read a manuscript of Bodin's *Colloquium heptaplomeres* when he was in Paris. He saw this notorious clandestine work as undermining the belief of faithful Christians. (He made a copy of the Bodin manuscript, which he apparently showed to John Milton and John Dury. Through the latter it got to Germany where Leibniz, Thomasius, and Conring in Wolfenbüttel would prepare a copy for publication, which did not take place.) Oldenburg felt that the view he learned about at Oxford of Moses, Jesus, and Mohammed being impostors seemed even more seditious than Bodin's discussions, and hence in need of rigorous and immediate disproof. So, he wrote to his friend, Adam Boreel, the leader of the Dutch Collegiants, to urge him to save Christianity by refuting this three-impostors theory. Coincidentally or not, Boreel began work on his major defence of Christianity just when young Baruch de Spinoza was being excommunicated from the Amsterdam Jewish community and was taking up residence with the Collegiants on the outskirts of the city.

One can find traces of the three-impostor theory going back into the Middle Ages. Jews and Christians, of course, regarded Mohammed as an impostor from the time of his emergence as a religious leader, and were not reticent in saying so. Even Spinoza, tolerant about so many things, exhibited the usual European Judeo-Christian view on this subject. Jews had been explaining Jesus's unfortunate Messianic claims as due to his madness, or other personal motives. The late Jewish medieval life of Jesus, which circulated in manuscript, incorporated a lot of negative explanations of the alleged divine aspects of the Jesus story. Some 'esprits forts', like the poet and playwright Christopher Marlowe, claimed that Moses was a magician, a juggler, an aggressive upstart on the make, who used his talents to take control of the Israelites when they escaped from Egypt.

We do not know if any of those offering non-divine explanations of the activities of Moses, Jesus, and Mohammed at the end of the sixteenth and the beginning of the seventeenth centuries, had arrived at what we might now call an atheistical point of view. There is much discussion going on about when modern atheism actually began. My own view, subject to change if convincing data comes forth, is that there were a fair number of people who were critical of institutional Jewish and Christian religious claims, who were critical of what they had been taught, who were critical of details recorded in the Bible and in religious explanatory literature, without abandoning the Judeo-Christian picture of how the world came to be and how human history developed.

What we now call 'Bible criticism' occurs in medieval Jewish exegesis. The Spanish commentator, Abraham Aben Ezra around 1200 had pointed out that Moses could not be the author of the last lines of Deuteronomy, which describe his death and what happened thereafter. Erasmus and the people working on the first Polyglot Bible, the Complutensis, noticed that the earliest manuscripts of the New Testament did not contain the proof text of the doctrine of the Trinity, and that the crucial text was not cited by any early Church Father. Servetus and the early Socinians insisted on a contextual reading of the Bible, in which the contents were to be explained in terms of when they were written and what was going on at the time. The lines in Isaiah that have traditionally been taken by Christians as foretelling the coming of the Messiah were read as being about events in the sixth century BCE. The Socinian reading of Scripture thus removed the divinity of Jesus and the doctrine of the Trinity. More radical revolutionary Bible criticism of the English Ranters and Diggers of the 1640's, following on contentions of some far-out sixteenth-century prophetic movements, saw the existing Bible as just man-made and as the tool of the priesthood. Some of them advocated burning up Bibles and writing new ones.

In all of this outpouring of new, critical ideas from theologians, scholars, and laymen, I do not find any real advocacy of what we might call 'atheism'. The early Bible critics, Servetus and the Socinians, and the English radicals, all were still within the religious world, and sought to replace a fossilized or false religious structure with a vital true one incorporating major features of the Judeo-Christian tradition. Neither Thomas Hobbes, who denied that Moses was the author of the entire Five Books of Moses, nor Isaac La Peyrère, who believed that there were men before Adam and that the Bible was not the complete history of mankind, actually advocated giving up the Judeo-Christian outlook. Hobbes, in *Leviathan*, said we should recognize that Moses did not write all that is attributed to him. He then went on, whether sincerely or not, accepting the Christianity of the Church of England as the sovereign's religion, and hence the religion of the commonwealth and of its populace. La Peyrère used his critical data as a basis first for rewriting a bit of the Bible, and then for insisting that Scripture is the history of the Jews, not the history of all mankind, but that Jewish history is the inner core of world history. The call, the rejection, and now the imminent recall of the Jews is the central human drama. So La Peyrère used his amazing development of Biblical criticism as a base for advocating a Judeo-Christian political millenarianism, in which France was to play a central role. The Jews would be recalled to France, and would be members of a Jewish Christian church (only for Jewish converts, like himself). Then the Jewish Messiah would come, Jesus in the flesh rather than Jesus in the spirit who came in the first century. He would join forces with the King of France, lead the convert Jews to the Holy Land where they would rebuild Jerusalem, from which the Jewish Messiah, the King of France, and the convert Jews would rule the world in a wonderful fulfillment of human history.

La Peyrère and many others saw the varieties of human religious experience revealed in the rediscovery of the ancient past and in the reports from the voyages of the explorers all over the globe. The wealth of information about the variety of religious belief and practice, about the varying pictures of the history of the world, of the different chronologies, threatened to overwhelm true and believing Jews and Christians. Monumental syncretist studies such as J. G. Vossius's *Origins of Gentile theology*, Ralph Cudworth's *True intellectual system of the universe*, and Isaac Newton's *Chronology of ancient kingdoms amended* sought to explain how all of these differences in belief and practice could be compatible with the Judeo-Christian tradition being the *true* religion. Vossius sought to show that all religions were derivative from the Ur-Revelation, and that pagan religious systems were just degenerative forms of this ultimate religion. This type of approach defused the 'crisis of polytheism', at least until the English deists showed that it was possible that Judaism and Christianity were just derivations from an earlier antecedent natural religion.

Some events that occurred in the middle of the seventeenth century made the possibility of divine impostors a living reality. Alleged or self-proclaimed Messianic figures kept turning up during the Reformation and Counter-Reformation period. A most serious Messianic pretender of the time was the English Quaker leader James Nayler, who in 1656 claimed to be Jesus, the King of the Jews. He had raised a woman from the dead. Then he rode into the city of Bristol on the back of an ass, and replicated Jesus's entry into Jerusalem while his followers sang 'Hosannah in the Highest'. He was arrested and charged with blasphemy, and was then tried by the Houses of Parliament. Cromwell actually defended

Nayler, but he was nonetheless convicted and dreadfully punished. He managed to survive. He emerged from imprisonment, and ended up a most saintly person wandering around England. He had followers, who were forced to flee the British Isles, and were in the Netherlands, the Caribbean, and the Levant. (In fact I actually met a believer in Nayler as the Messiah in the Friends House in London a few years ago.) A work was published about the Nayler case in early 1657 called *The great impostor*, detailing the claims made about Nayler as a divine figure, as Christ. This work was reprinted many times in subsequent years.

A decade after Nayler's Messianic movement, a Jew from Smyrna in the Ottoman Empire, Sabbatai Zevi, announced he was the Messiah and set off a wild frenzy amongst Jews all over the world, and also among many European Millenarians and even in New England. Both Jews and Christians had been calculating for centuries the time when the Messiah would finally arrive, or when the Second Coming of Jesus would occur. Some Jews (basing their computations upon cabbalistic calculations) expected 1648 to be the crucial year when the Messianic Age would begin. Unfortunately instead the worst pogroms in European history before Hitler took place in Poland and the Ukraine. English Millenarians had figured out that 1656 would be the year of the conversion of the Jews, which would be followed by Jesus's return. When 1656 came and went without such sensational developments, 1666 was fixed upon by both Jews and Christians as the crucial year. So when on the Jewish New Year's Day, in the fall of 1665, Sabbatai Zevi announced that he was the Messiah, and then appointed new Kings of the World (his friends and relatives), and further changed the Jewish Law, wild excitement ensued in Europe, Asia, Africa, and even the New World. At least ninety per cent of the Jews in the world, and many Christians, became followers. A year later, after being arrested by the Turkish authorities and threatened with death, Sabbatai Zevi converted to Islam, causing consternation and dismay among Jewish communities that took years and years to recover. A leading Christian follower, Petrus Serrarius of Amsterdam, explained to Henry Oldenburg concerning Sabbatai Zevi's conversion, that God works in wondrous ways. Serrarius died in 1669 on his way to meet his new Messiah. A new movement developed of followers who believed that Sabbatai Zevi's apostasy was part of his Messianic mission. He converted in order to take on the sins of all mankind. Actually, it was claimed, only his body converted, not his spirit, and he would return in glory as the long-awaited Messiah. In the meantime his followers would become fake Moslems, as they assumed he was. (He actually lived ten years after his apostasy, and gave all sorts of clues and hints to his followers.) This movement still exists and is awaiting Sabbatai Zevi's second coming.

In 1666 a German woodcut appeared, showing Nayler and Sabbatai Zevi facing each other, as the two great impostors, impostors who had tried to pass themselves off as divine figures. The first book with the title *The three impostors* appeared in 1669, and is about two characters in the Ottoman empire and about Sabbatai Zevi, written by Paul Rycaut, the English consul at Smyrna, and published in London by John Evelyn. This work was reprinted many times in the years that followed. One version traced the history of crazy Millenarian expectations back to the first century, then through the Middle Ages, the Reformation, to the English Millenarians, whose mad fervour led to the Sabbatai Zevi movement, which was followed by the French prophets (Huguenots) active in France and England at the beginning of the eighteenth century. Hence there was a long history of people falsely claiming divine authority, imposing their views and themselves on the credulous from ancient times onward. And Europe had just lived through a wild episode of this in the Sabbatai Zevi movement with deleterious effects in many parts of the world. (To prevent some of the potentially worst effects, English diplomats in Turkey had got Sabbatai Zevi to issue a proclamation to his followers that if they wanted any parts in the Kingdom to come they *had* to pay their outstanding debts to English merchants!)

Another work called the three greatest impostors was written by Christian Kortholt against Herbert of Cherbury, Hobbes, and Spinoza.

A further element in the background of *Les trois imposteurs* is the rediscovery of a pagan figure, Apollonius of Tyana, who lived at approximately the time of Jesus and had had a miraculous birth, had worked miracles, and had many followers. The life of Apollonius had been written in the third century in Greek by Philostratus. It was revived in scholarly editions around 1600 and was considered an interesting source of information about ancient religion. Then the English deist Charles Blount translated parts of the text, with notes stressing the impostor problem. How does one tell whether Apollonius or Jesus is the impostor if they lived approximately the same lives? Blount had a Jew and a Moslem discussing the cases and bringing out the problem. For the next century there is a large literature about Apollonius and whether he was an impostor. There is also a literature, growing in part out of the Sabbatai Zevi development, about whether Jews can tell a true Messiah from a false one, about whether the Messiah has to be a Jew, about whether there can be multiple Messiahs, and finally whether anyone, Jew or Christian, can determine who in fact is the Messiah. Sceptical arguments reintroduced from Sextus Empiricus are applied to these kinds of problems. (In fact there is an applied sceptical work challenging whether anyone can tell who is the pope, since all data available is sensory and may be delusive. Even the alleged pope may be deceived about his status. And a work of 1699 trying to find a way out of the mounting difficulties, by a Rev. John Bradley, starts with attempting to refute Sextus before turning to resolving the knotty problems about how to determine who may be the Messiah.)

In the midst of all these confusing developments about religious beliefs, the purported work, *Les trois imposteurs* actually turned up around the end of the seventeenth century. The participants in the seminar offered theories about when it came into being, from 1672 onward. The work that appeared developed a theory about the political origins of pagan religions that had been set forth by Machiavelli, and applied it to Judaism, Christianity, and Islam. In the actual work, extensive passages from Hobbes are included, as well as material taken verbatim from Gabriel Naudé and François La Mothe Le Vayer. (Late eighteenth-century printed versions and some manuscripts even had footnotes citing the passages in Hobbes's text.) The psychological theory about why human beings accept religion as presented by Spinoza, especially in the appendix to Book 1 of the *Ethics*, was also offered in an exact French translation of Spinoza's text. (This was the first time this portion of the *Ethics* appeared in French.)

In view of the contents of the *Traité*, (which are pretty much the same in the large number of manuscripts that have been found), the work has to postdate the appearance of Spinoza's *Ethics*, in 1677. Lucas, Spinoza's purported biographer, was probably in the circle of Spinozists in the Netherlands, that included the French translator of the *Tractatus*, Saint-Glain. This has suggested to several scholars that the work comes out of Spinoza's circle. I have even suggested that Spinoza himself was interested in the impostor problem, possibly relayed to him from Oldenburg by Boreel, and that he formulated a benign resolution in the *Tractatus*, in which Moses pretended to have divine authority in order to save the Israelites who had relapsed into the state of nature after their escape from Egypt and were disintegrating as a social group. Moses, on Spinoza's reading, benignly created a political community by using pretended divine sanctions to institute a new set of laws. Jesus was no impostor at all, according to Spinoza, since he did not institute any new laws.

The *Traité*, of course, offers a much more radical thesis, namely that the three founders of the great monotheistic religions were impostors, doing what they did for self-serving political reasons. The work is not just journalistic chit-chat, or village atheist rhetoric. It also embodies and espouses a view of the world in which no revelatory history is going on, and in which God is not an actor in human events. In fact it sets forth a Spinozistic universe, and as such presents a complete rejection of Judaism, Christianity, and Islam as historical religions. These movements are just political ones kept alive because of priestly power and human superstition, ignorance, and gullibility. A benign deism or pantheism is set forth, counter to the malign actual historical religious movements. The *Traité* does not go to the extreme of the later Enlightenment view that the world will not be safe until the last prince is strangled with the entrails of the last priest.

When could such a document actually have been put together? As late as the time of Pierre Bayle and his contemporaries, debates were going on in the learned literature about whether such a work as the *Les trois imposteurs* actually existed. The leading scholars, including Bayle, who wrote about this topic prior to its publication in 1719 did not claim to have seen a copy, and regarded the question of the existence of the work as still undecided. Some evidence in letters suggests part of the work may have existed by 1672. Other comments show the work did exist by the early eighteenth century. Very few of the manuscripts are dateable. By now we know that the printed edition of 1719 came from a manuscript in the library of Benjamin Furly, a wealthy Quaker in Rotterdam, who let the scholars of the time use his large collection. But where did Furly's manuscript come from? And who put the work together, and why was it done? Some of the studies in this volume suggest possible sources, and even possible authors or composers.

The *Traité* is not just a rant against revealed religion. It puts together a picture of a world without any supernatural dimension, in which developments such as the rise of religions and the acceptance of religious beliefs can be completely accounted for in naturalistic terms. In 1662 Edward Stillingfleet, who later became Bishop of Worcester, defended the Scriptural world by arguing that to doubt it one would have to believe in a monstrous conspiracy to defraud the general public, first on the part of Moses and the Prophets as well as the Apostles, and then on the part of those who led and conducted the religious institutions from Biblical times to the present. And one would have to believe that this ongoing conspiracy to gain and hold political control over the world was so well conducted that no one was able to glimpse the true state of things. When Stillingfleet set forth this case in his *Origines sacrae*, the gross implausibility of such a conspiratorial state of affairs was supposed to convince all decent persons that the acceptance of the Biblical world was more reasonable than the questioning of it. Unbeknownst to young Stillingfleet, young Baruch de Spinoza was working on this exposé and account of religion at that very time. Hobbes and La Peyrère had already given some reasons for not accepting the religious tradition at face value. Machiavelli, Naudé, and Hobbes had advanced accounts of how pagan religions developed from their political origins. The next step, the naturalizing of the explanation of all religions including the Judeo-Christian ones, appeared in Spinoza's *Tractatus*, which, without much detail, portrayed what a world without the supernatural would be like. Spinoza's *Ethics*, published fifteen years after Stillingfleet's work, developed a metaphysics for a purely naturalistic world. In the appendix to Book I of the *Ethics* and in the *Tractatus* Spinoza also provided naturalistic explanations of how Judaism got started and how it has persevered for many, many centuries. The English deists, starting with the work of Herbert of Cherbury and Charles Blount, had offered an anthropological account of religions as the products of human fears and superstitions, an account that embraced pagan as well as Judeo-Christian ones.

Post Spinoza, a conspiratorial explanation of religion no longer looked so bizarre or incredible to reasonable people. The *Traité* embodied the *Esprit de M. Spinosa* in showing how Moses, Jesus, and Mohammed developed their religions out of personal political activities. French libertine scholars, radical Protestants in the Netherlands, deists in England, could all see the theory embodied in the *Traité* as a genuine possibility, in fact the most plausible possibility to account for the rise and continuance of religions.

The *Traité* in manuscript or published form seems to have circulated widely. Manuscripts are being found hither and yon. Some of our participants have found quite a few hitherto unknown ones. Clues in these manuscripts give some idea of who read the work and what was thought of it. Our participants have tried in different ways to construct families of manuscripts and histories of them. The first printing, which may have been earlier than 1719, was suppressed, but apparently the unsold copies were kept and reissued as the second printing over a decade later. Many manuscripts, perhaps as many as seventy, were made of the suppressed edition. Later in the eighteenth century more manuscripts were copied and unidentified printings took place, including one by Baron d'Holbach. After the French Revolution a printing took place which claimed it was issued in Philadelphia under the auspices of General George Washington, though it was in fact printed in Paris. An English radical published the work in English in 1846 for mass distribution at a penny a copy.

A later English edition was privately printed by a Freemason in Cleveland, Ohio, along with some of the supporting materials that were often part of the manuscripts.

In the twentieth century interest in the development of irreligion led to studies of the *Traité* and the *Tribus impostoribus* (sometimes confused or merged into one text) in Europe and America. The bibliography of clandestine French literature by Ira Wade gave some indication of how many manuscripts of the *Traité* existed in France, as well as elsewhere. Dunin-Borkowski's inventory of manuscripts entitled *L'Esprit de M. Spinosa* gave further indication of the wide dispersion of the work. The work by the Dutch historian Jacob Presser, by scholars in East Germany, by people working on the underground side of the Enlightenment has produced more and more interest in the *Traité*—its text, its history, and its influence. We did our work where the Marchand archives, dealing with what Prosper Marchand knew, or wanted to reveal about the work, were available. We used many copies and microfilms of different manuscripts. And we related the materials in it to other radical irreligious works of the time. This volume is a testament to our efforts as well as a pilot project in establishing a co-operative international effort of research by experts working on the subject and interested students searching for material, testing theories, and exploring various areas.

The range of topics covered in this volume gives some idea of the many facets of seventeenth- and eighteenth-century intellectual history that are in some significant way related to the theme of the three impostors.

ACKNOWLEDGEMENTS

We are indebted to Constance Blackwell, who has given great editorial and financial help to the preparation of this volume. We hope the resulting volume well represents the aims of the Foundation for Intellectual History.

We should also like to thank all the participants in the Leiden Seminar, who helped each other in many ways in improving and completing their papers. Particular mention is due to Justin Champion and Rob Iliffe for their generous editorial contribution.

Jeffrey Dean has done much to prepare the manuscript for publication and to put it into camera-ready form; we are most grateful to him for all his efforts.

I

---◦→---

HISTORY AND INTERPRETATION
OF THE *TRAITÉ*
DES TROIS IMPOSTEURS

[1]

L'Esprit de Spinosa :
ses origines et sa première édition
dans leur contexte spinozien [1]

———◦———

SILVIA BERTI
(UNIVERSITÀ DEGLI STUDI DI ROMA
« LA SAPIENZA »)

P EUT-ÊTRE Ernest Renan, ce connaisseur très sûr des mystères de
la religion, n'avait-il pas tort quand il décrivait comme un « rêve
pénible » les péripéties tourmentées du conte blasphématoire des
trois imposteurs [2]. Sa définition, conçue en liaison avec la diffusion de ce
thème dans l'averroïsme et dans la culture du XIIIe siècle, rend compte
mieux encore de l'énigme d'un livre *De tribus impostoribus*, qui fut l'obsession du monde cultivé et libertin des XVIe et XVIIe siècles. La curiosité
fébrile qui poussait à la recherche de cette œuvre, les dissertations longues et fantaisistes au sujet de son existence, se nourrissaient de passions
érudites, d'un goût d'impiété et de l'espoir presque jamais avoué de voir
dévoilé le mensonge sur lequel les législateurs, Moïse, Mahomet et Jésus
édifièrent les trois grandes religions de l'histoire.

C'est à ces attentes que donna forme le *Traité des trois imposteurs* ou
l'*Esprit de Spinosa*, écrit en français au seuil du XVIIIe siècle et dont nous

1. Je remercie tous les participants à ce séminaire pour la vivacité et la qualité de leur contribution, et en particulier Constance Blackwell et Richard Popkin sans l'initiative desquels celui-ci
n'aurait pu se réaliser. Je remercie aussi Thérèse Boespflug qui s'est chargée de cette traduction.
Toutes les citations entre parenthèses de l'*Esprit de Spinosa*, comprennent une référence au chapitre
et à la numération latérale de mon édition critique franco-italienne, *Trattato dei tre impostori : La
vita e lo spirito del Signor Benedetto de Spinoza*, Torino, Einaudi, 1994.
2. Cf. E. Renan, *Averroès et l'averroïsme*, Paris, 1866³, p. 295.

S. Berti et al. (eds.),
Heterodoxy, Spinozism, and Free Thought in Early-Eighteenth-Century Europe, 3–51.
© 1996 *Kluwer Academic Publishers. Printed in the Netherlands.*

nous occupons ici (les deux titres seront désormais utilisés sans distinction pour les raisons exposées dans l'Appendice). Dans ce texte, on verra comment par la suite, une notion anthropologique de l'origine des religions, fondée sur la doctrine de l'imagination et sur la critique biblique de Spinoza a permis un usage nouveau et plus radical de la tradition libertine qui était ainsi libérée de son destin ambivalent[3]. Nous sommes en présence d'un texte qui revendique ouvertement non seulement des éléments d'incrédulité à l'égard des grandes religions historiques mais aussi la négation à la racine de l'idée même de religion et de création[4]. Il s'efforcera de le faire avec une bonne dose d'ingénuité, au moyen d'un forçage matérialiste du concept spinozien de substance, suivi de résultats peu convaincants. Mais il est évident que la page est tournée. L'imposture religieuse est ici méprise philosophique, mensonge de la caste sacerdotale, abus des législateurs et des politiques qui s'en servent pour asservir le peuple. On est loin de toute évidence de la culture de la dissimulation[5], à la charnière de tant d'élaborations éthiques et politiques du XVIIe siècle, qui dans ses volutes baroques niait pour affirmer, cachait pour mettre en évidence, inoculait des germes dangereux de libre-pensée tout en confessant la plus parfaite orthodoxie catholique. La critique purement naturaliste des miracles, chère au « libertinage érudit »[6], est maintenant dépassée; comparant entre elles les origines des diverses religions, elle portait à une indifférence religieuse statique et

3. Sur le double aspect d'une grande partie des œuvres du libertinage érudit, synthétisé dans l'expression « sceptical fideism », cf. l'étude classique de R. H. Popkin, *The history of scepticism from Erasmus to Spinoza*, Berkeley–Los Angeles, 1979 (version élargie du livre précédent *The history of scepticism from Erasmus to Descartes*, Assen, 1960).

4. Le débat sur les origines de l'athéisme s'est enrichi récemment d'importantes contributions. Voir entre autres, M. J. Buckley, *At the origins of modern atheism*, New Haven, 1987; D. Berman, *A history of atheism in Britain*, London, 1988; M. Hunter, « The problem of « atheism » in early modern England », in *Transactions of the Royal Historical Society*, 5th ser., 1985, pp. 135–157. Certains travaux présentent une interprétation critique particulière, mais d'orientation assez différente, ce sont ceux de D. Wootton, « Lucien Febvre and the problem of unbelief in the early modern period », in *Journal of modern history*, LX, 1988, pp. 695–730, et A. C. Kors, *Atheism in France, 1650–1729*, t. 1 : *The orthodox sources of disbelief*, Princeton University Press, 1990. La contribution la plus récente de Wootton développe d'importantes considérations sur le statut de la « preuve » dans l'étude de l'incroyance; voir de cet auteur « New histories of atheism » in M. Hunter–D. Wootton (eds.), *Atheism from the Reformation to the Enlightenment*, Oxford, 1992, pp. 13–53

5. Pour un nouvelle évaluation de ce concept dans le contexte de la politique baroque, voir R. Villari, *Elogio della dissimulazione : La lotta politica nel Seicento*, Bari, 1987. Pour une enquête sur le thème de la dissimulation dans divers milieux intellectuels, cf. Perez Zagorin, *Ways of lying*, Cambridge, Mass., 1990, voir en particulier le chapitre « Libertinism, unbelief, and the dissimulation of philosophers », pp. 289–330.

6. C'est la célèbre expression forgée par R. Pintard donnée en titre à son livre *Le libertinage érudit dans la première moitié du XVIIe siècle*, Paris 1943.

plutôt inerte, le plus souvent accompagnée par des justifications historiques et théoriques de l'absolutisme. Certes la présence dans ce texte d'auteurs libertins est très significative, mais ces derniers apparaissent comme privés de leur ambiguïté originelle. Le caractère le plus typiquement libertin du texte se manifeste dans son organisation qui obéit à une technique éprouvée, suivant un jeu subtil de citations encastrées (dont les auteurs, dans ce cas, ne sont jamais cités); sans hommages excessifs aux usages de la mentalité érudite, en guise de dernier et d'inévitable péage payé à la prudence et à la nécessité de ne pas dévoiler des sources aussi dangereuses.

Comme on l'aura compris, la tradition latine du traité mythique *De tribus impostoribus*, qui donnait une nouvelle version de l'antique *dictum* averroïste, et celle du *Traité*, sont complètement indépendantes l'une de l'autre et ne doivent pas être confondues (même si, dans un sens culturel plus large, il est évident que le *Traité* se greffe sur le tronc commun Averroès–Pomponazzi, mis à jour par le *Theophrastus redivivus* et les libertins). Il n'est pas possible d'en parler ici, si ce n'est pour rappeler les hypothèses de différents savants comme Denonain et Gericke, qui en font remonter la rédaction vers le milieu du xvie siècle comme le suggère G. Ernst; Berriot s'oriente vers une datation qui ramène l'ouvrage au milieu du xviie siècle [7]. La thèse de Gericke qui attribue la paternité de cet écrit à l'anti-calviniste Gruet, proche de Dolet et de Bonaventure des Périers, brûlé vif à Genève en 1550, apparaît peu plausible et elle a été réfutée récemment par Niewöhner [8]. Mais au delà de ce problème, qui semble difficile à résoudre, on peut certainement affirmer que le moment de plus grande diffusion des thèmes liés à la doctrine de l'imposture sous toutes ses formes coïncide avec les années 60–80 du xviie siècle (comme l'a souligné Richard Popkin dans la préface à mon édition du *Traité*).

Sans doute l'auteur du *Traité des trois imposteurs* aurait-il voulu donner corps et réalité au fantasme d'un livre recherché et discuté de tous, sans que personne ne puisse s'attribuer le mérite de l'avoir vu. Cette œuvre

---

7. Cf. J. J. Denonain, «Le Liber de tribus impostoribus du XVIe siècle», in *Aspects du libertinisme au XVIe siècle*, Paris, 1974, pp. 215–226; M. Gericke, «Die Wahrheit über das Buch von drei Betrügern», in *Theologische Versuche*, t. 4, pp. 89–114, Berlin, 1972; «Über Handschriften des Buches «De tribus impostoribus» Von den drei Betrügern», in *Marginalien : Zeitschrift für Buchkunst und Bibliophilie*, vier- und fünfzigst Heft, 1974; Quellen, Ausgewählte Texte aus den christlichen Kirche, Neue Folge, Wolfgang Gericke «Das Buch «De tribus impostoribus»; G. Ernst, *Religione, ragione e natura : Ricerche su Tommaso Campanella e il tardo Rinascimento*, Milano, 1991, pp. 105–133; F. Berriot, *Athéisme et athéistes au XVIe siècle en France*, t. 1, Lille, 1985, pp. 305–590.

8. Voir F. Niewöhner, *Veritas sive Varietas : Lessings Toleranzparabel und das Buch von den drei Betrügern*, Heidelberg, 1988, pp. 370–374.

prit la forme d'une publication dans le livret sacrilège intitulé *La Vie et l'Esprit de Mr Benoît de Spinosa*, publié à La Haye en 1719 par Charles Levier en collaboration avec Thomas Johnson (mais le frontispice ne porte ni le lieu d'édition ni le nom de l'éditeur).

La *Vie* et l'*Esprit* constituaient deux textes distincts, dûs presque sûrement à des plumes différentes, bien qu'ils se trouvent associés dans de nombreuses copies manuscrites. La *Vie* est, pour autant que l'on sache, la première biographie de Spinoza, écrite vers 1678 par un de ses fervents disciples, généralement désigné comme Jean Maximilien Lucas[9], journaliste alerte, et huguenot émigré en Hollande. C'est dans ces pages, que naît l'image exaltée presque jusqu'au mythe, d'un Spinoza sans taches, insouciant de la pauvreté et éminemment vertueux, adonné uniquement à la recherche solitaire de la vérité. Ces idées dont Bayle se servit largement[10], circulaient alors dans un cercle étroit et sous forme manuscrite, presque vingt ans avant la publication du *Dictionnaire historique et critique* (1697), où Bayle, tout en attaquant fortement la philosophie de cet « athée de système », en immortalisait les vertus.

L'*Esprit* (mieux connu et plusieurs fois réimprimé, avec de nombreuses variantes, sous le titre de *Traité des trois imposteurs*, au cours des derniers quarante ans du XVIIIe siècle) est un des textes les plus importants des Lumières naissantes et fut certainement un des manuscrits clandestins les plus diffusés pendant tout le siècle. C'est aussi un des documents intellectuels les plus significatifs de l'histoire du premier spinozisme : le chapitre II est en effet presque entièrement constitué de la première traduction française imprimée (et, jusqu'à preuve contraire, la première traduction française en absolu) de l'Appendice à la première partie de l'*Ethica* de Spinoza[11]. La section spinozienne de l'*Esprit* (renforcée de passages extraits du *Tractatus theologico-politicus*), même s'il est plus petit en quantité que la partie d'inspiration libertine, constitue l'axe théorique du texte, outre qu'il représente un des meilleurs véhicules de diffusion

---

9. Sur la vie de Lucas, voir W. Meyer, « Jean Maximilien Lucas », in *Tijdschrift voor Boek- en Bibliotheekwezen*, 1906, pp. 221–227, et du même auteur, l'article « Lucas » dans P. C. Molhuysen–P. J. Blok, *Nieuw nederlandsch biografisch woordenboeck*, Leiden, 1918, Vierde Deel, pp. 934–936.

10. Sur Bayle lecteur et interprète de Spinoza, voir P. Vernière, *Spinoza et la pensée française avant la Révolution*, Paris, P.U.F., 1982 (1954), pp. 287–306, et les pages incisives de Kolakowski, « Pierre Bayle, critique de la métaphysique spinoziste de la substance », in P. Dibon (éd.), *Pierre Bayle, le philosophe de Rotterdam*, Amsterdam, Elsevier, 1959, pp. 66–80. Cf. aussi A. Corsano, « Bayle e Spinoza », in *Giornale critico della filosofia italiana*, 56, 1977, pp. 319–326.

11. Voir à ce sujet S. Berti, « *La Vie et l'Esprit de Spinosa* (1719) e la prima traduzione francese dell'*Ethica* », in *Rivista storica italiana*, 1986, I, pp. 5–46. Une version plus développée de cette recherche existe en anglais dans M. Hunter–D. Wootton (éds.), *Atheism from the Reformation to the Enlightenment, cit.*, pp. 183–230.

des idées du philosophe d'Amsterdam, même si elles ont été forcées dans un sens matérialiste. Pour une série de raisons que nous verrons par la suite, le traité fut probablement composé en Hollande vers 1700, dans un milieu calviniste proche de l'hétérodoxie et du spinozisme. Le texte est d'un radicalisme effronté, son style sommaire et efficace, le langage provocant et coupant. Malgré sa forme parfois acerbe, on est surpris de constater la présence d'une conscience déjà pleinement « philosophique » du rapport qui lie la critique religieuse à la conscience politique et qui s'affirme avec un radicalisme extrême. Les préjugés—peut-on lire dans l'*Esprit*—servent à maintenir les sottes idées de Dieu que les hommes ont appris à croire sans les examiner. La peur et l'ignorance ont engendré les superstitions, créé les dieux et transformé les décrets divins, grâce à l'imposture des législateurs, en lois humaines inviolables. Ainsi les idées que se font les hommes sur la nature des choses sont le pur effet de l'imagination et non de l'entendement. Quant à la notion de Dieu qui émerge de la destruction des croyances populaires, on pourra dire qu'il s'agit d'un être absolument infini, dont un des attributs est d'être une substance éternelle infinie. Et pourtant, l'on consulte encore la Bible, bien qu'elle soit tissée de fables ridicules, et l'on observe encore les lois chrétiennes fondées sur un livre dont l'original est perdu, qui contient seulement des faits surnaturels, c'est à dire impossibles. Renonçant ainsi aux lumières de la raison, les hommes s'enchaînent au moyen d'un culte superstitieux aux fantasmes de leur imagination, et c'est de tels liens sacrés, nés de la peur, que naît le mot Religion. Sur ces fondements, Moïse, le descendant d'un mage, légitima sa mission de législateur grâce à une investiture divine, confirmée par de prétendus miracles; puis Jésus-Christ s'attira les peuples avec l'espérance illusoire d'une vie future, et les chrétiens le prirent pour Dieu bien qu'il ait eu une nature humaine, ce qui revient à dire que le cercle peut assumer la nature du carré; Mahomet enfin, nouveau législateur soutenu par les armes, en perfectionnant l'imposture, se déclara le prophète de toutes les nations, apportant la loi véritable de Dieu, corrompue par les Juifs et les Chrétiens. Les autres opinions acquises, comme la croyance dans l'immortalité de l'âme ou l'existence des esprits, sont elles aussi privées de fondements. Seules quelques unes de ces thèses étaient d'origine spinozienne. Le chapitre IV tout entier est issu du *Leviathan* de Hobbes (et plus précisément du chapitre XII du *Of Religion*); ce dernier chapitre de l'*Esprit* est le résultat d'un collage d'extraits du chapitre XLV de l'œuvre maîtresse de Hobbes. La majeure partie des morceaux qui composent les quatre chapitres sur Jésus-Christ sont extraits du *De arcanis* de Vanini et du *De la vertu des payens* de La Mothe Le Vayer (avec l'utilisation massive du *Contra Celsum* d'Origène). Les chapitres sur l'âme dérivent en grande partie des *Discours anatomiques* de Guillaume Lamy. En préparant la première édition, Levier et son collaborateur en ajoutèrent un autre de leur composition sur un législateur plus négligé, Numa Pompilius, et six extraits des principales œuvres de Charron et de Naudé.

On comprend mieux peut-être, maintenant, quel était le sens politique et religieux, et le péril, de l'extraordinaire entreprise éditoriale de 1719 : créer et répandre dans le monde le premier Dictionnaire philosophique portatif (et cela un demi-siècle avant le célèbre ouvrage de Voltaire) de la libre pensée, anti-chrétien et anti-absolutiste qui, en associant les maîtres anciens et les plus récents, dégagerait un héritage spirituel et en assurerait la continuité.

L'entreprise éditoriale

Une lettre adressée à Prosper Marchand nous laisse entrevoir combien le petit volume sacrilège était populaire en Hollande dans les années 30 et 40 du XVIIIe siècle : dans le milieu de ces auteurs, éditeurs, publicistes, libraires, à mi-chemin entre hétérodoxie, déisme et spinozisme, il était familièrement désigné comme « Le Livre rouge »[12]. Et c'est encore à Prosper Marchand, figure polyvalente d'érudit, éditeur, bibliographe, libraire[13], que l'on doit s'adresser pour mieux connaître les raisons et les modalités de cette édition, et le milieu où elle naquit. En partant du très riche article « Impostoribus » de son *Dictionnaire historique* on peut tenter d'en reconstituer l'histoire. Outre Levier et son ami l'éditeur Johnson, les premiers protagonistes en furent Jean Rousset de Missy et Jean Aymon. Ami personnel de ces derniers (à l'exception d'Aymon pour lequel il n'avait pas d'estime), et par conséquent source très sûre, Marchand fait allusion à une copie manuscrite de l'*Esprit*[14] et ajoute qu'Aymon et Rousset en retouchèrent la langue[15]. Nous apprenons ainsi que Rousset et Aymon corrigèrent et retouchèrent le manuscrit original de l'*Esprit* avant sa publication. Quant à Levier et Johnson, leur intervention fut encore plus décisive : outre le fait qu'ils revirent la copie manus-

---

12. Universiteits-Bibliotheek Leiden (désormais citée UBL), March. 47, lettre de Heinzelmann à Marchand du 23 mars 1749.

13. Pour une vue générale sur la biographie et de l'activité de Marchand, cf. Ch. Berkvens-Stevelinck, *Prosper Marchand : La vie et l'œuvre (1678–1756)*, Leiden–New York–København–Köln, 1987.

14. Cf. Marchand, « Impostoribus (Liber de Tribus) », in *Dictionnaire historique*, La Haye, 1758, t. I, p. 325.

15. *Ibidem*.

crite en plusieurs endroits, ils y firent « beaucoup d'Additions tant impies qu'historiques, une, entre autres, assez considérable touchant Numa Pompilius » ; ils établirent une division différente de la matière des chapitres, ils y ajoutèrent six extraits de Charron et de Naudé, et même un « Avertissement de leur façon »[16].

Ce qui scella leur amitié, outre leur engagement éditorial commun, ardent (et plus d'une fois hardi), ce fut une adhésion partagée à la religion réformée et l'appartenance à la communauté de l'Eglise wallonne qui, pour certains d'entre eux, s'épanouit en convictions plus radicales, jusqu'à l'anti-christianisme et au spinozisme. La personnalité plus significative du groupe fut sans aucun doute Jean Rousset de Missy (1686–1762)[17], le publiciste combatif du *Mercure historique et politique*, membre influent de la maçonnerie hollandaise et animateur actif de la révolution orangiste de 1747. De sentiments anti-français, enracinés et constants, Rousset fut un intelligent propagandiste du parti « Whig » sur le continent et un investigateur perspicace de la politique extérieure des Etats, comme beaucoup de ses ouvrages en témoignent, et en particulier *Les Intérêts présens et les prétentions des puissances de l'Europe* (1733), où il poussait entre autres, les souverains de Suède et de Danemark à soutenir plus fermement le sort du protestantisme international. L'idée de mettre en œuvre un projet éditorial d'une signification intellectuelle et politique aussi dense, fut sûrement la sienne. De Jean Aymon (1661–1734?)[18], personnage bizarre descendant d'une famille noble piémontaise, on ne sait pas grand chose. Il se fit prêtre à Grenoble, mais plus tard se convertit à la religion réformée en terre génevoise, et se consacra à la composition de plusieurs œuvres dans lesquelles, comme chez Rousset, se manifestent au premier plan la défense du protestantisme et un très vif intérêt pour les événements internationaux. Rousset et Aymon trouvèrent en Levier l'éditeur idéal pour concrétiser l'entreprise. Comme nous l'apprenons de

16. Marchand, « Impostoribus », in *Dictionnaire, cit.*, p. 324.
17. Sur Rousset dont la biographie traverse tout le volume, voir aussi M. C. Jacob, *The radical Enlightenment : pantheists, Freemasons and republicans*, London, 1981. Au sujet de l'activité maçonnique de Rousset est paru un volume édité par la loge hollandaise, de W. Kat, *Een grootmeestersverkiezing in 1756*, s.l., 1974. Encore d'un grand intérêt l'analyse consacrée à Rousset, et surtout à son ouvrage *Les Intérêts présents et les prétentions des puissances de l'Europe (1733)*, par F. Meinecke dans *Die Idee der Staaträson in der neuere Geschichte*, München–Berlin, Oldenburg, 1957, pp. 302–320, que M. C. Jacob, curieusement, n'a pas entendu utiliser.
18. On doit à Aymon, qui fut accusé, semble-t-il, de vol de manuscrits à la Bibliothèque Royale de Paris, plusieurs ouvrages de caractère religieux et politique comme le *Tableau de la cour de Rome*, La Haye, 1707, et les *Lettres historiques contenant ce qui s'est passé de plus important en Europe de puis l'an 1712 jusqu'en 1718*, La Haye, 1719. Cf. Haag, *La France protestante*, Genève, Slatkine Reprints, 1966, t. i, pp. 202–204. D'autres œuvres peuvent lui être attribuées sur la foi des notes manuscrites de Marchand dans UBL, March. 71, f. 28.

Marchand, «... Ce fut Charles le Vier, libraire en cette Ville, qui fit imprimer l'Ouvrage»[19]. Réfugié huguenot comme ses amis, Levier s'établit en 1716 à Rotterdam où il connût les libraires-éditeurs Gaspar Fritsch et Michael Böhm, qui relevèrent en 1709 l'activité de Reiner Leers[20], un des éditeurs protestants les plus importants de la fin du siècle, auquel on doit la publication du *Dictionnaire* de Bayle. De ses presses sortirent dans ces années-là plusieurs ouvrages de Bayle édités par Marchand, qui était familier des deux éditeurs allemands depuis son arrivée dans les Provinces-Unies, vers la fin de 1709. Levier fit partie, avec ses trois amis, de la société des «Chevaliers de la Jubilation» (dont Fritsch était le grand maître), et avec Böhm il fonda à La Haye en 1716 une nouvelle association éditoriale de brève durée[21]. Editeur d'œuvres importantes parmi lesquelles on relève celle de Rapin de Thoyras et de Jacques Basnage, Levier tenta aussi la voie de l'écriture, dans des pages restées inédites. Marchand fut ainsi associé à l'éditeur de La Haye qui à sa mort, survenue en 1734, hérita d'une grande partie de ses manuscrits, aujourd'hui conservés à Leyde. Le plus volumineux d'entre eux est la «Critique du Chapitre des Esprits forts de La Bruyère» (March. 68), curieuse défense des positions libertines contre les objections de La Bruyère, menée d'un point de vue atomiste et épicurien inscrit dans une notion de nature universelle d'ascendance spinozienne, mais dans une version franchement matérialiste. Au sujet de l'adhésion de Levier au spinozisme, théoriquement incertaine, peut-être, mais sûrement passionnée, il ne subsiste aucun doute. Marchand, avec l'ironie habituelle et attentive dont il n'épargnait pas même ses amis, nous le décrit, sous le nom de Richer la Selve (anagramme de Charles Levier), comme un «Homme extrêmement infatué du Système de Spinoza, quoiqu'il ne fût nullement en état de le lire en original, & qu'il n'eût aucune teinture des connoissances abstraites qu'il suppose»[22]. Mais Levier se considérait comme un disciple de Spinoza, et la fréquentation qu'il eut du philosophe d'Amsterdam fut assidue : il suffit de consulter le catalogue de sa bibliothèque privée, où figurent outre les *Renati Des Cartes principiorum philosophiae* et le *Tractatus theologico-politicus*, les deux versions latine et

19. Marchand, «Impostoribus», in *Dictionnaire*, cit., p. 325.

20. Sur Leers voir O. S. Lankhorst, *Reiner Leers (1654–1714), uitgever & boekverkoper te Rotterdam*, Maarssen, 1983.

21. Voir sur lui E. F. Kossmann, *De boekhandel te 's-Gravenhage tot het eind van de 18de eeuw*, 's-Gravenhage, M. Nijhoff, 1937, pp. 239–241.

22. Marchand, «Impostoribus», in *Dictionnaire*, cit., p. 325. On conserve à Leyde un exemplaire de la traduction française du *Tractatus*, *Traité des cérémonies superstitieuses des Juifs*, Amsterdam, 1678 (UBL, 512 G. 11), annoté par Levier.

hollandaise de l'*Ethica*[23]. On comprend mieux, désormais, combien Levier avait à cœur de rendre public l'*Esprit de Spinosa* qu'il copia en 1711, comme nous le verrons mieux par la suite, à partir d'un manuscrit qui avait appartenu à Benjamin Furly. De plus, il n'échappait ni à Levier, ni à ses amis, que la publication de l'*Esprit*, outre qu'elle était un acte d'authentique courage intellectuel, et bien qu'elle présentât de gros risques, pouvait aussi se révéler une affaire remarquable. On assiste pendant ces années, en effet, à la diffusion d'une curiosité vorace pour les œuvres de Toland et de Collins et les manuscrits clandestins où s'exprimait la voix du déisme anti-chrétien français, parfois mêlé de spinozisme.

Ainsi, l'édition fut-elle réalisée, après une longue gestation qui dura de 1711 à 1719. Rousset se chargea de susciter une atmosphère d'attente et d'intérêt pour la future édition, et le fit dans un véritable coup de génie publicitaire. Son idée fut de répondre publiquement à un écrit de La Monnoye republié en 1715 dans *Menagiana*[24], où l'on soutenait que le fameux traité *De tribus impostoribus* dont on continuait de parler depuis des siècles, était en réalité une invention. A la recherche de son auteur présumé, La Monnoye proposait une généalogie illustre, où étaient représentés le naturalisme de la Renaissance, la pensée hérétique et la philosophie hermétique : on y trouvait comme ancêtres du « conte », outre Averroès et l'empereur Frédéric II, l'Arétin et Machiavel, Giordano Bruno et Postel, Servet et Bodin, Ochino et Erasme, Cardano et Pomponazzi, Campanella et Vanini. « Mais on en voit aucun »[25], écrivait-il en se référant au traité, et jamais ne fut citée une preuve documentaire sérieuse de son existence. Du reste, jamais un livre de ce genre n'avait été réfuté, comme c'était arrivé pour les écrits de Bodin, de La Peyrère, de Spinoza, ni même mis à l'index : comment croire qu'il eût existé ? Rousset dans sa *Réponse*, en se camouflant sous les initiales J. L. M. N.[26], répliquait avec la preuve préférée des empiristes : celle des sens. « J'ai vu *meis oculis* le fameux petit *Traité de Tribus Impostoribus*, &... je l'ai dans mon Cabinet »[27]. Et cela était certainement vrai, mais il faisait allusion à une copie

23. Cf. le catalogue de la vente aux enchères de sa bibliothèque privée *Catalogus librorum bibliopoli Caroli Levier*, Hagae Comitum, Apud Viduam Caroli Levier, 1735, pp. 94–95.

24. *Lettre a Monsieur Bouhier Président au Parlement de Dijon, sur le prétendu livre des trois imposteurs in Menagiana ou les bons mots et remarques critiques, historiques, morales et d'érudition, de Monsieur Menage. Recueillies par ses amis*, Paris, F. Delaulne, 3ᵉ éd., t. IV, pp. 283–312.

25. *Ibidem*, p. 308.

26. L'attribution à Arpe (1682–1748) de la *Réponse*, démentie par J. Presser, *Das Buch « De tribus impostoribus »*, cit., pp. 94–95, du fait que Arpe ignorait le français, avait été déjà niée par Marchand : « On attribue cette Pièce à Mr Arpe ; et on lui fait tort. D'ailleurs, il n'écrit point en François ». Cf. l'article « Impostoribus », in *Dictionnaire*, cit., p. 323, note 71.

27. J. Rousset de Missy, *Réponse à la Dissertation de Mr. de La Monnoye, sur le Traité des trois*

de l'*Esprit de Spinosa*. Une fois mis en marche le processus d'identification entre le traité inconnu en latin et l'*Esprit*, Rousset se lançait dans un récit purement imaginaire : au cours d'une visite à Francfort en 1706 avec un de ses amis et un certain Frecht, ils auraient trouvé chez un libraire un certain Trausendorff, et obtenu de lui de voire un manuscrit latin ancien que, malgré la promesse de ne pas le copier, ils avaient cependant traduit grâce à un stratagème jésuite. Le manuscrit en question n'était, comme on l'aura déjà compris, rien de moins que le traité composé par Frédéric II en 1230. Fritsch, qui ne s'était pas laissé tromper par les discours de Rousset, décrivait des années plus tard à Marchand la rencontre entre Frecht et Trausendorff, comme « une fable des plus fieffées » [28]. Mais Rousset poussa si loin l'affaire qu'il décrivit dans les détails les chapitres qui formaient l'*Esprit de Spinosa*. Il est probable que la première idée ait été de publier ce texte sous le titre *Traité des trois imposteurs*, comme il semble qu'ait fait Böhm à Rotterdam en 1721 pour l'édition-fantôme indiquée par Marchand et dont jusqu'à maintenant on n'a pas retrouvé d'exemplaire, et pour toutes les éditions tardives postérieures à 1768. De toute façon, l'objectif publicitaire était atteint; l'intérêt des éventuels lecteurs fut encore aiguisé par une lettre parue la même année sur les *Mémoires de littérature* de Sallengre publiées par Du Sauzet (ami de Rousset et plus tard son compagnon dans la maçonnerie hollandaise) où l'on soutenait—à la différence de ce qu'affirmait Rousset au sujet de l'ancienneté de l'écrit—que le traité « est écrit & raisonné suivant la méthode & les principes de la nouvelle philosophie » et que, par conséquent, « ne peut être fort ancien » [29]. Evidement, commente Marchand, dont le sens moral ne pouvait accepter la conduite de ses amis, « quelque Imposteur... avait trouvé bon de changer ainsi le titre, afin de le vendre sous plus d'une face, & de tromper par-là plus d'une fois les mêmes Personnes » [30]. Mais personne mieux que Marchand ne savait qu'il ne s'agissait pas seulement d'un changement de titre. Il existait en effet deux manuscrits distincts : un *Esprit de Spinosa* en huit chapitres et un *Traité des*

imposteurs, Leyde, 1716, p. 132 (je cite à partir de la réédition de 1777 du *Traité* par Pierre Rétat, déjà cité). Toutes les éditions du *Traité*, à partir de 1768, comportent aussi les textes de La Monnoye et de Rousset. Il y eut une première édition séparée de la *Réponse* publiée à La Haye, Scheurleer, 1716, conservée à la Koninklijke Bibliotheek de La Haye. Sur les pages de l'*Umständlichen Bücher-Historie* de Leipzig son éditeur recensa la *Réponse* et en publia certaines parties. Cf. A. Kobuch, « Aspekte des aufgeklärten bürgerlichen Denkens in Kursachsen in der ersten Hälfte de 18. Jh. im Lichte der Bücherzensur », in *Jahrbuch für Geschichte*, 1979, p. 264.

28. Lettre de Fritsch à Marchand datée à Leipzig, 7 novembre, 1737 (UBL, March. 2).

29. Lettre extraite des *Mémoires de littérature*, La Haye, du Sauzet, 1716. In P. Rétat (éd.), *Traité*, cit., pp. 148–149. Marchand, « Impostoribus », in *Dictionnaire*, cit., p. 324.

30. Marchand, « Impostoribus », in *Dictionnaire*, cit., p. 324.

trois imposteurs en six chapitres postérieur au précédent, dans la mesure où issu de la synthèse des chapitres III à V en un seul. Marchand ne tombait pas non plus dans le piège facile de considérer les deux manuscrits comme deux textes distincts : malgré plusieurs différences, parfois d'une certaine importance, l'érudit huguenot était bien conscient du fait qu'il s'agissait « précisément [de] la même chose »[31].

Un mystère supplémentaire enveloppe cette première édition : comment expliquer son extrême rareté, qui l'a fait plusieurs fois désigner comme introuvable ? La réponse se trouve, encore un fois, dans les pages de Marchand, devenu alors acteur principal et plus seulement témoin de l'affaire. L'ami Fritsch, éditeur à Leipzig, lui avait déjà conseillé dans une lettre de 1740 de signaler dans son article « Impostoribus » la « Cérémonie funebre de l'anéantissement de *la Vie et l'Esprit de Spinosa* »[32]. De fait, ce fut Marchand qui, à la mort de Levier (1734), à la demande de ses héritiers, en brûla trois cent copies; il conserva, cependant, la *Vie de Spinosa*, moins dangereuse[33]. Le texte de la *Vie* fut réédité en 1735, dans une édition elle aussi très rare, certainement préparée par Levier (ce qui ressort du titre et de l'« Avertissement »), et qui comprenait comme lieu fictif d'impression Hambourg, Chez Henri Künrath[34]. C'était une ultime et touchante référence à Spinoza : la première édition du *TTP* qui sortait, comme on le sait, de la boutique de Jan Rieuwertsz, présentait sur le frontispice l'indication Henr. Künrath, 1670.

Un livre perdu

Mais ce ne furent pas seulement les scrupules de Marchand, de respecter avec *pietas* et diligence le désir de la famille Levier, à empêcher de retrouver un exemplaire de cette édition. Après la profusion des renseignements laissés par Marchand dans son article du *Dictionnaire*, il était difficile de croire à une invention. Même si durant tout le XIXe siècle, on n'en trouva pas trace, si ce n'est dans des notes rapides de catalogues qui

31. *Ibidem*, p. 324, n. 79.

32. UBL, March. 2, Lettre de Fritsch à Marchand du 17 janvier 1740.

33. Marchand, « Impostoribus », in *Dictionnaire, cit.*, p. 325. Après cette triste destruction, les copies restantes du volume se vendaient au prix astronomique de 50 florins. Une note de l'Avertissement dans un manuscrit de *La Vie et l'Esprit* conservée à Göttingen, Hist. Lit. 42, dit que 70 exemplaires furent imprimés lors de l'édition de 1719, « à l'exemple de 70 Apôtres ».

34. *La Vie de Spinosa, par un de ses disciples : Nouvelle édition non tronquée, augmentée de quelques notes et du catalogue de ses écrits, par un autre de ses disciples*, a Hambourg, chez Henry Kunrath, 1735. A la fin du livret se trouve un *Recueil alphabétique des auteurs, et des ouvrages condannés au feu, ou qui ont merité de l'être*. Parmi ceux-ci, la Bible, le Talmud et quelques écrits en faveur de la bulle *Unigenitus* (!). Cette *Vie* de 1735 est aussi présente dans la Spinoza Collection de l'University Research Library (A4L96/1735).

se référaient à des sources du XVIIIe siècle, fondées en général sur Marchand.

Le mythe semblait renaître, et retourner l'ancienne malédiction qui teintait d'imposture tous ceux qui avaient accusé d'imposture les trois grandes religions historiques. Un jeu dix-huitièmiste dans lequel érudition et inventions imaginaires se mêlaient en un pastiche inextricable, c'est ce que semblait confirmer le fait que pas un seul exemplaire non plus de la seconde édition, que Marchand disait avait été imprimée à Rotterdam (avec le faux nom de lieu de Francfort sur Main) par Michael Böhm en 1721 sous le titre *De tribus impostoribus*[35], ne fut jamais trouvé (et aujourd'hui encore aucun n'a été retrouvé). Quand, en 1860, Brunet publia la première étude consacrée au *Traité*[36], il ne connaissait apparemment que l'édition de 1719, et de seconde main, de l'article de Marchand. Même Meinsma, qui avait pourtant dédié quelques pages importantes à la biographie de Lucas[37], qu'il lut dans une réédition de 1735, déclarait n'avoir jamais réussi à mettre les mains même sur un numéro des *Nouvelles littéraires* de 1719. Vers la fin du siècle seulement, au cours d'une série de recherches menées par d'éminents spécialistes de Spinoza, tendant surtout à faire accepter l'authenticité et à établir une datation de la *Vie*, on trouva finalement un exemplaire de l'édition de Levier de 1719 dans la Universitätsbibliothek de Halle. Cette découverte émouvante est due à Freudenthal, qui se procura aussi une édition critique de la *Vie*, qui permettait de confronter les variantes entre l'édition Levier et le texte publié sur les *Nouvelles littéraires*[38]. Il s'en suivit une discussion serrée et extrêmement détaillée entre Freudenthal et Dunin-Borkowski, à laquelle on doit l'établissement rigoureux des données concernant la première biographie de Spinoza, qui ne fut pas démenti par les recherches postérieures[39].

Mais pour l'*Esprit*, il n'y eu que quelques commentaires distraits. Avec

35. Marchand, « Impostoribus », in *Dictionnaire, cit.*, p. 324.

36. Philomneste Junior [P. Brunet], *Le Traité des trois imposteurs*, Paris–Bruxelles, 1860. Cf. aussi J. C. Brunet, *Manuel du libraire*, 1864, 5e éd., t. V, pp. 944–945.

37. Cf. K. O. Meinsma, *Spinoza en zijn kring : Historisch-kritische studiën over Hollandsche vrijgeesten*, 's-Gravenhage, 1896. Nous citons d'après la récente traduction française enrichie de notes et de détails : *Spinoza et son cercle*, Paris, Vrin, 1983, pp. 6–9 et passim.

38. Cf. J. Freudenthal, *Die Lebengeschichte Spinozas in Quellenschriften Urkunden und nichtamtlichen Nachrichten*, Leipzig, Veit & Comp., 1899, pp. 1–25 et 239–245.

39. Voir S. von Dunin-Borkowski, « Zur Textegeschichte und Textkritik der ältesten Lebensbeschreibung Benedikt Despinozas », in *Archiv für Geschichte der Philosophie*, 18, 1904, pp. 1–34. Grâce à l'étude de plusieurs manuscrits et pour des raisons de critique interne Dunin-Borkowski réussit à fixer la date de la composition de la *Vie* de Lucas à 1678 (art. *cit.*, pp. 20–21). Voir encore, J. Freudenthal, « Über den Texte der Lucasschen Biographie Spinozas », in *Zeitschrift für Philosophische Kritik*, vol. 126, 1905, pp. 189–208, et du même auteur, *Spinoza, sein Leben und seine Lehren*,

un mépris à peine caché que les philosophes réservent d'habitude à ces documents précieux de l'histoire des idées qu'ils considèrent « peu originaux » ou « dépourvus d'unité conceptuelle », et par là-même quantité négligeable (bien imités en cela des historiens qui s'attardent rarement sur les concepts), ils n'accordèrent aucune attention à l'*Esprit*. Le monde hétérodoxe et radical dont était issu le *Traité*, n'intéressa sérieusement, à ce qu'il semble, ni Jacob Presser [40], ni Abraham Wolf [41] (c'est un cas tout à fait particulier, comme on le verra) ; ils furent les derniers, pour différentes raisons, à consulter l'édition Levier dans les années 1926–27.

La richesse intellectuelle extraordinaire des années 30 fut aussi profitable à l'histoire des idées du monde moderne. Entre 1935 et 1937, les trois ouvrages fondamentaux de Paul Hazard, Ira O. Wade et Franco Venturi [42], de structures différentes et de postérité diverse, ont changé le cours des études sur le XVIIIe siècle, en mettant au premier plan la réflexion politique et anti-chrétienne des Lumières. Il devenait essentiel de mieux connaître le spinozisme dans ses éléments constitutifs et dans sa diffusion pour comprendre l'attaque radicale de la pensée naissante des Lumières contre la religion révélée. Prenant conscience du problème, le volume de Wade contenait un chapitre important sur la tradition manuscrite des *Trois imposteurs* [43], et aurait pu apporter encore des lumières sur l'édition de l'*Esprit*. Wade n'eut jamais connaissance, semble-t-il, des travaux allemands sur le sujet, ni du livre de Wolf : elle n'apprit donc jamais l'existence de l'exemplaire de Halle. La même situation se répète exactement pour John Spink qui dans un article de 1937 donnait de sa lassante et infructueuse recherche une explication personnelle : « ces éditions (celles de 1719 et de 1721) n'ont pu avoir une grande diffusion, car je n'en ai trouvé aucun exemplaire » [44].

Après la guerre, pour des raisons obscures, personne ne le vit plus.

Heidelberg, 1927 (1904), t. I, pp. 256–258 et 313–314. Et aussi de Dunin-Borkowski, *Der junge De Spinoza : Leben und Werdegang im Lichte der Westphilosophie*, Münster, 1933 (1910), pp. 46–51 et 530–532. Enfin C. Gebhardt, *Spinoza : Lebensbeschreibungen und Gespräche*, Hamburg, 1914.

40. J. Presser, *Das Buch « De tribus impostoribus » (Von den drei Betrügern)*, Amsterdam, p. 126.

41. *The oldest biography of Spinoza*, edited with translation, introduction, annotations by A. Wolf, London, Allen & Unwin, 1927 ; (repr. New York, Kennikat Press, 1970).

42. P. Hazard, *La crise de la conscience européenne, 1685–1715*, Paris, 1935 ; I. O. Wade, *The clandestine organization and diffusion of philosophic ideas in France from 1670 to 1750*, Princeton University Press, 1938 ; F. Venturi, *Jeunesse de Diderot (de 1713 à 1753)*, Paris, Skira, 1939.

43. I. O. Wade, *The clandestine organization*, cit., pp. 124–140 et l'important appendice, pp. 277–321.

44. J. S. Spink, « La diffusion des idées materialistes et anti-religieuses au début du XVIIIe siècle : Le « Theophrastus redivivus », in *Revue d'histoire littéraire de la France*, avril–juin 1937, pp. 248–255 (p. 254).

Ainsi, à cause de l'étrange paradoxe qui accompagnait la vie présumée et réelle de ce texte, quand finalement l'intérêt des historiens se tournait positivement à l'étude de la culture clandestine du début des Lumières, le précieux petit volume disparaissait une autre fois.

On en parla longuement, cependant, *in absentia* pour ainsi dire, ou en utilisant des éditions largement postérieures (généralement celles de 1777) qui présentent de nombreuses variantes et parfois substantielles et, ce qui importe davantage, sont dépourvues des sept chapitres ajoutés en 1719. Vernière dans son riche ouvrage, *Spinoza et la pensée française avant la Révolution*, en se fondant sur Marchand, écrivait que « nul ouvrage ne devait faire plus de bruit que la *Vie et l'Esprit de M. Benoît de Spinosa* »[45] et en analysant certains chapitres de l'édition de 1768, il soulignait avec une subtile intelligence critique la dette de l'auteur à l'égard de Spinoza mais aussi le sous-entendu fondamental, et les divergences d'intentions et d'idées qui le séparaient du maître. Dans les années suivantes, l'intérêt pour l'*Esprit* fut très vif. Outre les pages de Spink[46], l'analyse que lui consacra Ricuperati dans son examen des collections eugènienne et ho-hendorfienne de Vienne[47], la réimpression du *Traité*, confiée à Rétat, à partir de l'édition de 1777[48] et la brève bibliographie de Vercruysse en sont le témoignage[49]. D'un intérêt spécial, les deux interventions ré-centes de Margaret Jacob et de Richard Popkin, qui ont respectivement proposé une attribution et une datation dont il sera question plus loin. M. Jacob remarquait aussi que les deux éditions de 1719 et de 1721 « appear not to have survived »[50]. Ann Thomson les qualifie d'« in-

45. P. Vernière, *Spinoza et la pensée française, cit.*, p. 362 et pp. 362–365.

46. J. S. Spink, *French free-thought from Gassendi to Voltaire*, University of London, The Athlone Press, 1960, pp. 240–242. La même année une édition bilingue du traité latin fut publiée sous le même titre et avec la même fausse date d'impression 1598. Cf. G. Bartsch (éd.), *De tribus impostoribus anno MDIIC*, Berlin, 1960.

47. G. Ricuperati, *L'esperienza civile e religiosa di Pietro Giannone*, Milano–Napoli, Ricciardi, 1970, pp. 423–431. On fit connaître dans ces pages l'existence de deux importants manuscrits, le cod. 10520, appartenant à Eugène de Savoie, et le cod. 10334, provenant de la bibliothèque de Hohendorf. Ricuperati s'en occupa de nouveau dans son essai « Il problema della corporeità dell'animo dai libertini ai deisti », in *Il libertinismo in Europa*, éd. S. Bertelli, Milano–Napoli, Ricciardi, 1980, pp. 369, 392, 400.

48. P. Rétat, *Traité des trois imposteurs*. Manuscrit clandestin du début du XVIIIème siècle (éd. 1777), Université de la Région Rhône-Alpes, Saint-Etienne, 1973. Il en existe une récente traduction italienne, par F. Brunetti, *Trattato sui tre impostori*, Milano, Unicopli, 1981. La première traduction italienne du *Traité* que je connaisse est due, ce qui atteste sa curieuse déstinée, à un groupe d'anarchistes : P. H. d'Holbach, *I tre impostori : Mosé–Gesù Cristo–Maometto*, Edizioni « La Fiaccola », Ragusa, 1970.

49. « Bibliographie descriptive des éditions du « Traité des trois imposteurs », in *Tijdschrift van de Vrije Universiteit Brussel*, 1974–1975, I, pp. 65–70.

50. Voir R. H. Popkin, « Spinoza and the conversion of the Jews », in C. de Deugd (éd.),

trouvables» dans une somme d'essais sur la littérature clandestine du xviiiᵉ siècle où Miguel Benítez publiait une longue liste de copies manuscrites du *Traité* qu'il avait localisées[51], et qu'il faut ajouter à celle que nous a fournie Wade, il y a déjà presque un demi-siècle.

Quand j'eus retrouvé, en 1985, avec stupeur et émotion, un exemplaire de l'édition Levier tellement recherchée—on en connaît désormais trois autres exemplaires—dans la section «Special Collections» de l'University Research Library de Los Angeles[52], je me rendis compte qu'à tant de rareté avait aussi contribué l'inclination particulière au secret qui souvent caractérise les spécialistes. Il ne s'agissait pas de l'exemplaire de Halle, perdu après la guerre. Le livre dont je parle appartenait à Abraham Wolf, spécialiste de Spinoza et directeur du département d'histoire et de philosophie de l'université de Londres, et il faisait partie de son immense collection qu'il faut considérer comme la plus vaste bibliothèque privée sur la vie et l'œuvre du philosophe d'Amsterdam et sur son entourage, comprenant même des livres ayant appartenu à Spinoza. L'importance de cette récolte m'était connue à partir du catalogue d'antiquaire *Spinozana and logics*[53], mais il ne me fut jamais possible de la localiser. Wolf rassembla ce trésor en quarante-cinq ans de recherche. Sa contribution en qualité de spécialiste de l'auteur de l'*Ethica* tient surtout à son édition anglaise de la *Korte Verhandeling*[54] et à l'édition (et traduction en anglais) de la *Vie* de Lucas (qui se base sur la collation du cod. 2236 de la Bibliothèque de l'Arsenal de Paris et du codex Towneley, le plus ancien, à son avis), intitulée *The oldest biography of Spinoza*[55]. Cependant la passion exclusive qui domine souvent l'esprit des grands collectionneurs devait être en lui plus forte que l'intérêt historique et philosophique. Voici ce qu'il écrivait de son exemplaire : «Of the complete Le Vier volume there is a copy in the University Library in Halle–Saale, and another is at present in London; no other copies are known

Spinoza's political and theological thought, International symposium under the auspices of the Royal Netherlands Academy of Arts and Sciences commemorating the 350th anniversary of the birth of Spinoza, Amsterdam 24–27 November 1982, Amsterdam–Oxford–New York, North-Holland Publishing Company, 1984, pp. 171–183 (pp. 176–177). M. C. Jacob, *The radical Enlightenment, cit.*, p. 219.

51. O. Bloch (éd.), *Le Matérialisme du XVIIIᵉ siècle et la littérature clandestine*, Paris, Vrin, 1982, pp. 16–25.

52. S. Berti, *La Vie et l'Esprit de Spinoza, cit.*, pp. 12–21.

53. S. S. Meyer, *Spinozana and logics*, Antiquariaat «Pampiere Wereld», Amsterdam.

54. *Spinoza's short treatise on God, man and his well-being*, translated with an introduction and commentary, and a life of Spinoza by A. Wolf, London, 1910, (New York, 1963).

55. *Ibidem*, p. 29 (c'est moi qui souligne). Dans une note sur l'Avertissement qui précède la *Vie*, il écrivait : «only in some copies [!] of the Le Vier edition» (*Ibidem*, pp. 131–133).

of »[56]. « Du vivant de Wolf », donc, personne d'autre ne vit le fameux petit livre. Après sa mort, la collection toute entière fut mise aux enchères par l'antiquaire bien connu d'Amsterdam, Menno Hertzberger[57], en 1950; elle fut alors acquise en partie par l'University Research Library de Los Angeles, où *La Vie et l'Esprit de Spinosa* est resté dans l'oubli pendant trente-cinq ans (il ne figure même pas dans le *National union catalogue*).

Mais peut-être une raison plus profonde et plus persuasive encore que la complaisante mise à l'écart du collectionneur poussa Wolf, qui avait pourtant cherché à rétablir le texte original de la *Vie*, à se désintéresser complètement de l'*Esprit*. Ce fut encore une fois une attitude apparemment philosophique qui, au nom de la tutelle mal comprise de la grandeur théorique et morale de Spinoza, lui interdisait précisément de « comprendre ». Défense qui dans ce cas l'empêcha de se rendre compte que le second chapitre tout entier du *Traité*, à l'exception de quelques brefs passages, intitulé « Raisons qui ont porté les Hommes a se figurer un Etre invisible, ou ce qu'on nomme communément Dieu », était en réalité la première traduction imprimée en langue française de l'Appendice à la première partie de l'*Ethica*. Craignant que certains lecteurs ne puissent échanger le radicalisme qui se dégage de toute façon de la lecture intégrale de l'*Esprit* pour un véritable résumé de la doctrine de Spinoza, il préféra l'oublier et le liquider en ces termes :

> This so-called *Spirit of Spinosa* is a very superficial, tactless, free-thinking treatise, which may betray the spirit of Lucas, but certainly does not show the spirit of Spinoza. It contains an attack on the founders of the three historic religions, and roundly charges all three with having been impostors... It also illustrates the kind of thing that tended to bring the name of Spinoza into disrepute. Unfortunately, it is the common fate of great teachers to be betrayed by weak disciples. Lucas would have deserved more if he had written less. But having his *Life*, we may endeavour to forget his *Spirit*[58].

C'est ainsi que non seulement nous avons été privés pendant plus de cinquante ans d'une édition critique — que Wolf aurait pu nous donner

---

56. A. Wolf, *The oldest biography*, cit., p. 29.

57. Ce sont les données du catalogue de vente, connu des spécialistes comme le « Wolf Catalogue » : *Spinoza (1632–1677) — Catalogue nº 150 — The library of the late Prof. Dr. A. Wolf*, Internationaal Antiquariaat (Menno Hertzberger), Keizersgracht 610, Amsterdam.

58. A. Wolf, *The oldest biography*, cit., p. 27.

dans les meilleures conditions, compte tenu de sa compétence et de l'étendue du matériel à disposition—mais aussi du texte.

Attribution et datation de l'Esprit

Que l'ancien traité latin si recherché et l'*Esprit de Spinosa* fussent deux textes complémentaires mais distincts, c'est chose bien connue, du moins depuis que Marchand parla de l'*Esprit* comme d'un écrit « tout-à-fait moderne »[59]. Mais qui l'écrivit et quand ? Plusieurs hypothèses ont été proposées. En ce qui concerne la datation, la première donnée sûre dont il faut tenir compte, est que le texte ne peut être antérieur à 1677, l'année de publication de l'*Ethica* de Spinoza dans les *Opera posthuma* de même que dans les *Nagelate schriften*. Et ceci parce que, comme on l'a déjà dit, non seulement la première édition, mais aussi toutes les copies manuscrites de l'*Esprit* que l'on connaisse aujourd'hui, quelques soient les variations du titre et les variantes internes, comprennent un long extrait de l'Appendice à la première partie de l'*Ethica*. Il ne s'agit pas non plus d'une simple influence qui aurait pu s'exercer sur l'auteur à partir d'une connaissance orale des thèmes de l'*Ethica*, même antérieure à sa publication : ce que l'on lit dans le chapitre II de l'*Esprit* est une traduction pure et simple, même si elle n'est pas toujours fidèle, de cette partie de l'*Ethica*.

Telle est la raison fondamentale qui m'empêche de retenir l'hypothèse de Richard Popkin—qu'il n'a d'ailleurs pas reprise récemment—tendant à dater de 1656 la rédaction de notre traité[60]. Cette hypothèse se fondait sur une lettre contemporaine de Oldenburg à Boreel[61] qui exprimait une vive préoccupation devant une argumentation de plus en plus aiguisée, toujours plus dangereuse, utilisée par ceux qui cinquante ans plus tard se seraient appelés *free-thinkers*. Oldenburg souligne dans la thèse des trois impostures de Moïse, Jésus et Mahomet, la très grave menace pour la sauvegarde de la religion chrétienne, et il espérait que Boreel se serait chargé de la réfuter. Si d'un côté, donc, les raisons textuelles et

59. Marchand, « Impostoribus », in *Dictionnaire, cit.*, p. 325.

60. Cf. R. H. Popkin, « Spinoza and the conversion of the Jews », *cit.*, pp. 171–183 (pp. 176–177). Voir aussi du même auteur, sur le même thème, « Un autre Spinoza », in *Archives de philosophie*, 48, janvier–mars 1985, pp. 37–57. Pour élargir la discussion sur ce sujet cf. mon article, « *La Vie et l'Esprit de Spinosa* », *cit.*, pp. 43–44. Popkin a présenté ses observations dans la communication « Spinoza and the « Three impostors », in *Spinoza : issues and directions*, Proceedings of the Chicago Spinoza conference (éd. E. Curley et P. F. Moreau), Brill, Leiden–New York–København–Köln, 1991, pp. 347–358. Il n'a pas repris cette thèse au cours du séminaire sur le *Traité des trois imposteurs* dont les actes sont ici publiés.

61. Cf. *The correspondence of Henry Oldenburg*. Edited and translated by A. Rupert Hall et M. Boas Hall, The University of Wisconsin Press, 1965, vol. I (1641–1662), pp. 89–92. Sur Boreel voir L. Kolakowski, *Chrétiens sans Eglise*, Paris, 1969, pp. 197–199.

chronologiques évidentes dont il vient d'être question ne permettent pas de conclure que Oldenburg se référait à l'*Esprit*, de l'autre, le contenu de la lettre confirme combien le thème de l'imposture s'était répandu dans la seconde moitié du siècle, jusque dans la culture anglaise. Qu'il suffise de rappeler le passage de Sir Kenelm Digby, dans l'ouvrage de Thomas Browne, concernant Bernardino Ochino[62], ou le manuscrit intentionnellement intitulé *Observations upon the report of the horrid blasphemy, of the three grand impostors*[63]. Il est plus que probable que Oldenburg ait fait allusion à cet écrit ou à d'autres similaires dans ses confidences alarmées à Boreel.

Aucune attention ne semble devoir être accordée à l'hypothèse avancée par F. Charles-Daubert selon laquelle une version primitive de notre *Traité* remonterait aux années 1670–1672. Le texte qu'elle a identifié serait la synthèse d'un traité des trois imposteurs, dictée par l'avocat de Reims, Marc-Antoine Oudinet (mort en 1712) quarante ans après en avoir fait la lecture[64]. L'écrit en question n'est pas une nouveauté. Dès 1938, Wade en fit connaître le contenu, publia intégralement le manuscrit (Reims, 561, ff. 209–213), non sans remarquer que « the extract is not in accord with any *Traité des trois imposteurs* now in existence »[65]. Plus récemment encore, M. Benítez a mis cet écrit en relation avec « l'affaire Guillaume »[66]. Le fait important qu'il convient de noter, laissant de côté d'autres enquêtes, c'est l'absence de correspondance textuelle (et même thématique plus générale) entre le *Mémoire* d'Oudinet et le *Traité*. Le court essai de Reims reste un document très significatif de la diffusion, dans la seconde moitié du xviie siècle, de différents traités élaborés

---

62. Cf. *Observations upon « Religio medici »*, occasionally written by Sir Kenelme Digby, Knight, London, 1644, p. 33 : «… and at last (Ochino) wrote a furious invective against those whom hee called the three *Grand-Impostors* of the world, among whom hee ranked our *Saviour Christ*, aswell as *Moses* and *Mahomet* ».

63. Marchand signale l'existence d'un manuscrit portant ce titre à Londres, dans la collection d'Henry Worseley; cf. Marchand, « Impostoribus », in *Dictionnaire*, *cit.*, p. 314. Le bibliophile Richard Smith (1590–1675), auteur de cet écrit dont le titre exact est : *Observations on the report of blaphemous treatise by some affirmed to have been of late years published in print of three great impostors* (conservé à la British Library à l'intérieur de son volume manuscrit *The wonders of the world collected out of divers approved authors*, Sloane 388, ff. 358–361), donnait des informations sur un traité au sujet des trois imposteurs. On peut aussi signaler l'exemplaire Sloane 1024, qui présente quelques variantes.

64. Cf. F. Charles-Daubert, « Les traités des trois imposteurs et l'« Esprit de Spinosa », in *Nouvelles de la république des lettres*, 1988-1, pp. 31–33.

65. Cf. I. O. Wade, *The clandestine organization and diffusion*, *cit.*, pp. 136–138 (p. 136).

66. Cf. M. Benítez, « Autour du « Traité des trois imposteurs » : L'Affaire Guillaume », in *Studi francesi*, 1987, pp. 28–31. F. Charles-Daubert ne mentionne ni l'analyse de Wade, ni celle de Benítez.

autour du thème de la triple imposture religieuse, sans dépendre pour autant des mêmes sources.

Encore une fois, Marchand avait raison : L'*Esprit* était vraiment « tout-à-fait moderne ». Mais la « modernité » reconnue de l'*Esprit* (accentuée, entre autres, par la présence dans le texte de morceaux hobbiens et libertins d'origines diverses) ne nous permet pas de conclure avec Margaret Jacob [67] que celui-ci soit l'œuvre de ses premiers éditeurs, et tout spécialement de Rousset de Missy. Pour éclairer ce dernier point, la lettre qu'écrit Fritsch à Marchand le 7 novembre 1737 est fondamentale :

> La Vie de Spinosa est copiée tic pour tic sur la copie que fit Levier sur le MSC de Mr. Furly : il n'y a de nouveau que quelques notes, le petit avertissement et le catalogue des ouvrages : mais l'Esprit de Spinosa a esté retouché et augmenté. Est-il permis de savoir par qui ? Je suis bien aise de savoir que le Sr. Rousset est l'auteur de la Réponse… Quant à ce que vous croyés que la traduction imaginaire dont il s'agit dans la Réponse en question, ait eu quelque chose en commun avec l'Esprit de Spinosa, j'en convient avec vous. Levier la copia en 1711, cette sorte de livres étoient sa marotte. Si depuis ce tems, il a eu du commerce avec Rousset, toutes les doutes là-dessus se tournent en évidence. Il en est du livre de trois imposteurs comme des *Clavicules de Salomon*, dont j'ay veu plusieurs Mss. tous differens les uns des autres [68].

Fritsch confirme et précise ses affirmations dans une lettre de 1740 : « Vous vous souvenés peut estre que c'etoit mon frere qui nous en apporta le Mspt a la maison, appartenant à Mr. Furly. Levier le copia fort précipitamment » [69]. Ces passages montrent clairement que Levier copia aussi bien la *Vie* que l'*Esprit*, et copier n'a jamais été le synonyme de créer. Le catalogue des œuvres de Spinoza que contient l'édition de 1719, est dû par conséquent à Levier ; quant à l'*Esprit*, le texte a été seulement retouché et augmenté. Et à la question de Fritsch (qui contenait une allusion explicite au « commerce » de Levier avec Rousset), c'est Marchand qui répond dans le *Dictionnaire* par une phrase que l'on citera plus bas in extenso : « L'Esprit dont Aymon & Rousset retouchèrent le Langage » [70]. Il est donc évident, semble-t-il, qu'ils n'en furent pas les auteurs.

De même l'attribution à Boulainvilliers, que Wade considère comme

---

67. M. C. Jacob, *The Radical Enlightenment*, cit., p. 161.
68. UBL March. 2, Lettre de Fritsch à Marchand datée de Leipzig, 7 novembre 1737.
69. UBL March. 2, Lettre de Fritsch à Marchand datée de Leipzig, 17 janvier 1740.
70. Marchand, « Impostoribus », in *Dictionnaire*, cit., p. 325.

sûre, plus récemment rappelée par B. E. Schwarzbach, ne paraît pas défendable[71]. Et ceci pour les raisons suivantes :

(1) Boulainvilliers traduit entièrement l'*Ethica* de Spinoza après 1704 et avant de rédiger l'*Essai de métaphysique dans les principes de B... de Sp...* (1712), comme le voudrait la logique; cette traduction fut publiée pour la première fois en 1907 par Colonna d'Istria[72]. Mais les parties de l'*Ethica* présentes dans l'*Esprit* mettent en évidence une version complètement différente et absolument indépendante de l'autre. Cela n'aurait pas de sens, à mon avis, de soutenir l'hypothèse qu'après avoir consacré de longs mois de travail assidu à rendre dans son élégant français la « sécheresse mathématique » du philosophe d'Amsterdam, Boulainvilliers ait choisi la traduction d'un autre pour élaborer l'*Esprit*;

(2) Il n'y a vraiment rien de commun entre la haute considération que témoigne Boulainvilliers à la pureté et à la simplicité du monothéisme de Mahomet (opposées polémiquement aux abus théologiques du christianisme et aux superstitions de la caste sacerdotale) et le traitement dérisoire réservé dans l'*Esprit* au fondateur de l'Islam[73]. Boulainvilliers va même jusqu'à repousser explicitement l'idée qui fait de Mahomet « un imposteur haïssable et malin », bien présente pourtant dans l'*Esprit*;

(3) Aussi bien l'argumentation abstraite que le style de Boulainvilliers, se déploient avec une richesse d'articulations et une maturité linguistique, que l'on ne retrouve pas dans l'*Esprit*[74].

71. I. O. Wade, *The clandestine organization and diffusion*, cit., pp. 116 et 127. Cette thèse a été rediscutée dans le récent article de B. E. Schwarzbach–A. W. Fairbairn, « Sur le rapport entre les éditions du « Traité des trois imposteurs » et la traduction manuscrite de cet ouvrage », in *Nouvelles de la république des lettres*, 1987-2, pp. 111–136 (p. 125), où l'on soutient que Boulainvilliers, s'il n'en a pas été véritablement l'auteur, a été probalement l'artisan du recueil, reproduit dans tant de copies manuscrites, qui associe à la *Vie* et à l'*Esprit*, l'*Essai de métaphysique*.

72. La traduction de l'*Ethica* faite par Boulainvilliers est datable grâce à ce qu'il écrit dans l'Avertissement de l'*Essai* : « Les ouvrage posthumes de Spinoza me tombèrent entre les mains en 1704, à l'occasion d'une grammaire ébraïque qui s'y trouve ». Cf. R. Simon (éd.), H. de Boulainvilliers, *Œuvres philosophiques*, La Haye, 1975, t. I, p. 84; L'*Essai* fut publié pour la première fois dans la *Réfutation des erreurs de Benoît de Spinoza*, Bruxelles, Foppens, 1731. Colonna d'Istria publia le manuscrit 5156 de Lyon, l'unique copie de la traduction de Boulainvilliers qui nous soit parvenue; cf. Spinoza, *Ethique*, traduction inédite du Comte Henri de Boulainvilliers avec une introduction et des notes par F. Colonna d'Istria, Paris, 1907.

73. Cf. H. de Boulainvilliers, *La vie de Mahomed*, Amsterdam, 1731 (2ᵉ éd.), p. 178. Dans ces pages Boulainvilliers critique de façon significative la position d'Humphrey Prideaux, incapable, à son avis, de s'éloigner de l'idée commune qui méprise la grossière imposture et la sensualité de Mahomet.

74. Voir dans le même sens les observations de F. Pollock, *Spinoza : His life and philosophy*, London, 1880, p. xvii.

Le monde érudit allemand des premières années du XVIIIe siècle offre des indications suggestives pour la datation du texte, même si ce ne sont pas des solutions. C'est le cas en particulier du *De tribus impostoribus* décrit dans la *Curieuse Bibliothec* (sic) de Wilhelm Ernst Tenzel dont l'apparente ressemblance avec l'*Esprit* quant au contenu sommairement décrit, ne convainc guère cependant, car il se réfère à un original en langue italienne, de toute évidence inexistant[75]. Plus vraisemblable apparemment, le témoignage de l'ami Struve qui racontait avoir vu à Halle un manuscrit français sur les trois imposteurs où l'on faisait allusion aux cartésiens[76]. On ne peut s'empêcher de penser au chapitre « De l'Ame » du texte. Si l'on s'en tient à l'apparente convergence de ces éléments, l'*Esprit* devrait dater d'avant 1703, l'année où Struve composa la *Dissertation*.

A mon tour, je tenterai d'avancer une hypothèse d'attribution et de datation de l'*Esprit*, sur la base d'une nouvelle documentation. C'est encore Marchand qui nous donne de précieuses indications. En parcourant attentivement l'article « Impostoribus », on y lit, dans une note marginale, une référence explicite à un article du *Journal des Savants* d'août 1752, concernant la célèbre « affaire de Prades »[77]. Aucune date de l'article du *Dictionnaire* n'est postérieure à 1752 (Marchand meurt en 1756, et le *Dictionnaire* sortira en publication posthume deux ans plus tard), il est donc très probable que la dernière révision et rédaction de son texte, fruit d'une longue élaboration, soit attribuable à cette année-là. Ce détail autorise à avancer une hypothèse de datation de l'*Esprit* assez précise. Plus loin, de fait, Marchand parle de l'*Esprit* comme d'un écrit « qu'on a vu courir le Monde en manuscrit, depuis environ quarante ou cinquante ans »[78]. Si cette affirmation est exacte, et on ne voit pas pourquoi en douter, vue la qualité des informations de notre auteur, la

---

75. Cf. la *Curieuse Bibliothec, oder Fortsetzung der monatlischen Unterredungen einiger guten Freunde von allerhand Buchern und andern annehmlichen Geschichten… von anno 1689 bis 1698*, Francfort und Leipzig, 1704, pp. 493–494.

76. Cf. B. G. Struve, *Dissertatio historico-litteraria de doctis impostoribus*, Jena, 1703, pp. 20–21. Les deux témoignages sont amplement décrits dans les articles de M. Benítez, « Sur la diffusion du « Traité des trois imposteurs », qui sera publié sous peu, et de A. W. Fairbairn–B. E. Schwarzbach, « Notes sur les deux manuscrits clandestins », in *Dix-huitième siècle*, 22, 1990, pp. 438–439. Benítez considère que la lettre du 12 août 1700, reproduite par Tentzel, se réfère au *Traité*, mais son contenu ne nous apparaît pas suffisamment convaincant pour faire allusion à un original fantômatique de langue italienne. La lettre renvoie probablement l'écho du mythe très répandu qui attribuait la paternité du *Traité* à l'Aretino, mythe présent chez Mersenne et que Bayle, tout en le combattant, avait fait reverdir dans ces années à travers l'article « Arétin » de son *Dictionnaire*. Schwarzbach semble plus prudent pour identifier l'écrit en question mentionné dans la lettre avec notre *Traité*.

77. Cf. « Impostoribus », in *Dictionnaire, cit.*, p. 320.   78. *Ibidem*, p. 324.

composition de l'*Esprit* pourrait être datée entre les années 1702 et 1711 (date à laquelle, comme nous le savons, Levier copia le manuscrit). Naturellement ces indications doivent être entendues avec une certaine marge de souplesse, puisqu'il est évident que l'expression « quarante ou cinquante ans » ne doit pas être interprétée avec une pédanterie trop rigide.

Quant à la question de la paternité du texte, c'est de nouveau le *Dictionnaire* de Marchand qui nous met sur la bonne voie pour résoudre cette nouvelle énigme. Après avoir exclu catégoriquement l'attribution de l'*Esprit* à Lucas ou à Aymon, Marchand écrit : « A la fin d'une copie manuscrite de ce *Traité* que j'ai vûe & lûe, on lui donne pour véritable Auteur un Mr. Vroese, Conseiller de la Cour de Brabant à la Haïe, dont Aymon & Rousset retouchérent le Langage : et que ce dernier y ajouta la *Dissertation* ou *Réponse* depuis imprimée chez Scheurleer »[79]. Dans une page de sa main Marchand donne une description soignée du manuscrit[80], extrêmement intéressant, jamais retrouvé malheureusement. Résumant le contenu des *Remarques sur ce Traité*, il note : « La Mr. Vroese, Conseiller de la Cour de Brabant, est déclaré Auteur de cet Ouvrage ». Ceci, dans un contexte où de nouveau on indique Rousset et Aymon en qualité de réviseurs de l'œuvre, et Levier comme éditeur—éléments sûrs donnés pour certains par Marchand dans le *Dictionnaire* et confirmés par sa correspondance avec Fritsch—confère une valeur particulière à l'hypothèse que ce Vroese, non identifié, ait été effectivement l'auteur de l'*Esprit*. Des trois manuscrits dont Marchand eut connaissance directe celui qui nous intéresse est certainement la copie qui avait appartenu à « Mr Hulst, ancien Bourge-Maître de la Haïe », comme on l'apprend

---

79. *Ibidem*, p. 325.

80. Il s'agit de March. 39:3 (f. 134), *Notice d'un manuscrit De tribus impostoribus*. L'index du manuscrit copié par Marchand est divisé en deux parties. Nous reproduisons *in extenso* l'index de la première partie, les phrases entre crochets sont les commentaires de Marchand :

« I. Dissertation sur le livre DE TRIBUS IMPOSTORIBUS, [plus étendue que celle imprimée à la Haie, chés Scheurleer, en 1716, in 12. En 13 pages de caracteres mediocres in 4.]

« II. Le Traité même, en XI Chapitres, pagg. 14–86.

« III. Remarques sur ce traité, pagg. 87–94. [Là Mr. Vroose, Conseiller de la Cour de Brabant, est déclaré auteur de cet Ouvrage; Aimon et Rousset ses Réviseurs et Levier son Imprimeur ou Libraire].

« IV. Fragmentum libri de tribus Impostoribus. [Cela est différent du François, et accompagné de Remarques Latines, et fini par un Reliquea defunti]. pagg. 103–125.

« V. Lapis Lydius Dictaminum Rationis et c. en Allemand. pagg. 127–169. »

Dans la seconde partie, outre un certain nombre d'*excerpta*, les paragraphes XII et XIII reproduisent le texte complet de *La Vie et l'Esprit de Spinosa* des chapitres XII–XVI extraits de Charron et de Naudé (c'est-à-dire comme il apparaît dans l'édition de 1719) et le catalogue des œuvres de Spinoza.

d'une notation de la *Bibliotheca hulsiana*, catalogue imprimé de la célèbre collection, rédigé en 1730 à l'occasion de sa vente aux enchères[81].

Un autre témoignage enfin, particulièrement important parce que complètement indépendant de Marchand et antérieur au *Dictionnaire* (même s'il fut publié en 1778 seulement), attribue la paternité de l'œuvre à Vroese. J'en ai eu connaissance—comme pour prouver combien les voies du premier illuminisme cosmopolite sont entrelacées et réciproquement dépendantes—en étudiant la période hollandaise et le sort du plus radical et inquiétant des illuministes italiens, Alberto Radicati di Passerano. Il en est question dans l'introduction de F. G. C. Rütz à l'édition hollandaise de la célèbre *Einleitung in die göttlichen Schriften des Neuen Bundes*[82] de Johann David Michaëlis (1717–1791), grand exégète et professeur de langues orientales à Göttingen. Le prédicateur luthérien Rütz était un connaisseur attentif de la littérature déiste et antichrétienne : il dédiera un volume entier à Radicati, dans lequel il affirme entre autres posséder cinq copies manuscrites différentes du *Traité des trois imposteurs*[83]. Dans l'introduction à Michaëlis, il décrit un manuscrit in-4°, de quarante-huit pages, comprenant seize morceaux différents contre la religion chrétienne. Le manuscrit comprend aussi une note verbeuse d'Aymon au sujet du *Traité*. A celle-ci fait suite une

81. Marchand dit avoir vu trois copies différentes du manuscrit : une appartenant à Eugène de Savoie ou à Hohendorff (datée de 1717, et portant la note *permittente D. Barone de Hohendorff*); la seconde appartenant à un ministre de l'église wallonne de La Haye (peut-être Jacques Saurin?); la troisième était conservée dans la bibliothèque de Mr. Hulst, alors bourgmestre de cette même ville (cf. l'article «Impostoribus», in *Dictionnaire, cit.*, p. 323). Avec son habituelle précison et son goût bien connu pour l'anecdote, Marchand dit aussi que le manuscrit figure dans le catalogue imprimé rédigé en 1730 à l'occasion de la vente aux enchères de la bibliothèque du bourgmestre (*ibidem*, p. 72); cependant «on n'ôsa exposer ce Volume en vente, et il fut remis dans le Cabinet du Possesseur». En effet, parcourant le catalogue *Bibliotheca hulsiana* (La Haye, J. Swart et P. de Hondt, 1730) au milieu des manuscrits de théologie in folio on tombe sur cette description : Traité des trois imposteurs, manuscrit en françois, à la fin duquel on trouve le fragment d'un Traité latin sur la même matière» (vol. I, p. 312, n. 4865). La référence à un fragment du traité latin coïncide évidement avec ce qu'a signalé Marchand au paragraphe IV de sa *Notice* (cf. note précédente). Le manuscrit dont Marchand reproduit l'index et qui attribue notre texte à la plume de Vroese, est certainement celui qui a appartenu à van Hulst.

82. J. D. Michaëlis, *Inleiding in de Godlijke Schriften van het Nieuwe Verbond*, 's-Gravenhage, J. H. Munnikhuizen, en C. Plaat, 1778.

83. F. G. C. Rütz, *Kleine bydragen tot de dëistische letterkunde, eerste stuk. Behelzende eenige byzonderheden, raakende de schriften en lotgevallen van den geweezen' dëeist Albert Radicati, graaf van Passeran*, 's-Gravenhage, C. Plaat, 1781, p. 11. Sur la vie et les œuvres de Rütz (1733–1803), prédicateur luthérien à Breda puis à La Haye, polémiste, cf. J. Loosjes, *Naamlist van predikanten, hoogleeraren en porponenten der Luthersche Kerk in Neederland*, 's-Gravenhage, 1925, pp. 272–275. Sur Rütz et Radicati cf. mon article, «Radicati in Olanda : Nuovi documenti della sua conversione e su alcuni manoscritti inediti», in *Rivista storica italiana*, II (1984), pp. 510–522.

«Réflexion» sur la précédente «Remarque» rédigée en 1737 par le copiste anonyme. Il serait opportun de la reproduire entièrement :

> L'Auteur de ces dernières remarques (très considérables, sur une thèse ou la Religion M. C. & la M. sont attribuées à trois imposteurs) Mr Aymon assez connu, par son rare savoir & changement de religion, ne pouvoit point ignorer le véritable Auteur du MS., connu sous le titre, de trois fameux Imposteurs, & dont il a été fait une édition sous le titre : de l'esprit & de la vie de Spinosa, parce que M. Aymon lui même & Mr. Rousset ont été ceux qui ont corrigé l'original de Mr. Vroese, Conseiller du Conseil de Brabant a la Haije, véritable Auteur du susdit Ms. Mr. Rousset, pour mieux faire valoir & rechercher le Mpst [manuscrit] de son Ami & pour divertir en même temps le public, y ajouta une dissertation sur les trois imposteurs laquelle il fit imprimer en suite par Sr. Scheurleer, libraire à la Haije, & c.[84]

La valeur de ce témoignage est considérable, aussi bien parce que identique dans son contenu à celle de Marchand, mais antérieure de nombreuses années, que parce qu'elle nous informe de l'amitié entre Vroese et Rousset de Missy. De ces informations que le copiste semble tenir de vive-voix d'Aymon, émane aussi une nouvelle confirmation de l'attribution de la *Réponse* à Rousset.

Mais un Monsieur Vroese sur lequel convergent tant d'intéressantes indications a-t-il vraiment existé? Les archives de La Haye établissent son identité (les cours les plus importantes du Brabant du Nord qui en tant que régions conquises des Provinces-Unies ne seront pas admises dans l'Union d'Utrecht jusqu'en 1795, avaient de fait leur siège à La Haye). Un Jan (ou Jean ou encore Johan, suivant les graphies), naquit à Rotterdam le 4 octobre 1672, et fut baptisé dans l'Eglise wallonne. Son père, Adriaen Vroesen, occupa des charges de première importance dans la politique de la cité, nommé en 1664 commissaire pour le contrôle des eaux, à partir de 1669 il fut membre du Conseil de la ville et dans les années 1671–1672, bourgmestre de Rotterdam (en 1672 il dut laisser sa charge à cause de la révolution orangiste suivie de l'invasion de Louis XIV). Jan, après avoir fait des études de droit à l'Université d'Utrecht devint secrétaire de Coenraad van Heemskerck et eut par la suite des charges diplomatiques en France en qualité de «chargé d'affaires» de 1701 à 1702[85]. Le 30 juin, il fut nommé membre extraordinaire de la cour

---

84. Cf. la Vorrede de Rütz à la *Inleiding in de Godlijke Schriften*, pp. XXIX–XXX.
85. Les principales informations biographiques concernant Adriaen et Jan Vroesen sont issues

de Brabant et tout de suite après, le 18 juillet, membre ordinaire de la même cour. Tombé gravement malade, il rédige son testament le 22 mai 1711, mais les archives du Brabant du Nord signalent des traces de son activité jusqu'en 1725; il mourut au mois d'août de cette année[86].

On est évidemment devant le même personnage que celui dont parle Marchand. La chronologie et les détails biographiques concernant son activité à la cour de Brabant coïncident en effet avec tout ce qu'affirme l'auteur du *Dictionnaire*. Le témoignage du manuscrit de van Hulst qui attribue aussi l'ouvrage à Vroesen prend maintenant une valeur plus spécifique : le bourgmestre de La Haye devait avoir des informations solides et de première main sur les activités intellectuelles du fils du bourgmestre de Rotterdam. On ne s'étonnera pas non plus que l'auteur de l'*Esprit* (ou plus exactement l'artisan de cette mosaïque téméraire de textes) ait pu être un jeune diplomate hollandais et non un célèbre «homme de lettres». Il suffit de penser au cas illustre de Coenraad van Beuningen (1622–1693) : bras droit de De Witt, trois fois ambassadeur des Provinces-Unies en France durant les années 1660–1668, il fut profondément anti-absolutiste et anti-français, prit la défense des Collégiants de Rijnsburg et professa des idées millénaristes confiées à plusieurs écrits dans lesquels on reconnaît sensiblement le mysticisme intellectuel de Jacob Boehme[87]. Mais des raisons encore plus spécifiques font penser que Vroese a été l'auteur de l'*Esprit*. Appartenant à l'une des plus éminentes familles de la Rotterdam de Bayle, Vroesen fréquenta presque certainement la maison et la bibliothèque de Benjamin Furly (1636–1714),

de O. Schutte, *Repertorium der Nederlandse vertegenwoordigers residerende in het buitenland, 1584–1810*, 's-Gravenhage, 1976, p. 27 et A. J. Veenendaal jr. (éd.), *De briefwisseling van Anthonie Heinsius, 1702–1720*, 's-Gravenhage, 1976, I, p. 4. Dans ARA, Archief van Heinsius 766, sont conservées une cinqantaine de lettres de Jan Vroesen à Heinsius écrites entre le 6 janvier et le 19 juin 1702. Une lettre de Vroesen à Louis XIV du 24 octobre 1701, une fois annoncée la démission de Van Heemskerck pour cause de maladie, se trouve dans ARA, Archief Coenraad van Heemskerck 350. On trouverait d'autres informations au sujet de l'activité diplomatique de Vroesen en consultant T. Thomassen, *Inventaris van Gezantschapsarchieven van Coenraad van Heemskerck*, Den Haag, 1983.

86. Ses deux nominations à la cour de Brabant sont attestées dans ARA, Staten-Generaal 12289 (ff. 185–186). Pour le testament (où son parent Jan van der Duyn est désigné comme héritier universel) voir Gemeente-Archief Den Haag, Notarieel archief 999 (f. 56). Son nom apparaît pour la dernière fois dans un document officiel de 1725, cf. W. M. Lindemann, *Analyses van de resoluties van de Raad van Brabant te 's-Gravenhage (1657–1795)*, 's-Hertogenbosch, 1984, p. 145, n. 2251. La date de sa mort est attestée dans un document conservé dans Gemeente-Archief Den Haag, O.I.T.B., inventaire n. 3, fo. 57ᵛ, d'après lequel une taxe de trente florins fut payée le 30 août 1725 pour sa sépulture.

87. Sur cette personnalité complexe, cf. C. W. Roldanus, *Coenraad van Beuningen, staatman en libertijn*, 's-Gravenhage, 1931, en même temps que M. A. M. Franken, *Coenraad van Beuningen's politieke en diplomatieke aktiviteiten in de jaren 1667–1684*, Groningen, 1966. Beaucoup de ses écrits apparaissent dans le catalogue de la bibliothèque de Benjamin Furly (voir note successive).

un quaker du Colchester émigré en Hollande, ami personnel de Locke, Shaftesbury, Toland, Algernon Sidney, Bayle, fondateur de la plus significative société de philosophie et de littérature de la cité, à mi-chemin entre hétérodoxie et libre-pensée, connue sous le nom de « Lantern », qui se réunissait périodiquement chez lui[88]. Furly traduit en anglais l'essai *Het licht op de kandelaar* (1662) de Peter Balling, l'ami intime de Spinoza. Les familles Furly et Vroesen se connaissaient, un document du 9–10 juin 1704 l'atteste en certifiant le passage de propriété d'un millier d'acres de terre en Pennsylvanie d'Adrian Vroesen, père de Jan, à Benjohan Furly, fils de Benjamin[89]. Il est donc tout à fait probable que Jan ait pu se servir de la stupéfiante bibliothèque de Furly, riche d'environ cinq mille volumes, de toute la littérature quaker, socinienne, mennonite, anabaptiste, quiétiste, sans oublier les œuvres fondamentales de Bayle, Spinoza, Hobbes, Charron, Campanella, Locke, Cudworth et tant d'autres[90]. Dès lors, ce que l'on sait déjà prend un relief particulier : que Levier copia en 1711 avec une précision minutieuse le texte de la *Vie* et celui de l'*Esprit* à partir d'un manuscrit de Furly. Si, comme c'est probable, Vroesen est l'auteur du collage de textes qui constitue l'*Esprit*, il est compréhensible que l'original ou la copie se trouvât dans la maison-amie de Furly; de même qu'il est vraisemblable que Rousset, étant donnés les liens d'amitié avec Vroesen, ait pu indiquer sans difficultés à Levier le moyen de se procurer une copie du manuscrit.

Un autre fait important nous fait comprendre avec quel intérêt Vroesen avait suivi la première littérature déiste anglaise : l'éditeur Scheurleer lui dédicaça la première traduction française—la première œuvre, entre autres, sortie de ses presses—du *Sensus communis* de Shaftesbury[91].

---

88. Sur Furly et l'extraordinaire coterie qui gravite autour de lui, cf. W. I. Hull, *Benjamin Furly and Quakerism in Rotterdam*, Philadelphia, 1941. Voir aussi l'article plus récent de A. van Reijn, « Benjamin Furly : Engels koopman (en meer!) te Rotterdam, 1636–1714 », in *Rotterdam Jaarboekje*, 1985, 1, pp. 219–146.

89. Cf. W. I. Hull, *Benjamin Furly*, cit., p. 173; vingt-deux ans avant, Adriaen Vroesen avait acheté 5000 acres de terre directement à William Penn. Adriaen était encore actif en 1711, quand il participa à la création, et à la donation successive à la ville de Leyde, d'une « Sphaera Armillaris Copernicana », un planetarium; cf. *La Sphere automatique, travaillée par Thrasius, par les soins de Mr. Adriaen Vroesen, & suivant les calculs de Nicolas Stampioen... Messieurs les curateurs de l'Université & Messieurs les bourquemaitres de la ville de Leyde l'ont destinée aux amateurs des beaux arts & de l'astronomie, en l'an 1711* (UBL, 1394 D 16).

90. A la mort de Furly, les éditeurs Fritsch et Böhm, amis de Levier et de Marchand, imprimèrent le catalogue de sa bibliothèque à l'occasion de la vente aux enchères tenue le 22 octobre 1714 : *Bibliotheca furliana, sive Catalogus librorum honoratiss. & doctiss. viri Benjamin Furly*, Rotterdam, Apud Fritsch et Böhm, et Nicolaum Bos, 1714.

91. Cf. l'*Essai sur l'usage de la raillerie et de l'enjouement dans les conversations qui roulent sur les matières les plus importantes* (par A. Ashley Cooper, Cte de Shaftesbury), La Haye, H. Scheurleer,

Scheurleer, qui continuera son travail de diffusion de la production anglaise la plus corrosive, était l'éditeur qui contribua à l'opération publicitaire qui visait à attirer l'attention des lecteurs sur la future première édition du *Traité*, en donnant à imprimer en 1716, la *Réponse* de Rousset.

Peter Friedrich Arpe (1682–1740) attribue lui aussi la paternité de l'*Esprit* à Jan Vroesen. Ami d'enfance de J. L. Mosheim avec lequel il fit le projet de fonder une « Bibliotheca Vulcani » de haute concentration hétérodoxe, Arpe fut un *Aufklärer* parmi les plus intéressants et polyvalents de la première génération. Connu surtout pour son *Apologia pro Julio Caesare Vanino Neapolitano* publiée à Rotterdam en 1712, (mais avec la suggestive indication Cosmopoli, Typis Philaletheis), Arpe a laissé des écrits de valeur inégale qui montrent ses affinités avec le naturalisme de la Renaissance et son intérêt pour les thèmes du pyrrhonisme historique[92]. Il séjourna en Hollande de 1712 à 1714, connut Marchand et certains de ses amis (dont ses futurs éditeurs Fritsch et Böhm), et c'est à lui que l'on a souvent attribué à tort la *Réponse* de Rousset de Missy. Dans ce contexte et à cette période, il se procura une copie de l'*Esprit de Spinosa*, transcrite avec ses annotations dans le *Liber irreligiosum* de sa *Bibliotheca curiosa*, conservée à la Staatbibliothek de Berlin[93]. On apprend des observations de Arpe (dont la source déclarée est toujours Marchand, mais un Marchand des années 1712–14, donc beaucoup plus proche de la composition du texte) de nouveaux détails sur le contexte et sur la « fabrication » de l'*Esprit* : réalisant le désir de Rousset qui, contre la thèse de La Monnoye, voulait voir affirmée l'existence réelle d'un traité des trois imposteurs, Vroesen aurait écrit à La Haye l'*Esprit de Spinosa*, auquel il aurait ajouté par la suite certains chapitres tirés de Charron et de Naudé. En d'autres termes : étant donné que depuis plusieurs décennies l'intelligentzia européenne cherchait avec passion un traité de ce genre, qui était même au dire de Bayle une chimère, le moment était peut-être arrivé de l'écrire. Hypothèse suggestive et plausible, tout-à-fait cohérente avec le futur projet éditorial.

1710. La traduction est due à Pierre Coste. Scheurleer devait connaître plutôt bien le diplomate de Rotterdam si dans la lettre de dédicace « A Monsieur Vroesen, Conseiller du Conseil de Brabant », il pouvait écrire : « C'est à ceux qui ont l'honneur de vous voir de près... ».

92. Sur le personnage de Arpe auquel une attention nécessaire n'a pas encore été consacrée jusqu'ici, cf. maintenant M. Mulsow, « Freethinking in early-eighteenth-century protestant Germany : Peter Friedrich Arpe and the *Traité des trois imposteurs* » dans ce volume.

93. Cf. Staatsbibliothek Berlin, Ms Diez C Quart. 37, fol. 42v. Pour le texte allemand du témoignage de Arpe cf. S. Berti, « Jan Vroesen, autore del « Traité des trois imposteurs » ? », in *Rivista storica italiana*, 1991, II, p. 541.

Il ne faut pas s'étonner non plus—vu le milieu dans lequel il se mouvait—que Vroesen ait une connaissance hors du commun de la culture libertine française et italienne, soit qu'il ait écrit le traité avant de quitter Rotterdam dans les dernières années du siècle, soit, *a fortiori*, que cela ait eu lieu dans les années 1701–1702, passées en qualité de diplomate à Paris où l'on imagine facilement qu'il ait pu prendre contact avec les milieux anti-monarchiques ouverts à la culture libertine. Comme on le verra mieux par la suite, ce double background franco-hollandais était le matériau idéal de fabrication pour un texte comme l'*Esprit*. Le fait enfin, que l'*Esprit* soit écrit en français ne doit pas préjuger de la paternité de l'hollandais Vroesen. Il appartenait, on se le rappelle, à l'Eglise wallonne, au sein de laquelle la langue française était dominante depuis la période du premier «Refuge»; du reste sa connaissance de la langue est attestée aussi dans son agenda privé écrit en français[94]. Par ailleurs, l'*Esprit* est loin d'être un chef d'œuvre de style et la langue y est souvent décousue et laborieuse.

En conclusion, bien qu'il manque une preuve documentaire décisive qui permette d'attribuer avec certitude à Vroesen la paternité de l'*Esprit*, l'ensemble des matériaux rassemblés et l'analyse qu'on peut en faire m'engagent à considérer l'hypothèse de l'attribution du texte au diplomate de Rotterdam comme la plus hautement probable.

Le thème de l'imposture n'était pas du reste le privilège exclusif de la tradition libertine française et italienne. Le jeune Spinoza l'avait senti flotter à Amsterdam dans les discussions hétérodoxes suscitées et encouragées par la compagnie de Juan de Prado. Leur ami commun Daniel de Ribera soutenait ouvertement que la parole de Moïse était tout aussi mensongère que celle de Mahomet et du Christ, que tout cela était le fruit d'intéressés subterfuges[95]. Plus tard, dans les années 1690, Simon de Vries (1624–1708) fera le nom du *De tribus magnis impostoribus mundi*, en en discutant l'origine italienne[96]. Et que dire de Adrian Beverland (1653–1712), le libertin hollandais théoricien d'un panthéisme érotique exaltant le libre assouvissement du désir sexuel, et qui flirtait avec les imposteurs à double titre[97]? Quant à Balthasar Bekker (1634–1698), il reçut l'hon-

---

94. Cf. ARA, Archief C. Van Heemskerck 284.

95. Cf. I. S. Révah, «Aux origines de la rupture spinozienne : Nouveaux documents sur l'incroyance dans la communauté judéo-portugaise d'Amsterdam à l'époque de l'excommunication de Spinoza», in *Revue des études juives*, 3–4 (1964), p. 376.

96. Cf. S. de Vries, *De Satan in sijn Weesen, aards Bredrijf en Guichelspel, vertoond in een historische verhandeling van duivelen, gezigten, spoken, voorzeggingen, voorteekenen, droomen, tooverijen, betooverinjen, bezetenheid, en wat nog voots deze stof aanhangig is...*, Utrecht, 1692, p. 14.

97. De Beverland (sous le pseudonyme de Perin del Vago) cf. le rarissime Perini del Vago,

neur d'être placé au côté de Spinoza à l'occasion du jeu serré d'identifications que déchaîna la popularité acquise par la question de l'imposture[98]. D'autres exemples pourraient être cités, mais ces derniers
suffisent à démontrer la présence d'un tel débat même en terre hollandaise. Je ne peux pas m'empêcher d'évoquer une page extraordinaire
de Jakob Campo Weyerman (1677–1747), une des plus riches personnalités de la culture des Lumières hollandaises, journaliste, peintre, auteur
dramatique, probablement athée et maçon. Dans une de ses gazettes,
l'*Amsterdamsche Hermes*, qui mêlait aux commentaires de politique internationale une propagande pour la littérature déiste la plus radicale,
Weyerman associe le traité des trois imposteurs (*Tractaat der drie bedriegers*) à Spinoza, Vanini et Hobbes sans oublier Toland, le préféré de
Weyerman, Saint-Evremond, Koerbagh, Jelles, Duiker[99]. Peut-être ne
s'agissait-il pas seulement d'une formidable intuition culturelle, capable
de mettre à feu et à sang un terrain commun d'expériences intellectuelles
plutôt différentes. On échappe difficilement à l'impression que Weyerman connaissait notre texte, et si bien, qu'il était capable d'en identifier
les trois sources principales. Après tout, *La Vie et l'Esprit de Spinoza* avait
été publié trois ans plus tôt et s'il a jamais eu un lecteur idéal, ce fut Jacob
Campo Weyerman.

Spinoza et Hobbes

La véritable modernité de ce texte, son indubitable audace intellectuelle,
résident avant tout dans l'usage combiné et parfois dévié d'éléments
appartenant aux philosophies de Hobbes et de Spinoza[100]. Ce mélange
déjà en action en Hollande dans les années 70 du XVIIe siècle et inimaginable alors dans d'autres aires de la culture européenne (mise à part

Equitis de Maltha, Epistolium ad Batavum, in Britannia hospitem, De tribus impostoribus, Hierusolymae
[mais Amsterdam], 1673 et *A discovery of the three impostors, turd sellers, slanderers, and piss-sellers*, by
Seign. Perin del Vago, s.l.n.d. [mais 1707].

98. Voir l'opuscule de F. E. Kettner, *Dissertatio de duobus impostoribus, B. Spinosa et B. Beckero*,
Lipsiae, 1694.   99. Cf. *Amsterdamsche Hermes*, 12 mai 1722, pp. 258–259.

100. L'historiographie a longtemps débattu du type de connexion qui avait existé entre la
philosophie de Hobbes et celle de Spinoza, connexion qui semble acquise dans l'*Esprit*. Une des
contributions les plus intéressantes sur ce thème est celle de A. Pacchi, «*Leviathan* and Spinoza's
Tractatus on Revelation : Some elements for a comparison», in *History of European ideas*, 1989, vol.
10, 5, pp. 577–593. Voir aussi M. A. Bertman, «Hobbes' and Spinoza's politics», in E. Giancotti
(éd.), *Spinoza nel 350° anniversario della nascita*, Napoli, Bibliopolis, 1985, pp. 321–331, sans oublier le
numéro consacré à ce sujet dans la *Revue philosophique de la France et de l'étranger*, 1985, 2. Dans le
cadre des études classiques voir au moins F. Tönnies, *Studien zur Philosophie und Gesellschaftlehre im
17. Jahrhundert*, hrsg. von E. G. Jacoby, Stuttgart–Bad Canstatt, 1975, pp. 293–313 et L. Strauss,
Spinoza's critique of religion, New York, Schocken Books, 1965.

l'exception significative de l'anglais Charles Blount), s'explique sans trop de difficultés en tenant compte du contexte hollandais dont l'*Esprit* est issu.

Plusieurs thèmes importants de philosophie hobbesienne circulaient dans les Provinces-Unies, bien avant que Spinoza ne mette la main à la rédaction du *TTP*[101]. Outre l'édition latine bien connue du *De cive* que Sorbière réussit à faire imprimer à Amsterdam en 1647 chez les Elzevier, les *Tertiae objectiones* de Hobbes aux *Méditations* de Descartes virent la lumière en 1675 en hollandais sous le titre de *Darde bedenkingen*. La traduction était due à Glazemaker, futur traducteur de la dernière partie de l'*Ethica* spinozienne dans les *Nagelate schriften*, et du *TTP*. La version hollandaise du *Leviathan* (1667), dont on ne saurait exagérer l'importance — la première à sortir sur le continent — revêt un intérêt extraordinaire. Le traducteur, Abraham van Berkel[102] était un ami des frères de La Court et en contact étroit avec Adriaan Koerbagh, spinoziste et anti-trinitaire, mort en prison victime de son radicalisme intellectuel, avec un autre ami fidèle de Spinoza, Lodewijk Meyer. Dans sa préface au volume (signée A. T. A. B.) van Berkel déclarait explicitement les raisons qui l'avaient poussé à traduire les conceptualisations théologiques et politiques du « Nobilis Anglus » (ainsi désigné sous le portrait de Hobbes imprimé dans cette édition) : soutenir le gouvernement De Witt contre le parti orangiste et les prétentions de l'Eglise calviniste. Il s'agissait d'une interprétation de Hobbes assez semblable à celle qui s'exprimait dans les écrits de Johan et Peter de La Court (van den Hove) où la thèse de l'indivisibilité du pouvoir et de la suprématie de l'autorité civile sur l'autorité religieuse assumait un visage républicain. Terrain fertile, comme on le devine, pour une rencontre avec les objectifs du *TTP* spinoziste : son but, déclarait explicitement l'auteur, était de défendre la liberté de philosopher des préjugés des théologiens et « de l'excessive autorité et pétulance des prédicateurs » (*TTP*, Préface); sans oublier que le *Tractatus* et le *Leviathan* furent associés dans un décret de condamnation des Cours de Hollande, publié le 19 juillet 1674. Cette « liaison » de fait assuma la valeur d'une prise de conscience subjective, non seulement pour ceux qui faisaient partie de l'entourage de Spinoza, comme van

101. Voir sur la question M. J. Petry, « Hobbes and the early Dutch Spinozists », in C. de Deugd (éd.), *Spinoza's political and theological thought*, cit., pp. 150–169. On trouvera quelque chose aussi dans C. Secretan, « La Réception de Hobbes aux Pays-Bas au XVIᵉ siècle », in *Studia Spinozana*, 1987, III, pp. 391–402.

102. Sur van Berkel, quelques informations dans C. W. Schoneveld, *Intertraffic of the mind : Studies in seventeenth-century Anglo-Dutch translation, with a checklist of books translated from English into Dutch, 1600–1700*, Leiden, 1983, pp. 39–40.

Berkel et Glazemaker dont il a été question, mais aussi pour les généra-
tions successives qui attribuèrent une plus large dimension théorique au
binôme Hobbes–Spinoza, plus fortement nuancée d'une coloration intellectuelle et politique dans les années 1670.

A distance de trente ans environ, l'*Esprit* visait plus haut. Aux yeux de
son auteur, Hobbes et Spinoza constituaient une formidable nouvelle
base philosophique pour une critique radicale des religions révélées,
capable de dévoiler le mécanisme néfaste qui leur donne vie. La doctrine
de l'imposture religieuse, de tradition libertine, était ainsi ré-interprétée
et profondément transformée à partir de bases plus complexes et plus
solides. L'élaboration s'articule autour des notions de peur, d'ignorance,
d'imagination. La structure portante de l'*Esprit*, constituée par les chapitres I–IV, naît d'une lecture symbiotique de l'*Ethica* (renforcée par des
passages du *Tractatus*) et du *Leviathan*.

Avant d'aller plus avant dans l'analyse, il conviendrait d'observer ce
simple fait avec l'attention qu'il mérite. C'était la première fois qu'étaient imprimées en langue française les parties plus significatives du *Leviathan*, comme le chapitre XII, « Of religion », et de l'*Ethica*, où Levier et
Rousset publièrent l'Appendice de la seconde partie, comme chapitre II
de l'*Esprit*. Inutile de souligner qu'il s'agit d'un événement éditorial : la
première version française du *Leviathan* vit le jour seulement en 1777
dans l'édition de Neuchâtel. La chose est encore plus vraie en ce qui
concerne l'*Ethica*. Jusqu'alors, ses thèses avaient filtré à travers plusieurs
tentatives de réfutation, comme celles de François Lamy, de Bayle, de
Fénelon. Mais le premier texte, c'est bien connu, qui exposa véritablement et rendit célèbre la doctrine de Spinoza fut l'*Essai de métaphysique*
que Boulainvilliers écrivit en 1712 mais publia seulement en 1731 sous le
titre de *Réfutation de Spinosa*, douze ans après l'édition de Levier. De plus,
il ne s'agissait encore que d'une paraphrase. La traduction qu'on en lit
dans l'*Esprit*, au contraire, tout en ne comprenant qu'une petite portion
de l'*Ethica*, est particulièrement importante, ne serait-ce qu'en raison de
son achèvement et de son intelligibilité philosophique, même si elle reste
isolée de son contexte. Cette version prend tout son poids quand on
considère que la première traduction française intégrale de l'*Ethica* fut
publiée en 1842 seulement, par Emile Saisset, un élève de Victor Cousin.

Etait-il possible, cependant, de tirer une argumentation cohérente
d'une texture qui, aussi savante fût-elle, était le résultat d'un habile
montage de citations d'auteurs si différents par ailleurs ? On peut affirmer que malgré des incompréhensions partielles, des oscillations et des
contradictions pures et simples, l'auteur de l'*Esprit* a gagné son pari. Et

ceci parce qu'il a su mettre en évidence comment chez chacun d'entre eux l'analyse des origines des religions s'organisait autour d'un axe commun : les croyances religieuses ne sont pas dues à des causes historiques, évidentes dans le développement des sociétés, mais aux mécanismes de la psychologie humaine. De sensibles différences les séparent : pour Hobbes, c'est l'«ignorance of natural causes» qui donne vie à la foi religieuse; de l'ignorance naît la peur—nœud psychologique hobbesien de toute motivation et action humaine—qui nous fait craindre le pouvoir imaginaire d'agents invisibles et succomber à l'angoisse de l'avenir. Au contraire, pour Spinoza, c'est la dialectique entre *spes* et *metus* qui engendre les superstitions humaines. Les deux perspectives se rejoignent sur le rôle fondamental que l'*Esprit* assigne à la théorie de l'imagination spinozienne et à son contenu anti-finaliste, qui dans le texte fait figure de fondement au développement ultérieur de Hobbes sur le thème de la religion (qui occupe presque tout le chapitre IV). Le passage qui consolide l'affinité des argumentations des deux auteurs est précisément issu de l'Appendice, et dans la version de l'*Esprit*, il se fait entendre ainsi : «tous les hommes sont nez dans une ignorance profonde à l'égard des Causes des Choses» (chap. II, 38–39). C'est ainsi qu'est confirmée l'affirmation de Hobbes en tête de l'*Esprit* (chap. I, 5–10), dans le chapitre qui en hommage à l'*Ethica* s'intitule «De Dieu». L'accusation de manque de prise de conscience et par conséquent d'absence de vérité prend dans l'*Esprit* une signification politique radicale, pour la défense du peuple opprimé sous le joug des «Ames vénales» qui l'asservissent et le maintiennent dans l'ignorance, dans leur intérêt personnel exclusif (chap. I, 25–27). C'est dans ces pages que prend corps une notion de peuple très éloignée de celle qui est présente dans l'idée libertine de «peuple» et de «vulgaire», méprisante et dédaigneuse, qui affleure si souvent par exemple dans les pages de Charron et de Naudé (cf. pp. 296–297, notes 2 et 4) dont les invectives, en revanche, se trouvent cependant dans la première édition de l'*Esprit*.

Notre auteur, pleinement conscient de la nécessité de donner une base théorique à la thèse de l'imposture et à la critique de la religion révélée, crut bien faire en s'appuyant sur les pages de l'*Ethica* où est formulée une critique serrée de la théorie des causes finales et du préjugé d'une conception anthropomorphique de Dieu[103]. Au moyen d'une étrange inver-

---

103. Sur le problème de la connaissance chez Spinoza voir G. H. R. Parkinson, *Spinoza's theory of knowledge*, Oxford, 1954. Pour le développement «technique» du thème de l'imagination cf. C. de Deugd, «The significance of Spinoza's first kind of knowledge», Assen, 1966, in *Revue de métaphysique et de morale*, 1972, 77, pp. 1–19, et les observations de S. Zac, «Le Spinoza de Martial

sion, les hommes prennent les causes efficientes pour les causes finales, et croyant ne pas être déterminés nécessairement en agissant, ils s'imaginent être libres (chap. II, 43–49). Le préjugé de finalité s'étend aussi à la considération de Dieu : faute de raisonnements plus valables, les hommes ont défini la nature de Dieu en se fondant sur la leur, lui attribuant passions, mesquineries et faiblesses typiquement humaines, en imaginant que l'unique fin de la création du monde avait été le bonheur du genre humain (chap. II, 70–75). Mais la nature ne peut se proposer une fin sans détruire la perfection de Dieu : « Si Dieu agit pour une fin… il désire ce qu'il n'a pas,… ce qui est faire un Dieu indigent » (chap. II, 115–118). La traduction de ces passages répandait avec une extrême clarté le thème spinozien de la confusion générale entre entendement et imagination. Les hommes, en effet, ignorent la nature des choses, ils en ont une pâle idée grâce à l'imagination qu'ils prennent pour l'entendement. Aussi finissent-ils pas croire que l'ordre du monde correspond aux fantaisies de leur imagination (chap. II, 164–168).

Il convient de laisser de côté les autres développements de l'Appendice, pour fixer notre attention sur le moyen par lequel l'auteur de l'*Esprit*, dans l'exorde du chapitre III, détourne d'autres passages de l'*Ethica* vers une version franchement matérialiste. La traduction de la def. 6, surtout, est frappante : Dieu est défini « un Etre absolument infini, dont l'un des Attributs est d'être une Substance éternelle, infinie » (chap. III, 5–6). De cette façon, il transforme l'être substance en attribut, ce que Spinoza ne dit pas. Ceci permettra, dans la discussion suivante sur l'indivisibilité de la matière, de soutenir que si la substance est matérielle et infinie, puisque « extra Deus nulla substantia dari potest », Dieu aussi est matériel. Il ne convient pas de mener ici une discussion philosophique sur ce sujet; on peut seulement observer qu'en termes strictement spinoziens, affirmer la matérialité de l'Extension, ne signifie pas affirmer de façon univoque la matérialité de Dieu. Puisque l'on ne peut pas oublier que l'autre attribut infini dans son genre, et constitutif de la substance, est la Pensée : l'Extension n'épuise pas toute la réalité de l'être. Et c'est justement cette omission de référence dans le texte de l'*Esprit* à la pensée comme attribut qui en constitue le caractère matérialiste. Il est certain que Spinoza n'aurait pas souscrit à cette interprétation (il suffit de penser à *Ep.* LXXIII). Mais souvent un texte philosophique en dit plus que son auteur ne serait disposé à concéder. De toute façon, cette réduction radicale de la doctrine de Spinoza en termes matérialistes — qui utilise le

Gueroult : La théorie de l'imagination dans le livre II de l'*Ethique* », in *Revue de synthèse*, 1975, 95, pp. 245–282.

Corollaire à la Proposition 13 et le Scolie de la Proposition 15—est du plus haut intérêt historique et probablement la première en langue française. L'auteur continue en soutenant que Dieu ne peut qu'être identique à son contenu, puisqu'il est contradictoire que des unités matérielles soient contenues dans un être qui ne l'est pas (chap. III, 15–19). Pour cette conclusion, le texte se réfère même à Tertullien, auquel souvent la littérature clandestine des Lumières fit recours dans la curieuse tentative d'affirmer la corporéité de Dieu. Une telle récupération se fait à travers d'évidentes réminiscences de Hobbes (pp. 271–272, note 4). Ainsi, à l'appui de l'intention matérialiste de l'auteur de l'*Esprit*, c'est Hobbes que l'on sollicite, et le cercle se referme.

Le texte tout entier se termine sur un chapitre qui pille massivement l'analyse de Hobbes des croyances dans le monde magique des esprits (*Leviathan*, chap. XLV), auquel on accède encore une fois à travers la notion élaborée par Spinoza et Hobbes, largement répandue, qui assimile les esprits à de purs fantasmes de l'imagination[104]. Le point de départ est naturellement l'identification de corps et substance réalisée par Hobbes, qui rend l'expression esprit incorporel auto-contradictoire et absurde (cf. pp. 274–275, note 3).

Toutefois pour comprendre pleinement cette partie de l'*Esprit*, il nous faudra retourner un instant en Hollande et jeter rapidement un regard sur les discussions au sujet de la nature des anges, des démons et des esprits incorporels qui passionnèrent tant les contemporains. Ce serait une erreur de ne pas prendre suffisamment au sérieux ce débat, si marqué à nos yeux d'archaïsmes intellectuels quand on le compare à la modernité des acquisitions philosophiques de la même époque : ce débat contribua lui aussi à la formation de l'attitude anti-superstitieuse et rationaliste des premières Lumières[105]. Et il est difficile d'imaginer que l'auteur de l'*Esprit* aurait consacré le chapitre de conclusion à ce thème sans avoir eu à l'esprit les écrits de Frans Kuyper, Herman Bouman et surtout Balthasar Bekker. Si pour le théologien collégiant Kuyper l'incrédulité au sujet des esprits malins impliquait aussi la négation de l'existence des anges[106],

---

104. Voir sur ce sujet D. Johnston, *The rhetoric of « Leviathan » : Thomas Hobbes and the politics of cultural transformation*, Princeton, 1986, pp. 134–159. Pour une large analyse des croyances magiques en Angleterre aux XVIᵉ et XVIIᵉ siècles cf. l'étude magistrale de K. Thomas, *Religion and the decline of magic*, Harmondsworth, Middlesex, 1971.

105. Voir à ce sujet les observations de C. Fix dans son essai « Angels, devils, and evil spirits in seventeenth-century thought : Balthazar Bekker and the Collegiants », in *Journal of the history of ideas*, 1989, 4, pp. 527–547 et *Prophecy and reason : The Dutch Collegiants in the early Enlightenment*, Princeton University Press, 1991, pp. 3–22.

106. Cf. F. Kuyper, *Korte verhandeling van de duyvelen : Waar in beweezn woed dat'er duyvelen, of*

et aurait conduit par conséquent à infirmer l'existence même de Dieu, pour Bekker la croyance superstitieuse dans les pouvoirs du diable dédoublait en réalité la divinité en affaiblissant la foi en l'unique vrai Dieu[107]. Quant au mennonite Bouman, ses discussions serrées avec le socinien Lambert Joosten tournaient autour de la corporéité des anges : puisque les hommes peuvent recevoir des messages seulement à travers les sens, il est évident que l'ange pour communiquer doit être doté d'un corps[108]. Relecture particulière, comme on le voit, de la thèse de Hobbes, présente aussi sous une autre variante dans l'*Esprit*, qui reprend avec force à Hobbes dans le chapitre final *Des esprits que l'on nomme démons* non seulement l'analogie entre les démons et les fantaisies de qui croit voir en songe les âmes des morts, ou la réalité de son âme réfléchie dans un miroir (chap. XXI, 29–32), mais aussi la critique à Moïse et Jésus-Christ, coupables de ne pas avoir fait connaître le moment de la création de ces esprits, comme le caractère matériel ou immatériel de leur nature (chap. XXI, 91–95).

Une discussion analogue, qui tend à discerner quelle est la nature de l'âme, corporelle ou incorporelle, est conduite dans le *Traité* aux chapitres XIX et XX. Mais ici, notre auteur s'adresse directement à celui que Bayle avait décrit ainsi : « … un médecin de Paris nommé Lamy, épicurien outré »[109], pillant ses *Discours anatomiques* (1675). Lamy d'une part usait, contre Aristote, d'une interprétation gassendiste de Descartes, et de l'autre critiquait Descartes en recourant avec décision à un matérialisme atomique d'origine épicurienne et lucrècienne[110]. Notre texte tire de ces pages une conception presque animiste de l'âme considérée mortelle et corporelle, philosophiquement et culturellement très éloignée de Spinoza. Il est significatif, cependant, que tout en ayant à sa

verstandige zelfstandige geesten zijn, onderscheyden van het geschlacht der menschen, beesten, etc., Rotterdam, 1676, pp. 2–6.

107. Cf. B. Bekker, *De betoverde weereld, zynde een grondig ondersoek van 't gemeen gevoelen aangaande geesten…*, Deventer, 1739, II, pp. 1–35. Bekker avait l'intention de mener une attaque cartésienne contre les croyances populaires selon lesquelles le diable influence le cours des affaires humaines par l'intermédiaire de sorcières, démons et présences surnaturelles de types différents, dans une perspective qui sépare avec rigidité le champ d'action de l'esprit de celui du corps.

108. H. Bouman, *Disputatio van verscheyde saaken, raakende wonderwerken, en of een schepsel die doen kan. Item van den engelen, duyvelen, etc. Voorgevallen in de Menniste kerk, Het Lam genaamd, terwijl het oeffening was, 7 Aug…. 1695*, Amsterdam, 1695, pp. 20–21.

109. Cf. les *Nouvelles de la république des lettres*, mars 1684, p. 32.

110. Sur Lamy les pages de M. Busson sont encore extrêmement pertinentes : *La Religion des classiques (1660–1685)*, Paris, 1948, pp. 147–164. Mais voir aussi les importantes observations de S. Landucci dans *La teodicea nell'età cartesiana*, Napoli, 1986, pp. 219–243, qui souligne comment la polémique anti-finaliste des *Discours anatomiques* se termine par une théodicée (cf. pp. 233–236). Pour d'autres données bibliographiques, voir dans mon édition aux pp. 300–301.

disposition ce type d'anti-finalisme exprimé par Lamy dans le *De principiis rerum* (1669), l'auteur de l'*Esprit* ait préféré pour sa critique au finalisme se servir de la construction spinozienne plus solide exprimée dans l'*Ethica*.

La présence du *TTP* est forte elle aussi, et par moments même, contradictoire. Par exemple, la critique du caractère divin des prophéties, qui tend à nier l'idée d'une révélation divine manifestée directement à l'esprit humain, s'inspire de façon évidente aux passages bien connus du *TTP* I et II, mais, curieusement, il manque dans ces pages la doctrine spinozienne de l'imagination comme constitutive de l'inspiration prophétique. Autre bizarrerie du texte : l'auteur ironise pesamment (à travers un collage de morceaux extraits du *TTP* I et XV (chap. I, 128–132 et I, 167–170) sur le caractère matériel des représentations de Dieu proposées par les prophètes, pour soutenir ensuite, au début du chapitre « Ce qu'est Dieu », une conception matérialiste de Dieu. Pour mieux attaquer le christianisme, discréditant la source mosaïque et biblique de la révélation, le *Traité* ne renonce pas à utiliser Spinoza dans un sens antisémite (habitude tristement présente dans plus d'un texte de la littérature clandestine du XVIIIe siècle)[111]. Après avoir défini les prophètes comme des « gens à Songes », le texte poursuit : « Mais pour croire de telles contradictions, il faudroit etre aussi grossiers & aussi stupides que ceux qui malgré les Artifices de Moyse, croyoient qu'un Veau etoit le Dieu qui les avait tiré d'Egypte. Mais sans nous arreter aux rêveries d'un Peuple élevé dans la Servitude, & parmi les Superstitieux, finissons ce Chapitre » (chap. I, 193–198). Ce passage s'inspire clairement du deuxième chapitre du *Tractatus* (cf. note 12, p. 265), mais son sens a été complètement altéré car figé dans un jugement absolu, et privé d'une attention critique et historique constitutive de la méthode de Spinoza, qui dans ce cas précis voit l'histoire du peuple d'Israël dans son enfance, histoire primitive et qui s'épuise dans l'esclavage, rendant le peuple inaccessible à une compréhension rationnelle de Dieu et des lois morales[112]. L'agilité joueuse avec laquelle l'auteur de l'*Esprit* se sert du *Tractatus* révèle quel impact dut avoir dans les milieux huguenots émigrés de la libre Hollande l'invi-

---

111. Spinoza lui-même a parfois prêté le flanc dans son texte (spécialement en ce qui concerne l'usage du mot « pharisien ») à une utilisation de sa pensée dans ce sens. Voir à ce sujet la contribution incisive de H. Méchoulan, « Hébreux, Juifs et Pharisiens dans le *Traité théologico-politique* », in E. Giancotti (éd.), *Spinoza nel 350° annivesario della nascita, cit.*, pp. 439–460.

112. Sur la méthode historique et profane avec laquelle Spinoza analyse les différentes étapes du développement de la nation juive, voir les belles pages de L. Strauss, dans *Spinoza's critique of religion, cit.*, pp. 251–156. Sur Spinoza et les Ecritures, voir S. Zac, *Spinoza et l'interprétation de l'Ecriture*, Paris, 1965.

tation qui suit à «instituer un nouvel et libre examen de l'Ecriture» (*TTP*, Préf.). L'élaboration spinozienne d'une nouvelle méthode historique et critique pour l'exégèse scripturaire, apte à distinguer la parole de Dieu des abus des théologiens et des ajouts arbitraires des hommes, est ici pleinement accueillie. Ce qui, chez Spinoza, était mépris du culte extérieur et de l'hommage superstitieux rendu à la matérialité du Livre, devient dans l'*Esprit* dérision agressive et destructrice. La Bible, dans un passage où Spinoza, Vanini et Richard Simon semblent se donner la main, devient «un tissu de Fragmens cousus ensemble en divers tems, et donnez au Public à la fantaisie des Rabbins» (chap. III, 87–88). Et c'est justement l'italien Vanini [113], le martyr libertin, ré-actualisé par Bayle, ces années-là [114], qui introduit avec autorité dans ce texte la composante libertine.

Libertinage et imposture

Il est frappant que la première apparition de poids d'un passage de Vanini dans cette œuvre — c'est un extrait du dialogue «De Deo» du *De arcanis* — se manifeste en plein contexte spinozien, et plus précisément à l'intérieur de ce troisième chapitre où l'on assiste à la mutation matérialiste de la doctrine spinozienne et à son rattachement avec la pensée de Hobbes. Mais de quelle façon l'éparpillement et l'empirisme sceptique des libertins, parfois accompagnés de l'insolence du blasphème, peuvent-ils coexister avec les bases conceptuelles sûres et granitiques établies par Spinoza et Hobbes? La question est légitime, et l'on peut tenter d'y apporter une réponse. L'explication réside, à mon avis, dans le fait que le texte ne retient de la tradition sceptique et libertine — incapable de résoudre l'ambivalence structurelle du fidéisme et du scepticisme — que ce qui est d'interprétation univoque, et susceptible de s'inscrire dans

---

113. Pour les principales informations bibliographiques sur Vanini, voir p. 278, note 3 de mon édition.

114. Je me réfère, bien sûr, aux passages célèbres des *Pensées diverses* (chap. 174 et 182) dans lesquels on fait la théorie de la compatibilité d'athéisme et vertu. Non moins intéressant, parmi les divers lieux bayliens qui s'occupent de Vanini, ce qu'on lit dans l'*Eclaircissement sur les athées* ajouté et fondu dans la seconde édition du *Dictionnaire* (1702), où Bayle fait la distinction entre les «profanes» considérés comme de «francs athées» par le Père Garasse — mais à son avis de simples «athées de pratique», gens qui vivent «sans nulle crainte de Dieu, mais non pas sans aucune persuasion de son existence» — et les «athées de théorie, comme Diagoras par exemple, Vanini, Spinoza & c. gens dont l'athéisme est attesté par les historiens, ou par leurs écrits». Cf. *Dictionnaire historique et critique*, seconde édition, revue, corrigée & augmentée par l'auteur, à Rotterdam, ches R. Leers, 1702, t. III, p. 3139. Pour la mise en évidence de la pensée de Bayle dans un sens libertin, cf. D. Wootton, *Pierre Bayle, libertine*, in M. A. Stewart (éd.), *Oxford studies in the history of philosophy*, vol. 3, Clarendon Press, Oxford (sous presse).

l'horizon de la *conceptual framework* spinozienne. Il est en ce sens extrêmement significatif que le lieu de cette rencontre soit un passage concernant l'identification de Dieu avec la Nature : les chrétiens préfèrent
adorer l'invraisemblable texte biblique plutôt que d'écouter la « Loy
naturelle que Dieu, c'est à dire la Nature, entant qu'elle est le principe du
Mouvement, a écritte dans le cœur des Hommes » (III, 97–99). Ainsi
Vanini est intégré à Spinoza à travers le passage idéal du *Deus sive Natura*.

Le processus d'homologation philosophique se déroule selon la modalité suivante : dans un premier moment, on donne une version matérialiste de Spinoza; puis, à l'appui du naturalisme lui-même, auquel on
confère une coloration matérialiste, Vanini est assimilé à Spinoza. De la
même façon, quelques lignes plus bas, grâce à un savant dosage de
passages spinoziens extraits de contextes divers, Spinoza nous est arbitrairement servi à la sauce Vanini (cf. p. 273, note 3). C'est là que le texte
rejoint des résultats de virtuose dans l'art du pastiche, et, ce qui en dit
long, sous le signe de Vanini, maître alchimiste dans l'utilisation des
sources, stratège de parcours maniéristes et subversifs.

L'association des deux auteurs naît donc chez Bayle et dans l'*Esprit*,
dans des textes substantiellement contemporains, et l'on comprend que
le milieu idéal de leur diffusion ait été constitué par la culture huguenote
émigrée en Hollande. Cette assimilation de Spinoza et Vanini, qui se
réalise aussi bien au sens baylien à travers la figure symbolique de l'athée
vertueux, qu'à travers l'identification philosophique du naturalisme et du
panthéisme, est aussi d'une importance considérable puisque—comme
dans la connexion Hobbes–Spinoza—elle anticipe et synthétise une tendance culturelle toujours plus diffuse dans les premiers trente ans du
XVIIIe siècle, et spécialement au sein des milieux protestants [115]. Parmi les
nombreuses dissertations qui virent le jour dans le cadre académique et
érudit allemand—celles de Deutsche, d'Apel et surtout de Schramm [116]—
le texte de loin le plus significatif est dû à Arpe (cf. p. 29), qui fut lié
à l'histoire de notre texte pour des raisons variées. Son *Apologia pro Julio
Caesare Vanini* est une défense originale de Vanini contre les accusations
d'athéisme lancées contre lui par le jésuite Garasse. Mais l'exemple peut-
être le plus intéressant est celui du ministre protestant Durand, qui dans
le volume imprimé en 1717 sous les presses de Fritsch, l'ami de Mar-

---

115. Voir en général sur ce thème L. Bianchi, *Tradizione libertina e critica storica : Da Naudé
a Bayle*, Milano, 1988, pp. 183–209.

116. Cf. J. W. Apel, *De vita et fatis Julii Caesaris Vanini, dissertatio prior*, Jenae, 1708; J. Deutsche,
Dissertatio posterior de Vanini scriptis et opinionibus, Jenae, 1708; J. M. Schramm, *De vita et scriptis
famosi athei Julii Caesaris Vanini tractatus singularis*, Cüstrini, 1709.

chand, voit dans Vanini un penseur naturaliste et matérialiste, et lui assigne par conséquent la qualité de spinoziste, sans plus d'embarras[117].

La jonction des deux traditions s'est faite. Ainsi à l'idée naturaliste et libertine des législateurs fondateurs des grandes religions historiques grâce à l'usage politique de la ruse et du mensonge (que l'on trouve chez Campanella comme chez Naudé ou dans le *Theophrastus redivivus*, pour ne parler que des plus célèbres), se substitue une notion d'imposture qui plonge ses racines dans une déviation de l'esprit, dans les sentiments les plus obscurs de l'âme et dans une ignorance primitive. A l'imposture comme « fraude », succède l'imposture comme « déraison ». Mais aussitôt le texte fait recours au thème classique de la fraude quand il aborde les événements concernant Moïse, Jésus et Mahomet. Il n'y a pas de surprises : c'est encore Vanini qui fait la part du lion dans ces chapitres (de V à XI), et à son côté défilent, dans un cortège prévisible — qu'il s'agisse des sources directes ou de celles présentes dans l'arrière-plan culturel chez l'auteur de l'*Esprit* — La Mothe Le Vayer, Campanella, Naudé, Bodin, Pomponazzi. L'adage averroïste qui comparait de façon sacrilège les trois *leges*, est ainsi réactualisé : « Lex Moysi, lex puerorum; lex Christi, lex impossibilium; lex Mahumeti, lex porcorum »[118].

Le développement sur Moïse, fondamentalement étranger à une reconstitution historique, néglige des sources comme Ecate d'Abdera, qui présenta favorablement Moïse, le fondateur de l'état d'Israël, ou comme Posidonius qui pour ce que nous en savons par Strabon, soulignait la pureté du monothéisme mosaïque, dépourvu de caractère idolâtre (Strabon, 16, 35). L'intention polémique de l'*Esprit* se concentre sur deux objectifs : les arts magiques de Moïse utilisés comme instrument de supercherie et sa soif de pouvoir sans scrupules, légitimée par une

---

117. Cf. D. Durand, *La vie et les sentimens de Lucilio Vanini*, Rotterdam, Fritsch, 1717, pp. 120–121. Sur sa vie, voir S. Beuzeville, « Préface sur la vie et les ouvrages de l'auteur », in D. Durand, *La vie de J. F. Ostervald, pasteur de Neufchâtel en Suisse*, London, 1778, pp. I–XIV. Sur la synthèse Vanini–Spinoza opérée par Durand, et la connaissance qu'il avait d'un manuscrit de l'*Esprit*, voir S. Berti, « Scepticism and the « Traité des trois imposteurs » », in R. H. Popkin–A. J. Vanderjagt (eds.), *Scepticism and irreligion in the 17th and 18th centuries*, Leiden–New York–København–Köln 1993, pp. 224–225.

118. La citation se trouve dans Marchand, « Impostoribus », in *Dictionnaire, cit.*, p. 314. Sur l'origine médiévale du thème des trois imposteurs, et sa survivance et transformation jusqu'au dix-septième siècle, voir, outre E. Renan, *Averroès, cit.*, pp. 297–298, A. Jundt, *Histoire de panthéisme populaire au Moyen Age et au XVIᵉ siècle*, Strasbourg, 1875, L. Massignon, « La légende « De tribus impostoribus » et ses origines islamiques », in *Revue de l'histoire des religions*, 1920, 82, pp. 74–78, M. Esposito, « Una manifestazione d'incredulità religiosa nel medioevo », in *Archivio storico italiano*, 1931, vol. 16, pp. 3–48, F. M. Niewöhner, *Veritas sive varietas, cit.*, J. J. Denonain, *Le Liber de tribus impostoribus du XVIᵉ siècle, cit.*, pp. 215–226, G. Spini, *Ricerca dei libertini : La teoria dell'impostura delle religioni nel Seicento italiano*, Firenze, 1983 (2ᵉ éd.).

prétendue investiture divine. Pour la renforcer, l'auteur de notre texte fait usage d'écrits à leur tour inspirés de sources hellénistiques déterminées. Mais encore une fois, il néglige un texte comme le *De vita Mosis* de Philon pour se tourner à travers Julius Justinianus, vers les récits du philosophe néoplatonicien Numenius d'Apamée, qui présentait Moïse comme un des plus grands mages de son temps (Leemans, fr. 18 et 19)[119]. On trouve de fait : « Le célèbre Moyse, petit Fils d'un grand Magicien » (chap. V, 15 et note 2, p. 278). Et la notion même de Moïse comme imposteur naît dans un milieu hellénistique, dans le violent opuscule de l'ambassadeur Apollonio Molone *Contra Judæos* (cf. Eusèbe, *Praeparatio Evangelica*, 9. 19), à l'origine de lieux communs nombreux et variés contre les Juifs (on trouve aussi l'accusation d'imposture dans les *Hypothetica* de Philon). C'est dans la culture hellénistique donc, à des moments et chez des auteurs divers, que prennent forme les deux définitions de Moïse législateur et imposteur. Elles seront reprises dans le filon syncrétique du naturalisme Averroès–Pomponazzi, pour comparaître à nouveau chez des penseurs comme Campanella, Vanini et Naudé avec la dénonciation des miracles et des prodiges surnaturels—et donc de la magie encore une fois—comme constitutifs de l'affirmation de chaque religion. Les trois auteurs dont il vient d'être question contribuent à former la trame de la partie dédiée à Moïse.

Après un bref chapitre consacré à Numa Pompilius, ajouté par l'éditeur Levier au texte original de l'*Esprit*, et qui servait à ne pas exclure le monde païen du discours sur l'imposture, une large section du texte est consacrée aux vertus morales et politiques de Jésus et au caractère divin de sa nature.

Mais comme nous l'avons déjà dit, le véritable objectif de la polémique était évidemment la religion chrétienne. La structure centrale des chapitres sur Jésus, comme c'était le cas du reste pour Moïse, est constituée à partir du dialogue « De Deo » du *De arcanis* de Vanini. Il est significatif que les références aux Evangiles ne soient présentes qu'à travers la prose de Vanini, tandis que la source ancienne qui a été retenue, est Celse, voix païenne du platonicisme moyen, d'un anti-christianisme cinglant, probablement relue à travers Bodin (cf. pp. 284 et 287, notes 8 et 1). Ces chapitres sont remplis du mépris cultivé de Celse pour la superstition, l'ignorance et la crédulité de la plèbe chrétienne. Mais ses dards sont réservés surtout au Christ, traité à l'instar d'un mage ou d'un sorcier, qui faisait croire qu'il accomplissait des miracles quand il se servait des

---

119. Moïse est défini comme le détenteur de pouvoirs miraculeux que Dieu lui aurait concédés dans certains *papyri* magiques, cf. K. Preisendanz, *Papyri graecae magicae*, 2, p. 87 sq.

pratiques magiques apprises des Egyptiens[120]. La même qualification d'imposteur apparaît dans le discours de Celse (cf. II, 7). Et la grossièreté de la doctrine chrétienne qui met la foi avant la connaissance, est facilement assimilée au récit de la naissance du Christ, ramené crûment au commerce adultérin de Marie avec le soldat Pantera[121]. Ce matériel antichrétien est savamment fondu avec des morceaux libertins, qu'il s'agisse de La Mothe Le Vayer, sceptique au sujet de la supériorité de la morale chrétienne sur celle des Anciens (chap. IX, pp. 134–138), ou de Vanini, qui décèle la plus subtile astuce de Jésus dans son annonce de la venue de l'Antéchrist, pour se défendre d'autres éventuels imposteurs qui auraient pu se faire passer à leur tour pour le vrai Messie, en ruinant ainsi la religion chrétienne.

Le choix de Vanini dans cette partie de l'œuvre s'explique facilement. L'auteur de l'*Esprit* aurait de fait cherché en vain des textes agressifs contre le Christ dans l'œuvre de Spinoza, où se manifeste toujours un profond respect pour la personne humaine de Jésus par laquelle s'exprime au maximum la sagesse de Dieu[122]. L'idée de se fonder sur Vanini, qui un des premiers dans la culture européenne arriva à exprimer une radicale dévalorisation et un mépris désacralisant non seulement pour le dogme de la divinité du Christ—thèse amplement répandue chez les anti-trinitaires jusqu'à Bodin et Spinoza—mais aussi pour son expérience humaine, démontre chez l'auteur de l'*Esprit* un choix qui ne laisse aucun doute, un choix sans équivoque.

Lorsque quelques années plus tard, les éditeurs de *La Vie et l'Esprit de Spinosa* voulurent renforcer le radicalisme du texte, en intervenant sur le thème de la divinité du Christ, ils durent obligatoirement faire recours à Spinoza : sa conception de Dieu, qui avec une rigueur inattaquable annulait toute hypothèse concernant la création, était la plus apte à fournir de solides arguments contre la croyance en la divinité du

120. Sur la réputation de Jésus comme mage, largement partagée par ses contemporains, voir l'ouvrage extraordinaire de Morton Smith, *Jesus the magician*, New York, 1978, et en particulier les pages 46–50. En dehors des Evangiles, son enquête se fonde aussi, naturellement, sur d'autres sources non chrétiennes comme les sources gréco-romaines et hébraïques.

121. Pantera était le nom généralement attribué par la tradition hébraïque au père de Jésus (cf. *Jesus the magician*, cit., pp. 46–50). Morton Smith soutient que Celsus doit en avoir eu connaissance grâce à la tradition palestinienne non rabbinique (cf. p. 182).

122. Sur ce thème voir les pages limpides de S. Zac, *Spinoza et l'interprétation de l'Ecriture*, cit., pp. 190–199. Voir aussi A. Matheron, *Le Christ et le salut des ignorants chez Spinoza*, Paris, 1971 et R. Misrahi, « Spinoza face au Christianisme », in *Revue philosophique de la France et de l'étranger*, 1977, 2, pp. 233–268. Sur la composante socinienne probable de cette inclination spinozienne, cf. H. Mechoulan, « Morteira et Spinoza au carrefour du socinianisme », in *Revue des études Juives*, 1976, pp. 51–65.

Christ. En bon connaisseur de Spinoza, comme il l'était, Levier se servit, dans ce contexte, d'un passage moins connu, mais d'une grande vigueur d'argumentation, extrapolé d'une lettre de Spinoza à Oldenburg (*Ep.* LXXIII) : «... si Jésus-Christ étoit Dieu, il s'ensuiveroit, comme le dit St. Jean, que *Dieu auroit été fait Chair,* & auroit pris la Nature humaine, ce qui renferme une aussi grande contradiction, que si l'on disoit que le Cercle a pris la Nature du Quarré» (chap. X, 55–59).

La partie la plus mystérieuse de notre texte et la plus difficile à déchiffrer, regarde Mahomet. On comprend comment l'idée de l'imposture de Mahomet, vu comme un faux prophète qui s'imposa par les armes et le mensonge à une plèbe ignorante, semblait moins incongrue et moins impie aussi, dans le milieu culturel européen de l'époque[123]. Spinoza lui-même, qui certainement n'aurait pas étendu la définition à Moïse et à Jésus, considérait Mahomet comme un imposteur (cf. *Ep.* XLIII à Ostens); même chose chez Hobbes (cf. *Leviathan,* I, 12) ou dans le *Theophrastus* (cf. t. II, p. 515). De notables indices d'anti-islamisme étaient bien présents en Angleterre, dans les traités anglicans[124]. Un des exemples les plus intéressants vient du doyen de Litchfield, Lancelot Addison (1632–1703). Dans *The life and death of Mahumet* (1679), Addison stigmatise le pouvoir et la conquête de Mahomet, obtenus par la force et la ruse. Fort d'une prétendue révélation divine, il s'inventa une religion capable de satisfaire les désirs de son peuple, ne réussissant qu'à être un «monstrous Impostor»[125]. Mais c'est dans la description de la sensualité de la religion mahométane (chap. XI, 36–41) que l'*Esprit* semble tenir compte d'Addison justement, pour faire suite à un passage de Campanella (cf. p. 290, note 3) : il dénonce dans la «sensual liberty allow'd by Mahumet» la cause principale de l'«advancement of his Imposture», soutenue par la promesse que la «prodigious filthiness and carnality» accordée dans la vie terrestre serait maintenue au paradis[126]. Et que dire du bon Humphrey Prideaux, grand orientaliste, qui dans *The true nature of imposture fully displayed in the life of Mahomet* (1697) pour sauver Jésus et la religion chrétienne, pensa bien de charger toute la honte de l'imposture sur le

123. Le point de départ indispensable d'une étude sur la présence de Mahomet dans la culture occidentale médiévale et moderne, est le livre classique d'E. Renan sur l'averroïsme (cf. note 2). Voir aussi R. Southern, *The Western view of Islam,* Harvard, 1962, e G. L. van Roosbroeke, *Persian letters before Montesquieu,* 1932.

124. Cf. sur ce sujet L. Kontler, «The idea of toleration and the image of Islam in early Enlightenment English thought», in E. H. Balazs (éd.), *Sous le signe des Lumières,* (Budapest, 1987).

125. L. Addison, *The life and death of Mahumed, the author of the Turkish religion,* London, Printed for W. Crooke, 1679, p. 132. Une autre édition fut imprimée, par le même éditeur et la même année, sous le titre *The first state of Mahumedism : Or, an account of the author and doctrines of that imposture.*   126. Cf. *ibidem,* p. 136.

seul Mahomet[127]. Il est possible, mais improbable étant donnée la date de
l'œuvre de Prideaux, que l'auteur du *Traité* en ait eu connaissance directe; mais le climat culturel était celui-là, et tels étaient les arguments
en vogue contre le fondateur de l'Islam. Il est significatif que ne furent
pas pris en considération divers écrits anglais de saveur socinienne qui
appréciaient l'extrême monisme anti-idolâtre de la religion islamique, et
reconnaissaient en Mahomet celui qui avait assaini l'état de dégénéres-
cence dans lequel versait le christianisme : je pense avant tout à Henry
Stubbe[128]. Pas de traces non plus dans l'*Esprit* de quelque usage des
sources islamiques, malgré la véritable renaissance des études arabisantes
dans le milieu du XVIIe siècle, et ici, on se contentera du nom d'Edward
Pococke (1604–1691) auquel on doit surtout la renommée de l'école orientale d'Oxford[129]. Ainsi, dans le cas de Mahomet, de façon plus évidente
que cela n'apparaît pour les deux autres législateurs, le *Traité* se construit
autour des narrations « modernes » et dénigratoires de Vanini et Naudé.

Le lecteur le sait déjà : le texte de l'*Esprit* a été édité en 1719 pour la
première fois; à l'occasion de cette édition, Levier et son collaborateur
présumé Johnson ajoutèrent six chapitres (de XII à XVII) extraits de *Les
Trois Véritez* et *De la Sagesse* de Charron, et des *Considérations politiques
sur les coups d'Estat* de Naudé. Il importe de comprendre dans quelle
intention et dans quel état d'esprit. Levier, pour autant qu'il fût un
spinoziste convaincu, montrait une connaissance et un intérêt considérables pour la pensée libertine. Dans l'introduction à cette section consacrée aux « deux célèbres modernes », nos éditeurs nous offrent un
passage qui est une déclaration explicite d'intention : « Quoi qu'*Ecclésiastiques* l'un & l'autre, & par conséquent obligez à garder des mesures avec
la *Superstition*, on ne laissera pas néanmoins d'apercevoir au travers de
leurs ménagemens, & de leur *stile Catholique*, qu'ils disent des choses
aussi libres & aussi fortes que nous » (chap. XI, 118–122). Cette citation

127. L'intention est claire et déclarée dès le titre : *The true nature of imposture fully displayed in the
life of Mahomet : With a discourse annexed, for the vindicating of Christianity from this charge; offered to
the consideration of the deists of the present age*, London, W. Rogers, 1697. Prideaux, qui tout en
défendant la religion chrétienne, n'oublie pas l'usurpation pontificale, ne peut s'empêcher d'observer que l'imposture de Mahomet commença plus ou moins à la même époque que celle où « the
Bishop of Rome... first assumed the Title of *Universal Pastor*... And from this time Both have
conspired to found themselves an *Empire in Imposture* » (p. 16).

128. Son *Account of the rise and progress of Mahometanism* (1671) connut une large diffusion
clandestine au début du XVIIIe siècle (cf. l'édition de H. M. Khan Shairani, London, 1911). Sur
Stubbe cf. l'importante étude de J. R. Jacob, *Henry Stubbe : Radical Protestantism and the early
Enlightenment*, Cambridge, 1983.

129. Son *Specimen historiae Arabum* (1649) fut une référence pour tous, mais il ne faut pas oublier
les études qui en diverses parties d'Europe furent menées par Hottinger et Herbelot, Galland et
Ravius, Reland et Ockley, Marracci et Kinckelmann.

montre de manière surprenante la capacité critique et historique et la conscience historiographique de Levier et de son collaborateur, capables de saisir la signification intellectuelle subversive de certains passages de l'œuvre de Charron et de Naudé. C'est ainsi qu'en reliant la solide structure spinozienne et hobbesienne aux élaborations sceptiques et libertines, ceux-ci construirent leur tradition anti-religieuse et donnèrent forme en même temps à leur propre cheminement vers l'incrédulité. En ce qui concerne l'usage fait du *De la Sagesse*, il faut dire avant tout que les éditeurs de l'*Esprit* ont choisi d'utiliser certains passages particulièrement hardis que Charron [130] avait insérés dans sa première édition (1601), et qui ne furent plus re-publiés ni dans l'édition successive (1604), revue et purgée par l'auteur, ni dans l'édition posthume (1607). C'est le cas en particulier du célèbre morceau qui commence ainsi : « C'est premièrement chose effroyable, de la grande diversité des *Religions*.... c'est merveille que l'entendement humain aye pû estre si fort abesty & enyvré d'impostures ? » (*Sagesse*, II, 5 ; *Esprit*, XIII, 2–74) [131]. Ceci contient implicitement une argumentation anti-chrétienne : les religions se ressemblent dans les dogmes et dans les fondements, comme la foi en un Dieu créateur, dans la providence et dans l'immortalité de l'âme — c'est ce qu'on lit dans les autres éditions — mais aussi dans les miracles, dans les mystères sacrés et dans les faux prophètes nécessaires à l'affirmation de la foi religieuse. Si le relativisme sceptique de Charron entraînait une dévaluation importante de la capacité de connaissance de la raison, et en conséquence l'invitation à une acceptation fidéiste de la révélation [132], l'éditeur de La Haye, en privilégia l'aspect critique en éliminant les passages en faveur du Christianisme. Tous les textes de Charron sont soumis dans l'*Esprit* à un traitement très particulier : chaque morceau où comparait l'éloge de la religion chrétienne est supprimé. Un exemple, toujours à l'intérieur du chapitre XIII : le violent excursus de Charron sur les terribles cruautés communes aux diverses religions se termine avec une phrase non reproduite dans l'*Esprit* : « mais tout cela a esté aboly par le christianisme ». La même chose se passe dans le paragraphe

130. Sur Charron les contributions de A. M. Battista et Tullio Gregory restent fondamentales. De ce dernier, je rappelle en particulier « La sagezza scettica di Pierre Charron », in *De homine*, 1967, 21, pp. 163–182 et « Il « libro scandaloso » di Pierre Charron », in *Etica e religione nella critica libertina*, Napoli, 1986, pp. 71–109. Voir aussi le volume collectif *La sagezza moderna : Temi e problemi dell'opera di Pierre Charron*, ESI, Napoli, 1987, qui comprend une bibliographie exhaustive.

131. Le même passage se trouve aussi dans Marchand, « Impostoribus », in *Dictionnaire*, cit., p. 317.

132. Sur cet aspect spécifique de l'attitude relativiste de Charron, voir en particulier R. H. Popkin, *The history of Scepticism*, cit., pp. 55–62. Du même auteur, voir aussi « Charron and Descartes : the fruits of systematic doubt », in *Journal of philosophy*, 1954, 51, pp. 831–837.

immédiatement successif où l'on confère un statut d'authenticité et de supériorité à la religion chrétienne : « Mais l'on n'est point en doubte ny en peine de scavoir quelle est la vraye, ayant la Chrestienne tant d'avantages et de privilèges si hauts et si authentiques par dessus les autres ». On suit une méthode identique pour *Les Trois Veritez* (qui occupent la totalité des chapitres XII et XIV), où l'on perd complètement la saveur du traité apologétique catholique, essentiellement conçu pour annuler les arguments des « schismatiques ». L'œuvre de Charron était ainsi dépouillée de sa propre ambiguïté, selon laquelle pour mieux affirmer la vérité de la religion catholique, l'auteur était obligé de faire une place aux objections les plus radicales des *esprits forts*. Il était évident pour qui lisait le texte avec des yeux de *free-thinker*, que la construction de l'ouvrage, bien plus que la simple manifestation « technique » d'un procédé de réfutation, révélait en réalité l'existence d'une « double vérité ». Ceci permit à Levier d'isoler et de reproduire (chapitre XIV) en dehors de leur contexte quelques-unes des plus irréductibles pages de Charron contre la religion chrétienne. Il s'agit de la troisième des *Trois Veritez*, celle qui fascina Pierre Bayle. Le choix de Levier est certainement lié au souvenir, et probablement dépendant des observations de Bayle contenues dans les articles Charron du *Dictionnaire*, que Levier ne pouvait ignorer. De fait, Bayle en partisan authentique de la *tolérance des religions*, pour reprendre le titre de l'œuvre de son ami Henri Basnage de Beauval, reproduisit dans ses pages la même section des *Trois Veritez*[133], (reportée dans l'*Esprit* au chapitre XIV, 33–85). C'est pour ces raisons spécifiques, et plus généralement à cause de l'usage qui fut fait de la tradition sceptique, que la première édition de l'*Esprit de Spinosa* doit être considérée un texte post-Baylien.

Ainsi, ce mini-Bayle spinozien, en laissant tomber la partie la plus orthodoxe et la plus inerte de la tradition sceptique et libertine, accomplissait-il aussi un geste d'interprétation : le « reading between the lines » était un choix « moderne ». Et il était parfaitement complémentaire de la décision de dépasser l'univers du manuscrit pour se lancer dans la haute et périlleuse mer de la publication. La fragilité de construction et les résultats contradictoires étaient certes considérables. On se demande comment malgré l'extraordinaire effort d'adhésion à la doctrine spinozienne, le texte a pu accueillir des traditions plus faibles et plus grossières, en renonçant à un fondement rigoureux de l'athéisme. C'est là que se cache, me semble-t-il, sa motivation profonde. Peut-être le « radical Enlightenment » qui naissait en combattant le christianisme et

133. Cf. *Dictionnaire historique et critique*, *cit.*, article « Charron », rem. (P), pp. 147–148.

inventait une nouvelle forme de politique, devait-il sortir à tout prix du cercle ontologique de la philosophie spinozienne et choisir la liberté en renonçant à la nécessité. Et c'est justement grâce au forçage anti-religieux de Spinoza, Hobbes et de la tradition libertine, que ce petit livre se pose à l'origine de la pensée radicale des Lumières et en devient l'emblème.

APPENDICE

Cette note concerne la première édition imprimée des deux textes anonymes qui ensemble virent le jour pour la première fois dans le petit volume *La Vie et l'Esprit de Mr. Benoît de Spinosa*. Charles Levier et son collaborateur Johnson en furent les éditeurs à La Haye en 1719 (pour la reconstruction du fait éditorial, voir ce que j'en dis plus haut). On en connaît aujourd'hui seulement quatre exemplaires qui aient subsisté : (1) Los Angeles, University Research Library (section « Special Collections », sous la cote A4L96); (2) Bruxelles, Bibliothè-que Royale, Réserve, II 86730; (3) Florence, Biblioteca Marucelliana, R. U. 1; (4) Francfort, Stadtbibliothek, R7.

Prosper Marchand est le premier à nous en donner une description : « C'est un petit in 8° de 208 pages, non compris l'*Avertissement*, la *Préface* de la *Vie de Spinosa*, le *Catalogue* de ses écrits & la *Table des Chapitres* » (cf. « Impostoribus (Liber de Tribus) » in *Dictionnaire historique*, cit., p. 324). L'exemplaire de Los Angeles a servi de base à cette publication, elle ne répond pas exactement à la description de Marchand. Cet exemplaire in-8° de 208 pages comprend : une feuille de garde, un portrait à gauche du frontispice, le frontispice, deux pages d'index, le texte *La Vie de Monsieur Benoît de Spinosa*, pp. 1–44; un *Catalogue des ouvrages de Mr. de Spinosa*, pp. 45–48; l'*Esprit de Monsieur Benoit de Spinosa*, pp. 49–208. Il s'agit évidemment de deux tirages différents. Outre qu'il revêt un intérêt particulier en raison de la présence du portrait, l'exemplaire de Los Angeles, dépourvu de l'Avertissement et de la Préface, appartient au premier tirage. On est autorisé à penser que les éditeurs auraient ajouté les trois petites pages de condamnation fictive des exécrables doctrines spinoziennes pour af-fronter la vague de critiques que suscitait au même moment la publication de la *Vie* sur les *Nouvelles littéraires* à l'automne 1719. L'*Avertissement* et la *Préface* qui précèdent les textes dans cette édition sont donc issus de l'exemplaire de Bruxelles, appartenant au second tirage. On dispose de quelques informations sur la provenance des exemplaires de Los Angeles et de Florence. Le premier est relié en marocain vert frangé d'or sur les plats et sur le dos. La reliure est certainement d'origine hollandaise et comprend sur les deux plats un écusson bordé de fleurs et de feuilles, à l'intérieur duquel figurent trois étoiles, dans les angles, et au centre, un lion de profil fascé horizontalement. Au-dessus de l'écusson, une couronne crénelée est surmontée d'un lion de profil, armé d'un bouclier et d'un sabre. Cet emblème indique que le volume appartenait à la collection de Jacques Renaud Boullier, pasteur huguenot à Londres, (1737–1798). Le second appartenait à Philippe von Stosch (1691–1731), collectionneur, bibliophile, agent-secret et maçon dont la bibliothèque fut acquise vers le milieu du xviiie siècle par la Biblioteca Marucelliana de Florence (voir à ce sujet G. Totaro, *Da Magliabechi a Stosch : Varia fortuna del « De Tribus Impostoribus » e « L'Esprit de Spinosa » a Firenze*, in *Bibliothecae selectae : Da Cusano a Leopardi*, éd. E. Canova, Florence, Olschki, 1993, pp. 377–417).

On a parlé jusqu'ici de l'édition de 1719 comme de la première de *La Vie et l'Esprit de Spinosa*, et cela correspond certainement à l'état actuel de la question. Je voudrais signaler cependant quelques indices qui pourraient faire croire à l'existence d'une édition de 1712, même si elle reste pour le moment inconnue aux spécialistes. En observant l'exemplaire de Los Angeles, on lit, à gauche du vis-à-vis, une note manuscrite de son propriétaire : « L'on ignore encore l'Auteur de cette production infame, qui n'auroit jamais du voir le jour et dont les exemplaires sont devenus rares. On l'attribue, mais sans aucune certitude, à un docteur en Médecine de la Haye, appelé Lucas, lequel étoit un des sectaires de Spinosa. Bure Bibl. t. I, p. 494 n° 868, qui cite une édition de 1712 in 8° ». Ce passage est tiré de G. F. De Bure, *Bibliographie instructive : ou Traité de la connoissance des livres rares et singuliers*, Paris, 1763, p. 495, qui se réfère en effet à notre texte en ces termes : « *Imprimé (en Hollande) en 1712* ». En lisant cette note, j'ai pensé qu'il s'agissait d'une erreur d'imprimerie sur la date de 1721 (qui est celle de l'édition Böhm, décrite par Marchand, dont on n'a d'ailleurs jamais vu aucun exemplaire). Par la suite, j'ai trouvé la même indication dans G. Peignot, *Dictionnaire critique, littéraire et bibliographique des principaux livres condamnés au feu, supprimés ou censurés*, Paris 1806, t. II, p. 132, qui décrit le titre ainsi : « *Imp. en Hollande 1712, in-8* », mais il est probablement dépendant de De Bure. Deux autres notices portent la même date de 1712 : l'une se trouve dans un catalogue manuscrit de la Bibliothèque Sainte-Geneviève, rédigé durant la Révolution par le bibliothéquaire Ventenat (cote Ms. 2126, p. 58); l'autre se trouve dans un catalogue de 1768 rédigé par le libraire parisien Osmont (je remercie Françoise Weil pour ces deux références). Il est très probable, à mon avis, que tous ces témoignages soient le résultat d'une erreur possible de De Bure; mais on ne peut pas exclure que Levier ou quelqu'autre de ses amis éditeurs aient fait circuler une pré-édition de 1712 d'un tirage très limité. Cette hypothèse pourrait être renforcée par le fait que les chapitres extraits de Charron et Naudé semblent avoir été ajoutés par Levier en 1712, suivant ce que nous apprenons d'un manuscrit de l'*Esprit* conservé à Munich (Ms. Gall. 415, f. 112) : « Chap. 16. de l'origine des Monarchies est tiré de Naudé Consid. Politiques pp. edit. de l'an 1712 ». Des recherches ultérieures devraient confirmer ou infirmer cette hypothèse.

Marchand décrit une édition publiée par Böhm, sous le titre *De tribus imposto-*

ribus. Des trois imposteurs, A Francfort sur le Mein, aux dépens du traducteur, 1721, dont on a jamais trouvé trace, comme je l'ai dit (cf. son article « Impostoribus », cit., p. 324). Pour les éditions successives apparues à partir des années 60 du XVIIIe siècle, voir J. VERCRUYSSE, « Bibliographie descriptive des éditions du « Traité des trois imposteurs », in *Tijdschrift van de Vrije Universiteit Brussel*, 1974–1975, I, pp. 65–70. Je me limite à rappeler les dates des publications ennumérées par Vercruysse : 1768 (A. YVERDON, de l'imprimerie du Professeur De Felice); 1775; 1776; 1777 (une réimpression anastatique de cette édition, accompagnée d'une préface de J. Rétat a été publiée à Saint-Etienne en 1973); 1793. A ces éditions du XVIIIe siècle énumérées par Vercruysse, il faut en ajouter une autre qui porte sur le frontispice : *Traité des trois imposteurs* / Nouvelle Edition 1780. L'exemplaire que j'ai vu est conservé à Prague à l'Universitní Knihovna, sous la cote 35 E 220 : il est difficile d'établir le lieu d'impression, mais le texte correspond à celui de 1777. A la bibliographie de Vercruysse s'ajoute une édition anglaise : *The three impostors*, transl. (with notes and illustr.) from French edition, publ. at Amsterdam, Dundee, J. Myles, 1844; et une autre, américaine : *The three impostors*, New York, G. Vale, 1846. En plus des deux traductions dont parle Vercruysse, il en existe encore une en allemand, *Spinoza II, oder Subiroth Sopim*, Rom, bei Wittwe Bona Spes, 5770 (Berlin, 1787?), et une en russe appartenant au recueil *Anonimnye ateistčskie traktaty*, éd. par A. S. GULYGA, Moscou 1969, pp. 133–193; on peut enfin en signaler une dernière en italien, éd. par F. BRUNETTI, *Trattato dei tre impostori*, Unicopli, Materiali universitari, Milano 1981. Rappelons aussi la transcription du manuscrit de la Stadtbibliothek Bern, Ms. B. 382, dans H. DÜBI, *Das Buch von der drei Betrügern und das Berner Manuskript*, Bern, 1936, pp. 21–70. Parmi les éditions que l'on attribue de façon fantaisiste au baron d'Holbach, on trouve aussi, outre la version française du *Traité des trois imposteurs, Moïse, Jésus-Christ, Mahomet*, du Baron D'HOLBACH, aux éditions de l'Idée Libre, 1932, décrite par Vercruysse, la première traduction italienne que je connaisse, qui est due à un groupe anarchiste : (P. H. D'HOLBACH), *I tre impostori, Mosè—Gesù Cristo—Maometto*, Edizioni « La Fiaccola », Ragusa, 1970, et sa version la plus ancienne, *Mosè—Gesù e Mometto del barone d'Orbach*, F. Scorza, Milano, 1863. Outre mon édition critique franco-italienne *Trattato dei tre impostori : La vita e lo spirito del Signor Benedetto de Spinoza*, Torino, Einaudi, 1994, conduite à partir de l'édition Levier de 1719, voir l'édition avec traduction allemande par W. Schröder, *Traktat über die drei Betrüger*, Hamburg, F. Meiner, 1992, à partir de l'édition de 1768 du *Traité*.

Ira O. WADE a donné dans son étude désormais classique *The clandestine organization and diffusion of philosophical ideas in France from 1700 to 1750*, Princeton, 1938, (pp. 124–140), un premier aperçu de la diffusion du manuscrit, récemment enrichi par la longue liste de copies manuscrites, établie par Miguel Benítez dans O. BLOCH (éd.), *Le matérialisme du dix-huitième siècle et la littérature clandestine*, Paris, 1982, pp. 16–25. Toujours de Benítez, voir le catalogue des autres manuscrits inconnus dans « Matériaux pour un inventaire des manuscrits philosophiques clandestins des dix-septième et dix-huitième siècles», in *Rivista di storia della filosofia*, 1988, 43, pp. 519–520. A noter aussi les considérations contenues dans B. E. Schwarzbach–A. W. Fairbairn, «Sur les rapports entre les éditions du «Traité des trois imposteurs» et la tradition manuscrite de cet ouvrage», in *Nouvelles de la république des lettres*, 1987-2, pp. 111–136.

Plus récemment on a cherché à établir laquelle de toutes ces copies, regroupées en «familles», pouvait être identifiée comme le texte d'origine. En ce qui me concerne, je suis convaincue que les informations, la documentation externe et l'examen critique interne ne permettent pas d'isoler un *Urtext* dont les autres familles pourraient dépendre. Pour une interprétation diverse, opérant des césures chronologiques à l'intérieur des différentes sections en chapitres, et que je n'arrive pas à partager, voir M. Benítez, «Une histoire interminable : Origine et développement du «Traité des trois imposteurs», dans ce volume. Pour la division des manuscrits en familles, cf. F. Charles-Daubert, «Les traités des «Trois imposteurs» et l'«Esprit de Spinosa», in *Nouvelles de la république des lettres*, 1981-1, pp. 21–50.

[2]

Une Histoire interminable :
origines et développement du
Traité des trois imposteurs

◄◉►

Miguel Benítez
(Université de Séville)

L E MANUSCRIT CLANDESTIN est de par sa nature même un texte ouvert. Il l'est certainement dans ce sens, qu'il reste matérielle-ment susceptible de toutes sortes de manipulations, l'impression ne l'ayant pas définitivement fixé. Etant d'ailleurs en général anonyme, il peut être perçu comme un bien commun que chacun se croirait en droit de modifier à sa façon pour mieux servir à la diffusion des lumières. Et cela d'autant plus légitimement que l'on sait souvent à l'époque l'original même savamment fabriqué avec des passages pillés dans des sources différentes. Rien d'étonnant donc si cette manipulation est devenue une pratique habituelle des milieux où s'affairaient tous ceux qui cherchaient à divulguer cette littérature clandestine. Tels qu'ils ont été finalement édités, parfois dans le siècle, et connus du grand public, ces ouvrages ont pris forme progressivement. Quelquefois d'ailleurs les mains qui ont successivement trafiqué le texte n'avaient certainement pas les qualités requises par cette délicate chirurgie—ce qui fait à l'occasion grincer ses rouages. Le *Traité des trois imposteurs*, l'un des plus anciens et sans doute le plus connu des ouvrages philosophiques clandestins, illustre de ma-nière exemplaire cette technique particulière de manipulation. Nous

Ce travail a été réalisé dans le cadre d'un projet de recherche sur les manuscrits clandestins (PB 87-0928) financé en Espagne par la DGICYT.

S. Berti et al. (eds.),
Heterodoxy, Spinozism, and Free Thought in Early-Eighteenth-Century Europe, 53–74.
© 1996 *Kluwer Academic Publishers. Printed in the Netherlands.*

allons essayer de refaire l'histoire du texte à l'aide des copies localisées et des témoignages de l'époque[1].

Le Traité original et les « Vérités sensibles et évidentes »

Ce qui semble avoir été la forme primitive du *Traité des trois imposteurs* a d'abord circulé sous le titre *Dissertations théologiques, morales et politiques sur les trois fameux imposteurs* ('s-Gravenhage–KB 132 D 31, Leiden–UB

1. Amsterdam–B. Wallonne B 35; Auxerre–BM 236; Avignon–BM 549; Barnard Castle–Bowes Museum FO 91/Re; Berlin–Huguenottenmuseum; Berlin–SB Diez C Quart. 28, Diez C Quart. 37, Diez C Oct. 3a, Nachlaß Oelrichs 549; Bern–BB B 382; Bruxelles–BR II 1531; Budapest–OSzK Quart. Gall. 12, Quart. Gall. 22, Quart. Gall. 31; Cambridge (Mass.)–Harvard Univ. Houghton Lib. Fr. 1; Carpentras–BM 1275; Celle–Kirchen-Ministerial-Bib. Z 46a (deux copies); Châlons-sur-Marne–BM 200; Chaumont–BM 195 (85); Chicago–UL 753; Cincinnati–HUC 240, Spinoza MS 1, Bamberger 665, Bamberger 667, Bamberger 668; Dresden–SLB C 395, C 395 a, N 21, N 28, N 74 b, N 80, N 81 ba, N 90 a, N 126, k 159, k 276 g; Fécamp–BM 24; Firenze–Laurenziana Ashb. 1568; Gotha–FB Chart. A 1062; Gdańsk–PAN 1989; Göttingen–UuLB Hist. Lit. 42, Hist. Lit. 43, Theol. 261, Theol. 261 c; Groningen–UB 454; Halle–UuLB Yg Quart. 27, Yg Quart. 29, Misc. Quart. 25; Hamburg–SuUB Theol. 1852, Theol. 1859, Theol. 1860, Theol. 2154; Hannover–NSLB I 42; Helsinki–UB $C^{ö}$v 21, D II 3; Ithaca–Cornell UL C 101+, C 102; Kassel–LB 4° Theol. 37, 4° Theol. 38; Kiel–UB K.B. 88, K.B. 89 (deux copies); København–KB NKS 85 Quart, NKS 99 Quart., NKS 103 Quart., NKS 105 Quart., NKS 59 f Oct., NKS 72 Fol., Thott 206 Quart., Thott 207 Quart.; København–UB Don. Var. 160 Quart.; Konstanz–H. Suso Gymn. Hs. 56; Kraków–BU 6219, Gall. Quart. 16, Diez C Oct. 2, Diez C Oct. 3; Kraków–M. N. Czartoryski 972; Laon–BM 514; Leiden–UB BPL 1568; Lexington–Museum of Our National Heritage Sharp Coll. 24; London–BL Add. 12064, Sloane 2039 (14); London–UC Add. 197, Add. 217; Los Angeles–UL Spinoza Coll. 170–2; Lübeck–SB Philos. 20; Lyon–BM P.A. 72; Manchester–UL French 68, Christie 2.b.4; Milano–Braidense AC.VIII.17; München–BSB Gall. 415 (deux copies); Nantes–BM 204, 205; Napoli–S. Tommaso A. 7. 22; New York–Columbia UL 193Sp4 FT741, 193Sp4 FT7411, 193Sp4 BL63, X239 T74; Oldenburg–LB Cim. I 256, Cim. I 258, Cim. I 259, Cim. I 260; Orléans–BM 1115; Paris–Arsenal 2236; Paris–BN Fr. 12243, Fr. 24887, Fr. 24888, Fr. 25290, N.a.fr. 10436, N.a.fr. 10978, Z Beuchot 1976; Paris–Centre Sèvres 2522 (rés.); Paris–Institut Catholique Frçs 45; Paris–Mazarine 1193; Paris–Sainte Geneviève 2932; Paris–Sorbonne 761 (deux copies); Parma–BP Parm. 3; Périgueux–BM 36; Philadelphia–Pennsylvania UL Lea MS 368; Praha–NK VIII H 80; Reims–BM 651, 2471; Roma–BAV Patetta 2070; Rouen–BM O 57, Montbret 444, Montbret 553; 's-Gravenhage–KB 129 E 10, 129 E 11, 129 E 12, 129 E 13, 132 D 30, 132 D 31; 's-Gravenhage–Mus. Meermanno-Westr. 10 E 5; Sanktpeterburg–NRB Fr. Q III 2, Fr. Q III 20, Fr. Q III 23, Fr. O III 1, Fr. O III 2, Razn. F III 2, Razn. Q III 2; Stockholm–KB A 837; Strasbourg–BNU 413; Toulouse–BM 757; Tübingen–Evang. Stift Nachreform. Hs. 9; Tübingen–UB Mf I 28; Uppsala–UB H 35, P 9; Vancouver–British Columbia UL BL51.L8E8 1600z; Weimar–ZBdK Oct. 47; Wien–ÖNB 10334, 10520; Wittenberg–Evang. Predigerseminar A III 20 (4), A VI 9, S.Th. 2788; Wolfenbüttel–HAB 198.4 Extrav., 252 Extrav.; Wrocław–BU I O 17^{q}, I O 17^{r}, Mil. II 438; Zittau–SB B 7. Collections privées : S. Matton.

Les copies Arras–BM 252 (597) et Sanktpeterburg–NRB Fr. Q III 21 et Fr. Q III 22 ont été détruites pendant la dernière guerre. Des traductions du traité ont également circulé dans des copies manuscrites, en anglais (Cincinnati–HUC Bamberger 669, Glasgow–UL General 1185, London–BL Stowe 47), en italien (Bergamo–BC 33 R 6 (7)), en allemand (Wrocław–BU I Oct. 17^{p}, Mil. IV 215) et en latin (Halle–UuLB Misc. Quart. 22).

Voir aussi mon article « La diffusion du *Traité des trois imposteurs* au XVIIIe siècle », *Revue d'histoire moderne et contemporaine* XL (1993), 138–152.

BPL 1568², Paris–BN Fr. 24887, Paris–Sainte-Geneviève 2932, Reims–BM 2471)³. Introduit par une lettre de « Frédéric Empéreur au très-illustre Othon » de Bavière, son cousin, étayant la fiction de la naissance de l'ouvrage dans l'entourage de Frédéric II, le traité proprement dit s'ouvre par une dénomination formellement différente, *Dissertations sur les religions de Moïse, Jésus-Christ et Mahomet*. Il apparaît divisé en trois sections, uniquement différenciées par leur titre, et sous-divisées en paragraphes, que l'auteur a appelées « réflexions ». Les deux premières sections, « De Dieu » (six réflexions) et « Des raisons qui ont porté les hommes à se figurer un Etre invisible, ou ce qu'on nomme communément Dieu » (onze réflexions), se veulent une introduction systémique au noyau de l'ouvrage, la critique historique de la religion. Intitulée « Ce que signifie ce mot Religion ; comment et pourquoi il s'en est glissé un si grand nombre dans le monde », la troisième section dresse, en effet, le tableau des origines et du développement de la religion. Les huit premières réflexions sont consacrées à l'analyse du polythéisme des Païens, qui, dit l'auteur anonyme, « n'avaient point de système général de religion » (III.9). Dans la neuvième et dernière, il passera en revue la vie et les doctrines des fondateurs des religions révélées, le texte, long et forcément hétérogène, étant coupé par des sous-titres : « De Moyse », « De Jésus-Christ », « De la politique de Jésus-Christ », « La Morale de Jésus-Christ », « De Mahomet ». Quelques repères chronologiques, savamment introduites dans le texte même, viendraient encore confirmer la prétendue ancienneté du traité. Ainsi, en parlant de la venue de l'Anté-christ, l'auteur affirme qu'« il y a plus de 1200 ans d'écoulés depuis la prédiction de ce précurseur sans qu'on en ait entendu parler » (III.9, « De la politique de Jésus-Christ »); et il chante les louanges de l'entre-prise de Mahomet, qui reste inébranlée, dit-il, « depuis 600 ans qu'elle dure » (III.9, « De Mahomet »).

Ouvrage de compilation, fabriqué à partir de textes pris de Vanini (*De admirandis naturae reginae deaeque arcanis*, Lutetiae, 1616), de La Mothe le Vayer (*De la vertu des Payens*, Paris, 1642) et, fondamentalement, de Hobbes (*Leviathan, sive de materia, forma, et potestate civitatis ecclesiasticae*

---

2. Les manuscrits de 's-Gravenhage et de Leiden ne portent pas de titre. Dans la page de garde de la copie de Leiden, d'une main différente de celle du copiste, on lit : « ecriture de Etienne Luzac ». E. Luzac (1706–1787) était frère de Jean Luzac, éditeur à Leyde. Arminien convaincu, il a été rédacteur de la *Gazette de Leyde* de 1729 à 1783.

3. Dans un exemplaire du *De tribus impostoribus* existant à la bibliothèque universitaire de Kiel (K.B. 85), une note tardive d'un lecteur signale : « In einem Catalog von Büchern, welche in Kiel den 14. Mai 1790. verkauft sind, wird pag. 99. n. 7. aufgefässet: Dissertations Theol. moral. & politiques sur les trois fameux Imposteurs. Mnst in 4° ».

et civilis, Amsterdam, 1668) et de Spinoza (*Tractatus theologico-politicus*, Hamburg [en réalité Amsterdam], 1670; *Ethica*, *Opera posthuma*, Amsterdam, 1677)[4], ces *Dissertations théologiques, morales et politiques sur les trois fameux imposteurs* n'ont pu voir le jour avant 1677[5]. Les sources concernant les vies de Moïse et de Mahomet restant encore en général inconnues, on ne saurait rejeter que le traité ait pu être composé des années plus tard. Nous savons cependant par le témoignage d'un correspondant de Tentzel qu'il existait déjà en 1700[6].

Voulant rétablir la vérité dans ses droits, rognés par le message lénifiant des religions, un lecteur intéressé aurait ajouté au traité original, sans solution apparente de continuité et sous l'épigraphe « Vérités sensibles », une nouvelle section, un texte bref et suivi, dont il exprimera l'esprit dès les premières lignes : « Ce n'est pas assez d'avoir découvert le mal, si l'on n'y apporte de remède : il aurait mieux valu laisser le malade dans l'ignorance. L'erreur ne peut se guérir que par la vérité ». Dans ces pages, il résume donc et développe les enseignements du traité sur la divinité, qu'il identifie lui aussi avec la nature—c'est-à-dire, d'une manière que l'auteur du texte original n'aurait certainement pas désavouée, avec la matière. Il n'a d'ailleurs pas su résister à la tentation d'expliciter ce que le lecteur pouvait aisément déduire de cette doctrine, qu'une telle divinité n'est point rémunératrice; et c'est pourquoi il a désacralisé le ciel, « la continuation de notre air plus subtil et plus épuré », et nié l'existence de l'enfer, un lieu inventé par les poètes. On trouve une copie de cette version à Lyon–BM P.A. 72, *De tribus impostoribus liber. Traduit du latin en françois*[7], même si l'ouvrage proprement dit, après la lettre de

---

4. Voir B. E. Schwarzbach et A. W. Fairbairn, « Sur les rapports entre les éditions du *Traité des trois imposteurs* et la tradition manuscrite de cet ouvrage », *Nouvelles de la république des lettres* VII (1987), 111–136; F. Charles-Daubert, « L'Image de Spinoza dans la littérature clandestine et l'*Esprit de Spinoza* », dans O. Bloch (éd.), *Spinoza au XVIIIe siècle*, Méridiens–Klincksieck, Paris, 1990, pp. 52–74. Je me suis occupé de ce sujet dans « Las abejas alquimistas : la evolución del *Traité des trois imposteurs* », communication faite au colloque *Perspectivas actuales de la investigación sobre el siglo XVIII* (Ségovie, 18–22 avril 1988).

5. B. E. Schwarzbach et A. W. Fairbairn (art. cit., p. 115) estiment que l'auteur du traité a utilisé la traduction faite par Saint-Glain du *Tractatus theologico-politicus*, parue en 1678, en raison de l'indiscutable coïncidence que l'on trouve dans certains passages (6e réflexion de la section I et note ajoutée à la 11e réflexion dans la section II). Il nous semble cependant que cette correspondance pourrait s'expliquer par la littéralité des traductions. Le fait mis à part qu'elle se dément dans le contexte même de la description de l'image contradictoire que les prophètes nous ont transmise de Dieu, qui fait l'objet du premier endroit cité, l'emploi de mots différents là même où elle semble le mieux assurée (« résolution » pour « décret » dans le premier cas, *Traité des cérémonies superstitieuses des Juifs*, p. 63; « concilier » pour « expliquer », « oteroient » pour « exclûroient », *ibidem*, pp. 62 et 311, dans le deuxième cas) ferait soupçonner plutôt que notre compilateur traduit lui-même Spinoza.   6. Voir plus loin.

7. Le titre complet est *De tribus impostoribus liber. Composé l'an 1230 par Pierre Desvignes secrétaire*

l'empéreur Frédéric, s'intitule encore *Dissertation sur les religions de Moïse, Jésus-Christ, Mahomet.*

Poussé sans doute par le même souci d'établir un corps positif de doctrine, un autre auteur aurait décidé d'ajouter encore au traité, sous les titres «De l'âme» et «Des esprits qu'on nomme démons», ce qu'il faudrait croire sur ces matières. A l'aide de textes empruntés dans sa totalité aux *Discours anatomiques* du médecin gassendiste Guillaume Lamy, publiés pour la première fois à Rouen en 1675, la première section expose successivement les opinions des Anciens sur l'âme, résume les sentiments de Descartes sur le sujet et donne un aperçu de la doctrine de l'âme du monde. La dernière pillera encore le *Leviathan* pour faire l'historique de la croyance aux démons, depuis la Grèce ancienne jusqu'à leur adoption par les juifs et les chrétiens. Il reste cependant possible que ces additions aient été faites dans des temps et par des auteurs différents—ce qui ne serait point étonnant, étant donné la diversité de leurs sources.

En fait, la première description connue d'un manuscrit de l'ouvrage, remontant à 1700, ne mentionne point explicitement la section sur l'âme :

> Es bestehet das gantze Buch in acht Bogen, und tractiret der *Auctor* im ersten Capitel von der allgemeinen Unwissenheit der Menschen, daß sie mit *praeiudiciis* angefüllet. Im andern Capitel *deduciret* er weitläufftig die Ursachen, die den Menschen bewogen, ein unsichtbares Wesen ihme einzubilden, welches man GOTT nennete: Worauff er auff die Bibel kommet, und liederlich davon *discurriret*. Im dritten Capitel wird erwiesen, was eigentlich *religio*, und daß sie aus den Ehrgeitzigen enstanden. Hier bey nimmet er Gelegenheit, auff Mosis und Christi Personen zu kommen, davon er sehr lästerlich redet, welches mich billig scheue zu schreiben: Und denn füget er von *Mahumet* bey. *Discurriret* endlich sehr subtil *de inferno, diabolo, & aliis* [8].

de l'empéreur Frédéric II à qui on doit vraisemblablement l'attribuer. Traduit du latin en françois, par ***, avec une Préface historique sur l'auteur de cet ouvrage dangéreux, incertain jusqu'à ce jour; où l'on voit comme tous les écrivains ont varié sur ce fait. 1760. La copie a appartenu à Pierre Adamoli, bibliothécaire à Lyon.

8. W. E. Tentzel, *Curieuse Bibliothec, oder Fortsetzung der monatlichen Unterredungen einiger guten Freunde von allerhand Büchern und andern annehmlichen Geschichten ... von anno 1689 bis 1698,* Frankfort und Leipzig, 1704, pp. 493–494. Tentzel reproduit un passage d'une lettre datée du 12 août 1700. B. G. Struve synthétise en latin cette description dans la deuxième édition de sa *Dissertatio historico-literaria de doctis impostoribus,* Jenae 1706, §XI, p. 21 : «Ne tamen de libri [*De tribus impostoribus*] certitudine dubitetur, contenta quoque eiusdem designantur. Tentzelius ex

Dernière venue, on peut imaginer qu'elle n'a pas trouvé dès le début ce qui sera sa place définitive dans le traité. Quoi qu'il en soit, la section existait déjà en 1704, puisque B. G. Struve en parlait indirectement dans la première édition de sa *Dissertatio historico-literaria de doctis impostoribus*, où il affirmait qu'il était question des cartésiens dans un manuscrit français cependant intitulé *De tribus impostoribus* qu'il avait vu de ses yeux :

> Memini, vidisse me apud Fautorem Halensem tale manuscriptum, sub hoc titulo, lingua Gallica conscriptum, in quo tamen fraus facile apparet, cum in eo mentio fiat Cartesianorum : quod quidem mutare quidem conatus fuit pro Cartesiens supponendo Pyrrhoniens, infelici tamen cum successu. Immo ipsi Pyrrhonii, lingua Gallica, & eiusmodi, scriptum statim reddunt suspectum, ab impostore quodam subornatum[9].

Tout porte ainsi à croire que les textes sur l'âme et sur les démons n'étaient pas appelés en principe à faire partie de l'ouvrage, l'exposition des sentiments de Descartes étant de tout point inconcevable dans un traité qui se veut rédigé au XIIIᵉ siècle. Ils ont dû d'abord être conçus comme un complément, comme un appendice destiné à compléter et à renforcer les doctrines développées dans le traité, mais sans aucunement se confondre avec lui. Loin de là, leur effet naturel a dû être de rendre à l'ouvrage sa disposition première, les « Vérités sensibles » s'intégrant d'autant plus logiquement dans le supplément qu'il semble évident que les derniers ajouts ont été provoqués par la lecture de ce texte. Certes, ils trouvent indirectement leur justification dans l'inventaire dressé dès les premières lignes du traité original des fruits de l'ignorance, « l'unique source », y lisait-on, « des fausses idées qu'on a de la divinité, de l'âme et des esprits, et presque de toutes les autres choses » (I.1). Mais le prétexte immédiat est ailleurs. En faisant la synthèse des doctrines sur la divinité développées dans les premières sections de l'ouvrage, l'auteur des « Vérités sensibles » concluait : « Ainsi, il n'y a plus d'homme de bon sens qui puisse se persuader un ciel, un enfer, une âme, des esprits, des

---

litteris communis nostri amici delineat, quibus integrum librum octo constare plagulis testatur. Primo capite agitur de communibus hominum praeiudiciis ; secundo in originem inquiritur, qui factum, quod homines Deum, quem minime videant, credant, quod in sola imaginatione putat consistere, quare etiam de Bibliis male iudicat. Tertio capite religionem ex sola ambitione ortam probare contendit, impie de Mose, & Christo loquitur, postmodum etiam Mahumetem addens. Demum de inferno, diabolo aliisque rebus agit. »

9. Jenae 1704, §XI (pp. 20–21) ; Jenae 1706, editio secunda auctior & emendatior, §XVIII (pp. 30–31).

diables de la manière qu'on en parle communément, tous ces grands mots vides de sens n'ayant été forgés que pour aveugler ou pour intimider le peuple». Or, ce qui était de toute évidence un épilogue résumant l'ensemble du discours a été paradoxalement perçu comme un programme. Et puisque l'auteur de cette synthèse a commencé à le développer en parlant du ciel et de l'enfer, d'autres auraient voulu le compléter en ajoutant ce qu'il fallait croire par rapport à l'âme, aux esprits et aux démons.

Cette conjecture semble confirmée par la disposition des textes dans certaines copies. Dans un cas, le copiste reproduit le manuscrit que nous croyons l'original, qu'il clôt par le mot «fin». Et après quelques pages visant à compléter, déjà du dehors, l'histoire de Mahomet, il a copié, sans solution de continuité, l'ensemble des additions, non sans avertir encore le lecteur : «Haec Dissertatio est alterius auctoris» (Groningen–UB 454, sans titre). Ailleurs, l'original lui-même a été déjà l'objet d'une certaine manipulation. Après la lettre de l'empereur Frédéric, on a divisé le texte en deux parties : les réflexions doctrinales qui ouvrent l'ouvrage, sous-divisées en sections et chapitres, deviennent une «Introduction au traité des trois imposteurs», le traité proprement dit ne contenant que la vie des législateurs[10]. Au texte ainsi distribué, le copiste a joint un dossier fait de différentes pièces : la première, «Leçons variantes», contient une autre version de la vie de Mahomet; la suivante, «Quelques remarques», reproduit les notes accompagnant dans l'original l'histoire de Moïse; dans la dernière, il a recopié, sous le titre générique «Vérités sensibles et évidentes», l'ensemble des additions, divisé en trois chapitres (Tübingen–UB Mf I 28, Weimar–ZBdK Oct. 47, *Le tres-celebre et tres-fameux MSpt de trois imposteurs*).

Pour renforcer encore la fiction d'une origine séculaire du traité, un anonyme aurait rédigé, à manière d'introduction à l'ouvrage, une «Dissertation sur le livre des trois imposteurs». Et puisque l'auteur du traité lui-même considère qu'elle repose essentiellement sur la crédibilité de la lettre de l'empereur Frédéric, il a monté pour l'accréditer une histoire rocambolesque, mais pas du tout invraisemblable, concernant la découverte du prétendu manuscrit latin médiéval. D'après son récit, il l'aurait

10. La section «De Dieu» de l'original, divisée en deux chapitres, est la section première de l'Introduction; les sections sur l'Être invisible et sur les religions deviennent ici les différents chapitres d'une seule section. Le traité est à son tour divisé en cinq chapitres. La division du texte en paragraphes semble avoir été faite après coup. L'auteur de ce remaniement a d'ailleurs éliminé certains développements sur la naissance des religions. Il les juge sans doute trop prolixes et somme toute superflus — en quoi il montre qu'il n'arrive pas à vraiment comprendre l'économie du traité.

lui-même trouvé en Allemagne, entre les mains d'un soldat de fortune, qui l'aurait eu par hasard en occasion du pillage de la bibliothèque du prince électeur de Bavière à Munich, après la bataille d'Höchstädt[11] — vraiment l'endroit choisi, comme l'anonyme ne manquera pas de le faire remarquer, la fiction voulant que le traité ait été envoyé à Othon de Bavière. Il a par ailleurs beaucoup soigné les détails. Il souligne ainsi l'archaïsme du texte, un véritable « grimoire », dont l'écriture, dit-il, « était si menue et chargée de tant d'abréviations, sans points, ni virgules » qu'elle devenait presque indéchiffrable. Il signale aussi en passant que « la lettre qui est à la tête… était d'un autre caractère que le reste du livre », car on sait par la lettre elle-même que l'ouvrage n'est pas de la main de l'empéreur, mais a été écrit par un savant, que la « Dissertation » identifiera avec le chancelier Pierre des Vignes. Et croyant sûrement ne pas avoir trop fait, il n'hésitera pas à donner en son latin prétendument original le début de cette épître. Il avoue volontiers que ce n'est pas là le meilleur gage de vérité qu'il aurait pu en donner. Seulement, n'étant pas assez riche pour acheter ce trésor et s'étant obligé sous serment à ne le point copier, il faudra au lecteur se contenter de la traduction.

Cette « Dissertation » a été composée entre 1712 et 1715. Les données historiques sur la maison de Bavière et sur Frédéric II et son chancelier ont été prises dans l'édition faite la première année citée du *Dictionnaire historique* de Moréri. Et elle a été publiée, remaniée, sous le titre *Réponse à la dissertation de Mr de la Monnoye sur le traité De tribus impostoribus*, par Scheurleer à la Haye, début 1716. Il est aussi certain qu'elle a vu le jour en dehors du cercle où l'ouvrage a été fabriqué et a sans doute connu ses premières modifications. Car son auteur date les événements qu'elle rapporte en 1706, quand on sait que sa prétendue traduction circulait tout au moins dès la fin du siècle[12].

11. Dans la bataille d'Höchstädt, en Bavière, les français furent battus par les troupes anglaises de Marlborough et celles du prince Eugène. Elle eut lieu le 13 août 1704.

Les circonstances rapportées par l'auteur de la « Dissertation » ont été mises en doute par les curieux. Dans une lettre datée à Hanovre le 30 avril 1716, reproduite à l'occasion par les copistes, Leibniz affirme : « La ville de Munchen n'a pas été prise en desordre, mais rendue d'une maniere qui a mis les meubles de l'Electeur à couvert du pillage des soldats, et je doute qu'un officier dans les trouppes ait pu penetrer sans temoin dans la Bibliotheque de S.A.S. Sa grande Bibliotheque n'est pas dans les appartemens[;] il faut qu'on entende parler d'une petite Bibliothèque de Cabinet. Quoy qu'il en soit, la chose est digne d'une plus exacte recherche … » (Wien–ÖNB 10450, f. 15). Des années plus tard, Caspar Fritsch se prononce dans le même sens dans une lettre à Marchand du 7 novembre 1737 : « A l'égard de la narration supposée entre Frecht et Tausendorf [l'officier allemand ayant découvert le manuscrit], c'est une Fable des plus fieffées. Je m'en suis enquis autrefois à Frankfort (car l'Histoire n'existe que depuis 1704). Elle est parfaitement ignorée de tout le monde … » (Leiden–UB, Ms. March. 2).

12. Sur cette dissertation, voir mon article « La Coterie hollandaise et la *Réponse à la dissertation*

Le Tronc et les branches :
A. La Traduction du traité médiéval

L'ensemble des *Dissertations théologiques, morales et politiques sur les trois fameux imposteurs* et du supplément conformé par les successives additions constitue le tronc commun d'où sont sorties deux branches principales, qui donneront naissance à leur tour à des familles différentes. La première branche nourrit la fiction d'une origine médiévale du traité. L'entière intégration du manuscrit original et des additions successives dans un seul traité a dû se faire progressivement par la négligence des copistes. Une fois faite la soudure de ces éléments disparates, accomplie l'intégration dans le traité prétendument médiéval d'un texte qui proclame ouvertement sa modernité, il est évident qu'on ne pouvait pas laisser subsister ensemble des données aussi contradictoires. Nous savons par B. G. Struve qu'on a essayé vainement de résoudre cette difficulté en attribuant les opinions de Descartes aux Pyrrhoniens, ce qui n'était pas déraisonnable en principe, le texte en question faisant état de ses doutes, certes méthodiques, sur l'existence des corps; cette modification se situait d'ailleurs dans la logique même d'une argumentation qui se bornait à énumérer les sentiments des Anciens sur l'âme. Mais le contexte faisant sans doute trop voir la fraude, comme le pense Struve, les copistes auraient tout simplement procédé par la suite à enlever ces lignes. Le résultat a été une nouvelle version de l'ouvrage, contenant la « Dissertation sur le Livre des trois imposteurs », la lettre de Frédéric à Othon de Bavière et l'ensemble des sections originelles et des additions successives, rien dans la section sur l'âme ne révélant plus la modernité de sa source. Les copies de cette version ont circulé sous des titres différents : *Dissertation sur les religions de Moïse, Jésus-Christ et Mahomet* (Bruxelles–BR II 1531), qui était le deuxième titre du traité original; *Traité des trois plus fameux imposteurs* (Oldenburg–LB Cim. I 260), qui renvoie lui aussi, d'une certaine manière, à son appellation première; *Des trois imposteurs. Traduit du latin* (Châlons-sur-Marne–BM 200); *Dissertation*

de Mr de la Monnoye sur le traité De tribus impostoribus », *Lias* XXI (1994), 71–94. Les copistes n'ont pas hésité à la joindre aux premières versions du traité. On la trouve ainsi dans la copie 's-Gravenhage–KB 132 D 31, contenant la version originale, et en tête du texte primitif dans les copies Groningen–UB 454, Weimar–ZBdK Oct. 47 et Tübingen–UB Mf I 28; dans Lyon–BM P.A. 72, elle apparaît après la lettre de l'empereur Frédéric, ce qui montre assez que le copiste a eu des difficultés à comprendre la stratégie de l'auteur.

A ce moment probablement, on aurait encore ajouté au dossier une notice prise dans le *Dictionnaire* de Bayle sur l'authenticité du traité et sur ses auteurs présumés. Elle sert de préface dans la copie de Lyon. Ailleurs, elle arrive à se confondre avec le texte de la « Dissertation ».

sur le Traité des III imposteurs ('s-Gravenhage–KB 129 E 12)[13]; *De tribus impostoribus* (Parma–BP Parm. 3)[14]; *De tribus famosissimis nationum deceptoribus* (Oldenburg–LB Cim. I 258), que l'auteur de la « Dissertation » assurait être son véritable titre[15].

Ce texte a été l'objet de remaniements divers. Pour mettre sans doute l'ouvrage à la portée du plus grand nombre, un premier artisan littérateur l'a quelque peu allégé. Son intervention, très sensible au début, où il transforme en fait un discours suivi en une série d'apophtegmes sans nulle illation apparente, se dilue assez rapidement; dès la fin du premier chapitre, il ne pense, plus modestement, qu'à rendre le traité plus accessible au lecteur en modernisant le style, c'est-à-dire en coupant des périodes trop longues et en enlevant des formules ou des phrases qu'il ne juge pas indispensables dans la structure logique du discours—ce qui est loin de faciliter toujours l'exacte compréhension de la doctrine. Des copies du traité ainsi manipulé existent à Budapest–OSzK Quart. Gall. 22, Cincinnati–HUC 240, Paris–Mazarine 1193 (*De tribus famosissimis nationum deceptoribus*), et à Reims–BM 651 (*Traité des trois imposteurs*)[16].

Un autre lecteur aurait songé à rendre au texte l'homogénéité perdue du fait des additions. Il aurait ainsi fait de l'ensemble des additions l'épilogue en trois chapitres d'un traité « Des trois imposteurs » circulant

---

13. Le titre complet est *Dissertation, sur le Traité des III. imposteurs, &c. MDCCXVI. A. J. R. D. M.* (sans doute Jean Rousset de Missy, à qui on a attribué le traité). En réalité, le copiste reproduit dans la page de titre celui de la dissertation sur les origines de l'ouvrage, qui lui sert d'introduction.

14. Seule reste la partie de la page (f. 102) comportant ce titre; le reste a été déchiré.

15. Simultanément, les sous-titres introduisant chaque législateur dans la primitive section III et soulignant dans la vie de Jésus-Christ les différents sujets abordés se confondent progressivement, du fait sans doute de l'insouciance des copistes, avec les titres des sections elles-mêmes (Châlons-sur-Marne–BM 200, Oldenburg–LB Cim. I 260). Ce processus culminera dans une nouvelle distribution de l'ouvrage en treize chapitres (Oldenburg–LB Cim. I 258), les deux dernières « réflexions » de la deuxième section devenant le chapitre IIIe, « Ce que c'est que Dieu ».

La copie décrite dans le recueil Rouen–BM O 57 sous le titre « Pensées tirées d'un manuscrit françois traduit (à ce qu'il y est dit) du latin du livre *De tribus impostoribus* » devait être identique à Oldenburg–LB Cim. I 258, où le traité est d'ailleurs intitulé dans la page de titre *De tribus impostoribus : Versio gallica*. L'extrait compte quatorze chapitres, au lieu des treize de la copie d'Oldenburg, tout simplement parce que celui qui l'a fait a oublié de citer un chapitre cinquième dans la numérotation.

16. Dans Reims–BM 651, le copiste donne sous un titre erroné, « Réponse à la dissertation de Mr de la Monnoye sur le livre *De tribus impostoribus* », le début de la « Dissertation sur le livre des trois imposteurs » et renvoie pour la suite au *Dictionnaire critique* de P. Marchand. Il a pourtant enlevé la lettre de Frédéric à Othon. A cette date tardive, il ne croit sans doute plus à la fiction. Le traité est ici divisé en six chapitres.

Les copies Budapest–OSzK Quart. Gall. 22, Cincinnati–HUC 240 et Paris–Mazarine 1193 contiennent treize chapitres. La « Dissertation sur le Livre des trois imposteurs » est disparue dans l'exemplaire de Budapest, tandis que dans celui de Paris elle se situe après l'épître de l'Empereur, tout comme à Lyon–BM P.A. 72.

préalablement, comprenant exclusivement la vie et miracles de Moïse, Jésus-Christ et Mahomet et dont les réflexions sur l'invention des dieux et l'origine des religions feraient l'introduction. Il entend certainement par là rationaliser la complexe structure résultante de l'intégration de la dernière partie dans le manuscrit original. Le copiste a enlevé les passages que Hobbes avait pris dans l'histoire de Grèce et de Rome pour illustrer la superstition des Anciens quand ils jugeaient de la providence de leurs dieux (III.3, partie finale), ainsi que l'entière description du polythéisme des Païens (III.7–8). Il a par ailleurs résumé le chapitre « De l'âme », dont il ne reproduira en fait que le dernier paragraphe, où il est question de la doctrine naturaliste d'une âme du monde. Ce qui prime avant tout dans son esprit c'est, comme il le dira dans ce contexte, de « satisfaire la curiosité du Lecteur... en peu de mots, afin qu'il le retienne avec plus de facilité » (Sanktpeterburg–NRB Fr. Q III 20, *De tribus impostoribus*). Ailleurs, le texte du traité original a été intégralement rétabli et chacune des trois parties de l'ouvrage ainsi composé divisée en trois chapitres (celui sur le Christ comprenant trois sections)—même si les différents textes conformant l'épilogue ne reçoivent pas explicitement cette dénomination (København–KB NKS 103 Quart., *Traité des trois imposteurs*) [17].

Un autre amateur de ce genre littéraire, dont la personnalité est aussi restée dans l'anonymat, ayant peut-être repéré les sources des dissertations historiques sur les législateurs des religions, tant l'assemblage des éléments nouveaux avec le texte original semble le plus souvent naturel, ou puisant dans d'autres sources jusqu'à présent également inconnues, a voulu parfaire leur portrait. Il a ainsi ajouté aux histoires des législateurs, sans que rien ne signale son intervention dans le texte, de longs passages sur les miracles de Moïse, qu'il attribue à sa maîtrise des arts magiques, et sur l'empire tyrannique qu'il exerçait sur son peuple. Il convaincra de même de supercherie les miracles de Jésus-Christ, à commencer par sa

17. A. G. Masch, Pasteur à Beseritz, décrit dans « Nachrichten von dem Buche De tribus impostoribus » (*Brem- und verdische Bibliothek*, tome III, Hamburg 1757, pp. 831–849), une copie semblable à celles de København et de Sanktpeterburg, qu'il aurait failli acheter au temps où il faisait ses études à Halle. Il la compare avec une autre copie qu'il aurait auparavant décrite dans *Verzeichnisse freigeisterische Schriften*, p. 83 : « Die *Dissertation*, dann von dem Verkaufe der Handschrift, von der Uebersetzung die Ernst übernommen, eben das gemeldet wird, was in dem Beitrage angezeiget worden, stehet hier auch voran. Der Officier heisset hier Tausendorf. Indessen ist doch die Eintheilung ganz verschieden, wie ich in dem Verzeichnisse weit läuftiger bemerkt habe. Sie bestehet aus einer Einleitung, eine Abhandlung in drei Kapiteln, von C[hristus], M[oïse] und M[ahomet], und einem Anhange, unter dem Titel: Verités sensibles et evidentes, dessen zweites Kapittel de l'ame handelt. In diesem finde ich die in der Nachlese pag. 932 bemerkten Worte, dann Cartesius genennet wird, gar nicht » (§ 4, p. 837).

prétendue résurrection, la pierre de touche de la foi des chrétiens, et soulignera la contradiction que renfermerait la fable d'un Dieu qui se serait fait homme. Enfin, il rendra sa logique au processus d'affaiblissement du christianisme — une période historique que l'auteur du traité avait trop condensée et rendue par là difficilement compréhensible — en ajoutant une poignée de lignes sur la montée de l'arianisme dans les églises fondées en Orient par les premiers chrétiens. Le traité ainsi disposé a circulé sous le titre *Copie du fameux livre des trois imposteurs. Traduit du latin en françois* (Göttingen–UuLB Theol. 261c, Helsinki–YK Cö v 21, Kiel–UB K.B. 89²[18], Konstanz–H. Suso Gymn. Ms. 56), *Le Fameux Livre des trois imposteurs traduit du latin en françois* (München–BSB Gall. 415²[19], Nantes–BM 205[20], Tübingen–Evang. Stift Nachreform. Mss. 9)[21] et encore *Manuscrit du petit traité qui court sous le titre De tribus impostoribus* (Kraków–BU Gall. Quart. 16). Sous une appellation semblable, d'autres copistes ont dénominé chapitres les anciennes sections du manuscrit original, les deux derniers paragraphes de la section sur l'Etre invisible devenant un nouveau chapitre sous le titre « Ce que c'est que Dieu » (Amsterdam–Bibl. Wallonne B 35, Kraków–BU 6219, London–BL Add. 12064, London–UC Add. 217). La disposition du texte dans les derniers cas montre d'ailleurs nettement que l'ancienne distinction du traité et de l'ensemble des additions n'est pas complètement disparue de la mémoire des copistes[22].

18. Le copiste de Kiel ne transcrit pas la deuxième section, fait débuter la troisième par le § 9 et néglige encore des passages dans « De Jésus-Christ », « De la morale de Jésus–Christ » et « De la divinité de Jésus-Christ ». Il réserve dans tous les cas l'espace pour y introduire les textes manquant. A la fin, il explique dans une note les « omissions dans le livre des T. I. ». On voit par là qu'il n'a pas reproduit les passages qui se trouvent dans l'*Esprit de Spinoza*, d'après l'édition de 1719, qui fait la première partie du recueil.

19. Comme dans le cas précédant, le copiste de München n'entend point recopier les textes qu'il a auparavant transcrits dans sa copie de l'*Esprit de Spinoza*. Seulement, il n'a pas songé à laisser d'espace pour une éventuelle addition de ces passages; s'étant ravisé par la suite, il a inséré aux endroits appropriés des pages les contenant, ce qui donne un produit final quelque peu chaotique.

20. Les sections différenciées constituant le traité primitif sont disparues ici, même si le copiste conserve l'intitulé des deux premières, au bénéfice d'un texte suivi comptant 23 paragraphes.

21. La copie Celle–Kirchen-Ministerial-Bib. Z 46 a² porte ce même titre. Le copiste n'a cependant transcrit que la « Dissertation », la lettre de Frédéric, la section « De Dieu » et le premier paragraphe de la suivante; il renvoie pour le reste à la copie de l'édition de 1719 qui se trouve dans le même recueil.

22. Elle subsiste dans d'autres copies. Le copiste de Châlons-sur-Marne–BM 200 laisse entre le texte original et les additions, dont la pagination se suit pourtant, une page en blanc, établissant ainsi une rupture explicite entre les deux, de même qu'il a fait entre la lettre de Frédéric à Othon et le traité; il soulignera encore cette coupure par une marque différente de celle qui sépare les sections, qu'il répétera d'ailleurs à la fin des pages consacrées à la doctrine de l'âme, ce qui prouve qu'il connaît le caractère hétéroclite du traité. Parfois cependant, le copiste, dérouté par l'hétérogénéité de l'ouvrage, perçoit erronément le point de rupture. Ainsi, dans la copie Bruxelles–BR

B. La Modernisation du traité

Contre la logique la plus élémentaire, l'intégration dans un seul ouvrage du manuscrit original et de l'ensemble des additions s'est aussi faite sans aucun changement dans les textes. Dans une nouvelle version sortant directement du tronc commun, un écrivailleur particulièrement maladroit aurait introduit une division en chapitres que l'on trouve déjà dans des copies de la prétendue traduction médiévale[23]. Il y comptera chacune des sections de ce texte composite, ainsi que les derniers paragraphes de celle qui traite de la naissance des dieux (sous le titre « Ce que c'est que Dieu ») et les anciennes sous-divisions existantes dans les dissertations historiques sur les législateurs, « De Moïse », « De Jésus-Christ », « De la politique de Jésus-Christ », « De la morale de Jésus-Christ », « De la divinité de Jésus-Christ », « De Mahomet et de la fin tragique de ces trois imposteurs ». Ayant copié sans sourciller la « Dissertation sur le livre des trois imposteurs » et la lettre de Frédéric à Othon, il n'a pourtant pas hésité un instant à exposer, dans le chapitre « De l'âme et ce que c'est que l'âme », les sentiments de « Monsieur Descartes » sur la matière. Il a inséré dans l'histoire de Mahomet les réflexions, existant déjà hors texte, concernant sa rivalité avec Coraïs, que la version originale mentionnait seulement en passant, et l'anecdote du puits comblé de pierres où ce malheureux aurait trouvé une fin tragique. Cela faisant, il a mis à jour la chronologie, en affirmant que l'empire de Mahomet existait encore « après plus de mille ans » — en quoi il ne faisait rien d'autre que de rétablir la lettre du texte des *Arcanes* de Vanini d'où ce passage aurait été pris par l'auteur du manuscrit original. Mais il l'a fait machinalement, sans dessein formé, et non pas en vue de détruire le grossier anachronisme qui faisait de sa copie un véritable hiéroglyphe — car en parlant auparavant de la politique de Jésus-Christ, il faisait remonter la prédiction de l'Antéchrist à « plus de douze cent ans ».

Pour mettre le bouquet, cet écrivailleur aurait encore voulu compléter le traité ainsi disposé par un autre dossier sur l'imposture des religions. Dans ce cas, l'esprit de l'intervention dans le texte est explicitement signalé :

11 1531 la division se fait à l'intérieur de la troisième section, là où commence la vie des législateurs. (Dans la copie Sanktpeterburg–NRB Razn. F. III 2, une main autre que celle du copiste a ajouté au libellé des sections la mention « Chap. I, II, etc. ». Quel qu'il soit, il tient que le traité et les vérités sensibles et évidentes sont des pièces différentes, puisqu'il a divisé chacune d'elles en trois chapitres.)

23. Oldenburg–LB Cim. I 258, *De tribus famosissimis nationum deceptoribus* (voir n. 16), et les copies de même titre portant la version allégée, Budapest–OSzK Quart. Gall. 22 et Paris–Mazarine 1193.

> Pour donner plus de poids à ce que nous venons de dire des religions, des législateurs, des politiques, des superstitions et de la folle crédulité du peuple, il nous seroit facile de faire voir par une infinité de témoignages que nos sentiments là dessus sont parfaitement conformes à ceux des meilleurs autheurs tant anciens que modernes qui ont écrit sur ces matières. Mais comme ces témoignages tiendroient trop de place nous nous bornerons à rapporter ce que deux célèbres modernes ont écrit sur ces articles.

Malgré l'ambiguïté dans le ton, il est clair que le compilateur entend seulement faire siennes les thèses soutenues dans le traité et ne songe nullement à s'identifier avec son auteur—car il révèle la personnalité de ces modernes, Pierre Charron et Gabriel Naudé, tous deux «ecclésiastiques», tient-il à souligner, et les sources concrètes où il aurait puisé les textes qu'il emprunte, «tirés mot pour mot, des Trois vérités par Charron, de la Sagesse par le même, et des Considérations sur les coups d'Etat par Naudé».

Paradoxalement, il ne semble pas qu'on ait songé à faire de ces extraits un appendice. Ils n'ont pas été ajoutés à la fin, comme il semblerait logique, mais greffés à la suite des dissertations sur les législateurs religieux. Cela s'explique sans doute parce que ces textes constituent le complément naturel des réflexions originelles sur la religion : en les rapprochant, le compilateur aurait voulu faciliter au lecteur leur compréhension. Mais on peut imaginer qu'il le fait aussi parce qu'il connaît l'existence à ce point précis d'une rupture dans l'ouvrage qu'il reçoit. Certes, ce qu'il écrit pour reprendre le texte après la transcription des extraits peut faire croire qu'il les conçoit comme une parenthèse, ouverte pour des raisons d'opportunité :

> Reprenons maintenant le fil de notre discours, qu'on nous sçaura grez d'avoir interrompu de cette manière; en effet outre que les extraits que nous avons donné de Charron et de Naudé sont excellents en eux mêmes, c'est qu'ils conviennent parfaitement au but que nous nous sommes proposé dans cet écrit de combattre la superstition pour guérir de cette maladie.

Mais cette rupture transparaît avec une telle netteté dans le produit même qu'il nous transmet qu'on pourrait difficilement imaginer qu'il n'en soie nullement conscient[24]. Les copies de cette version ont aussi

24. En fait, nous savons que les extraits ont circulé sous le titre «Supplément au Livre des T. I.» (Dresden–SLB N 76), explicitement différenciés du traité : «Nous avons raporté dans le Livre des T. I. ce qui se peut dire de plus remarquable sur ces trois celebres Legislateurs», dit le copiste

circulé sous le titre *Le Fameux Livre des trois imposteurs. Traduit du latin en françois* (Bern–BB B 382 [25], Dresden–SLB N 80), *Le Fameux Livre des trois imposteurs. 1230* (Cambridge, Mass.–Harvard Univ. Houghton Lib. Fr. 1 [26]), *Livre des trois fameux imposteurs* (London–UC Add. 197) [27] et *Les Trois Fameux Imposteurs* (Kassel–LB Quart. Theol. 38).

Malgré l'ambiguïté de cette version, tout tendait déjà ici à révéler au lecteur la modernité du traité. Ainsi, des copistes auraient enlevé la « Dissertation » introductoire et l'épître attribuée à l'empéreur Frédéric, sans pour autant essayer de sauver le reste des contradictions (Avignon–BM 529, *Les Trois Fameux Imposteurs ou les trois vérités* [28]). C'est le chemin que d'autres auraient par la suite emprunté avec décision dans des copies qui portent déjà le titre qui deviendra canonique, *Traité des trois imposteurs* (Cincinnati–HUC Bamberger 667, 's-Gravenhage–KB 129 E 13, Sanktpeterburg–NRB Fr. Q III 23, Nantes–BM 204, Napoli–S. Tommaso A 7 22 [29], Paris–BN Z Beuchot 1976, Rouen–BM Montbret 553, Lexington–Museum of Our National Heritage Sharp Coll. 24) [30]. Ils ont modifié les repères chronologiques qui dans le traité même renvoyaient originairement sa rédaction au XIIIe siècle pour la situer aux alentours de 1700, « 1600 ans d'écoulés après la prédiction » de l'Antéchrist et « mille ans de règne » depuis l'instauration du pouvoir musulman. Personne ne saurait

avant d'avancer les raisons qui l'auraient poussé à donner le supplément. Certes, après les extraits, il parlera de reprendre le fil du discours interrompu — mais il ne veut dire peut-être par là sinon qu'il entend reproduire fidèlement pour le lecteur des textes qui complètent le traité sans en faire aucunement partie. Cette copie contient aussi la « Dissertation sur le Libre [*sic*] des trois imposteurs » (ff. 1–38) et la lettre de Frédéric à Othon (ff. 39–42). Il semblerait donc que le copiste avait commencé à reproduire le traité et qu'il a abandonné cette tâche pour des raisons inconnues. La numérotation qu'il donne aux chapitres du supplément (ff. 1–124), de 1 à 6, pourrait faire croire que celui-ci était distingué du traité dans le manuscrit qu'il recopie.

25. Ce manuscrit a été publié par H. Dübi, *Das Buch von den drei Betrügern und das Berner Manuskript. Eine Untersuchung*, A. Francke, Bern, 1936.

26. Il s'agit d'une copie assez fautive. A l'exception des chapitres s'occupant des trois imposteurs et de ceux pris de Naudé et de Charron, le texte est divisé en paragraphes.

27. Aucune de ces copies ne distingue explicitement le traité et les additions. Les dix-neuf chapitres qu'elles comptent (vingt dans les copies de Bern et de Dresden, parce que le copiste a fait commencer à deux endroits différents celui sur Moïse) se suivent du premier sur Dieu jusqu'au dernier sur les démons, sans que la cassure que provoque l'interpolation des extraits pris de Charron et de Naudé (Chaps. XI à XVI) dérange aucunement les copistes. On peut ainsi croire que la confusion du traité et des suppléments est encore ici le fait de l'ineptie des copistes.

28. La copie est très fautive : elle contient de nombreuses erreurs de transcription et souvent la lecture devient tout à fait incompréhensible ; le copiste aurait sauté même par inadvertance des pages entières.

29. Le titre complet est *Traité des trois imposteurs. Traduit du latin de Guillaume Postel en françois, par Mr le Cte de Boulainvilliers*. Elle est de la main de deux copistes différents.

30. La copie Paris–Institut Catholique Frçs 45, qui appartient à la même famille, ne porte pas de titre.

ainsi s'étonner de voir ici nommément discutées les thèses de Descartes sur l'âme. Paradoxalement, ces copistes ont conservé la lettre de Frédéric à Othon, un contresens qui ne peut s'expliquer qu'en acceptant qu'ils ignorent tout en matière historique : la lettre elle-même n'étant pas datée, ils ont de toute évidence confondu les personnages historiques avec des contemporains[31]. Ces copies marquent par ailleurs une nouvelle étape dans la conformation de l'ouvrage. Pour la première fois, il apparaît divisé en six chapitres, les trois des additions successives sur Dieu, l'âme et les démons s'ajoutant aux sections ayant constitué primitivement le traité. Cette distribution consacre définitivement l'unité de ces éléments disparates[32]. Et le traité devenant moins maniable du fait de sa longueur, le copiste l'a amputé des digressions historiques sur Mahomet, les croyant vraisemblablement de moindre intérêt pour le milieu culturel auquel l'ouvrage se destinait : il n'y a respecté, après avoir rapidement dressé un portrait méprisant du personnage, que le récit de sa collusion avec Coraïs, celui précisément qui avait été tardivement ajouté à l'original, ce qui donnera un texte manquant de perspective historique, décousu et un point incohérent.

Cette version est à l'origine des différentes éditions faites à la fin du siècle, en 1768, 1775, 1776, 1777 et 1793. Sans doute à cette fin, un anonyme a commencé par enlever la lettre de l'empéreur Frédéric, rien ne justifiant sa présence dans un ouvrage qui ne cache plus ses origines modernes. Il a par ailleurs amélioré le style et rendu un sens à certains passages qui étaient devenus incompréhensibles entre les mains des copistes : c'est peut-être pour cette raison qu'il a aussi changé la définition de Dieu (II, 10), jugeant que celle originale, prise de Spinoza, trahissait littéralement le fond de sa doctrine et devenait par là équivoque. Il a enfin ajouté de nombreuses notes, parmi lesquelles quelques-unes renvoyant à l'édition latine du *Leviathan*, où il a encore pris sa nouvelle définition de la divinité (Milano–Braidense AC VIII 17, *Traité des trois imposteurs*). Des copies ma-

---

31. Cette impression ne peut qu'être ratifiée par la lecture de la copie de Sanktpeterburg. La première référence parle ici seulement de « bien de siècles » (f. 91); mais le copiste affirme sans sourciller que l'empire fondé par Mahomet subsiste depuis « quatorze cens ans de règne » (f. 114). Dans la copie de 's-Gravenhage, les dates sont respectivement 1700 et 1400 ans. Certains copistes sont cependant conscients de l'anachronisme et le font remarquer. Celui de la copie de Cincinnati écrit : « Lettre qui estoit à la teste du traité des trois imposteurs », et celui de 's-Gravenhage la situe en fait en dehors du traité.

32. La copie de Paris, sans doute assez tardive, est cependant divisée en douze chapitres, le copiste comptant dans ce nombre les sous-divisions introduites dans la section qui traite des religions : « De Moyse », « De Jésus-Christ », « De la politique de Jésus-Christ », « De la morale de Jésus-Christ », « De la divinité de Jésus-Christ », « De Mahomet ».

nuscrites auraient à leur tour été tirées à partir d'exemplaires de l'édition de ce texte (Chicago–UL 753, New York–Columbia UL 193Sp4FT741)[33].

Le traité a encore souffert une dernière manipulation d'importance. Pour faire toujours l'économie des développements historiques, que l'on juge sans doute élargir inutilement le discours, un autre apprenti littérateur a mutilé les pages consacrées à Moïse, qui, dans la meilleure tradition du XVIIe siècle, situaient le personnage dans son temps. Il a appliqué à la version primitive l'efficace méthode de rapiéçage qui était en usage dans les milieux où s'élaborait cette littérature et cousu ensemble des morceaux épars pour en donner une synthèse forcément appauvrie de la fresque originale. Il supplante ainsi le récit primitif de la révolte du peuple hébreu opprimé, semblable dans ses lignes générales à celui des écrivains bibliques, par l'histoire préférée par les Anciens, depuis Manéthos, de l'expulsion d'une multitude de gueux atteints d'une maladie repoussante. Le traité ainsi conformé a circulé sous des dénominations différentes : *Dissertations théologiques, morales et politiques sur les trois fameux imposteurs*, le titre de la version que nous croyons originelle (Barnard Castle–Bowes Museum FO 91/Re[34]), *Livre des trois imposteurs* (Halle–UuLB Yg Quart. 29[35], Sanktpeterburg–NRB Fr. O III 1, Philadelphia–Pennsylvania UL Lea 368, Wrocław–BU I Oct. 17q), *Traité des trois imposteurs* (Carpentras–BM 1275, Manchester–UL Christie 2 b 4, Paris–BN Fr. 24888, Fr. 25290, N.a.fr. 10978, Paris–Sorbonne 761[1], Sanktpeterburg–NRB Razn. F. III 2, Strasbourg–BM 413), *Traité des trois imposteurs, ou traduction du fameux livre de tribus impostoribus* (Firenze–Laurenziana Ashb. 1568), *Les trois imposteurs* (Orléans–BM 1115, Paris–Centre Sèvres 2522 (rés.), Rouen–BM Montbret 444), *De trois imposteurs* (Wittenberg–Evang. Predigerseminar S. Th. 2788), *Traité des trois réformateurs c.a.d. Moïse, Messie, Mahomet* (Dresden–SLB k 159); et encore, les copistes ne se résignant pas—sans doute pour des raisons d'ordre fondamentalement économique—à renoncer à l'appât de la légende, *De tribus impostoribus* (Cincinnati–HUC Bamberger 668[36]), *Liber de tribus impostoribus* (Hamburg–SuUB Theol. 1859, Theol. 1860), *Manuscriptum de*

---

33. La copie de Chicago, dont la page de titre contient un dessin représentant Moïse, Jésus et Mahomet portant à la main des masques, aurait été faite d'après une édition dont la bibliothèque de Florence conserve un exemplaire (je tiens ce renseignement de G. Ernst). Celle de New York reproduit en marge la pagination de l'imprimé.

34. Exceptionnellement, cette copie a conservé la lettre de l'empereur Frédéric.

35. La copie est incomplète. Le copiste n'a pas reproduit les deux derniers chapitres, mais il décrit leur contenu dans la « Table des matières » qui précède l'ouvrage.

36. La copie porte en réalité un double titre : *De tribus impostoribus. L'Esprit de B. Spin. par M. de Boulainvilliers.*

tribus impostoribus gallico sermone exaratum (Göttingen–UuLB Theol. 261, Oldenburg–LB Cim. 1 259), *Manuscriptum de tribus impostoribus* (London–BL Sloane 2039 (14)), *De tribus impostoribus liber* (Budapest–OSzK Quart. Gall. 31, Kraków–BU Diez C Oct. 3, Lübeck–SB Ms. Philos. 20), *De tribus impostoribus Moyse, Jesus-Christ et Mahomet* (Berlin–SB Diez C Oct. 3 a [37]), *Damnatus liber de tribus impostoribus* (Berlin–SB Diez C Quart. 37, Cincinnati–HUC Spinoza MS 1, København–KB Thott Quart. 206, NKS Quart. 99, Kiel–UB K.B. 88, Sanktpeterburg–NRB Fr. O III 2, Stockholm–KB A 837, Wolfenbüttel–HAB Guel. 198.4 Extrav. [38]), *Liber famosissimus de tribus impostoribus* (Berlin–SB Diez C Quart. 28), *D. T. I.* (Wrocław–BU 1 Oct. 17ʳ [39]). A l'occasion aussi, la copie ne portera pas de titre (Berlin–Huguenottenmuseum, København–KB Thott 207 Quart., Dresden–SLB N 21, N 74 b [40], N 81 ba, N 126 [41], k 276 g [42], Hamburg–SuUB Theol. 2154, 's-Gravenhage–KB 132 D 30, Kassel–LB Quart. Theol. 37, Wrocław–BU Mil. II 438) [43]. Ces copies de la version sans doute la plus diffusée sont divisées indistinctement en six sections ou chapitres [44], et ces divisions en réflexions ou en paragraphes [45].

Un amateur de belles lettres, comme ils se disaient, particulièrement doué cependant cette fois-ci, trouvant sans doute ce texte trop composite, aurait encore décidé de l'élaguer de ses parties inutiles. Il n'a ainsi

37. Cette copie est incomplète. Le copiste a arrêté son travail à la vie de Jésus-Christ. Il a divisé ce texte en quatre chapitres, dont le dernier est intitulé «De la politique de Jésus-Christ», et l'a sous-divisé en paragraphes dont la numérotation se suit du début à la fin.

38. Je tiens de F. Socas la description de ce manuscrit.

39. Le texte est divisé en neuf chapitres.

40. Le copiste remplace à chaque occasion le nom des législateurs par des symboles des alchimistes : ☿ (Moïse), ♀ (Jésus-Christ), ♄ (Mahomet).

41. Dans les copies Dresden–SLB N 21 et N 126, le nom de Descartes a été remplacé par la formule «un autre philosophe de l'Antiquité», le copiste étant mû seulement par ce qu'il croit être la logique interne d'un texte qui expose les sentiments des Anciens sur l'âme.

42. Ici, le titre a été ajouté à la fin : *Traité des trois imposteurs fameuses [sic] et très célèbres : Le Moyse, le [sic] et Mahomet. Traduit du latin en françois.*

43. Dans les copies Berlin–SB Diez C Quart. 28 et Hamburg–SuUB 2154, le copiste établit une rupture explicite entre le traité proprement dit et des génériques «Vérités sensibles et évidentes», car il donne une numérotation indépendante aux chapitres dans chacune des deux parties—et cela à un moment où l'on ne songe plus à cacher la modernité de l'ouvrage. L'exemplaire Paris–BN N.a.fr. 10978 établit aussi une distinction entre les chapitres correspondant au traité original et ceux du supplément, seuls les premiers étant sous-divisés. C'est encore un faible écho des origines différentes de ces parties.

44. La copie d'Orléans compte sept chapitres, le copiste confondant dans le nombre l'histoire de Jésus-Christ. Celle du Bowes Museum n'en distingue que cinq, le chapitre sur l'âme faisant partie des «vérités sensibles»; le texte se suit sans coupures dans cette partie du supplément, ainsi que dans la dernière, consacrée aux démons.

45. La seule exception est la copie existante à la Sorbonne, dont les chapitres donnent dans tous les cas un texte suivi.

conservé que le noyau de l'ouvrage, la primitive section troisième, consacrée à l'analyse des religions. Encore a-t-il soigneusement mutilé toute sa première partie, où il était question des sources de la religion et de la naissance du paganisme. Dans un texte suivi, coupé seulement par des sous-titres en marge, il a développé la vie de Moïse, de Jésus-Christ et de Mahomet—avec des corrections améliorant notablement le style des copies qui nous sont connues, surtout en ce qui concerne le dernier législateur. Il finira par une série de réflexions prises des « Vérités sensibles », d'où toute référence à un Dieu identifié avec la matière est cependant disparue; et pour conclure, il fera une rapide allusion aux démons, qu'il n'a pas trouvée, *ex literis*, dans son modèle. Cet original extrait a circulé sous le titre *Traité des trois imposteurs* (København–KB NKS 85 Quart.) [46].

Le texte que cet inconnu a ainsi manipulé a aussi circulé sous le titre *L'Esprit de Spinosa* (Cincinnati–HUC Bamberger 665, Halle–UuLB Yg Quart. 27, Hamburg–SuUB Theol. 1852, 's-Gravenhage–KB 129 E 10, Manchester–UL French 68, Paris–BN N.a.fr. 10436, Paris–Sorbonne 761², Paris–coll. privée S. Matton) et *L'Esprit de Spinosa, c'est-à-dire ce que croit la plus saine partie du monde* (København–KB NKS 59 f Oct., NKS 72 Fol., København–UB Don. var. 160 Quart., Dresden–SLB N 90ᵃ, Kraków–BU Diez C Oct. 2, Praha–NK VIII H 80, Wien–ÖNB 10520, Wittenberg–Evang. Predigerseminar A VI 9, Zittau–SB B 7). Quelque amateur inconnu a eu l'idée de joindre un panégyrique du maître, la *Vie de Spinoza* élaborée vers 1678 par Jean-Maximilien Lucas, un journaliste français exilé en Hollande, à un traité qui lui paraissait vulgariser sa pensée. L'ensemble a circulé sous le titre *La Vie et l'Esprit de Spinoza* (Chaumont–BM 195, Dresden–SLB C 395, C 395 a, Fécamp–BM 24, Los Angeles–UL Spinoza 170-2, Oldenburg–LB Cim. 1 256 [47], Périgueux–BM 36, Wien–ÖNB 10334).

46. Ce *Traité des trois imposteurs* est relié avec une copie du *Ciel ouvert à tous les hommes*, datée de 1745. Les deux écrits sont de la même main. Le *Traité* occupe pp. 255–296. Il est suivi d'un dossier comprenant la « Dissertation sur les trois imposteurs » (en fait, les « Sentiments sur le Traité des trois imposteurs »), la « Réponse à Mr de la Monnoye », la « Réponse de Mr de la Monnoye » et la prétendue « Copie de l'article 9ᵉ du Tome I de la 2ᵉ partie des Mémoires de littérature, imprimés à la Haye chez Henry du Sauzet. 1716 » (ff. 297–345). A la fin, la lettre de « Frédéric Empéreur, à très illustre Othon ».

Il semble évident que le manuscrit de København est une copie, le scripteur faisant une erreur impensable dans un texte aussi soigné. Il affirme, en effet, que la prédiction de l'Antéchrist date de « plus de seize cens ans » (f. 273), mais fait remonter l'empire de Mahomet à « plus de deux mille ans » (f. 291).

47. La section « De l'âme » ne comprend que le septième et dernier paragraphe, où il est question de la doctrine de l'âme du monde. Il est accompagné d'une « Note et remarque » ajoutée par le copiste.

Une copie de ces caractéristiques a dû être à l'origine de l'édition du traité en 1719 sous le titre *La Vie et l'Esprit de Spinoza*. Marchand raconte dans son *Dictionnaire historique* que deux libraires de la Haye, dont nous apprendrons par la suite que l'un était son ami Charles Levier, prirent une copie de l'ouvrage circulant sous le manteau,

> la revirent & la corrigérent en quantité d'endroits; y firent beaucoup d'additions tant impies qu'historiques, une entre autres assez considérable touchant Numa Pompilius, dont ils développérent plus au long l'imposture; l'augmentérent par-ci par-là de quelques notes de même caractére; en divisérent autrement les chapîtres, & y en ajoutérent VI nouveaux, composez de lambeaux tirez des *trois Véritez* & de la *Sagesse de Pierre Charron*, & des *Considérations de Gabriel Naudé sur les coups d'État*, & placés entre les chapîtres III, & IV, de leur Manuscrit; et enfin, après avoir mis à la tête de toute cette compilation un Avertissement de leur façon, ils la firent imprimer sous le titre suivant : LA VIE ET L'ESPRIT DE MR BENOÎT DE SPINOSA[48].

En réalité, tout invite à penser que nos libraires se seraient bornés pour l'essentiel à collationner deux copies différentes du traité et à compléter celle de l'*Esprit de Spinoza* avec des éléments pris dans une autre contenant déjà les textes empruntés à Charron et à Naudé. La plupart des additions et des notes dont parle Marchand se trouvent en effet dans cette dernière version, notamment celles concernant les chapitres « De Jésus-Christ » et « De la politique de Jésus-Christ » (VII et VIII), ainsi que les deux longues notes ajoutées à l'histoire de Mahomet (XI). Les éditeurs ont sûrement poli le style de l'ouvrage, les copies étant souvent défectueuses. Mais leur intervention directe sur le contenu reste somme toute assez modeste : mis à part des changements mineurs dans le texte qui parle de l'image de Dieu transmise par les prophètes (I.6) et une courte réflexion sur l'institution du sacerdoce par les législateurs (IV.8),

---

48. *Dictionnaire historique, ou Mémoires critiques et littéraires, concernant la vie et les ouvrages de divers personnages distingués, particulièrement dans la république des lettres*, tome I, Pierre d'Hondt, La Haye, 1758, p. 324. Marchand parle ailleurs d'une autre copie de l'*Esprit de Spinoza*, dont le texte serait autrement distribué : « I. De Dieu. II. Des raisons qui ont porté les hommes à se figurer un Dieu. III. De ce que signifie le mot de Religion, & comment elle s'est glissée dans le monde, & pourquoi il y en a tant & de si diverses? IV. De la politique de Jésus-Christ. V. De sa morale. VI Des vérités sensibles & évidentes. VII. De l'âme. VIII. Des esprits, ou des démons » (note 79). Aucune des copies localisées sous ce titre ne se correspond avec cette description sommaire. Nous connaissons en revanche un manuscrit *De tribus impostoribus Moyse, Jésus-Christ et Mahomet* (Berlin–SB Diez C Oct. 3 a), incomplet, qui pourrait être le modèle de la copie utilisée dans l'édition, le libellé des quatre chapitres conservés coïncidant avec celui de la copie qu'il décrit.

les modifications les plus importantes consisteraient dans l'addition d'un paragraphe dans les chapitres sur la morale et sur la divinité de Jésus-Christ (IX.1 et X.2), sans compter le chapitre consacré à Numa Pompilius, dont on ne trouve point de traces ailleurs.

Des copies auraient été tirées à partir des exemplaires de cette édition, même si Marchand insinue qu'ils étaient rares : Budapest–OSzK Quart. Gall. 12, Ithaca–Cornell UL C 102, Göttingen–UuLB Hist. lit. 42, Hist. lit. 43, 's-Gravenhage–Mus. Meermanno-Westr. 10 E 5, Sanktpeterburg –NRB Fr. Q III 2, Razn. Q III 2, Uppsala–UB P 9 49, Wittenberg–Evang. Predigerseminar A III 20, Celle–Kirchen-Ministerial-Bib. Z 46 a¹, Helsinki–YK D II 3. Certains copistes auraient par ailleurs manipulé le texte imprimé dont ils s'inspirent. Celui de 's-Gravenhage–KB 129 E II divise l'*Esprit de Spinoza* en 14 chapitres, ne recopiant pas ceux fabriqués avec des passages pris dans Charron et Naudé et réunissant dans un seul les deux que les éditeurs consacraient à l'âme. Dans les copies København–KB NKS 105 Quart. et Ithaca–Cornell UL C 101+, le copiste néglige la table des matières et le catalogue des ouvrages de Spinoza et ne reproduit pas dans le traité les chapitres XV à XIX de l'édition. Dans Kiel–UB K.B. 89¹, on a copié fidèlement les différentes pièces de l'imprimé, y compris l'*Esprit de Spinoza* jusqu'à la vie de Mahomet, et donné une description sommaire de la suite, renvoyant le lecteur pour le reste des chapitres aux œuvres de Charron et de Naudé mises à contribution et à la copie du traité qu'il peut trouver dans le même recueil. La copie München–BSB Gall. 415¹ reproduit en principe ce même modèle. Mais après la vie de Mahomet, le copiste transcrit ici les chapitres s'occupant des origines du pouvoir politique et de la manière comment les princes se servent de la religion, pour faire à continuation la synthèse de l'ensemble de ceux pris dans Charron et Naudé et, en partie, de la suite — car il recopie à nouveau son texte à partir du quatrième paragraphe du chapitre qui traite de l'âme jusqu'à la fin 50. Après quoi, il revient encore sur cette partie finale pour en faire la synthèse, complète celle qu'il avait préalablement donné des textes empruntés à Charron et Naudé et recopie les « vérités sensible » et les paragraphes du chapitre sur l'âme qu'il avait auparavant négligés 51.

49. Je dois la description de cette copie à Susanna Åkerman.

50. Il a d'ailleurs ajouté au chapitre « De l'âme » un huitième paragraphe, qui n'est rien d'autre que le début du deuxième chapitre, qu'il a développé à son endroit naturel.

51. Un tel désordre doit sans doute être mis sur le compte d'un relieur négligent. Les copistes de Kiel et de München renvoient à l'édition faite à Amsterdam en 1662 de la *Sagesse* de Charron et à « l'édition de 1712 suivant la copie de Rome » des *Considérations* de Naudé. Il semble cependant évident que ces données ne permettent point de dater cette version du traité, les

Pour sa part, le copiste de Wolfenbüttel–HAB 252 Extrav. transcrit uniquement le seul traité[52].

   Enfin, des collectionneurs auraient songé à élaborer une *summa* du spinozisme clandestin où ces deux ouvrages paraissent à côté de l'*Essai de métaphysique dans les principes de Benoît de Spinoza*, écrit par Boulainvilliers vers 1704; le recueil circulera sous les titres *La Vie, Essai de métaphysique, et l'Esprit de Spinosa* (Paris–BN Fr. 12242–12243) et *La Métaphysique et l'Éthique de Spinoza, son Esprit et sa Vie* (Auxerre–BM 235–236, Laon–BM 514, Paris–Arsenal 2236)[53].

---

copistes se bornant à orienter les lecteurs vers des textes qu'ils ne recopient pas, sans que cela signifie forcément que les extraits en question aient été pris dans ces éditions.

   52. La question pourrait ainsi se poser de savoir si les éditeurs n'auraient pas tout simplement pris une copie circulant déjà avec tous les matériaux ajoutés. L'hypothèse ne semble guère probable. Sans doute, les copies de l'*Esprit de Spinoza* tirées d'après l'imprimé ont fait leur propre carrière et perdu avec le temps tout rapport avec la source.

   53. Dans la copie Toulouse–BM 757 manque la *Vie de Spinoza*. Les recueils Auxerre–BM 237 et Paris–Arsenal 2235 contiennent seulement la *Vie de Spinoza* et l'*Essai de métaphysique*.

[3]
History and structure of our
Traité des trois imposteurs[1]

———◁◦▷———

BERTRAM EUGENE SCHWARZBACH
AND
A. W. FAIRBAIRN

O THER PAPERS presented here cover the material we are about to
treat here from diverse points of view. Their authors are philosophers and historians of philosophy, of ideas, of the Huguenot
diaspora, of Dutch intellectual history. . . . The *Traité des trois imposteurs*
can surely support discussion from all these points of view, and indeed

---

[1] This lecture is a synthesis of our two articles, 'Sur les rapports entre les éditions du "Traité des
trois imposteurs" et la tradition manuscrite de cet ouvrage', *Nouvelles de la république des lettres*,
1987/II: 111–136, and 'Notes sur deux manuscrits clandestins', *Dix-huitième siècle*, 22 (1990): 433–
440. Unfortunately, there are many typographical errors, skipped lines, and other faults in the first
article, for which the compositors and not the authors are responsible, which render it incomprehensible in spots, and one error in the second article, p. 435, towards the bottom, IV.7 for VI.7, for
which we are indeed responsible, so this lecture corrects details and refines the arguments of its
two predecessors. We refer often to Silvia Berti's '*La Vie et l'Esprit de Spinosa* (1719) e la prima
traduzione francese dell'*Ethica*', *Rivista storica italiana*, 98/1 (1986): 5–46, whose English version is
'The first edition of the "Traité des trois imposteurs" and its debt to Spinoza's "Ethics"', in M.
Hunter and D. Wootten (eds.), *Atheism from the Reformation to the Enlightenment* (Oxford: Clarendon Press, 1992), and to her 'Scepticism and the *Traité des trois imposteurs*', in Richard H. Popkin
and Arjo Vanderjagt (eds.), *Scepticism and irreligion in the seventeenth and eighteenth centuries* (Lei-
den, New York, and Cologne: E. J. Brill, 1993), 216–29, and to four overlapping articles by
Françoise Charles-Daubert, 'Les Principales Sources de l'*Esprit de Spinosa*, traité libertin et pamphlet politique', *Travaux et documents du Groupe de recherches spinozistes*, No. 1 (1989): 61–108; 'Les
Traités des trois imposteurs et l'*Esprit de Spinosa*', *Nouvelles de la république des lettres*, 1988/1: 21–50,
'L'Image de Spinoza dans la littérature clandestine et l'*Esprit de Spinosa*', in *Spinoza au XVIIIe siècle*,
ed. Olivier Bloch (Paris: Méridiens Klincksieck, 1990), 51–74, and 'Les *Traités des trois imposteurs*
aux XVIIe et XVIIIe siècle', in Guido Canziani (ed.), *Filosofia e religione nella letteratura clandestina,
secoli XVII e XVIII* (Milan: Francoangeli, 1994), which has just reached us (April 1995), so we have

75

S. Berti et al. (eds.),
Heterodoxy, Spinozism, and Free Thought in Early-Eighteenth-Century Europe, 75–129.
© 1996 *Kluwer Academic Publishers. Printed in the Netherlands.*

profit from them. We shall adopt a literary point of view since literature is our discipline. However, we are *dix-huitiémistes*, and the professional deformation of anyone in that field is a tendency to study the history of ideas, whether in the old-fashioned, teleological sense of 'how did humanity, i.e., European and American thought, get from there—whatever starting-point seems most pertinent—to the optimum where it is now', or in the Foucaldian sense that examines diversity, lines of thought with little or no posterity, because such historians who follow his example are much less certain that where (Occidental) humanity is now represents a moral or political optimum. We shall thus try to apply to the *Traité des trois imposteurs* both the perspective of the history of ideas and some of the techniques that one of us (Schwarzbach) half recalls from the late Jean Hytier's lectures and from his remarkable book on Gide.[2] Of course, Hytier would never have dreamt of working on the *Traité des trois imposteurs*, not literary enough for him.

Professor Popkin invited us 'to confront our adversaries'. Up to that moment we had not realized that we had adversaries, merely colleagues who had not succeeded in convincing us of all the details of their reconstructions of the history of the *Traité des trois imposteurs* and whom we had not convinced of ours. It is indeed a temptation to pick out the errors and strange logic in some recent work on the *Traité des trois imposteurs*, but that would be tedious for the reader, ungenerous on our part, and, above all, too modest a contribution to clarity, the quality that any discussion of the clandestine texts requires above all others, to make it worth the effort. We shall not sidetrack our account of the history of this most mysterious tract with arguments about priority and citation. It is regrettable that disputes regarding priority are sometimes as necessary as they are tedious to persons who are not directly concerned.

Years ago, before we began collaborating seriously on the clandestine tracts, we used to be fans of mystery and especially espionage novels. But immersion in the many unknowns of the clandestine literature provided

not yet been able to analyse it and the evolution of Charles-Daubert's position. At a glance she appears to have accepted several of the theses first advanced here. We must also add to the bibliography Gianluca Mori, 'Un frammento del "Traité des trois imposteurs" di Etienne Guillaume', *Rivista di storia della filosofia* (1993, no. 2): 359–76, which we have not yet studied thoroughly. We shall have occasion to refer to clandestine tracts by their number in Miguel Benítez's localization list, 'Matériaux pour un inventaire des manuscrits philosophiques clandestins des XVIIe et XVIIIe siècles', *Rivista di storia della filosofia* (1988, no. 3): 501–31.

Professors Berti, Benítez, and McKenna have kindly read a draft of this paper and have called our attention to several errors. This does not constitute an endorsement of its theses because each of these colleagues has his/her own theory regarding the composition of the *Traité*.

[2] *André Gide* (Paris, 1946).

mystery enough to wean us from detective fiction. In memory of those frivolous days, let us adopt a maxim from that incisive philosopher of the cloak and dagger, Matt Helm: 'I only believe in dead spies when I kill them myself. I do it real well and they never come back to get in my way.'

In our study of the *Traité des trois imposteurs* we should adapt and apply Helm's principle. We should only believe in versions and editions of clandestines that we have seen ourselves. If we eliminate hearsay editions and texts, we shall be able to make some sense of the history of the diffusion of the *Traité des trois imposteurs*. If we bear in mind that not every contemporary who thought he knew something was in fact as well informed as he thought he was, we shall spare ourselves needless harmonizations. If and when early manuscripts or the perhaps mythical 1721 edition turn up, we will cheerfully revise our history to accommodate them, if necessary, but meanwhile there is no profit in anticipating what they might contribute to the history of the *Traité des trois imposteurs*. In particular, let us not try to get too sophisticated and distinguish literary objects that do not differ from each other except by title or division into chapters, sections, and subsections. We aim to study a text and not its accidentals.

What is the question?

In fact, there are four questions which seem most pertinent to our interests, a fifth which we shall gladly leave to the historians of philosophy, and a sixth that we have just begun to study and which we are not yet in a position to discuss intelligently. A seventh, and the most obvious question is, Who wrote it? As far as we are concerned, this is unanswerable in our current state of ignorance. Even the Marchand correspondence, valuable as it is for the literary scene in which Marchand and his correspondents participated, will not help much because, as we shall see, the *Traité* was written not earlier than the very late seventeenth century nor later than 1711, and very likely not by anyone in the circle of the Huguenot refugees in Holland. Marchand and his friends were not in a position, in the 1750s, when he was writing his *Dictionnaire*, to know anything certain about the author. The Helm principle may thus be profitably applied to any speculation regarding the author of the *Traité* that is based on the Marchand material.

A. What is the history of the *Traité des trois imposteurs*, by which we mean the text diffused under that title or some variant of *L'Esprit de*

M. *de Spinosa*? We shall argue that there is little point in distinguishing identical or nearly identical texts just because they appear under
different titles. We would, of course, like to know what the original
title was because that would tell us where the emphasis should be
assigned in our reading of the *Traité*, on Spinozan philosophy or on
the archaeology of the three-impostor thesis. After all, the excuse for
literary history is that it helps us read more perceptively and, above
all, less anachronistically.

B. What are the real themes and obsessions of the author/authors
(taking into account Alain Niderst's thesis[3] that some of the clandestine texts are in fact the work of several conspirators, so as not to
prejudice the question of authorship at this early stage in the discussion), as distinct from his/her/their arguments? (We say his/her/
their, to cover all contingencies, but we do not see any real suggestion that a feminine hand wielded this virulent quill nor that this is
the work of more than one author.) Arguments may be more or less
ingenious, interesting to us as historians of ideas because of their
genealogy or because they are suggestive of philosophy to come, but,
in a polemical tract, they are directed at readers' susceptibilities.
Themes and obsessions, on the other hand, are what escape the
author/authors, percolate through texts, even at the risk of boring or
antagonizing readers. They are what individualize a literary work.
What students of literature really care about is identifying the particular voices and timbres that distinguish one author from another,
and one novel/play/poem from another by the same author. This was
Hytier's point of view, and it is particularly pertinent for the study of
the clandestine texts because, as anyone who has worked with many
of them will assure you, the hardest part of a project is to keep the
various texts separate in one's mind while one works.

C. What can we say about the author? What is his social profile? Is he
a disabused French Catholic in the Boulainvilliers mould (but much
more radical) writing in France? Is he a radicalized Huguenot, as
Margaret Jacob suggests,[4] writing in Holland or elsewhere in the
Huguenot diaspora? Is he a disciple of Spinoza, someone with connections to the circle of confidants, as Berti argues?[5] Could he be
a religious dissident in the Dutch Collegiant circle, as Popkin im-

---

[3] '*L'Examen critique des apologistes de la religion chrétienne*: les frères Lévesque et leur groupe', in
Le Matérialisme du XVIIIe siècle et la littérature clandestine, ed. Olivier Bloch (Paris: Vrin, 1982),
45–66.   [4] Margaret Jacob, *The radical Enlightenment* (London, 1981), 217–25.
[5] Berti, '*La Vie et l'Esprit*'.

plies,[6] or an heir to the 'libertine' tradition of Machiavelli, Vanini, Bodin, La Mothe Le Vayer, and Naudé, as Charles-Daubert would have it?[7] Or none of the above, as they say in questionnaires? This is not a jest; the above categories are not exhaustive. Neither of the 'clandestine' authors of the early eighteenth century who has been cogently identified, Yves de Vallone[8] and Robert Challe,[9] fits into any of the 'above' social categories, and religious dissidence, if that is what the *Traité* expresses, is notoriously individual, eccentric, not to say cranky, and intellectually ruthless. Unfortunately, we still see no way of deciding this question because all the hypotheses are cogent, although there is a slight suggestion that it was written outside the Dutch milieu, and probably not by a Protestant because nowhere does the *Traité* speak about either the Reform or its adversaries, even though religious enmities often tend to survive religious faith.

D. What can we deduce about the composition of the *Traité des trois imposteurs*? We shall make certain proposals, but, please, take Matt Helm's advice and don't put much stock in them. Lytton Strachey once wrote that nobody will ever write a history of the Victorian era because we know too much about it.[10] On the contrary here. Ignorance has simplified the problem enormously. Our propositions seem to us to explain what we know about the history of the *Traité*, but we ourselves are not convinced because we know so little. Until manuscripts, datable manuscripts, representing early versions of the *Traité des trois imposteurs* turn up, decomposing the text will remain pure sport.

E. Is the *Traité des trois imposteurs* a profoundly Spinozistic work, in which case it would be most rare and remarkable since the other clandestine texts that look towards the philosopher of Amsterdam tend, as Charles-Daubert has observed, to exploit (or refute) the limited aspects of the biblical criticism of the *Tractatus theologico-*

[6] Richard H. Popkin, 'Spinoza and the conversion of the Jews: Spinoza's political and theological thought', in *International symposium commemorating the 350th anniversay of Spinoza: Amsterdam, 24–27 November 1982*, ed. C. de Deugd (Amsterdam, 1984), 171–83, esp. 176–7. See also id., 'Serendipity at the Clark: Spinoza and the Prince of Condé', *The Clark newsletter* (1986): 2–4, and especially id., 'Some new light on the roots of Spinoza's science of Bible study', in Marjorie Green and Debra Nail (eds.), *Spinoza and the sciences* (Dordrecht: Reidel, 1986), 171–88.

[7] Charles-Daubert, 'Les Principales Sources'.

[8] James O'Higgins, *Yves de Vallone: the making of an esprit-fort* (The Hague, Boston, and London: Martinus Nijhoff, 1982).

[9] Frédéric Deloffre, 'Un "Système de religion naturelle": du déisme au matérialisme du *Militaire philosophe*', in *Le Matérialisme du XVIIIᵉ siècle*, 67–76.

[10] Giles Lytton Strachey, *Eminent Victorians* (London, 1918), p. vii.

politicus that are pertinent to their interests,[11] or is it, despite the intensive borrowing from Spinoza, a last gasp of the 'libertine' or 'naturalist' or 'sapientia veterum' traditions?[12] We must leave this question to the historians of philosophy, while urging them to read the *Traité des trois imposteurs* like literature, to study its subtexts and tonalities as well as its terminology.

F. Who read the *Traité des trois imposteurs*? When do its echoes begin to appear in the clandestine literature? We have begun research on this question but it may not yield a general, schematic answer because access to the clandestine literature and especially choice among the available tracts was so often a function of a writer's/philosopher's very personal interest in heterodox ideas, an interest aroused for biographical reasons, rather than that literature's general availability in his milieu. An illustration is the case of Voltaire who only 'found' the clandestine texts in the 1760s, when he was disposed to launch his campaign against organized religion, contrary to what Wade claimed.[13] These remarks may be valid for the European centers of Enlightenment thought. In the provinces and in Eastern Europe availability of a choice of texts is not to be presumed, and so the model would have to be different, possibly one of a voyage to a major center of Enlightenment thought, and a return with souvenirs, radical tracts copied or purchased to the extent that the traveller was able to make the right connections, the way Americans used to bring back from Paris Henry Miller and Lady Chatterley in the years before censorship was abandoned. This seems to have been the case for a certain Miklos Jankowich, about whom we know nothing at all except that he acquired manuscript copies of the first editions of the *Traité* and the *Examen de la religion* and brought them back to Hungary (Budapest, Quart. Gall 12 and 14), possibly with other manuscripts we were not able to identify.

[11] Charles-Daubert, 'L'Image de Spinoza'.   [12] Charles-Daubert, 'Les Principales Sources'.

[13] Wade, *The clandestine organization and diffusion of philosophical ideas in France from 1700 to 1750* (Princeton: Princeton University Press, 1938; repr. New York: Octagon Books, 1967), 183–5, and his *The intellectual development of Voltaire* (Princeton: Princeton University Press, 1969), 537–47 and *passim*. They are cited, and refuted, in Schwarzbach, 'The problem of the Kehl additions to the *Dictionnaire philosophique*: sources, dating and authenticity', *Studies on Voltaire and the eighteenth century*, 201 (1982), §x, pp. 46–9, to which it should be added that Voltaire's apparent first contact with the *Traité* was in 1769.

History

A. There is a Kant title, *Prolegomena to every future metaphysic*. Well, . . . we can easily write a sketch of 'all possible three-impostor treatises'. They must have three qualities. First, they must all speak about the gullible Israelites, the credulous apostles and disciples, and the superstitious seventh-century Arabs. Secondly, such treatises must speak about prophetic and traditional religion (in the literal sense, handed down from generation to generation) rather than charismatic religion. As Locke would have had it just about the time when the *Traité* was being written,[14] you either experience a revelation yourself, however unreasonable and contradictory with respect to all other experience and knowledge it may be, in which case nobody will ever convince you that it was imposture, or you depend upon a tradition from persons who claimed to have had such a vivid and authenticating experience or report what still others have claimed had been revealed to them. Such a tradition may indeed be valid—a logical possibility we need not exclude here—or, as any three-impostor treatise must argue, invalid by reason of imposture. The imposture could be well-intentioned, designed to support public order, as was the archetypal religious imposture, that of Numa Pompilius.[15] Our author is no revolutionary or anarchist; indeed, he is quite Hobbesian in his respect for obedience to sovereigns ('[Le] babil [des prophètes] ne tendoit souvent qu'à semer la révolte, & à détourner le peuple de l'obéissance due aux souverains . . .' [I.5], the text which suggests to us that the author was not writing in the Dutch Republic, where authority was shared between king and the States, nor even in England where the Glorious Revolution consolidated shared political authority; but then he may have been a political reactionary). But nearly everyone in late seventeenth- and early eighteenth-century France, with the notable

[14] *Essay on human understanding*, IV.xviii.2,3; but cf. 5,6 whose thrust is contrary, that a revelation cannot contradict reason.

[15] Livy, I.xix.5. In fact, conventionally religious thinkers such as Bishop Warburton, *The divine legation of Moses* (London, 1755 and subsequent rev. edns), and Voltaire, who was less conventionally religious (see s.vv. ÂME and ENFER in the *Dictionnaire philosophique*), held that it was precisely the function of religion, by its promise of posthumous reward or punishment, to support good morals and political order. This position is, as the late Israeli philosopher Yeshayahu Leibowitz has argued, quite blasphemous. It makes religion serve politics, just as the three-impostor thesis had claimed. See his 'השבת במדינה-בבעיה דתית' and 'הדת במדינה והמדינה בדת', in his יהדות עם יהודי, ומדינת ישראל (Jerusalem and Tel-Aviv: Schocken, 1976), 108–37. We would add that the difference between Warburton and the three-impostor treatises depends precisely upon their opinion of the worthiness of the political position that a religion, true or false, sets out to support. Our three-impostor treatise is, as we shall see, politically radical in certain regards, even if not quite so radical as the *Testament* of the curé Jean Meslier.

exception of Jean Meslier, supported royal authority. Even the Huguenots, who had endured open hostility under Louis XIII and active persecution under Louis XIV, deplored the revolutions and regicide in Protestant England in order to emphasize their loyalty and obedience to their king.[16] (It is not obvious that Jacob's radicalized Huguenots were more than a small, unrepresentative minority, even after the Revocation, because only the most religiously committed Protestants left their families, posessions, and homeland,[17] while our author seems to have remained politically orthodox despite his religious heterodoxy.) Or religious imposture may be interested and exploitative, whether the interest be the material advantage of the impostor or the satisfaction of his need to dominate others, his 'ambition', in the language of the *Traité* and subsequently in the language of Voltaire.[18] The third quality of any three-impostor tract is that it must seek the 'true history' of a given religious law outside its own, presumably self-serving, documentation.

The biography of Moses in such a treatise would necessarily draw on Tacitus and Marcus Junianus Justinius (not Justin Martyr, as the manuscripts and editions of the *Traité* have it—it seems that in the Middle Ages the Roman historian was often confused with the early Christian apologist), or, if the author was not too scholarly, as ours does not seem to have been, from an orthodox but uncritical source that drew on them together with the biblical narratives and compendia of Jewish folklore, such as Gilbert Gaulemin's translation of *midrash*, *De vita et morte Mosis* (Paris, 1629). Such a source would resemble Charles-Louis Hugo's *Histoire de Moïse* (Liège, 1699),[19] Joannes Christophorus Stellweg, *Dissertatio historico-biblica de viro mirabili Mose* (Rothenburg, 1698), which we know only from library catalogues, or Dom Augustin Calmet's *Commentaire littéral* . . . (Paris, 1707–16) or his *Dictionnaire* . . . *de la Bible* (Paris, 1728), the latter of which is, of course, posterior to the composition of the *Traité*. Such 'refutations' of pagan traditions regarding Moses inevitably made them better known. The biography of Jesus would necessarily draw upon Celsus, notably the famous *Pandera* or Panther legend (*Contra Celsum* 1.32). Rather curiously, the legend is replaced in the *Traité* by

---

[16] See François Laplanche, *L'Ecriture, le sacré et l'histoire* (Amsterdam and Maarssen: APA–Holland University Press, 1986), I.III, § 1.IV; III.IX, § 2.II. See also Guy Dodge, *The politics of the Huguenots of the Dispersion* (New York, 1947), *passim*.

[17] See Elisabeth Labrousse, 'Plaidoyer pour le nicodémisime', *Revue d'histoire ecclésiastique*, 82 (1987): 259–70.   [18] E.g., s.v. MÉCHANT in the *Dictionnaire philosophique*.

[19] For the record, Sommervogel, in his *Bibliographie de la Compagnie de Jésus*, II.1459, attributes this book to one J. Coret and remarks that its approbation is dated 14 August 1688. See Pierre M. Conlon, *Prélude au siècle des lumières, 1692–1699* (Geneva: Droz, 1971), Vol. 2, no. 9390.

recalling Alexander the Great's claim to have been sired by a god and by Plato's claim that Apollo had fathered him upon a virgin (III.II). This material was drawn from Hobbes, and appears as a reductive alternative to the Pandera legend, a demonstration that other impostors have claimed as much, whereas taking the Pandera legend at face value would have implied historicizing the life of Jesus. Actually, historicizing is a weakness of the *Traité*, or rather its conventional aspect. Even if Jesus and Moses were impostors, they were, like Mohammed, admitted to have been historical figures. More sophisticated treatments in the eighteenth century would try, with greater or less success, to separate history from folklore, imposture from hagiography, an equally reductive but still different and somewhat more respectful argument. After Henry Dodwell admitted that the apocryphal gospels retained some documentary value,[20] a 'life of Jesus', to use Schweitzer's generic term, became possible. Several 'lives of Jesus' can be found, for example, in Voltaire's studies of the origins of Christianity, another in Reimarus, and others in other heterodox tracts.[21] The question whether these pagan and sectarian sources can indeed provide valid historical testimony to Pentateuch times or to the career of Jesus is one that was much debated in the apologetic and antireligious literature throughout the eighteenth century, just as was the historical value and use of noncanonical material on Jewish history. Apart from the apologist Josephus, however, there was little that seemed particularly well-informed except for the very problematical Sanchuniathon, Manetho, and Berossus fragments, which, according to the late Moses Hadas, are Hellenistic apologies and far from being the faithful accounts of Phoenician, Egyptian, and Babylonian mythology and history that they purport to be,[22] as had already been suspected by the astute Richard Simon.[23] In any event, the author of the primitive *Traité des trois imposteurs*—we shall shortly define it—gives

[20] *Dissertationes in Irenaeum* (Oxford, 1689), 1: 38–9.

[21] Certain aspects of the debate on noncanonical histories of Jesus are discussed in Schwarzbach, 'The sacred genealogy of a Voltairean polemic: the development of critical hypotheses regarding the composition of the canonical gospels', *Studies on Voltaire and the eighteenth century*, 245 (1986): 303–49 (where we neglected to mention the *Dialogues sur l'âme*, Benítez no. 28, which include an extended discussion of the New Testament apocrypha); and in Francis Schmidt, 'L'Ecriture falsifiée. Face à l'inerrance biblique: L'apocryphe et la faute', *Le temps de la réflexion* V (Paris: Gallimard, 1984), and 'John Toland, critique déiste de la littérature apocryphe', in *La Fable apocryphe: Actes du colloque du centenaire de la section des sciences religieuses de l'E.P.H.E.* (Sept. 1986), ed. P. Geoltrain and J. C. Picard (Turnhout: Brepols, 1989).

[22] *Hellenistic culture: Fusion and diffusion* (Morningside Heights, NY: Columbia University Press, 1959), ch. 8.

[23] Richard Simon, *Bibliothèque critique* (Amsterdam, 1708), Vol. 1, ch. 9, pp. 131–42. Voltaire tries to use this material in his histories of ancient Israel, e.g. in his *Philosophie de l'histoire*, ch. 13.

a life of Mohammed based on non-Islamic sources which are, unfortunately, calumnies rather than independent documentation, a very summary life of Moses—later texts evidently felt that it was inadequate, enlarged upon it and historicized it—but, curiously, none at all of Jesus. The exploitation of historical sources for all three is quite limited. Our author's inclination is philosophical, not historical, which distinguishes him from Enlightenment religious polemicists who tended to invoke historical reductionism rather than philosophical refutation.

Common sources will necessarily tend to produce similar treatises, so all three-impostor treatises of a given period should have much in common, and, in the old days, periods were very much longer than now. The discovery since the War, first of a gnostic library at Nag Hammadi, then of the Qumran scrolls, have required two major revisions of the history and development of early Christianity and intertestamentary Judaism within our lifetime, while the recent discovery of the Ebla mythological and historical material will probably, if the Syrian government ever permits its publication, require still another major revision of the history of early Judaism, all within fifty years. But in the period of the composition of three-impostor treatises, say from the Renaissance to the renewal of interest in the apocryphal testimonies to the life of Jesus in the early eighteenth century, no new sources were discovered, so all possible three-impostor tracts would necessarily have drawn upon the same ones, and they would necessarily have resembled one another in their treatments of Moses, Jesus, and Mohammed. It would therefore require a very detailed attestation to identify which one, out of all possible three-impostor tracts, a witness may have read!

An analogous difficulty is posed by common subject matter. We would like to study the vocabulary of the *Traité* and compare the frequency with which certain expressions occur with their frequency in, say, Fontenelle's *Histoire des oracles* of 1686, a text of comparable length and, because of its intimate relation with a (Latin) source, van Dale,[24] literary character. As a matter of fact, we have found very frequent use of the words 'ignorance', 'préjugé', 'crédulité', and 'fourbe/fourberie' in both texts, but we must nevertheless be very prudent about drawing conclusions regarding a common author, because as M. Frédéric Deloffre warned us many years ago,[25] common subjects determine a common vocabulary. Similarly, the choice of stylistic level, formal or conversational, grave or jocular, 'sublime' or ironic, will influence the vocabulary unrelated to the subject. Thus Fontenelle explicitly admits having adopted an informal style ('Le

[24] Antonius van Dale, *De oraculis ethnicorum* (Amsterdam, 1683).   [25] Oral communication.

style . . . de conversation') in order to converse with his reader,[26] which leads to many first-person plural pronouns and verbal agreements. The *Traité* (1.4), for its part, also proposes 'en effet, à parler sans fard & à dire la chose comme elle est . . .' and adopts an equally conversational style, so it, too, is full of first- and second-person pronouns. Were these more idiosyncratic stylistic traits, their remarkable frequency in both treatises would strongly suggest an attribution to Fontenelle. More likely the style of the *Traité* was influenced by the model of the *Histoire des oracles*. If such was the case—please bear in mind the Helm principle—it is not a very good imitation, because the *Traité* is more categorical and assertive than Fontenelle's treatise.

B. In fact, there are attributions/accusations regarding the *Traité des trois imposteurs* thesis that go back to Averroës and to Simon of Tournai in the twelfth century. The thesis was so obvious, so inevitable, even to the ancients (it escapes us why, apart from Vanini's attribution of the political aspect of the argument to him, Charles-Daubert wants to associate it so strongly and even exclusively with Machiavelli[27]) that it is implicit in many episodes in the Bible, such as the Korah episode (Num. 16.28, and cf. Josephus, *Contra Apionem* 11.17), the warnings about false prophets in Deut. 13.2–6, the frequent offers of the later prophets to perform or predict some event validating their exhortations and predictions of national catastrophe or salvation. The gospels take pains to enumerate the many public miracles performed by Jesus—John 21.25 even concludes by asserting that they were so numerous they could not all be recounted—which were performed or invented with the clear intention of authenticating a revelation to a small coterie of disciples,[28] as distinct from the revelation at Sinai which was, according to Exodus 20.18 and Deuteronomy 5.3–4, 19, directly experienced by the 600,000 Israelites. The primitive Church seems to have been confronted with the problem of religious imposture (see 1 Cor. 12.1–3). The late Ephraim Urbach suggested that the problem of false prophets, or imposture, inevitably arises when a religion emerges from a charismatic phase into an institutional one, and especially when it aspires to exclude foreign influences which risk being introduced under the guise of prophecy. He cites Justin Martyr and Tertullian among many other less familiar references of which the author of the *Traité* may not have been aware unless he or she had

---

[26] *Histoire des oracles*, ed. Louis Maigron (Paris, 1908), p. x.

[27] Charles-Daubert, 'Les Principales Sources', 78; 'L'Image de Spinoza', 59.

[28] This is one of the principal themes of the *Examens de la Bible*, Benítez no. 58, attributed to Mme du Châtelet, e.g. 11: 50, 59, etc. in the forthcoming edn.

professional competence in ecclesiastical history, and of course, many Jewish sources that, in the late seventeenth century, only a very learned rabbi might have known.[29] Mohammed, too, felt obliged to refute doubts about the authenticity of his prophecy (Sura 21.3-10). Clearly the ancient authors of the Jewish and Christian religious documents already feared accusations of imposture. The first explicit formulation of the three-impostor theory of which we have any knowledge is, as a matter of fact, in a Moslem context. The Orientalist, Louis Massignon, discovered it in the initiation rites of the Qaremates, a dissident Islamic sect active around 909, which treated Moses, Jesus, and Mohammed as impostors, and there are résumés of that thesis that date from 1058 to 1093.[30] Christopher Marlowe was reputed to have 'affirmed our Sauiour to be but a deceiver and Moses to be but a coniurer and seducer of the people and the holy Bible to be but vaine and idle stories and all religion but a device of pollicie'.[31]

Excursus (popular tradition)

The problem of charlatanry was ever present before our ancestors. To judge from the article CHARLATAN in Voltaire's *Questions sur l'Encyclopédie*, the phenomenon of medical charlatanry, in particular, was recognized, and 'the people' were thought to be highly susceptible to it because it promised to restore life, limb, and youthful vigor, than which nothing is more precious unless it be salvation, and, like religion, medicine was still mysterious, literary, and dialectical, even though a Voltaire was already looking to the great doctors of his time as scientists in a modern sense, and as models of probity and wisdom in the modern, folkloric sense. Religious impostors were a recognized danger to judge from Tartuffe (1664), from the great disappointment of the seventeenth-century millenarians, of which the apostasy of Shabbetai Zvi was only one notorious example,[32] and from the notorious feigned possessions of the nuns of Loudun. Michael Heyd has discussed the difficulty encoun-

---

[29] See 'מתי פסקה הנבואה?', in his מעולמם של חכמים (Jerusalem: Magnes Press of the Hebrew University, 1988), 13 ff.

[30] *Opera minora* (Paris: Presses Universitaires de France, 1969), Vol. 1, pp. 82–5.

[31] Thomas Beard, *Theatre of God's iudgements* (1597), cit. J. Leslie Hotson, *The death of Christopher Marlowe* (London and Cambridge, MA, 1925), 11–12.

[32] Richard H. Popkin, 'The third force in seventeenth-century philosophy: scepticism, science and biblical prophecy', *Nouvelles de la république des lettres*, (1983), no. 1: 35–64. For the documentation of that disappointment, see Gershom Sholem, שבתי צבי והתנועה השבתאית בימי חייו (Tel-Aviv: 'Am-'Oved, 1956–7), ch. 7; trans. J. Zwi Werblowsky, *Sabbatai Sevi, the mystical Messiah, 1626–1676* (Princeton, 1973), 789–820.

tered by rationalistic theologians of the Church of England in determining whether the exiled Cévennes prophets were indeed inspired,[33] and among the Huguenots of the refuge after 1688, Jurieu and the less well-known pastor Elie Merlat also disputed the authenticity of other prophecies.[34] The question of religious imposture arises in the second of the *Lettres philosophiques* (1734), where Voltaire asks his Quaker interlocutor how the community determines whether a member who rises to preach during a meeting is authentically inspired. A still more piquant and general example can be found in the literature on demonism where the question of true and false possession by the devil was frequently posed, as for instance how to determine whether a woman had really been the innocent victim of an incubus or whether she was alleging intercourse with such a creature to hide an adultery. Some of the demonologists who discussed such questions seriously in the late sixteenth and early seventeenth centuries were not so credulous as one might think, merely caught in the toils of contradictory principles. Others were more so! Incidentally, the proof text for this famous crux, Ex. 7.8–13, concerning Pharaoh's *hartumim*, had already posed this problem for the rabbis of the Gemara (see Sanhedrin 67b), and the demonologists all asked how could those presumed impostors have managed to match Moses's authenticating miracles?[35] In such a climate, extending the possibility of charlatanry, whether to assert it or to deny it, to the founders of the three great religions would have been natural, so we need not search too far for scholarly and philosophical precedents.

For the record (scholarly material)

We need not remind you that the very rare references to Jesus in the Talmud regard him as a charlatan who had learnt magical arts in Egypt. We can refer you to Morton Smith's survey of these calumnies (which,

---

[33] Michael Heyd, 'La Réaction à l'enthousiasme et la sécularisation des sensibilités religieuses au début du dix-huitième siècle', in *Problèmes d'histoire du christianisme*, No. 13, *Sécularisation*, ed. Michèle Mat (Brussels: Editions de l'Université de Bruxelles, 1984), 5–38.

[34] Walter Grossmann, 'Elie Merlat on discernment of false inspiration', *Revue de synthèse*, 6e série, no. 4 (Oct.–Dec. 1990): 423–33.

[35] In the discussion after the delivery of this paper it was pointed out to us that in the early 18th c. there was an extensive literature on all sorts of charlatanry of which we were not aware. We do not agree, however, that the books by Jean-Baptiste Thiers, *Traité des superstitions regardant les sacrements* (Paris, 1697), and Pierre Le Brun, *Histoire critique des pratiques superstitieuses* (Rouen, 1702) are part of that literature. As a matter of fact, we had occasion to read long extracts from those books some years before, and as we recall, they are directed against popular—in the authors' terms, pagan—religious expression that did not conform to the Tridentine decrees and the evolving sense of decency.

according to him, nevertheless preserve a grain of historical tradition) in his *Jesus the magician* (San Francisco, 1978), which, despite the provocative title, is a very learned and judicious book. (Smith was a great expert on Hellenistic magic, and *magician*, for him, is a very precise term referring to a thaumaturgical figure with gifts and insights that were reputed divine, who was therefore thought to be a divine figure himself, quite far from our circus prestidigitators with their rabbits-in-hats.) The allegation that Jesus was a magician/charlatan also occurs in Celsus (*Contra Celsum*, I.68, 71) and is repeated, along with Celsus' Panthera legend, in the תולדות ישו which, contrary to Charles-Daubert, is a burlesque gospel, a polemic, and a satire, certainly not a 'manifesto'.[36]

There was still at least one more context within the religious literature that was likely to have kept an impostor theory in public view. Since the crusades, Christian literature on Mohammed insisted precisely on his imposture and, ill-informed and uncritical as were, and remain, most religious polemics, it invented and publicized many calumnies about the great Arabian prophet. Even Hobbes discussed Mohammed in this sense (*Leviathan* I.12). Bayle, in his article MAHOMET, began to sort out and appraise the sources for these calumnies, and Humphrey Prideaux, in *The true nature of imposture fully displayed in the life of Mahommet* (London, 1697, translated into French as *La Vie de l'imposteur Mahomet* (Paris, 1699)), was also critical of the more extravagant Christian tracts dealing with Mohammed, because, as befitted an Arabist, he attempted to use only the most authentic history and the most judicious arguments that would apply to Mohammed but not to Jesus, that would show that the one was an impostor while the other was not. Boulainvilliers's *Vie de Mahomet* (posthumous publication, London, 1730) goes further than Bayle in trying to write a fair and well-informed biography—Arabic sources were cited through Prideaux and Barthélemy d'Herbelot de Molainville's *Bibliothèque orientale* (Paris, 1696)— but that is surely posterior to the *Traité des trois imposteurs* that we are trying to study.

A further indication that imposture was a serious consideration around the turn of the century is the fact that in Fontenelle's *Histoire des oracles* the pagan gods/oracles were no longer demons, as they had been for medieval and even Renaissance theology/philosophy/fine arts,[37] but their

---

[36] Samuel Krauss, *Das Leben Jesu nach jüdischen Quellen* (Berlin, 1902); cf. Charles-Daubert, 'Les Traités des trois imposteurs et l'*Esprit de Spinosa*', 32; Jean-Pierre Osier, *L'Evangile du ghetto, ou Comment les juifs se racontaient Jésus* (Paris: Berg International, 1984).

[37] See Jean Seznec, *La Survivance des dieux antiques* (London, 1940); trans. Barbara F. Sessions, *The survival of the pagan gods* (New York, 1953).

priests were 'fourbes'—the various forms of the word appear sixteen times—and 'imposteurs'—fourteen times. These two terms appear seventeen and nine times, respectively, in the 1768 and subsequent editions of the *Traité*. We have not counted the number of times these words appear in the classical—to be defined shortly—manuscript versions, but it is our impression that the frequency is about the same or even greater. Our colleague, Dr Ahmad Gunny of the University of Liverpool, has called our attention to the definition of IMPOSTEUR in the *Dictionnaire de l'Académie* (1694) which gives the example, 'Mahomet était un grand imposteur'. The *Dictionnaire* of Moréri (1680), s.v. 'Mahomet', also speaks of his 'imposture'.

An impostor theory appears in Edward Herbert of Cherbury's posthumous *De religione gentilium errorumque apud eos causis* (Amsterdam, 1663),[38] and he was, together with Hobbes and Spinoza, treated like an impostor in Christian Kortholt's *De tribus impostoribus magnis* (Kiel, 1680), pp. 2–3. This book was reissued in 1701, a date that is, as we shall see, very close to the composition of the *Traité*.

In 1669 John Evelyn published in London *The history of the three late famous impostors, viz., Padre Ottomanno, Mahomed Bei and Sabatai Sevi*, which was translated immediately into German with the equally suggestive title *Historia de tribus hujus seculi famosis impostoribus, P. Ottomanno, . . . und Sabatai Sevi, aus dem Englischen übersetzet* (n.p., 1669) and into French shortly thereafter, but with a more restrained title, *Histoire de deux Turcs et d'un Juif* (Paris, 1673). (This book seems to be quite rare. The only copy of which we are aware, and the one that we consulted, is in the Bibliothèque de l'Arsenal, in Paris.) A bit too late to influence or to have suggested our *Traité* was the anonymous *The Devil of Delphos . . . containing an account of a notorious imposter [sic] call'd Sabatai Sevi, pretended messiah of the Jews* (London, 1708).

Renan called the three-impostor theory the nightmare of the pious,[39] which is surely true. We can give you a little known example. In an unpublished criticism of Pierre-Daniel Huet's *Demonstratio evangelica* (1678), Richard Simon complains 'comme ses preuves [de l'autorité de la Bible] sont si faibles . . . il donne sujet aux impies de traiter les Juifs et les Chrétiens d'imposteurs'.[40] We suppose that orthodoxy, if and when it is

---

[38] See Don Cameron Allen, *Mysteriously meant: the rediscovery of pagan symbolism and allegorical interpretation in the Renaissance* (Baltimore, London: Johns Hopkins University Press, 1970), 75–8.

[39] Ernest Renan, *Averroès et l'averroïsme*, in his *Œuvres complètes*, ed. Henriette Psichari (Paris, [1949]), III: 316.

[40] Bodleian MS D 920, fol. 108. See B. E. Schwarzbach, 'Un Fragment inédit de Richard Simon', *Oratoriana*, 12 (1966):53–6.

at all thoughtful, is always conscious of its tension with unbelief and of the problem of establishing the veracity of its texts, but the thesis of imposture was especially dangerous if it was exploited selectively against some prophets (Mohammed), while others (Abraham, Moses, and Jesus) were excepted without argument, as does Hobbes in *Leviathan* 1.12. Once incredulity had advanced to the point where such an assertion no longer sufficed, where Jesus had to be shown by apologists like Prideaux to be unlike the charlatans, three-impostor treatises were inevitable, and the harder the apologists worked to discourage them in advance, the more likely they were to suggest their composition, just as, according to the witty remark whose author escapes us, nobody doubted the existence of God before the lecturers of the Boyle Foundation set out to prove it. We should add that there were many other three-impostor treatises, Benítez nos. 26, 42, and 103, possibly also nos. 111 and 148 which we have not examined. Some of them may be related to our *Traité*, and others are surely independent of it. It was a thesis that had become both cogent and inevitable.

Attestations

Closer to our period than Averroës, Simon of Tournai, Frederick II, and Aretino, among the other medieval and Renaissance figures accused by their enemies of having written the *Traité des trois imposteurs*, François Berriot has found many seventeenth-century attestations to three-impostor treatises, including the one by Beurrier that Charles-Daubert has rediscovered.[41] We have just found one which we do not recall having seen in the literature. One M. D. L., writing in the *Nouvelles littéraires* of 9 Nov. 1715, p. 289, remarks, 'Je n'ai encore rencontré personne qui ait dit avoir vû le Livre *De Tribus impostoribus* excepté M. Claude Hardi … Il me raconta qu'un étranger le lui avoit montré et que l'impression ressemblait aux Livres imprimés à ⟨C⟩racovie. Peut-être quelque fourbe en

---

[41] Charles-Daubert, 'L'Image de Spinoza', 56–7. François Berriot, 'Les Libertins de la Renaissance et du début du XVIIᵉ siècle et les penseurs antiques', in *Les religions du paganisme antique dans l'Europe chrétienne, XVIᵉ–XVIIIᵉ siècle: Colloque tenu en Sorbonne les 26–27 mai 1987* (Paris: Presses de l'Université de Paris–Sorbonne, 1988), 37–50 bis. Antony McKenna has recently studied the manuscripts of Beurrier held in the Bibliothèque Sainte-Geneviève in Paris, and he concludes that Beurrier's anecdotes are edifying and homiletical but nearly empty of valid testimony regarding the free-thought of his time. Beurrier attributes to the free-thinkers the notions which he thinks that they ought to defend, including the thesis of the three impostors, which is not proof that, to his knowledge, such a text was actually in circulation among them. See McKenna, 'Le Père Beurrier et le libertinage: témoignage ou imposture littéraire?', *Correspondances: mélanges offerts à Roger Duchêne*, ed. Wolfgang Leiner and Pierre Ronzeaud (Tübingen, 1992), 493–503.

a fait imprimer le titre et le lui a montré attaché à quelque livre . . .'
Hardy was a mathematician and orientalist who died in 1678. The author
of this note may have been the Huguenot historian Isaac de Larrey
(1638–1729), who was old enough to have been acquainted with Hardy.

Popkin has found an attestation to a three-impostor text in Henry
Oldenburg's correspondence with Adam Boreel (1656).[42] By the way,
Oldenburg's description of the institution of the sabbath is very close to
a passage in Vanini that Charles-Daubert quotes. If anyone apart from
Schramm, about whom more shortly, read Vanini, it may have been the
pious Oldenburg. He may have been seeking a refutation of Vanini, to
whom Rosset[43] had attributed the famous *Traité des trois imposteurs* as
early as 1619, or even a refutation of the *De tribus impostoribus*. Charles-
Daubert has found an 'extrait dicté de mémoire par M. Oudinet . . . qui
avait lu cet ouvrage plus de quarante ans auparavant',[44] i.e., by her
calculation, around 1670–72. This is, as we shall see, much too early to be
an attestation to our *Traité des trois imposteurs*, or, if the 'plus de quarante
ans auparavant' is inaccurate, the attestation is undatable and no longer
very useful. In addition, the 'extrait' does not conform to our text in
many regards—Oudinet may have been extrapolating when he dictated
his résumé of the thesis, we all tend to confuse in our memories résumé
and criticism, so why assume that Oudinet was more scrupulous than we
are?—so it attests to some similar text that was circulating in the 1670s,
which, as we have argued, is not at all surprising and is consistent with
Hardy's having seen it before his death.

Then there is the *De Tribus impostoribus* that Pastor Gericke has studied in several works,[45] the only extant seventeenth-century text. In fact it
is plausibly dated in the late sixteenth/early seventeenth century, and is
supposed to be written in a rather Gallic Latin. Even though it seems to
have been most widely diffused in Germany, it may indeed have been
available in France, at least to very discreet readers. Beurrier, Oudinet,
Hardy, and several of the sources cited by Berriot may, as he suggests, be
referring to it or to some elaboration of it.

[42] Popkin, 'Some new light', 177 ff.

[43] François de Rosset, *Les Histoires mémorables et tragiques de ce temps* (Paris, 1619), 189–90.

[44] Professor Benítez has reminded us that Wade had already published this text in his *Organization and diffusion*, 136–8, drawing the same conclusion that we have: that it is not a résumé of our
Traité. Profesor Benítez argues that it is in fact a résumé of the tract on the subject of the three
impostors by the curé Guillaume. See Benítez, 'Autour du "Traité des trois imposteurs": l'affaire
Guillaume', *Studi francesi*, 91 (1987): 21–36.

[45] Wolfgang Gericke, *Das Buch 'De tribus impostoribus': Quellen* (Berlin: Evangelische Verlags-
anstalt, 1982), no. 2, and his four articles cited in the bibliography, ibid., 122.

What we want, therefore, are attestations to our *Traité des trois imposteurs*, and we must be either rigorous about excluding attestations that do
not refer to it unambiguously or risk unholy confusion among the many
three-impostor treatises that the above attestations suggest were circulating. We would, of course, like to know more about all of them as
precious assertions of free-thought in a period of the most rigorous
repression of 'heresy', heterodoxy, and blasphemy, and especially, we
would like to read them for the narrower purpose of determining to what
extent, if any, our treatise is indebted to them—it is quite independent of
the one extant text, the *De tribus impostoribus*—i.e., whether it is literary
in the sense of being an outgrowth of a free-thinking literary tradition,
or whether it is a spontaneous explosion of denial and blasphemy from
a person too long and too rigorously repressed by society and the law.
But, to recall Matt Helm's adage, we cannot put much stock in their
pertinence, i.e., discuss the relationships between the *Traité* and doubtlessly similar treatises that neither we nor anybody else in the last three
hundred years has seen.

The first attestation of which we are aware which seems to refer to our
treatise occurs in Wilhelm Ernst Tentzel's *Curieuse Bibliothec* of 1704,
transcribed in the appendix to this paper. We have tracked it down by the
most obvious, elementary means. Bernard de La Monnoye, in his *Dissertation* denying the existence of the *Traité des trois imposteurs*, mentions
Burkhard Gotthelf Struve's treatise, *Dissertatio de doctis impostoribus*,[46]
which in turn refers to Tentzel. Tentzel reports—texts transcribed in the
appendix since the Bibliothèque Nationale refused permission to photocopy the fragile book—having seen a French *Trois imposteurs* which, to
judge from his description, does not correspond to ours, having much to
do with Cartesians and Pyrrhonists who are completely absent from our
Traité. A couple of pages later he quotes a letter he claims to have
received from Holland—a good fiction on principle but it may well be
true this time—in 1700 describing a *Trois imposteurs* tract, translated
from the Italian, which is consistent with Charles-Daubert's argument
that we must look to the Italy of Machiavelli and Vanini for the 'spiritual'
fathers of the *Traité*, in eight 'Bogen', which we take to be 'cahiers',
gatherings, since the correspondent also speaks about its three 'Capitel'.
In fact, the three 'Capitel' that he describes correspond very nicely to the

---

[46] *Introductio ad notitiam rei litterariae . . . Accessit dissertatio de doctis impostoribus*, 2nd edn (Jena,
1706). This material has been treated with greater precision by Miguel Benítez, 'La Diffusion du
"Traité des trois imposteurs" au XVIIIᵉ siècle', *Revue d'histoire moderne et contemporaine* 40 (1993):
137–57.

first three chapters of our *Traité des trois imposteurs*, although he does not say that the material on Moses and Jesus appears in the third chapter, possibly because, if it is our *Traité* or a tract very close to it, the impostor thesis pervades all the chapters. The correspondent adds that the manuscript also discourses quite subtly on hell, the devil, and other matters, which corresponds to our sixth chapter. No mention here of the material on the soul, thus obviously, none in Struve, which led Spink to suspect that our Ch. v was not yet a part of this version,[47] though it may imply nothing more than that the correspondent did not consider it terribly original, which it was not. What he does say about the three-impostor part of the tract he is describing tallies with ours, since he says that the author accuses Moses, Jesus, and Mohammed of 'ambition' and speaks about the 'ignorance' of the people, but these are the necessary characteristics of the three-impostor thesis. This aspect of the attestation is confirmatory but not specific.

Is this really our treatise? We would say yes, or at least a primitive form of it, because it describes precisely the form of our treatise, and enumerates most of the philosophical questions it discusses that are extrinsic to the three-impostor thesis, just what is idiosyncratic and distinctive about it.

Under what name does Tentzel's correspondent know this manuscript? He claims, among other things which are a bit novelistic, that the title page was destroyed in Holland, but nevertheless, so far as he is concerned, it is a *Traité des trois imposteurs* even if it is not the famous *Traité des trois imposteurs*. No hint yet of an *Esprit de Mr de Spinosa*! What is more perplexing, he, the correspondent, did not recognize, or at least did not mention, anything Spinozistic about the tract. Either he did not yet know Spinoza's *Ethics* and *Tractatus theologico-politicus*, though Tentzel did, as is clear from other, earlier articles, at the very least by reputation, or simply the *Traité*'s heresy regarding Moses and Jesus dominated his perception of the tract and hence his description of what he had read. This is a facile solution and not too satisfying because, as the other essays in this volume show, and as we intend to repeat, there are many sources for our text, passages copied, word for word, or translated or paraphrased. Intrepid bibliographers so much closer to those sources than ourselves should have recognized and mentioned several of them, whatever the theological distraction. This attestation is thus repeated by

---

[47] John S. Spink, *La Libre Pensée française de Gassendi à Voltaire*, trans. Paul Meier (Paris: Editions Sociales, 1966), 281 n. 2.

Struve in 1706, which adds nothing to its force, but surely contributed to the *Traité*'s notoriety.

Dating language is very risky, especially because, like spelling and handwriting, it may be conservative, reflecting an author's distant youth rather than the language as it was generally spoken or written at the moment he composed his text. Nevertheless, we suspect that our author was a man/woman of the not so late seventeenth century. To judge from the linguistic changes that d'Holbach/Naigeon introduced, they must have felt that the language of the original had dated. So as not to be tedious, we shall give only two examples: In Chapter II, section II, the older manuscripts, like BM Sloane 2039 (fol. 152) and Arsenal 2236 (fol. 350) have 'ces sentimens sont simples, et les seuls même qu'un bon et *sain entendement* puisse former de Dieu,' that became the subtitle of several of the manuscripts (Arsenal 2236, Laon 514, and Vienna 10520), 'C'est à dire ce que croit *la plus saine partie du monde*' (italics added in both quotations). Holbach/Naigeon or possibly the manuscript they were transcribing changed this to 'ces idées sont claires, simples et les seules mêmes qu'un bon esprit puisse se former de Dieu', which is more Lockean but not obviously more forceful. The expression 'le/la plus sain(e) entendement/partie de . . .' has a history. It was (first?) used by Charles Favre de Vaugelas in the sense of a social and cultural élite, a sense that suites our author's disdain for the common people so easily misled by their psychological needs and by the impostors who exploit them:

> Le mauvais [usage] se forme du plus grand nombre de personnes, qui presque en toutes choses n'est pas le meilleur, & le bon [usage] au contraire est composé non pas de la pluralité, mais de l'élite des voix . . . C'est la façon de parler de *la plus saine partie de la Cour*, conformément à la façon d'escrire de *la plus saine partie des Autheurs* du temps.[48]

This is close to the sense in which our author uses the expression. However as the century progressed, 'la plus saine partie . . .' lost its élitist connotations and came to represent sound judgement. It is in this sense that de Retz uses the expression in his *Défense de l'ancienne et légitime Fronde* (1652), 'et quand *la plus saine partie de la France* s'est opposée aux desseins du Cardinal Mazarin . . .'.[49] Fontenelle uses the expression, too,

---

[48] Charles Favre de Vaugelas, *Remarques sur la langue française utiles à ceux qui veulent bien parler et bien escrire* (Paris, 1647), [3].

[49] Paul de Gondi, Cardinal de Retz, *Œuvres* (Paris, 1870–96), v: 180.

again without Vaugelas's (or our author's) élitist connotations, 'Quelques Chrétiens des premiers siècles, faute d'être instruits ou convaincus de cette maxime, se sont laissé aller à faire, en faveur du christianisme, des suppositions assez hardies, que *la plus saine partie des Chrétiens* ont ensuite désavoués.'[50] The *Vie de feu Monsieur de Spinosa* attributed to Lucas also uses this turn of speech, 'à quoi ils sacrifient *les plus saines lumières de la raison*, et pour ainsi dire, la vérité même.'[51] A glance at the Littré dictionary, s.v. SAIN, SAINE, no. 4, 'Fig. il se dit de la santé de l'âme, de l'esprit', shows that Bishop Jacques Bénigne de Bossuet used the expression often, and Voltaire once, in the same sense, but that it seems to have lost its currency in the eighteenth century, though we have found it frequently in Anne Dacier's *Homère défendu contre l'apologie du R. P. Hardouin.*[52] Our second example would be La Rochefoucauld's 23rd 'maxime posthume', 'L'espérance et la crainte sont inséparables, et il n'y a point de crainte sans espérance ni d'espérance sans crainte.' Also recall Bishop François de Salignac de la Mothe Fénelon's controversy with Bossuet (1697) over whether Fénelon's *Explication des maximes des saints* claimed that it is licit to abandon the 'espérance du salut' and whether such a renunciation of 'espérance' is not heterodox. Our *Traité* uses 'crainte' eight times, 'craindre' once, 'espérance' seven times, 'espérer' and 'espérant' three times, and 'espérance' and 'crainte', together, twice. The vocabulary of the period is not far from the ideological content of the *Traité*'s (borrowed) anthropologies of the religious sentiment—if we may distinguish vocabulary from concept.

Conclusion I: By 1700/1704, a primitive version of *our* text existed already, and was known as a *Traité des trois imposteurs*, though the language of the text is not specified. It reflects the language and preoccupations of late-seventeenth-century France, though that does not exclude composition by a foreigner or by an exiled Frenchman.

In support of this conclusion we would add that there are echoes of 1697 literature. Prideaux's *A letter to the deists* extends the challenge, 'that you would thoroughly examine and consider . . . [the] Holy Christian Religion . . . and compare it with all the other religions in the world, and if it does not appear vastly above them all . . . I will be content that you shall then persist to believe it an imposture and as such reject it forever.'[53]

---

[50] *Histoire des oracles*, 34.

[51] Abraham Wolf, *The oldest biography of Spinoza* (London, 1927), 93.

[52] (Paris, 1716), 8, 17, 21, 63, etc.

[53] (London, 1692), 253; this work was reissued in 1697 with a *Life of Mohammed*. Our citation does not appear in the French translation (1699).

A further point to be considered is that it is not obvious that Vanini, about whom we shall speak shortly, was terribly well-known throughout the century—there were no re-editions of his work—until Bayle mentions him in the *Pensées diverses sur la comète*, CLXXXII (1684). Subsequent to the *Pensées diverses* Prideaux writes about him as a martyr but without associating him with the three-impostor thesis,[54] though La Monnoye had already mentioned him (negatively) in that context in 1693.[55] He did not believe that Vanini had written a book that nobody had ever seen, an application of the Helm principle *avant la lettre*. There are other references to Vanini around the turn of the century. The abbé Anthelme de Tricaud mentions Vanini in the context of 'l'impiété des Déistes et athées renversée et réfutée', and further speaks of Vanini's having been burnt at the stake in Toulouse for his 'opinions . . . remplies d'athéisme'.[56]

The next independent attestation that describes our treatise unambiguously is a letter dated 1714 but published in the 1731 catalogue of the theological library of Jacob Friedrich Reimmann.[57] The manuscript in question is entitled '*L'Esprit de Spinosa*' or something like it—we cannot vouch for the complete accuracy of the catalogue's transcription—and contains eight chapters whose titles correspond quite precisely to the titles of the chapters in the 'classical', six-chapter version, with the material on Jesus separated from the rest and split into two chapters.

We suspect that this catalogue entry is what suggested to Prosper Marchand—from his description of the 1721 edition, which is less precise than his description of the 1719 edition, we infer that he knew it only by hearsay and that he was less well-informed about the clandestine scene at the turn of the century than Berti believes[58]—and to Charles-Daubert that the primitive form of our treatise contained eight chapters. She considers the equilibrium of an eight-chapter division to be more aesthetic than the standard six-chapter version. We agree completely, but that is not quite a guarantee of the authenticity of that division. We suspect, however, that the copyist may have recast what he was copying into an eight-chapter format.

---

[54] *Life of Mohammed*, 259–60.   [55] *Menagiana* (Paris, 1715), IV: 283–312.

[56] *Essays de littérature pour la connoissance des livres* (Paris, 1702), 100, 106, 237.

[57] *Reimmannianae bibliothecae theologicae catalogus systematico-criticus continuatus* (Hildesheim, 1731), 1029–30.

[58] See Silvia Berti, 'Jan Vroesen autore del "Traité des trois imposteurs"?', *Rivista storica italiana*, 103 (1991): 528–43, which assumes the reliability of Marchand's and his friends' memories of what had happened thirty and forty years earlier, and that they were as well-informed at that time as they thought they were. Miguel Benítez shares our scepticism about the value of Marchand's and Fritsch's attribution of the *Traité* to Vroesen. See his 'La Coterie hollandaise et la *Réponse à M. de la Monnoye sur la traité De tribus impostoribus*', *Lias*, 21 (1994): 71–94.

While on the subject of primitive versions of our *Traité*, we should add that for his part, Professor Benítez claims[59] that a three-chapter version, stopping after the three-impostor chapter (BN fr. 24887, Sainte-Geneviève 2932, and several other manuscripts that we have not yet been able to examine but to which list we would add Lyons 72 and Berlin Diez C. oct 3) is indeed the primitive version, this despite the description in Tentzel (1704) which includes material in two of the three subsequent chapters. We have argued[60] that BN fr. 24887 and Sainte-Geneviève 2932 contain a nonprimitive life of Moses (see below, p. 118), and that they belong to a family of manuscripts independent of the one that had belonged to Prince Eugene of Savoy even though they claim to have been copied from it.

The 1714 correspondent also suggests that the treatise was written by the Dr Lucas who translated the *Tractatus theologico-politicus* into French. This is indeed first-hand testimony . . . to the legend of Lucas, and it may be quite wrong, but there is corroboration. Five years later, the July 1719 issue of the *Nouvelles littéraires* reprints the *Vie de M . Benoît de Spinosa* and introduces the reprint with the comment by the same M. D. L.,

> Cependant nous ne croyons pas devoir faire mystère d'avouer que nous avons copié cet Écrit d'après l'Original, dont la première partie traite de la vie de ce Personnage, et la seconde donne une idée de son Esprit . . . on pourrait dire, et peut-être avec certitude, que tout l'Ouvrage est du fait du feu Sr Lucas, si fameux dans ces provinces par ses *Quintessentes* [*sic*] mais encore plus par ses mœurs et sa manière de vivre.[61]

The 'seconde partie' is surely the *Esprit de Spinosa* because on p. 60 he speaks of the translator of the *Tractatus theologico-politicus* as being the Sieur de S. Glain [*sic*], so he cannot be referring to that work, which in any event, to the best of our knowledge, never appeared as a 'seconde partie' of anything.

It is indeed plausible that the *Traité* was written by the author of the translation of the *Tractatus*, whether he was Jean-Maximilien Lucas — W. Meijer[62] attributes both to him and regards the *Traité* as an 'answer' to Kortholt's *De tribus impostoribus magnis*, one of whom is, as we have already remarked, Spinoza — or Gabriel Saint-Glein (1620–1684), as

---

[59] 'La Diffusion du "Traité des trois imposteurs"', 149.
[60] *Nouvelles de la république des lettres* (1987), no. 2: 131.   [61] *Nouvelles littéraires*, X: 41–74.
[62] *Nieuw nederlandisch biografisch woordenboek*, ed. Moluysen and Blok (Leiden, 1918), Vol. IV, s.v.

Berti claims,[63] because it incorporates some of the language of the 1678 translation. Berti disagrees with us regarding the use of the language of the translation of the *Tractatus*; if she is right about the identity of the translator, that would confirm our suspicion that while the unnamed 'correspondent' of the editor of the Reimmann catalogue may indeed have seen the *Traité* in manuscript as early as 1714, he was less well informed about the persons active in Holland in the late seventeenth century who might have written the *Traité*. Not that M. D. L. was necessarily better informed. Lucas died 22 February 1697, while Bayle's *Dictionnaire*, of which we detect some echoes in the *Traité des trois imposteurs*, was only published ('achevé d'imprimer') 24 October 1696 and was only diffused among Bayle's friends before the close of 1696, in time for Lucas to have seen it and to have written the *Traité* on his death-bed, so to speak, but it is not too probable. The *Dictionnaire* is a long, dense work, not so quickly exploited without a guide to its more audacious pages. In 1719, while the memory of Lucas was still green, he was thought to have been capable of such an impious treatise.

If people close to the literary scene in 1714 and 1719 were already ill-informed about the author of the *Traité* we might well view later attributions to Vroes that Berti has found with some scepticism.

We cannot convince ourselves that the division into six or eight chapters is a significant difference because it is our experience that standard texts were broken up into chapters occasionally in a random fashion, but most often according to the fantasy or good taste of the copyist. The real question has to do rather with significant variants. In a certain perspective, all variants are significant. When we were students, the great novelty among medievalists was to abandon the retrospective search for 'original' versions of the great epics like the *Chanson de Roland* or the Arthurian legends by piecing together families of manuscripts to arrive at their common source, as the great medievalists had done. It was argued that there probably never was a single source, or none that was recuperable, and that in any event, each *jongleur* sang the legend his way, and differently each time, so each version was unique and as authoritative as the next, and even as authoritative as the 'original'. This sort of argument applies quite nicely to the clandestine texts, which were developed, adapted, and even radically changed in the course of their histories: each version represents a point of view, of a copyist or of a proud possessor, and each version had its readers and, doubtlessly, made its converts. According to this point of view, which is implicit in an excessive

[63] '*La Vie et l'Esprit*', n. 37.

interest in minor variants, we ought to perform micro-history, a study of each manuscript, its setting and its readers, in preference to macro-history, a study of the author of the primitive text, of his milieu and his intentions, with the deformations of his text in the course of its diffusion being considered to be of lesser though not negligible interest, because it is generally beyond our capacities to succeed where Wade failed, to work back from the many copies with their many variants to the authors of primitive versions of clandestine texts, much less to deduce anything reasonably sure about their biographies, their milieux, and the reading public they envisaged. However, some medieval texts did have authors who were entirely conscious of their purpose and artistry, so this theory would hardly have been applied to a Chrétien de Troyes or a Marie de France without being perverse, and, analogously, should not be applied to those of the clandestine texts that are evidently well 'composed', idiosyncratic, and even faithfully transmitted, up to spelling, copyists' errors, and division into chapters. (An example of such a text is the *Examen critique des apologistes de la religion chrétienne*, Benítez no. 55, for which we have never seen variants.) In such cases it is not only hard to see how a micro-history could be established before the main lines of a macro-history, a baseline, are clear, but it is something of a falsification of history to favor a study of transmission over an analysis of composition and sources.

The next one is not a precise attestation but should be mentioned none the less: Writing to Marchand in November 1737, Fritsch recounts that the *Esprit de Spinosa* was a retouched version of the text that the publisher Levier or Le Vier copied in Benjamin Furly's library in 1711. This letter (Fonds Marchand, 2) was first cited by Jacob,[64] then by Berti, who gave us a photocopy. Actually, as we read it, Fritsch is saying that Levier copied the text that was to appear in 1719 as the *Esprit de Spinosa*, not that Furly's copy, which he does not claim to have seen, already bore that name. Later in the same letter he writes about '[le] livre des *trois Imposteurs*', not the *Esprit de Spinosa*, as being one that 'chaque fourbe peut manier à sa fantaisie'. Thus, if he is to be believed, this, too, is an attestation to a form of our text—a primitive version of the 1719 text— that was available to the curious in Amsterdam as early as 1711, but it is not an attestation to the *Esprit de Spinosa* title. Our text was still known, generically or specifically, as a/the *Traité des trois imposteurs*.

In 1715, someone, very likely writing in Holland or connected with the Dutch journalists or publishers, wrote a small pamphlet, *Réponse à la*

---

[64] Jacob, *The radical Enlightenment*, 278.

Dissertation de Mr. de la Monnoye,[65] of which extracts were reprinted by Albert Henri Sallengre,[66] refuting La Monnoye's assertion,[67] repeated and defended at length in the 'Lettre à monsieur Bouhier, Président au Parlement de Dijon, sur le prétendu livre des trois imposteurs',[68] that there never was a *Traité des trois imposteurs*, which meant for him (La Monnoye) that the infamous *Traité* was a myth. Publication in Holland, twice, suggests that our author was a Huguenot, and Fritsch claimed that he was Jean Rousset de Missy (1686–1763).[69] We suspect that Fritsch was misinformed, because Rousset was still a schoolmaster whose boarding school would have been badly compromised by association with anything as incendiary as the *Traité des trois imposteurs*; he did not try (radical) journalism until 1723, according to Marianne Couperus's notice in the *Dictionnaire des journalistes*,[70] and he had been a member of the Walloon Church in the Hague since 1709, joined the Church of the Hague in 1730, was married in church, had his children baptized in church, all of which suggests at the very least conventional piety. Couperus writes further that Rousset entertained a fanatical hatred for the France that had persecuted his parents and abducted him by *lettre de cachet*. We could expect this to have left some trace in so uninhibited a work as the *Traité des trois imposteurs*, had Rousset been implicated in either its composition or its revision, as the author of the *Réponse à la Dissertation de Mr. de la Monnoye* may have been. In any event, he had evidently seen a version of the treatise that Tentzel's correspondent had read, and he describes it and enumerates the sections. It is clearly our 'classical' version, but he does not yet know it as the *Esprit de Spinosa*, or, more precisely, if he saw that title he remained unconvinced and continued to refer to it by its generic, and more scandalous name, the name by which all Europe, i.e., scholarly Europe, had been looking for it. This is not surprising because, as we shall argue, the *Traité* was already circulating in France in a strange cocktail with two other quite autonomous texts, each differently associated with Spinoza. He also invents a fine, mysterious history for the tract: a soldier obtained it in Germany by dubious means, a Jew in search of anti-Christian tracts—the old libel of a Jewish anti-Christian plot—leads the curious bibliophile and a troubled theologian/companion to the soldier, . . . a *roman manqué* which

---

[65] (The Hague: Scheurleer, 1715).   [66] *Mémoires de littérature*, I/1 (1716): 376–85.
[67] *Histoire des ouvrages des sçavants*, (Feb. 1694): 278 ff.   [68] *Menagiana*, IV: 283–312.
[69] See Jacob, *The radical Enlightenment*, 202. Benítez, 'La Diffusion du "Traité des trois imposteurs"', 138, joins us in doubting that Rousset was the author.
[70] *Dictionnaire des journalistes*, ed. Jean Sgard (Grenoble, 1976), s.v.

became part of the legacy of the *Traité des trois imposteurs*. La Monnoye answered by arguing that if there were such a treatise it was not the infamous *Traité* but a forgery, a piece written according to the schema he himself had proposed, in his 1715 *Menagiana* dissertation, of what a *Traité des trois imposteurs* should contain. Unless the Tentzel attestation is to a lost *Traité* and it, whether directly or through La Monnoye's résumé, inspired someone to write a *Traité* to fill the prescription, so to speak— a complicated, unsubstantiated and probably unsubstantiable hypothesis —La Monnoye was surely wrong, or rather he claimed exclusive credit for publicizing what was already legendary. At best the author of the *Réponse* to La Monnoye might have lent the *Traité des trois imposteurs* that Tentzel's 'correspondent' had seen its final form, and even that is not sure. The simplest hypothesis is that, whoever he was, he had found a copy of the 'classical' version by 1715. If Furly had one in 1711 and permitted Levier to copy it, it was probably no longer so hard to come by in Amsterdam.

This is a nonattribution: Gottlieb Krause, *Umständliche Bücher-Historie*,[71] gives a résumé of the discussion of the existence or nonexistence of the *Traité*, La Monnoye (1694), Tentzel, Struve, La Monnoye again, and the anonymous *Réponse à la Dissertation*, and suspects that the book—which one? or does he admit that the author of the *Réponse* had actually seen one?—was forged according to the prescription in La Monnoye's 1694 *Lettre* to Basnage, and that the author of the *Réponse* merely amplified Struve's account for his discovery narrative. What this amounts to is that neither Krause nor a colleague, Böden, despite much curiosity and diligent inquiry, succeeded in finding a copy of the *Traité des trois imposteurs* within their circles of acquaintances and book and manuscript dealers around Leipzig for Krause and Zürich for Böden. Despite the generosity of Hohendorf and Prince Eugene, *Trois-imposteurs* manuscripts were still, in 1717, circulating very cautiously among the bibliophiles.

We may ask, what is the *terminus a quo* of this primitive text? It is a valid question but can only be answered hypothetically as long as the primitive text remains conjectural. Nevertheless, supposing that the text we now know is pretty much the primitive text, except for some additions to the three-impostor sections of Ch. III, a supposition that we shall

---

[71] (Leipzig, 1717), 143–4. We have worked from a transcription of the copy in the Munich Staatsbibliothek very kindly executed for us by Miss Victoria Doebner, whom we thank most profusely.

defend shortly, there are slight indications that the author had read
Bayle's *Dictionnaire*.

Chapter III, §15, has a note regarding Leo X which seems to come
from Bayle's Dictionnaire, LEON X, Rem. H, though we admit that Bayle
shows that the anecdote has appeared many times in different literary
works. Chapter VI, §17, has a few short but precise linguistic similarities
with Bayle's XENOPHANES, Rem. E : '. . . ce qu'on appelle le Diable ou
Satan ('Démon' in Bayle) . . . le [Diable] maudit [Dieu] sans cesse . . ..
s'efforce . . . de lui débaucher ses amis ('sujets' in Bayle) . . . que Dieu
laisse subsister [ce Diable pour lui faire lui-même tout le] chagrin [qu'il
peut . . .]' In addition, the interest in dualistic hypotheses may reflect
several of Bayle's articles where the cogency and history of religious
dualism is discussed. If this material is not an interpolation, which we
cannot exclude, it would date the primitive version after October 1696
and therefore effectively between 1696 and 1700/1704, which, we admit,
is suspiciously precise.

On the other hand, a recent article on Balthasar Bekker by Andrew Fix
shows how lively the controversy over the reality of the demonic powers
was in Collegiant and orthodox circles in Holland toward the end of the
seventeenth century,[72] and we see none of that in the *Traité* text, just
a somewhat archaic (with regard to eighteenth-century texts that are
generally—the fourteen-chapter version of the *Examen de la religion*[73] is
a notable exception—indifferent when they are not satiric) awareness of
demonology and an interest in debunking demons that hardly goes
beyond what Hobbes had written at the mid century. This may not be
a very strong counter-argument. To judge from the example of Bayle,
writing in exactly the same period, one could be quite engaged in religious affairs and be indifferent to the issue of demons, though they
appear prominently as a hypothesis in the *Pensées diverses sur la comète*,
and, in fact, Fix's article deals with the reaction to Bekker in Collegiant
circles which our author need not have frequented, especially if the
Traité were not written in Holland or at least not by a Huguenot whose
experience of exile led him to the Remonstrant Dutch communities
rather than to the orthodox communities.

Actually, a date of composition between 1696 and 1700/1704 is not
implausible because Orientalists such as Lodovico Marracci and Abra-

---

[72] Andrew Fix, 'Angels, devils, and evil spirits in seventeenth-century thought: Balthasar Bekker
and the Collegiants', *Journal of the history of ideas*, (1989): 527–47.

[73] Benítez no. 59. See B. E. Schwarzbach and A. W. Fairbairn, 'The *Examen de la religion*:
a bibliographical note', *Studies on Voltaire and the eighteenth century*, 249 (1987): 93–156.

ham Kinckelmann[74] surely attracted greater attention to Mohammed than the old, less scholarly, and more blatantly polemical tracts might have done even ten years earlier. We have already mentioned Prideaux's 1697 *Life of Mahommed*, which falls precisely within the interval that we have deduced. Furthermore, in this period intrepid bibliographers were on the lookout for the infamous treatise of the three impostors and apparently encountered some of the seventeenth-century versions without being duped. We have already mentioned Morhof's 1688 reference to it. Tentzel gave a résumé of Morhof's account of the *Tribus impostoribus* in his *Monatliche Unterredungen einiger guten Freunde von allerhand Büchern und andern annehmlichen Geschichten*, Jan. 1689, p. 32, and then, in the Oct. 1693 issue, p. 793, in a review of Johann Friedrich Mayer's *Dissertationes selectae* (Kiel and Hamburg, 1693), mentions having himself seen a *Traité/Tribus impostoribus*. La Monnoye argued in his *Lettre à . . . Bouhier* of 1694, and Bayle in ARETIN (PIERRE), Rem. G (1696), that the treatise had never existed, as did Struve in the first edition of his *De doctis impostoribus* (Jena, 1703). It must have been something like Lewis Carroll's *Hunting of the Snark*, so many grave scholars following the scent of the famous *Traité des trois imposteurs* whose existence they denied. What is important for our purposes here is that the search and the arguments supporting its non-existence lent the thesis and title prestige and publicity, which, as La Monnoye suggested, may well have incited a discontented amateur philosopher to write our admittedly hypothetical primitive version. However, we may be thinking anachronistically, projecting upon a sincere philosopher trying to save the world from Christianity, Judaism, and Islam, priests, rabbis, and imams, our own pleasure in scandal, in *épater les bien-pensants*.

A brief word about sources and dates

Berti, Charles-Daubert, the late John Spink before them, and before him, d'Holbach/Naigeon, have turned up quite a repertoire of sources which is incontrovertible: (1) The *Tractatus* of Spinoza in its French translation (1678) (Schwarzbach–Fairbairn); (2) The Appendix of the first book of the *Ethics* (1677) (Berti); (3) Hobbes, *Leviathan*, I.II, 12 and III.34 (1651) (Holbach/Naigeon, Popkin, Schwarzbach–Fairbairn); (4) Guillaume Lamy, *Discours anatomiques* (1675) (Spink); (5) La Mothe le Vayer, *De la vertu des payens* (1642) (Charles-Daubert).

[74] Marracci, *Prodomus ad refutationem Alcorani* . . . (Rome, 1681) and *Refutatio Alcorani* (Padua, 1688), the second volume of his edition and Latin translation of the Koran; Kinckelmann, *Al-Coranus s. lex islamica Muhammedis* . . . (Hamburg, 1694).

We can now add two more certain sources of text and two doubtful ones: (6) Bayle's *Dictionnaire* (1696), but only for the two, minor passages just mentioned; (7) Fontenelle, *Histoire des oracles* (1687), for a few expressions. (8) Lucas, *La Vie de feu Monsieur de Spinosa*, the end of the first paragraph (ed. Wolf, p. 94), bears some similarities to the very last paragraph of the *Traité*, but they may be banalities of philosophical literature with a common model. Given the incontrovertible fact that the *Traité* does 'borrow' from both the *Ethics* and the *Tractatus theologico-politicus* it should not be surprising that its author may have had access to a 'clandestine' biography of Spinoza ... or the author was simply Lucas himself. The editor of the *Nouvelles littéraires* may have been better informed than we thought.

More problematical is Charles-Daubert's claim that the dialogues of Giulio-Cesare Vanini, *De admirandis* (1616), are visible in the text. A long passage that she cites[75] does not correspond to the *Traité*, while three other passages in Vanini/Schramm (see below) are pertinent. We have found four of the five passages that she claims to have come from Vanini in an early 1709 refutation of Vanini (it is reviewed in the *Acta eruditorum*, June 1709, pp. 260–64) by (9) Johann Moritz Schramm, *De vita et scriptis famosi athei Julii Caesaris Vanini* (Custrine, 1709).

We suspect that the single passage we have not found in Schramm, the one alleging that Mohammed secreted an accomplice in a crevice in the Earth, had him proclaim Mohammed's excellence as a prophet, and then had him buried beneath a pile of stones to protect the secret, with its comparison to the cairn of stones erected by Jacob (Gen. 31.46) and the reflection about the longevity of the Islamic religion, comes from still another source. Neither Vanini nor Gabriel Naudé,[76] who apparently copies from him, nor the Moréri article, contains all the information in our text, notably about 'Corais, puissant arabe ...' and 'la famille de Corais [qui] eût le dessous ...' that our author cites. We have not yet identified that additional source. It is not Prideaux, neither in the English nor the French versions, which both speak of the 'Korashide' family and of Mohammed's two wars with the 'Korashides'. It is possible, strictly speaking, for the biographical material to come from one source and the anecdote about the lapidated accomplice from Vanini, but it does not seem to us too likely that the text synthesizes so many sources so

---

[75] P. 88 of 'Les principales sources ...' *Œuvres philosophiques de Vanini*, trans. M. X. Rousselot [Paris, 1842], 220–21, Schramm, *De vita et scriptis Vanini* (see below), 59.

[76] Gabriel Naudé, *Apologie des grands hommes qui ont été faussement soupçonnez de magie* (Paris, 1625), 232 ff.; id., *Considérations politiques sur les coups d'état* (n.p., 1667), 145.

seamlessly. Charles-Daubert objects quite fairly that all the Vanini citations that she found are in the most controversial chapter of Vanini, Book IV, 'De la religion païenne', the chapter 'De Dieu', where he outlines his version of Moses the Impostor, precisely the chapter most likely to attract the attention of an antagonist of religion such as our author as well as that of an apologist such as Schramm; thus the fact that Schramm cites those same passages would merely be an inevitable coincidence.[77] A better argument would be the claim that Schramm and the subsequent literature on Vanini, Mathurin Veyssière de Lacroze, *Entretiens sur divers sujets d'histoire, de littérature, de religion et de critique* (Cologne [Amsterdam], 1711), tr. IV, 'De l'athéisme et des athées modernes', and David Durand, *La Vie et les sentiments de Lucilio Vanini* (Rotterdam, 1717) were inspired by the *Traité's* unacknowledged borrowing from him even though none of them mentions the *Traité*.

We concede the first proposition but not the second. A reading of the Vanini text has convinced us that there was more exploitable material there than our author extracted from it, omissions which suggests to us that he did not know it in its entirety, only in the extracts that appeared in Schramm. Fundamentally, it is not too important. Its only bearing on the history of the text is whether what was already a Spinozistic three-impostor text when Tentzel's correspondent read it was touched up in the same sense in 1709, after a reading of Schramm. One way or another, Charles-Daubert was right, Vanini and Machiavelli play a role in the prehistory of the *Traité* even if they play no role in its immediate history.

We cannot be sure whether our author read the *Leviathan* in English or Latin. Popkin informs us[78] that the Latin translation was prepared by Thomas Stubbe by 1659, but the BM catalogue identifies it as having appeared in Amsterdam in 1670, which, of course, is not incompatible with its having been translated eleven years earlier. The 1670 date brings it into the cluster of other sources from the same decade—only that from La Mothe le Vayer is much earlier—and does not require supposing that the author of the *Traité des trois imposteurs* could read English.

If we merely wanted to refute an 'adversary', as Popkin invited us to do, we would leave it at that, six out of six passages that should have come from Vanini are actually quoted by Schramm, giving us a highly probable *terminus a quo* of 1709. We are disposed to believe that the terminus is indeed valid, even if all the passages that Charles-Daubert claims have been borrowed are not as close as she believes, i.e., even if fewer than six

77 Discussion of this paper at the Leiden workshop.
78 Oral communication at the Leiden workshop.

passages were extracted from Vanini/Schramm. In particular a passage in
II.II seems to us to have a definition in common with Vanini, but not
much more, and, as we shall show, the fifth passage, Vanini's version of
the life of Moses, is an inevitable parallel to the *Traité*'s 'primitive' life of
Moses but not its source. For the moment we shall put aside such doubts
about the pertinence to the *Traité* of Charles-Daubert's libertines and
proto-pantheists, not because the question is unimportant but rather
precisely because it is important and probably better studied in the
context of Spinoza himself and of his early disciples than in that of the
couple of passages of our *Traité* that might have been inspired directly by
Vanini and the libertine tradition, as Charles-Daubert claims, or directly
by Spinoza, as Berti and Popkin would have it. This is the fifth question,
which we have promised to leave to the philosophers.

We may be able to narrow the gap between Schramm and the 1711/
1714/1715 attestations. BL Sloane 2039 bears, on the title page and in the
same hand as the text, the date of 1709. In general, dates and attributions
written in on clandestine manuscripts are unreliable by reason of ignorance on the part of the copyist or because they are disguises adopted for
one purpose or another. This date, however, is plausible in our opinion
because the hand and spelling suggest that Sloane 2039 was copied
quite early in the century—Benítez disagrees with our amateur palaeo-
graphy—so even if this manuscript is a copy of a 1709 manuscript, it is
a sufficiently proximate copy for the date to be reliable, and not a late
manuscript that has been given a cachet of antiquity, like Mazarine 1193,
dated 1694 but copied on paper watermarked 1742 and so manufactured
in that year . . . or later, since the watermarks were not kept up-to-date
because of lax enforcement of the regulations. In addition, Sloane 2039 is
rougher than Arsenal 2236, probably closer to the original text (a literary
judgement), and, despite echoes of La Bruyère (the analysis of Man's
natural avidity in 'Des biens de fortune') and La Rochefoucauld (see
above), more likely the work of a foreigner or relatively inexperienced
writer. Arsenal 2236, or rather the text upon which it is based, seems to
have smoothed out and polished the French, though here and there we
think that errors and omissions in Sloane 2039 can be corrected through
it. The Sloane text has what is surely a *lectio difficilior*, 'ce que croient
peut-être, à cause que les Egyptiens soutenoient, que l'Esprit de Dieu,
vid. Απροριx Δέου le nom de Dieu pouvoit engrosser une viérge' (fol.
163ᵛ), where the copyist, who was evidently less of a Hellenist than the
author, miscopied ἀπόρροια Θεοῦ, an emanation of God. (He exchanged
a ρ and an ο, lost an ο, wrote a Latin x for the final α, and a Latin D,

thinking 'deus', for Θ.) We suppose that the ἀπόρροια Θεοῦ, even correctly written, was obscure for the (first) copyist of the Arsenal 2236 family of manuscripts so he simplified it as πνεῦμα διόυ, with a δ for the θ, the nefarious influence of Latin.[79] BN fr. 24887 was copied, but not too well, from a better Hellenist and has πνεῦμα θεῦς (p. 52) This yields a clean date of 1709 for the 'classical version' of the *Traité des trois imposteurs*, two years before Furly let Levier copy his manuscript.

Let us emphasize, Sloane 2039 is not an *Esprit de Spinosa*, and in fact it bears the Latin title, *De tribus impostoribus*, but it corresponds to the several other 'classical' *Traité des trois imposteurs* texts, most of which, we admit, bear the *Esprit de Spinosa* title. However Sorbonne 761[1], BN fr. 24888 and n.a.fr. 10436 and 10978 are 'classical' texts that bear the *Traité des trois imposteurs* title. Quite simply, this is the original title.

There is further reason to accept a date of around 1709 for the *Traité*. Wade dated a series of very similar manuscript copies of Boulainvilliers's *Essai de métaphysique dans les principes de B. de S.*, *La Vie de Spinosa*, and *L'Esprit de Mr. B. de Spinosa* between 1712 and 1714,[80] and our examination of several of them leads us, exceptionally, to accept his date. Arsenal 2236, Auxerre 235–6, and Laon 514, 'copié[s] sur l'original de l'auteur' bear the date 'août 1712', while of Angoulême 29, Troyes 2820, and Valenciennes 295, the former two are also 'copié[s] sur l'original de l'auteur', all three bearing the date 'août 1714'. We admit that it is suspicious that both series should have been copied in the same month, howbeit two years apart, and we suspect an error, the correct date being either 1712 or 1714.

It would be tempting to attribute the *Esprit de Spinosa* title to the 1719 edition on the strength of the additional material inserted (pp. 76–7) regarding the Old Testament—normative and rationalistic criticism of certain passages which is more beside the point than supportive of the broad dismissal in II.II of the Old Testament as 'un tissu de fragments cousus ensemble en divers tems, ramassés par plusieurs personnes et donnés au public . . . suivant que [les rabbins] les ont trouvés conformes ou répugnants à la loi de Moyse'—because the *Tractatus* was regarded as the source for the most devastating Bible criticism. However, the series of Boulainvilliers manuscripts we have just mentioned, which lack those insertions, all know our *Traité* as the *Esprit de Mr. Benoît de Spinosa*, or some close variant of that title. The simplest hypothesis is that the title

---

[79] Fairbairn thanks his colleagues in the classics department of the University of Newcastle upon Tyne, and Schwarzbach thanks Prof. André Caquot of the Collège de France for their kind and expert assistance in deciphering the Greek of the Sloane manuscript. It was not obvious!

[80] Wade, *The clandestine organization*, 116.

originated in the strange juxtaposition of Lucas's *Vie de feu M. de Spinosa* and the *Essai de métaphysique dans les principes de B... de Sp.* with the *Traité*, which text and title served as the basis for the 1719 edition, which suggests that the title, *L'Esprit de Spinosa*, passed from the series of Boulainvilliers manuscripts to Holland, as did the association of the *Traité* with the *Vie de Spinosa*. The commerce of heterodox materials between France and Holland was not a one-way street, and the fact that Hohendorff/Prince Eugene obtained copies of French manuscripts in Holland does not mean that the texts were necessarily the creation of Huguenots in the diaspora. In fact, there is reason to believe—an annotation in Reimmann's copy of the *Essai de métaphysique*[81]—that despite the wars, Boulainvilliers sent to, or intermediaries obtained for, the Baron Hohendorff a copy of the *Essai de métaphysique* and other material from France.

The paradox is precisely the juxtaposition of these three titles, the one an apology for the person of Spinoza, clearly written in Holland shortly after Spinoza's death, the second a philosophical criticism of the *Ethics*, and the third our *Traité*, so much more vulgar and violent than the circumspect and learned *Tractatus* that had already moved Boulainvilliers to write a refutation. If the 1712/1714 date is to be believed, this *mésalliance* circulated widely, in pre-Regency France, during the cautious Boulainvilliers's lifetime (he died in 1722). We cannot explain this at all. Yet, unlikely as it seems, the evidence of the manuscipts bears it out! As we have remarked at the outset, the study of the clandestine texts is full of mysteries.

We might bear in mind that the 'Vie et Esprit de Mr . . .' title was not invented by the editors of the 1719 *La Vie et l'Esprit de Mr. Benoît de Spinosa*. Gaspard Fritsch published the David Durand *La Vie et les sentiments de Lucilio Vanini* which we mentioned earlier, a title that is quite close to the one adopted in 1719. We do not know whether similar titles appeared earlier than the Lucas–Boulainvilliers *Traité des trois imposteurs* manuscripts or whether Durand's book reflects that title?

Conclusion II: After early 1709, but not much later, the primitive *Traité des trois imposteurs*, known if not widely diffused since *c*.1700, was somewhat reworked, by the addition of Schramm material to the three-impostor section, into the 'classical' form that we now recognize, with the division of the chapters into sections fixed by 1715 or by the time the Boulain-

---

[81] See *Katalog der Handschriften der Königl. Öffentlichen Bibliothek zu Dresden*, ed. Ludwig Schmidt (Leipzig, 1906), Vol. III, no. 68.

villiers manuscripts were copied, August 1712 or 1714, when the text acquired the alternate title, *L'Esprit de Spinosa*.

Observations

a) Such precise dating of an anonymous manuscript text is ordinarily quite suspect, but that is what the available evidence suggests.

b) The fact that no pre-Schramm texts of the *Traité* have been discovered suggests that the primitive version, seen by Tentzel's correspondent, had very limited diffusion. This is not without precedent: we have had occasion to argue that the *Examen de la religion* was written around 1702/1704 but that it was not widely diffused until around 1734, because we only begin to find attestations after that date.[82]

c) If there were an eight-chapter, 1721 edition, and if there were eight-chapter manuscripts, it does not follow that that division is anterior to the 'classical', six-chapter version, which is well attested.

d) Most important, if we wanted to establish a sequence for eighteenth-century French clandestine texts that criticize religion, i.e., excluding sixteenth- and seventeenth-century 'libertine' texts, however interesting they may be and however influential they may have been, the *Traité*, in its classical form, would not be first. The sequence would be something like this: the *Examen de la religion* around 1702–4,[83] *La Religion du chrétien conduit par la raison éternelle* by Yves de Vallone around 1705, the *Traité* around 1709, and the *Difficultés sur la religion* by Robert Challe (?) around 1710–11. This is somewhat ironic, because when Jean-Baptiste Le Vilain de La Varenne tried to claim, in August 1745, that he had written the *Examen* some years earlier, he claimed to have done it after having read a manuscript of the *Traité/Esprit de Spinosa*.[84]

e) We are not arguing for a progressive scheme, from the *Examen*'s deism to the *Traité*'s materialism or pantheism, as we prefer, because with the exception of a single phrase that is common to both ('Saint Paul disoit [2 Thess. 2.3–12, written about 50 CE] de son vivant qu'il [l'antéchrist] étoit déjà né, par conséquent qu'on étoit à la veille de l'avénement de Jésus-Christ, cependant il y a plus de 1600 ans d'écoulés

---

[82] 'The *Examen de la religion*', 92–5, 101 ff.

[83] Gianluca Mori dates it a year later in his *Per l'attribuzione a du Marsais dell'*'Examen de la religion' (Florence: Leo S. Olschki, 1993), and though he may be right we are not yet entirely convinced. In any event, that does not change the history of the MS diffusion of the *Examen de la religion*, which seems to have been highly restricted until about 1735. See Ann Thomson, '*L'Examen de la religion*', in Canziani (ed.), *Filosofia e religione nella letteratura clandestina*, 355–72, for further data regarding its diffusion.   [84] 'The *Examen de la religion*', 104 ff.

depuis la prédication de la naissance de ce formidable personnage, sans que personne en ait ouï parler' [*Traité*, III.15] and 'St. Paul disoit, il y a 1700 ans & plus, que l'Antichrist alloit venir, & on l'attend encore' [*Examen de la religion*, VII.11]) which may be an adaptation of a catechismal formulation, they are quite independent, and both are quite different from the *Difficultés sur la religion*, which is clearly deist, and from the *Religion du chrétien*, which is, according to Benítez,[85] quite pantheist and, according to James O'Higgins,[86] deist, well-anchored in Catholic theology and post-Cartesian philosophy and quite respectful to Jesus as a model and teacher of morality. All four tracts, different as they are, were reactions to the intellectual climate of the end of the seventeenth century and the beginning of the eighteenth, which, to the extent that it can be seen through their refraction, was far from uniform.

A note regarding the author

As we remarked above, the *Traité* shows certain relations of vocabulary with Fontenelle's *Histoire des oracles*. The words 'crédule', '(le) merveilleux', 'imposteur' (20 and 16 times), 'fourbes/fourberies' (21 and 9 times), 'préjugés' (12 and 9 times), 'le peuple/le vulgaire' and 'aisé/aisément'are very frequent in both texts. (We have used the standard, 1768, text of the *Trois imposteurs* for convenience; 'imposteur' 'fourbe/fourberies' 'préjugés' and 'le peuple/le vulgaire' are frequent expressions in both the Sloane and Arsenal texts, but we have not tallied their frequency.) Given the subject matter, and supposing that the French language did not change very much between 1687 and 1709, that in itself is not too surprising. However there are some turns of phrase which either reflect the language of the *Histoire des oracles*, or are the same author writing:

> *Histoire des oracles*, p. 100, line 3, 'où tout le monde est peuple.'   *Traité*, 1.4 '... il faut être tout à fait peuple pour le croire?'.

> *Histoire des oracles*, p. 177, lines 24–25, 'et cependant ce même homme avait une idée saine de ce que c'est Dieu.'   *Traité*, v.7, 'pour avoir la plus saine idée qu'on puisse former'

> *Histoire des oracles*, p. 4, 'On n'ose les attaquer [les préjugez], de peur d'attaquer en même temps quelque chose de sacré.'   *Traité* 1.1, '& l'on s'en rapporte [des préjugés] sur les choses les plus

---

[85] Miguel Benítez, 'Du bon usage du *Tractatus theologico-politicus*: la *Religion du chrétien*', in *Spinoza au XVIIIe siècle*, 75–84.   [86] O'Higgins, *Yves de Vallone, passim*.

essentielles à des personnes intéressées qui se font une loi de soutenir opiniâtrement des opinions reçues, & qui n'osent les détruire de peur de se détruire eux-mêmes.'

If this is not Fontenelle himself writing in a more vulgar and bombastic idiom than the ironic one he adopted for the *Histoire des oracles*[87] — fifty-six uses of 'assez', 'bien' or 'suffisamment' to indicate understatement — it seems to be someone who has read the *Histoire des oracles* and is making the obvious transfer of pagan oracles to Jewish–Christian–Islamic prophecies, sometimes very nearly in Fontenelle's own language.

Publishing history

There is a fine bibliography of the *Traité* by Jeroom Vercruysse,[88] except for a typographical error and an omission: Vercruysse's compositors lost an 'x' in the transcription of the date of the first edition from the Brussels copy, giving 1709 for 1719, and he had never seen a copy of the 1768(?) edition. The first error has been corrected by Berti, who found an additional copy of the 1719 edition in Los Angeles. Charles-Daubert has since found two additional copies. Berti found one copy of the 1768(?) edition in Los Angeles, while we have found two more in Paris and one in Bordeaux.[89]

A) The first, 1719, edition described (and now edited) by Berti is characterized by: (*a*) A different scheme of chapters. (*b*) Six additional chapters drawn from 'libertine' sources, Charron and Naudé. Charles-Daubert argues that they are not just stuffing but really pertinent material developing the 'borrowings' of the *Traité* text from other 'libertine' sources. Maybe. (*c*) Additional material, here and there, with respect to what we take to be the classical text, Sloane 2039/Arsenal 2236/Laon 514/Auxerre 235–6/etc. We noted the following major interpolations: in ii.11 a normative and rationalistic criticism of certain Old Testament passages, in iii.15–16 criticism of Jesus for his deviations from Mosaic law and for his ascetic moral principles, the renunciation of worldly pleasure, which is

---

[87] For Fontenelle's relations with the clandestine tracts — this is not the only one to incorporate citations from the *Histoire des oracles* — and for the claim that he was the author of at least one and possibly two more, see Antony McKenna, 'Réflexions sur l'argument de M. Pascal et de M. Locke: un manuscrit clandestin attribué à Fontenelle', in *Fontenelle: Actes du colloque tenu à Rouen du 6 au 10 octobre 1987*, ed. Alain Niderst (Paris: PUF, 1989), 351–61; Alain Niderst, 'Fontenelle et la littérature clandestine', in Canziani (ed.), *Filosofia e religione nella letteratura clandestina*, 161–74.

[88] Jeroom Vercruysse, 'Bibliographie descriptive des éditions du "Traité des trois imposteurs"', *Tijdschrift van de Vrije Universiteit Brussel*, 18 (1974–5): 65–70.

[89] See Schwarzbach and Fairbairn, 'Sur les rapports', 132 ff.

quite contrary to the criticism of Jesus in iii.17–18 for being too lax with the adulteress and for showing less fortitude than several pagan stoics suffering equally painful torments, and iii.9, an introduction to the life of Moses which repeats expressions that appear elsewhere in the text, clearly a pastiche. Berti's edition of this text, which we have not seen, should have a complete list of additions introduced by the editors. (*d*) It is our impression—we regret not being able to verify this because of the difficulty of collating a manuscript in London with a book in Brussels, but Berti's edition has surely done so—that the language of the 1719 edition reflects the smoothening out that we observed in the Arsenal 2236 family of manuscripts rather than the rougher language of the Sloane manuscript.

We argued in 1987 that there were so few surviving exemplars and so few manuscript copies of this edition, which was quickly suppressed—we were then aware of only the Brussels exemplar of the 1719 edition and of the manuscript copies Budapest Quart. Gall 12 and Avignon 549, in the latter of which the six additional chapters were in fact abridged, and of Berlin MS Diez C quart. 28 and 37, which contain the additional material, which is indeed indistinguishable from the text unless one performed a careful comparison with a classical text, but not the famous six chapters from Charron and Naudé which are indicated as interpolations in the 1719 edition—that it had little influence upon the diffusion of the *Traité* in Europe and especially in France. In fact, the manuscripts that derive from the copies that belonged to Prince Eugene of Savoy and to his librarian, Count Hohendorff, do not conform to this type but rather to the classical type. We have learnt from Popkin and from Charles-Daubert of several more manuscript copies of this 1719 edition, in Munich and Cracow and in several American university libraries, but they still seem to us to be a minority among *Traité des trois imposteurs* manuscripts. There is only one in France, in Avignon, which did not come under French sovereignty until its annexation in September 1791, so, strictly speaking, there is no trace of the 1719 text in pre-Revolutionary France. Whatever the existence of this edition says about the courage, enterprise, and miscalculation of its publisher and of the sympathy of the persons, supposedly Rousset de Missy and Jean Aymon, who prepared the edition, for the radical denial of all the tenets of religion as it was then conceived, we reluctantly disagree with Berti and still maintain that it had relatively little importance in the history of the transmission of the *Traité*.

B) Marchand mentions (p. 324) a 60-page, in-4°, 1721 edition of the *Traité des trois imposteurs* by Michel Böhm—he came from Leipzig and published the Rotterdam 1720 edition of Bayle's *Dictionnaire*—or by his widow, together with one Ferber, in Rotterdam with a false address of 'Francfort-sur-le-Mein', 'au dépens du traducteur', but his description is, as we have already remarked, less detailed than that, in the same note, of the 1719 edition. His anecdotal history of the edition and especially of its complete suppression is, in contrast, quite ample and even detailed. Brunet repeats Marchand's description, apparently without any further confirmation,[90] as did Sorbonne MS 761[1], fol. 124, before him (this manuscript would then have been copied after Marchand's *Dictionnaire historique* had appeared). Barbier refers to a 1720 edition,[91] but that is surely a typographical or transcriptional error for 1721. Be that as it may, Charles-Daubert takes Marchand at his word and founds her theory of the diffusion of families of text upon this edition that neither she nor anybody else in the last 270 years has ever seen, and she further claims that it was this edition that introduced the title, 'Traité des trois imposteurs', for a text hitherto known as the *Esprit de Spinosa*.[92] But the *Trois imposteurs* title was in fact well launched before 1721, since already in 1704 Tentzel and Struve already knew our text or something very close to it as a/the *Traité des trois imposteurs*, and the Dutch collector Pierre-Antoine Crevenna[93] lists a 'Dissertation sur le Traité des III. Imposteurs, Anno 1716, A. J. R. D. M. MS in 4°' containing a 'Dissertation' (either La Monnoye's or, more probably, the 1716 *Réfutation*), the letter of Frederick II, and 'une traduction française du dit traité'. Furthermore, Marchand claims (p. 323) to have seen three manuscripts, dated 1717, that correspond to the six-chapter analysis in the *Réfutation de la Dissertation*, manuscripts copied from one belonging to Prince Eugene of Savoy. Unless Charles-Daubert believes Marchand selectively, we cannot imagine why she attributes so much importance to the chimerical 1721 edition. What could the 1721 edition in fact have contributed to the history of the text? For our part, we invoke the Helm principle, especially because this edition would have to have had enough diffusion to influence the manuscript tradition regarding the title, but not enough diffusion to induce manuscript copies to divide the text into eight chapters, nearly contradictory requirements.

C) We have good models for the kind of editing that d'Holbach and

---

[90] Pierre Gustave Brunet, *Manuel du libraire* (Paris, 1864), v/2: 1207.

[91] Antoine-Alexandre Barbier, *Dictionnaire des ouvrages anonymes et pseudonymes* (Paris, 1879), Vol. IV, col. 789.　　　　　　　　　　　　　　[92] Charles-Daubert, 'Les Traités', 32.

[93] Pierre-Antoine Crevenna, *Catalogue raisonné de la collection des livres* . . . (n.p., 1775–6), 1: 145.

Naigeon applied to the text to produce their 1768(?) edition, which was copied in all succeeding editions. This has been discussed in detail in the editions by Roland Mortier and by Frédéric Deloffre and Melâhat Menemencioglu of the *Difficultés sur la religion proposées au père Malebranche* by Robert Challe(?),[94] and by Jean Deprun, Roland Desné, and Albert Soboul in their edition of the *Œuvres de Jean Meslier*,[95] a part of which d'Holbach/Naigeon had published as *Le Bon Sens du curé Meslier* (1772), and the *Histoire critique de Jésus-Christ, ou analyse raisonnée des Evangiles* (1770), whose 'original' manuscript has been identified by Martin Fontius.[96] D'Holbach/Naigeon modernized language, introduced up-to-date bibliographic footnotes, identified primary sources and added some classical poetry to make the *Traité* text somewhat more literary, and especially they suppressed certain Spinozistic passages — a term we adopt here for convenience, not to decide the difference of opinions between Popkin and Berti on the one hand and Charles-Daubert on the other — but since they were not too careful, they did not suppress all of them. Anyone working with the 1777 text that Rétat published in a photographic reproduction should be warned that it is d'Holbach's 'bowdlerized' — an anachronism because Dr Bowdler was a nineteenth-century worthy and d'Holbach sought to suppress theism of any sort, not sex — 1768 text with many typographical errors, quite the worst of the eighteenth-century editions, and so often quite misleading with regard to the intentions of the 1700/1709 authors. What should be said in d'Holbach's favor is that the text of the *Traité* evolved by increments and that texts with some but not all of the traits of the text that he eventually published can be identified, so he surely inherited many of the 'innovations' of his text, but, since it is so hard to determine which manuscripts are copies of printed texts and which are independent of them, establishing the base text of his edition is not easy, but not very important either, except for a study of Holbach/Naigeon's editorial technique.

There is one important variant which we must note, although we believe that it was introduced into the manuscript tradition before d'Holbach, namely a longer and more historical life of Moses. It is just what a more eighteenth-century *Traité des trois imposteurs* ought to contain, a reduction of religious claims by history rather than the philo-

---

[94] (Brussels: Presses Universitaires de Bruxelles, 1970), 56–9; (Oxford: Voltaire Foundation, 1983), 16–23.   [95] (Paris, 1974), Vol. I, pp. lviii ff.
[96] See Roland Desné, 'Sur un manuscrit utilisé par d'Holbach: l'*Histoire critique de Jésus, fils de Marie*', in *Le Matérialisme*, 169–76.

sophical denial or condemnation that is characteristic of the more primitive text.[97]

Sources: a recapitulation with comments

The preponderance of sources quoted or paraphrased, usually with linking sentences of the author's invention, is simply not exceptional among the clandestine texts. The *Ame matérielle* studied by Alain Niderst[98] has almost no original text. Other examples are Boulainvilliers's reading notes (BN fr. 1071–6) and the 'Kehl material', articles that appeared after Voltaire's death in the Kehl edition of his works and which copy extensively from the *Encyclopédie* as well as from orthodox scholarly and polemical sources. The latter two 'works', and probably the first, too, were never meant for manuscript diffusion. The Voltaire texts were either abandoned as unpromising, or were reworked to the point of obliterating all traces of their sources to become articles in the *Questions sur l'Encyclopédie*.[99] We cannot tell whether our text, with its extensive copying and paraphrasing, was a finished product or merely, like the Voltaire material, a text that ought to have achieved a more personalized form but was abandoned for one reason or another.

Constance Blackwell informs us that it was Renaissance practice to string together quotations and paraphrases from many sources to create a new tract. Quite simply, originality for originality's sake had less prestige than it does now, and the printed and especially the 'classical' word had more, so scholars quoted extensively, often without citations and without criticism. We cannot see why Charles-Daubert associates this practice in particular with Justus Lipsius and with the Italian and French 'libertines' whom she regards as his heirs.[100] Even if the association were justified at some point in the developement of antireligious literature, the stringing together of quotations eventually became so widespread as to be a banality, so associating the *Traité des trois imposteurs* with Lipsius and the 'libertines' on the strength of its exploitation of sources is gratuitous.

Chapter I does use passages from the *Tractatus theologico-politicus*, in the 1678 translation, and it uses them in a sense quite contrary to Spinoza's

[97] The ultimate sources are Josephus, *Antiquities* II.ix–xvi, Clement of Alexandria, *Stromata* II.xxii, and Philo, *De Vita Mosis* I.3, 8, 13, 43.

[98] Alain Niderst (ed.), *L'Ame matérielle* (Paris: Nizet, 1969); a rev. edn is shortly to appear in the series 'Universitas' of clandestine texts.

[99] See Schwarzbach, 'The problem of the Kehl additions', *passim*.

[100] Charles-Daubert, 'L'Image de Spinoza', 52.

thesis. Spinoza was working in the context of Jewish philosophy, where one tendency held that Moses and the other prophets were indeed passive instruments of revelation, a thesis known in Chrisitan theologies as the verbal inspiration of the Scriptures, whose counterpart among seventeenth-century Catholics is associated with Bañez, and among the Reformed communities with the *Consensus Helveticus* of 1675, which was however already reactionary, while a second tendency in rabbinical thought maintained that each prophet received revelation suitable to his intellectual capacities.[101] Maimonides carried this thesis to the point of asserting that the prophets received revelation as a function of their intellectual and moral capacities and conscious preparation for the sacred burden of prophecy (*Moreh Nevukhim* II.42–7). This was a kind of humanism that de-emphasized divine interventions and recognized the capacities of man to perceive and understand the ways and will of God. Spinoza extracted from these arguments the thesis that prophets even participate in the formulation of divine truth for mankind, and supported his thesis by citing the differing representations of God in the visions of the prophets. The author of the *Traité*, by contrast, seized these illustrations to argue simplistically (1.6) that Old Testament prophecy was invalid because prophets contradicted themselves.

The theme of religious imposture, even if not explicit, is, in fact, pervasive in the *Tractatus* precisely because of the latter's extremely limited conception of prophecy. Law-giving, as distinct from moral and philosophical exhortation, is beyond the scope of a prophet, at least in his prophetic function, so any 'prophet' who establishes law and, in particular, institutionalized religion, was, as a consequence of the *Tractatus*'s definitions, an impostor.

The note in § 5, 'Moyse fit mourir tout d'un coup 24000 hommes pour s'être opposés à la Loi' (Sloane 2039, fol. 141; Arsenal 2236, fol. 337; and most if not all the other manuscripts we have examined), is rather curious. It clearly refers to Ex. 32.28, where the massoretic text has אִישׁ אַלְפֵּי שְׁלֹשֶׁת, 'about three thousand men' (persons?), while the Vulgate has 'quasi viginti tria millia hominum', apparently a harmonization with 1 Cor. 10.7. Now, while our author ought to have been able to orchestrate his thesis with biblical verses without coaching and should have written either 'three thousand' or 'twenty-three thousand', the contrary seems to have been the case here. Vanini/Schramm, which we quote in the French translation, commits the same error or inaccuracy

[101] See Abraham Heschel, תורה מן השמים באספקלריה של הדורות (London and New York, 1965), II: 267–79, 290–93.

while making precisely the same point, in similar language, 'tout ceux qui voulurent soutenir la vérité sans avoir la force pour eux, périrent misérablement; Moïse au contraire était toujours armé, d'une seule fois, il fit mettre à mort *vingt-quatre* [*italics added*] mille idolâtres qui s'opposaient à sa *loi*' (Vaninin, p. 222; Schramm, p. 62). (In fact the figure 'twenty-four thousand' occurs in Num. 25.9, where it describes the number of Israelites who died by plague for having taken Midianite wives/lovers.)

Chapter II. As Berti has shown, §§ 3–11 are translated or paraphrased from the Appendix to the first book of the *Ethics*. We checked against the so-called Boulainvilliers translation[102] — so-called because the attribution seems to have few confirmations — and there are major differences in language. In any event, if Boulainvilliers were the translator, it would have to be after 1704, when he claims to have first seen the *Ethics* while looking for Spinoza's Hebrew grammar,[103] and that is later than the first attestation to the *Traité* and in particular to the chapter that contains the Spinoza extracts.

What is translated is the Spinozan anthropology, the explanation of what leads men to formulate and place their confidence in religious notions. Our author grafted on to this framework a Lucretian insistence on fear, which is not so pronounced in Spinoza, and he added elements of the impostor theory. Whatever he may have thought, Spinoza was not so blunt about either thesis. In fact, in the passage our author cites, Spinoza claims that the pursuit of 'final causes', ultimate design or objectives, when there really are none, leads to fear, and that fear leads to anthropomorphism, imagining gods after man's own form and psyche, who are concerned with man's interests. This is a theory of natural propensity to a certain kind of vulgar religion which, to be rigorous, does not require an imposture theory, though the *Traité* seems to argue that impostors can give form and inflection to that propensity.

In § 11 there is one passage that Charles-Daubert associates with Vanini, and which can, of course, be found entirely in Schramm (pp. 117–18). The only part that is really similar however is quite short, ' . . . la Loi naturelle que Dieu, c'est-à-dire la Nature, en tant qu'elle est le principe de toutes choses, a écrite dans le cœur des hommes . . .' This is a rather

---

[102] *Spinoza: l'Ethique*, ed. Colonna d'Istria (Paris, 1907). Gianluca Mori, 'Boulainvilliers a-t-il traduit l'*Ethique*?', *Lettre clandestine*, 3 (1994): 37–9, doubts the attribution of this translation to Boulainvilliers.

[103] Boulainvilliers, *Œuvres philosophiques*, ed. Renée Simon, Archives of the History of Ideas, 58 (The Hague: Nijhoff, 1973), 1: 84.

slender textual support for the claim that the *Traité*'s pantheism is due to Vanini rather than to Spinoza.

Chapter III. Since d'Holbach/Naigeon noted that § 11 is based on *Leviathan* 1.12, we took the hint, verified, and discovered that in fact §§ 2–9 are drawn and translated from the same chapter.

Section 10, in the classical version, is a very brief life of Moses which has no counterpart in Hobbes. At first glance this is one of the several passages which come from Vanini/Schramm (p. 221/62) that Charles-Daubert omitted. In fact, a closer look suggests that the beginning at least belongs to the primitive, pre-Vanini/Schramm stratum.

> Le célèbre Moyse, petit fils d'un grand magicien au rapport de Justin le martyr s'etant rendu chef des Hebreux que l'on chassa d'Egypte par edit parce qu'ils l'infectoient de la rogne et de la lèpre dont ils étoient gastez . . .[104]

Moses may indeed have been a magician himself, having bested Pharaoh's *hartumim* (cf. *Histoire des oracles*, p. 54), but 'fils d'un grand magicien . . .'? which 'grand magicien'? Vanini/Schramm do not enlighten us; in fact they do not speak about Moses's genealogy. However, Marcus Junianus Justinus, whom we mentioned as an inevitable source for any three-impostor text, does. In the *Epitoma historiarum philippicarum Pompei Trogi* xxxvi.2–5 he regards Moses as a magician and as the son of Joseph the magician. (Joseph was, according to the Scriptural account (Gen. 41.15), skilled at interpreting dreams, תשמע חלום לפתר אותו, and displayed more than mortal foresight (41.38), איש אשר רוח אלהים בו, precisely the qualities of a magician in Justinus's sense if not in the Bible's.) Now Vanini (p. 222) and Schramm (p. 63) admit drawing from Justinus, but they do not cite this genealogy so obviously contrary to the biblical tradition. The rest of the biography of Moses in this manuscript tradition is close to Vanini/Schramm, whether because it is from the stratum that actually borrows from them, or whether adapting an impostor theory from Justinus inevitably led to similar adaptations of the biblical text, e.g., changing Justinus's 'sabbath' as a weekly fast commemorating the week-long escape from Egypt to Sinai to the sabbath as a festive commemoration designed to establish Moses's political hegemony.

The second, later, more 'historical', life of Moses, which is independent of Vanini/Schramm, branches back into the common trunk in the

---

[104] BN n.a.fr. 10978, p. 95; Arsenal 2236, fol. 360ᵛ, Sloane 2039, fol. 89ᵛ, etc.

middle of the quotation that Charles-Daubert did not identify. Section 10 then returns to the quotations/adaptations from *Leviathan* 1.12 which continue through §11. Section 13, regarding the Antichrist, Ebion and Cerinth, and the end of §15 are translated from Vanini/Schramm (pp. 59–61), but not from the passage Charles-Daubert cited, Vanini/ Schramm (pp. 54–5),[105] which is glossed rather than translated in §13. Sections 17–18 are taken, as Charles-Daubert astutely observed, from a La Mothe le Vayer text of 1642. Her case would have been still stronger had she not omitted a phrase (p. 93), 'Tantale et le mauvais riche', in her quotation from La Mothe le Vayer, without indicating the ellipsis, which is precisely the comparison made in the *Traité* passage she cites. Several lines further down, again without indicating an ellipsis, she omits nearly a page which includes the *Traité*'s comparisons of Jephtha's daughter and Iphigenia, and of Baucis–Philemon with Lot. The 1768 and subsequent editions of the *Traité* have a comparison of the legend of Bellerophon with that of St Michael and the Demon which is not to be found in La Mothe le Vayer, but this is one of the occasions where it is useful to go back to the manuscripts. Sloane 2039, fol. 172^v, 'l'histoire de Persée est le fondement de celle de St George et du Dragon qu'il tua' is clearly borrowed as well from La Mothe le Vayer, 'Pietro della Valle prenant, après Baronius et assez d'autres, ce qui se dit de Saint George et du Dragon qu'il tua, pour allégorie, écrit dans ses Voiages que la fable de Persée et de l'Orque marine est vrai-semblement le fondement'.

Of the inevitable borrowing from Celsus, only two points appear: the claim that Jesus' finest maxims were drawn from Plato—whether Plato had been inspired by Moses, the inverse of this theory, had already been discussed by Clement of Alexandria, *Stromata* II.xxv, evidently in response to some similar, unfavorable comparison suggested by a pagan adversary, and subsequently by many Renaissance and seventeenth-century allegorists/apologists[106]—and the Epictetus anecdote with its contrast between Jesus' weakness upon the cross and the imperturbability of the Stoics under still more brutal torture. Neither comes from La Mothe le Vayer, nor is the language that of the 1700 translation of the *Contra Celsum* by Elie Bouhéreau.[107] This is hardly surprising of a chapter attested in 1700/1704, before that translation could have gained much diffusion. Our author may even have known enough Greek to read the *Contra Celsum* unaided, and indeed there is a rather elementary Greek phrase in the manuscripts to which we have already alluded (III.11), which

---

[105] 'Les Sources', 87.   [106] See Allen, *Mysteriously meant, passim.*
[107] Origen, *Traité d'Origen contre Celse*, trans. Elie Bouhéreau (Amsterdam, 1700).

d'Holbach/ Naigeon omitted. Section 18 reverses the seventeenth-century 'comparatism' of Grotius, Gerard Vossius, and Bishop Pierre-Daniel Huet[108] to argue that rather than being echoes and imitations of Old Testament figures and laws, pagan legends, heroes, and philosophers were the originals and Jewish traditions the deformed copies. This material was taken directly from La Mothe le Vayer, who, of course, preceded Huet. Section 19 picks up from Hobbes, once more, while § 22, in Charles-Daubert's opinion, comes from Vanini, the sole Vanini passage that we have not found in Schramm. We deduced that there was an as yet unidentified intermediate source that provided other information about Mohammed. You are invited to invoke the Helm principle here and not to put much stock in deduced sources.

Conclusion III: To the extent that there is a literary source/suggestion for the exposition of the three-impostor thesis in the *Traité*, it is Hobbes. Vanini/Schramm and La Mothe le Vayer merely supplied a few details each, with Vanini/Schramm being part of a late revision of the text.

Hobbes's anthropology of religion is quite contrary to the Spinozan anthropology of the preceding chapter. Its point of departure is that all men have false notions of incorporeal spirits which they develop into a diversity of bizarre religious beliefs. On one level, we need not exert ourselves to render these two points of view consistent because internal consistency does not seem to have been a high priority for our author. He is a polemicist and is writing to deny certain standard notions of religion. He invokes any argument in his cause, like an attorney who will offer a jury as many exculpatory theses as he/she can invent because he/she cannot tell which one will be found to be convincing and one, any one, is enough; the others need not be consistent with it. Our author carries borrowed arguments to their logical consequences, consequences their originators did not draw. Spinoza's argument in the Appendix to the *Ethics* is extended to an impostor theory of religion even though he was more interested in the effects of the spontaneous play of 'imagination', while Hobbes is made to reduce religion, even Christianity, which he regarded as being so convenient for the state, to an elaborate demonism. Our author is not really obsessed by demons—they figured in II.11 and would figure again in IV.4—although he speaks about gods, angels, or other 'invisible' powers at least ten times. Precisely because they were already largely discredited among 'advanced' thinkers, magistrates as well as some theologians, as Robert Mandrou

---

[108] See Alphonse Dupront, *Pierre-Daniel Huet et l'exégèse comparatiste au XVIIe siècle* (Paris, 1930).

has shown,[109] what was a reduction of religion to demonism in 1651 became, in 1700, a form of denial.

There is, however, a level at which the Hobbesian and Spinozan anthropologies meet. Both deal with the 'ignorance' of the common people which leads them, by one modality (a frustrated search for non-existent final causes) or another (extrapolation from dreams and visions of 'aerial bodies') to create religious notions that the philosopher deplores and that politically interested scoundrels exploit. In fact, our author is very conscious of the 'ignorance' of the people. The word in one form or another appears 35 times in the 101 pages of the Holbach text, and if we count paraphrases, the notion probably occurs still more frequently. It appears many times in the 'primitive' Moses biography. Our author seems to despise the people that he wants to 'liberate'. The fact that religion is a popular phenomenon, and that Jesus acquired a following from among the most ignorant and basest of the people, depreciate both in his view.

Our author is a gnostic or cabbalist of sorts: he knows a truth and that uninventoried truth, however carelessly identified with an undefined 'reason', will set the reader free, whatever that may mean. We shall shortly discuss what propositions seem to comprise his truth. The formal thrust, if not the content, is almost Neo-Testamentary: there is a proposition to be known in the gospels, that Jesus is the Messiah, and the knowledge of that proposition is salvific. There is a proposition to be known in the *Traité des trois imposteurs*, and that proposition, that the classical religions are all frauds and interested impostures, our author insists, is liberating.

Chapter IV. This chapter is a rather Spinozistic—we emphasize again, this is merely a convenient term for us, not our thesis—recapitulation of the preceding material, with no obvious sources.

In RUGGERI, Rem. D, Bayle writes that

> On croit ordinairement que toute Personne, qui nie l'existence de Dieu, nie aussi par une suite nécessaire l'existence de tous les Esprits, et l'immortalité de l'âme. Je ne m'étonne point qu'on croie cela; car je ne pense pas qu'il y ait d'exemple de la désunion de ces deux blasphèmes, je veux dire, ou qu'il y ait jamais eu d'athée qui ait enseigné l'existence des Démons, et l'immortalité de l'esprit humain; ou qu'il y ait jamais eu d'homme persuadé de la magie, sans croire que Dieu existe.

[109] Robert Mandrou, *Magistrats et sorciers en France au XVIIᵉ siècle* (Paris, 1968).

While for moderns there may indeed be a disjunction between some forms of theism, pneumatics and daemonism, for our author, who would, apparently, have agreed with Bayle, denying the one required denying the other two, even if these were subsidiary elements in his anti-theology. Actually, despite the growing scepticism about demons among the magistrates and some of the clergy that is demonstrated by Mandrou's fine book, to call precisions about the soul and demons subsidiary elements is to look at theology from a modern point of view. It is our impression that saving the soul from retribution and the demons played a more important role in popular consciousness in the seventeenth and eighteenth centuries than it does these days.

Chapter V. This chapter is composed exclusively of (unacknowledged) quotations from Guillaume Lamy's *Discours anatomiques*, which reviews the various classical and modern (philosophical) theories regarding the soul, some of which are drawn from that great vulgarizer of philosophy, Cicero (*Tusculaniae disputationes* 1.ix.19 – xviii.43). The fact that Church Fathers are shown to have held materialist views of the soul is not used to authorize the author's (actually, Lamy's) materialist (?) doctrine of the soul, but discredits by implication the contrary doctrine that had become standard teaching, since the Church that now requires it has contradicted itself. This is a somewhat more eighteenth-century procedure than those of the preceding chapters, the history of an argument being brought to bear upon its veracity.

Chapter VI. Sections 1–6 are drawn from *Leviathan* III.34. The argument in the *Traité* regarding daemons is neither Bayle's argument in XENO-PHANES, Rem. E, nor Vanini's/Schramm (pp. 67–8), despite the superficial parallels that Charles-Daubert has adduced. Bayle was concerned with the existence of moral evil and all that is so often painful and distressing in life as an existential problem. For Vanini, the scandal is the all-too-frequent success of the devil in inducing the damnation of most of mankind, the (presumed) failure to save, not Satan's very subsistence. He is really quite old-fashioned. The *Traité*, on the other hand, offers a daemonic version of the atheist's paradox which is much stronger than the arguments that Bayle and Schramm (drawing upon Vanini) risked refuting. In the dualist religions that Bayle describes there is a contentious sharing of powers. The beneficent god is too weak to subdue his rival. But our *Traité* asks how can God, by perpetuating his creation, also 'laisse subsister'—this is pre-Newtonian theology: the world does not yet 'subsist' by its divinely imparted momentum, nor is Satan the autonomous figure of classical theology who once revolted against God and whose continued devilry derives from the momentum of that primeval fall—not tolerate but intentionally perpetuate a rival, antithetical god, a contrary will and force, a dynamic, destructive, insurgent presence determined to corrupt the faithful. Admitting the existence of Satan and/or daemons implies not God's weakness but his active malevolence, howbeit *par procuration*.

Arguments and themes

One curious aspect of our *Traité des trois imposteurs* is that it, and the argument of all such tracts, looks backward to the 'orthodox' principle that the Bible was revealed in its integrity, by turns prophecy or a faithful witness to sacred events, true in all particulars and transcribed by identifiable persons, Moses, Joshua, Samuel, the evangelists, Paul, Jude, and all the others. Some polemical literature assumes this for argument's sake and turns it inside out, pouring a hail of ridicule upon those authors because of inconsistencies, errors of fact, and naïvetés of which they ought not have been guilty, while our author perceives the interests which led these historical figures to write and inflict their imposture upon generations of credulous readers. However, Spinoza, Richard Simon (*Histoire critique du vieux testament* (1678)), and Jean Leclerc (*Sentimens de quelques théologiens de Hollande* (1685)) had already prepared the text-critical arguments that were to lend themselves to assertions that the Bible was a folkloric historical document and that, rather than being historical impostors, Moses and Jesus were historical figures about whom myth and folklore coalesced to create the narratives and sayings that have survived. Despite his copying from the *Tractatus*, and especially the insightful remark that the Bible is merely 'un tissu de fragments cousus ensemble en divers temps; ramassés par divers personnes, et publiés de l'aveu des rabbins qui ont décidé suivant leur fantaisie de ce qui devoit être approuvé ou rejetté, selon ce qu'ils l'ont trouvé conforme ou opposé à la Loi de Moyse' (ii.ii), our author conducts the argument of the *Traité* as though such were not the case. The two points of view are not entirely contradictory; folklore may indeed coalesce about the historical figure of an impostor, but, contrary to the *Histoire des oracles*, p. 96, our author does not make that claim. In some ways, he is as naïve as the 'orthodox' he attacks, merely their inverse. (We write 'orthodox' because it is simplistic now and even ahistorical with respect to the seventeenth century to claim that only the theses that the Bible is historically authentic and scientifically inerrant is orthodoxy. Richard Simon and Jean Leclerc did not defend those theses and still considered themselves an orthodox Catholic and Calvinist, respectively. As for modern times, we would not presume to be arbiters of Catholic, Protestant, or Jewish orthodoxy.)

The three impostors, and religious imposture more generally, is an argument, one that is pervasive in the *Traité*, even outside the exposition of the activities of Moses, Jesus and Mohammed. Actually, Holbach/Naigeon helped out and introduced the expression 'imposteur/imposture' where the manuscripts did not have it. We had entertained the theory, at first on rather similar grounds to those invoked by Charles-Daubert, and then because of the clustering of the Vanini/Schramm borrowing in the third chapter, that the three-impostor exposition was inserted into a seventeenth-century philosophical treatise heavily indebted to Spinoza and Hobbes but reflecting nothing later than 1678. To maintain that argument we would have to suppose that each intervention of the notion of imposture in the 'primitive' chapters is a late addition, as some of them in the Holbach/Naigeon text manifestly are, and ignore that, as we have remarked, the exposition of the material on Moses and Jesus is an interpolation into Hobbes's discussion of religious imposture.

We are disinclined to make more hypotheses than absolutely necessary and besides, the earliest attestation to our text, by Tentzel's correspondent, already recognizes it as a three-impostor tract, which would hardly be the case if the three-impostor material were not already present and decently well developed. In fact, we must suppose that the addition of the Vanini/ Schramm material in 1709 or shortly afterwards was a relatively modest modification of the text.

We have already alluded to one of the themes of the *Traité*, the ignorance of the people that leaves them victims of their fears, needs and imaginations, the vectors by which impostors exploit their credulity and achieve political power. As we have remarked, it appears at least 35 times (in the Holbach/Naigeon text), and more often if we count paraphrases and synonyms. The question of the politics of the *Traité* was invoked during the discussion of this paper. Professor Abraham Anderson argued very cogently that, contrary to the single reference we produced where our author speaks about religion subverting the obedience owed to sovereigns, which had suggested to us that he was a political absolutist rather like Hobbes or any classical monarchist, denying the standard forms of religion, as the *Traité* manifestly does, undermines the basis of monarchical rule, because (French) kings were reputedly divinely elected. In this respect it was a profoundly radical political document, proto-Meslier and quite un-Hobbesian. Actually, the argument can be made even stronger by recalling Bernard Plongeron's thesis that religion was thought to be the instrument of social solidarity, what makes individuals into a people,[110] and Voltaire's insistence that religion's function of supporting the private morality necessary for a society's existence that state (and Church) coercion and spying upon individuals were not (yet) sufficiently efficient to enforce, was a justification of its least 'superstitious' and repressive forms.

We cannot exclude this interpretation but we hesitate to subscribe to it because it is an extrapolation from a text that is not consistent in its fundamentals, which is bad methodology. The profound disdain for the 'ignorant' people and their prejudices that recurs so often does not suggest to us an author with much sympathy for their rights or political/economic interests. These concepts are not even implicit in the text. A more modest interpretation of the *Traité*'s politics would be to claim that at the very least it was looking towards a secular state, something, it was pointed out to us during the discussion, that had already been envisaged, at least hypothetically, by Grotius, Puffendorf, and, subsequently, by other theorists. We added that, to judge from Alexander Altmann's notes to the new translation of Mendelssohn's *Jerusalem*,[111] in Lutheran lands the state was independent of the Church in practice—the question was indeed the extent to which the state could interfere in Church governance—while the Church was much less political and much less of a support for the state. To claim that the politics of the *Traité*, at least to the very limited extent that they may be inferred from the text, envisage a secular state, is not anachronistic. It is, however, a very modest inference and philosophers like Professor Anderson have good reason to be disappointed.

We detect a kind of moral and aesthetic levelling, whether from the Divine or the human perspective, or even nihilism in the *Traité* which we associate with the eternal, universal perspective of Spinoza. Values are no longer natural and no longer inhere in things and acts. Natural law, to the extent that it exists for our author, has no concomitant in values, unlike natural law philosophies where what is 'unnatural' is morally reprehensible. In fact, this moral/aesthetic nihilism may be

---

[110] 'Echec à la sécularisation des Lumières? La religion comme lien social', in *Sécularisation*, pp. 91–125.

[111] Moses Mendelssohn, *Jerusalem; or, On religious power and Judaism*, trans. Allan Arkush, intro. and commentary by Alexander Altmann (Hanover and London: University Press of New England, 1983).

temperamental, with the Spinozan philosophical apparatus invoked as a rationalization.

> Dieu n'est ni colère ni jaloux; que la justice et la miséricorde sont de faux titres que l'on lui attribue (1.4, Sloane 2039, fol. 139^r).

> ... c'est que de là [de la croyance que Dieu n'a rien fait que pour l'homme & réciproquement, que l'homme n'est fait que pour Dieu] qu'ils ont pris occasion de se former une idée fausse du bien et du mal; du mérite & du péché, du louange & de la honte, de l'ordre & de la confusion, de la beauté & de la laideur; & des choses semblables (II.2, Sloane 2039, fol. 143^v).

> [*cited from Spinoza*] ils se sont ingérés de décider de la louange & de la honte, du péché et du mérite [*abridged from Spinoza*] appellant bien ce qui tourne à leur profit & ce qui regarde le culte divin, & mal au contraire ce qui ne convient ni à l'un ni à l'autre . . . ils croyent les choses bien ou mal ordonnées suivant qu'ils ont de facilité ou de peine à se les imaginer . . . comme si l'ordre étoit autre chose qu'un pur effet de l'imagination des hommes (II.7, Sloane 2039, fol. 148^{r-v}).

> [*Spinoza*] Pour ce qui est des autres notions [de valeur], ce sont de purs effets de la même imagination, qui n'ont rien de réel, et qui ne sont que les différentes modes, dont cette puissance est capable: par exemple, si le mouvement, que les objets impriment dans les nerfs, par le moyen des yeux, est agréable aux sens, on dit, que ces objets sont beaux, que les odeurs sont bonnes ou mauvaises, les saveurs douces ou amères, ce qui se touche dur ou tendre, [*glose*] les sons rudes ou agréables, suivant que les odeurs, les saveurs, le touchement, & les sons frappent et pénétrent les sens: [*Spinoza*] jusque là qu'il s'en est trouvé qui ont crû Dieu capable de se plaire à la mélodie . . . (II.8, Sloane 2039, fol. 148^v–149^r).

> [Dieu] est matériel, sans être néantmoins ni juste, ni miséricordieux ni jaloux, ni rien de ce qu'on s'imagine, et qui par consequent n'est ni punisseur, ni remunerateur, cette idée de punition ou de recompense ne pouvant tomber que dans l'esprit des ignorants . . . (IV.2, Sloane 2039, fol. 183^r).

> . . . il ne faut donc pas croire que cet Être simple et étendu, qui est ce qu'on nomme communément Dieu, fasse plus de cas d'un homme que d'une fourmi, d'un lion que d'une fève; ; qu'il n'y a

rien à son égard de beau ou de laid, de bon ou de mauvais, de parfait ou d'imparfait, . . . Toutes les distinctions ne sont que pures inventions d'un esprit borné; ce qui veut dire, que l'ignorance les a inventé [*sic*] & que l'intérêt les fomente (IV.3, Sloane 2039, fol. 183ᵛ–184ʳ).

Actually, nihilism, though convenient and suggestive of the force of our author's denial—like Goethe's Mephistopheles, he/she/they is/are a spirit that denies, 'Ich bin der Geist, der stets verneint!'—is not quite the right word. Whether in respect to God or to men, hierarchies of values are dissolved or rather transcended in an almost Nietzschean sense, but by knowledge—we are in a Cartesian/Spinozan world where mathematics and physics have already justifed themselves—rather than by will, knowledge of nature rather than of a god that transcends it. Maybe a mystical experience of the equation of God and nature, of a nature suffused with the Godhead, a nature-mysticism that transcends law, norms, and values (as even religious mysticisms tend to do because, as Locke understood, experience dominates cognition and, *a fortiori*, *a posteriori* dogmatic and ecclesiastical structures), or the revelation that an initiate like Apuleus experiences through the mysteries and which liberates him from ordinary values and contingencies are still better analogies. It is not too far from the mark to invoke the famous description of Spinoza, whom he translates and adapts in the passages we have just cited, as 'God-intoxicated'. This is closer in our view to highly religious literature than to the reductive atheism to which the *Traité* is so often assimilated. A classical definition of an atheist is that he/she is a theist who denies. The more passionate the denial of all conventional religious structures, the more profound has been the nonconforming theological commitment/experience that our denier has undergone.

APPENDIX

Wilhelm Ernest Tentzel, Curieuse Bibliothec *(Leipzig, 1704)*,
5ᵉ Fach, 1ᵉʳ Repositorius

p. 489

Er habe felbſt zu Halle ein Manuſcript in Frantzöſiſcher Sprache davon geſehen welches ſich aber mit Meldung der Cartesiens, leicht verrathen und ob zwar iemand dieſes Wort ausgekratzet und Pyrrhoniens davor geſchrieben ſo werde doch dadurch der Betrug nur

vielmehr verrathen. Aber des verfluchten Sprichworts von den dreyen haupt=Betrügern Mose
Christo und Muhammed, erster Urheber wird von Jacobo Thomasio angegeben Simon
Tornacensis, weil er gesagt haben soll er wisse Christi Gesetz gantz wohl und wolle es auch
widerlegen: Über welcher blasphemia er dergestalt augenblicklich von GOTT gestrafft
worden daß er alle seine Wissenschafft auff einmahl verlohren.

p. 492–3

Was nun das Werck an sich selbst anlanget so will nicht wiederholen, was ich gleich im ersten
Monate der Unterredunge so wohl ex Morhofio p. 32 als von einem Exemplar das in der
Wolffenbüttelischen Bibliothec seyn soll p. 44 geschrieben; und an. 1693, p. 793 aus Hn.
D. Mayers Dissertationibus Selectis, welcher ein fragmentum und Sciagraphian
dieses Buch zu ediren versprochen ob es aber geschehen kan ich nicht sagen weil mir weiter
nichts zu Gesichte kommen. Inzwischen kan nicht unterlassen zu erzehlen, was mir einsmahls
auf der Reise einem vornehmen Man begegnet der vielleicht eben der gute Freund ist von dem
Herr Struve oberzehlter massen meldet daß er das Buch in Italiänischer Sprache besitzet aber
auff wiederholtes Bitten nicht communiciren wollen. Wir kommen beede ohngefehr auff der
Post zusammen und halten einen curieusen Discours von allerhand reren Scribenten und
Büchern da jener sich unter andern verlauten ließ er habe das Buch de tribus Impostoribus in Italiänischer Sprache welches ohngefehr acht bogen austrüge und weil ich ihm etliche
andere Tractätlein zu leihen versprach so promettiret er mir hinwiederum das gedachte Buch
zu communiciren. Als er mir nun das meinige wieder zurück sandte schriebe er unter andern
am 12 Augusti 1700 folgendes:[112] „Wegen des *Manuscripti* von den *tribus Impostoribus*
melde zur Nachricht daß ich selbiges Buch aus dem Italiänischen übersetzet bald bekommen
werde. Da mir von *W.* dessen *contenta* geschrieben davon der Titul in Holland vom *Auctore*
(oder vielmehr *Interprete.*) abgerissen daß er deswegen nicht in Ungelegenheit kommen möchte.
Es bestehet das gantze Buch in acht Bogen und tractiret der *Auctor* im ersten Capitel von der
allgemeinen Unwissenheit der Menschen daß sie mit *præjudiciis* angefüllet. Im andern
Capitel *deduciret* er weitläufftig die Ursachen die den Menschen bewogen ein unsichtbares
Wesen ihme einzubilden welches man GOTT nennete: Worauff er auff die Bibel kommet
und liederlich davon *discurriret*. Im dritten Capitel wird erwiesen was eigentlich *religio* und
daß sie aus den Ehrgeizigen entstanden. Hier bey nimmet er Gelegenheit auff Mosis und
Christi Personen zu kommen davon er sehr lästerlich redet welches mich billig scheue zu
schreiben: Und denn füget er von *Mahumet* bey. *Discurriret* endlich sehr *subtil de inferno,
diabolo & aliis*. Ich rathe auff keinerley Weise daß es des Tages Licht sehe auch nicht daß es
wider leget werde.“

---

[112] In the original, the quoted matter from here to the end of the excerpt is printed in a bolder
Fraktur fount, unavailable to our printer; we have added the quotation marks to substitute for the
bold *Fraktur*.

Reimannianae Bibliothecae theologicae catalogus,
Pars altera à Sectionis II usque ad Sectionis VI *(Hildesiae, 1731)*,
p. 1029

L'Esprit de Spinosa MSCt De quo ex letris 1714 ad Mr; d'A. missis; Le MS
Francois porte pour titre L'ESPRIT DE SPINOSA. Feu Mr. Lucas Medecin à la Haye
& Grand Spinosiste en est l'auteur. C'est bien lui, qui à [*sic*] traduit en Francois
le Tract. Theol. Polit. de Spinosa, & qui l'a donné au public sour [*sic*] deux
differents titres la Clef du Sanctuaire, & Traites des Ceremonies superstitieuses
des Juifs, imprime à Amsterdam 1678, in 12mo. Il est plus recherché que le latin,
à cause des petites notes, que Spinosa lui même avoit ecrit à la large de son
exemplaire, dont l'Original est entre les mains d'un Libraire à Amsterdam.
Hactenus Literarum Auctor. Qui certo ac vero sensu judicat, Schediasma hoc
esse Spinozisticum Caeterum dictio ejus est aperta & simplex. Methodus non
optima. Et res in VIII capita digestæ, quorum agit

Caput I. De Deo
   II. De rationibus, quae incitarunt homines ad Deum fingendum
   III. Quid significet religionis vocabulum, & cur tot religionis
   IV. De Politica J. C.
   V. De Ethica J. C.
   VI. De veritatibus sensibus & evidentibus
   VII. De Anima
   VIII. De Spiritibus ac Dæmonibus.

[4]

L'Esprit de Spinosa et les *Traités des trois imposteurs* : rappel des différentes familles et de leurs principales caractéristiques*

———◇———

FRANÇOISE CHARLES-DAUBERT
(PARIS)

Du blasphème au Traité des trois imposteurs

LE BLASPHÈME DES TROIS IMPOSTEURS signifie que les grands fondateurs de religions—Moïse, Jésus-Christ et Mahomet—ont été trois imposteurs qui ont trompé le monde et dont les buts étaient politiques. Le blasphème est attribué à Averroès[1] et, avant de l'être, à bien des philosophes dont la pensée était suspecte d'hérésie; à Frédéric II, par le pape Grégoire IX. Du blasphème à l'idée d'un traité qui le mettrait en perspective, il y a une progression, une étape

---

* Ce texte reprend les différents thèmes exposés dans la première partie de notre communication au séminaire de Leyde qui s'est tenu du 1er au 31 juillet 1990, sous la présidence de M. le Professeur R. Popkin. Il s'agissait d'une présentation synthétique qui recoupe plusieurs articles publiés antérieurement. Cet article déjà ancien paraîtra après la soutenance de la thèse pour le Doctorat ès Lettres consacrée à l'*Esprit de Spinosa* et au *Traité des trois imposteurs*—et n'a pas été substantiellement modifié.

Nous tenons à saluer ici l'heureuse entreprise du professeur R. Popkin et de Mme C. Blackwell qui ont organisé et rendu possible le colloque de Leyde dont les actes sont publiés dans le présent ouvrage, et saisissons ici l'occasion de les remercier.

1. cf. B. de la Monnoye, «Lettre à Monsieur Bouhier Président au Parlement de Dijon, sur le prétendu livre des trois Imposteurs», au tome IV du *Ménagiana*, édition de Paris, 1715. Renan, *Averroès et l'averroïsme*, Paris, 1866. H. Busson, *La Pensée religieuse de Charron à Pascal*, Paris, Vrin, 1933.

S. Berti et al. (eds.),
Heterodoxy, Spinozism, and Free Thought in Early-Eighteenth-Century Europe, 131–189.
© 1996 *Kluwer Academic Publishers. Printed in the Netherlands.*

rapidement franchie, dans le cadre d'une offensive politique, par le pape, qui accuse l'empereur d'avoir fait rédiger par son secrétaire Pierre des Vignes un traité *De tribus impostoribus*. Il sera recherché activement tout au long du xviie siècle, quand le libertinage érudit français aura achevé de développer la théorie de l'origine politique des religions mise en place par Machiavel et systématiquement développée par J. C. Vanini, notamment.

Dès son origine, le *Traité* illustre la thèse de l'usage de la religion à des fins politiques dont Gabriel Naudé donnera la théorie dans les *Considérations politiques sur les coups d'Etat*. L'accusation d'athéisme destinée à flétrir un prince chrétien, à affaiblir sa position et à ternir sa réputation auprès de ses sujets dans un affrontement purement politique est précisément ce que Naudé définira comme un coup d'Etat. Le pape, auteur de celui dirigé contre Frédéric, illustre implicitement le thème de la « Religio instrumentum regni » cher aux libertins et aux « Politiques », argument du blasphème comme des traités censés le mettre en scène.

Quoique Fréderic se soit défendu d'avoir jamais fait rédiger et circuler un tel traité, le soupçon demeurera et les érudits des siècles suivants rechercheront le traité de Pierre des Vignes, jusqu'à ce que certains auteurs lui en attribuent plusieurs qu'il n'aurait jamais pu écrire.

Au xviie siècle, de nombreux savants dans leurs correspondances s'interrogeront sur un traité *De tribus impostoribus* successivement attribué à Pierre Arétin par Marin Mersenne dans les *Quaestiones in Genesim* (1623)[2], à Campanella, et par celui-ci, tantôt au Pogge et tantôt à Muret. Pour se débarrasser de l'accusation de l'avoir écrit, Campanella affirme qu'il existait déjà trente ans avant sa naissance[3]. Il fut attribué à Boccace, à Ochin, Dolet, à Servet, à Pierre Charron, Vanini, Milton, et bien d'autres, avec plus ou moins de vraisemblance.

La curiosité des savants est maintenue en alerte par des témoignages, bien qu'ils soient toujours indirects—un ami a vu ou lu l'ouvrage exécrable.

Christian Morhoff aurait fait part à P. Bayle de sa décision d'écrire une Dissertation pour montrer qu'un tel traité existait, mais il mourut en 1690 sans en avoir rien fait[4]. Bernard de la Monnoie—poète et érudit dijonnais—reprend, dans un Mémoire adressé à Bayle en vue de la rédaction de l'article Arétin du *Dictionnaire*, le projet de Dissertation,

---

2. Marin Mersenne, *Quaestiones celeberrimae in Genesim, cum accurata textus explicatione. In hoc volume athei et deistae impugnantur et expugnantur*, Lutetiae parisianum sumpt. S. Cramoisy, 1629.

3. Germana Ernst, « Campanella e il *De tribus impostoribus* », *Nouvelles de la république des lettres*, 1986-2.   4. B. de la Monnoye, *op. cit.*

mais pour prouver qu'il n'y a jamais eu de tel traité, et que l'attribution à Pierre Arétin par Mersenne n'est qu'une erreur ayant donné naissance à une légende persistante. Un extrait de ce mémoire de B. de la Monnoie, qui montre qu'un traité *De tribus impostoribus* a été attribué, parfois sans la moindre vraisemblance, à tous ceux dont l'orthodoxie était suspecte, est publié par Basnage sans le *Journal des savans* en 1694.

Ce mémoire, considérablement augmenté, prend en 1712 le titre de *Lettre au Président Bouhier* (autre notable et érudit dijonnais) *sur le prétendu Traité des trois imposteurs*. Cette *Lettre* ou *Dissertation* de B. de la Monnoie paraît au tome IV de la troisième édition du *Menagiana* dont la Monnoie est un des principaux rédacteurs, à Paris, en 1715, et à Amsterdam chez Pierre de Coup, en 1716.

On notera que cette dissertation n'a rien à voir, malgré ce qu'on a pu en dire, avec l'*Esprit de Spinosa*, sous sa forme manuscrite en six chapitres, ou avec l'édition de 1719 par Charles Levier, en vingt et un chapitres[5]. Bourdelot—le neveu—artisan de ces éditions successives du *Menagiana*, écrit à l'Abbé Nicaise, érudit bourguignon lui aussi, correspondant de Bayle qu'il avait mis en relation avec l'auteur de la *Lettre à Monsieur le Président Bouhier* : «Je croy que le Traité de Monsieur de la Monnoye sera fort curieux et qu'il terminera une fois pour toutes ce qu'on doit croire du fameux traité De tribus Impostoribus... »[6]

Bien au contraire, il semblerait **que** cette *Dissertation* affirmant qu'aucun *De tribus Impostribus* n'avait jamais existé ait stimulé l'astuce et l'imagination des cercles hetérodoxes de Hollande, d'où provient une autre dissertation publiée sous le titre de *Réponse à la Dissertation de M. B. de la Monnoie* annonçant l'existence d'un tel traité. Dans sa version imprimée parue en 1716 chez Henri Scheurleer, la *Réponse à la Dissertation de B. de la Monnoie* se termine par la description minutieuse du manuscrit, découvert dans des circonstances romanesques, qui n'est autre que la description de l'*Esprit de Spinosa*, traité en tous points conforme à l'*Esprit*, et dont seul le titre a été modifié.

Deux mémoires tentent de mettre un peu d'ordre dans les rumeurs qui circulent autour d'un traité *De tribus impostoribus*. Ce sont la *Dissertation* de Bernard de la Monnoie, qui conclut qu'aucun traité portant ce titre n'a jamais été imprimé, et l'article Impostoribus (de tribus) du

---

5. B. U. de Leyde, Marchand 2, Fritsch à P. Marchand, lettre du 17 janvier 1740 : «Celle-cy avec la lettre de M. de la Monnoye au Président Bouhier au tome 4ᵉ du *Ménagiana* et la *Vie de Spinosa* sont des inséparables».

6. Lettre de Bourdelot à l'Abbé Nicaise, du 25 novembre 1695. Correspondance de l'Abbé Nicaise, B.N. Ms. 9359–9363, fo. 193.

Dictionnaire historique[7] de Prosper Marchand. Son article tente de distinguer entre *De tribus impostoribus*, *Traité de trois imposteurs* et *Esprit de Spinosa* et de mettre en évidence leurs relations.

Loin en effet que les *Traités de trois imposteurs* aient été rares au XVIIe siècle, ils abondent, dont certains seulement désignent les trois grands fondateurs de religions. Nous laisserons de côté les autres, qui attestent cependant de la vogue à la fin du XVIIe siècle du thème de l'imposture, contrepartie de l'incrédulité et du soupçon qui caractérisent les milieux érudits. Le blasphème hérité du Moyen Age pouvait bien, comme le souligne R. Popkin, trouver un renouveau d'intensité dans la déception des communautés juives de Hollande et d'Angleterre, déçues dans leur attente du Messie et dans la multiplication, en Hollande notamment, des faux prophètes[8]. *L'Opinion des Anciens sur la nature de l'âme* semble confirmer cette interprétation :

> Le Messie qu'ils attendent de jour en jour doit les rendre le plus heureux et le plus puissant peuple de la terre…. Voilà pourquoi on les voit toujours prêts à regarder le premier imposteur, ou le premier fanatique comme ce Libérateur, qui selon eux ne doit pas tarder à venir. C'est ce qui les a fait se précipiter par milliers sur l'assurance qu'un fol qui se disoit le Messie leur donna, qu'il alloit la leur faire passer à pied sec. On sait ce qui arriva de notre temps au sujet de Sabbathai Levi (*sic*)… (B.N. Ms. 4369, 101–103)

Parmi les *Traités* qui s'intéressent à Moïse, Jésus-Christ et Mahomet, il convient de distinguer le *De imposturis religionum breve compendium* (« Deum esse eumque colendum esse… ») attribué à J. F. Mayer[9], et dont le manuscrit est acheté par Eugène de Savoie lors de la vente à Berlin de la bibliothèque Mayer, le 13 janvier 1716. Il s'agit d'un texte du XVIIe siècle préparé à l'occasion d'une *disputatio* qui s'est tenue le 3 avril 1688 à l'Université de Kiel, complété d'un appendice attribué à J. J. Müller. Il aurait constitué le texte de sa réponse à Mayer lors de ce débat. Cet appendice aurait été rédigé peu avant le 3 avril[10].

En dehors du fait que le texte traite bien des trois imposteurs et qu'il s'agit d'un texte déiste, il n'a rien à voir avec le *Traité des trois imposteurs* français qui n'en est pas une traduction, pas plus qu'avec un traité écrit

7. Prosper Marchand, *Dictionnaire historique, ou mémoires critiques et littéraires, concernant la vie et les ouvrages de divers personnages distingués, particulièrement dans la republique des lettres*, La Haye, chez Pierre de Hondt, 1758.

8. Des imposteurs tels que Sabbathaï Zevi, ou Borry notamment.

9. Wolfgang Gericke, *Das Buch von den drei Betrugern*, Quellen, Ausgewählte theologische Texte, Berlin, 1983, pp. 27 sq.   10. *Ibidem.*

par Pierre des Vignes, quoiqu'on ait aussi tenté de l'établir[11]. Johan, baron Adler Salvius, plénipotentiaire de la reine aurait tenu son édition du médecin de Christine de Suède, de Castro qui l'aurait fait imprimer à son intention vers 1645, à partir de deux exemplaires différents restés en sa possession. Contrairement à la légende, Salvius ne l'aurait pas brûlé au moment de sa mort, comme sa veuve l'a fait dire à l'envoyé de la reine Christine qui voulait l'acheter. W. Gericke[12], qui rapporte cet époside, pense en outre qu'un traité circulait dès le xvie siècle et que les notes de J. Gruet comportant de violentes critiques à l'égard de Jésus-Christ—qu'il nomme un hypocrite—et de Moïse auraient pu constituer un traité embryonnaire.

D'autres textes, on le verra, circulaient sans doute sous le titre des *Trois imposteurs* au xviie siècle, développant les mêmes thèmes.

Le *Traité des trois imposteurs* français—il serait plus juste comme on va le voir de parler des *Traités*—appartient à une tout autre tradition. Le *Traité des trois imposteurs* n'est autre, écrit P. Marchand, que l'*Esprit de Spinosa*, «écrit que l'on voit courir le monde depuis 40 ou 50 ans»[13].

Les polémiques récentes sur la valeur de ce «quarante ou cinquante ans» méritent que l'on s'y arrête un instant. La mention de l'affaire de Prades dans les marges de l'article de P. Marchand a conduit certains chercheurs à faire partir ces quarante ou cinquante ans de l'année 1752. Pour notre part, nous ne voyons pas d'autre possibilité, l'auteur ayant remanié son manuscrit jusqu'à sa mort, que de prendre comme référence 1756, année de la mort de P. Marchand. Mais l'article Impostoribus (De Tribus) permet une datation plus fine. Gaspard Fritsch écrivait à P. Marchand en 1740 pour le remercier du brouillon de son article, auquel il lui demandait d'ajouter la description de la destruction, par ses mains, de l'édition Levier; il ne suggère pas d'autres modifications. Si le texte en effet n'a été modifié que sur ce point, le passage qui nous intéresse pourrait être considéré comme définitif dès 1740. Les notes préparatoires à cet article sont conservées dans les papiers Marchand de la bibliothèque de Leyde, et sont antérieures au brouillon adressé à Fritsch puisqu'elles sont destinées à en permettre la rédaction. Or, parmi ces notes sur des papiers de tous formats collectionnés par P. Marchand, figure une petite feuille où est mentionné l'*Esprit de Spinosa*, qui circule «depuis quarante ou cinquante ans». C'est pourquoi

---

11. Österreichische Nationalbibliothek, MS. 10334, Lettre de Berlin du 13 mars 1716, anonyme mais que nous pensons pouvoir attribuer à Le Duchat. On en comparera le texte avec le *Ducatiana*, tome 2, p. 288.

12. W. Gericke, *op. cit.*, p. 50.   13. P. Marchand, *Dictionnaire*, *op. cit.*, p. 324.

nous maintenons les dates de 1690–1700 avec toute l'approximation que suppose une telle expression. Car, des notes préparatoires à l'article publié, ces quelques lignes ne semblent pas avoir été modifiées.

Si ces dates peuvent être conservées, cela signifie que P. Marchand connaissait le manuscrit qu'il a vu «courir le monde», en tant que libraire parisien, et l'on peut penser que c'est à Paris, rue Saint Jacques, à l'enseigne du Phénix, où se réunissaient les érudits et curieux de la capitale, qu'il aurait probablement vu pour la première fois l'*Esprit de Spinosa*, puisqu'il n'arrive en Hollande qu'en 1709.

Ce sont les rapports entre l'*Esprit de Spinosa* et les *Traités des trois imposteurs* précisément que nous tenterons d'éclairer à l'aide, notamment, de l'article de Prosper Marchand. Mais il convient de remarquer, tout d'abord, que l'histoire de ces textes est à mettre sous le signe de la confusion.

Il y a à cela plusieurs raisons :

🙒 la discrétion qui accompagne la rédaction et la mise en circulation des manuscrits clandestins, dont témoigne la correspondance de P. Marchand; prudence dont M. Jacob remarque justement qu'elle nous a dérobé une partie de l'histoire de ces textes[14];

🙒 l'imprécision aussi des auteurs, qui semblent confondre *Traité des trois imposteurs* et *Esprit de Spinosa* sans dire de quel *Traité* ils parlent ni à quelle version de l'*Esprit de Spinosa* ils se réfèrent[15].

14. Margaret C. Jacob, *The radical Enlightenment: Pantheists, freemasons and republicans*, London, Allen & Unwin, 1981.

15. On peut remarquer sous la plume de P. Marchand et de ses contemporains, et notamment de G. Fritsch, des confusions entre *La Vie & L'Esprit de M. Benoît de Spinosa* et le *Traité des trois imposteurs*. Cette confusion se double de celle qui semble s'instaurer entre l'*Esprit de M. Benoît de Spinosa* (21 chap.) et le *Fameux Livre* dont on verra qu'ils sont étroitement liés dans leur élaboration. Ces confusions sont attestées également par des manuscrits tardifs (Avignon 489 et Harvard Fr. 1); ce sont des copies de *La Vie et l'Esprit de M. Benoit de Spinosa* (21 chap.) sous les titres, respectivement, du *Traité des trois imposteurs ou les trois vérités*, allusion transparente aux emprunts faits à l'ouvrage de P. Charron, et du *Traité des trois imposteurs*. Entre le *Fameux Livre* et le *Traité des trois imposteurs*, les confusions sont également fréquentes. Celles-ci sont trop persistantes pour être sans signification, notamment sous la plume de libraires avertis comme Fritsch et Marchand. On trouve, par ailleurs, à Dresde un manuscrit contenant les chapitres ajoutés à l'*Esprit* (sous le titre de *Supplément au Traité des trois imposteurs*) qui achève de semer le doute. Ces additions caractéristiques de *La Vie et l'Esprit de M. Benoit de Spinosa* (21 chap.) auraient-elles été un moment destinées au *Traité-bis*? Ces hésitations constantes doivent attirer notre attention, et suggèrent, entre les artisans de *La Vie et l'Esprit* (21 chap.) et ceux du *Fameux Livre*, une proximité qui a pu amener les mieux informés à confondre leurs versions remaniées de l'*Esprit de Spinosa*, et celles-ci avec le *Traité des trois imposteurs*, bien qu'elles répondent à des logiques différentes et utilisent des sources différentes. La production concertée des deux ouvrages peut rendre compte de ces confusions basées sur la proximité et l'exploitation d'un même texte de base. Ou bien, comme le notait P. Marchand, s'agissait-il de vendre le même ouvrage sous plusieurs titres?

Les confusions léguées par les contemporains de P. Marchand sont de
deux ordres :

- *involontaires*, nées du fait qu'ils ne distinguent pas clairement les différentes versions et induisent de ce fait des traditions d'interprétation
erronées ;
- *volontaires*, quand il s'agit de faire passer l'*Esprit de Spinosa* pour le
Traité des trois imposteurs, et celui-ci pour une traduction de l'antique
De tribus impostoribus.

A côté de ces difficultés, il faut noter celles qui naissent du très grand
nombre des manuscrits de l'*Esprit de Spinosa* et des *Trois imposteurs* qui
ont survécu, pour ne rien dire des éditions. Il s'agit de dizaines de textes,
présentant entre eux des variantes de rédaction mineures très nombreuses laissant cependant le texte reconnaissable. Certaines sont dûes à des
copistes pressés ou distraits ; d'autres, réellement signifiantes, permettent
de définir des familles de textes et d'introduire un principe de classification et de datation dans cette impressionnante collection.

La première difficulté était de distinguer et de différencier clairement
les textes pour pouvoir introduire ce principe d'ordre et quelques indications chronologiques permettant de classer les textes et de montrer
comment, à partir d'un texte de référence, ont été produites les principales variantes, en distinguant variantes formelles mineures et variantes
portant sur le fond.

Si les premières peuvent être le fait des copistes professionnels, il serait
illusoire de leur accorder les secondes, qui mettent en œuvre une lecture
active du texte, ajoutant tel ou tel épisode—de la vie de Moïse, notamment—ou supprimant telle anecdote ou telle référence, mais en se référant aux mêmes sources. C'est le cas, notamment, de l'épisode consacré
à Moïse mentionnant qu'il n'était pas circoncis et n'avait pas fait circon-
cire ses enfants, ou de la référence à l'adoration du veau d'or, présents
dans certaines copies.

Une autre difficulté résidait dans la nécessité de dater les différentes
formes pour se faire une idée claire de l'évolution du texte. La mise en
évidence des sources était en comparaison une tâche beaucoup plus aisée.

Dans ce genre de diffusion manuscrite, qui s'étale sur près d'un siècle
et produit un grand nombre de copies, on ne peut beaucoup attendre de
la bibliographie matérielle, à l'exception de quelques cas précis. Car, si
elle peut aider à dater l'objet, le manuscrit, le papier—à l'aide notamment des filigranes—, la reliure, elle ne peut permettre de distinguer de
manière sûre une version plus ancienne d'une plus récente : parfois, une

version ancienne d'un texte peut avoir été recopiée très tard. Il faut aussi renoncer dans la plupart des cas à connaître la provenance de ces textes qui ne figuraient pas, le plus souvent, dans les inventaires de ventes. Il ne nous reste donc, pour distinguer les grandes formes du texte et les dater, que l'étude des manuscrits eux-mêmes et de la structure du texte, corroborée par les indications de guides comme l'article de P. Marchand, qu'il convient cependant de manier avec quelques précautions, du fait notamment de confusions et d'assimilations hâtives d'une forme du texte à l'autre, mais aussi en raison de la discrétion des auteurs sur certains points et des informations qui leur ont parfois manqué. Il est clair cependant que l'article de Marchand et la correspondance de Marchand et G. Fritsch, notamment, fournissent des informations précieuses, comme l'a montré Margaret Jacob.

A côté de ces indications, on bénéficie également de celles que certains érudits et collectionneurs faisaient porter comme des marques de provenance sur les manuscrits qu'ils autorisaient à copier. Il convient de discerner ces dates imposées au copiste avec la mention de l'origine de la copie des dates sans autres précisions, très souvent douteuses, portées sur les manuscrits.

Le Baron de Hohendorf, pour ce qui regarde les manuscrits de la Bibliothèque d'Eugène de Savoie, et le Comte de Boulainvilliers se montrent attentifs à cet égard.

Leur bibliothèque ou leur cabinet de travail constituaient des centres de diffusion du texte. Les copies faites sur l'original de Boulainvilliers circulent, on le verra, autour de l'année 1712. La version de l'*Esprit* qui y figure peut être datée sans doute des années 1712[16]. La date d'août 1714 que l'on trouve sur les manuscrits d'Alençon (B.M. Ms. 19) et de Troyes (B.M. Ms. 2820) nous paraît dûe à une mauvaise lecture sur une copie manuscrite peu lisible, et nous aurions tendance à penser qu'il s'agit non de copies de l'original comme le porte le titre, mais de copies d'une copie. Celles qui proviennent de la Bibliothèque d'Eugène de Savoie sont explicitement datées entre 1716 et 1718[17].

Pour un bref rappel de la chronologie de l'histoire de l'*Esprit de Spinosa* et du *Traité*, on se reportera au tableau en annexe. On traitera ici essentiellement de la période 1712–1721.

16. On verra sur ce point notre thèse pour le doctorat ès lettres soutenue le 27 mai 1993 à Paris 1–Sorbonne, à paraître aux éditions Universitas (Oxford).

17. Cf Ms. de Leyde, La Haye, tronqués. Münich Staat-B., Ms. Gall 415, Cracovie B. Jagellone, Ms. 6219, datés de 1716. La copie signalée par P. Marchand, *op. cit.*, de 1717, la copie de Samuel Parr et Harvard Ms. Fr. 1, de 1718.

L'*Esprit de Spinosa* en six chapitres

P. Marchand note que l'*Esprit de Spinosa* comportait primitivement huit chapitres, recomposés en six chapitres. De cette modification demeurent, à l'intérieur des textes, des traces ou cicatrices, comme nous l'avons montré ailleurs[18].

Primitivement, selon P. Marchand, certains développements concernant Jésus-Christ intitulés «De la Politique de Jésus-Christ» et «De la Morale de Jésus-Christ» constituaient deux chapitres indépendants. Ce texte de l'*Esprit*, note-t-il, avait été recomposé en six chapitres pour donner le *Traité des trois imposteurs*. Il donne une description précise du texte et de ses divisions en chapitres et sections. C'est cette version qui aurait été éditée sous la fausse adresse de Francfort-sur-le-Mein (en fait à Rotterdam) par Michel Böhm, en 1721, avec le titre *De tribus impostoribus ou Traité des trois imposteurs*.

Il est vrai que la recomposition évoquée par P. Marchand a bien eu lieu. On n'en veut pour preuve que l'ambiguïté du statut de ces deux anciens chapitres dans un nombre important de manuscrits. Ils apparaissent bien comme des sections ou paragraphes d'un même chapitre tout en gardant la graphie des têtes de chapitres et sans cependant interrompre la numérotation des sections. L'hésitation des copistes, ici comme au § 10 du chapitre II, «Ce que c'est que Dieu», qui apparaît parfois comme un chapitre III, conforte l'information donnée par P. Marchand.

Il convient cependant de nuancer le passage de l'*Esprit de Spinosa* au *Traité des trois imposteurs*. Si la recomposition correspond à une exigence logique—mettre les trois grands fondateurs de religions Moïse, Jésus-Christ et Mahomet sur le même plan et, pour ce faire, intégrer aux développements concernant les trois législateurs «la Politique de Jésus Christ» et «la Morale de Jésus Christ»—, elle aboutit aussi à faire apparaître au milieu de l'*Esprit* un chapitre monstrueux de vingt et un, vingt-deux ou vingt-trois sections qui, à lui seul, constitue un *Traité des trois imposteurs* au sein même de l'*Esprit de Spinosa* (se reporter au tableau 2 en annexe). Le chapitre III prend alors la forme bien connue suivante :

> Chapitre III, «Ce que signifie ce mot de Religion; comment et pourquoy il s'en est introduit un si grand nombre dans de Monde»
>
> 1. Avant que ce mot de religion se fut introduit dans le Monde...
> 2. La crainte qui a fait les Dieux a fait aussy la religion...

18. Cf. «Les Traités des trois imposteurs et l'Esprit de Spinosa», in *Nouvelles de la république des lettres*, 1988-1, pp. 21–50.

3. Les ignorants, c'est àdire la plupart des hommes…
4. Les puissances invisibles étant établies…
5. Cette Semence de Religion…
6. Les Mensonges étant établis…
7. La matière informe du Monde…
8. Les Fondateurs des Religions
9. Les Ambitieux…
10. Pour revenir aux législateurs…
11. Jésus Christ, qui n'ignorait ni les maximes ni la science des Egyptiens…
12. *De la Politique de Jésus Christ*
13. Telles étoient les défaites du destructeur de l'Ancienne Loy…
14. Par ce moien le christianisme étant fondé…
15. On pretend néanmoins qu'une religion fondée sur de si frèles fondements est toute divine et surnaturelle…
16. *De la Morale de Jésus Christ*
17. Pour Jésus Christ, Celsus montroit au rapport d'Origène…
18. Les plus Ignorants des Hebreux…
19. On voit par là que le Christianisme dépend comme toute autre chose du caprice des hommes…
20. A peine les disciples avoient-iles eteint la Loy Mosaïque…
21. Ainsi Mahomet s'éleva et fut plus heureux que J. C…

Le texte comporte parfois 23 paragraphes comme dans les éditions modernes quand «De la divinité de Jésus Christ» devient un §19, et quand «Mahomet» (§22) est distingué du §23 «Ainsi Mahomet s'éleva…»

Cette recomposition est de longtemps antérieure à l'édition de 1721 du *Traité des trois imposteurs* sous le titre de *De tribus impostoribus* dont parle P. Marchand et qui n'a pas été retrouvée. Et, à strictement parler, on ne peut pas dire, comme il le fait, que l'on réduit le nombre des chapitres de huit à six pour faire de l'*Esprit* un *Traité* car une telle modification est déja attestée par des manuscrits de l'*Esprit de Spinosa* que l'on peut dater comme étant antérieurs à 1712 : ainsi *La Métaphysique et l'Ethique de Spinosa, son Esprit et sa Vie* (Auxerre, 235–36), en tête : «Vie de Spinosa par Lucas, médecin à la Haye. Essay de méthaphysique dans les principes de B. de Sp. composé par M. L. C. D. C. D. B. et copié sur l'original de l'auteur, au mois d'août 1712.»

On pourra dater de la même période les versions de la même famille.

L'une des formes les plus anciennes dont on dispose pour ce qui est de l'*Esprit de Spinosa* comporte déjà le chapitre III en vingt et un, vingt-deux ou vingt-trois sections. C'est le cas, notamment, du manuscrit de Vienne ayant appartenu à E. de Savoie qui porte, comme la copie d'Auxerre, le titre d'*Esprit de M. Spinosa ou ce que croit la plus saine partie du monde*, comme le manuscrit de Wittemberg[19], ou de celui de l'Arsenal (Ms 2236). La forme de l'*Esprit de Spinosa* que l'on rencontrera le plus souvent dans la tradition manuscrite est celle en 6 chapitres que décrit la deuxième colonne du tableau 2. On notera que la version en 8 chapitres n'apparaît ici que par commodité, n'étant pas sur le même plan que les trois autres qui constituent les trois grands types de familles de l'*Esprit* et du *Traité*. Elle correspond en effet à des manuscrits décrits[20] ou inférés plus qu'à une collection réelle.

Retenons, avant l'édition en 1721 d'un *Traité des trois imposteurs*, l'existence d'un couple *Esprit de Spinosa/Traité des trois imposteurs* en six chapitres qui, toujours selon P. Marchand, sont les mêmes. L'édition Böhm de 1721 n'a pas été retrouvée; P. Marchand l'explique par le fait que :

> Ce libraire [Böhm] étant mort peu de temps après, & le prétendu Medecin [un nommé Ferber sur lequel il ne dit rien] aïant été assez imprudent pour exiger de sa veuve 200 ducas qu'il supposoit avoir prêté sur les seuls 100 exemplaires qu'on avoit tiré de cette édition et qu'il avoit en son pouvoir aussi bien la copie & les épreuves, quelques personnes pensèrent en porter plainte au Magistrat.

L'affaire fut étouffée et, poursuit P. Marchand : « de peur qu'on ne se ravisât, ce malheureux se retira tout aussitôt de Rotterdam avec tous ses exemplaires, dont on n'a point entendu parler depuis. »[21]

Marchand précise par ailleurs qu'il a vu trois exemplaires du manuscrit en six chapitres, dont l'un portait l'indication qu'il avait été copié avec la permission du Baron de Hohendorf dans la bibliothèque du Prince Eugène en 1716 (il s'agit donc vraisemblablement d'un *Esprit de Spinosa*, chacun des deux en possédant un exemplaire). L'une des deux autres copies, ayant appartenu à M. Hulst, Bourgmaistre de la Haye, est sommairement décrite dans le catalogue de vente de sa bibliothèque : « *Traité des trois imposteurs*, manuscrit en françois à la fin duquel on trouve le fragment d'un Traité Latin sur la même matière. Cet ouvrage fait trop de bruit parmi les savans & et le sujet dont l'Auteur traite est trop abominable pour qu'on en fasse ici une description plus ample... »[22]

19. Predigaar Seminar Bibliothek, Wittemberg, Ms. A vi, 9 Quart.
20. P. Marchand, *op. cit.*, p. 324.   21. *Ibidem*.
22. *Bibliotheca Hulsiana sive catalogus Samuel Helsius quorum auctio habebitur Hagae-Comitum, 4 sept. 1730, per Johannem Swart & Petrum de Hondt*, tome 1, p. 312, no. 4865 : « Traité des Trois Imposteurs Manuscrit en Français, à la fin duquel on trouve le fragment d'un Traité en Latin sur la

Il semble, si l'on en croit P. Marchand, qu'il soit exactement conforme à la description qu'il donne le l'*Esprit* en six chapitres.

La version de l'*Esprit* en six chapitres semble jusqu'ici être la plus ancienne disponible que l'on puisse dater avec certitude. Une tradition de recueils manuscrits comportant *La Métaphysique, l'Ethique de M. de Spinosa, son Esprit et sa Vie*, porte la date de 1712, qui est la date de l'*Essai de Métaphysique* de Boulainvilliers, qui peut servir, comme on l'a vu, de repère de datation pour le recueil dans lequel il est, lui aussi, inclus. Ceci implique que la version de l'*Esprit* figurant dans ce texte est, au plus tard, de 1712, si elle a été incluse dans le recueil l'année même de sa rédaction.

On peut rattacher à cette famille de textes les manuscrits de l'*Esprit* en six chapitres dans lesquels on trouve peu de variantes si ce ne sont des variantes de style. Le texte original date vraisemblablement de la fin du XVIIe siècle, mais aucune copie parmi celles que nous avons vues ne semble aussi ancienne.

Problèmes d'attributions

La *Vie* est généralement attribuée à Lucas, de même que l'*Esprit*. La tradition admet cette attribution, et nombreux sont les manuscrits qui portent, après le titre de l'*Esprit de Spinosa*, la mention : « par M. Lucas, Médecin », ou : « par M. Lucas, médecin à la Haye ».

L'attribution du texte de l'*Esprit* à M. de Boulainvilliers paraît naître d'une confusion entre l'*Esprit* et l'*Essai de Métaphysique* dans le titre du recueil cité plus haut; la mention « copié sur l'original de l'auteur » s'appliquant à l'*Essai de méthaphysique* et non à l'*Esprit* .

Par ailleurs, il n'y a guère d'apparence que Boulainvilliers soit l'auteur de l'*Esprit*, qui donne de l'appendice du livre 1er de l'*Ethique* une traduction indépendante de celle de l'*Ethique* faite par Boulainvilliers, beaucoup plus tardive.

Pour la composition de la *Vie de Spinosa*, ou *Vie de feu M. de Spinosa*, Meinsma propose une fourchette de dix ans. Le texte de la *Vie* indique : « Monsieur le Prince qui était a Utrecht au commencement des dernières guerres… [il s'agit évidemment de la guerre menée par Louis XIV contre la Hollande entre 1672 et 1678. Plus loin, il ajoute :] car, quoiqu'il n'ait pas été assez heureux pour voir la fin des dernières guerres, où Messieurs les Etats Généraux reprirent le gouvernement de leur empire… » Meinsma conclut : « L'autre, qu'il s'agisse de Lucas ou de Saint

---

même matière. Cet ouvrage fait trop de bruit parmi les sçavans & le sujet dont l'Auteur traite est trop abominable pour qu'on en fasse ici une description plus ample… »

Glain, a dû écrire entre 1678 et 1688, lorsqu'une fois Guillaume III sur le trône de Grande Bretagne, la guerre éclata de nouveau. »[23]

Wolf reproduit presque textuellement l'analyse de Meinsma quand il date à son tour le manuscrit de la *Vie* dans *La plus ancienne biographie de Spinosa*[24]. Dunin-Borkowsky, dans *Der Junge de Spinoza*, date la *Vie* au plus tard du printemps 1678, et G. Ricuperati[25] affirme, sans le démontrer, qu'elle a été écrite aux environs de 1685.

La *Vie* est publiée avec de nombreuses variantes en 1719 au tome X des *Nouvelles Littéraires* par H. du Sauzet, et dans l'édition Levier; c'est le même texte qui est publié en 1735 par P. Marchand chez H. Kunrath, après la destruction des exemplaires restant, à la mort de Ch. Levier, des éditions de *La Vie et l'Esprit de M. B. de Spinosa* dont la *Vie* seule a été conservée.

On notera qu'il convient de distinguer la *Vie de Spinosa* (ou la *Vie de feu M. de Spinosa*), et l'*Esprit de Spinosa*. Les deux textes se trouvent ensemble dans de nombreux recueils, ou dans les bibliothèques du Baron de Hohendorf et de Benjamin Furly, par exemple, mais il s'agit de deux textes séparés. Ils circuleront ensuite, dans des versions très proches de celles qu'on vient de citer, sous le titre de *La Vie et l'Esprit de M. Spinosa*, où l'*Esprit* a six chapitres, avant d'être publiés, avec des variantes importantes, sous le titre de *La Vie et l'Esprit de M. Benoît de Spinosa* (1719).

Pour l'*Esprit*, on le donne parfois à Saint-Glain, traducteur du *TTP* sous le titre, notamment, de *La Clef du Sanctuaire*, comme on lui donne aussi la *Vie*. Mais la tradition penche pour Lucas. Le même type d'argument qui permet d'écarter Boulainvilliers permettrait d'écarter Saint-Glain, car l'*Esprit* ne semble pas utiliser *La Clef du Sanctuaire* quand il cite le *TTP*, bien qu'il y soit fait indirectement allusion dans la *Vie*.

Il reste donc qu'une première version de l'*Esprit*, antérieure à celle diffusée en France sous forme de recueil à partir de l'exemplaire de Boulainvilliers, pourrait admettre des dates proches de celles de la *Vie*. Car l'auteur de la *Vie* semble être aussi celui de l'*Esprit*, les deux textes présentant des similitudes intéressantes : similitudes de style, et, plus importantes, de contenu, comme nous le montrons ailleurs.

23. K. O. Meinsma, *Spinoza et son cercle*, édition H. Méchoulan et P. F. Moreau, Paris, Vrin, 1984, p. 8.   24. Wolf, *The oldest biography of Spinoza*, Londres, 1927.
25. Giuseppe Ricuperati, *L'esperienza civile e religiosa di Pietro Giannone*, Milano, Napoli, Riccardo Ricciardi Editore, 1970, p. 424.

*Structure et contenu de l'*Esprit *en six chapitres*

On constate en étudiant les diverses versions de l'*Esprit de Spinosa* que le texte comprend des parties stables et des parties sujettes au changement.

Les parties fixes sont les chapitres I et II (dans la version en six chapitres) et les chapitres IV, V et VI, avec une parenthèse pour le § 6 du chapitre V. L'ensemble du chapitre V (« de l'Ame ») utilise, en en modifiant l'ordre, des développements du chapitre VI des *Discours anatomiques* de G. Lamy[26], pour l'essentiel.

C'est le chapitre III, un *Traité des trois imposteurs* au sein de l'*Esprit*, qui reçoit, d'une variante à l'autre, les principales modifications. Dans la version classique en six chapitres, le troisième est dû pour l'essentiel à J. C. Vanini et à F. La Mothe Le Vayer (respectivement les *Dialogues* et *De la vertu des payens*).

Si les deux premiers chapitres doivent une partie de leurs développements à Spinoza et à Vanini, ou à Spinoza et Machiavel, le quatrième évoque Spinoza ou une lecture matérialiste de Spinoza, qui s'établit dès cette époque[27]. Quant au cinquième, on vient d'en voir les sources, le sixième provenant du texte latin du *Léviathan*, comme l'introduction du chapitre III.

Deux dominantes se dessinent dans les sources de l'*Esprit* : la tradition libertine du xviie siècle, à travers Vanini, La Mothe Le Vayer auxquels sont empruntés de longs développements, Naudé et Charron, qui sont évoqués ; et la philosophie nouvelle, à travers Hobbes et surtout Spinoza.

L'ensemble est cependant cohérent, tant du point de vue du projet de l'auteur que de celui des sources, et nous ne pensons pas qu'il soit le fruit d'une évolution par simples additions successives, comme l'admettait J. S. Spink, et comme semble aussi le penser M. Benítez, sur la foi, notamment, du témoignage de Tentzel[28].

L'analyse du texte nous conduit au contraire à penser que la forme originale de l'*Esprit* comportait, à l'exception du § 6 du chapitre « De l'Ame » consacré à Descartes, tous les développements de la version en six chapitres qu'exige la cohésion interne du texte et qu'appellent les diverses annonces de plan.

---

26. Guillaume Lamy, *Discours anatomiques*, à Rouen, chez Jean Lucas, 1675.

27. On verra sur ce point M. Paul Vernière, *Spinoza et la pensée française avant la Révolution*, Paris, 1954.

28. Dans sa communication au séminaire de Leyde, M. Benítez utilisait, outre le témoignage de Struve, celui de Tentzel, *Curieuse Bibliotec …*, Francfort et Leipzig, 1704, à l'appui de sa théorie. Il ne nous paraît pas plus convaincant que celui de Struve qui, on s'en souvient, rapportait le témoignange de Tentzel.

Les sources et leur traitement, le ton général du texte, la méthode d'écriture et la méthode de lecture qu'elle reflète, inclinent à en faire un texte libertin de la fin du XVIIe siècle qui ne peut faire l'économie des développements visant à nier l'immortalité de l'Ame, les Démons, et établissant un déisme.

Une autre raison—formelle celle-là—qui nous incite à penser que le texte a toujours comporté les chapitres IV, V et VI, est le fait que les développements qu'ils contiennent sont annoncés dès les premières lignes du 1er chapitre, § 1, où l'auteur remarque : «Ainsi il ne faut pas s'étonner si le Monde est remply d'opinions vaines et ridicules, rien n'étant plus capable de leur donner cours, que l'ignorance. C'est là l'unique source des fausses idées que l'on a de la Divinité, de l'Ame et des Esprits» [29], ce qui constitue précisément le contenu des chapitres, IV, V et VI. L'annonce de plan réapparaît à la fin du chapitre IV, § 3 : «Ainsy tout homme de bon sens ne croira ni Ciel, ni Enfer, ni Ame, ni Esprit, ni Diables de la manière qu'on en parle communément, tous ces grands mots n'ayant été forgés que pour aveugler, ou intimider le peuple.» [30] A ce passage répond la fin du chapitre V «De l'Ame», où il est dit : «Ce que les Poètes et les anciens Théologiens nous chantent de l'autre Monde, est une Chimère qu'ils ont faite et débitée pour des raisons qu'il est aisé de deviner.» [31]

Le but explicite de l'auteur étant de libérer le peuple du joug des religions qu'établissent l'ignorance et la crainte, il importe, pour que son projet soit accompli, qu'il ait montré que Dieu n'est pas vengeur (chapitre IV), que l'éternité de l'âme est une invention des poètes et des théologiens (chapitre V), et que les démons n'existent pas (chapitre VI). A ce moment seulement, le lecteur peut être libéré de la crainte des châtiments éternels qui a pour but de maintenir le peuple dans l'oppression.

Avant le dernier chapitre qui montre, en recourant à Hobbes, que les démons sont des inventions des hommes [32], le projet de l'*Esprit* ne peut être considéré comme achevé.

La vogue que connaît l'épicurisme à la fin du siècle chez les poètes (Chaulieu, de la Fare, Deshénault…) reprend comme un *Leit-Motiv* cette idée que la mort n'est pas à craindre et que les châtiments sont une invention des Législateurs. Cette permanence du thème, central pour le libertinage érudit français du XVIIe siècle, organise et soustend la critique

29. *L'Esprit de M. de Spinosa*, en 6 chapitres, chap. I, § 1.   30. *L'Esprit*, chap. IV, § 4.
31. *L'Esprit*, chap. V. § 7.
32. Hobbes, *Léviathian*, chap. XLV, «De daemonologia & reliquis aliis religionum ethnicarum».

anti-religieuse qu'il met en place, comme ne manquent pas de le souligner aussi bien Garasse que Mersenne. Ce même thème est le fil conducteur de tout l'ouvrage, et la problématique de l'imposture qui constitue la toile de fond de l'*Esprit* ne semble pas autoriser l'hypothèse d'un texte qui, après avoir annoncé ces développements, les laisserait de côté. Le projet de l'auteur, en effet, n'est achevé qu'à la fin du chapitre sur les démons (VI).

Il s'agit d'une structure classique du discours antireligieux, telle qu'on la trouve notamment dans le *Theophrastus redivivus*, qui suit un plan très proche de celui de l'*Esprit* et, bien que d'une manière résolument érudite, développe le même thème dans son chapitre « De contemnenda morte ». L'idée de l'utilité politique de la croyance en l'immortalité de l'âme, qui apparaît comme sa justification est présente chez P. Charron qui la considère comme « la plus utilement crue »[33], et n'a cessé de parcourir cette tradition critique—depuis la Renaissance—pour reparaître à travers les citations de Vanini reprises par l'*Esprit* .

C'est pourquoi nous ne pouvons retenir l'hypothèse formulée par J. S. Spink, selon laquelle le texte initial n'aurait pas comporté les chapitres « De l'Ame » et « Des Esprits que l'on nomme Démons ».

Struve, dans la *Dissertatio de doctis impostoribus*—que citent B. de la Monnoie, puis la *Réponse* à B. de la Monnoie et, enfin, P. Marchand—, rapporte la description par Tentzel d'un manuscrit correspondant assez précisément au texte de l'*Esprit* . Si la description n'indique que trois grandes divisions, toutes les matières de l'*Esprit* semblent y être contenues, y compris le chapitre « Des Démons ». Il semble donc que ce témoignage ne puisse être allégué en faveur de la thèse d'un texte embryonnaire s'arrêtant après l'évocation de Mahomet.

Ce qui nous retient d'adhérer à cette hypothèse réactualisée par M. Benítez—qui, de plus, enlève « Les vérités sensibles » au texte original—, outre les arguments liés à l'analyse interne de l'*Esprit*, est le fait que les manuscrits de cette tradition—ne comportant que les trois premiers chapitres—sont récents.

Le manuscrit de Leyde porte pour le supplément—les chapitres IV, V et VI manquants—, la mention : « copié avec la permission du Baron de Hohendorf sur l'exemplaire du Prince Eugène de Savoie en 1716 ». Il

---

33. Pierre Charron, *De la Sagesse*, Paris, Chassériau, 1820 : « L'immortalité de l'âme est la chose la plus universellement, religieusement et plausiblement reçeue par tout le monde (j'entends d'une externe et publique profession, non d'une interne, serieuse et vraye créance, de quoy sera parlé cyaprès), la plus utilement creue, la plus foiblement prouvée et establie par raisons et moyens humains » (sur l'édition de Bordeaux, 1601).

s'agit là comme pour le manuscrit 132D31 de la Haye d'une copie d'une copie, et non d'une copie de l'original. Le manuscrit 132D31 de la Haye, qui prend fin après le troisième chapitre, comporte les mêmes indications de provenance et de date. Comme dans le cas du manuscrit du Père Aubry (curé de Saint Louis en l'Ile de 1759 à 1785)[34] ou du manuscrit de la Bibliothèque Sainte-Geneviève, ou encore de la copie de Lyon (Palais des Arts 72-1760) il s'agit à notre avis d'un texte tronqué. Cette version pourrait sans doute avoir été le fait d'un curieux qui se serait estimé satisfait après avoir vu démontrer que Moïse, Jésus-Christ et Mahomet étaient des imposteurs insignes, ce qui explique le titre : *Dissertations théologiques, morales et politiques sur les trois fameux imposteurs (Moïse, Jésus-Christ et Mahomet)* où l'on notera l'effort pour lier l'évocation de Spinoza et le thème des trois imposteurs.

Il nous semble que le manuscrit de Berlin[35] est à mettre dans la même série des manuscrits incomplets, mais le lecteur-copiste s'estime, ici, satisfait dès lors que Jésus-Christ est désigné comme imposteur et s'arrête à la fin de la section «De la politique de Jésus-Christ», signifiant qu'il a terminé en faisant suivre son texte d'un petit graphisme de fin.

Le fait que les manuscrits de Leyde et de Groningue (ce dernier décrit par Miguel Benítez) comportent dans ce qui constitue un «dossier» sur les trois imposteurs une deuxième partie avec le reste du texte, nous semble confirmer cette hypothèse : celui qui a préparé le recueil aura complété le texte tronqué dont il disposait en recopiant la suite sur un autre manuscrit. Le fait que le copiste de Groningue ait noté que la suite est postérieure et d'un autre auteur, pour être intéressant, ne peut suffire à établir le fait, en l'absence d'autres arguments, car on sait que beaucoup de mentions de ce type sont sujettes à caution.

La version de Moïse que l'on trouve dans le texte tronqué des *Dissertations théologiques, morales et politiques* correspond à celle, très probablement postérieure à l'*Esprit*, d'une deuxième version *du Traité des trois*

---

34. Le manuscrit 24887 de la Bibliothèque nationale, anciennement conservé dans la bibliothèque secrète de la Sorbonne, porte l'ex-libris du Père Aubry, curé de Saint-Louis en l'Ile de 1759 à 1785. Ce texte, qui reproduit le couplet de Blot caractéristique de l'édition de 1768, paraît très tardif. Une indication sur la première page indique que ce manuscrit a été édité; il ne peut s'agir d'une édition antérieure à 1768. Il porte la mention indiquant qu'il a été copié dans la bibliothèque d'Eugène de Savoie, sans date. La version de la vie de Moïse est longue, et dérivée du *Fameux Livre*, comme on le verra à la fin de cet article. Le fait que cette famille de textes tronqués nous paraisse dérivée du *Fameux Livre* et donc tardive, est confirmé par le manuscrit de Leyde qui, bien que s'arrêtant après la fin du paragraphe consacré à Mahomet, comporte cependant en conclusion la mention des Docteurs à Thiare, à Mitres et à Fourrure caractéristique du *Fameux Livre*.

35. Berlin, Bibliotheca Regia Berolinensi, ms. Diez C Octav. 3, *De tribus impostoribus, Moyse, Jesus Christ & Mahomet.*

imposteurs. Celle-ci est précisément caractérisée par ces ajouts à la vie de Moïse et de Mahomet de la même famille que les développements du *Traité-bis* et du *Fameux Livre* qui en proviennent très probablement. Ces différents textes se caractérisent par les passages de la *Vie de Moïse* de Flavius Josèphe qui font référence à l'adoption de Moïse par la Reine Thermutis, etc. Cela permettrait de considérer cette version comme postérieure à celle de l'*Esprit de Spinosa* qui ne les comporte pas. Le fait que le manuscrit de Leyde ajoute à la suite du développement consacré à Mahomet, la formule qui conclut la deuxième forme du *Traité* et le *Fameux Livre* en évoquant les « Docteurs à Thiare, à Mitre et à fourrure » va dans le même sens et confirme que le supplément provient bien de la bibliothèque d'Eugène de Savoie, et probablement de l'un de ces deux textes.

Miguel Benítez a une autre interprétation appuyée en partie sur le temoignage de Struve et qui donnerait le chapitres V et VI à des auteurs différents, faisant évoluer le texte par additions successives, analyse qu'il a développée dans sa communication au séminaire de Leyde.

Nous pensons plutôt que la structure en huit/six chapitres garde des marques de la composition du texte, formant un mixte entre un *Esprit de Spinosa* qu'illustrent dans la version la plus commune en six, les chapitres I, II et IV, et un *Traité des trois imposteurs* composé du chapitre III, complété des chapitres V et VI qui se situent dans la même tradition de pensée, et dont les éléments ne peuvent être isolés car les mêmes sources s'y retrouvent : Le *Léviathan* au début du chapitre III et au chapitre VI.

On peut penser qu'existaient avant même la rédaction de l'*Esprit* des manuscrits qui circulaient avec le titre de *Traité des trois imposteurs*. Guy Patin le remarquait justement, disant que, s'il n'existait pas de *De tribus impostoribus*, Naudé n'en ayant jamais rencontré, il n'aurait pas été difficile d'en faire un. On retrouvera beaucoup plus tard la même remarque sous la plume de B. de la Monnoie, dans la *Réponse* à la *Réponse*, où il note que rien ne serait plus facile que de faire un tel texte, et que cela ne demanderait guère plus d'une heure. Et il annonce d'ailleurs qu'on en trouvera bientôt partout des extraits.

Ces remarques sont très justes, car ce thème des trois imposteurs constitue une constante du libertinage érudit français, qui donne toutes les analyses permettant de parvenir à cette conclusion, et fournit les développements qui, mis ensemble, constitueraient un traité des trois imposteurs. Il faut ajouter le fait que des extraits traduits en français du *Theophrastus redivivus* ont pu également circuler sous ce titre.

Le thème est si banal et si indissociable de la critique libertine, qu'on le trouve présenté comme exemplaire sous la plume du Père Beurrier, censé rapporter les paroles de libertins qu'il aurait eu à connaître quand il était curé de Sainte Geneviève, à partir de 1653 (ses *Mémoires* étant rédigées après 1681). Ce qu'il dit des libertins est tout à fait emblématique et correspond à ce que l'on trouve, tant dans la littérature libertine contemporaine, bien que moins crûment exprimé, que dans les descriptions, sans doute aussi stéréotypées que les siennes, mais bien vues, du Père Garasse—malgré les défauts qu'on lui connaît—ou du Père Mersenne. Le confesseur de Pascal revient plusieurs fois sur ce thème, de manière assez suggestive. Racontant comment il a converti un avocat, un médecin et un prêtre, se donnant le beau rôle comme l'a bien montré A. MacKenna, il écrit, s'agissant de la confession du Médecin Basin :

> Enfin le troisième article que je vous réitère c'est qu'il y a eu trois grands imposteurs au monde, à sçavoir Moyse, Jésus Christ et Mahomet, mais Jésus Christ est le plus grand, il a été le plus adroit et le plus subtil de tous. Aussy y a-t-il mieux réussy dans son entreprise ayant tellement leurré le simple peuple et surtout ses disciples qui estoient sans esprit, sans lettres et sans jugement, par les menaces de l'enfer imaginaire et les promesses d'une vie heureuse éternellement et par ses faux miracles, qu'ils ont répandu partout sa doctrine et sa religion[36].

L'expression : «Jésus-Christ a été le plus adroit et le plus subtil» peut évoquer les *Dialogues* de J. C. Vanini, cités par l'*Esprit*. Au chapitre III, paragraphe 12 («De la Politique de Jésus Christ»), l'auteur écrit, suivant Vanini : «Est-il rien de plus subtil que ce qu'il répartit au sujet d'une femme adultère ?» Le texte de Vanini faisait ailleurs référence à la subtilité du Christ : «Il demanda donc fort subtilement lui même au nom de quel pouvoir Jean baptisait.» Ou encore, comme le reprendra le *Traité* : «Les actes du Christ étaient donc fort sages, mais ce qui est le plus digne d'admiration est d'avoir annoncé la venue de l'Antéchrist.»

Mais, que l'on ne se trompe pas, il s'agit ici sous la plume de Vanini, qui rapporte les paroles de «l'Athée d'Amsterdam», d'une sagesse tout humaine et d'une admirable adresse politique («O admirable sagesse du Christ....»), qui nous ramènent au thème de l'imposture[37].

36. Paul Beurrier, Bibl. Ste Geneviève, Ms. 1885–1888. On consultera : Anthony MacKenna, «Le Père Beurrier et le libertinage : témoignage ou imposture littéraire ?», *Mélanges en l'honneur de Roger Duchêne*, Tübingen et Aix-en-Provence, 1992.

37. J. C. Vanini, *op. cit.*, éd. Corvaglia, p. 269 : «O! admirabilem Christi sapientiam!... Christus a Judaeis interrogatus num lapidibus obruenda esset adultera, non abnegat, quia lex obstabat,

Il y a là quelque chose de si banal dans les années 1680, que l'on ne peut s'étonner de voir les apologistes stigmatiser les libertins du blasphème des trois imposteurs et de leur attribuer des traités. Il est en effet fort probable qu'à cette date circulaient effectivement des traités des trois imposteurs, ainsi que l'atteste le résumé de Marc-Antoine Oudinet conservé à Reims dans un recueil sur ce thème appartenant à l'avocat et collectionneur A. J. Havé. [38]

Il convient de noter, à propos des *Dialogues* de Vanini, qu'ils contiennent en quelques pages tous les éléments d'un tel traité, que n'importe quel lecteur cherchant ce thème ne pouvait manquer d'y trouver les éléments pour constituer aisément, en isolant ces passages, un traité des trois imposteurs tout à fait complet.

Il y trouvait également les analyses qu'avait inaugurées Machiavel sur le rôle des haruspices, et des « pollarii » dans leur rapport avec le pouvoir politique, la fraude régissant la production des oracles qui se conformaient aux besoins des militaires ou des princes.

Ce n'est donc pas sans quelque fondement que l'on a accusé Vanini d'avoir ressuscité le blasphème des trois imposteurs. Ce reproche lui fut fait lors de son procès, et il aurait répondu, parlant d'un traité *De tribus impostoribus* : « Qui est une Chimère ! » [39]

Ces analyses sont tellement rebattues au sein de la critique libertine qu'elles deviennent des lieux obligés à l'appui de ces thèses comme le montrent aussi bien le *Theophrastus redivivus* [40] que les commentaires de Blount sur la *Vie d'Apollonius de Tyane de Philostrate* [41]. Il en est de même des pages de Vanini sur le Christ qu'il reprend en entier.

neque affirmat, quia crudelis animi praebuisset exemplum, quod complures a sua Lege avocare facile poterat, sed respondit : « Qui sine peccato est vestrum, primus in illam lapidem mittat. »

38. B. M. Reims, Ms. 651. Nous avons évoqué ce *résumé* dans : « Les trois imposteurs et l'*Esprit de Spinosa* », dans les *Nouvelles de la république des lettres*, Naples, 1988-1. Il y aurait bien d'autres choses à dire sur ce petit texte, mais le propos de cet article et ses limites ne le permettent pas.

39. Pierre-Frédéric Arpe, *Apologia pro Jul. Caesare Vanino, Neapolitano*, Cosmopoli, typis Philaletheis, 1712; cité par Antoine-Augustin Renouard, in *Catalogue de la bibliothèque d'un amateur*, Paris, l'auteur, 1819, p. 123. Les *Dialogues* de Vanini comportent les éléments d'un *Traité des trois imposteurs* embryonnaire; cf. *Dialogues*, édition Corvaglia, Dante Alighieri. (1) Sur Jésus-Christ : p. 269 : « O admirabilem Christi sapientiam... »; « Alias petierunt scribae an Caesari tributo solvendo essent obnoxii »; « Quia fabulosae sunt... »; p. 270 : « Sciscitantibus Pharisaeis... »; « Ex his licebit concludere... »; « Sapientissima haec sunt Christi acta... »; (2) Sur Moïse : p. 272 : « At Moysen laudabat, quia vivus se in abyssum deiecit... »; (3) Sur Mahomet : p. 290 : « Sic impius Mahometus... ».

40. *Theophrastus redivivus*, op. cit., p. 431, et de très nombreuses citations de J. C. Vanini, tout au long de l'ouvrage.

41. Charles Blount, *Vie d'Apollonius de Tyane par Philostrate avec les commentaires donnés en Anglois par Charles Blount sur les deux premiers livres de cet ouvrage*, Berlin, G. J. Decker, 1774 : explication

Le seul nom d'Apollonius évoque le thème de l'imposture du Christ, à travers la tradition de Celse dans Origène relayée par l'*Heptaplomeres* de Jean Bodin [42].

Mais, pour l'imposture de Jésus-Christ, les textes sont rares, à l'exception des couplets satyriques, et de Vanini constitue la source obligée, qu'elle soit seulement évoquée à travers le thème de l'habileté politique de Jésus-Christ, ou citée tout au long, comme dans le texte de Blount paru en 1680. On notera que ce dernier cite également, dans Spinoza, les mêmes lieux du *TTP* qui sont repris par l'*Esprit*, bien qu'en restant plus proche de la source quand il s'agit d'évoquer les prophètes juifs.

Il y a là la mise en évidence de lieux communs et de passages obligés de la polémique anti-religieuse sur ces différents thèmes caractéristiques de la fin du XVIIᵉ siècle, qui conforterait l'hypothèse d'un texte composé dans les années 1680–90 et qui inclurait les éléments d'un traité des trois imposteurs.

La version la plus commune et la plus ancienne dont nous disposions montre une présence importante des emprunts à Spinoza aux chapitres I, II et IV qui, seuls, répondent au titre d'*Esprit de Spinosa*, compte-tenu de toutes les réserves que nous avons déjà eu plusieurs fois l'occasion de formuler ailleurs sur le traitement du texte spinoziste et sur son interprétation. Chaque emprunt à Spinoza est reconduit, par l'intervention à la suite et sans distinction dans le texte, à la problématique de l'imposture par l'intervention d'un passage de Machiavel ou de J. C. Vanini, tant au premier qu'au second chapitre. La presque totalité de l'Appendice au livre Iᵉʳ de l'*Ethique* de Spinoza, appelée au chapitre II, §§ 2–9, pour assurer la critique des causes finales et de l'anthropomorphisme de la conception populaire de Dieu, est relayée par un extrait, également traduit à cet usage, du *De admirandis* p. 276 de l'édition Corvaglia. La présence de la pensée de Spinoza est intense dans ces deux premiers chapitres, mais l'usage qui en est fait et l'interprétation qui prédomine dessinent une conception qui fait entrer Spinoza dans une tradition de critique anti-religieuse déjà solidement établie. Et il est clair, pour l'auteur de l'*Esprit*, que Spinoza s'inscrit dans cette tradition qu'il vient à son tour enrichir.

des miracles par les causes naturelles, p. 197 (Vanini, *Dialogue LV*); sur Jésus-Christ, p. 388 sq. (Vanini, liv. IV, *Dialogue I*); sur les augures, t. II, p. 39 (Vanini, liv. IV, *Dialogue LVI*),; *ibidem*, pp. 40, 43, 45–46, etc.

42. Jean Bodin, *Heptaplomeres*, ou *Colloque de sept sçavans qui sont de différents sentiments* (B. N. Ms. Fr. 1923, pp. 385 sq., 484 sq.); édition R. Chauviré, Paris, Champion, 1914, p. 161 sq. Le thème, emprunté à Bodin, est cité par le *Theophrastus redivivus*, Edizione prima e critica a cura di Guido Canziani e Gianni Paganini, La nuova Italia editrice, Firenze, p. 385.

Le reste de l'influence est proprement libertine comme le thème des trois Imposteurs lui-même. Les emprunts à Hobbes qui joue ici le rôle d'auteur-relais du libertinage érudit—comme nous l'avons montré lors de notre commnication de Leyde—sont nombreux aux chapitre III et VI.

Pour l'origine de ce texte, il nous semble provenir du cercle de Spinoza, et nous reprendrons à notre compte la très probable attribution à J. M. Lucas acceptée très tôt par la tradition et que rien ne vient démentir.

La première rédaction de l'Esprit de Spinoza

Quant à la date, on peut penser aux années qui suivent immédiatement la révocation de l'Edit de Nantes, qui paraît de nature à provoquer une telle réponse, un ouvrage très violent de critique anti-religieuse et anti-absolutiste. Comme les persécutions religieuses qu'elle autorise avaient poussé Bayle à la rédaction du *Commentaire philosophique sur ces paroles de Jésus-Christ «Contrains-les d'entrer»* ou *Ce que c'est que la France toute catholique sous le règne de Louis le Grand,* elle aurait pu pousser J. M. Lucas, célèbre pour ses attaques contre Louis XIV qui agaçaient en France, à la rédaction de l'*Esprit de Spinoza.* La réapparition d'un climat d'intolérance religieuse, avec son cortège de persécutions, peut avoir rapproché les auteurs de la fin du siècle de ceux qui écrivaient au temps des guerres de religion, comme P. Charron, et qui en avaient conçu une telle horreur qu'ils étaient tentés par un déisme, plus convenable au philosophe, et renvoyaient dos à dos toutes les religions historiques, ce qui peut expliquer le fait que Charron s'est vu lui aussi attribuer la paternité d'un *Traité des trois imposteurs.* «C'est premièrement chose effroyable— écrivait-il—de la grande diversité des religions, qui a esté & est au monde, encore plus de l'étrangeté d'aucunes, si fantasques & exhorbitantes, que c'est merveille que l'entendement humain aye pu être si fort abêti & énivré d'impostures.»[43]

Tout se passe, en effet, comme si la révocation de l'Edit de Nantes et les persécutions dont elle fut précédee—et dont elle sera suivie—avaient renoué des liens plus forts avec les auteurs de la génération qui a vécu avant sa promulgation. Une sorte de communauté semble les lier, qui pourrait en partie rendre compte de la présence dans l'édition de 1719 de longs passages de Charron tirés des *Trois vérités,* où il souligne les divisions des chrétiens, et d'extraits de la *Sagesse* où l'on retrouve les passages cités plus haut. Il ne faut pas oublier naturellement que la *Sagesse* de

---

43. Pierre Charron, *op. cit.,* chap. II, §5, p. 119.

P. Charron était alors un livre célèbre réédité presque tous les deux ans pendant le XVIIᵉ siècle, et qu'il constituait lui aussi sur certains thèmes une référence obligée.

Cette indignation et cette fidélité à la cause protestante est le seul lien qui nous paraît pouvoir s'établir entre l'auteur des *Quintessences satyriques* et les artisans de la version de *La Vie et l'Esprit de M. Benoît de Spinosa* dans l'édition de 1719. Rousset, qui aurait participé à la mise en forme de l'ouvrage, était aussi farouche opposant de Louis XIV qu'avait pu l'être Jean Maximilien Lucas, et ses gazettes n'avaient rien à envier, pour la virulence, à celles du médecin de la Haye, et il connut des déboires comparables. Il fut après lui rédacteur des *Quintessences*.

Quant à Jean Aymon, autre collaborateur de l'édition de 1719, c'était lui aussi un farouche défenseur de la cause huguenote, bien que de fraîche date, qui n'hésitait pas devant les moyens.

L'auteur

La question de savoir qui est l'auteur de l'*Esprit* perdrait de sa pertinence s'il fallait supposer pour la seule version en six chapitres deux ou trois auteurs différents, comme l'impose l'hypothèse de Spink et Benítez.

Il convient, cependant, de bien mesurer l'importance réelle de l'attribution de ces textes, du fait du grand nombre de versions substantiellement différentes et de l'évolution constante du texte — de la version en huit/six chapitres à l'édition de 1768 —. Il semble qu'il faille plutôt le considérer comme un ensemble de transformations toutes signifiantes, quand il s'agit des versions-types, et se proposant des fins différentes. De plus, il est important de ne pas perdre de vue le fait que le texte est une mosaïque, un collage d'une multiplicité d'extraits d'auteurs différents, appartenant à des traditions philosophiques différentes, ce qui relativise encore la notion d'auteur.

Aussi il convient, semble-t-il, de se garder à ce propos de tomber dans l'anecdote, l'analyse des textes et de leur évolution constituant seuls des terrains solides. Cela n'interdit naturellement pas les hypothèses, ce qui nous amène à concevoir des auteurs différents pour les trois grands types de textes, ou plutôt au auteur pour la matrice, le texte original — Jean Maximilien Lucas —, et des artisans — Jean Vroese, aidé de J. Rousset de Missy et Jean Aymon — pour les modifications des versions tardives obtenues par recomposition du texte et réinjection des sources libertines pour l'édition de *La Vie et l'Esprit de Spinosa* éditée en 1719 par Charles Levier. *Le Fameux Livre des trois imposteurs*, lui, se distingue essentiellement par le développement des sections consacrées à Moïse et par l'adjonction d'une critique de la résurrection de Lazare et l'adjonction de la *Dissertation sur le Fameux Livre des trois imposteurs* ainsi que de la Lettre de Frédéric à son ami Othon. Le ton résolument anti-papiste de la lettre attribuée à Frédéric ne pouvait qu'amuser et réjouir les protestants réfugiés pour qui Frédéric était le symbole de la résistance au pape.

On remarquera que ni l'*Esprit de M. Spinosa* ni le *Traité des trois imposteurs* qui en reproduit le texte avec un autre titre dans l'édition de M. Böhm décrite par P. Marchand ne sont précédés de la *Dissertation* de B. de la Monnoie, ni de la *Réponse*.

Dans les manuscrits tardifs, on note par contre la constitution de « dossiers » comportant ces deux dissertations, plus la copie de l'article 9 du tome I, deuxième partie, des *Mémoires de littérature* imprimés à la Haye chez Henri du Sauzet en 1716. Il s'agit de la constitution de recueils tardifs, à l'image des éditions.

La Vie et l'Esprit de Spinosa EN VINGT ET UN CHAPITRES ET Le Fameux Livre des trois imposteurs

Considérons maintenant les deux dernières colonnes du tableau qui développent le plan de ces deux versions tardives et considérablement modifiées de l'*Esprit de Spinosa* que sont *La Vie et l'Esprit* (en vingt et un chapitres) et le *Fameux Livre des Trois Imposteurs*. Nous avons alors un deuxième couple *Esprit/Traité*.

Le premier présentait le même texte sous deux titres différents; on a ici deux versions différentes.

La Vie et l'Esprit *en vingt et un chapitres*

Voyons dans un premier temps ce qu'en dit P. Marchand :

> Deux autres Libraires [la correspondance de P. Marchand avec Fritsch nous apprend qu'il s'agit de Levier et de Johnson, libraire de Toland], gens encore plus remplis d'irreligion que celui de Rotterdam [Böhm, éditeur d'un *De tribus*] de stupidité, aïant recouvré de même une de ces copies, la revirent & la corrigèrent en quantité d'endroits; y firent beaucoup d'Additions tant impies qu'historiques, une entre autres assez considérable touchant Numa Pompilius, dont ils développèrent plus au long l'Imposture; l'augmentèrent par-ci par-là de quelques notes de même

caractère; en divisèrent autrement les chapitres, & y en ajoutèrent VI nouveaux composez de Lambeaux tirez des trois Véritez & de la Sagesse de P. Charron & des Considérations de G. Naudé sur les Coups d'Etat, & placés entre les Chapitres III & IV, de leur manuscrit; & enfin, après avoir mis à la tête de toute cette compilation un *Avertissement* de leur façon, ils la firent imprimer sous le titre suivant :

> La Vie et l'Esprit de Mr
> Benoit de Spinosa.
> Si, faute d'un pinceau fidelle,
> Du fameux Spinosa on n'a pas peint les traits;
> Sa sagesse étant immortelle
> Ses écrits ne mourront jamais
> (1719) [44]

Outre cette description précise de l'édition, P. Marchand indique encore, citant l'*Avertissement*, que cette édition se propose : « le renversement du Système impie de Spinosa, sur lequel sont fondés les sophismes de son disciple.» Et il ajoute : «Par ce Disciple, ils entendent le Sieur Lucas… qu'ils regardent comme l'auteur indubitable du *Recueil* dont je viens de parler.» [45] Un peu plus loin, il précise :

> A la fin d'une copie manuscrite de ce Traité que j'ai vûe et lûe, on lui donne pour véritable Auteur un Mr Vroese, conseiller de la Cour de Brabant à la Haye, dont Aymon & Rousset retouchèrent le langage; & que ce dernier y ajoutâ la *Dissertation* ou *Réponse* depuis imprimée chez Scheurleer. A cela on ajoute que ce fut Charles Levier libraire en cette ville qui fit imprimer l'ouvrage; qu'il n'en vendit que peu d'exemplaires, parce qu'il exigeait une pistole de chacun [46].

L'expression est peu claire et peut autoriser une lecture qui confonde l'*Esprit* en six chapitres et *La Vie de l'Esprit* en vingt et un qui est le texte édité par Levier. Néanmoins, il semble ressortir de ce discours que Vroese (Jean ou Ian Vroesen) est bien l'artisan de la version en vingt et un chapitres de l'*Esprit*, dont Aymon et Rousset retouchèrent le langage, et que publia Charles Levier. Information que P. Marchand se borne à rapporter.

L'expression confuse et l'amalgame apparent entre les deux formes de

---

44. P. Marchand, *Dictionnaire, op. cit.*, p. 324, col.2.
45. *Ibidem*, pp. 324–325.   46. *Ibidem*, p. 325, col. 1.

l'*Esprit*, liés au fait que P. Marchand veuille retirer à Lucas la paternité de la première version de l'*Esprit*, a donné lieu à des interprétations elles-mêmes confuses telles que celles d'Oettinger, qui simplifie le problème en attribuant l'*Esprit de Spinosa* à un certain Lucas Vraese [47].

La tradition d'attribution à Vroese nait de la lecture de P. Marchand, et se retrouve plus ou moins déformée sous la plume de Brunet, Barbier, Quérard, Renouard ou Philomneste Junior. Meinsma pour sa part notait :

> malgré cela [l'attribution généralement accordée à Lucas], les biographes ultérieurs, P. Marchand, Oettinger, Quérard, qui n'ont peut être pas non plus réussi à en savoir plus que lui, ont tous prétendu que l'homme s'appelait Lucas Vroesen ou bien ils ont inventé deux personnes dont l'une se serait appelée Lucas, et l'autre Vroesen et qui auraient rédigé ensemble le livre. Mais dans les annotations anciennes n'est attesté que le seul nom de Lucas [48].

En fait seul Oettinger parle d'un certain Lucas Vraese.

Si ce sont bien toujours les mêmes noms que propose la tradition, elle n'échappe pas à la confusion ni à l'approximation. Au demeurant, on se trouve là devant des traditions d'attribution constantes et l'*Esprit* se voit donner pour auteur, outre Saint-Glain, soit Lucas dans la majorité des cas, à qui est aussi donnée la traduction française du *TTP*, soit Vroese, ce qui semble naître d'une lecture imprécise de P. Marchand qui, lui-même, n'est pas assez clair dans l'expression.

Il ne semble cependant pas y avoir de confusion dans son esprit : il n'enlève pas la paternité de l'*Esprit de Spinosa* à Lucas pour la donner à Vroese ; il distingue bien, comme il est correct, deux textes, un auteur, et un groupe artisan des modifications caractérisant l'édition de 1719.

L'attribution à Vroese de la transformation de l'*Esprit* ne semble pas devoir être mise en doute. Elle semble probable, et paraît corroborée à la fois par la chronologie, par les manuscrits et par le milieu que fréquentaient les hommes désignés comme les artisans de cette édition, qui est celui, décrit par Margaret Jacob, des huguenots du refuge français, et des radicaux anglais, qui est aussi le monde des libraires membres de cercles satiriques comme les Chevaliers de la Jubilation [49].

---

47. In Edouard-Marie Oettinger, *Bibliographie, biographie universelle, dictionnaire des ouvrages*, Bruxelles, Stienon, 1854, on trouve, à l'entrée « Spinoza » : « VRAESE, Lucas : —*La Vie et l'Esprit de Spinoza*, s. l. (Amst.), 1719, 8° (Très-rare); —*Vie de Spinoza par un de ses Disciples*, Hamb., 1735, 8° (nouvelle édition tronquée de l'ouvrage de Lucas Vraese) ».   48. Meinsma, *op. cit.*, p. 6.

49. M. Jacob, *op. cit.*; cf. également Ch. Berkvens-Stevelinck, « Les Chevaliers de la Jubilation : Maçonnerie ou libertinage ? », *Quaerendo* XIII-1, 1983; et la réponse de M. Jacob, « The Knights of Jubilation—Masonic and libertine », *Quaerendo*, XIV-1, 1984.

Quant aux dates de la transformation de l'*Esprit* en six chapitres en un *Esprit* en vingt et un chapitres destiné à l'édition en 1719, elles nous sont données assez précisément par le manuscrit de Munich, qui porte la date de 1716. L'édition des *Considérations politiques sur les coups d'Etat* de G. Naudé utilisée par les artisans du texte qui sera édité en 1719 est celle qui a vu le jour en 1712 à la Haye[50].

Les artisans de La Vie et l'Esprit de M. Benoît de Spinosa en vingt et un chapitres

D'après P. Marchand, que Fritsch considère comme bien informé, il s'agirait de Jean Vroese secondé pour le langage par Jean Aymon et Jean Rousset de Missy.

On sait que Jean Aymon, qui est arrivé à la Haye en 1707 après s'être converti au protestantisme et avoir volé de nombreux manuscrits dans la bibliothèque de Louis XIV, jouissait auprès des Etats de Hollande, et notamment d'Anthonie Heinsius, de protections qui ont pu faire différer jusqu'en 1709 la restitution de certains des manuscrits, les autres n'ayant jamais été rendus. Aymon avait publié certains d'entr'eux[51]. On sait aussi qu'il avait en sa possession les dix-neuf premières pages d'une bible précieuse, arrachées à l'exemplaire de Louis XIV. Jean Aymon avait abusé de la confiance du bibliothècaire Nicolas Clément qui l'avait accueilli à Paris. A partir de 1707, Clément entretient une correspondance fournie à son égard pour faire restituer les manuscrits volés.

Parallèlement, le Marquis de Torcy, ministre de Louis XIV, traite avec A. Heinsius à côtés d'affaires diplomatiques, de la restitution des manuscrits volés[52]. Il semble que les Etats de Hollande se fassent quelque peu prier dans cette affaire, protégeant, du moins dans un premier temps, Aymon, qui prétend détenir des textes favorables à la cause des protestants

---

50. Gabriel Naudé, *Considérations politiques sur les coups d'Etat*, La Haye, 1712. L'information est donnée par le manuscrit de Munich Gall. 415, qui précise l'origine des additions. Les références données par le manuscrit sont exactes, et c'est en effet cette édition qui a servi.

51. Notamment : original des Actes du Concile tenu à Jérusalem 1672–1673, qu'il fit imprimer à La Haye avec les lettres de Cyrille Lucar et d'autres écrits sous le titre de *Monuments authentiques de la religion grecque* (1718, in 4°) ; *Lettres, mémoires et négociations du Comte d'Estrades depuis 1663 jusqu'en 1668*, Bruxelles (La Haye, 1705).

52. La Haye, Archives; cf. notamment Heinsius Archiv, N° 1194 (Hennequin, Paris, 1707), N° 1389 (Torcy, Versailles, 1709), N° 1463 (*idem*), N° 1553 (au même, 1710). Anthonie Heinsius, né à Delft en 1641, passe son doctorat en droit à l'université d'Angers, puis s'installe à Delft comme avocat. Secrétaire en 1670, puis pensionnaire en 1679, il est, en 1682, porte-parole de la ville à l'Assemblée des Etats de Hollande. Partisan de la politique du Prince d'Orange, il est nommé pensionnaire de Hollande et assumera cette charge jusqu'à sa mort, en 1720.

et insiste sur cet aspect[53]. Que Jean Aymon ait pu jouir, contre la cour de France, du soutien actif d'A. Heinsius n'aurait rien de surprenant, si l'on se souvient que celui-ci avait été menacé par Louvois d'être emprisonné à la Bastille pour la virulence des propos tenus contre la France et Louis XIV à la veille de la révocation de l'Edit de Nantes. Après la révocation, Heinsius, conforté dans son analyse, est convaincu du bien fondé de la politique du Prince d'Orange qu'il soutient.

On sait par ailleurs que J. Aymon, ce nouveau converti, est fervent défenseur de la cause huguenote autant que pourra l'être Jean Rousset de Missy, que tous deux vouent la même haine à la France de Louis XIV, et que Vroese, Jean Rousset et Heinsius partagent la même sensibilité politique et religieuse à l'égard de la France de Louis XIV.

L'attribution de *La Vie et l'Esprit de M. Benoît de Spinosa* à Vroese par P. Marchand repose sur un indice assez faible : une mention sur un manuscrit et l'on a vu que, souvent, ces mentions sont peu fiables. On peut cependant penser que, si P. Marchand ne l'avait jugée raisonnable, il ne l'aurait pas avancée. Mais, soit qu'effectivement il n'ait pas eu d'informations sur ce point malgré une correspondance amicale poursuivie pendant de nombreuses années avec Jean Rousset de Missy, dont témoignent les papiers Marchand, soit qu'il n'ait pas voulu être trop affirmatif pour éviter des désagréments aux « auteurs », il en est réduit à produire une information de seconde main.

Sur la préparation de cette édition, la correspondance de Fritsch et P. Marchand, publiée la première fois par M. Jacob, bien que dans une traduction souvent fautive, comporte quelques indications. On apprend par G. Fritsch que Charles Levier copia le manuscrit de B. Furly en 1711 :

La Vie de Spinosa est copiée tic pour tic sur la copie que fit Levier

---

53. Jean Aymon, *Lettres, anecdotes & Mémoires historiques du Nonce Visconti, ministre secret de Pie IV au concile de Trente*, Amsterdam, chez les frères Wetstein, 1719. Lettre circulaire, fo. 3 : « Ces heureuse découvertes doivent faire un vrai plaisir pour tous ceux qui s'interessent pour la bonne religion, & pour le bien des Etats qui la soutiennent par des voies légitimes : car on y voit triompher la Réformation par des monuments Authentiques, & propres à asseurer ce que les Protestants ont allégue de plus fort, contre la Politique Anti-Chrétienne du Papisme, & surtout contre les Machinations profanes du fameux concile de Trente. Nos *lettres* découvrent les intrigues inouïes de cette Assemblée, où la Fourbe dominoit sous le Nom Sacré du Saint Esprit, & machinoit secrètement la ruine des protestans. » On notera que, pour assurer l'authenticité des documents, il n'hésite pas à en donner l'origine bien qu'il passe sous silence la manière dont il est entré en possession de ces manuscrits : « je suis muni d'un Manuscrit de ces Lettres entièrement conforme [et pour cause] à celui qui est dans la Bibliothèque du Roi de France & dont l'Authorité est incontestable… » A la tête de l'ouvrage, il note que sa reconnaissance va aux « Ministres d'Etat anonimes », ce qui semble confirmer le soutien qu'il en recevait, et la difficulté qu'il y aurait eu pour eux à le soutenir ouvertement et en leur nom propre.

sur le Manuscrit de Mr Furly : il n'y a de nouveau que le petit avertissement et le catalogue de ses ouvrages : Mais l'*Esprit de Spinosa* a été retouché et augmenté, est-t-il permis de savoir par qui?... Quant à ce que vous croyés que la traduction imaginaire dont il s'agit dans la *Réponse* en question, dit quelque chose de commun avec l'*Esprit de Spinosa* j'en conviens avec vous. Levier la copia en 1711. Cette sorte de livres étoit sa marotte[54].

Il semble bien qu'il faille comprendre que Levier copia l'*Esprit*. Une lettre du même, datée de Leipsig le 17 janvier 1740, vient préciser l'information dont dispose P. Marchand à l'égard de la composition et de l'édition de *La Vie et l'Esprit de M. Benoît de Spinosa* :

> Si le sire Johnson et Levier ont imprimé *La Vie et l'Esprit de Spinosa* 8° en 1719, cela a esté complètement à mon insceu. Vous vous souvenez peut-estre que c'etoit mon Frère qui nous en apporta le Mscp à la maison, appartenant à M. Furly. Levier la copia fort précipitamment. Je la garde encore cette Copie, et je ne sache pas qu'il en ait jamais fait d'autre, mais je puis me tromper[55].

Il nous semble important d'accorder la même attention à tout le passage : si Charles Levier n'a effectivement pas fait d'autre copie du manuscrit de B. Furly, et si la copie est bien restée entre les mains de Fritsch jusqu'en 1740, rien ne prouve que la copie de B. Furly ait bien servi de base à *La Vie et l'Esprit de M. Benoît de Spinosa* en vingt et un chapitres de l'édition Levier, et il est sage, au moins, de considérer la chose comme douteuse.

La correspondance de Fritsch confirme qu'il est resté en possession de cette copie, et par son moyen, Mortier, qui se proposait à son tour la supercherie qui consistait à faire passer l'*Esprit* pour le *Traité* de P. des Vignes, fut empêché par Fritsch de la mener à bien en 1636. La lettre du 17 janvier 1740 se poursuit en effet ainsi :

> Il y a quatre ans que Mortier en apporta une [copie] qu'il voulut vendre cher aux petits Maîtres suivant la Cour. Cela fit du bruit. J'en fus averti par des gens raisonnables. Je leur fis voir la mienne, Ils la trouvèrent *una & eadem* : pour contrecarrer la charlatanerie

---

54. Marchand 2, Lettre de Fritsch à P. Marchand du 17 janvier 1740.   55. *Ibidem.*

de Mortier, je leur en fis prendre copie gratis tant qu'ils voulurent.

Cette lettre nous apprend que Fritsch a été à ce moment une source de
diffusion du manuscrit de l'*Esprit de Spinosa* dans une version de 1711.
De plus, l'article du *Dictionnaire* de P. Marchand nous apprend qu'une
autre édition du *Traité des trois imposteurs*, sur la copie de M. Hulst, c'est
à dire conforme à sa description du texte en six chapitres, avait été pro-
jetée :

> Outre ces deux éditions extrêmement rares, & presque inconnues
> [il veut parler de l'édition Levier et de l'édition Böhm], nous en
> aurions vû une troisième, faite d'après le Manuscrit de Mr Hulst
> indiqué cidessus & procurée par certain Académicien, Reproduc-
> teur, & qui pis est Brocanteur de ces sortes de curiosités Litté-
> raires, si le Libraire Hollandais, à qui il en fit la proposition,
> n'avoit été plus honnête Homme que lui, & n'avoit nettement
> refusé de se charger d'une si criminelle commission[56].

Les textes que P. Marchand a vus, y compris celui copié dans la
bibliothèque de Hohendorf (qui porte la date de 1717) et le manuscrit de
M. Hulst, correspondent, selon ses dires, à la description précise qu'il
donne du texte en six chapitres et donc entre eux, l'un sous le titre de
l'*Esprit*, l'autre sous celui du *Traité*[57]. On peut penser que le manuscrit de
B. Furly présentait les mêmes caractéristiques, puisque Fritsch écrit que
le texte de Mortier et sa copie étaient « una & eadem ». Ceci confirmerait
ce que nous enseigne la comparaison des manuscrits : entre les différentes copies de l'*Esprit de Spinosa* antérieures à 1712, il existe très peu de
variantes significatives, et le texte semble avoir été globalement stable.
L'information apportée par Fritsch semble par ailleurs corroborer ce que
nous apprenait la tradition manuscrite, à savoir que la recomposition de
huit en six chapitres apparaissait déjà dans le texte de l'*Esprit* avant 1712.
Et il n'est pas impossible que le manuscrit de l'*Esprit de Spinosa* du
Baron de Hohendorf comportant le petit poème sur Spinosa (« Si faute
d'un pinceau fidèle… »)—que l'on n'a, sauf erreur, rencontré sur aucun
autre manuscrit de la même famille à l'exception du Codex Towneley, et
qui ouvre l'édition de 1719—ait servi de base au texte de cette édition
(l'affirmation selon laquelle aurait été utilisé le texte de B. Furly étant
douteuse). Ce qui rendrait compte du long délai qui sépare la préparation de texte, achevée en 1716, de son édition, celle-ci intervenant l'anneé

56. P. Marchand, *Dictionnaire*, op. cit., p. 325, col. 1.   57. *Ibidem*, pp. 322–323.

de la mort du Baron de Hohendorf qui aurait pu s'opposer à l'édition
d'un texte ayant pour origine l'un des manuscrits de sa bibliothèque ou
de celle du Prince Eugène. C'est peut-être aussi ce qui rend compte de
l'effort des artisans de cette édition pour modifier le texte de l'*Esprit*, ce
qui leur permettait de supprimer la mention : «Permittente Dno Barone
de Hohendorf descripsi hunc Codicem ex Autographo Bibliothecae Serenissimi Principis Eugenii à Sabaudia. Anno 1716», qu'ils devaient laisser sur le *Fameux Livre*, qui ne fut pas édité et qui ne semblait pas promis
à l'édition, comme on le verra sur le manuscrit de Munich.

Sur l'attribution à Vroese, la correspondance de G. Fritsch avec
P. Marchand ne nous apprend rien, si ce n'est que Fritsch ignorait quel
était l'artisan de cette version[58]. Rien cependant n'autorise à la mettre en
doute, en l'absence de toute autre hypothèse sérieuse. Elle serait cependant bien légère si elle n'était corroborée par les textes eux-mêmes. Or
certains indices semblent aller dans le sens de cette attribution.

Le Manuscrit de Munich

Ce manuscrit, Munich Gall. 415, dont nous avons déjà décrit les caractéristiques ailleurs[59], présente certaines particularités qui nous le font
considérer comme un manuscrit de travail ayant servi à la préparation de
l'édition de 1719, et comme un texte dont les fautes—extrêmement nombreuses—trahissent un étranger qui aurait eu grand besoin de relecteurs.
Il se peut qu'il s'agisse d'un texte dicté, au moins par endroits, car de
nombreuses fautes sont phonétiques.

Les informations qu'il nous donne sont les suivantes : les deux textes
de *La Vie et l'Esprit de M. Benoit de Spinosa* et du *Fameux Livre des trois
imposteurs* sont élaborés conjointement et font l'objet de comparaisons
réciproques constantes, qui se retrouvent—unilatérales cette fois—sur
d'autres manuscrits du *Fameux Livre*, et feraient penser à l'antériorité de
celui-ci.

De plus, le texte, qui n'est pas une simple copie de *La Vie et l'Esprit de
M. Benoît de Spinosa* mais présente des discontinuités et des retours en
arrière, porte des indications qui ne peuvent être destinées à un lecteur
ordinaire pour lequel il n'a pas été fait, car il est clair qu'il s'agit d'un
manuscrit de travail comme l'indiquent les instructions que l'on peut lire

58. Marchand 2, Lettre de Fritsch à Marchand du 7 novembre 1737 : «Mais l'*Esprit de Spinosa* a
esté retouché et augmenté. Est-il permis de savoir par qui?»

59. Notamment dans : «*Les trois imposteurs* et l'*Esprit de Spinosa*», *Nouvelles de la république des
lettres*, 1988-1, pp. 21–50.

à la fin du chapitre XVIII — correspondant à la fin du chapitre IV du texte traditionnel de l'*Esprit* — :

> Après ces chapitres il soit mis cette remarque :

> En voilà assez, à mon avis, pour faire notre Apologie auprès de ceux qui nous accuseroient d'avoir été trop long. Reprenons maintenant le fil d'*un autre discours* qu'on nous saura gré d'avoir interrompu de cette manière[60].

L'indication préliminaire ne figure naturellement pas dans l'édition. Un peu plus bas, une autre mention du même type introduit le retour à l'*Esprit* (chap. XVIII) : «*l'auteur continue son discours*», indiquant la fin des ajouts propres à *La Vie et l'Esprit de M. Benoît de Spinosa* en vingt et un chapitres. Cette remarque, pas plus que la précédente, n'est destinée à un simple lecteur mais, soit à un éditeur, soit dans tous les cas à quelqu'un qui doit encore travailler sur le texte.

Par ailleurs, elle indique clairement, si le moindre doute était permis sur ce point, que les deux versions (en huit/six et en vingt et un chapitres), sont dûes à deux auteurs différents, ce qu'indique aussi l'Avertissement de l'édition de 1719.

On ne voit pas en effet pourquoi le même auteur, qui écrivait en un français correct une première version de l'*Esprit* qui circulait en France avant 1712, aurait eu besoin de relecteurs pour la seconde mise au point dans les années 1712–1716. La mention «l'auteur continue son discours» marque bien, par ailleurs, l'existence reconnue de deux textes et de deux auteurs.

Un autre élément qui indique le manuscrit de travail réside dans les indications de paragraphes qui ne sont développées que plusieurs pages plus loin, par la présence de chapitres recopiés plusieurs fois, d'un texte qui ne se suit pas, comporte ratures et indications bibliographiques intercalées entre la fin du texte et la série des chapitres XVIII à XXI copiés en entier une deuxième fois pour les chapitres XIX, XX et XXI.

Sur la même page 112, à la ligne qui suit la mention destinée à l'éditeur, le chapitre XVIII est indiqué très rapidement, sans être développé, accompagné de la mention suivante : «Ce sont les mesmes choses qui sont dans le manuscrit *des trois Imp.* avec quelque petite variation que j'ai remarquee ici.»[61] A la ligne qui suit le renvoi au *Fameux Livre* l'auteur indique :

---

60. Munich, Gal. 415, p. 112.

61. *Ibidem*. En fait, il n'y a pas de variation et le texte proposé un peu plus loin est identique à celui du *Fameux Livre*, à l'exception du mot «*discours*» pour «*histoires* des Poètes».

chapitre 19
De l'Ame.

Au lieu que dans le MSC. des F. I. [Fameux Imposteurs] il est écrit au § 1 *de votre Maiesté* il faut mettre dans la Vie de Spin. *du lecteur*. Le § 1 et 2 dans les F. I. font seulement le § 1 dans la Vie de Spin. [62]

§ 5 Diogène a cru que l'âme…

Cela renvoie à la phrase : « C'est pourquoi il est à propos, pour satisfaire la curiosité du Lecteur, que nous en parlions un peu plus au long. » [63] Le texte se poursuit jusqu'à la fin du chapitre XXI : « Des Esprits que l'on nomme Démons ».

La page suivante porte des notes qui renvoient au *Fameux Livre* :

§ 8 C'est le commencement du § 7 dans le MSC des tr. Imp.

Chapitre 20
Commence par ces mots du § 7 des F. I. *Il est certain…*

Chapitre 21
Des Esprits qu'on appelle Démons

Mot par mot dans ce MSC. des F. I. et ainsi la vie de Spin finit. Mais à la fin il faut omettre cette remarque : **Permittente D°**

Fin

Ces dernières indications sont barrées d'une croix **sur toute la largeur** de la page, et suivies sur la même page de la description des chapitres XII, XIII et XV avec les références précises des éditions et des pages auxquelles sont empruntés les passages de Charron et de Naudé qui sont ajoutés à l'*Esprit*.

Les chapitres XVIII à XXI sont ensuite entièrement recopiés sans ratures ni hésitations.

On remarquera que la mention des «Docteurs à Thiare à Mitres et à fourrures» qui caractérise le *Fameux Livre* et les manuscrits qui en sont dérivés, figurait initialement dans le projet de *La Vie et l'Esprit de M. Benoît de Spinosa* [64] et a disparu de l'édition.

L'auteur des quelques lignes de transition citées plus haut indique sans ambiguïté qu'il est aussi à l'origine de l'addition des six chapitres caractéristiques de cette version empruntés à Naudé et Charron. Ce que confirment, s'il en était besoin, les deux pages précédentes consacrées à la

---

62. *Ibidem*, p. 100. Cette remarque, et quelques autres du même type, nous feraient pencher en faveur d'une antériorité du *Fameux Livre* ou, tout au moins, d'une simultanéité.

63. *La Vie et l'Esprit de Mr Benoît de Spinosa*, 1719, chap. XIX, § 1, p. 188.   64. *Ibidem*, p. 100.

description précise des sources des chapitres intercalaires, avec indication des éditions, des pages et de l'endroit de la page où il faut commencer à copier ou s'arrêter[65].

Après cette transition entre la version traditionnelle de l'*Esprit* et les
additions qui lui sont propres, sur la même page l'auteur indique :
« Chap. XVIII / Véritez sensibles » pour bien signifier le retour au texte
de l'*Esprit*. Le reste de la page est blanc et le texte se poursuit à la page
suivante, qui reprend : « Chap. XVIII / Véritez sensibles » suivi du texte
des trois derniers chapitres.

On remarquera que, la première fois qu'il copie le chapitre « De
l'Ame », l'auteur des variantes, qui devient ici copiste, a laissé une omission, corrigée d'une autre main. Au § 7 de sa version, il copie : « Mons. de
Cartes soutient mais pitoyablement, *que l'ame n'est point matérielle*. Car
jamais philosophe ne raisonna si mal sur ce sujet… »[66]

Entre les deux phrases, un signe, et un renvoi en bas de page, d'une
autre main, indiquent : « Je dis pitoyablement ». On notera que la deuxième version du chapitre « De l'Ame », qui suit la mention des sources
dans le manuscrit de Munich, ne comporte pas le paragraphe consacré
à Descartes. On remarquera encore que le *Fameux Livre* ne le comporte
pas davantage, ce qui s'explique par l'intention de le faire passer pour le
De tribus ancien. L'édition de *La Vie et l'Esprit de M. Benoît de Spinosa*
reprend le passage consacré à Descartes en tenant compte de la correction : « Monsieur DES-CARTES soûtient; mais pitoyablement, que l'*Ame*
n'est point matérielle. Je dis pitoyablement; car jamais *Philosophe* ne raisonna si mal sur ce sujet que ce grand homme. »[67] La version de l'*Esprit*
antérieure à 1712 donnait également : « Monf^r Descartes soutient aussy
pitoyablement que l'Ame n'est point matérielle; je dis, pitoiablement,
car jamais Philosophe ne raisonna si mal sur ce Sujet que ce Grand
Homme. »[68]

On peut déduire de ces quelques informations que nous donne le
manuscrit de Munich :

- 🦎 qu'il s'agit bien d'un manuscrit de travail et, très vraisemblablement,
  du manuscrit préparatoire à l'édition de 1719 comme semble de confirmer cette dernière remarque;
- 🦎 que cette version de *La Vie et l'Esprit* est sans doute postérieure à celle
  du *Fameux Livre des trois imposteurs*, mais préparée en relation avec
  cette autre version tardive de l'*Esprit*;

---

65. *Ibidem*, pp. 112–113.
66. *Ibidem*, p.102. Dans la deuxième version, le paragraphe consacré à Descartes a été supprimé.
67. Edition 1719, chap. XIX, § 7, p. 195.   68. *Esprit*, « De l'Ame », § 6.

❦ que ce manuscrit d'une version qui est la même que celle de l'édition
à été, en vue de celle-ci, corrigé des nombreuses fautes qu'il comportait. Que ces fautes évoquent un étranger, et que la relecture et la
correction par un Français sont patentes, qui peuvent correspondre
aux informations fournies par P. Marchand sur l'élaboration de cette
version par Jean Vroese, dont le langage aurait été corrigé par Jean
Aymon et Jean Rousset de Missy.

❦ Il semble confirmer que l'hypothèse d'un auteur unique[69] pour l'*Esprit*
et la version tardive de *La Vie et l'Esprit de Monsieur Benoît de Spinosa* ne
peut être retenue, la première version étant écrite par un Français et la
seconde ayant grand besoin de correcteurs et de relecteurs.

❦ Il confirme, s'il en était besoin, les indications de P. Marchand selon
lesquelles les modifications caractéristiques de l'édition n'ont pas été
introduites progressivement, au hasard des différentes copies, mais
faisaient bien, comme il est clair, l'objet d'un plan et d'un projet précis
de l'artisan de cette version promise à l'édition.

Caractéristiques de l'édition de 1719

Elle comporte un Avertissement dû, selon P. Marchand, à la plume de
Richer la Selve, qui est, comme Hercule Rasiel (da Selva)[70], un anagramme de Charles Levier.

Elle comprend en outre un catalogue des œuvres de Spinosa attribué
au même auteur[71], ainsi que les textes revus de la *Vie de Spinosa* et de
l'*Esprit de Spinosa*. Le texte de l'*Esprit* en six chapitres a été réécrit, et le
plan modifié, passant de six à quatorze chapitres. La *Vie de Spinosa*, dans
l'édition de 1719, présente, avec le manuscrit Ms. 2235 de l'Arsenal et avec
les versions antérieures à 1712 en général, de nombreuses variantes, dont
l'introduction de deux passages empruntés à la *Vie de Spinosa* par Colérus
(1706).

Les informations de P. Marchand sont tout à fait précises, il n'y a pas
lieu de s'en étonner, car il parle d'un texte qu'il a eu sous les yeux.

L'*Esprit*, redistribué en quatorze chapitres dans une nouvelle rédaction, se voit ajouter un chapitre consacré à Numa Pompilius, qui n'est
autre que le développement de quelques phrases du texte initial. L'exemple de Numa Pompilius est caractéristique de la tradition des «Politiques» issue de Machiavel. C'est un exemple classique et des plus

---

69. Cette hypothèse semblait être celle retenue par M Berti dans sa communication au séminaire de Leyde en 1990.

70. Ainsi qu'il apparaît dans la correspondance de P. Marchand, et comme le note S. Berti, *op.
cit.*, p. 24.   71. P. Marchand, *op. cit.*, p. 325.

répandus, qui revêt depuis l'Antiquité une valeur emblématique[72]. Sa présence ne fait que renforcer la tonalité libertine du texte et ne peut surprendre dans cette réélaboration tardive qui insiste sur la dette de l'*Esprit* à l'égard du mouvement libertin.

A côté de ce chapitre VI supplémentaire, l'artisan de la version en vingt et un chapitres de l'*Esprit de M. Benoît Spinosa* a entrepris de réinjecter dans l'*Esprit de Spinosa* en six chapitres plusieurs des sources libertines de l'auteur de l'ouvrage initial, en insistant avec G. Naudé sur la critique du pouvoir de droit divin et sur l'imposture politique qui fait apparaître la religion comme l'instrument et non comme le réel fondement de la légitimité du pouvoir des rois absolus chrétiens. L'analyse de Naudé, que l'auteur de la version en six chapitres se bornait à évoquer à travers quelques formules familières à un lecteur cultivé de la fin du XVIIe siècle, est reprise et citée tout au long aux chapitres XVI «De l'origine des monarchies» et XVII «Des législateurs, des politiques et comment ils se servent de la religion».

Ce chapitre est clairement l'aboutissement des réflexions de Machiavel et de Vanini systématisées par G. Naudé dans les *Considérations politiques sur les coups d'Etat*. On ne se borne pas ici à la monarchie romaine et aux exemples issus de l'Antiquité, c'est le pouvoir des Rois Thaumaturges qui est en question avec le sacre de Reims et sa véritable fonction. Lous XIII est détenteur d'un pouvoir de droit divin, comme les législateurs de l'Antiquité, Numa, Psaphon et Moïse, mais il ne s'agit que d'un coup d'Etat, d'une imposture destinée à tromper le peuple, s'incrivant dans la tradition de celle perpétrée par Clovis.

Ce qui est emprunté à Charron est tout aussi marqué par la fortune de ces thèmes au sein du mouvement libertin français au XVIIe siècle : la critique de la superstition, par exemple, et la diversité des religions. Ce sont aussi les passages qui ont été soulignés par les apologistes comme particulièrement dangereux pour l'orthodoxie[73]. Ce thème de la diversité des religions est responsable de ce que l'on a essayé d'attribuer à P. Charron la paternité d'un traité des trois imposteurs. C'est sur ce

---

72. Cf. Tite-Live, *Ab urbe condita*, I, XVIII, 4–5; Valère Maxime, liv. I, «De simulata religione»; Ovide, liv. XV (Numa, Egérie); Plutarque, *Vie de Numa*, en particulier IV-2, IV-11, VIII-10 et XIII-2; Lactance, *De falsa religione*, 1–22, Migne *P. L.* 6, col. 243 : «Quod ut faceret aliqua cum auctoritate, simulavit cum dea Egeria nocturnos se habere congressus... Nec difficile sane fuit persuadere pastoribus...». Le texte de Lactance est repris par le *Theophrastus redivivus*, III-2, fo. 254; Denys d'Halicarnasse, *Antiquitatum romanarum*, liv. II, LX-5; Cicéron, *Des lois*, liv. I, I-4, etc.

73. cf. Marin Mersenne, *L'impiété des déistes, athées et libertins de ce temps*, chez P. Billaine, Paris, 1624. I, 194, I, 220, etc. F. Garasse, *La Doctrine curieuse des beaux esprits de ce temps, ou prétendus tels*, Paris, Sébastian Chappelet, 1623.

même thème qu'Orasius Tubero mulipliait les variations dans le but d'établir que les cultes sont liés à la coutume, que l'on est, comme l'écrivait le théologal de Condom après Montaigne, « circoncis, baptisé, Juif et Chrestien avant que l'on sçache que l'on est homme» et que «[Les religions et créances] sont, quoy qu'on dise, tenües par mains et moyens humains»[74].

Quant à la critique de la superstition, elle aboutit chez Pierre Charron à une tentation déiste pour le Sage, comme dans les *Quatrains du déiste*, la religion populaire dont la fonction est purement sociale étant, au contraire, soumise à l'imagination, aux cérémonies et au culte extérieur[75].

L'artisan de cette version publiée par Levier et Johnson en 1719 avait à cœur d'établir explicitement cette dette à l'égard des grands courants du libertinage érudit français du xviie siècle, et il note avant de passer de sa version de l'*Esprit* à ce supplément qu'il lui donne :

> Nous nous bornerons à rapporter ce que deux célèbres modernes [Charron et Naudé] ont écrit sur ces Articles. Quoi qu'Ecclésiastiques l'un & l'autre, & par conséquent obligez à garder des mesures avec la supersition, on ne laissera pas néanmoins d'apercevoir au travers de leurs ménagemens & de leur *style catholique*, qu'ils disent des choses aussi libres et aussi fortes que nous. Vous allez en juger par vous mêmes.

Il conclut, avant de reprendre les développements de *l'Esprit* : «En effet, outre que les Extraits que nous avons donnez de Charron & de Naudé, sont excellens en eux-mesmes, c'est qu'ils conviennent parfaitement au but que nous nous sommes proposé dans cet Ecrit, de combattre la *superstition.*»[76]

En bref, on notera que l'artisan de cette version longue hérite de l'original tout ce qui ne concerne pas Numa Pompilius et ne provient ni de Charron, ni de Naudé; et que tout ce qu'il apporte est dû ou lié au libertinage érudit et à ses sources immédiates. Rien de ce qu'il ajoute n'est arbitrairement choisi, et il s'agit des sources identifiées par lui des développements, beaucoup plus nerveux et concis, de la version originale de l'*Esprit*. Si cette reconnaissance d'une dette à l'égard du libertinage est intéressante, elle entraîne cependant l'artisan de la version en vingt et un

---

74. Charron, *op. cit.*, II-5, p. 131 et p. 130.

75. Charron, *op. cit.*, II-5, p. 138 sq. « L'homme sage est un vray sacrificateur du grand Dieu, son esprit est son temple, son âme en est son image, ses affections sont les offrandes, son plus grand et solemnel sacrifice, c'est de l'imiter, le servire et l'implorer... Il ne faut toutesfois mespriser et desdaigner le service extérieur et public, auquel il se faut trouver et assister avec les autres... » (pp. 144–145).   76. Edition de 1719, chap. XI, §3, p. 126 et chap. XVII, §7, p. 183.

chapitres à des maladresses que n'aurait pas faites l'auteur de la version originale. Il commet en effet l'erreur, dans sa passion de restituer les sources, de ne pas savoir s'arrêter avant de tomber dans des contradictions assez visibles.

Il reprend de la première version de l'*Esprit* l'idée que le peuple est perfectible et la vocation de diffusion des idées libertines :

> Ce qu'il y a de certain, c'est que la droite Raison est la seule lumière que l'Homme doit suivre, & que le Peuple n'est pas aussi incapable d'en faire usage qu'on tâche de lui persuader. Si l'on faisoit autant d'efforts pour rectifier ses faux raisonnements, & pour le desabuser de ses vieux Préjugez, qu'on en fait pour l'entretenir dans les uns, & le confirmer dans les autres, il ouvriroit les yeux peu à peu, deviendroit susceptible de *Vérité*, & apprendroit que Dieu n'est rien de tout ce qu'il s'imagine[77].

Pourtant, il ajoute des considérations de G. Naudé sur le peuple qui sont, s'il se peut, plus radicales encore que celles de P. Charron reprises pp. 152–153 : « Le Peuple (j'entens par ce mot le Vulgaire, la tourbe & lie populaire, gens, sous quelque couvert que ce soit, de basse, servile & méchanique condition) est une Bête à plusieurs têtes, vagabonde, errante, folle étourdie, sans conduite, sans esprit ni jugement. »[78]

Le passage, qui semble presque tout entier tiré de Cicéron, est célèbre pour sa virulence et sa valeur exemplaire; il illustre une position commune au sein du libertinage érudit français du xviie siècle. Ce développement est repris presque textuellement par Naudé, que l'artisan de l'édition de 1719, qui commence avec Charron, recopie à la suite.

> Que Postel luy persuade que Jésus-Christ n'a sauvé que les hommes, et que sa mère Jeanne doit sauver les femmes, il le croira soudain… *Bref, si on le trompe et beffle aujourd'huy, il se lairra encore surprendre demain, ne faisant jamais profit des rencontres passez pour se conduire dans les présentes ou futures.* En ces choses consistent les principaux signes de sa grande faiblesse & imbecillité[79].

Quand l'auteur de l'*Esprit* en six chapitres écrit : « Les Ambitieux, qui ont toujours été de grands maîtres dans l'art de fourber, ont suivy cette route dans la fondation de leurs loix. Pour obliger le peuple à se soumettre de luy-même ils luy ont persuadé qu'ils les avoient receues d'un Dieu

---

77. *Ibidem*, chap. I, § 1, p. 51.　　　　　78. Charron, *op. cit.*, I-54, p. 396.

79. Edition de 1719, chap. XV, § 5, pp. 152–153. On notera que, sans le signaler, l'auteur passe, au sein du même paragraphe, de Charron (citation en réf.) à G. Naudé.

ou d'une déesse»[80], *La Vie et l'Esprit* restitue le passage original de G. Naudé : «Tous les Anciens législateurs voulant autoriser, affermir et bien fonder les Loix qu'ils donnoient à leurs Peuples, n'ont point eû de meilleur moyen de le faire, qu'en publiant & faisant croire avec toute l'industrie possible qu'ils les avoient recueus de quelque Divinité...»[81]. Suit tout le chapitre des *Considérations*.

La méthode de l'auteur de l'*Esprit*, que nous avons plusieurs fois décrite, est clairement mise en évidence par l'artisan de la version de 1719, qui souligne la fonction de mots-clés et d'expressions familières qui appellent immédiatement, pour le lecteur averti, toute une tradition philosophique ou, quand il s'agit d'un auteur, tout un passage de sa démonstration.

Ainsi, quand la première version de l'*Esprit* disait, au chapitre III, 5 : «Cette semence de religion...», il était clair pour le lecteur qu'il renvoyait à P. Charron, dont le passage est célèbre : «Outre ces semences & inclinations naturelles à la superstition plusieurs lui tiennent la main et favorisent pour le gain & proffit grand qu'ils en tirent.»[82] Cette même expression «les semences naturelles de la religion» est reprise par Hobbes au chapitre XII, «De Religione», très largement cité du §1 au §9 du chapitre III de l'*Esprit* (en six chapitres).

Au chapitre III, 5, la formulation choisie par l'auteur de l'*Esprit* : «Cette semence de religion, sçavoir l'Espérance et la Crainte... a produit ce grand nombre de créances bizarres qui sont cause de tant de maux et de tant de révolutions qui arrivent dans les Etats», évoque plusieurs lieux célèbres de *La Sagesse* de Charron : le premier déjà cité, les autres faisant référence au caractère étrange des croyances religieuses[83]. On remarquera que ces différents passages sont repris au chapitre XIV, 5 sq. de l'édition de 1719 («Toutes les religions ont cela, qu'elles sont estranges et horribles au sens commun...»).

On peut faire apparaître plusieurs strates de sources; ainsi Charron transparaît sous le discours de Hobbes, où il est bien perçu par les rédacteurs du texte qui sera édité en 1719. Le *Leviathan* ici, outre les évocations de la *Sagesse*, relaie très largement le *De natura deorum*—pour l'évhémérisme notamment. En synthétisant plusieurs sources de la même tradition, Hobbes joue pour l'*Esprit* le rôle d'auteur-relais. Il

80. L'*Esprit*, chap. III, §9.
81. Gabriel Naudé, *Considérations politiques sur les coups d'Etat*, sur la copie de Rome, La Haye, 1712, p. 133; repris dans *La Vie et l'Esprit*, édition de 1719, chap. XVIII, §1, p. 167.
82. Charron, *op. cit.*, II-5, p. 137. *La Vie et l'Esprit*, édition de 1719, chap. XV, §5, p. 152.
83. Charron, *op. cit.*, II-5, pp. 119, 123, 127, 129, etc.

intervient comme intermédiaire entre une tradition philosophique dont les thèmes et les sources sont bien connus et la formulation qui lui est empruntée par l'auteur de l'*Esprit*. Dans la même ligne de pensée, Charron et La Mothe Le Vayer donnent sur le même thème un commentaire des même passages de Cicéron.

On pourrait multiplier ce type d'exemples, car la familiarité de l'auteur avec les textes est telle que les expressions marquantes lui viennent tout naturellement sous la plume; la version en vingt et un chapitres de *La Vie et l'Esprit de Spinosa* le confirme en réintroduisant le passage-source dans le texte même. L'emploi de mots-clés est, avec le collage et l'utilisation d'auteurs-relais, une caractéristique de la méthode d'écriture, qui est le reflet du mode de lecture, de l'auteur de la version primitive.

Voici pour les caractéristiques essentielles de l'édition de 1719, l'un de ses intérêts essentiels consistant dans le fait qu'elle permet une vérification de la lecture que l'on donne de l'*Esprit*, en restituant celle d'un homme cultivé du début du XVIIIe siècle.

La question du spinozisme de l'édition de 1719

L'hypothèse du spinozisme de l'édition de 1719 supposerait, dans l'édition, une présence de Spinoza plus importante ou plus systématique que dans la version originale de l'*Esprit*.

S'il s'agit de la présence dans le texte des extraits du *TTP* au chapitre I, et de l'appendice au livre Ier de l'*Ethique*, traduit dans sa presque totalité, on a vu qu'ils ne caractérisent pas cette version, mais bien celle de l'*Esprit* en six chapitres qui lui sert de base, et à cet égard « l'auteur » de *La Vie et l'Esprit de M. Benoît de Spinosa* en vingt et un chapitres hérite des développements de l'*Esprit* qu'il se borne à réécrire partiellement.

L'hypothèse d'un traité spinoziste pourrait reposer aussi sur quelques allusions de P. Marchand, qui note à propos de la *Vie de Spinosa* dans *La Vie et l'Esprit de M. Benoît de Spinosa* et à propos du catalogue de ses œuvres, qu'ils sont dûs à : «Richer la Selve [Ch. Levier], Homme extrêmement infatué du système de Spinosa, quoiqu'il ne fût nullement en état de le lire en original, & n'eut aucune teinture des connoissances abstraites qu'il suppose ». [84]

Voilà un bien curieux spinoziste, s'il faut entendre le mot comme nous l'entendons aujourd'hui pour qualifier quelqu'un qui ait une compétence particulière pour comprendre la philosophie de Spinoza et un attachement particulier à cette pensée. Il semble bien qu'il n'en soit rien ici.

---

84. Marchand, *Dictionnaire*, p. 325.

G. Fritsch ne semble pas plus impressionné par cet «esprit bouffon» et qualifie de «marotte» son intérêt pour les ouvrages tels que l'*Esprit de Spinosa*. Quant aux œuvres de Levier, l'*Histoire de l'admirable don Inigo de Guipuscoa* ne trahit pas plus son spinoziste que sa très médiocre réponse à La Bruyère sur le chapitre des esprits forts[85]. Sa bibliothèque non plus ne reflète pas un intérêt particulier pour les œuvres de Spinoza. Elle comporte en effet ses ouvrages, contient aussi—et parfois en plusieurs exemplaires—ceux de Descartes, mais on n'y voit pas figurer les ouvrages de controverse spinoziste. Quant aux commentaires de Levier sur *Les Aventures de Jacques Sadeur dans la découverte et le voiage de la terre australe* de G. de Foigny, l'auteur d'une note manuscrite ajoutée à la fin du volume crut y voir une inspiration spinoziste, mais il s'agit d'un contresens[86].

P. Marchand revient sur le sujet du spinozisme un peu plus loin dans son article, pour noter : «Au lieu que l'ancien De tribus Impostoribus ne passe que pour l'ouvrage d'un simple Déiste, celui-ci est l'Ouvrage d'un spinoziste achevé.»[87]

On remarquera que P. Marchand, c'est là l'une des ces confusions évoquées en commençant, parle ici, non de *La Vie et l'Esprit de Spinosa* en vingt et un chapitres publiée en 1719, mais des *De tribus impostoribus* «modernes» et, en outre, ne précise pas de quel texte il parle. Mais ce que nous voulions souligner regarde l'usage des mots. On remarquera que, lorsqu'il dit «spinoziste», il ne désigne pas le tenant d'une école philosophique, et «spinoziste» ne s'oppose pas à cartésien, ou épicurien, mais à «Déiste», ce qui implique qu'il faut entendre par «spinoziste» une gradation dans l'incroyance, quelque chose qui se situerait entre le «simple déisme» et l'athéisme, selon l'usage du temps, quand spinozisme et athéisme ne sont pas rigoureusement regardés comme synonymes; il s'agit là de choses trop connues pour que l'on y insiste. P. Marchand insiste d'ailleurs sur l'irreligion et l'impiété de ceux qui ont préparé cette édition.

Ainsi, il semble qu'il faille nuancer l'importance du spinozisme dans l'édition de 1719, car les seules additions au texte, qui la caractérisent, proviennent d'une tout autre tradition philosophique. C'est bien plutôt la plus ancienne version du texte qui, associée à la *Vie de M. de Spinosa*,

---

85. Levier, « Critique du chapitre des esprits forts de La Bruyère», B. U. de Leyde, fonds Marchand, 68.

86. B. U. de Leyde, Ms. 701 F 16. L'indication des notes manuscrites de C. Levier, à la fin du volume, est donnée par S. Berti, *op. cit.*, p. 24, qui, malgré des réserves, cite le passage comme une illustration du spinozisme de C. Levier.   87. Marchand, *Dictionnaire, op. cit.*, p. 325.

nous paraît plus probablement issue de cercles spinozistes, véhiculant une lecture de Spinoza en apparence plus conforme à celles que l'on en faisait à la fin du XVIIᵉ siècle.

On se souviendra, par ailleurs, que l'intervention de Levier se borne à l'édition et à l'addition d'un avertissement et du catalogue des œuvres de Spinoza.

Quant à l'Avertissement, visiblement ironique, il constitue une sorte de publicité pour le livre, de celles qui irritent P. Marchand, en insistant sur Spinoza pour assurer le scandale et le succès de la publication en affirmant : « C'est aux habiles Gens capables de le refuter, qu'on aura soin de distribuer ce petit nombre d'Exemplaires. On ne doubte point qu'ils mènent battant l'Autheur de cet Ecrit monstrueux, & qu'ils ne renversent de fond en comble le Système impie de Spinosa sur lequel sont fondés les sophismes de son disciple. »

Le disciple est Lucas, auquel renvoie l'édition de 1719 comme à l'auteur de la version originale de l'*Esprit*, attribution qui semble alors généralement admise. On notera, par ailleurs, qu'il n'est pas sûr que les artisans de cette version aient précisément évalué le rôle de Spinoza dans l'*Esprit*, aucune des notes de l'édition ne signalant les emprunts à l'*Ethique* ou au *TTP*.

On peut penser que le nom de Spinoza, à peine moins scandaleux que le blasphème des trois imposteurs, associé à la rareté proclamée dès l'Avertissement, devait justifier un prix de vente élevé de l'ouvrage. Cependant, on l'a vu, l'insertion de l'appendice au livre premier de l'*Ethique* n'est pas une nouveauté propre à cette version, mais une caractéristique de la forme primitive du texte qui circule depuis longtemps manuscrite.

Il faut par ailleurs rappeler que, tant par sa vocation—annoncée par l'Avertissement—que par son histoire, l'édition n'a connu qu'une diffusion confidentielle, bien inférieure à celle du manuscrit de l'*Esprit* en six chapitres, beaucoup plus largement répandu. « Les deux éditions [1719 et 1721, sont] extrêmement rares & pratiquement inconnues », remarque P. Marchand[88].

Ainsi le privilège de l'édition comme véhicule d'une diffusion plus large n'a pas joué pour celles-ci. Le sort de l'édition Levier est comparable à celui de la première édition des *Considérations politiques sur les coups d'Etat* de G. Naudé, bien qu'en aient été tirés beaucoup plus d'exemplaires, ensuite détruits. On ne peut donc pas dire que l'édition de 1719 ait dû assurer un large accès aux extraits du *TTP* ou de l'*Ethique*, que rien

88. *Ibidem.*

ne signale dans le texte, pas plus que dans la version primitive. Il serait d'ailleurs tout aussi faux de dire que l'édition de 1719 avait disparu et a été retrouvée de façon aussi surprenante qu'inattendue.

A la demande de Fritsch, Marchand ajoute au brouillon de son article les circonstances de la destruction de 300 exemplaires de l'édition Levier[89]. Cette anecdote, que rien ne permet de mettre en doute, éclaire sur la rareté du texte. Le tirage sans doute était restreint et les quelque 300 exemplaires détruits n'ont pas dû en laisser beaucoup en circulation.

Quant à la rareté actuelle du texte, elle semble s'expliquer par ces circonstances. Mais on ne peut dire, parce qu'un texte est rare, qu'il a disparu.

Cela ne serait vrai que de la seule copie de Halle, mais il convient de ne pas accorder une importance démesurée à l'anecdote rapportée par Wolf[90] qui l'aurait consultée juste avant sa disparition, et en signalait une à Londres. La disparition de l'exemplaire de Halle ne signifiait pas la disparition de l'ouvrage, dont on connaissait au moins deux exemplaires en Europe, décrits respectivement par J. Vercruysse pour celui de la Bibliothèque Précieuse de Bruxelles, et par I. Sonne en 1933[91], comme nous avons déjà eu l'occasion de le rappeler, pour l'exemplaire de Florence, rigoureusement semblable à celui de Bruxelles. Citons également celui de Francfort, dont nous avons signalé l'existence, et dont nous ne devons la découverte qu'à une recherche systématique dans quelques bibliothèques allemandes.

Les reliures sont différentes, comme on pouvait s'y attendre, les ouvrages étant généralement vendus brochés, et reliés par leur possesseur.

89. Marchand 2, Lettre de Gaspard Fritsch à P. Marchand du 17 janvier 1740. «Mais ce mourceau mérite pourtant que vous y missiés la dernière main pour le rendre publiq; sans oublier la cérémonie funèbre de l'Anéantissement de la Vie [et l'Esprit, rajouté à la ligne au-dessus] de Spinosa. Je vous prie de gagner cela sur votre modestie.»

90. On notera que A. Wolf, dans l'ouvrage cité, met en parallèle le manuscrit «Towneley» et le manuscrit 2235 de l'Arsenal. Cela ne peut se faire qu'à propos de la *Vie de Spinosa* car, contrairement à ce qu'annonce son titre, le manuscrit 2235 de l'Arsenal ne comporte pas l'*Esprit*. A. Wolf ne semble pas s'en être aperçu, car il donne comme équivalents les Mss. 2235 et 2236. Or ce dernier, plus récent comme il le note justement, comporte bien l'*Esprit*. Cette erreur qui semble prendre sa source dans l'inventaire de I. O. Wade qui ne signale pas le fait, connaîtra une réelle fortune. Il est clair qu'il ne peut s'agir d'une confusion avec le manuscrit 2236 dont les caractéristiques sont différentes. Cet exemple d'un texte qui porte comme titre *La Métaphysique et l'Ethique de Spinosa, son Esprit et sa Vie* et ne comporte pas l'*Esprit*, n'est pas isolé. Le Ms. 237 d'Auxerre présente les mêmes caractéristiques alors que les Ms. 235–236 comportent l'*Esprit*.

91. Jeroom Vercruysse, «Bibliographie descriptive des éditions du *Traité des trois imposteurs*», in *Tijdschrift van de Vrije Universiteit Brussel*, 1974–75-1, pp. 65–70; I. Sonne, «Un manoscritto sconosciuto delle «adnotationes» al trattato teologico-politico di Spinoza», *Civiltà Moderna*, XI, 1933, n° 3–4, pp. 305–312.

La copie de Francfort est aux armes des Dolgorouki. On en trouverait sans doute d'autres dans les bibliothèques européennes, que des recherches systématiques ne devraient pas manquer de révéler. Il reste que le texte demeurera extrêmement rare. En 1986, M S. Berti décrivait un exemplaire un peu différent trouvé à la bibliothèque universitaire de Los Angeles[92].

Ainsi, on le voit, le texte n'avait jamais totalement disparu, et il semble que, si on ne l'avait pas trouvé, c'est qu'on ne l'avait jamais véritablement cherché.

Le Fameux Livre des trois imposteurs

A côté de cette version tardive le *l'Esprit*, il faut signaler le *Fameux Livre des trois imposteurs* qui, parallèlement, reprend l'*Esprit de Spinosa. La Vie et l'Esprit* réactualisait l'*Esprit* en mettant en évidence sa dette à l'égard du libertinage érudit français et en donnant les sources du texte initial. *Le Fameux Livre des trois imposteurs*, lui, utilise une autre méthode. Il développe l'explication des miracles par les causes naturelles chère aux padouans, que l'on retrouvera à l'œuvre chez Spinoza, et il reprend à son compte la démonstration de l'imposture de Moïse et de Jésus-Christ, qu'il développe à l'aide de nouveaux exemples reposant sur la même méthode de désacralisation.

Le Fameux Livre est précéde de la *Dissertation sur le Livre des trois imposteurs*, publiée chez Sheurleer en 1716 avec quelque modifications, sous le titre de *Réponse à M. B. de la Monnoie* et de la Lettre de Frédéric à Othon son très cher ami, destinée à corroborer les affirmations de la *Réponse* et à faire passer une version remaniée de l'*Esprit de Spinosa* pour le fameux traité mis en forme par P. des Vignes. La *Dissertation* a toujours été, selon nous, destinée à servir de préface au *Fameux Livre*, ce que vient confirmer, s'il était nécessaire, une remarque de la *Réponse* (imprimée) : «Ainsi, quoique ce livre soit en état d'être imprimé, avec une préface dans laquelle j'ai fait l'histoire de ce livre, avec quelques conjectures sur son origine, outre quelques remarques qu'on pourrait mettre à la fin, cependant je ne crois pas qu'il voie jamais le jour...»[93]

La *Réponse* et la *Dissertation* varient sur deux points importants. La *Réponse* ne comporte plus les éléments de la *Dissertation* empruntés à celle de La Monnoie concernant les diverses attributions d'un *De tribus impo-*

---

92. Silvia Berti, «*La Vie et l'Esprit de Spinosa* (1719) e la prima traduzione francese dell'*Ethica*», in *Rivista Storica Italiana*, XCVIII-1, 1986.

93. *Réponse à la Dissertation de Mr. de la Monnoye sur le Traité des trois imposteurs*, reprint de l'édition de 1777 par Pierre Rétat, Université de la région Rhône-Alpes, Saint-Etienne, 1973, p. 145.

storibus. Mais elle comporte en revanche une description très précise du manuscrit qu'elle est censée introduire, qui n'est pas le *Fameux Livre*, mais le *Traité-bis* distribué comme l'*Esprit de Spinosa* en six chapitres. Nous avons tendance à voir dans cette substitution une confusion de plus, dûe sans doute à l'éditeur. La *Réponse* comporte par ailleurs des indications étrangères à la *Dissertation*, notamment tout ce qui concerne l'Abbé Guillaume. Ce qui nous empêche d'admettre que ce texte ait dû servir de préface à l'*Esprit de Spinosa*, sous le titre de *De tribus impostoribus*, est notamment le fait que celui-ci, lors de son édition par M. Böhm, toujours selon P. Marchand, ne comportera ni la *Dissertation*, ni la *Lettre de Frédéric à Othon* dont elle est inséparable. Le texte imprimé de la *Réponse* nous semble postérieur à celui de la *Dissertation* dont il reprend les éléments, et peut avoir été destiné au *Traité-bis*.

On notera qu'une Réponse de B. de la Monnoie à la *Réponse* souligne le caractère fantaisiste de ce dernier texte sur des arguments empruntés au style de P. des Vignes, qui ne pouvait être auteur du *Traité* résumé dans l'édition, lequel n'est autre que l'*Esprit de Spinosa* en six chapitres. Leibniz avait manifesté à l'égard des circonstances contenues dans la *Réponse* le même scepticisme [94].

Tout d'abord, il convient de s'arrêter sur la *Réponse* attribuée à Jean Rousset de Missy sur la foi d'une lettre de G. Fritsch à P. Marchand [95]. Ce texte, qui prend le titre de « Réponse à M. de la Monoie sur le sujet des trois imposteurs » dans l'édition qui en est donnée par Scheurleer en 1716, est intitulé, dans les manuscrits du *Fameux Livre*, « Dissertation sur le livre des trois imposteurs » et paraît dans les éditions tardives du *Traité des trois imposteurs* sous la signature de P. F. Arpe, un Allemand de Kiel de passage en Hollande entre 1712 et 1716, auteur d'une *Apologia pro Vanino* éditée par Fritsch & Böhm en 1712 [96]. Il n'est pas possible de discuter ici la

94. Marchand 2, Lettre de Fritsch à Marchand du 7 novembre 1737 : « A l'égard de la narration entre Frecht et Tausendorf, c'est une fable des plus fieffées. Je m'en suis enquis autrefois à Frankfort, car l'Histoire n'existe que depuis 1704. Elle est parfaitement ignorée de tout le monde. Ce qui s'est dit de la commission d'un Prince de Saxe pourrait avoir quelque rapport avec celui de Saxezeitz qui avait un assortiment assés nombreux de livres d'irréligion dans sa belle bibliothèque et les payait bien : mais telle chose seroit passée par les mains de son pourvoyeur Weidman, qui assurément n'auroit pas laissé courir une nouvelle pareille sous le boisseau. »
Cf. également la lettre de Leibniz, dans le manuscrit du Prince Eugène, O. N. B., Ms. 10450, 2.

95. Marchand 2, Lettre de Fritsch à Marchand du 7 novembre 1737 : « Je suis bien aisé de sçavoir que le S. Rousset est l'Auteur de la *Réponse*. »

96. P. F. Arpe, *Apologia pro Vanino*, Fritsch & Böhm, 1712. Arpe connaissait le *De tribus impostoribus* ou plus exactement la copie de Mayer, mais il l'attribuait à Johannes Joachim Müller—auteur du seul Supplément—sous le titre de *De tribus tabernaculis*, au lieu de *De comitiis thaboriticis*. Sur ce point, on verra Gericke, *op. cit.*, pp. 27–28. Le fait qu'Arpe connaisse le traité (« Deum esse, eumque colendum esse... ») et ait témoigné de cette connaissance dans sa correspondance peut

source de cette attribution. On la verra étudiée dans ce volume par Martin Muslow, qui a repris les correspondances de Leibniz, de la Croze, Mosheim et de Von Uffenbach avec Arpe.

Ce dernier affirmait en 1728 ne pas croire à l'existence d'un *De tribus impostoribus* : «Je suis convaincu, écrivait-il, que ce livre détestable n'a jamais existé. Je partage intimement l'opinion de M.B. de la Monnoie.»[97]

Les circonstances de la découverte du manuscrit des trois imposteurs dans la Réponse

Les circonstances de la découverte et de la prétendue traduction en français du fameux manuscrit des trois imposteurs décrites dans la *Réponse* ne sont pas sans évoquer certaines de celles que l'on retrouve par bribes à travers la correspondance de Fritsch ; certaines circonstances, ou ce que l'on sait des protagonistes. Le texte de la *Réponse* est, on l'a vu, publié par H. Scheurleer, qui est en relation assez étroite avec J. Rousset de Missy[98]. Cela pourrait constituer un élément en faveur de l'attribution à J. Rousset de Missy. L'édition porte la date d'une lettre de Leyde du 1er janvier 1716. L'an 1716 est aussi la date des copies du *Fameux Livre*, toutes les deux issues de la bibliothèque d'Eugène de Savoie et comportant la *Dissertation sur le Fameux Livre des trois imposteurs*, dont l'original est nécessairement antérieur, bien que l'on ne puisse le dater avec précision. On peut cependant remarquer que les deux manuscrits du *Fameux Livre* (Munich et Cracovie) qui renvoient systématiquement à *La Vie et l'Esprit de M. Benoît de Spinosa* (en vingt et un chapitres) nous amènent à considérer ces deux textes comme contemporains. La date la plus tardive pour les deux est celle de 1716 indiquée sur les deux copies. Le texte de *La Vie et l'Esprit* ne pouvait, on s'en souvient, être antérieur à 1712, date de l'édition des *Considérations politiques* de G. Naudé utilisée pour l'élaboration de cette version. On peut donc raisonnablement penser que les deux textes, élaborés conjointement, le sont entre 1712 et 1716.

expliquer que son nom soit utilisé pour renforcer la confusion entre le *Traité des trois imposteurs* et le traité latin supposé ancien, bien qu'il n'ait en fait rien à voir avec le fameux traité de P. des Vignes recherché.

97. In Michaud, *Biographie universelle*, entrée «Arpe».

98. Rousset aurait revu les traductions par Henri Scheurleer de l'*Atlantis* de Mme Manley et le *Discours* de Collins sur la liberté de penser. Il brosse de Scheurleer à P. Marchand un portrait qui montre qu'il le connaît bien : «Vous savez bien que M. Scheurleer n'est pas homme à politesses...» Dans une autre lettre à P. Marchand, également sans date, on le voit qui s'interpose entre les deux libraires et écrit à Marchand : «Je commencerai par vous témoigner le chagrin que m'a fait les nouvelles impertinences de Scheurleer à votre égard. Je lui ai écrit naturellement ce que j'en pense, et cela ne luy a pas plû... J'aurais fait que vous soyez païez directement des cinq mois dûs sans que vous passiez par les mains de cet intraitable original.»

Dans le texte de la *Dissertation*, le narrateur prétend avoir découvert chez un libraire à Francfort sur le Mein, en 1706, plusieurs ouvrages rares qu'un officier allemand nommé Tawsendorf tentait de vendre sans pouvoir en obtenir le prix qu'il demandait. Il se trouve dans la boutique du libraire en compagnie d'un prêteur sur gage juif et d'un ami, un théologien protestant nommé Frecht qui, ayant déjà rencontré l'officier allemand, renoue connaissance et obtient, l'ayant conduit à son auberge et le vin de Moselle aidant, qu'il lui prête les manuscrits à la condition qu'il n'en prendra pas de copies. Cette promesse étant tenue «ad mentem interrogantis», les deux amis en font une traduction hâtive du latin en français, chacun d'eux en conservant un exemplaire. Ce texte est présenté comme le fameux et ancien traité *De tribus impostoribus* attribué à Frédéric II, qu'aurait rédigé son secrétaire Pierre des Vignes. Les manuscrits restitués à Tawsendorf, qui les avait dérobés dans la Bibliothèque de l'Electeur de Saxe, lors de la prise de Munich après la bataille d'Hoschtet, sont finalement vendus au libraire qui avait ordre de les racheter pour le compte du Prince auquel ils avaient été dérobés. Avec l'argent de la vente, l'officier peut s'équiper pour de nouvelles batailles, et nos deux amis nous donner à son insu et sans bourse délier le fameux traité.

Outre la fraude qui préside à la reproduction du texte, on notera l'insistance sur la valeur marchande des ouvrages. Quant à l'histoire que nous conte l'auteur de la *Dissertation*, elle mérite quelque attention.

Si l'on remplace par jeu, Tawsendorf par Hohendorf, et Frecht par Fritsch, le texte prend une tout autre dimension. Hohendorf, émissaire du Prince Eugène de Savoie, support de sa diplomatie secrète, est un officier brave et cultivé, bibliophile et collectionneur, esprit original et curieux. Il se constitue une remarquable bibliothèque[99] en même temps qu'il achète livres et manuscrits pour Eugène de Savoie. Ce Prince est, comment on sait, le grand vainqueur de la bataille d'Hoschtet qui ouvrit la route de Munich. On se souvient par ailleurs que J. Rousset de Missy est auteur d'une description de la bataille d'Hoschtet et d'une vie du Prince Eugène[100]. Il aurait lui-même combattu contre la France à Malplaquet, victoire d'Eugène et de Marlborough. Comme simple soldat, il se trouve combattre les armées de Louis XIV. Eugène de Savoie, de son côté, qui est un farouche adversaire de la France de Louis XIV, s'est mis au service de l'Autriche.

99. *Bibliotheca Hohendorfiana, ou catalogue de la Bibliothèque de Feu Monsieur George Guillaume baron de Hohendorf*, La Haye, Abraham de Hondt, 1720.

100. Jean Rousset de Missy, *Histoire du Prince Eugène*, sévèrement jugée par le Prince le Ligne, lui-même auteur d'une histoire d'Eugène de Savoie.

Peu à peu, l'histoire rocambolesque offerte au lecteur et dont G. Fritsch affecte de se scandaliser[101], présente quelques ressemblances avec des circonstances et des personnages ayant existé. L'épisode évoqué du vol des manuscrits par l'officier allemand qui s'avance seul dans la bibliothèque de l'Electeur de Saxe, rappelle le vol des manuscrits de Louis XIV par Jean Aymon laissé seul dans la bibliothèque royale.

On notera que les ouvrages dérobés par Tawsendorf comportent un imprimé attribué à G. Bruno : *Lo specchio della bestia triomphante* [*sic*] — *Lo spaccio della bestia trionfante* — dont, remarque l'auteur, Toland a donné une edition en 1713. P. Marchand nous apprend que celui-ci tenait cet ouvrage pour le *Traité des trois imposteurs*[102].

Le second texte est un manuscrit, celui dont l'auteur nous donne la copie, qui est une version modifiée de l'*Esprit de Spinosa* qui est, lui aussi, censé être le fameux traité dicté à P. des Vignes par Frédéric II. Le troisième, qui est « un système d'athéisme démontré », évoque irrésistiblement le *Theophrastus redivivus*, ce que confirme le rapprochement des passages de Cicéron cités par l'auteur de la *Dissertation sur le livre des trois imposteurs* de ceux utilisés par l'auteur du *Theophrastus*. Le texte de la *Réponse* diffère ici de celui de la *Dissertation sur le livre des trois imposteurs*, qui donne du texte la description suivante :

> L'autre manuscrit étoit aussi latin & sans titre comme le précedent. Il commençoit par ces mots qui sont de Cicéron dans son premier livre *De Natura Deorum* : *qui Deos esse dixerunt tanta sunt in varietate & dissentione; ut eorum molestum sit annumerare sententias.*
>
> *Alterum fieri profecto potest ut earum nulla alterum certe non potest, Ut plus una vera sit. Summos quos in Republica obtinuerunt honores Orator ille Romanus eaq; quam servare famam studiose curabat in causa fuere quod in concione Deos non esse ausus sit negare quanquam in Concessu Philosophorum &c.* [103]

101. Marchand 2, Lettre de Fritsch à Marchand du 7 november 1737 : « Il ne reste donc rien à dire de toute la tirade, que, O! le Mensonge horrible et l'impudence extrême. »

102. Marchand, *Dictionnaire*, *op. cit.*, p. 318 : « Si l'on en veut croire Toland, l'Ouvrage si renommé depuis longtemps sous le titre de *de tribus impostoribus* n'est autre chose que ce *Spaccio de la Bestia trionfante* ». Marchand ajoute : « Il n'en fit tirer qu'un assez petit nombre d'exemplaires, afin de les mieux vendre. » Une lettre d'Allamand à P. Marchand, s.d., rapporte : « Je sors de la vente de Thomps où j'ai vu vendre pour 130 florins le Spacchio (sic) della Bestia trionfante. En donneriez-vous bien autant?... ».

103. *Dissertation sur le livre des trois imposteurs*, Munich Gal 415, Cracovie; B. Jagellone, Ms. 6219, p. 10. Dans la *Réponse* imprimée, le texte, qui a été vérifié sur le *De natura deorum*, omet curieusement la fin de la citation où se trouvent, précisément, les mots qui ouvrent le *Theophrastus redivivus*.

La citation ne se retrouve pas telle quelle dans le *Theophrastus redivivus*, qui s'ouvre sur les derniers mots de celle-ci : «Difficile est negare deos si in concione quaeratur sed in familiarium sermone & consessu facillimum, ait Cicero.»[104] Les deux textes renvoient pour cette phrase au *De natura deorum*, I, 22, 61 : «Difficile est negare. Credo si in contione quaeratur sed in hujusmodi sermone et consessu facillimum.» Le début de la citation se trouve plus loin dans le *Theophrastus* : «Res enim nulla est, inquit Cicero, de qua tantopere non solum indocti sed etiam docti dissentiant, iique in magna varietate constituti sunt : quorum tamen opiniones cum tam variae sint, tamque inter se dissidentes, alterum profecto fieri potest ut earum nulla alterum certe non potest, ut plus una vera sit.»[105]

Il semble, tant d'après les citations que d'après la mention synthétique d'un «système d'athéisme démontré», que l'auteur ait eu du *Theophrastus* une meilleure connaissance qu'il ne veut le dire.

Les trois ouvrages en possession de Tawsendorf figurent en réalité dans la bibliothèque personnelle du Baron de Hohendorf, reliés tous les trois en maroquin rouge[106].

Les références à Hohendorf deviennent alors transparentes. Il faut noter toutefois que c'est un manuscrit du *Spaccio della Bestia trionfante* qu'il possède, suivi dans l'inventaire imprimé de la mention suivante : «Ms. fait sur l'imprimé, qui est un des plus rares livres que l'on connaisse, l'auteur est le fameux Giordano Bruno». Les trois ouvrages, dont le titre a été supprimé, ont en commun d'être, l'un, le prétendu *De tribus impostoribus* et les deux autres d'avoir été considérés comme tels, le premier par Toland, le dernier par P. Marchand. Mais, plus encore, ils constituent des symboles de l'athéisme et de l'hétérodoxie.

La date de 1706 donnée par l'auteur pour la découverte de l'ouvrage, est celle de la première apparition de Hohendorf, en juin, lors des campagnes d'Italie, dans l'entourage du Prince Eugène, après avoir été exclu du service de la Maison de Brandebourg pour jeu, dettes, errances et autres aventures. Il sera chargé par Eugène de Savoie de missions diplomatiques délicates en 1708 à Düsseldorf, en avril 1711 à la Haye, qu'il quitte en juin pour l'Angleterre, en 1713 puis en 1716 à Paris. Au cours de ces séjours, il ne manquera pas de se procurer les livres utiles ou curieux qui enrichiront sa bibliothèque et celle du Prince Eugène.

---

104. *Theophrastus redivivus, op. cit.*, I-1, p. 27 (fo. 17 du manuscrit).
105. *Ibidem*, I-4, p. 135 (fo. 90 du manuscrit); Cicéron, *De natura deorum*, I, 11-5.
106. *Bibliotheca Hohendorfiana, op. cit.*, tome III, volumes reliés en maroquin rouge et dorés sur tranche.

Quant au lieu de la découverte du manuscrit, il n'est pas fortuit, Francfort étant la ville ou se tenait la réunion des princes convoqués par Frédéric, au cours de laquelle il est censé avoir proféré publiquement le blasphème des trois imposteurs[107].

Quant aux circonstances, elles s'éclairent quand on les compare à celles décrites par la lettre de G. Fritsch à P. Marchand du 17 janvier 1740, où il raconte comment Levier copia chez lui, «fort précipitamment», le manuscrit de B. Furly—l'*Esprit*—qui y avait été apporté par son propre frère. Dans le «roman» de la *Dissertation sur le livre des trois imposteurs*, Frecht et l'auteur «traduisent» pendant la nuit en toute hâte le manuscrit confié par Tawsendorf. Un détail cependant différencie le compte-rendu de Fritsch et le récit de l'auteur de la *Dissertation* : Frecht et son ami font deux exemplaires de leur traduction. G. Fritsch pensait que Charles Levier n'avait fait qu'une copie du manuscrit de B. Furly, restée en sa possession. Les situations cependant ne sont pas sans présenter des similitudes assez claires pour les initiés auxquels s'adressent la *Dissertation* puis la *Réponse*, assez dans le goût de temps. Mais ce ne sont là, naturellement, que des conjectures.

Par ailleurs, si les deux copies auxquelles fait référence l'auteur de la *Dissertation* et de la *Réponse* sont bien deux copies du manuscrit appartenant au Baron de Hohendorf, c'est à dire l'*Esprit de Spinosa*, le texte nous donne une clé. En supposant que ces deux copies soient, l'une aux mains de Frecht/Fritsch (et Levier?), l'autre en la possession de l'auteur de la *Réponse*, elles donneraient, d'une part *La Vie et L'Esprit de M. Benoît de Spinosa*, et de l'autre le *Fameux Livre*. Si, comme l'assure P. Marchand, J. Rousset de Missy appartient à la première équipe comme correcteur, et s'il est bien, comme l'affirme la lettre de Fritsch[108], l'auteur de la *Dissertation*—de la *Réponse*—, il serait alors l'auteur du *Fameux Livre* auquel elle sert de préface et dont on ne peut la dissocier. La désignation même de *Fameux Livre des trois imposteurs* évoque à dessein le fameux traité de P. des Vignes, comme le développera la mise en scène de la *Dissertation*, précédee de la *Lettre de Frédéric à son ami Othon*, qui constituent à notre sens un ensemble. J. Rousset de Missy, mêlé à la production de ces deux versions tardives de l'*Esprit*, pourrait rendre compte de la rédaction conjointe de ces deux versions, dont on a vu sur le manuscrit de Munich qu'elles renvoient l'une à l'autre, et que la seconde est présentée

---

107. *Historiae Erphesfordensis Scriptoris de Landgraviis Thuringiae*, 1426 (?), cité par Mario Esposito, *Una manifestazione d'incredulità religiosa nel medioevo*, Firenze, La Nuova Italia, 1942.

108. Marchand 2, Lettre de G. Fritsch à P. Marchand, déjà citée : «Je suis bien aise de sçavoir que le S. Rousset est l'auteur de la *Réponse*.»

comme une copie du manuscrit provenant de la bibliothèque d'Eugène de Savoie.

Encore une fois, il s'agit là d'une lecture qui ne repose que sur des hypothèses, et ne rend pas compte de la référence explicite de G. Fritsch au manuscrit de B. Furly recopié chez lui, copie dont il ne s'est jamais séparé, et qui n'a pas été éditée puisque, en s'en souvient, il affirme que l'édition faite par Levier et Johnson l'a été à son insu. On pourrait donc supposer que c'est bien une copie du manuscrit de Hohendorf qui a servi à l'édition de *La Vie et l'Esprit de M. Benoît de Spinosa* comme à l'élaboration du *Fameux Livre*.

Le Fameux livre des trois Imposteurs : *caractéristiques et liens avec une tradition manuscrite des* Traités des trois imposteurs *en six chapitres et avec l'édition de 1768*

Avec l'étude du *Fameux Livre*, nous regagnons un terrain plus solide.

Le développement extrême des passages consacrés à la vie de Moïse, qui est propre à cette famille de textes, semble permettre aussi de définir une tradition de *Traités des trois imposteurs*—dont dérive le *Fameux Livre*. Parmi les *Traités des trois imposteurs*, il convient de distinguer deux séries de textes différents. L'un des *Traités* est identique à l'*Esprit de Spinosa* antérieur à 1712, l'autre que nous appellerons *Traité-bis* pour le distinguer du premier en diffère sur plusieurs points. Il comporte plusieurs variantes apparemment solidaires :

1. un développement plus important de la vie de Moïse emprunté pour l'essentiel à l'*Exode* et à l'*Histoire des juifs* de Flavius Josèphe ;
2. un développement plus important de la vie de Mahomet ;
3. la suppression au chapitre V, § 6, de la référence à Descartes ;
4. une formule à la fin du texte flétrissant : « *les docteurs à Thiare à Mitre et à fourrures* ».

Le Fameux Livre des trois imposteurs reproduit les additions du *Traité-bis* et y ajoute encore de nouveaux développements. Le texte de l'*Esprit* (antérieur à 1712) présente, tant pour Moïse que pour Mahomet, des versions extrêmement brèves, s'attardant davantage sur Jésus-Christ. Les passages consacrés à Jésus-Christ sont stables dans toutes les versions, à l'exception d'une addition dans le *Fameux Livre*, alors qu'il existe différentes versions-types des vies de Moïse et de Mahomet. Il faut alors considérer non plus une seule famille de *Traités des trois imposteurs* dérivée de l'*Esprit de Spinosa*, mais deux : une brève et une plus longue, le *Traité-*

bis, qui se retrouve dans le *Fameux Livre*. La première série des *Traités* dérivés de l'*Esprit* est conforme à la description de P. Marchand (six chapitres). La seconde présente des variantes concernant Moïse, qui intègrent son adoption par la Reine Thermutis et l'épisode de la colonne de feu guidant le peuple Hébreu dans le désert, puis une version longue du passage consacré à Mahomet, et évoque dans sa conclusion les « Docteurs à Mitres et à fourrures ». Il semble, ainsi, que les éditions et les copies tardives du *Traité des trois imposteurs*, qui présentent l'essentiel de ces caractéristiques, soient dérivées du *Fameux Livre des trois imposteurs*. C'est, nous semble-t-il, le cas des versions représentées par les manuscrits de la Mazarine 1193, de Châlons (B.M. 200), de Reims (B.M., Ms. 651) notamment, qu'il faut distinguer de la version du *Traité* représentee par les manuscrits 761 de la Sorbonne, Göttingen (Staatbibl., Ms. Hist. Lit. 43), Orléans (B.M., Ms. 1115), Saint-Pétersbourg (Ms. Fr. Q.III.N.23). Il faut donc distinguer deux séries de « Traités » en six chapitres : ceux qui reprennent sans modifications l'*Esprit de Spinosa*, et ceux qui intègrent partiellement les développements consacrés à la vie de Moïse et à Mahomet.

On pourrait figurer la courbe de l'évolution du texte, de l'*Esprit de Spinosa* du manuscrit, aux éditions du *Traité*. Il ne s'agit là que d'indications extrêmement rapides sur un sujet qui demanderait d'autres développements, qui n'ont pas leur place ici.

En conclusion

On peut ainsi figurer l'histoire du *Traité des trois imposteurs* français — du moins entre 1712 et 1768.

En 1716, on dispose des manuscrits de deux élaborations tardives de l'*Esprit* — *La Vie et l'Esprit de M. Benoît de Spinosa* et *Le Fameux Livre des trois imposteurs* —, le premier attribué à Jean Vroese (Jean Aymon et Jean Rousset de Missy), et le second à Jean Rousset de Missy (?). En 1719, on possède une édition de *La Vie et l'Esprit* par Levier et Johnson et, en 1721 — selon P. Marchand — un *Traité des trois imposteurs* français lui aussi prétendument traduit du latin édité par Michel Böhm, associé de Charles Levier et ancien associé de Gaspard Fritsch.

Pour P. Marchand, la fraude est indissociable de la production de *La Vie et l'Esprit de M. Benoît de Spinosa*, comme du *Traité des trois imposteurs* en six chapitres. Il ne dit rien du *Fameux Livre* dont il semble ignorer l'existence.

C'est la fraude et l'imposture qu'il perçoit dans la production de ces textes qui rendent compte du peu d'aménité avec laquelle il traite les éditeurs respectifs de *La Vie et l'Esprit* et du *Traité des trois imposteurs*. A ses yeux, il ne s'est agi que d'une supercherie commerciale :

> Cet imprimé [le *Traité des trois imposteurs* de Böhm] n'étoit autre chose que l'Esprit de Spinosa... dont quelque Imposteur... avoit trouvé bon de changer ainsi le titre, afin de le vendre sous plus d'une face, et de tromper par-là plus d'une fois les mêmes Personnes.... Tel est le Livre qu'on fait aujourd'hui passer pour le vrai Traité de tribus Impostoribus, et dont divers Savans ou simples Curieux, veulent bien être les dupes même à assez grand prix. [109]

L'entreprise de Mortier de donner un *Traité* relevait de la même démarche, à laquelle s'était opposé Fritsch, qui désapprouvait ce type de pratique.

L'animosité de P. Marchand à l'égard de Levier et de Böhm a de quoi surprendre dans un article érudit, d'autant qu'elle contredit les relations cordiales des Chevaliers de la Jubilation telles qu'elles apparaissaient dans les papiers Marchand publiés par M. Jacob. C'est que, depuis cette époque, les brouilles ont été nombreuses, provoquées en partie par une concurrence sauvage qui rend la profession difficile au point que l'on a songé à la réglementer [110]. Mais, de plus, les activités de Levier et Böhm, que l'on voit peu sûr dès le temps de son association avec Fritsch, n'ont pu que renforcer cette mauvaise impression. Fritsch ne mâche pas non plus ses mots à l'égard de Levier et désavoue toute participation à la production de *La Vie et l'Esprit de Spinosa*, alors même—on s'en souvient—que le texte de l'*Esprit* à été copié dans sa maison, où il avait été apporté par son frère qui l'avait emprunté à B. Furly, ainsi qu'il le précise dans une lettre de Leipsig adressée à P. Marchand le 17 janvier 1740 :

> Les affaires de Rotterdam et toute leur suite ont entraîné une mesintelligence entre Levier et moy, ne goûtant d'ailleurs plus son caractère babillard, bouffon etc.... Depuis que je suis en ce pays je n'ay plus entendu parler de lui, sa mort me fut annoncée par quelques catalogues envoyés de la part de la Dame sa Veuve, je les ay distribués dans le tems comme c'est encor vieille connaissance. Je vous prie de luy bien faire mes civilités. Si le Sire Johnson et Levier ont imprimé *La Vie et l'Esprit de Spinosa* in 8° en

---

109. Marchand, *Dictionnaire*, *op. cit.* pp. 324–325.
110. B. U. Leyde, Marchand 29, 2 : *Mémoire concernant l'imprimerie des livres et le commerce des livres en Hollande.*

1719, cela a été absolument à mon insceu... Vous vous souvenez peut-etre que c'etoit mon Frère qui nous en apporta le manuscrit à la maison, appartenant à Mr Furly. Levier le copia fort précipitamment. Je la garde encore cette copie et je ne sçache pas qu'il en ait jamais fait d'autre, mais je puis me tromper.

Les « affaires de Rotterdam » pourraient renvoyer aux affaires de la maison d'édition Fritsch & Böhm, puis Levier & Böhm. Ces affaires sont graves, et les libraires se verront faire un procès pour escroquerie et détournement de fonds.

En 1711, Fritsch fonde avec Böhm, tous deux libraires à Rotterdam, une société Fritsch & Böhm qui rachète le fonds R. Leers. Leur contrat d'association porte formellement, à l'article 1er, qu'ils s'autorisent chacun de signer Fritsch & Böhme (*sic*), c'est à dire que la signature de l'un entraîne solidairement la responsabilité de l'autre. Le capital de cette société consistera, notamment, de ce qui sera emprunté. « En 1711 il est arrivé que la dite société a emprunté des Dames Teissonière & Oursel des sommes pour lesquelles ladite Sté leur fournit ses propres billets ou lettres de change, avec obligation solidaire. »

Le 31 décembre 1714, Fritsch & Böhme prétendent avoir rompu leur société, sans l'avoir notifié aux dames Teissonnières et Oursel qui, à l'échéance de leur créance, n'ont pas été payées. Le 1er janvier 1715, Charles Levier « a succedé audit Fritsch, s'associant en sa place avec ledit Sieur Michel Böhme pour continuer le même commerce pendant le cours de 10 années, sous le nom de Böhme & Levier sur ces mêmes fonds de la précedente Société Fritsch & Böhme. »

Fritsch, s'étant retiré sans payer sa part des créances, annonce dans le même temps à propos de Charles Levier, « qu'il l'a mis en état de gagner sa vie. » Fristch & Böhm, non seulement s'engageaient réciproquement, mais ils engageaient leurs héritiers. Levier, successeur de Fritsch (quoique l'affaire n'ait pas été menée clairement), doit répondre des dettes de ce dernier ; ce qui est d'autant moins contestable qu'il a reconnu cette dette par une lettre de sa main et a accepté un plan de remboursement échelonné. Il aurait détourné 9000 florins qu'il dit avoir apportés à l'association. Le document précise :

> Et afin d'amuser d'autant mieux les dites Dames crainte qu'elles n'apperceussent et ne troublassent les iniques projets de leur séparation dont l'execution étoit commencée le dit Levier leur promit de reconnoistre par des lettres de change de *Böhm & Levier*, les obligations de *Fritsch & Böhm*, qui resteroient toujours

sans derogation, en force contre l'une et l'autre Sté ; ce qu'il leur confirma par une lettre écrite et signée de sa main du nom de *Böhm & Levier* datée de Rotterdam le 5 octobre 1715. [III]

On peut alors comprendre que G. Fritsch, chez qui a été recopié l'*Esprit* emprunté à la bibliothèque de B. Furly, à laquelle, semble-t-il, Levier n'avait pas accès personnellement, puisqu'il eut recours au frère de G. Fritsch, ait à cœur d'affirmer qu'il n'a rien eu à voir avec la publication, d'autant plus qu'elle est faite par son successeur dans l'affaire Fritsch & Böhm, qu'il n'a pas officiellement quittée. Autant de circonstances qui le rapprochent trop d'une entreprise qu'il désapprouverait sans doute et à laquelle il n'a vraisemblablement pas été mêlé.

On notera que *La Vie et l'Esprit de M. B. de Spinosa* (1719) et le *Traité des trois imposteurs* (1721) sont produits respectivement par les deux associés de la maison Levier & Böhm (anciennement Fritsch & Böhm), indépendamment. Le prix élevé qu'en demandait Levier était cause que le livre ne se vendait point, et l'on a vu que Ferber demandait à la veuve de Michel Böhm une forte somme (200 ducats) pour ses copies. Par ailleurs, P. Marchand semble considérer l'Avertissement de *La Vie et l'Esprit de M. B. de Spinosa* comme le reflet d'une pratique commerciale douteuse : on annonce la rareté de l'ouvrage, et on souligne l'influence dans le texte d'un auteur scandaleux, en réservant hypocritement la lecture aux savants.

La fraude et l'imposture semblent à tous les niveaux présider à la publication de ces deux ouvrages, et il apparaît que le profit commercial jouait un rôle non négligeable dans l'entreprise, plus important sans doute que le désir hypothétique de diffuser la pensée de Spinoza. *La Vie et l'Esprit* (1719) était par ailleurs impropre à réaliser ce but, les emprunts à Spinoza, une fois encore, n'étant jamais identifiés dans le texte et demeurant d'une influence limitée sur son contenu.

Cette conclusion, moins satisfaisante pour l'esprit que la supposition d'un idéal de diffusion de la pensée de Spinoza, semble aussi plus proche de la préoccupation des libraires, qui tirent ainsi un double parti de l'*Esprit de Spinosa* en le publiant, à deux ans de distance, sous des titres et dans des versions différentes. Les deux textes paraissent avec la même auréole de scandale et, finalement, la même absence de profit dûe à une avidité commerciale à la fois maladroite et excessive et, si l'on en croit

---

III. *Ibidem*, Marchand 29, 1, fo. 7–12 : *Mémoire instructif…*

leurs contemporains, au manque de jugement de ceux qui présidaient à de telles entreprises.

En dépit de l'échec constitué par ces éditions au regard de la diffusion et du profit, grande a été la fortune du blasphème attribué à Frédéric II, qui semble avoir trouvé en milieu hugenot des échos passionnés, ainsi qu'en témoignent les termes de la *Lettre de Frédéric à Othon* qui ouvre le *Fameux Livre des trois imposteurs*[112].

Il est clair que, sur la période considérée—mais ce ne sera plus vrai à partir de 1768—, l'édition ne rend pas compte de la diffusion et de l'influence d'un texte qui connut une extraordinaire longévité et fut l'objet d'une curiosité soutenue dont témoignent le très grand nombre des copies manuscrites ayant subsisté et les formes successives données à l'*Esprit de Spinosa* à travers les variantes qui dessinent les grandes familles de textes, l'*Esprit* en six chapitres ayant été, de loin, le plus diffusé, sous un titre ou l'autre. C'est ce réseau complexe et l'ensemble de transformations autour du thème donné par le blasphème qu'il importe de considérer. Isoler l'une de ces formes, et accorder au fait que le texte ait été édité une importance privilégiée risque, par une démarche par trop simplificatrice, de fausser les perspectives. En outre, en perdant de vue l'original et son rapport à ses avatars, on manque le sens de cette construction complexe qu'est le texte et sa place dans la tradition critique qu'elle transmet en y intégrant ce qui, dans la philosophie moderne, lui paraît pouvoir l'exprimer et la poursuivre.

---

112. Munich Gal 415, Frédéric Empereur au Très Illustre Othon : « Aussi suis je persuadé que rien ne peut vous faire plus de plaisir, à moins que ce ne soit la nouvelle, que j'ai terrassé mes cruels ennemis, & que je tiens le pied sur la gorge de l'hydre Romaine, dont la peau n'est pas encor assés rougie du sang de tant de milliers d'hommes, que ses fureurs ont sacrifiés à sont abominable orgueuil. Soyez persuadé que je ne négligerai rien pour faire que vous entendiez un jour que j'en ai triomphé, ou je consommerai ma vie dans ces exploits. »

Appendice A : Chronologie

I. Avant 1716

±1672   *Traité des trois imposteurs* primitif
        Résumé de M. A. Oudinet

                                    1693   *Menagiana*
                                           Témoignage de Baudelot de
                                           Dairval

-1711   Le Vier copie la *Vie* et l'*Esprit*
        sur le manuscrit de B. Furly.   Rédaction du mémoire de La
                                           Monnoye, mis en rapport avec
-1712   *Essai de métaphysique* de Boulain-   Bayle par l'Abbé Nicaise
        villiers, qui circule manuscrit
        avec des copies de la *Vie* et de
        l'*Esprit*

                                    1694   *Journal des Sçavans*, *Lettre* de la
                                           Monnoye, *Dictionnaire* de Bayle
                                           (Arétin)

                                    1704   Lettre de Bayle à Desmaiseaux
                                           à propos de la *Dissertation* de La
                                           Monnoye

                                    1715   Dissertation sur le *Traité des trois*
                                           imposteurs (Menagiana, t. iv)

II. 1716–1721

        La Vie et l'Esprit (XXI)   1716   Edition d'Amsterdam du
-1716   copies manuscrites du *Fameux*   *Menagiana*
        Livre... 2 copies prises à Vienne   1716   *Réponse* à la Dissertation de La
        (Mss. Cracovie et Munich)   Monnoye, Scheurleer 1716

-1717   *Le Traité des trois imposteurs* (VI)
        appartenant à M. Hulst

-1718   Deux autres copies manuscrites, prises à Vienne
        (l'une appartenant à S. Parr : Harvard, Ms. Fr. 1)

-1719   Edition de *La Vie et l'Esprit de M. Benoit de Spinosa* (XXI)

-1721   Edition à Rotterdam du *Traité des trois imposteurs* (VI) par M. Böhm

III. 1721–1768

Période d'intense diffusion manuscrite en dépit des éditions — confidentielles — de 1719
et 1721. Ce sont notamment, pour l'essentiel, les copies décrites par I. O. Wade.

IV. 1768–1798

Période de diffusion de l'imprimé : *Le Traité des trois imposteurs* : 1768, 1775, 1777, 1780,
1793, 1796, 1798, qui s'accompagne d'une diffusion manuscrite.

Appendice B : Rappel du plan des principales versions

L'Esprit de Spinosa		*L'Esprit de Spinosa*	
I	De Dieu	I	De Dieu
II	Des raisons qui ont engagé les hommes à se figurer un Etre invisible qu'on nomme communément Dieu	II	Des raisons qui ont engagé les hommes à se figurer un Etre invisible qu'on nomme communément Dieu
III	Ce que signifie ce mot RELIGION : comment et pourquoi il s'en est introduit un si grand nombre dans le monde	III	Ce que signifie ce mot RELIGION : comment et pourquoi il s'en est introduit un si grand nombre dans le monde
IV	La politique de Jésus-Christ	IV	Vérités sensibles & évidentes
V	La morale de Jésus-Christ	V	De l'Ame
VI	Vérités sensibles & évidentes	VI	Des Esprits
VII	De l'Ame		
VIII	Des Esprits		

La Vie et l'Esprit de M. Benoit de Spinosa	Le Fameux Livre des trois imposteurs
I — De Dieu	I — De Dieu
II — Raisons qui ont porté les hommes à se figurer un Etre invisible, ou ce qu'on nomme communément Dieu	II — Des motifs qui ont porté les hommes à se figurer plusieurs Dieux invisibles & un Etre Suprême jaloux & passionné de plusieurs choses, qui dérogent aux perfections de la seule veritable divinité inimitable
III — Ce que c'est que Dieu	III — Ce que c'est que Dieu
IV — Ce que signifie ce mot Religion. Comment et pourquoi il s'en est glissé un si grand nombre dans le monde	IV — Ce que signifie ce mot Religion, comment et pourquoi il s'en est glissé un si grand nombre dans le monde
V — De Moyse	[V] — Vérités sensibles & évidentes
VI — De Numa-Pompilius	[VI] — De l'Ame
VII — De Jésus-Christ	[VII] — Des Esprits qu'on appelle Démons
VIII — De la Politique de Jésus-Christ	
IX — De la Morale de Jésus-Christ	
X — De la Divinité de Jésus-Christ	
XI — De Mahomet	
XII — Des Religions	
XIII — De la diversité des Religions	
XIV — Des divisions des Chrétiens	
XV — Des superstitiuex, de la superstition, et de la crédulité du peuple	
XVI — De l'origine des Monarchies	
XVII — Des Législateurs, des Politiques, et comment ils se servent de la Religion	
XVIII — Véritez sensibles et évidentes	
XIX — De l'Ame	
XX — Ce que c'est que l'Ame	
XXI — Des Esprits que l'on nomme Démons	

II

—◦—

AROUND THE *TRAITÉ*

[5]
Freethinking in early eighteenth-century Protestant Germany: Peter Friedrich Arpe and the *Traité des trois imposteurs*[1]

MARTIN MULSOW
(UNIVERSITY OF MUNICH)

THE NAME OF PETER FRIEDRICH ARPE has often been connected with the treatise on the Three Impostors in both its Latin
and its French versions.[2] For a long time he was thought to have
been the author of the famous *Réponse à la dissertation de Mr. la Monnoye*;[3]
he also appears as a distributor of manuscripts of the Latin work or
a source of information about its authorship. His actual role in these
events has never been clarified, either in regard to his intellectual profile

---

[1] My warmest thanks to Silvia Berti for numerous stimulating conversations. I am also deeply
grateful to Leofranc Holford-Strevens, who was not merely the translator of this article but a sympathetic and stimulating editor.

[2] For Arpe's biography see C. G. Jöcher, *Allgemeines Gelehrten-Lexikon*, cont. J. C. Adelung
(Leipzig, 1750), I: 1132–3; *Allgemeine Deutsche Biographie* (= *ADB*), I: 608–9; H. Schröder, *Lexikon
der hamburgischen Schriftsteller* (Hamburg, 1851), I: 58; H. Ratjen, 'P. F. Arpe', in *Schriften der
Universität Kiel aus dem Jahre 1858* (Kiel, 1859), 53–62. Ratjen's article is the fullest account of
Arpe's life, but his conviction that Arpe was the author of the *Réponse* (p. 57) must today be
regarded as superseded, and likewise J. Presser's comments on the *Réponse* in *Das Buch 'De tribus
impostoribus'* (Amsterdam, 1926). Reviews of Arpe's books are listed in Johannes Moller, *Cimbria
literata, sive scriptorum ducatus utriusque Slesvicensis et Holsatici . . . historia literaria* (Copenhagen,
1744), I: 24–5; for contemporary biographical sources see esp. Johann Fabricius, *Historia Bibliothecae Fabricianae* (Wolfenbüttel, 1724), VI: 328–9, *Neue Zeitung von Gelehrten Sachen* (Leipzig) for
1727, 147, as well as the *Hamburger Berichte* for 1740 (no. 101), 874–6 and of 1737 (no. 9), 69–70.

[3] Cf. A.-A. Barbier, *Dictionnaire des ouvrages anonymes*, 3rd edn (Paris, 1879, repr. Hildesheim,
1963), IV: 285, with the comment 'C'est une fausseté.'

S. Berti et al. (eds.),
Heterodoxy, Spinozism, and Free Thought in Early-Eighteenth-Century Europe, 193–239.
© 1996 *Kluwer Academic Publishers. Printed in the Netherlands.*

or to his activities in the Netherlands during the momentous years 1712
to 1714.

I. Speculations in Germany

In 1716 there were two parallel events in Germany and the Netherlands,
both of which revived the literary legend of the *Liber de tribus impostoribus*
as a subject of discussion, though in fact they had very little else in
common. In Berlin, the library of the late theologian Johann Friedrich
Mayer was put up for sale; among the manuscripts was a small treatise *De
imposturis religionum*. In Rotterdam, a brief pamphlet was published with
the title *Réponse à la dissertation de Monsieur La Monnoye sur le traité des
trois imposteurs*; the author claimed to have found the authentic *Liber de
tribus impostoribus* and to have prepared a French translation of it.

These two events, not least through the agency of Leibniz,[4] incited the
learned world to examine the claims of authenticity. The name of Peter
Friedrich Arpe quickly came into play as a possible author of the *Réponse*.
There followed a series of speculations that I beg leave to describe here
in some detail, since they illustrate the two faces of German intellectuals
of the time in their complex web of pretence and concealment, none of
them ever knowing how far another might go to reveal his personal
opinion on matters heterodox.

On 31 March 1716, Leibniz wrote to the Berlin librarian Mathurin
Veyssière de La Croze, thanking him for information on *De imposturis
religionum*, and reporting in turn that one Arpe, living in Leiden, had
answered La Monnoye.[5] Not knowing anything about him, La Croze
was obliged to consult a friend, the Hamburg Hebraist and theologian
Johann Christoph Wolf,[6] who replied on 24 April:

[4] See M. Faak, 'Die Verbreitung der Handschriften des Buches "De Imposturis Religionum" im
18. Jahrhundert unter Beteiligung von G. W. Leibniz', *Zeitschrift für Philosophie*, 18 (1970): 212–28;
on the sale of Mayer's library see F. Krause, 'Eine Buchauktion in Berlin im Jahre 1716: das
abenteuerliche Schicksal der Bibliothek Johann Friedrich Mayer', *Marginalien*, 45 (1972): 16–28.

[5] *Viri illustris Godefredi Guil. Leibnitii Epistolae ad diversos*, ed. Chr. Kortholt, 4 vols. (Leipzig,
1734–42), 1: 443–4: 'Je vous dois remercier de l'information que vous me donnés touchant le livre
de imposturis. Vous savés que Monsieur de la Monnoye a adjouté [*sic*] aux Menagiana une dissertation sur le livre *de tribus*. Un certain M. Arpe, qui se trouve à Leiden, Allemand je crois, a voulu
refuter cette dissertation par une lettre qu'il a fait imprimer, où il appelle à l'expérience, disant
qu'il a le livre en main, et en rapportant des particularités.' For La Croze, see F. Mauthner, *Der
Atheismus und seine Geschichte im Abendland* (Stuttgart and Berlin, 1922), II: 317–32. All dates are
New Style.

[6] La Croze's letter to Wolf of 7 Apr. 1716 is now in the Staats- und Universitätsbibliothek
Hamburg, Supellex Epistolica Uffenbachi et Wolfiorum 115, 339–40: 'Haec scribebam cum ad me
allatae sunt litterae ab M. Leibnitzio, qui scribit eruditum quemdam Germanum Arpe nomine, qui
modo Lugduni Batavorum degit Epistolam edidisse contra Bernardum Monetam in qua se librum

I know this Arpe about whom Leibniz writes to you. He lives in Kiel, content with a private station and bound in holy matrimony. He did not lack the very best opportunity, in other places but above all in Copenhagen, to acquire an excellent knowledge of literary matters; but he seemed to me to be drawn by a kind of impulse to forbidden books, as they are called, so that I am not surprised that he should have at his fingertips information relating to the *Liber de tribus impostoribus*. I know for certain that the letter [sc. the *Réponse*] that you say was published in Leiden has not yet actually come out, for a few days ago a student at Kiel, on very familiar terms with Arpe,[7] told me that he was in Kiel and had not mentioned anything about this letter to him. I therefore suspect that it was Arpe himself who wrote to Leibniz that he had formed the intention of writing up this text. I read Monnoye's discusson of that book with pleasure, of which I derived a great deal from the comprehensive continuation of the *Menagiana*—if only the learned man had been able to refrain from his all too often foul and vulgar jests. This Arpe has also given us an *Apologia pro Vanino*, also a *Theatrum fati* and a dissertation on historical Pyrrhonism.[8]

de tribus impostoribus penes se habere affirmat, variaque eius excerpta profert; quae tamen vix vera esse crediderim. . . .' ['I was writing this when I was brought a letter from M. Leibniz, who writes that a German scholar by the name of Arpe, who is currently living at Leiden, has published a letter in reply to Bernard de La Monnoye in which he declares that he has in his possession the *Liber de tribus impostoribus*, and produces various extracts from it; but I can hardly believe them genuine.']

7 Very probably this student was none other than Mosheim (see his letters below, nn. 14, 19, 25), who from 1716 was a student at Kiel, obtained his master's degree in 1718, and in 1719 became assessor in the philosophical faculty before his appointment as professor at the University of Helmstedt in 1723. See *ADB* xxII: 395–9.

8 *Thesauri Epistolici Lacroziani Tomus I(–III)*, ex Bibliotheca Jordaniana edidit Io. Ludovicus Uhlius, impr. Jo. Frid. Gleditschii (Leipzig, 1742–6), II: 106: 'Arpium illum, de quo ill. Leibnitius ad te scribit, novi. Vivit ille Kilonii privata sorte contentus, et matrimonii vinculis legatus. Non defuit ipsi amplissima occasio, tum alias, tum imprimis Hafniae insignem rei litterariae notitiam sibi comparandi; imprimis vero impetu quodam in libros prohibitos, qui vocantur, ferri mihi visus est, unde nec miror, in promptu ipsi quaedam esse, quae ad librum de tribus impostoribus pertineant. Epistolam illam, quam Lugduni Bat. lucem vidisse scribis, certissime scio nondum prodiisse. Ante paucos enim dies studiosus Kiloniensis, Arpio illi perfamiliaris, nunciavit mihi, Arpium Kilonii versari, nec quidquam sibi de his litteris commemorasse. Suspicor itaque, Arpium ipsum consilium de concinnanda hac scriptione susceptum, ad ill. Leibnitium perscripisse. Cl. Monnoye dissert. de illo libro cum voluptate legi, quam mihi multam attulit integra illa Menagianorum continuatio, modo a salibus spurcis saepius et sordidis temperare sibi vir doctus potuisset. Arpio iste debetur Apologia pro Vanino, item Theatrum Fati, ut et dissertatio de Pyrrhonismo historico.' [Here and elsewhere the prefixes *cl.*, 'the most renowned', *ill.*, 'the illustrious', commonly bestowed at this period by one scholar on another, have been omitted in translation;

Although we do not possess La Croze's reply, it is clear from a second
letter sent by Wolf on 1 May that it had made him change his mind about
clearing Arpe of suspicion:

> I gather from your last letter that you have read Arpe's reply to La
> Monnoye published in the Netherlands. I suspect, therefore, that
> he did not wish anyone to know about his intention, since he
> meant to hide it from the man about whom I recently wrote, who
> otherwise is so very close to him, and whom on another occasion
> he informed that he had read the *Liber de tribus impostoribus* and
> included several extracts from it in his notebooks.

At this point, he also revealed some reservations about Arpe:

> I have more than once pitied the fortunes of this Arpe, a man of
> learning and refinement, who seems to me to misuse both his
> energies and his intellect. I have been told that in a certain
> learned society that meets at Kiel on certain days each week to
> consider the latest publications his contributions generally reveal
> a mind with the keenest interest in such things as another would
> not pay as much as a farthing to know about. He told me to my
> face about a decade ago that he had read Jean Bodin's notorious
> *Colloquium heptaplomeres*, in which a few years later I could find
> nothing of what for him breathed God knows what excellence of
> learning and understanding.[9]

La Croze was obviously very suspicious of Arpe; he also had a rather
low opinion of the *Apologia pro Vanino*. Nevertheless, after receiving
Wolf's original reply he had at first written to Leibniz on 19 May that

similarly such phrases as 'the learned man', *vir doctus*, when they function not as compliments but
as pronoun-substitutes, have been rendered by the appropriate form of 'he'. L. A. H.-S.]

9 *Thes. Ep. Lacr.*, II: 107: 'Ex superioribus litteris tuis intellego, legisse te epistolam ab Arpio illo
contra cl. Monetam in Belgio editam. Itaque suspicor, eum instituti huius sui neminem conscium
habere voluisse, cum id celarit hominem, de quo nuper scripsi, alioquin ipsi familiarissimum, cui
alias testatus est, quod et legerit librum de tribus impostoribus, et varia inde excerpta in commentarios suos retulerit. Equidem Arpii illius, hominis docti et elegantis, vices aliquoties miseratus
sum, qui et opera et ingenio suo abuti mihi videtur. Relatum enim mihi est, eundem in societate
quadam erudita, quae Kilonii certis per hebdomadem diebus cogi solet ad recensendos libros
recens editos, plerumque ea in medium afferre, quae animum eiusmodi rerum percupidum et
studiosum ostentent, quarum notitiam alius ne titivilitio quidem emerit. Ita famosum illud Jo.
Bodini colloquium Heptaplomeres sibi lectum praesenti mihi ipse ante decennium circiter refere-
bat, in quo aliquot post annis nihil eorum inveniebam, quae nescio quam doctrinae ingeniique
praestantiam spirare ipsi videbantur.' Wolf's copy of Bodin is now in the Staats- u. Universitätsbibliothek Hamburg, Cod. Theol. 1221.

Arpe was probably not the author of the *Réponse*.[10] It may be surmised that La Croze did not wish to risk denouncing him. At any rate, he regarded the riddle as unsolved. In 1717 he corresponded about Arpe with Johann Lorenz Mosheim—very probably the Kiel student Wolf had mentioned. On 1 November Mosheim answered La Croze's enquiry what he thought of David Durand's newly published *La Vie et les sentiments de Lucilio Vanini*:

> The book published, as you write, in the Netherlands is not yet available here, owing to our calamitous times,[11] so that I can say nothing about the effort. You know the Latin *Apologia pro Vanino* published in octavo in Cosmopolis (or rather Rotterdam) in 1712. The author, a close friend of mine, Peter Friedrich Arpe, is at present, in response to many people's requests, working on a new and greatly enlarged edition.[12] He has promised to punish that fellow Durand, as I hear he is called, if he has made any case against Vanini. I have also given Arpe that passage about Vanini you had passed on to me from [Pierre] Petit, which he greatly appreciated. If you have anything that can still be added about this notorious fellow, I ask you, noble sir, to send it not so much for Arpe's benefit, good scholar that he is, but rather in the interest of the wider learned world. He still longs, as I do, for your dialogues and the Latin answer to Hardouin,[13] which we are very unhappy not to have. The same Arpe, the author as I said of the *Apologia pro Vanino* (which I shall procure for you if you have not already got it), compiled, besides other things awaiting publication, a lengthy work entitled *Pyrrho*, in which he takes great

---

[10] La Croze to Leibniz, 19 May 1716; this and other letters are in the archive of the former Akademie der Wissenschaften der DDR, now Akademie der Wissenschaften Berlin und Brandenburg, Hschr. III; cf. M. Faak (n. 4), 222–33; La Croze tells Leibniz: 'C'est un homme qui paroît ne se pas trop emba⟨r⟩rasser du "qu'en dira-t-on", ni des articles de foi.'

[11] Because of these unsatisfactory circumstances the 25-year-old Mosheim made contact with Sigebert Havercamp, professor of history in Leiden, to arrange for a regular supply of books, by Toland and many others, not obtainable in Germany. See Mosheim's letters in the Bibliotheek der Rijksuniversiteit te Leiden, MS BPL 751.

[12] Arpe's labours at this time are documented in Hamburg, Cod. Theol. 1222, which contains many marginalia and additions to his text. See the letter to Marchand (n. 74) and nn. 142 ff. Arpe seems to have made another attempt to publish the expanded edition in 1734, for this date appears, crossed out, on the title-page.

[13] i.e. *Entretiens sur divers sujets d'histoire, de litterature, de religion et de critique* (Cologne: P. Marteau, 1711) and *Vindiciae veterum scriptorum contra J. Harduinum* (Rotterdam: Reinier Leers, 1708); both published anonymously.

pains to pull the ancient historians apart and proves that few
certain facts can be found in their works.[14]

In his answer,[15] La Croze began by calming Mosheim, behind whose
letter he could detect Arpe's annoyance:

> Durand does not write anything in his life of Vanini that could
> damage Arpe's fame or scholarship. I myself laboured till now
> under the delusion that a man of his learning could not have
> written a defence of Vanini with serious intent; for there is no way
> that puffed-up Italian, a worthless and ignorant fellow, can be
> acquitted on the charge of atheism.[16]

These were strong words; obviously La Croze thought that the attempt to involve him in the defence of Vanini had gone too far. Whether
from considerations of safety or or from genuine conviction, either way
he sharply distanced himself from Arpe. Had Arpe and Mosheim overes-
timated the liberalism of the man who, after all, had written against the
Jesuit Hardouin and included in his *Entretiens* a short history of contemporary atheism? Blame may lie with their not having read the actual text
of La Croze's book and therefore not knowing that his comments on
Vanini had been somewhat unfavourable; or were even they unable to
determine whether La Croze's confession of Christian faith was mere
pretence or not? In the preface to his *Entretiens sur divers sujets d'histoire,
de litterature, de religion et de critique*, La Croze found it necessary to
address directly the problem of concealment, exploiting a chink of opportunity to say that nowadays everything was taken 'pour une ruse, ou
pour une défaite semblable à plusieurs autres qui deviennent de jour en

---

[14] *Thes. Ep. Lacr.*, 1: 273: 'Vaninus in Belgio, ut scribis, editus nondum ad nos, quae temporum
nostrorum calamitatis est, perlatus est: ut adeo nil de conatu scribere possim. Nosti apologiam
illam pro Vanino Latine Cosmopoli (seu potius Roterodami) editam 1712 in 8. Huius auctor vir
mihi amicissimus, Petrus Frid. Arpe, novam illius nunc molitur editionem multorum rogatu,
pluribus auctam. Is etiam, si quid contra Vaninum adtulerit Durandus ille, uti vocari audio,
hominem se castigaturum esse, pollicitus est. Substitui et illi locum tuum, quem ex Petito mecum
communicaveras, de Vanino, qui gratissimus ipsi fuit. Si quid habes, quod huic adhuc addi possit de
famoso hoc viro, impertias, quaeso, vir summe, non tam ipsi, viro certo non indocto, sed publicis
orbis litterati commodis. Desiderat adhuc mecum tuos dialogos et Latinum adversus Harduinum
scriptum, quibus invitissimi caremus. Idem Arpius auctor, ut dixi, apologiae pro Vanino (quam, nisi
iam possideas, ad te curabo) praeter alia edenda prolixum opus elaboravit, Pyrrhonis sub titulo,
quo historicorum veterum fidem et auctoritatem magna conatu vellicat, paucaque in illis certa
reperiri probat.'   [15] La Croze to Mosheim, 12 Feb. 1718 (*Thes. Ep. Lacr.*, III: 205–6).

[16] 'Durandus in vita Vanini nihil scripsit, quod cl. Arpii famam et eruditionem laederet. Ego ipse
in eo errore adhuc fui, ut crederem, virum illum eruditum Vanini apologiam serio animo non
scripsisse; nec enim vanus ille Italus, vir nequam et indoctus, ulla ratione ab atheismi crimine
absolvi potest.'

jour plus communes dans la République des Lettres'. He then makes a clear statement: 'en effet on ne voit pas quelles raisons auroit pû avoir l'Auteur d'user d'une dissimulation qui ne lui sauroit être d'aucun usage'.[17] Nevertheless La Croze had still considered it prudent to publish the book anonymously.[18]

The letter to Mosheim continued:

> Please let me know whether it is true what certain good and learned men [meaning Leibniz] once reported, that Arpe is the author of the work published in French, about that wicked book, whose existence is reported by obscure rumour, on the Three Impostors. You know that the republication of that French pamphlet in Leipzig inflicted an irremediable injury on the reputation and fortunes of an excellent man, my close friend Johann Gottlieb Krause.[19]

Here La Croze plainly indicates to Mosheim that he had every reason to harbour resentment against Arpe. Obviously the unabridged reprint of the *Réponse* in the *Umständliche Bücher-Historie* that same year, 1716,[20] had

---

[17] Even apart from the concealment question, La Croze did not hold Vanini in great esteem, at least in comparison with Bruno: his comprehensive account at, *Entretiens*, 337–79 begins: 'Lucilio Vanini, Compatriote de Brunus et presque son contemporain, lui étoit fort inférieur en esprit et en raisonnement, quoi que dans ses Livres il paroisse le surpasser en orgueil et en présomtion.' Cf. p. 269: 'S'il étoit besoin de le prouver par des exemples, je ne citerois que Lucilio Vanini, qui, avec une science médiocre, et une érudition superficielle, étoit, comme je le ferai bien-tôt voir, un des hommes les plus orgueilleux qu'il y ait jamais eu au Monde. Ce que je dis de Vanini se peut apliquer à tous les autres Athées.'

[18] Neither did he comply with the two young men's requests for books. 'Dialogorum meorum, tam Latinorum, tam Gallicorum, ne unum quidem exemplar habeo, sublato mihi ab amico unico exemplari, quod in museo meo supererat. Itaque iis iam utor, quae in bibliotheca regia olim reposui: illa vero sacrosancta sunt iam inserta in catalogum, neque loco movenda. Si quod tamen vel in auctionibus, vel alibi nactus fuero, faxo ut ad te ocyus deferatur, nec velim ullam deinceps pretii memoriam iniicias. Pyrrhonium opus cl. Arpii in lucem proditurum spero cum utilitate et fructu omnium eruditorum.' ['Of my Dialogues, in Latin as well as in French, I no longer have a single copy; a friend has taken the only one left in my library. I therefore use those which I once deposited in the royal library: however, those are sacrosanct since they are already entered in the catalogue and cannot leave the premises. Should I get hold of anything in auctions or elsewhere, I shall have it brought to you straight away, and please do not say another word about the price. Arpe's work on Pyrrho will I hope soon appear, to the advantage and benefit of all learned men.']

[19] 'Quaeso vero certiorem me facias, an verum sit, quod viri quidam boni et eruditi olim retulerunt, cl. Arpium auctorem esse scripti illius Gallice editi de nefario libro, quem fama obscura extare tradit, de tribus impostoribus, Scis illius libelli Gallici editionem Lipsiae iteratam exsistationi et fortunis viri optimi, mihi amicissimi Johannis Gottlieb Krausii, immedicabile vulnus intulisse.'

[20] *Umständliche Bücher-Historie oder Nachrichten und Urtheile von allerhand alten und neuen Schriften* (Leipzig, 1716), II: 280–96; for the text of the *Réponse* see pp. 284–96.

caused the publisher, Krause, a great deal of trouble.[21] The volume containing the *Réponse* had been confiscated and Krause had to reckon with harsh punishment. He had justified the publication by saying: 'At first I intended to publish an extract from this treatise, but since it is short and as the saying rightly goes "dulcius ex ipso fonte" ["it tastes sweeter from the actual source"], I thought that it would not displease the interested reader to find the original here.'[22]

Mosheim replied on 10 March 1718:

> During discussions with Arpe regarding Vanini the other day, after many evasions he finally confessed that he had written his book on that wicked man purely for his own gratification and as an intellectual exercise; he would not start a quarrel with anyone on that account, although he did intend to add some small notes to the new edition and show that the criticisms so far made of him have very little weight.

Mosheim and Arpe were beating a hasty retreat. Having detected that La Croze was distancing himself from Arpe, and not without sarcasm, Mosheim was bent on retracting and qualifying the offensive formulations in his first letter, written in the expectation of finding an ally in its addressee. He lets it appear that he had taken Arpe to task and persuaded him to be careful. His language is completely transparent:

> I do not know what changed his mind so suddenly: on other occasions he had more than once assured the learned that in that *Apology* he had made no concession to intellectual display nor yet to fun, but devoted all his attention to the truth.[23] Be that as it

[21] On Krause see A. Kobuch, 'Aspekte des aufgeklärten bürgerlichen Denkens in Kursachsen in der ersten Hälfte des 18. Jh. im Lichte der Bücherzensur', *Jahrbuch für Geschichte*, 19 (1979): 251–93; cf. too Bayer to La Croze, 30 Apr. 1717: 'Dixerat Krausius in historia librorum de libro execrabili eiusque capita, quae non ignoras Gallice nuper esse edita, inseruerat. Haec memini ipsum mihi ante aliquot menses narrare, tum enim haec non videbantur esse tanti, ut inspicerem, et nunc omnia exemplaria abolita sunt. . . .' ['Krause had talked in his *Bücher-Historie* about the accursed book and inserted the chapters of it that as you are well aware have recently been published in French. I remember his telling me in person some months ago; at the time, I did not think them worth looking at, and now all copies have been destroyed'], *Thes. Ep. Lacr.*, I: 19; see also Ratjen, 'Arpe', 56–7.

[22] 'Ich war erst willens, einen Extract aus dieser Nachricht zu machen; weil aber dieselbe kurz ist, und es mit Recht heißt: dulcius ex ipso fonte, so glaube ich, es werde dem geneigten Leser nicht unangenehm seyn, das Original selbst allhier zu finden', *Umständliche Bücher-Historie*, II: 283–4. See Prosper Marchand's comments in his *Dictionnaire historique* (The Hague, 1758), I: 323 n. 71 [below, Appendix, p. 505].

[23] For this phrase cf. Arpe's account of the *Apologia* in his *Feriae aestivales* (Hamburg, 1726), esp. pp. 29–30: 'pro veritate . . . investigationem veritatis'.

may, we shall soon see the pamphlet [i.e. the *Apologia pro Vanino*] reprinted together with others of his smaller works. Arpe has now entrusted the printer with a work entitled *Laicus confessor*, in which, as a determined adversary of government by bishops and of their order, he will use the principles of Boehmer and Thomasius,[24] with which he concurs, to contend for the rights of laymen, above all jurists, in sacred matters. I shall see that you have it together with the *Delineatio Pyrrhonis*, provided you furnish the opportunity of getting them to you.

Finally, Mosheim broached the most delicate topic, the *Réponse*:

I can assure you for certain on my word that he is absolutely not the author of that pamphlet which has caused so much harm to my, and also your, most honourable friend Krause, for whose fortunes I sincerely grieve. It is true that he has in his possession, along with many other things of this kind, that wicked book [the *Traité*] described in the pamphlet [the *Réponse*] by that shadowy author, whoever he may have been; it is written in French. I myself have read it more than once. However, that he is also the author of that review published in the Netherlands is a conjecture as far removed as possible from the truth. Indeed, he had never seen this pamphlet, nor had he heard a thing about the whole affair, until he had got it from me to read; so little ground has anyone for supposing he is involved. Though I do not want to hide from you either that he told me he had intended to relate the contents of the book [the *Traité*] at far greater length had not that other French fellow interfered, and that affair caused so much upheaval.[25]

---

[24] See below, Section v.

[25] *Thes. Ep. Lacr.*, i: 276–7: 'De Vanino cum nuper sermones cum cl. Arpio miscerem, tandem post multas tergiversationes confessus mihi est, animi tantum et exercendi ingenii gratia se, quae pro nefario hoc homine scripserat, litteris tradidisse, neque se propterea litem cuiquam intentaturum esse, etiamsi novae libelli editioni notulas subiecturus sit, levissimique ponderis, quaecumque hactenus obiecta sibi sint, esse demonstraturus. Nescio vero, quid viri docti mentem tam subito mutaverit, qui alias eruditis hominibus non semel fuerat professus, se nihil in apologia illa ingenio, nihil ioco, cuncta vero veritati dedisse. Quidquid huius sit, videbimus mox libellum una cum aliis eius opusculis denuo impressum. Nunc typographo idem ille Arpius scriptum commisit, cui titulus: Laicus confessor, quo, regimini et ordini episcopali infensissimus, ex principiis, quibus calculum adiecit, Boehmeri et Thomasii, cl. virorum, pro laicorum circa res sacras, maxime iureconsultorum, iure pugnabit. Faciam, ut illud una cum delineatione Pyrrhonis habeas, modo ipsemet perferendi subministraveris occasionem. Id vero certo sancteque tibi affirmare possum, neutiquam ipsum auctorem esse schedae illius, quae integerrimo amico meo, et tuo quoque, Krausio, cuius ex animo vicem doleo, tantum atulit detrimenti. Id verum est, esse penes illum, una

This passage in Mosheim's letter seems more credible than Arpe's 'revocation' concerning Vanini in the opening sentences, staged for La
Croze's benefit but transparently staged. Mosheim's remarks on the
Réponse are very definite and nuanced; as we know today, Arpe's indignation against 'that other French fellow' was a fact. This Frenchman was
none other than Jean Rousset de Missy, whose authorship of the *Réponse*
has since then been proved with relative certainty by a letter from Fritsch
to Marchand:[26] 'Je suis bien aise de savoir que le Sr. Rousset est l'auteur
de la *Réponse*. Quant à ce que vous croyés que la traduction imaginaire
dont s'agit la *Réponse* en question, ait eu quelque chose de commun avec
l'*Esprit de Spinosa*, j'en conviens avec vous.'[27] As we shall soon see, Mosheim's other assertions were also not without foundation, particularly
that the *Réponse* was not by the same author as the French *Traité des trois
imposteurs*.

Neither seriousness nor transparency could persuade La Croze that
Arpe should be acquitted. He kept silent and, when six months later he
renewed correspondence, set out before Mosheim his countervailing
arguments:

> Since you assure me on your word that Arpe is not the author of
> the French pamphlet about the pestilential work on the Three

cum multis aliis huius furfuris, nefarium istud scriptum, quod scheda ista tenebrio, quisquis fuerit,
delineavit, lingua Gallica conscriptum. Ipsemet enim non semel illud evolvi: Sed vero, quod auctor
idem ille sit recensionis istius in Belgio editae, suspicio est, quae a veritate abhorret quam maxime.
Sane numquam viderat chartam illam, nec audiendo quidquam de re tota perceperat, priusquam
a me perlegendam accepisset; tantum abest, ut ad eum quis spectare credat. Quamquam nec hoc
celare te nolim, eundem cl. virum mihi dixisse, se constitutum habuisse, multo plenius illius scripti
argumentum enarrare, nisi alter ille Gallus intervenisset, tantasque res ista turbas dedisset.' On
10 Jan. 1717 Mosheim had asked Johann Albert Fabricius to send him the *Réponse*: Copenhagen,
Det Kongelige Bibliotek, Ms. Fabr. 104–123, 4°: 'Num recte conjiciam nescio; attamen quam
maxime librum istum, quem Cl. Arpio nominasti, evolvere cupio, ne hac in parte quoque mancum
et mutilum nostrum prodeat qualecunque opusculum. Quapropter ea, quae par est, reverentia
enixe TE, celeberrime Vir, oro, ut istum nobis tam ardentibus votis expetitum librum ad pauxillum
temporis transmittere velis, cum hoc in loco ne fando quidem quisquam eum inaudiverit. Commo-
dissime ista transmissio fieri poterit cum libris, quos adhuc ad hasce nundinas mittendos curabit
Liebezeitius.' ['Whether my surmise is correct I do not know; but I greatly desire to read that book
you mentioned to Arpe, so that even in this respect my work, such as it is, shall not be published
wanting and defective. Therefore with all due reverence I earnestly beg you, most renowned sir,
kindly to send me for a little while that book which I crave with such ardent prayers, since no one
in this place has so much as heard of it. The most convenient way of sending it will be with the
books that Liebezeit has still to have sent to the fair here.']

[26] See Margaret C. Jacob, *The radical Enlightenment: pantheists, Freemasons and republicans* (London, 1981), 217 ff. and appendix. For Rousset see too S. Berti, '"La Vie et l'Esprit de Spinosa" (1719)
e la prima traduzione francese dell'"Ethica"', *Rivista storica italiana*, 98 (1986): 5–46, at 27–8.

[27] Fritsch to Marchand, Leipzig, 7 Nov. 1737, Leiden, Bibl. RU, MS March. 2.

Impostors, it would be improper for me now to take a different view of him than you bid me take. However, I shall not prevent that opinion, which has already taken root everywhere, from persisting in the minds of virtually all scholars. This general conjecture or judgement of mankind will be encouraged by your statement that that little book [the *Traité*] is in Arpe's possession. Some people will ask whence came knowledge of it to the author of the French pamphlet that was published by Krause? Whence come all those copies of a book unknown so far to the entire learned world? In addition, the suspicion will be increased by the fact that to anyone who understands French it is obvious simply from reading the pamphlet that it was written by a German and not a Frenchman. But let this remain *entre nous*. I am talking here about other people: for myself I have already assured you that after what you have written there is no further doubt.[28]

La Croze was certain that his assumption of Arpe's authorship was correct, but he did not wish to give him away. But he could not know that his arguments had been overtaken by the facts: distribution of the French *Traité* from the Netherlands had resumed in these very years,[29] not necessarily by the direct route via Arpe. As we know today, Levier had copied the text in Furly's library; and Levier and Aymon in the *Traité*, and likewise Rousset in the *Réponse*, seem to have deliberately introduced linguistic oddities into the edited text for purposes of camouflage. La Croze was not aware of this; he was wise to stay silent.

We have established that Arpe knew the French *Traité* and had a copy of it, that he intended to make his knowledge public, and that he clearly possessed some knowledge of its Dutch environment. The commotion caused by the *Réponse*, Krause's reprint, and the sale of Mayer's library induced him to caution and silence. The questions now arising are: how

---

[28] *Thes. Ep. Lacr.*, III: 208 (16 Aug. 1718): 'Cum mihi sancte affirmes, cl. Arpium auctorem non esse schedae illius Gallicae de pestilenti scripto de tribus impostoribus, inique facerem, si aliter de eo nunc arbitrarer, ac tu me arbitrari iubes. Haud tamen efficiam, quominus illa opinio iam ubique radicata, in animis omnium fere eruditorum perseveret. Favebit autem illi communi hominum vel suspicioni, vel iudicio, quod scribis, libellum illum penes cl. Arpium esse. Unde enim, dicet non nemo, scripti illius notitia ad Schedae Gallicae a Krausio editae auctorem pervenit? Unde multiplicitas illa libelli adhuc eruditissimis quibusque viris incogniti? Adde suspicionem hinc auctum iri, quod viro cuivis Gallicae linguae intelligenti statim manifestum sit ex ipsa lectione, schedam hanc a Germano, non a Gallo scriptum esse. Haec vero inter nos dicta velim. De aliis hic loquor: de me vero iam tibi confirmavi, nullum post ea, quae scripsisti, dubium superesse.'

[29] See S. Berti, '"La Vie et l'Esprit des Spinosa" (1719)' (n. 26); F. Charles-Daubert, 'Les Traités des trois imposteurs et l'*Esprit de Spinosa*', *Nouvelles de la république des lettres* (1988/1): 21–50; M. Jacob, *The radical Enlightenment* (n. 26), chs. 5–6.

did Arpe obtain his copy? what role did he play in the Netherlands in the years before the publication of *L'Esprit de Mr Spinosa*? what was the relationship of the *Réponse* to Arpe?

II. Arpe in Copenhagen

Before we can deal directly with these questions, we must make a detour by way of Copenhagen. Schleswig-Holstein, where Arpe had grown up, was joined by a personal union with the Danish state, and young men from Kiel were sent to study at the University of Copenhagen. Arpe too, after studying in Kiel, had as Wolf observed in his letter become acquainted with the intellectual circles of jurists and historians in Copenhagen and there obviously acquired the foundations of his interest in freethinking texts. In a letter to Johann Fabricius, he named the people with whom he had most to do there, beginning with the theologians Christen Worm (1672–1737)[30] and Søren Lintrup (*c*.1669–1731).[31] Worm later became the (Lutheran) bishop of Sjælland, Lintrup of Viborg in Jutland; they taught theology and rhetoric in the capital, and each owned an excellent library with many rare manuscripts. It was through Worm (a point to which I shall return) that Arpe became acquainted with the manuscript *De imposturis religionum*. He next lists the jurists and literary scholars Vilhelm Helt (1652–1724),[32] who also wrote poetry, Christian Reitzer (1665–1736),[33] Otto Sperling (1634–1715),[34] Frederik Rostgaard

[30] See *Zedlers Universal-Lexikon* (Zedler), LIX: 26–30 and *Dansk biografisk leksikon* (DBL), 3rd edn (Copenhagen 1979–84), XVI: 39–42; Worm was one of the most influential churchmen in Denmark.

[31] See *Zedler*, XVI: 1465–7 and *DBL*, IX: 86. Lintrup exchanged letters with J. Chr. Wolf, E. S. Cyprian, K. E. Loescher, and others.   [32] See *DBL*, VI: 231–2.

[33] See *DBL*, XII: 137–8: it is to Arpe that Reitzer owes e.g. the MS of Nicolaus Borbonius, with many quotations from Patin, that he used in the *Apologia pro Vanino* and whose transmission he described in *Feriae aestivales*, 135 (square brackets indicate changes made by Arpe in his own copy, now in the Staats- and Universitätsbibliothek Hamburg, Scrin. A 444, 1. Exemplar): 'Codicem MStum Matthias Wormius, tum in Gallia apud Patinum degens, postea Praeses civitatis Ripensis, Daniae (ut ferunt) intulit, et Comiti de Greiffenfeld, Principi Consiliorum Regis, ingeniorum aestumatori sagacissimo, sacrum esse voluit. Acerbioribus hunc virum urgentibus fatis, ad Rosencranzium Consiliarium intimum et aerarii Praefectum, pervenit et post eius obitum ad Cl. Arnam Magnum, quo non inmerito Islandia patria et universa septentrionis eruditio gloriari potest. Ab [hoc], cum [ ] Christianus Reitzerus, tunc Professor Hafniensis, nunc Praefectus Regis longe spectatissimus, eique a sanctioribus Consiliis [accepisset], qua est humanitate, sibi autographum servans, benevolam describendi concessit libertatem.' ['The MS was (they say) brought to Denmark by Matthias Worm [1636–1707], who at the time was living in France at Patin's house, subsequently *førsteborgmester* ['First Mayor'] of the city of Ribe, as an offering for [Peder Schumacher], Count von Griffenfeld [NB not Greif-: 1635–99], the *rigskansler*. When he succumbed to bitter fate [condemned for treason in 1676; the death sentence was commuted to perpetual imprisonment, L. A. H.-S.], it passed to [Oluf] Rosenkrantz [1623–85], *gehejmeråd* and head of the

[*See opposite page for n. 33 cont. and n. 34*]

(1671–1745), and Heinrich Weghorst (1653–1722).[35] Sperling and Weghorst both taught at the Ridderakademi, the former law, rhetoric, and history, the latter metaphysics and ethics. Rostgaard taught classical philology at the University. Above all, however, Reitzer, Rostgaard, and Sperling were great book-collectors with very substantial private libraries. As one who defended freedom of thought, natural law, and Cartesianism, Reitzer was also a Danish representative of the new and more enlightened age.

Ultimately it was another legal historian and diplomat to whom he apparently owed the most, since it was to him that he dedicated his *Apologia pro Vanino*. This was an early work, written during Arpe's years in Copenhagen, some time between 1704 and 1710;[36] the dedicatee, whose identity Arpe concealed behind the initials F. à FR., seems to have played a large part in his concern with Vanini: 'This [your command] is my stem and stern, you are my leader and adviser, your generosity has supplied my strength, admittedly inadequate to the burden . . .'. The tributes accorded to this unknown patron are very high-flown: Arpe credits him with

> outstanding intellect, supreme learning, and uncommon experience in matters of state, law, and that which is good acquired through your long and most useful travels? These things, ever weightier and ever more welcome, are commended in you by the splendour of your birth, but more by your incredible generosity. No one will say that I am flattering you who is acquainted with us both, for I am at once unequal to praising you and of a temper utterly removed from adulation. Embracing with your vast intellect an encyclopaedic knowledge of all sciences, you were so masterful in discourse that I, your boorish guest all day, departed sometimes weary but never sated.

Arpe seems to have often spent his days in this scholar's library: 'So, excellent sir, it was my auspicious chance now to see you making sacrifice

treasury, and after his death to Árni Magnússon, of whom his fatherland Iceland and all the scholarship of Scandinavia may rightly boast. From [him], when [   ] Christian Reitzer, then professor at Copenhagen, now the king's minister, respected far and wide, and adviser on religious affairs [member of Frederik V's inquisition, the *bandekommission*], [had received it], with his characteristic generosity he kept the original for himself, but granted kind permission to transcribe.']   [34] See *Zedler*, XXXVIII: 1519–21 and *DBL*, XIII: 596–8.

[35] For Rostgaard see *DBL*, XII: 404–6 and *Københavns Universitet, 1479–1979*, VIII: *Klassisk filologi indtil 1800*, ed. P. J. Jensen (Copenhagen, 1992), 171–4; for Weghorst see *Zedler*, LIII: 1917–18 and *DBL*, XV: 359.   [36] *Feriae aestivales*, 28; cf. Arpe's letter to Fabricius (n. 38).

to the Muses, now to hear you in the excellently stocked library whose soul and adornment you are, discoursing with elegance on the most varied subjects.'[37]

Who was this 'F. à FR.'? The answer is revealed by Arpe's letter to Johann Fabricius:[38] he was Gerhard Ernst Franck von Frankenau (1676–1749).[39] Frankenau had been a diplomat in Spain between 1698 and 1700 and used his time there to collect material for a book on Spanish legal history, which he published in 1703 under the title *Sacra Themidis Hispaniae arcana*.[40] As late as 1737 this book seems to have been a model for Arpe's great *Themis Cimbrica*. Frankenau was a book-collector, jurist, historian, and diplomat, a man who greatly fascinated him.

It is clear that in the years after 1700 these Copenhagen circles[41] dis-

[37] 'Hoc mihi prora et puppis: tu mihi Dux et autor es; ingenuitas suppeditavit vires oneri quidem inferiores . . .', *Apologia pro Vanino*, Dedication; cf. further: 'Quid memorem ingenium Tuum excellens, summam doctrinam, peritiam non vulgarem Reipublicae, juris bonique longa utilissimaque peregrinatione comparatam, graviora haec semper gratioraque in Te commendant, natalium splendor, at magis incredibilis humanitas tua. Me hic blandiri nemo dicet, qui Te et me noverit, cum et tuis laudibus impar, et ingenio ab adulatione longe sim alienissimo. Omnium scientiarum circularem quasi eruditionem ingenio amplo complexus, tantum in dicendo valebas, ut lassatus interdum, hospes tuus per totum diem subrusticus, numquam exsatiatus discesserim [cf. Juvenal, *Satire* 6. 130, L. A. H.-S.]. Sic, VIR OPTIME, modo Te Musis operantem videre, modo in instructissima Bibliotheca, cuius anima et decus es, belle de variis rebus disserentem audire fauste contigit.'

[38] Arpe to Johann Fabricius, 19 July 1723, Copenhagen, Det Kongelige Bibliotek, MS Thott 1218, 4°, fo. 3; in his notes for the new edition of the *Apologia* (n. 144) Arpe wrote 'FRANCO à FRANKENAU' in thick lettering over the initials.

[39] See *DBL*, IV: 513–14; Gerhard Ernst was a son of the royal physician Georg Franck von Franckenau (cf. *Zedler*, IX: 1669–71) and brother of Georg Friedrich, professor of medicine at Copenhagen; the *DBL*, after noting his nearly 600 printed books and MSS of sacred music and his historical collections on the Danish nobility, adds: 'Som legationssekretær i Madrid havde han samlet et godt bibliotek af spansk litteratur der imidlertid ikke kom hans fædrelands bogsamlinger til gode, idet det købtes af lord Sunderland. Om hans interesse for spanske forhold vidner desuden hans to værker *Sacra Themidis Hispanae arcana* (Fremstilling af den spanske retshistorie og den i F. de F.s tid gældende retspraksis), 1703, nyere udg. 1780 og *Bibliotheca Hispanica historico-genealogico-heraldica* (en spansk historik bibliografi i form af forfatterleksikon), 1724' ['As Legation Secretary in Madrid he collected a good library of Spanish literature, which however did not benefit his country's book-collections, being bought by Charles Spencer, 4th Earl of Sunderland. His interest in Spanish affairs is also evidenced by his two works *Sacra Themidis Hispanae arcana*, an exposition of Spanish legal history and of contemporary legal practice (1703, new edn. 1780), and *Bibliotheca hispanica historico-genealogico-heraldica* (a Spanish historical bibliography in the form of a dictionary of authors), published in 1704.'] That his father too had collected manuscripts and been in contact with Johann Friedrich Mayer appears from his letter of 19 Aug. 1700 to the Hebraist Lars Normannus in Uppsala, which I am grateful to Susanna Åkerman for sending me from Kungliga Biblioteket, Stockholm.

[40] The introduction was addressed to Otto Sperling, which shows that Frankenau too belonged to the Sperling–Reitzer circle.

[41] The focus of K. Bohnen and S. A. Jørgensen (eds.), *Zentren der Aufklärung*, IV: *Der dänische*

cussed such subjects as the *Liber de tribus impostoribus* and the case of Vanini, and in a far more open-minded spirit than in Kiel and on the basis of abundant manuscript material.[42] Arpe used his friends' and patrons' libraries and manuscripts to compile his book on Vanini from choice and rare materials, a method he continued to employ. He was already beginning to make copies of manuscripts.

It is not only from the remarks in the *Apologia pro Vanino* and the *Feriae aestivales* that we can form a picture of manuscript circulation in Copenhagen: reading the letters from Sebastian Kortholt[43] in Kiel to Leibniz down to 1715[44] also confers insight into these circles' activities.[45] On 30 December 1715 Kortholt wrote as follows about the *Liber de tribus impostoribus*:

> I dare not say that this production Pierre Bayle and other great men have sought in vain is genuine. There are those, however, who maintain something about its antiquity. Gerhard Ernst Franck von Frankenau from Heidelberg in the Palatinate, the former Royal Secretary at the Danish Embassy in Spain, who accompanied [Frederik Adolph Hansen] Ehrencron on that mission, stated in my presence in Copenhagen that the pages in [the possession of] . . . Christen Worm, Bishop of Sjælland and professor of theology in Copenhagen, came from Mayer's library.[46]

Gesamtstaat: Kopenhagen — Kiel — Altona (Wolfenbütteler Studien zur Aufklärung, 18; Tübingen, 1992) is the mid- and later 18th c.

    [42] In his dedication to Frankenau, Arpe expressed gratitude for the encouragement which he derived from these discussions: 'VANINI Itali Philosophi existimatio famaque per integrum et quod excurrit saeculum, iniusta sceleris nefandi macula, laboravit et laboraret credo, apud Posteros, nisi TE AUCTORE, dum alii id facere ambigunt, eam defendere et ab infamia liberare ausus fuissem. Id quo animo faciam, haud mihi constat, dum tantam VANINI infamiam, tantam opinionem, in concionibus agitatam, in iudiciis iactatam, tam vetustam atque adeo animis insitam, evellere aggredior. Nisi in TE Tuosque similes magna spes esset, Vos huius innocentiae, in hac calamitosa fama, ut in perniciosissima flamma et communi incendio subuenturos.' [The fame and reputation of the Italian philosopher Vanini has suffered for a whole century from being unjustly stained with an inspeakable crime, and would I think suffer among posterity, had I not at your instigation ventured to defend it and free it from dishonour while others hesitated. With what courage I am to do so I do not know, for I am attempting to uproot so great a dishonour attaching to Vanini, so strong an opinion, urged in sermons, bandied about in lawcourts, so old and so deeply rooted in men's minds, had I not great hopes that you and those like you would assist his innocence in the case of so disastrous a reputation as in that of the most devastating flames and a fire that threatened all.'] Quoted after the Göttingen edition of the notes to the *Apologia* (n. 145).
    [43] See below, n. 48.   [44] Landesbibliothek Hannover, Leibniz-Archiv: LBr 499.
    [45] See e.g. fols. 49–50, 100 ff., 111ᵛ for Franck von Frankenau, 92ᵛ for Sperling and Reitzer, *passim* for Königsmann, Schellhammer, Lintrup, and others.
    [46] 'Utrum genuinus sit foetus, Petro Bayle aliique maximis viris perperam quaesitus, dicere non ausim. Non desunt tamen qui de eius antiquitate nescio quid proferunt. Gerardus Ernestus

Kortholt's reference is to the Latin *De imposturis religionum breve compendium*. Since 1695 Worm had possessed a copy of Palthenius' early transcript,[47] made from the original in the library of Johann Friedrich Mayer.[48] Arpe had learnt of it through his friendship with Worm and Frankenau[49] and had taken a copy.[50] Through Worm he knew part of this manuscript's history, and he later ascertained another part—not quite correctly—from the Hamburg pastor Nikolaus Staphorst,[51] which made him set little store by the Latin text as being no more than a concoction

Francus de Frankenau, Heidelberga Palatinus, Secretarius quondam Regius Danicae in Hispaniam ablegationis, et Ehrencronii in hac profectione comes coram me Hafniae docebat, schedas quae habentur in (. . .) Christiani Wormii Seelandiae Episcopi et Prof. Theol. primar. Hafniensis petitas esse e Bibliotheca Mayeriana': fol. 102ʳ⁻ᵛ. Kortholt had already sent the same information to Leibniz the day before: 'Librum de tribus impostoribus haberi penes Christianum Wormium . . .' (100ʳ).

47 For Palthenius and the so-called 'Palthenius Letter' to Worm frequently included in copies of the treatise (Gericke's MS group B) see W. Gericke, 'Die handschriftliche Überlieferung des Buches von den drei Betrügern (de tribus impostoribus)', *Studien zum Buch und Bibliothekswesen* (Leipzig, 1986), 5–28, at 12–13.

48 For Mayer see M. Faak, 'Die Verbreitung der Handschriften' (n. 4), 215 ff. Sebastian Kortholt wrote to Leibniz in Nov. 1715 that Worm possessed part of the *Three impostors* (see Faak, 219, and above, n. 46); he was the son of Christian Kortholt, the author of *De tribus impostoribus magnis liber, Cherbury, Thom. Hobbes et Ben. Spinozae oppositus* (1st edn 1680; 2nd edn Hamburg, 1700). In Kiel, there were discussions among theologians, philosophers, and scholars about these 'atheistic' books. Besides Pasch and Kortholt (but Mayer too was a professor of theology in Kiel) we may instance the philosopher Königsmann, a friend of Arpe's, who in his Kiel lectures from 1780 to 1713 conducted a constant debate with Spinoza; see *Geschichte der Chr. Albrechts-Universität Kiel* (Neumünster, 1969), v/1: 17. Arpe wished to use notes of Königsmann's lecture in his re-edition of the Vanini book (n. 144). Nor did the debate about Lord Herbert of Cherbury pass him by: on 21 Oct. 1709 he wrote to G. Schrödter (see n. 55) that he was studying Cherbury's works: 'Transmisit ille mihi Herbertum de veritate et errorum causis . . . , quem his diebus libenter studioseque perlegi, ut incorruptius de eius sententia judicium ferrem.' [He sent me Herbert *De veritate et errorum causis* . . . , whom these last few days I have read with pleasure and attention, so that I might judge the more impartially of his opinion.']

49 Arpe to Conrad Zacharias von Uffenbach, 13 July 1728 at Uffenbach, *Commercii epistolaris Uffenbachiani selecta*, ed. J. G. Schellhorn (Ulm and Memmingen, 1753), ii: 446: 'Concesserat Palthenio amico, is Christiano Wormio, Episcopo Sialandiae, cuius beneficio ad me pervenit, ut epistola operi praefixa testatur' ['Mayer had granted liberty to copy to his friend Palthenius, and he to Christen Worm, bishop of Sjælland, by whose kindness it reached me, as the prefatory letter of my work testifies']; for Worm see too ibid., 469). J. Chr. Wolf too had surmised in his letter to La Croze (n. 8) that Arpe might have known the *Three impostors* from his time in Copenhagen.

50 Further proof for the early date of Arpe's copy is the watermark of the paper (n. 121).

51 For this 'Staphorst misinformation' see Gericke, 'Die handschriftliche Überlieferung' (n. 47), 13–14 and id., 'Die Wahrheit über das Buch von den drei Betrügern', in *Theologische Versuche* (Berlin, 1972), iv: 89–114; Gericke records the group of MSS containing this information and therefore derived from Arpe's copy as B1, comprising MSS Dresden, Sächsische Landesbibliothek N 81 b/1; N 81 ba/1; N 140/1; Hamburg, Cod. theol. 2152/2; add Kiel, Universitätsbibliothek K.B. 89.

of Johann Joachim Müller's: he called it an abortion born without the
favour of the goddess of birth Lucina.[52]

III. Arpe in the Netherlands, 1712–1714

Hardly any information has been available so far about Arpe's time in the
Netherlands; but we can now at the least say that by the time he left for
there, he had in his possession a Latin text of the *Three impostors*. He
travelled as the guest of a Danish nobleman, Johann Heinrich von
Ahlefeld.[53] Ahlefeld was not, as Ratjen and the *ADB* suppose,[54] a young

[52] See Berlin, MS Diez C 4° 37 and Kiel K.B. 89: 'Harum schedarum verum auctorem mihi ex
ore ipsius retulit max. reverendus Nicol. Staphorst ad D. Joannis aedem pastor Hamb. Cum Jo.
Mullerus in atheismo devicto mentionem nefandi libri de tribus impostoribus ita fecisset ac si
legisset et ipsi copia illius suppeteret, Jo. Fried. Mayerus th.D., vir polymathestatus, ex nepote
pessimum sed rariss. ingenii humani foetum investigabat, qui non plane quaesita illustris viri et
tunc in civitate potentis abnuebat. Moliebatur tunc forte comitia Thaboritica s. diss. de tribus
tabernaculis eique praemittebatur epistola in qua de hoc libro facta mentione Joh. Joach. Mulle-
rum J.U.D. et postea actuarium Hamburg. eo consilio ad opponendum provocabat, ut de hoc libro
hactenus ignoto suam sententiam propalaret. Accipit conditionem—partum infausta Lucina editum exhibet, a quo sub titulo de tribus impostoribus acceperunt reliqui.' ['The true origin of these
pages the most reverend Nikolaus Staphorst, pastor of the Johanniskirche in Hamburg, told me
with his own lips. Johann Müller having mentioned in his *Atheismus devictus* that infamous book on
the Three Impostors in terms implying that he had read it and had access to a copy, Johann
Friedrich Mayer, Th.D., a thorough polymath, enquired after that abominable but very rare
production of the human mind from Müller's grandson, who did not utterly refuse a request from
a man of renown who at that time had power in the city. He [Mayer] happened to be working on
his *Comitia Thaboritica* [resp. Justus Stemann, (Hamburg), 1688], that is to say his dissertation
on the three tabernacles, and prefixed to it a letter in which, having mentioned this book, he
challenged Johann Joachim Müller, Doctor of Both Laws and afterwards Registrar at Hamburg, to
oppose him with the intention that he should state his opinion of this hitherto unknown book. He
accepted the condition, and exhibited a baby born when Lucina was impropitious, received from
him by the rest under the title *De tribus impostoribus*.'] On Johann Joachim Müller and his
grandfather Johann Müller, the author of *Atheismus devictus* (Hamburg, 1672; 2nd edn Frankfurt,
1685) see Gericke, opp. citt., amd F. Niewöhner, *Veritas sive Varietas: Lessings Toleranzparabel und
das Buch von den drei Betrügern* (Heidelberg, 1988), esp. 353 ff., 392 ff. A basic comment must be made
regarding the language used to speak of the *Three Impostors*. It is clear that scholars at the time were
in the habit of calling such a book 'unfortunate', 'damned', 'pestilential', and so forth even in
private correspondence; in the present case, even if one was highly interested in the treatise, the
necessary cautious terms had taken on an automatic quality; a remnant of caution was retained.

[53] For Ahl(e)feld(t) (1656–1720) see *DBL*, 1: 91–2; on his diplomatic career: 'Hans diplomatiske
karriere indledtes med at han 1683–84 sendtes til Dresden og 1689–91 til London i særlige
missioner; først da han 1698 udnævntes til gesandt i Berlin blev hans diplomattjeneste af varighed.
Han tilbagekaldtes herfra 1707, blev atter 1710 minister i Haag, men rappelleredes 1714. Både
i Preussen og i Nederlandene havde A. virket under vanskelige politiske forhold og opnåede heller
ikke større resultater. . . . Efter rappellen fra Haag trak han sig tilbage til Holsten, fik 1716 sæde
i overamtsretten og boede dels i Hamburg, dels på Seestermühe som han havde købt ca. 1684.'
['His diplomatic career began with his being sent on special missions to Dresden in 1683-4 and to
London in 1689–91; not till his appointment as ambassador to Berlin in 1698 did he become
a career diplomat. Recalled from Berlin in 1707, he received a new posting as Minister in The

[See p. 210 for n. 53 cont. and n. 54]

gentleman accompanied by Arpe on his grand tour, but a diplomat who
went to The Hague as the Danish minister and took part in the peace-
talks at Utrecht in 1713, though it was through being entrusted with
a young Ahlefeld that Arpe came into contact with him.[55] The journey
must have taken place in 1712, for when Arpe published a short treatise in
1711 he was still in Wolfenbüttel.[56] He described his arrival in a letter to
Johann Fabricius: 'when I had journeyed in great style to the Netherlands with the illustrious youth entrusted to my care in the household of
the most noble von A., knight and ambassador of the King of Denmark'.[57] Ahlefeld quartered Arpe in his own house in The Hague, where
he enjoyed the opportunity to become acquainted with the great world
of diplomacy gathered in the Netherlands at the end of the War of the
Spanish Succession. He described his experiences in the *Feriae aestivales*,
a compendium of published and unpublished works combined, so to
speak, into an intellectual autobiography. In the section on the *Theatrum
fati*, Arpe discusses the manner in which, with his book on fate already in
his luggage, he became a witness of fateful events himself:

> I had seen a large part of the educated world in passing. I was
> staying in The Hague with the household of a man of great
> distinction. In Utrecht, when the chief counsellors of all Europe
> had gathered to decree peace-terms, I understood how small
> causes could provoke the greatest events. I was perplexed and ever

Hague in 1710, but was recalled in 1714. Both in Prussia and in the Netherlands A. worked in
difficult political circumstances and failed to achieve significant results. . . . After his recall from
The Hague he withdrew to Holstein; in 1716 he obtained a position in the *Overamtsret* (supreme
court of the *amt* or county), and lived partly in Hamburg, partly at Seestermühe, which he had
bought *c.*1684.']

54 Probably following Johann Fabricius, *Hist. Bibl.*, VI: 329: 'Inde cum nobilissimae prosapiae
iuvene, fidei suae commisso, perrexit in Belgium' ['then he travelled to the Netherlands with
a youth of the most noble lineage entrusted to his care']. Arpe had been somewhat ambiguous in
his letter to Fabricius; he had accompanied a young von Ahlefeld on his way to the cadet school
(*Ritterakademie*) in Wolfenbüttel, from where, when the diplomat Johann Heinrich von Ahlefeld
went to the Netherlands, he evidently followed him with the young man.

55 He had contact with this family as early as 1709, for he wrote a letter from Seestermühe,
a small village between Hamburg and Glückstadt and the Ahlefeld family seat, to the Hamburg-
born Gustav Schrödter, a chaplain at the Danish embassy in Paris, on 21 Oct. 1709 (London,
British Library, Add. MS 2877, fol. 259; I thank Justin Champion for the transcript).

56 *Bibliotheca fatidica sive Musaeum scriptorum de divinatione*; Arpe wrote to Wolfenbüttel again in
1726 and 1727 to exchange information with the librarian Lorenz Hertel; the two letters are in the
Herzog-August-Bibliothek Wolfenbüttel, Cod. guelf. 239. 10 Extrav., fols. 81r–84r.

57 Arpe to Johann Fabricius, 19 July 1723 (n. 38), fol. 4: '. . . cum ad Batavos cum illustr. juvene
fidei meae commisso, in familia Generosiss. de A. Equitis et legati Regis Daniae splendissime
concessissem.'

more uncertain what should be called fate and what is within our power.[58]

Arpe showed his gratitude by dedicating his *Theatrum fati* to Ahlefeld.[59] He also used his time in the Netherlands to attend lectures in Leiden, where he heard Gerhard Noodt (1647–1725)[60] and Philipp Reinhard Vitriarius (1647–1720),[61] two jurists; he visited the Hellenist and professor of rhetoric Jacob Perizonius (1651–1715);[62] in The Hague he met the Calvinist pastor and historiographer Jacques Basnage de Beauval (1653–1723).[63] Curiously, the name of Bayle, who died in 1706, also appeared in the list Arpe gave Fabricius;[64] Arpe's aim here was apparently to emphasize the great fame of the Dutch scholars.

One of these men—Arpe prefers not to name him—helped the young German to make contact with publishers.[65] When Arpe showed him the manuscript of the *Apologia pro Vanino*, he supported its publication, and early in 1712 the text was published in Rotterdam, albeit anonymously. Arpe described the event thus:

> One of their number, having happened to espy among my papers the *Apologia pro Iulio Caesare Vanino Neapolitano*, whose reputation and life had been blasted, encouraged and persuaded me to rescue that offspring of my wits from grubs and worms and therewith to afford the learned more matter for discourse and inquiry. Unwillingly I obeyed, the book came forth, but without naming the

---

[58] *Feriae aestivales*, 21: 'Magnam partem culti orbis transeundo videram. Hagae Comitis in familia illustrissimi viri haerebam. Ultrajecti cum ad pacis conditiones sanciendas, totius Europae consiliorum Principes convenissent, ex parvis causis res maximas evenire intelligebam, Anceps semper magisque dubius, quid Fatum dicendum, quidve in nostra potestate sit.'

[59] 'Johanni Henrico ab Ahlfeld / Domino in Seestermuhe; / ordinis Dannenbrogici / equiti splendissimo, / Regiae Majestati Daniae / ab intimis et sanctioribus consiliis, / ad summos et praepot. / Belgii ordines legato, / patriae patri / in / saeculi / decus et emolumentum / nato / hoc Theatrum Fati / ob summa in se merita / L. M. Q. / D.D.D. / Autor.'

[60] Professor of Law in Leiden since 1686.

[61] See *Zedler*, XLIX: 113–14: a renowned professor of law in Leiden.

[62] Professor in Leiden since 1693, additionally professor of Dutch history since 1701.

[63] A pastor in The Hague since 1709: see *Zedler*, III: 622–4; E. A. Mailhet, *J. Basnage, théologien, controversiste, diplomate & historien: sa vie et ses écrits* (Geneva, 1880); G. Černý, *Theology, politics and letters at the crossroads of European civilization: Jacques Basnage (1653–1723) and the Baylean Huguenot refugees in the Dutch Republic* (Dordrecht, 1987).

[64] Arpe to Johann Fabricius, 19 July 1723 (n. 38), fo. 4.

[65] Ibid.: 'Ex quorum numero, cum quidam forte inter Schedas meas Apologiam pro Jul. Caesare Vanino Neapolitano, de cuius fama et salute conclamatum erat conspexisset, autor mihi suasorque fuit, ut foetum illum ingenii tineis blattisque eriperem et ampliorem eo eruditis dicendi et disquirendi materiam suppeditarem. Invitus parui, prodibat tam libellus, sed sine nomine autoris, urbis, typographi, ut Apelles instar post tabulam latentis, publicum iudicium experirer.'

author, the city, or the printer, so that, like Apelles hiding behind his painting, I might test the judgement of the public.[66]

According to Arpe's report, someone in the Netherlands was so interested in the young German's apologia that he impelled him to publish it; he could sense the stir that defending Vanini would provoke. But who were the publishers who harnessed the hesitant Arpe to their activities?

That is not difficult to establish. The *Theatrum fati* was also published 1712, also in Rotterdam, but in this case openly naming the publishers: the house of Fritsch and Böhm. We may therefore deduce that Fritsch and Böhm had also published the *Apologia*; in which case we may establish more precisely which of the learned men 'discovered' Arpe and enabled him to publish. Professors Vitriarius, Noodt, and Perizonius had mostly published their works at Leiden or Amsterdam; only Jacques Basnage had contact with publishers in Rotterdam. Most of his books had been published by Reinier Leers or Abraham Acher, but in 1711 he changed to Fritsch and Böhm with a new and enlarged edition of his *Histoire des juifs*, in which he sought to defend himself against a pirate edition that had appeared the previous year in France: his own edition bore the title *L'Histoire des juifs, reclamée et retablie par son veritable auteur Mr. Basnage, contre l'edition anonyme & tronquée, qui s'en est fait à Paris chez Rolland, 1710. Avec plusieurs additions, pour servir de VI. tome à cette Histoire, A Rotterdam, chez Fritsch et Böhm, 1711*. His brother Henri, who died in 1710, had already had dealings with Fritsch and Böhm, who occasionally shared in the publication of *Histoire des ouvrages des savans*,[67] his continuation of Bayle's *Nouvelles de la république des lettres*.

If this evidence permits us to conclude with some probability that Jacques Basnage played a key role during Arpe's time in the Netherlands, it is also quite possible that Arpe met Basnage through his host Ahlefeld, for Basnage, who, having come to the Netherlands after the Revocation of the Edict of Nantes, still had good contacts in France, was increasingly drawn into diplomatic decision-making. He participated in discussions between Dutch, British, and French diplomats and in this context presumably also had dealings with Ahlefeld. It is most remarkable that

---

[66] See previous n.

[67] *Histoire des ouvrages des savans* (Amsterdam, 1687–1709); see the entry in the National Union Catalog: 'In addition to collective title-pages for the volumes, many numbers have special title-pages with imprint: Amsterdam, Michel Charles Le Cène; Rotterdam, Reinier Leers, Gaspar Fritsch; Rotterdam, Gaspar Fritsch & Michael Böhm.' It was published by Reinier Leers from 1687 to Mar. 1709; one month after the sale of his enterprise to Fritsch and Böhm in May 1709, Basnage ceased to work on the journal. Fritsch and Böhm published only the issue for Apr.–June 1709. In 1721 the journal was revived by Le Cène in Amsterdam.

this learned theologian, so much concerned with Jewish and Christian history,[68] was as is clear keenly interested in the defence of the 'atheist' Vanini and talked a hesitant Arpe into publishing his treatise anonymously.

These results make it clear that the indirect controversy between Arpe and Durand[69] regarding Vanini should be understood against the background of Basnage's personality. Durand, like Basnage, was a French Protestant, barely older than Arpe, who had travelled by way of Basle, Montpellier, and Geneva before finally settling in Rotterdam.[70] It was intended that there he should continue Basnage's brother Henri's *Histoire des ouvrages des savans*, but this journal was discontinued in 1709. Durand's acquaintance with the Basnages must therefore date from that time. He seems to have already taken great interest in Vanini, for he planned to publish some excerpts of Schramm's work on Vanini in the journal. He continued working on his book *La Vie et les sentiments de Lucilio Vanini* till 1714,[71] which was directed against Arpe and particularly Bayle; in the same year he had left the Netherlands and gone to England. It appears that Basnage supported his interest in Vanini just as, at the same time or a little later, he did Arpe's. From this perspective the relation between Durand, Arpe, and Basnage may be interpreted in one of two ways: on discovering Arpe's manuscript on Vanini, Basnage might have seen it either as a supplement or as a counterweight to Durand's work.

At this point, if not before, we must ask what contacts Arpe had with the circle of the 'Chevaliers de la Jubilation', identified by Margaret Jacob,[72] which also included Fritsch, Böhm, Levier, and Marchand. In fact, Arpe knew Böhm and also Picard; in a letter to Marchand in 1717 he sent them his regards as: 'from a former guest'. He also mentioned a certain Portal and a certain Ludovicus.[73] Arpe's relationships to Marchand must be specified in more detail. Some time after returning to Germany, Arpe wrote to inform him of his plans:

That the same cultivation of minds and kinds of study make for

---

[68] His publications include: *Histoire de l'ancien & du nouveau Testament* (Amsterdam, 1703); *Histoire des juifs* (Rotterdam, 1706, and subsequent edns); *Sermon sur divers sujets de morale, de theologie & de l'histoire* (Rotterdam, 1709); his *Annales des Provinces-Unies* were published at The Hague in 1719–26 by Charles Levier.   [69] See n. 14.

[70] For his biography see L. Bianchi, *Tradizione libertina e critica storica: da Naudé a Bayle* (Milan, 1988), 185–6; cf. literature there cited.

[71] Even though it was not published until 1717, see Durand's foreword.

[72] See M. C. Jacob, *The radical Enlightenment* (n. 26); but cf. Ch. Berkvens-Stevelinck, 'Les Chevaliers de la Jubilation: maçonnerie ou libertinage?', *Quaerendo*, 13 (1983), 50–73, 124–48.

[73] Arpe to Marchand; see following n.

the firmest friendship your example teaches me, most renowned sir, whom while in the Netherlands I immediately began to embrace and to love when I had only just made your acquaintance. I have never felt ashamed of it, on the contrary, I have greatly rejoiced whenever friends have reported that you were doing great service to letters, were driving ahead with your edition of Bayle, and that you triumphed over those beggarly cheapjacks your enemies. Carry on with heart and mind. This is the strength of truth, that it can be pressed but not suppressed; in despite of windbags and chatterers, your glory will rest on refined learning.[74]

In this letter Arpe speaks with a freedom and a cordiality that he seldom uses elsewhere; he had found in Marchand a kindred spirit whom he admired. We may start from the assumption that Marchand had played a part in bringing Arpe into contact with the publishers Fritsch and Böhm. Even though their cordial relationship is documented only in this one letter, they remained in touch, as will be seen later, not in writing, but through messages conveyed by intermediaries.

Marchand's circle would have been especially interested in Arpe's information about the *Liber de tribus impostoribus*, for in 1712 they were engaged with preparing *L'Esprit de Spinosa* for the press. Arpe's *Apologia pro Vanino* included some pages about the *Liber*, but he did not put anything on paper there about the text in Mayer's library. How carefully these few pages were read in the Netherlands is shown by the review in the *Journal de Savans*, which concentrated at once on the paragraphs about the *Liber*.[75] I shall deal with Arpe's remarks later.

It would be particularly interesting to know whether Arpe was acquainted with Jean Rousset de Missy, the author of the *Réponse*. There is no evidence that he was; even though Rousset has occasionally been said to have deliberately directed the suspicion of writing the *Réponse* on to

---

[74] Arpe to Marchand, no date, Leiden, MS March. 2; unlike Jacob, I date this letter 1717 (or at the latest 1718) because of the publications discussed and the reference to the Reformation bicentenary, 1517–1717: 'Eundem animorum cultum et studiorum genus, firmissimam conciliare amicitiam, Tuum me exemplum docet Vir celeberrime, quem ob summam humanitatem et doctrinam, cum in Belgio versarer, vix cognitum amplecti et amare coepi. Neque unquam me huius facti coepit poenitentia, quin potius quoties amici Te optime de Literis mereri, editionem Bayle urgere, de aeruscatoribus nugivendulis adversariis Tuis triumphare, mihi retulerunt, toties magnopere gavisus sum. Macte virtute et ingenio; ea vis est veritatis ut premi non opprimi possit, et invitis locutulejis et blatteronibus, elegantioribus literis Tuum constabit decus.'

[75] *Journal des savans* (Mar. 1713): 319–26; the reviewer gives a long extract from Arpe's comments on the *Liber*—or rather a consolidated translation that does not faithfully reproduce the sense but makes them an unambiguous confirmation of La Monnoye: 'Il y a bien de l'apparence que le livre des trois imposteurs est une pure chimere' (p. 323).

Arpe, this has not been proved and arises from a misunderstanding.[76] We shall not be able to trace the rumour of Arpe's authorship to its source until we know who told Leibniz that Arpe was a suspect.[77] At any case no mention of Arpe in the correspondence of the 'Chevaliers de la Jubilation' has yet come to light; we cannot therefore assume that Arpe played a major role in this circle. His stay was probably too short.

But there is further evidence for Arpe's contacts. A marginal note in MS Diez C 4° 37 of the Staatsbibliothek zu Berlin—Preußischer Kulturbesitz indicates that in Utrecht Arpe met a certain Pieter de Naevius.[78] He acquired from him a small volume by Adriaan Beverland entitled *Perini del Vago . . . epistolium ad Batavum . . . de tribus impostoribus* (London, 1709), a diatribe against bishops, not particularly important but containing the magic words 'de tribus impostoribus' in its title.[79] Arpe may have been on the trail of this treatise and its connections with the impostor theme in the Netherlands while preparing his *Apologia pro Vanino* for the press; at any case it is mentioned there.[80] Naevius (1667–1731)—or in Dutch Pieter Neef—was not a famous man; his name will be sought in vain in the biographical dictionaries.[81] He made his living by writing funeral speeches. However, he had been married since 1701 to one Catharina Beverland, his second wife, very probably to be identified with Adriaan's niece of that name. His obvious family conection with Adriaan Beverland make it no accident that it should be through Naevius that Arpe received Beverland's book. This relationship between Arpe

[76] M. Jacob, *The radical Enlightenment* (n. 26), 202: 'he [Rousset] also signed his letter [the *Réponse*] in the name of Marchand's correspondent—Peter Friedrich Arpe—an obvious ruse'. Jacob also mistakenly assumes (pp. 195, 228) that Arpe was the author of the Latin *Liber de tribus impostoribus*; she also confused the MS headed 'Vanini' and 'Tractatus de tribus impostoribus' in the Koninklijke Bibliotheek in The Hague (132 D 30), which in fact contains the *Meditationes* of Theodor Lau, with Arpe's book on Vanini (p. 228); Arpe's letter to Marchand, which she misdates to 1710–11 (see above, n. 74) she merely describes as 'extremely laudatory' (p. 195).

[77] I have attempted in vain to determine from the correspondence between Leibniz and Prince Eugene's general Bonneval, whether Leibniz had learnt about Arpe via Hohendorf and Prince Eugene. The *terminus ante quem* is 31 Mar. 1716, when Leibniz wrote to La Croze about him.

[78] Fol. 33ᵛ: 'Aen d'Heer Pieter de Naevius in de Ridderschap Straat tot Utrecht'.

[79] Arpe therefore includes it in his *Bibliotheca curiosa* (cf. n. 166) between the Latin and the French text of the *Three impostors*.   [80] *Apologia pro Vanino*, 43.

[81] For information on Naevius I am much obliged to Rienk H. Vermij, who examined the documents in the Utrecht city archives; it was he too who discovered the information on Catharina Beverland. On the freethinker Adriaan (Hadrianus) Beverland (*c.*1650–1716) see A. J. van der Aa, *Biographisch Woordenboek der Nederlanden*, II/2: 491–4; R. de Smet, *Hadrianus Beverlandus (1650–1716), Non unus e multis peccator: studie over het leven en werk van Adriaan Beverland* (Verhandelingen van de Koninklijke Academie voor Wetenschappen, Letteren en schone Kunsten van België, Klasse der Letteren, 50/126; Brussels, 1988); E. J. Dingwall, *Very peculiar people: portrait studies in the queer, the abnormal and the uncanny* (London, 1950), 145–77.

and Adriaan Beverland, who died in England in 1716, invites further reflection. Adriaan Beverland had made Catharina his heir; Arpe probably took an interest in his unpublished writings.

Of interest too is the fact that the Neefs lived in the Ridderschapstraat in Utrecht, a street that during the peace-talks was a centre of diplomatic and social life. The English envoy lived there, and the treaties between Great Britain, France, and Savoy were negotiated there.[82] There was one man involved in these diplomatic proceedings who was of great importance for the dissemination of the *Traité des trois imposteurs*—Baron von Hohendorf. We must therefore follow this trail.

In the years around 1712 Hohendorf was at The Hague on diplomatic missions on behalf of Prince Eugene of Savoy.[83] While the actual negotiations in Utrecht were conducted by Sinzendorf and Consbruch, Hohendorf travelled on secret missions between Vienna, Paris, and London, always returning to his base in the Netherlands.[84] Here, prob-

---

[82] N. van der Monde, *Geschied- en oudheidkundige Beschrijving van de pleinen, straten, stegen, waterleidingen, wedden, putten en pompen der stad Utrecht*, i (Utrecht, 1844), 201: 'Het huis, door Godert, Graf van Athlone, Baron van Rheede en Aghrim, en Vrijheer van Amerongen, omstreeks het einde der XVII eeuw gesticht, heeft deze straat merkwaardig gemacht door de vredeshandelingen, in 1712 en 1713 aldaat gehouden, en de verdragen, tusschen Engeland, Frankrijk en Savoye, op den 11 April 1713, in hetzelve gesloten. Dit huis werd in dat tijdperk bewoond door den eersten Plenipotentiaris van Engeland, Mylord Joannis Robinson . . .' ['The house built about the end of the 17th c. by Godard van Reede, Earl of Athlone, Baron of Reede, Ginkel, and Aghrim, Vrijheer van Amerongen [1644–1703], has drawn attention to this street through the peace-negotiations conducted there in 1712 and 1713, and the treaties concluded in it on 11 Apr. 1713 between Great Britain, France, and Savoy. At that time this house was inhabited by the British First Minister Plenipotentiary, John Robinson, bishop of Bristol, later of London.']

[83] See M. Braubach, 'Ein Vertrauter des Prinzen Eugen: der Generaladjutant Hohendorff', in id., *Geschichte und Abenteuer: Gestalten um den Prinzen Eugen* (Munich, 1950), 126–62; for the wider context of Eugene's policy see Braubach, *Prinz Eugen von Savoyen: Eine Biographie*, 5 vols. (Vienna, 1963–5), esp. Vol. III; the most important contemporary biography is L. D. Volprecht, 'Das Leben Georg Wilhelm v. Hohendorfs, eines, so gelehrt, als tapfern Preußischen Cavaliers', in *Acta Borussica ecclesiastica, civilia, literaria oder Sorgfältige Sammlung allerhand zur Geschichte des Landes Preussen gehöriger Nachrichten, Uhrkunden, Schrifften und Documenten* (Königsberg and Leipzig, 1731), II/3: 441–58.

[84] Braubach, 'Ein Vertrauter' (n. 83), 129: 'Im Frühjahr 1711 wird er von Eugenii bei Ehrenbreitstein und Düsseldorf nach dem Haag und in das Feldlager Marlboroughs vorausgeschickt . . . Als dann im Sommer der Prinz sich von Belgien wieder nach Deutschland zurückbegab, ließ er den Generaladjutanten auf dem Kriegsschauplatz im Nordwesten zurück' ['In the spring of 1711 he was sent on ahead by Eugene by way of Ehrenbreitstein and Düsseldorf to The Hague and to Marlborough's camp . . . When in summer the Prince returned from Belgium to Germany, he left his adjutant-general behind in the theatre of war]; 130: 'Mittelpunkt jener zu den großen Friedensverträgen führenden Verhandlungen war Holland, waren der Haag und Utrecht, und so wird es wohl bei diesen Gelegenheiten gewesen sein, daß Hohendorff Beziehungen zu vornehmen holländischen Familien aufnahm.' ['The centre of those negotiations, which led to the great peace-treaties, was the Netherlands, in particular The Hague and Utrecht, so that it was probably on

ably in 1712,[85] he married a bride from the respected family of van Tuyll van Serooskerken; in the last years before Hohendorf's death in 1719 the couple lived mainly in the southern Netherlands, at Bergen op Zoom.[86]

Above all, there is his library.[87] Hohendorf was a man of broad education who had built up a large collection of rare books all over Europe both on his own account and also increasingly on commission from Prince Eugene.[88] Sallengre described his impressions in 1716 in his *Mémoires de Litterature*:[89] 'Ce Seigneur, qui aime passionnément les belles Lettres, dont il se fait un délassement utile et agréable, a formé non pas la plus nombreuse, mais j'ose dire, la plus magnifique et la mieux choisie Bibliotheque qu'on ait peut-être jamais vû.' Above all, this library included a great number of clandestine books and manuscripts. Hohendorf collected 'les Editions non tronquées, les Ouvrages supprimez, défendus et dont la plûpart des Exemplaires ont été brûlez'.[90] Hohendorf, who had contacts with English freethinkers like Toland[91] as well as the publicists around Marchand,[92] was able to acquire such rare manuscripts as the *Theophrastus redivivus* for his library. Margaret Jacob describes the library's importance as an intellectual centre thus: 'The Baron Hohendorf

these occasions that H. became connected with distinguished Dutch families.'] Cf. pp. 136 ff.: Hohendorf went in June 1712 to London, in Aug. 1713 and Dec. 1715 to Paris.

[85] Braubach, 'Ein Vertrauter' (n. 83), 130.

[86] On the early history of Bergen op Zoom see *Zedler*, III: 1259–60; it was a 16th-c. margraviate in Brabant. It belonged until 1710 to Lt.-Gen. François-Egon de La Tour d'Auvergne; it is not clear what relationship he bore to Frau von Hohendorf's forebear ('Elter-Vater'), Vrijheer van Tuyll, 'Admiral-Lieutenant von Bergen op Zoom' (Volprecht, 'Das Leben' (n. 83), 456), next to whom Hohendorf himself was buried.

[87] The catalogue of this library, now in the Österreichische Nationalbibliothek, was published after Hohendorf's death: *Bibliotheca Hohendorfiana ou Catalogue des livres de la bibliotheque de feu Monsieur George Guillaume Baron de Hohendorf*, 3 vols. (The Hague, 1720). K. O. Brechler, *Die Büchersammlung des Freiherrn von Hohendorf, Generaladjutanten des Prinzen Eugen von Savoyen* (Vienna, 1928), is only a few pages long and not very helpful; for an alphabetical index of the collection see Österreich. Nationalbibl., Cod. 13966.

[88] In Paris the Duke of Saint-Simon recorded his impressions of von Hohendorf: *Mémoires*, xxx: 278–9, 353–9, 372. See too the report of 9 Sept. 1713 by Hohendorf's companion in Paris, Dufay (Paris, Archives du Ministère des Affaires Etrangères, Autriche, Correspondance politique 92); Du Luc to Huxelles, 5 Sept. 1716 (ibid., 109); and Prince Eugene's letters to Hohendorf regarding purchases, now in Vienna (references from Braubach, 'Ein Vertrauter' (n. 83), 161).

[89] Antoine Henri de Sallengre, *Mémoires de litterature*, ed. H. Sauzet (The Hague 1715–17), I/2: 282.   [90] Ibid., 283.   [91] For Toland's letter to Hohendorf see Jacob (n. 26), 152–3

[92] In the Bibliotheek der Rijksuniversiteit te Leiden there are, under the signature March. 2, three letters of Hohendorf's to Marchand. The first two, occasioned by Marchand's edition of the *Cymbalum mundi*, were still dated from Vienna, on 28 Jan. and in Mar. 1711. The third, of 20 Dec. 1712, was written in The Hague and also dealt with editions and purchases of books for Prince Eugene's library: 'Je ne vous dis autre chose connaissant votre habitude, et le plaisir que vous aurez de servir un Prince qui ne manquera pas de reconnaissance pour vous.'

was the go-between of the court and the radicals, and his library . . .
contained just about every clandestine manuscript and subversive book,
including works by Bruno and Des Periers, that can be traced to their
door.'[93]

In this connection it is important that Hohendorf's library too contained texts of the French *Traité des trois imposteurs*. Moreover, from 1716
it was the source of several copies all carrying the note: 'Permittente
Dno. Barone de Hohendorf descripsi hunc Codicem ex Autographo
Bibliothecae Serenissimi Principis Eugenii a Sabaudia, Anno . . .'.[94] Of
particular importance are the copies in Kraków, Biblioteka Jagiellońska
6219, Munich, Bayerische Staatsbibliothek, Cod. Gall. 415, and Kiel,
Universitätsbibliothek K.B. 89.[95] F. Charles-Daubert summarizes the
problem: 'Il est clair que les informations qui permettront de faire la
lumière sur cette partie de l'histoire de l'*Esprit* résident dans les rapports
qu'entretenait Hohendorf avec les cercles érudits anglais et avec les
libraires hollandais.'[96] Had Arpe any contact with Hohendorf?

There is no evidence for it. Hohendorf had a copy of Arpe's *Apologia
pro Vanino* in his library,[97] as well as Vanini's own works, but it has no
dedication from Arpe or any marginalia.[98] Nor is there is proof of any
correspondence.

Arpe probably returned to Germany as early as 1714, and in any case
not as late as 1716, as stated in *ADB*. Johann Heinrich von Ahlefeld was
recalled from the Netherlands in 1714; the letter Arpe sent to Johann
Albert Fabricius on 21 July 1715 was written in Kiel.[99]

---

[93] M. Jacob, *The radical Enlightenment* (n. 26), 147; she continues: 'At the heart of the early years
of the Radical Enlightenment on the Continent lay the entourage of Eugène of Savoy at The
Hague. It attracted radical Whigs and French Protestants, and indeed if ever they had access to
European power politics, prior to the Orangist revival in the Netherlands during the 1740s, it
was in those heady days after Eugène's brilliant military victories in the War of the Spanish
Succession.'

[94] 'By permission of the Lord Baron von Hohendorf I copied this manuscript from the original
in the Library of the most serene Prince Eugene of Savoy, in the year . . .'. For these notes see
F. Charles-Daubert, 'Les Traités des trois imposteurs et l'*Esprit de Spinosa*' (n. 29), 22–3.

[95] Ibid. Mme Charles-Daubert does not list Kiel K.B. 89, which contains the same remarks
about the additions from Charron and Naudé as Munich, Cod. Gall. 415; see the description in the
Appendix.

[96] Op. cit. (n. 29), 41; for the booksellers in The Hague see E. F. Kossmann, *De Boekhandel te
's-Gravenhage tot het eind van de 18de eeuw* (The Hague, 1937).

[97] *Bibliotheca Hohendorfiana* (n. 87), III: 8° 100; 8° 98 is Vanini's *De admirandis*, 8° 99 the *Amphi-
theatrum*.

[98] Information kindly supplied by M. Hadraba of the Österreichische Nationalbibliothek in
Vienna; the book now has the shelfmark 7.Y.3.

[99] Arpe to J. A. Fabricius, Copenhagen, Det Kongelige Bibliothek, Ms. Fabr. 104–123, 4°.

IV. A Trojan Horse

I have held back till now any discussion of Arpe's relationship to the various texts of the *Three Impostors*. As has already been stated, Arpe had already encountered *De imposturis religionum breve compendium* in Copenhagen. He allowed the discussions on this subject to influence his Vanini manuscript and obviously reworked these passages again in the Netherlands. Remarkably, he concurred with La Monnoye's opinion that the *Liber de tribus impostoribus* had never existed, but only in respect of the purported original treatise, insisting on the reservation: 'However, I am not saying there is no such thing as a book "On the three impostors".'[100] He cites Kortholt's book as an instance of a work using that title on the basis of the legend. 'What trouble is caused by this fabulous hydra!',[101] he exclaims; it is impossible to tell whether he could already have had in mind the fabrication of the *Esprit de Spinosa*. At any rate, the circle around Levier, Aymon, and Rousset will have thought of it when reading these lines.

Arpe justified the discussion in the *Apologia* by saying that François de Rosset had accused Vanini in his *Histoires tragiques* of having written the *Liber de tribus impostoribus*: 'Il fit revivre ce mechant et abominable livre, que l'on intitule, les Trois Imposteurs que l'on a imprimé à la vüe et au grand scandale des Chretiens.'[102] To this this accusation he reacted very sharply: he referred to the entire history of the legend and thought it laughable that Rosset should make it a peg for an invented accusation. He quoted Quintilian: 'Besides, so many enjoy even the poorest little flights of fancy which upon examination arouse mockery, but when first

---

[100] *Apologia pro Vanino*, 43; 'Neque tamen librum de tribus impostoribus plane negaverim.'

[101] Ibid.: 'At quas fabulosa hydra turbas ciet!'

[102] *Apologia pro Vanino*, 42, cf. J. Deutsche, *Dissertatio posterior de Vanini scriptis et opinionibus* (Jena, 1708; repr. 1713), 13, citing 'p. 203' of Rosset; the only edition to contain the story is that of 1619, *Les Histoires mémorables et tragiques de ce temps*, published by Pierre Chevalier at Paris. In the re-edition by A. de Vaucher Gravili (Paris, 1994), 165, the passage runs: 'Mais pour perdre mieux ceux qui ne bouchaient point les oreilles à cette sirène tromperesse, il fit revivre sourdement ce méchant et abominable livre, de qui l'on ne peut parler qu'avec horreur et que l'on intitule *Les trois imposteurs*. Je ne veux point insérer ici les raisons contenues dans ce pernicieux et détestable livre que l'on imprime à la vue et au grand scandale des chrétiens.' From the same page of Rosset, Deutsche, 11 n. q, quotes: 'Vanin composa un livre des causes naturelles, il donnait à la nature, ce qui n'appertient [*sic*] proprement, qu'au Createur de l'univers et de la nature mesme'; cf. ed. cit. 168 'Il composa un livre des causes naturelles . . . Dans ce livre il avait inséré mille blasphèmes et mille impiétés, comme celui qui donnait à la nature ce qui n'appartient proprement qu'au Créateur de l'univers et de la nature même.' See J. S. Spink, *French free-thought from Gassendi to Voltaire* (London, 1960), 33; F. P. Raimondi, 'Vanini e il "De tribus impostoribus"', in *Ethos e cultura: studi in onore di Ezio Riondato* (Padua, 1991), 265–90.

hit on flatter with a show of wit.'[103] Such a sentence, read at the time
against the background of the French *Traité*'s composition, could also be
understood as a reference to the secret undertaking. It cannot be proved,
however, that such a reference was intended.

Arpe too understood that the *Liber de tribus impostoribus* was a dangerous matter to discuss. In the *Apologia pro Vanino* he declared: 'By this
devious machination that book is like the Trojan horse', explaining:
'From this horse they say that the destruction began for the most noble
Trojans; from this book has stemmed disgrace for the most learned men
who were a trifle less than religious.'[104] Arpe had good reason to take care
not to become a victim of this horse himself. This became apparent after
his return to Germany, once the *Réponse* had come out in 1716. It was
reported from Saxony that bookshops were being searched for books
which had 'de tribus impostoribus' in any context in their title,[105] and that
Johann Gottlieb Krause, who had reprinted the *Réponse*, had been arrested.[106] Arpe heard through Mosheim that he himself had been named
as a possible author of that work, which meant he had to be circumspect
in any remarks on the subject of the *Three impostors*. In a later letter to
Uffenbach, Arpe described the situation from his own perspective:

> Of the French manuscript born without Lucina's favour [Arpe
> here used the same expression as for the Latin text][107] I too have
> a copy, and desserts of that nature are more suited to making you
> thirsty than to the great benefit they promise; for the rest they are
> to be kept behind their bars.
>
> There is no delight in the food that lacks the tang of vinegar
> Nor is the face pleasing that has no dimple.
>
> I had intended to send you a summary of the nonsense,[108] since
> you might not have encountered it, did not want of time prevent
> me nor I think I was abusing your patience by venturing to

[103] 'Sic plerique minimis inventiunculis gaudent, quae excussae risum movent, inventae facie
ingenii blandiuntur': Quintilian, *Institutio oratoria*, 8. 5. 22.

[104] *Apologia pro Vanino*, 44: 'Liber iste machina hac subdola, Equi instar Trojani est. Ex hoc
Equo ferunt nobilissimis Trojanis ortum exitium; ex hoc libro doctissimis, qui profaniore aliquan-
tulum erant ingenio, infamia suborta est.'

[105] Staatsarchiv Dresden, Geheimes Konsilium, Loc. 7209, 'Konfiskation und Zensur einiger
Bücher', I (1714–1720), fols. 243 ff., cit. A. Kobuch, 'Aspekte des aufgeklärten bürgerlichen Denkens
in Kursachsen' (n. 21), 263.

[106] Ibid., 264 ff.   [107] See n. 52.

[108] The Latin word *naenia* literally means 'lamentation', but is used more generally for 'non-
sense': in the preface to the *Apologia* Arpe applied it to his own work.

address you with so long and a tedious letter when you were busy with weightier matters.[109]

The 'dessert' was of course the *Réponse*, of which Arpe chiefly complained that it did not contain anything really new; he asserts that it neither offers serious research into the sources and history of the legend nor relates anything verifiable about its authors, and therefore lacks all spice. By contrast, what he had in mind—if one knows his style—was an exact examination of the provenance and genesis of the manuscripts in circulation: 'historia a fabulis purgata'.[110] As we shall soon see, Arpe did real pioneer work for the Latin *De imposturis religionum*; at least there are fragments of research. In the case of the French *Traité*, Arpe's report that he had abandoned the undertaking seems correct.

The letter to Uffenbach confirms what we had learnt in Mosheim's letter, albeit with some variations. That it was lack of time that had prevented him from indexing the *Traité*, as Arpe states here, is hard to conceive, since he had sufficient leisure during 1716 to 1728 to finish many other small works, not all on so enticing a subject as the *Three impostors*. More believable is Mosheim's account—'had not that other French fellow interfered'—thereby obviously causing Arpe to keep quiet after his return from the Netherlands and not to say anything at all about the whole affair.

There is a second declaration of Arpe's on this matter, one intended for public consumption. This can be found in the notes that he made for the second edition of the *Apologia*, on which he had worked, as Mosheim reported, since 1717. In these notes, now in Hamburg, Staats- and Universitätsbibliothek, Cod. theol. 1222, Arpe glossed the pages about the *Liber de tribus impostoribus* in the *Apologia* as follows:

> This wicked book about the Three Impostors affords an outstanding example of our age's curiosity, for the most learned and famous men, before ascertaining its existence, enquire so diligently after

[109] *Commercii epistolaris Uffenbachiani selecta* (n. 49), II: 446: 'Gallici MS. infausta Lucina editi mihi quoque exemplum est, et quae sunt huius farinae bellaria, potius ad movendam sitim, quam magnum, quem praestant, usum apta, caeterum suis in repagulis servanda.

Nec cibus iste juvat morsu fraudatus aceti;
Nec grata est facies, cui Gelasinus abest.

Constitueram, indicem mittere naeniarum minus forte obviarum, nisi temporis praecluderet angustia, vestraque me abuti patientia censerem, qui tam longa fastidiosaque epistola vos compellare ausim, gravioribus rebus occupatos.' The verses are from Martial, *Epigrams*, 7. 25. 5–6, poems that are all polish and no point.

[110] 'History purged of fables' was Arpe's conception of critical historiography. See the Göttingen edition of Arpe's annotated *Apologia* (n. 145), I: II.

ill. Daniel Georg Morhof's studies on the topic are lost. Bernard
de la Monnoye, that counterpart of Horace's Quintilius, weighed
up what writers had said and declared that it had never been
printed, in contrast to Burkard Gottfried Struve, who in his
Dissertatio de doctis impostoribus (Jena, 1706), 4°, declined to con-
cur. In due course an anonymous author issued a letter asserting
that the book's existence could not be doubted, which he inserted
together with the reply by M. de La Monnoye in Sallengre's
Mémoires de litterature, i/2. 376. I publicly deny that I am the
author of this letter as some will have it, even though I do have
copies of the two works which exist under this title. The one,
from the library of Johann Friedrich Mayer is in Latin, the other
in French, the review of which in *Umbständliche Bücher-Historie*,
ii: 280 brought such ill-will upon Krause. Concerning the sheets
that fluttered out of Mayer's museum, I cannot but add the report
of a man most worthy of credence: that it is a recent concoction
by Johann Joachim Müller, who wrote it when challenged to
a disputation for his intellectual improvement; his grandfather
had mentioned the book and not denied that he possessed it, and
in consequence Mayer, his closest friend, was demanding it with
the most ardent prayers.[111]

---

[111] *Apologia*, 43 nn.: 'Pessimus hic liber de tribus impostoribus eximium praebet curiositatis
nostri saeculi exemplum, dum viri doctissimi et magni nominis, antequam extare norint, tanta de
eo cura quaerunt. Quae de eo moliebatur Dan. Georg Morhofius, interierunt. Bernardus de la
Monnoye, Quintilius ille Horatianus [cf. *Ars Poetica* 438], ad trutinam dicta Scriptorum vocavit, et
nunquam typis exscriptum pronuntiavit. Aliter quam visum Burckardo Godofr. Struvio, qui in
dissertatione de doctis impostoribus Jena 1706.4. calculum adjicere detrectavit. Edidit mox Anony-
mus epistolam: [*three words deleted*] de ipsius existentia non esse dubitandum asserens, quam cum
responsione Dni. de la Monnoye in Illustr. Salengre Memoires de Literat. Tom.1.P.iii.376 inserit.
Cuius me autorem, ut quidam volunt, publice diffiteor; etsi mihi [*two words deleted*] utriusque
codicis hoc nomine venit [*word deleted*] Ms. copia sit. Alter ex biblioth. Jo. Frid. Mayeri, latina
lingua conscriptus, alter gallica, cuius recensio in der umbständl. Bücher Historie, fascic.ii p.280
tantam invidiam movit, Cl. Crausio. De Schedis quae ex Mayeri musaeo evolarunt, non possum
non viri fide dignissimi adscribere relatum. Nuperum esse Jo. Joach. Mülleri [*these words evidently
deleted and then rewritten above*] partum, quem ingenii emendandi gratia ad disputandum provoca-
tus, conscripserit, cum ipsius avus, [*some words, presumably the grandfather's name, deleted*] libelli
mentione facta, eius esse possessorem, non pernegasset, ideoque communicationem Mayerus
amicorum coriphaeus ardentissimis precibus flagitaret. Extare et circumferri infelices huius modi
chartulas facile concedo et largior, sed nec eius esse aetatis, ut volunt, nec istorum virorum, nec
unquam impressas, firmissime mihi persuasum est. De isto Tenzelius in recensione Scriptor. in 4.
fach des 1. Repositorii der curieus. biblioth. 1704. Simon lettres choisies xvi p.142. Placcius in
theatr. Anon. p.184. Observationes Hallenses. Quicquid impietatis notam inter libros fert hoc
nomine vulgo venire solet, cuius exemplum apud Menagium in anis Tom.1.p.357.' The text shows
that Arpe initially continued his research on the *Three impostors* even though he says little about the

For the Latin text, albeit with obvious scruples,[112] he gave the results of his researches and stated that the author was Johann Joachim Müller; these researches have recently been reconstructed by J. Presser,[113] M. Faak,[114] and W. Gericke.[115] He then summed up: 'I can easily grant and concede that there exist, and are circulated, unhappy papers of this nature, but I am most firmly persuaded that it is neither as old as they claim nor by those authors, and has never been printed.' This sounded like a speech for the defence, in public. But it should be noted that Arpe denied the statements made in the *Réponse* on the origin of the *Three impostors*. He knew how in more recent times works with such titles were written: 'Any book of an irreligious nature is commonly sold under this name; for an example see Ménage in his *Ana*, i. 357.'

Arpe was obviously able to acquire a copy of the French text in the Netherlands. But *which* text did he transcribe? There were, as is known, different recensions of the *Traité* in circulation.[116] Arpe's copy is now in the Staatsbibliothek zu Berlin—Preußischer Kulturbesitz, in a manuscript in which Arpe also preserved other 'irreligious' texts. The text in MS Diez C 4° 37[117] has the Latin title *Damnatus liber de tribus impostoribus* with the addition 'qui dicit in aeternos aspera verba Deos, Damnatum efficiet Lectorem si ipsius autorem non damnat et execratur'.[118] This

French *Traité*. These words were obviously written hesitantly, as is shown by the deleted passages. For Müller see n. 52.

[112] Observe the deletions in the text (previous n.).

[113] *Das Buch 'De tribus impostoribus'* (n. 2).

[114] 'Die Verbreitung der Handschriften des Buches "De tribus impostoribus"' (n. 4).

[115] 'Die Wahrheit über das Buch von den drei Betrügern' (n. 51).

[116] See F. Charles-Daubert (n. 29); S. Berti (n. 26).   [117] Fols. 42^r–98^v.

[118] 'He who speaks harsh words against the immortal gods [Pseudo-Tibullus, 3. 10. 14 (L. A. H.-S.)] will cause the reader to be damned if he does not damn and curse its author.' In the Universitätsbibliothek Kiel there is a MS (K.B. 89) with the same title as Arpe's copy, *Damnatus liber de tribus impostoribus*, and containing the same addition 'Qui dicit . . .' etc.; this work is divided only into six chapters but it may still be a copy of Arpe's MS, since the chapters, unnumbered in his copy, are here so articulated that the sections 'De la politique' and 'De la morale de Jesus Christ' are subsumed in the third chapter ('Ce que signifie . . .'). The MS bears the note: 'Msc. Latine, quod ex B. Mayeriana in apparatum librarium sereniss. Princ. Eugenii magno aere redemptum transiit cuiusque principium: Deum esse eum colendum esse quod etiam exhibetur a Baumgartenio in der Hall. biblioth. Vol., inscriptum de imposturis religionum, Jo. Aymonius Gallice transtulit ac cum pluribus communicavit. Aliud vero eiusdem farinae prostat ordiens: Quamvis omnium hominum intersit nosse veritatem sive idem illud, quod hic Gallice exhibetur a Lud. Meyero med. ni fallor compositum, in capp. 8 divisum memorat Wolf in bibl. hebr. Vol 4. p. 796. Scriptum aliquod eiusdem frontis Jo. Bidle Anglice convertisse tradit Jac. Heath in hist. belli civ. 1654.' ['MS in Latin, which was bought at a high price from Mayer's library and crossed into that of the most serene Prince Eugene, and beginning: "That God ought to be worshipped", which is also presented by Baumgarten in the *Hall. Biblioth.* The volume, entitled *De imposturis religionum*, was translated into French by Jean Aymon, who made it available to several persons. Another work of

version contains eight chapters (see description of the manuscript in the Appendix). The title *Esprit de Spinosa* appears only in a quotation from Johann Adam Bernhard,[119] which Arpe had copied on to the page preceding his transcriptions:

> That Spinoza had an evil and poisonous seed in his heart is convincingly confirmed by the manuscript that M. Lucas, who is also the author of the *Life of Spinoza* and who translated the *Tractatus Theol. politicus* from the French into Latin, has written under this title:
>
> La vie e l'esprit de Mr de Spinosa
>
> C'est a dire ce que croit la plus saine partie du monde
> 1. De Dieu
> 2. De Raison
> 3. Ce que signifie ce mot Religion
> 4. De la politique de J. Christ
> 5. De la Moral de Jesus
> 6. Veritez sensibles et evidentes
> 7. De l'ame
> 8. Des esprits qu'on nomme Demons et Diables.[120]

Arpe obviously came to identify the recension of the *Three impostors* that he had copied out[121] with the text entitled *L'Esprit de Spinosa*. What, however, did he make of Bernhard's assumption that the author was Lucas? He was sceptical, or at any rate became sceptical later, because he added under the above excerpt the question: 'Quis hic Lucas?' And he answered, in German, with a note which may be of great interest for the study of the *Traité des trois imposteurs*:

the same nature is on sale, beginning "Although it is in all men's interests to know the truth"; or that may be the same as the work presented here in French by Dr Louis Mayer, in eight chapters if I am not mistaken. It is mentioned by J. Chr. Wolf, *Bibliotheca hebraea* (Hamburg, 1733), IV: 796. Some book with the same title was translated into English by [the English unitarian] John Biddle [1615–62], according to James Heath, *A brief chronicle of the late intestine warr in the three kingdoms of England, Scotland, and Ireland*, 2nd edn. (London, 1663), 681 s.a. 1654' ('besides the Englishing of the Alchoran, and the three grand Impostors damned for shame': L. A. H.-S.)]

[119] *Curieuse Historie der Gelährten* (Frankfurt, 1718), 8°, Libr. III Part 6, cap. 3, p. 487: 'Daß Spinosa einen bösen und giftigen Saamen in seinem Herzen gehabt habe, darin hat innig das Ms. beßstärckt, welches Mr. Lucas, welcher auch der Autor des Lebens Spinosae und der den Tractatum Theol. politicum aus der franßö. Sprache in die lateinische gebracht, unter diesem Titel geschrieben (. . .).'   [120] MS Diez C 4° 37, fol. 42ᵛ.

[121] That Arpe copied the text during his stay in the Netherlands appears to be established by the paper, which to judge by the watermark originated in Amsterdam *c.*1710. See the forthcoming catalogue of the Diez C MSS in the Staatsbibliothek zu Berlin—Preußischer Kulturbesitz; I thank Herr Teitge for making an advance copy available to me.

P. M. reported that M. Rousset in The Hague had taken it on himself to defend the fable of the Three Impostors against M. de La Monnoye. That had been the occasion for M. Vroese, counsellor of the court of Brabant, to print the following work there, which was enlarged under the abovementioned title [*L'esprit de Spinosa*], with the inclusion of some chapters from Charron's *De la sagesse* and Naudé's *Coup d'Etat.*[122]

This passage proves first of all that Arpe, unlike almost anybody else, had full—and possibly correct—information on the origin of the *Esprit*. The 'P. M.' who helped him to this information is none other than his friend Prosper Marchand. In 1758, upon publication of his *Dictionnaire historique*, his conjecture was there for all to read:

A la fin d'une copie manuscrite de ce Traité que j'ai vûe et lûe, on lui donne pour véritable Auteur un Mr Vroese, Conseiller de la Cour de Brabant à La Haïe, dont Aymon et Rousset retouchèrent le Langage; et que ce dernier y ajouta la Dissertation ou Réponse depuis imprimée chez Scheurleer.[123]

But Arpe had received this information much earlier, and in a somewhat different form. This is what makes this note so interesting.

The chief deviation is that Arpe's specifies Rousset's motive, to write against La Monnoye, the stimulus ('ea occasione') for Vroese to write the *Traité*, and the place in which he did do (The Hague). It would be important to date his note, because Marchand did not say when he saw the comment in the manuscript; this would also be of interest in respect of Arpe himself, enabling us to determine whether his silence in the years after 1716/17 was in spite of already having such detailed information on the text. There is no indication of these answers in the notes for the new edition of the *Apologia*, which were written in 1717. But the remark was certainly entered after 1718, because of the reference to Bernhard, and before 1740, when Arpe died. Since the note is added in cramped

---

[122] Fol. 42ᵛ: 'P. M. gab die Nachricht Mr. Rousset im Haag hatte die Fabel de tribus Impostoribus, gegen Mr de la Monnoye zu behaupten sich gefallen laßen. Ea occasione hätte der H. Vroese conseiller de la cour de Braband daselbst folgende Schrift aufgesetzt, welche unter jetzt erwähntem Titel [*L'Esprit de Spinosa*] weiter ausgeführet, da ihr sogar eigene Capittel aus Charron de la sagesse und Naudee coup d'Etat inseriret, worden.' La Croze also left a statement on the *Traité des trois imposteurs*, to be found at the end of MS Diez C 4° 28, fol. 103ʳ⁻ᵛ; it is followed by the note 'Notabene: dieses ist Ms. de la Croze Nachricht.' The heading runs 'Historische Nachricht von dem gottlosen Buch in der französischen Sprache De tribus impostoribus.' The report cannot be earlier than 1725.

[123] Marchand, *Dictionnaire historique*, Art. 'Impostoribus', 1: 325 [below, p. 508].

handwriting at the foot of the page, it seems to be a later addition to the extract from Bernhard. It was above all in 1726–8 that Arpe was especially engaged with his clandestine manuscripts, but whether the note was written during those years is impossible to say.

V. Arpe, the Tradition of 'libertinage érudit', and Protestant Northern Germany

All Arpe's books were written against the background of contemporary discussion. Scholars in Protestant Germany were increasingly interested in 'impartial', in other words supra-denominational, re-evaluation of allegedly atheistic, deistic, and naturalistic forces in the intellectual tradition. This interest often took antiquarian, theological, or historical forms, but was no less explosive for that. It was not easy to bring together the categories 'naturalistic' and 'atheistic', for controversial theologians were concerned to brand atheism as 'unnatural' and possibly to bring a 'natural theology' into play against it.[124] How difficult it was even for contemporaries to determine what degree of freethinking lay behind the feigned orthodoxy of theologians, jurists, and natural scientists is clearly shown in the case of the Hamburg scholar Hermann Samuel Reimarus (1694–1768).[125] Reimarus worked all his life on a radical critique of Holy Scripture, *Apologie oder Schutzschrift für die vernünftigen Verehrer Gottes*, without being taken for anything other than an orthodox Christian.[126]

[124] See the important study by H. M. Barth, *Atheismus und Orthodoxie: Analysen und Modelle christlicher Apologetik im 17. Jahrhundert* (Göttingen, 1971), esp. 172 ff.

[125] On whom see *Hermann Samuel Reimarus: ein 'bekannter Unbekannter' der deutschen Aufklärung. Vorträge gehalten auf der Tagung der Joachim Jungius-Gesellschaft der Wissenschaften Hamburg am 12. und 13. Oktober 1972* (Göttingen, 1973).

[126] Reimarus probably owned a copy of *La Vie et l'Esprit de Mr Benoît de Spinosa*, possibly also a Latin text derived from Arpe's copy. Kiel K.B. 89 was bought at the auction of goods belonging to his son Professor J. A. H. Reimarus, who presumably found it in his father's papers. Lessing's correspondences include letters about Reimarus' MSS on the Three Impostors: *Gesammelte Werke* (Rilla), 2nd edn, IX: 356; cf. M. Fontius (n. 147), 259. The MS in question is probably identical with the Kiel manuscript: the copy of *De imposturis religionum* bound with the latter carries the note (fol. 189): 'Descripsi ex apographo Domini Arpe consiliarii Guelfebytani, qui suo exemplari notam sequentem adscripserat' ['I copied this text from the transcript of Herr Arpe, counsellor of Wolfenbüttel, who had written the following note on his copy']. The transcript must have been made between 1729 and 1731 when Arpe was *Legationsrat* to the House of Braunschweig-Wolfenbüttel at Hamburg, under the protection of Minister Wedderkopp. Reimarus was at that time professor of oriental languages at the Akademisches Gymnasium in Hamburg. That the two were acquainted is uncertain but probable. Documents on Arpe's time as *Legationsrat* are contained in the Niedersächsisches Staatsarchiv Wolfenbüttel, shelfmark 2 Alt 2102–2106 (reports from Arpe in Hamburg, his appointment, salary, letters of accreditation, and rescripts addressed to him, 5 vols. covering 1728–June 1731) and 83 Alt 1 (Duke August Wilhelm's instructions to Arpe of 8 June 1730 concerning an affair in Altona).

There were many other people in Germany at the beginning of the eighteenth century whose lives on the surface ran in one course but whose intellectual interests developed in another. Agatha Kobuch has remarked that a freethinking attitude is largely confined to authors still in their youth, whereas later on concern for professional advancement became paramount with most of them and forced them to compromise:

> It is striking that those scholars and men of letters who came into conflict with the censors were relatively young and in their later years were not involved in any more controversies. This strengthens the assumption that bourgeois exponents of Enlightenment drew far-reaching consequences from their interrogations—they either left the country or, to a greater or lesser degree, conformed to the circumstances in the interest of their professional careers.[127]

Arpe too had a bourgeois life-history as a jurist: studies in Kiel, transitional years as a tutor to young noblemen, then finally the professorial chair in Kiel. However, this career was soon in ruins; instead, Arpe was involved in various administrative duties that obviously left little time for leisure. He called his literary interests his 'summer holidays', *Feriae aestivales*.

Scepticism towards authority, whether historical or theological, and the apologetic renovation of naturalism formed the two complementary sides of Arpe's work, which have to be viewed together. Already the first short works of 1711 took this double path: *Pyrrhonismi historici argumentum* and *Brevis delineatio de divinatione*. The early version of Arpe's attack on the historians was dedicated to one 'Trophonius', the later version—the *Pyrrho* of 1716—to Johann Albert Fabricius.[128] Arpe thereby

---

[127] 'Es ist auffallend, daß die Gelehrten und Literaten, die in Konflikt mit den Zensurinstanzen gerieten, relativ jung waren und in späteren Jahren keine Kontroversen mehr nachweisbar sind. Daher verdichtet sich die Vermutung, daß die bürgerlichen Aufklärer weitreichende Konsequenzen aus ihren Verhören gezogen haben: entweder Verlassen des Landes oder—teils mehr, teils weniger—Anpassen an die Verhältnisse im Interesse der beruflichen Karriere': A. Kobuch, 'Aspekte des aufgeklärten bürgerlichen Denkens' (n. 21), 293; for the additional problem of intellectual overproduction in Germany because of the excessive student numbers in the period 1690–1710—Arpe's generation—and its consequences see R. Chartier, 'Time to understand: the "frustrated intellectuals"', in id., *Cultural history: between practices and representations*, tr. Lydia G. Cochrane (Cambridge, 1988), 127–50, and W. Frijhoff, 'Surplus ou déficit? Hypothèses sur le nombre réel des étudiants en Allemagne à l'époque moderne (1576–1815)', *Francia*, 7 (1979): 173–218.

[128] For Arpe's relationship with Johann Albert Fabricius see their correspondence, now in Det Kongelige Bibliotek, Copenhagen: five letters 1715–26: Fabr. 104–123, 4°; Fabricius (born 1668), the main founder of the history of classical literature, came to Hamburg in 1694 and lived in the house of Johann Friedrich Mayer—the owner of the MS *De imposturis religionum*—who was pastor at St. Jacobi in Hamburg as well as professor of theology in Kiel, worked for a time with Mayer,

participated in the new sceptical movement in the German universities
—Friedrich W. Bierling, for instance, had written his *Commentatio de
Pyrrhonismo historico* in 1707—a German reflection of a European movement extending from La Mothe le Vayer to Voltaire[129] and especially
lively around 1700. As early as 1712, Arpe could enlarge his bibliography
of books on divination to a *Theatrum fati* and have it printed in the
Netherlands.

Arpe's naturalism was not that of a Hobbes or Spinoza. It was the
Renaissance naturalism of 'microcosmos' and 'macrocosmos' with interacting relations between analogues.[130] Yet it must not be forgotten that
Spinoza was read in no small measure in this established framework
of Renaissance naturalism, in which 'Fate' was the counterpart of the
Christian 'Providence', and within the world of fate, numbers and signs
could enter into relations of influence because nature was a closed
system. The 'natural magic' of the Renaissance emphasized that such
relationships were not to be confused with superstitious rituals. But
whereas part of this tradition wore itself out during the seventeenth
century with speculations about analogies, a critical potential of naturalism survived as represented in the selective copying of a Naudé or Patin.

When Arpe discusses the tradition of talismanic magic in his mono-
graph *De prodigiosis naturae et artis operibus, talismanis et amuleta dictis* or
with the magic of numbers in a section of the *Feriae aestivales*, I do not
take this to mean that he was simply a hermetic,[131] but rather that he was
concerned with the naturalistic tradition as a whole. His account included not only natural law and a nature-related critique of religion, but
also a new understanding of the tradition of natural magic. Seemingly
long-forgotten subjects such as Renaissance naturalism or the cases of
Vanini and Bruno gained renewed importance around 1700 in connection with the new sceptical tendencies.

and then became professor for rhetoric in Hamburg in 1699. Arpe certainly knew his imposing
library of 20,000 volumes. Hermann Samuel Reimarus became Fabricius' son-in-law. Arpe also
had contacts with another Fabricius, who must not be confused with the former: Johann Fabricius
(1644–1729), from the old theological family in Nuremberg. There are three letters in Copenhagen from 1723 to 1725: Thott 1218, 4°. This Fabricius became professor of theology in Helmstedt in
1697, a post he lost in 1709; he too had a highly interesting library. For his comments on Arpe see
his *Historia Bibliothecae Fabricianae*, VI: 328–9.

[129] Cf. Paul Hazard, *La Crise de la conscience européenne* (Paris, 1935), ch. 2; L. Bianchi, *Tradizione*
(n. 70); C. Borghero, *La certezza e la storia: cartesianesimo, pirronismo e coscienza storica* (Milano,
1983); M. Völkel, *'Pyrrhonismus historicus' und 'fides historica': die Entwicklung der deutschen historischen Methodologie unter dem Gesichtspunkt der historischen Skepsis* (Frankfurt, 1987).

[130] See e.g. the description by M. L. Bianchi, *Signatura rerum* (Rome, 1987).

[131] As suggested by his description in M. Jacob, *The radical Enlightenment* (n. 26), 195.

Arpe's *Laicus confessor* too absorbed modern trends. Following Herbert of Cherbury[132] and Charles Blount,[133] who had written in favour of lay religion in seventeenth-century England, in Germany it was above all Christian Thomasius[134] who joined the movement against ecclesiastical dogmatism in favour of moral renewal through laymen. Also relevant were the works of the great jurist Justus Henning Böhmer,[135] on which Arpe seemed to rely even more than on those of Thomasius and Pufendorf. Arpe's treatise, whose full title runs *Laicus veritatis vindex sive Jure laicorum praecipue germanorum in promovendo religionis negotio commentarius*, is a highly demanding work that proves the high standard of Arpe's juristic thought and is his true contribution to the critique of institutional religion. Here the influences of Hobbes (p. 24), Bayle (p. 32), Bodin (p. 32), Sarpi (p. 38), Hutten (p. 87), De Dominis (p. 92), and Vanini (p. 92) converge; here it becomes plain that Arpe did not collect clandestine manuscripts out of curiosity, but that he studied and worked on them. It is books like *Laicus confessor* that must be analysed if one wishes to find the deeper effects of such texts as the *Traité des trois imposteurs* and is not content to survey library holdings.

Apologia was a major theme during the first decades of the eighteenth century: the defence of thinkers who were decried as heretics, atheists, or magicians and whom it was worth while to rehabilitate. The definitive model was Naudé's *Apologie pour tous les grands personnages qui ont esté faussement soupçonnez de magie*. As Baumgarten reported, in 1710 Johann Christoph Wolf wrote a book directed against Budde entitled *De atheismi falso suspectis* 'on the pattern of the work that Naudé published'.[136] For Arpe too Naudé was a guiding example; he included his 'memorial tablet' (*Gedenktafel*) in his *Theatrum fati*. Amongst the manuscripts that he had piled up by 1717[137] and then published in 1726 in the *Feriae aestivales* was also a short sequel to Naudé's famous book: *Apologia virorum illustrorum, qui falso magiae postulantur, Naudaei supplementum*.

---

[132] Herbert of Cherbury, *De religione laici* (London, 1645).

[133] Charles Blount, *Religio laici* (London, 1683).

[134] e.g., *Des Freyherrn von Pufendorff politische Betrachtung der geistlichen Monarchie des Stuhls zu Rom mit Anmerckungen* (Halle, 1714), 35; *Einleitung zur Vernunfft-Lehre* (1691), 202 et saepe, 'Dissertatio ad Petri Poireti libros de eruditione solida, superficiaria et falsa' (1694, in *Programmata Thomasiana* (Halle and Leipzig, 1724); cf. W. Schneiders, *Naturrecht und Liebesethik* (Hildesheim, 1971), 52; also Arpe's review, *Eines Anonymi Gutachten über die Frage: ob die Geistlichen in Mecklenburg genugsamen Grund haben . . . Verordnungen zu verweigern*, printed in 1793 (Wissenschaftliche Allgemeinbibliothek des Bezirkes Schwerin, Mkl i 2280) must have been associated with this trend.

[135] For Boehmer (1674–1749), professor in Halle, see Jöcher (n. 1), 1: 1173–7.

[136] 'nach dem Muster der von Naudaeo herausgegebenen Schrift': S. J. Baumgarten, *Geschichte der Religionspartheyen* (Halle, 1766), 31.   [137] See the letter to Marchand (n. 74), fo. 4.

The most critical and most controversial case for an apologia at this
time, however, was Lucilio Vanini. Vanini was the atheist *sans phrase*. In
his *Pensées diverses sur la comète* of 1680, Bayle had made Vanini's condemnation by the authorities in Toulouse once more a topic of debate:[138] 'Le
detestable Vanini, qui fût brûlé à Toulouse pour son Atheisme l'an 1619,
avoit toûjours été assez reiglé dans ses mœurs, et quiconque eust entrepris de lui faire un procez criminel sur tout autre chose que ses dogmes,
auroit couru grand risque d'être convaincu de calomnie.'[139] Following
this, Arnold and Budde had worked on Vanini in Germany, and a number
of dissertations were written at theological faculties. On this case, which
had also excited minds in Copenhagen, it was Arpe who in his *Apologia
pro Vanino* took the most extreme position encountered up to then.
Zedlers Universal-Lexikon refers to this defence as 'the most remarkable',
in which Arpe had very intelligently collected everything that could
serve for his [Vanini's] defence or indeed just be plausibly said on his
behalf.'[140] After Arpe had published, Durand's book had appeared as
early as 1717, to redress the balance in the prosecution's favour.[141] But in
the meantime Arpe had found new material which he could adduce in
Vanini's defence, such as the thesis that the legend had confused Giulio

---

[138] For the following discussion on Vanini see J. S. Spink, *French free-thought* (n. 102), 32–42;
L. Bianchi, *Tradizione libertina e critica storica* (n. 70), 177–212, esp. 184–5: 'È interessante notare
come, nello sforzo di Arpe di delineare un Vanini ortodosso—che contrasta con tutto quanto si era
venuto scrivendo su questo autore in quasi cento anni—il Bayle delle *Pensées diverses* non sia mai
citato. Così, mentre Arpe mostra una sensibilità e un'informazione storica più che ampia—le
citazioni spaziano, per ricordarne alcune, dal Gramond a Garasse, da Pomponazzi a Wier, da
Naudé a Patin, da Mersenne a Balzac, fino al *Dictionnaire* di Bayle—l'ipotesi bayliana dell'ateo
virtuoso non viene mai direttamente presa in considerazione, anche se di fatto viene rifiutata dal
più generale assunto dell'opera. Comunque quella di Bayle e quella di Arpe sono in qualche modo
due tesi estreme, seppure tra di loro molto lontane—un Vanini ateo virtuoso e un Vanini intima-
mente cristiano—che permettono in ogni caso di verificare la distanza che ormai esiste rispetto
a letture come quelle di Garasse.' ['It is interesting to note that, in Arpe's effort to depict an
orthodox Vanini—in contrast with everything people had been writing about him for nearly
a hundred years—the Bayle of the *Pensées diverses* is never cited. Thus, while the historical insight
and information Arpe displays are more than ample—the quotations run, to mention but a few,
from Gramond to Garasse, from Pomponazzi to Wier, from Naudé to Patin, from Mersenne to
Balzac, right down to Bayle's *Dictionnaire*—Bayle's hypothesis of the virtuous atheist is never
directly taken into consideration, even if in fact it is contradicted by the overall theme of the book.
However, Bayle's thesis and Arpe's are in some ways two extremes, even if very far apart—
a virtuous atheist Vanini and a Vanini Christian through and through—that in any case allow us to
confirm the distance now existing in respect to readings such as those of Garasse.']
[139] Pierre Bayle, *Pensées diverses sur la comète*, ch. clxxiv; see also ch. clxxxii.
[140] *Zedler*, XLVI: 524: 'die merckwürdigste; Von welchen [Olearius and Arpe] der letztere sonder-
lich alles sehr sinnreich zusammen getragen, was zu dessen Entschuldigung dienen, oder auch nur
wahrscheinlich gesagt werden kan.' This passage contains a very good account of the controversial
writings on Vanini.
[141] See n. 14.

Cesare Vanini with an older Vanini executed for heresy at Ferrara in 1550. In order to pursue the matter more closely, Arpe also had tried to get copies made of the trial documents from Toulouse.[142] Arpe's own working copy of his *Apologia*, now in the Staats- and Universitätsbibliothek Hamburg, contains additional matter of roughly the same length as the original; pasted in by way of an appendix are extracts of lectures by Königsmann, the professor of philosophy in Kiel, as well as extracts from Arnold's book[143] and an 'Extrait des Registres de la maison de Ville de Toulouse de l'année 1618'.[144] Arpe clearly set about publishing this new edition several times, but he had either too many scruples and apprehensions, or other reasons prevented a new edition during his lifetime. What has hitherto been completely unknown is the curious fact that in 1802 someone took an interest in these notes and gathered them, at least partly, into a small pamphlet. They were published in three parts — certainly only in a small print-run — in a university *Programm* for Whitsun. One copy is in the Universitätsbibliothek Kiel with the shelfmark Ke 9968-36 (12.13).[145]

However much insight this biographical sketch may give into Arpe's intellectual profile, the many cross-references between names indicate that an adequate understanding of his activities can be achieved only through detailed knowledge of the situations, groups, and regional forces in his environment. A great deal of reconstruction remains to be done on the Northern German intellectual circles. An instance such as Arpe's contacts makes it possible to perceive outlines, but fitting them into their overall pattern still depends on numerous contingencies. The Hamburg milieux of Johann Friedrich Mayer, Johann Albert Fabricius, or Johann Christoph Wolf are surely of importance,[146] as are the contacts

---

[142] For Arpe's announcement of the new material see the letter to Marchand, the letter from Mosheim to La Croze of 30 Nov. 1718 (*Thes. Ep. Lacr.*, 1: 282), and Arpe's report in the *Feriae aestivales*, 30 ff.

[143] Gottfried Arnold, *Unpartheyische Kirchen- und Ketzer-Historie* (Frankfurt, 1699–1700).

[144] Staats- und Universitätsbibl. Hamburg, Cod. theol. 1222; Arpe seems to have continued annotating the original text until the 1730s, since his notices of new publications extend to that time; his hesitation about publishing his entire wealth of notes and the importance he simultaneously attached to doing so, are revealed by a note beneath the dedication: 'Fatis committo libellum, dum e manu evolat, nec amplius meae est potestatis. Jacta est alea.' ['I entrust my little book to the fates; it flies from my hands, and is no longer in my power. The die is cast.']

[145] Arpe, *Apologia pro Vanino*, Universitätsprogramm zu Pfingsten (Göttingen, 1802 and 1803). There is also a copy in the Herzog-August-Bibliothek Wolfenbüttel.

[146] A short bibliography: F. Kopitzsch, *Grundzüge einer Sozialgeschichte der Aufklärung in Hamburg und Altona* (Hamburg, 1982); H.-G. Kemper, 'Norddeutsche Frühaufklärung: Poesie als Medium einer natürlichen Religion', in K. Gründer and K.H. Rengstorf (eds.), *Religionskritik und Religiosität in der deutschen Aufklärung* (Heidelberg, 1989), 79–99; Uwe K. Ketelsen, *Die Naturpoesie*

and exchanges of letters with Denmark, England, and the Netherlands. A first glimpse into 'libertinage érudit' among the German intellectuals is offered by Martin Fontius,[147] who bases himself on the contents of certain private libraries, but enters a reservation by saying: 'Vu la prédominance des manuscrits écrits en latin ou en français, on comprend que l'on a hésité à parler d'une libre penseé allemande.' One can surely speak of a 'libertinage érudit' in Germany only in a European context, as the case of Arpe has already shown. To reveal these hidden and hardly visible structures, painstaking detective work is required. We shall conclude by following up one of these slight clues: Arpe's close friendship with the young Johann Lorenz Mosheim from 1716 to 1723.

VI. Arpe's collection of clandestine manuscripts and Mosheim's project for a Bibliotheca Vulcani

Johann Lorenz Mosheim had a very successful career in German academic theology. He is considered one of the most important theologians of the Enlightenment, as the founder of modern church historiography, and as the transmitter of English thinking to Germany.[148] Yet the letters mentioned at the start and his friendship with Arpe raise the question whether—in accordance with Kobuch's observation—Mosheim's early days might have been more radical than his later career would lead us to suppose. The young Mosheim was interested in Michael Servetus, Apollonius of Tyana, and John Toland.[149] Servetus the Unitarian, Apollonius the classic impostor, Toland the English freethinker: this is a remarkable concentration on the freethinking tradition. Yet the foundation for his career was a vehement polemic *against* Toland. It is very hard to determine how far apart genuine conviction and pretence may be.[150]

der norddeutschen Frühaufklärung (Stuttgart, 1974); W. Gordon Marigold, 'Der Hamburger Klerus gegen Ende des 17. Jahrhunderts: Gedanken zum Brauch und Mißbrauch der Gelehrsamkeit', in S. Neumeister and C. Wiedemann (eds.), *Res publica literaria: die Institutionen der Gelehrsamkeit in der frühen Neuzeit*, 2 vols. (Wiesbaden, 1987), II: 485–96; E. Fischer, 'Patrioten und Ketzermacher: zum Verhältnis von Aufklärung und lutherischer Orthodoxie in Hamburg am Beginn des 18. Jahrhunderts', in W. Frühwald and A. Martino (eds.), *Zwischen Aufklärung und Restauration: sozialer Wandel in der deutschen Literatur (1700–1848). Festschrift für Wolfgang Martens zum 65. Geburtstag* (Tübingen, 1989), 17–47.

[147] M. Fontius, 'Littérature clandestine et pensée allemande', in O. Bloch (ed.), *Le Matérialisme du XVIIIe siècle et la littérature clandestine* (Paris, 1982), 251–62, at 255.

[148] Thus in 1733 he translated Ralph Cudworth's *True intellectual system of the universe* into Latin and so made possible its European influence; see esp. M. Maurer, *Aufklärung und Anglophilie in Deutschland* (Göttingen, 1987). For Mosheim as the founder of church historiography see K. Heussi, *Johann Lorenz Mosheim* (Tübingen, 1906).

[149] See his letters to La Croze (in *Thes. Ep. Lacr.*) and to Haverkamp.

[150] For illumination it may be necessary to analyse Mosheim's book orders to Haverkamp in

The projects of the young friends Arpe and Mosheim[151] must always be considered together. Mosheim planned in 1716 to write a *History of Burnt Books*.[152] In his self-confidence he wrote to the great German scholars of his time—Leibniz, Fabricius, Budde, Wolf, Krause, and La Croze.[153] The letters were all very similar: he discussed his project, asking for advice and support. To Johann Christoph Wolf he wrote: 'I have been eagerly considering for some time writing a history of burnt books, with no slight labour . . . but with care and assiduity.'[154] This project was never realized; there were only some individual studies by Mosheim, for instance on Michael Servetus, which at least in Arpe's opinion were published in a raw state.[155] In 1726 Arpe was still announcing in MS Diez C 4° 37 the imminent publication of Mosheim's *Historia Michaelis Serveti*;[156] it was published in 1727. In 1728 Arpe wrote to Uffenbach about the project:

Even if the works [of the millenarian Ludwig Gerhard] had been condemned to the stake, they would have found their place in the *Bibliotheca Vulcani* on which one of my friends in France is labouring with great zeal, on whom M. de La Monnoye has written, not without elegance, the following verses:

While you rehearse those works of evil fame
That public fire consumed with rapid flame,
I fear the books you hoard in Vulcan's name
May meet a fortune in all points the same.

Abt von Mosheim once contemplated a work of this kind; he has recently published a work on Servetus' fate under the name of Alvoerdenius, in need of better polishing from the file.[157]

more detail, as when he orders a whole series of copies of Toland for delivery to Germany (see n. 11).

[151] For Mosheim's interest in Servetus see n. 149, and cf. the list of Servetus' writings, probably by Arpe, in MS Berlin Diez C 4° 37, fol. 278ᵛ, where it is also reported that La Croze had a copy of *Christianismi restitutio*; Mosheim's transcript of this copy is today in the Universitätsbibliothek Göttingen. Some of his papers are in the Staatsarchiv Wolfenbüttel.

[152] See his letters of 1716 to La Croze in *Thes. Ep. Lacr.* (n. 8).

[153] See his letters to La Croze in *Thes. Ep. Lacr.* (n. 8) or that to Leibniz of 16 Sept. 1716; Leibniz drafted an answer: Landesbibliothek Hannover, Leibniz-Archiv; cf. too Mosheim's letter to Haverkamp (n. 11).

[154] Mosheim to Wolf, 1 Dec. 1716, Staats- und Universitätsbibliothek Hamburg, Supellex Epistolica Uffenbachi et Wolfiorum 119, 229: 'Ab aliquo tempore Historiae Librorum combustorum, non levi opera, . . ., sed adcurata industria conscribenda intentus fui.'

[155] See n. 157.   [156] Fol. 277ʳ.

[157] *Comm. Ep. Uff.* (n. 49), II: 447–8: 'Quodsi commentarios more recepto ad rogum damnas-

Mosheim too had called the project *Bibliotheca Vulcani* in his letters,
nor was it far from Arpe's own interests. The two friends most probably
helped each other during their time in Kiel with clandestine manuscripts. The identity of this friend in France who according to Arpe was
also working on a *Bibliotheca Vulcani* is not clear. However, in Arpe's
working copy of the *Feriae aestivales* there is a note: 'On these matters
Ernst Joachim von Westphalen, who deserves praise for the refinement
of his mind, was [at the time of writing] labouring on a notable work to
which the most learned Johann Heinrich Heubel will contribute in the
Bibliotheca Vulcani, if he is fated to complete the task.'[158] From this we
may conclude that Arpe's 'friend in France' was Heubel. Heubel was
a professor and jurist ruined by affairs in Kiel no less than Arpe; he too
lived in Hamburg.[159] Westphalen, by contrast, like Heubel and Arpe
a jurist and legal historian, enjoyed a successful political career;[160] that he
too took an interest in the project is shown by his short treatise *De libris
damnatis et vulgo suspectis, sigillatim Vanini, Browniorum, Stelleri, Koer-
bachi, Beverlandi. Cum praefatione adversus Baylium de Atheorum chimaerica
denominatione ac existentia*. It was published in 1722 in Halle and reminds
one very much of Arpe's own interests, despite being of a more critical
nature.[161] Obviously there were many young intellectuals in Germany
at the time just down from the university who were interested in free-
thinkers. But Heubel too failed to pursue the great project, entertained
by so many, of a *Bibliotheca Vulcani*.

sent, locum invenissent in Bibliotheca Vulcani, quam ex amicis in Gallia quidam magno studio
molitur, in quem Dn. de la Monnoye non ineleganter:

> Quam vereor famosa virum dum scripta recenses,
>   Quae rapido absumit publicus igne rogus
> Ne tua Vulcano libros complexa dicatos
>   Exitio pereat bibliotheca pari.

De huiusmodi commentario cogitabat olim Rev. Abbas de Mosheim, qui nuper de fatis Serveti
dissertationem sub Alvoerdenii nomine edidit, politius limandam.'

[158] Arpe, *Feriae aestivales*, copy in Staats- und Universitätsbibliothek Hamburg, Scrin. A 444, 1.
Exemplar, after p. 100: 'De his spectabile opus moliebatur Ernestus Joach. Westphalus ob elegan-
tiam ingenii commendandus cui simbolam conferet doctiss. Jo. Henr. Heubelius in Bibliotheca
Vulcani. Si in fatis est, ut pensum absolvat.'

[159] See H. Ratjen, 'J. H. Heubel', *Schriften der Universität Kiel aus dem Jahre 1858* (n. 2), 62 ff.

[160] For Ernst Joachim von Westphalen (1700–59) see *ADB*, XLII: 218 ff.

[161] The personal relationships between Westphalen, Heubel, and Arpe remain to be studied.
Between 1728 and 1730 Westphalen, like Arpe and Heubel, lived in Hamburg; like Arpe, he
concentrated on the legal history of Mecklenburg and Schleswig-Holstein. But while Arpe's
collections were never edited, Westphalen's were published to great acclaim: *Monumenta inedita
rerum Germanicarum, praecipue Cimbricarum et Megapolensium, e codicibus manuscriptis membranis*,
4 vols. (Leipzig, 1739–45). It would be interesting to know whether Arpe's collections contributed
to the work.

That Arpe could supply material for Mosheim's project is established by Schröder's report[162] that he had 'a remarkable collection of rare and forbidden books'.[163] This must have included his collection of clandestine manuscripts, of which Diez C 4° 37 forms only a part: since this volume is headed *Bibliotheca curiosa volumen X Irreligiosum*, there must have been at least another nine volumes of this 'curious library', which to judge by Arpe's correspondence ought to have included works by Bruno, Beverland, Toland, and many other writers. Another pointer is Johann Christoph Wolf's transcript of Arpe's Italian version of the *Clavicula Salomonis* in the Staats- and Universitätsbibliothek Hamburg.[164] During his leisure-time in Hamburg, Arpe planned to publish 'a collection of remarkable scattered texts from the beginning of the century to 1721' with the title *Nordischer Antiquarius*;[165] the first volume was to appear in 1727, followed by further volumes every six months. This project came to naught.

But let us examine the manuscript volume Diez C 4° 37 more closely. Besides *De tribus impostoribus breve compendium* it contains Adriaan Beverland's *Perini de Vago . . . epistolium ad Batavum . . . de tribus impostoribus*, Theodor Ludwig Lau's *Meditationes philosophicae de Deo, mundo, homine*, and Friedrich Wilhelm Stosch's *Concordia rationis et fidei sive Harmonia philosophiae moralis et religionis christianae*. Then follow Matthias Knutzen's *Epistola*, which it was possible to copy out of La Croze's *Entretiens*, and a work by Guillaume Postel, *Absconditorum a constitutione mundi clavis*. At the end there is a list of Michael Servetus' writings.[166] This is

---

[162] See n. 2.

[163] 'eine merkwürdige Sammlung von seltenen und verbotenen Büchern': Schröder (n. 2), no. 122.

[164] Cod. alchim. 780 [a]: 'Salomo: *Clavicula Salomonis*, traduit de la langue hebraïque en Italien, per Abraham Calorno. Hoc exemplar ex Apographo Cl. Frid. Pet. Arpe eo modo descripsit J. Ch. Wolf'; I thank Eva Horváth of the Staats- und Universitätsbibliothek Hamburg for the information.

[165] 'eine Sammlung merckwürd. zerstreuter Schriften von Anfang des Jahrhunderts bis 1721': Ratjen, 'Arpe', 61, citing *Neue Zeitung von gelehrten Sachen auf 1727* (Leipzig), 147. The title 'Antiquarius' would have been in the style of the time. Other pupils of Johann Albert Fabricius also published 'antiquarian' collections then: Christian Schöttgen, *Curiöses Antiquitäten-Lexicon* (Leipzig, 1719), with a foreword by Fabricius himself; Christian Rhode, *Cimbrisch-Holsteinisches Antiquitäten-Remarques* (Hamburg, 1720).

[166] The MS consists in all of 280 pages; for the individual works see the index by M. Benítez, 'Liste et localisation des traités clandestins', in O. Bloch (ed.), *Le Matérialisme du XVIIIᵉ siècle* (n. 147), 17–25; for the German authors see F. Mauthner, *Der Atheismus und seine Geschichte im Abendlande*, 4 vols. (Stuttgart and Berlin, 1920–3, repr. 1989); for the pasted-in copy of Beverland's little pamphlet cf. two other MSS: Hamburg, Cod. theol. 2156, in Gericke's category B1, hence a transcript of Arpe's copy, also followed by Beverland (fols. 47 ff.), the copy of *De imposturis religionum* in Kiel K.B. 86, has on its front cover the lines '. . . etiam Perini del Vago epistolium ad Batavum (Hadr. Beverlandum) de tribus impostoribus cum Batavi responsione, Londini c. notis

a typically German combination, for the works by Knutzen, Stosch, and Lau make up a good part of the volume. A representative outline, however, must await knowledge of other volumes in Arpe's collection.

After his appointment at Mecklenburg in 1733, Arpe's interests, and his activity as a collector, shifted towards political and legal history, with particular reference to Schleswig-Holstein and Mecklenburg.[167] 'He had collected twelve to sixteen folio volumes, neatly written and partly in his own hand, containing unpublished manuscripts concerning the internal history of Denmark and Holstein, but even during his lifetime they passed into other hands.'[168] This is probably[169] the basis of Arpe's *Themis Cimbrica, sive de Cimbrorum et vicinarum gentium antiquissimis institutis commentarius*,[170] a historical work forming only the first part of a larger project. To call it over-dense, as has been done, would be to misunderstand its intention. The *Themis Cimbrica* contains, on the model of Bayle's *Dictionnaire*, a short main text that is nothing more than the string on which are hung in long footnotes like so many pearls the specific disquisitions extracted from the sources. This book must be regarded as the main work of Arpe's later years; it was the most substantial and perhaps the most ambitious of his writings. Despite this the epilogue conveys a tone of resignation: Arpe speaks of his retirement from authorship and of the hope that others will one day continue his work.[171]

Msc. Ard. Beverland . . .'; extracts from Beverland also appear in Kiel K.B. 89, but here only hastily written headings (fols. 158 ff.).

[167] He also left historical satires: *Das verwirrte Cimbrien* (MS Kiel S.H. 74) appears to be largely his work, and likewise the printed polemic *Bombastus Cyriacus Gelindemannus in umbra lycei, quod Lutkenburgi latet, philos. moralis Prof. crypticus et sophronisterii, quod ibi floret, director* (1727).

[168] 'Er hatte 12 bis 16 sauber und zum Theil mit eigener Hand geschriebene Bände in Folio gesammelt, enthaltend Manuscripta inedita historiam danicam et holsaticam interiorem spectantia, die aber schon bei seinem Leben in andere Hände kamen.' Schröder, *Lexikon* (n. 2).

[169] There is furthermore in the Wissenschaftliche Allgemeinbibliothek Schwerin—the town where Arpe spent his last seven years—a printed *Sammlung einiger Mecklenburgischer Landesgesetze und Verfassungen, 1709–1740* with the shelfmark Mkl i 110–113. I thank G. Grewolls for this information.

[170] (Hamburg, 1737).

[171] *Themis Cimbrica*, 272: 'Erit fortasse aliquando aliquis, qui et studio acriore quam nos sumus atque fuimus, et otio et facultate dicendi maiore et maturiore, atque labore et industria superiore: novas agendi et vivendi regulas adsuat, ac quae nobis in commentariolis nostris inchoata et rudia exciderunt, aliquid iisdem de rebus politius perfectiusque proferat. Huic aut his partes meas lubentissime trado nihil magis expetens, quam ut mihi cupienti et optanti datum sit, quod reliquum est aevi, honesto in otio transigere.

> Festinat enim decurrere velox
> Flosculus, angustae miseraeque brevissima vitae
> Portio.'

['Perhaps one day there will be someone who, having a keener interest than I am or ever have

VII. Conclusion

Among his collection of clandestine texts Arpe possessed both the Latin *De imposturis religionum* and the French *Traité des trois imposteurs*. Through Christen Worm and Gerhard Ernst Franck von Frankenau, he had learnt of the Latin version's existence during his stay in Copenhagen from *c*.1705 to 1710. He was of the opinion that this work had been written by Johann Joachim Müller. While in the Netherlands he then came into contact with Marchand and Jacques Basnage de Beauval, who may both have assisted him in finding a publisher for his *Apologia pro Vanino*. During this time he apparently also acquired a copy of the French *Traité*. There is as yet no evidence for contact with Rousset de Missy or with Hohendorf. It is also unclear where Leibniz picked up the misinformation that Arpe was the author of the *Réponse à la dissertation de Mr. la Monnoye*. This rumour had spread throughout Germany from 1716 and apparently forced Arpe to withhold information on the *Three impostors*. In a handwritten note he recorded Marchand's conjecture that Vroese had written the *Traité* and Rousset the *Réponse*. In his own books there is much discussion of the topics inherent in religious criticism, including historical scepticism, religion for the layman as opposed to institutionalized religion, and the defence of the naturalistic tradition, which more often than not was denounced as magical or atheistic.[172]

been, more leisure and a greater and riper command of language, and a superior capacity for hard work, shall devise new rules to act and live by, and treat more elegantly and completely things that in my small notes have turned out unfinished and unformed. To him or them I most happily assign my role, seeking nothing more than to be granted that for which I wish and crave, to spend the remnant of my life in honest ease. "For the swift flower of youth hastens to run its course, the briefest portion of our short and wretched life." (Juvenal, *Satire* 9. 126–8: L. A. H.-S.)]'

[172] I thank Leofranc Holford-Strevens and Cindy Myers for the translation. This essay was written in 1990/1. Since then I have continued to work on topics related to Arpe in some shorter studies: 'Appunti sulla fortuna di Gabriel Naudé nella Germania del primo illuminismo', in *Studi filosofici* 14–15 (1991–2): 145–56; 'Bibliotheca Vulcani: Das Projekt einer Geschichte der verbrannten Bücher bei Johann Lorenz Mosheim und Johann Heinrich Heubel', *Das achtzehnte Jahrhundert*, 18/1 (1994); 'Naturrecht, Rechtsgeschichte und germanische Philologie im frühen 18. Jahrhundert. Recherchen über Johann Heinrich Heubel und andere freie Geister', forthcoming, probably in *Internationales Archiv für Sozialgeschichte der Literatur*; 'L'Edition de "La vie de Spinosa", "Hambourg" 1735', forthcoming, probably in *Studies on Voltaire and the eighteenth century*; furthermore I am preparing an edition of the notes to the *Apologia pro Vanino*: M. Mulsow, *Clandestine erudition and early Enlightenment in Germany: Peter Friedrich Arpe. With an edition of the unpublished enlarged version of the 'Apologia pro Vanino' (1712)* (forthcoming).

Appendix

1. Description of MS Berlin Diez C 4° 37, fols. 43–98
(Arpe's copy of the French Traité des trois imposteurs)

Title: 'Damnatus liber de tribus impostoribus'
43ʳ: 'De Dieu : Quoiqu'il importe . . .'
48ᵛ: 'Des raisons : Ceux, qui . . .'
60ʳ: 'Ce que signifie . . . : Avant que ce mot . . .'
70ᵛ: 'De la politique de J.C. : Pour ce qui est . . .'
75ᵛ: 'De la Morale de J.C. : Pour ce qui est . . .'
85ᵛ: 'Veritez sensibles . . . : Mose et Jesus Christ . . .'
88ᵛ: 'De l'ame : L'ame est . . .'
94ʳ: 'Des esprits qu'on nomme Demons : Nous avons dit . . .'
Explicit: '. . . Oracles infaillibles. Fin.'

2. Description of MS Kiel K.B. 89, fols. 35–153

Formerly owned by J. A. H. Reimarus; closely related to Munich, Cod. Gall. 415 and like it containing the addition about the inserts from Charron and Naudé described by F. Charles-Daubert (n. 29).

Title: 'L'esprit de Mr. B. Spinosa'
35: 'De Dieu : Quoiqu'il importe . . .'

Peculiarities: 21 chapters projected but executed at first only to ch. xi (De Mahomet)
76: Note on Naudé: 'Naudee rapporte ce fait un peu differemment : Il dit . . .'

79–80: The same references to Charron and Naudé as in Munich Gall. 415
80: also like Munich Gall. 415: 'En voila assez à mon avis pour faire une autre apologie . . .'
81: continues: 'De l'ame', but abridged: 'Diogene a cru . . .'
82: Explicit: 'Chap. XXI : Des Esprits que l'on appelle Demons v. dans le Msc. de T. I. : mais a la fin omettez : Permittente Dno. ec. / Fin.'

Title: 'Copie du fameux livre des trois imposteurs traduit du latin en françois'
85: 'Dissertation sur le livre des trois imposteurs'
95: 'Livre des trois imposteurs en francais. Frederic Empereur au tres illustre . . .'
96: 'De Dieu: Quoiqu'il importe . . .'

100: 'Des motifs qui ont porte les hommes . . .' (no text)
107: '[Ce que signifie . . .]' only from: 'IX. Les ambitieux qui ont . . .'
113: 'De Moyse : Le celebre Moyse petit-fils d'un grand Magicien . . .'
124: 'De Jesus Christ' (no text)
129: '§. On pretend neanmoins qu'un Religion . . .'
133: 'De la morale de Jesus Christ : Pour ce qui est de sa . . .' (but only to 'Apocalypse')
135: 'De la Divinite de Jesus Christ : §. Apres avoir examiné . . .' to: '. . . a diverses peuples.'
138: 'De Mahomet : § Presqu'aussitot que la loi . . .'
142: 'Veritez sensibles . . . : § 1. Ce n'est pas assez d'avoir . . .'
144: 'De l'ame : § 1. L'ame est quelque chose . . .'
152: Explicit: 'Permittente Dn . . . de Hogendorf anno 1716.'
from 154: additional page with 'Notes e omissions . . .'

[6]
The English Deists and the *Traité*

———◦———

RIENK H. VERMIJ
(UNIVERSITY OF GRONINGEN)

A s IS KNOWN, Margaret Jacob in her book *The radical Enlightenment* has suggested a link between John Toland and the *Traité des trois imposteurs*—in fact, contemporaries saw some connection too. The *Réponse à la Dissertation de M. de La Monnoye* describes the presumed 'discovery' of the *Traité*, found together with the *Spaccio della bestia trionfante* by Bruno, and remarks 'I believe it is the same piece the English version of which Toland cause to be printed some years ago, and which carried so high a price.'[1] In fact, Toland had the text published because he believed it to be the ancient book on the three impostors. It seems that the author of the *Réponse* was familiar with certain of Toland's ideas. I shall not dwell upon the relationship between the *Traité* and the ideas of the English Deists; these are the subject of a paper by Justin Champion elsewhere in this volume. I shall instead restrict myself to an investigation of the environment in which the *Traité* was published. Its connection with Toland should not be studied in isolation, but as part of the wider intellectual environment which was in close contact with the general English Deist movement. Toland's possible involvement should be viewed against this background—this will be our subject here.

The background: Huguenots and Deists

Following the persecutions of Louis XIV in France, a large number of French Protestants found refuge in the Dutch Republic, and as a result,

[1] I quote from the English translation in British Library, Stowe MS 47, fol. 5.

S. Berti et al. (eds.),
Heterodoxy, Spinozism, and Free Thought in Early-Eighteenth-Century Europe, 241–254.
© 1996 *Kluwer Academic Publishers. Printed in the Netherlands.*

an important French press grew up in Holland. Besides books and pamphlets, all kinds of periodicals were published—indeed, in a way, these Huguenots were the creators of modern journalism. Because of the importance of the French language, this press soon made an impact throughout Europe. As the press in Holland, unlike that in other European countries, was subjected to little control or restrictions, the publishers printed works there that they would not have dared to publish in other countries. Understandably enough, the Huguenots used their presses to combat the political and religious persecutions of the reign of Louis XIV, and as a result many Huguenots began to work in a semi-legal way, developing a subversive and clandestine literature.[2] In this way, the French press in Holland developed into one of the main outlets of European libertine culture—though these works formed only a small part of the total output. (It should not be denied, however, that much of the work was printed only to make money.) Nevertheless, since French literary circles in Holland offered scope to libertinism, it flourished there. But is important to remember that these 'French literary circles' were not inhabited exclusively by Huguenots; not all Frenchmen fleeing their country were Protestant, some were defrocked monks like Gueudeville,[3] while it is not known why others like Saint-Hyacinthe left.[4] There were also other foreigners, some people simply passing through, like the German Arpe,[5] but since French was the international language at this time, they found access to these circles easily, and lastly—there were the Dutch themselves.

There were of course free-thinkers among the Dutch-speaking population. Indeed they were common enough to be referred to by the apologist Bernard Nieuwentijt, a regent of Purmerent, one of the smallest towns in Holland. He speaks from experience when he says that the Atheists ascribe religion 'to the Arts and Stratagems of the great Politicians, who thereby endeavour to keep the People under their Government in awe'. He goes on to say that they call themselves 'esprits forts' '. . . being, as it were, desirous to show thereby, that they are such stout and courageous Men, as are not to be terrified with vain Fears or bugbears (as they term it) like the Vulgar and Childish

---

[2] G. C. Gibbs, 'Some intellectual and political influences of Huguenot émigrés in the United Provinces, c.1680–1730', *Bijdragen en mededelingen betreffende de geschiedenis der Nederlanden*, 90 (1975): 265–87, esp. 272–87; E. Hatin, *Les Gazettes de Hollande et la presse clandestine aux XVIIᵉ et XVIIIᵉ siècles* (Paris, 1865; repr. Geneva, 1964).

[3] A. Roseberg, *Nicolas Gueudeville and his work (1652–172?)* (The Hague, 1982).

[4] E. Carayol, *Thémiseul de Saint-Hyacinte, 1684–1746* (Oxford, 1984).

[5] See the paper by Martin Mulsow in this volume.

People'.[6] Although it is known that French culture and language flourished during those years in Holland, and that many Dutch participated in it, the mutual influences between the Dutch and French cultural circles has not been the subject of serious study.[7] It seems, however, that the French cultural circles, even those actively participated in by many Dutch, were usually separated from the main Dutch environment. Since it is difficult to find a connection between these Dutch free-thinkers and the publication of the *Traité*, we shall speak very little about them in this article.

Among the French-speaking publicists, English Deism was received most favourably, and close intellectual contacts had existed between Holland and England from the days of the Glorious Revolution. John Locke and the third Earl of Shaftesbury had visited Holland in the 1680s as political refugees, and such contacts were much enhanced by the international interest of the French who were seeking refuge. One of the principal contacts between England and Holland was the journalist Pierre Desmaizeaux, a French refugee who contributed to a number of French periodicals in Holland while living in London.[8] Desmaizeaux was a close collaborator of the Deist Anthony Collins[9] and connected in some way with Toland. After Toland's death he published *A collection of several pieces of Mr. John Toland* (1726) including a biography in the work. Another Huguenot living in London with Dutch contacts was Pierre Coste, a friend of Locke and translator of his works.

The fact is that there was a remarkable boom in the publication of Deist and anti-religious works in Holland around 1710. French periodicals and translations made the English Deists accessible as well as notorious all over Europe.[10] Many of these works appeared anonymously or even with false printers' marks. Sometimes this was done for safety's sake because of the offensive nature of the contents, but sometimes, as in the

---

[6] I quote from the English translation of his work in B. Nieuwentijt, *The religious philosopher* (London, 1724), 306, viii. The original Dutch work, *Het regt gebruik der wereltbeschouwingen*, dates from 1715.

[7] W. Frijhoff, 'Verfansing? Franse taal en Nederlandse cultuur tot in de revolutietijd', *Bijdragen en mededelingen betreffende de geschiedenis der Nederlanden*, 104 (1989): 592–609; C. Berkvens-Stevelinck, 'De Hugenoten', *La France aux Pays-Bas: Invloeden in het verleden* (Vianen, 1985), 13–49.

[8] A. Almagor, *Pierre des Maizeaux (1673–1745), journalist and English correspondent for Franco-Dutch periodicals, 1700–1720* (Amsterdam and Maarssen, 1989).

[9] J. H. Broome, 'Une collaboration: Anthony Collins et Desmaizeaux', *Revue de littérature comparée*, 30 (1956): 161–79. The article has been criticized by J. O. O'Higgins, *Anthony Collins: the man and his works* (The Hague, 1970), 237–41, who nevertheless admits that there was a close collaboration.   [10] O'Higgins, *Anthony Collins*, 209–16 n. 9.

case of the *Chef d'œuvre d'un inconnu* by Saint-Hyacinthe, because the writer or publisher enjoyed mystification. Modern bibliographers have not been able to solve all the riddles these editions have posed.

It appears that the names we encounter when investigating the publication of the *Traité* are to some degree the same as those who propagated English Deism. Collins's *Discourse of freethinking*[11] was published as *Discours sur la liberté de penser* in 1714. The book appeared without the name of a publisher; however we do know that it was Henri Scheurleer of The Hague, the same man who was responsible for the publication of the *Réponse à la Dissertation de M. de La Monnoye sur le Traité des trois imposteurs* in 1716. Jean Rousset de Missy, who is said to have written the *Réponse*, seems to have been instrumental in the translation of Collins's work as well.[12] Scheurleer also published a translation by Pierre Coste[13] of Shaftesbury's *Sensus communis: Essai sur l'usage de la raillerie* in 1710,[14] dedicating it to Jan Vroesen, councillor in the Council of Brabant at The Hague whom Berti has stated composed the text of the *Traité*.[15] According to Marchand, the publication of the *Traité* in 1719 was done by two publishers, one Charles Levier, the other unknown. Around 1714 Levier wanted to bring out a French translation of the *Discourse of freethinking* and corresponded with Collins on the subject,[16] but the project never materialized. Two years after the publication of the *Traité* in 1721, Levier published an adaptation of part of the *Tale of a tub* by Swift,[17] entitled *Les Trois Justaucorps*. This can be seen as evidence of a continuing preoccupation with the impostor theme since the subject of Swift's work is similar to that in the *Traité*. In fact Marchand even stated that Swift's work was about as pernicious as *Les Trois Imposteurs*.[18] The appendix of this work

[11] *Discours sur la liberté de penser: escrit à l'occasion d'une nouvelle secte d'esprits forts, ou de gens qui pensent librement; Traduit de l'Anglois & augmenté d'une lettre d'un medicin Arabe* (Londres [The Hague], 1714).

[12] O'Higgins, *Anthony Collins*, 206 n. 9. He gives no source; however in 1713, Rousset collaborated with Scheurleer in the translation of another English work, the *Atlantis* by Delariviere Manley. On Scheurleer, see E. F. Kossmann, *De Boekhandel te 's-Gravenhage tot het eind van de 18e eeuw* (The Hague, 1937).

[13] See *Nouvelles littéraires*, II (1720): 208. This translation has also erroneously been attributed to Justus van Effen.

[14] *Essai sur l'usage de la raillerie et de l'enjoument dans les conversations qui roulent sur les matières les plus importantes, traduit de l'anglois* (The Hague, 1710).

[15] See Silvia Berti's contribution to this volume.

[16] Leiden, UB, Marchand 44:1, fol. 17, gives an extract from a letter by Collins to Levier on this project, 1714.

[17] J. Swift, *Les Trois Justaucorps, conte bleu* (Dublin [The Hague], 1721) (It also was part of *Recueil des pièce serieuses, comique et burlesques*, 1721).

[18] F. Marchand, *Dictionnaire historique ou mémoires critiques et littéraires concernant la vie et les*

also contained Boccaccio's fable of the three rings. Levier appears to have worked on this translation himself, but he eventually published an adaptation done by a certain Macé, who is still little known.[19] Jagtenberg assumes that Levier felt that he had to publish quickly when he discovered that his colleague Henri Scheurleer was also about to publish a translation of the *Tale of a tub* entitled *Le Conte du tonneau*, attributed to Justus van Effen, one of the editors of the *Journal littéraire*, which appeared in 1721.[20]

Les Chevaliers de la Jubilation

We know little about the way these people—for the most part foreigners in Holland—socialized with each other, but it seems that small societies, which they enjoyed, played an important part. When Locke was in Holland in 1687, he drew up the laws for a society which had Limborch and Le Clerc as members.[21] One famous society was the Lantern, which met at the Rotterdam house of the Quaker merchant Benjamin Furley,[22] and another was 'La Féauté', meeting at the house of the historian Rapin-Thoyras in The Hague around 1705.[23] Unfortunately we know hardly more than the name of these societies, and many left no records. However, the most interesting for our purpose is the society discovered by Margaret Jacob some years ago, called *Les Chevaliers de la Jubilation*. Papers relating to this society are preserved in the British Library along with the papers of Toland, and at the University of Leiden with the papers of Prosper Marchand, the bookseller and bibliographer who was among its members.[24] There is only fragmentary evidence, but what there is attests to the existence of the society from 1710 to 1716.[25]

Most of the society members seem to have been in the book trade:

ouvrages de divers personnages distingués particulièrement dans la république des lettres, (The Hague, 1758) 1: 326–7; 'Ouvrage aussi criminel, & peut-être même plus pernicieux encore, que les Traités qui font le principal sujet de cet Article' [sc. 'Impostoribus']; see the Appendix to this volume.

[19] Marchand in Leiden, UB, Marchand 71, fol. 31, attributes *Le Proselyte en belle humeur* and *L'Histoire burlesque de la guerre presente*—allegedly another translation from Swift—to him. These works have not been identified.

[20] F. J. A. Jagtenberg, *Jonathan Swift in Nederland (1700–1800)* (Deventer, 1989), 120–121.

[21] *Bibliotheque choisie*, 6 (1705): 376.

[22] W. I. Hull, *Benjamin Furley and Quakerism in Rotterdam* (Swarthmore, 1941), 87–8 and passim.

[23] *Dictionary of national biography*, XVI: 741.

[24] See C. Berkvens-Stevelinck, *Prosper Marchand, la vie et l'œuvre (1678–1756)* (Leiden, etc., 1987).

[25] Leiden, UB, Marchand 2, letters by Fritsch to Marchand, 17 and 25 October 1711 and 15 July 1716.

Marchand, Charles Levier, Gaspar Fritsch, and Michel Böhm among others.[26] At first around 1710 most lived in Rotterdam, but later some, notably Marchand and Levier, moved to The Hague. According to Jacob, the Chevaliers took an active part in the propagation of both the *Traité* and the ideas of Toland. She has assumed that the society was masonic, and has made a link with the naturalistic society Toland described in his *Pantheisticon*. This thesis, however, has given rise to some dispute and it appears that the evidence does not seem to warrant this conclusion. C. Berkvens has pointed out that the society, judging from the evidence, bears all the marks of the common conviviality of the libertine tradition.[27] On the other hand, a reading of the *Pantheisticon* leads one to conclude that it is a brilliant parody on the Church, and, as such, the work fits into the atmosphere of mystification described above. One is still led to wonder whether it was ever meant to be anything more than that. Jacob also sees a link with the society which founded the *Journal littéraire* of The Hague in 1713. The main connection between this group and the Chevaliers is Marchand, who happened to be a member of both, yet as Berkvens has demonstrated, there is very little evidence of a link between the two societies.[28] There is, however, a clear link between at least some of the Chevaliers and the *Traité*. Levier was one of the men who published the *Traité* in 1719 as *La vie et l'esprit de Spinoza*. He had copied the text in 1711 from a manuscript in Furley's library. Fritsch also seems to have been present and to have made a copy. As Levier noted, the text published in 1719 had been somewhat enlarged. Because of these interconnections, it seems worthwhile to take a close look at the relationship of this society with the Deist movement in England.

The Chevaliers and the English Deists

Anthony Collins seems to have been on rather good terms with the Chevaliers. In the Marchand collection there are several letters by Collins to Charles Levier written between 1711 and 1714. From this evidence it appears that Collins also knew Marchand and Böhm, whom he had met when he visited Holland in 1711 and 1713. He mentions there he also

[26] Kossman, *De Boekhandel te 's-Gravenhage*, 239–41 n. 12 (on Levier), 128–9 (on Fritsch).

[27] C. Berkvens-Stevelinck, 'Les Chevaliers de la Jubilation: maçonnerie ou libertinage?', *Quaerendo*, 13 (1983): 140–47.

[28] For the *Journal littéraire* see the special issue of *Documentatieblad werkgroep achttiende eeuw*, 18 (1986). The personal relationship between the Chevaliers and the *Journal* has been extensively discussed by Berkvens-Stevelinck, 'Les Chevaliers de la Jubilation', 136–9 n. 24.

hoped to see Levier in England.[29] The relationship of the Chevaliers with Collins's associate Desmaizeaux is even better documented. Before 1714 when Collins was friendly with the Chevaliers, the relationship between the Chevaliers and Desmaizeaux also seems to have been excellent. In 1714 there was a big quarrel arising from the publication of Bayle's *Lettres choisies*, which drew the attention of the whole literary world.[30] The work was published by Fritsch and Böhm, although Desmaizeaux had been the originator of the project and in charge of the edition. In 1713, when the publishing was well under way, Fritsch and Böhm left the supervision to Prosper Marchand, Desmaizeaux was furious, and furthermore he had a different opinion of editing than Marchand. He reacted with a slander campaign against Marchand in various periodicals such as the *Nouvelles littéraires* of Du Sauzet (who did not give him full scope) and the *Histoire critique* of the brothers Masson. The principal object of the campaign was not so much to attack the edition of Bayle's letters, which had been published, but the new edition of Bayle's *Dictionnaire* that was to appear in 1720 and also to be published by Böhm (whose collaboration with Fritsch had collapsed) and edited by Marchand. Marchand, an editor of the *Journal littéraire*, answered Collins in the *Journal*.

John Toland's role also requires closer examination. He is known to have been a regular visitor to Holland,[31] his first visit being in 1692, when he matriculated at Leiden University at about the age of 22.[32] While in Holland, he seems to have had access to the Rotterdam circle which had grown up around the Quaker merchant Benjamin Furley, where he met John Locke and Jean Le Clerc. He made a journey to Holland again in 1699, when his presence on English soil had become impossible, and for the next few years he passed through Holland to and from Germany. Then in 1707 he set off with Anthony Collins for extensive travels on the

[29] Leiden, UB, Marchand 2, Collins to Levier, 13 January, 11 September (o.s.) and 1 October 1713. See also n. 15 above.

[30] C. Berkvens-Stevelinck, 'La Cabale de l'edition 1720 du *Dictionnaire* de Bayle', in *Prosper Marchand et l'histoire du livre* (Bruges, 1978), 79–88; Almagor, *Pierre des Maizeaux*, 81–101 n. 8.

[31] R. E. Sullivan, *John Toland and the Deist controversy: a study in adaptations* (Cambridge, Mass., 1982); S. H. Daniel, *John Toland: His methods, manners and mind* (Kingston & Montreal, 1984).

[32] According to the *Volumen inscriptionum*, 'Joh. Tholandus Hybernus', aged 22, matriculated as a student in theology on 1 November 1692. He lived 'op de lange brugge apud Susannam Dolphijn' (Leiden, UB, Archief senaat en curatoren, no. 12, fol. 488). Surprisingly, at the annual student censuses, 'Joannes Tholandus' still living at Susanna Dolphijn's, was registered on 26 March 1693 and 9 March 1694. By March 1695 he had apparently left (Leiden, UB, Archief senaat en curatoren, nos. 64–6). According to his biographers, Toland returned to England in the summer of 1693. However, it cannot be doubted that the matriculation in question is that of Toland.

Continent, and after that, between 1708 and 1711, he lived more or less permanently in Holland. While in Vienna, he moved in the circle of Prince Eugene of Savoy and his adjutant Baron von Hohendorf, whom he had come to know in Holland. Toland's Latin *Adeisidaemon* was first published in The Hague in 1709 by the bookseller Thomas Johnson.[33] Unlike Collins, Toland did not benefit from a French press to give his work a larger audience;[34] his only work translated into French and printed—also published by Johnson—was an insignificant work, *An account of the courts of Prussia and Hannover*.[35] There were two Dutch translations, one of his *Phillipick orations*,[36] and the other of more interest, the first of the *Letters to Serena*—published anonymously—which has turned up only recently. This translation differs considerably from the English version and seems based on an older manuscipt source. One might assume that Toland had shown it to his Dutch friends when he had been passing through on his way from Hannover to England in 1702.[37] There are other indications that Toland's work circulated in Holland, and very probably some of his work was written there. The manuscript of his *Tetradymus*, first published in 1720, was certainly known there by 1710, when a reference to it appeared in the *Voyages et avantures de Jaques Massé*. According to Toland's own testimony it was known in 1708.[38]

We know very little about his Dutch environment in those years, but it seems reasonable to assume that he moved in the circles of French journalists and publishers who were close to the English Deists. It is therefore quite possible that Toland, following in the wake of Collins, knew the Rotterdam publishers assembled in the Chevaliers de la Jubilation. We have evidence for this as one of the sources for the Chevaliers is extant in London, preserved among the papers of Toland. The text, dated November 24, 1710 and discovered by Jacob, reports a meeting of the society.[39] On this date, Toland was in Holland. This strongly suggests

[33] J. Toland, *Adeisidaemon, sive Titus Livius a superstitione vindicatus . . . annexae sunt eiusdem Origines judaicae* (The Hague, 1709).

[34] Yet the anonymous *Lettre d'un medecin Arabe*, which was published together with Collins's *Discours sur la liberté de penser* in 1714, is sometimes attributed to him.

[35] [J.Toland], *Relation des cours de Prusse et de Hanovre, avec les charactères des principales personnes qui les composent* (The Hague, 1706).

[36] Mathaeus Schinerus, *Redevoering om de Britten tegen Vrankryk aan te moedigen* . . . with notes by Joannes Tolandus, tr. from Latin by Joannes Krellius (Amsterdam: J. Krellius, 1710).

[37] R. H. Vermij, 'Tolands eerste brief aan Serena: een episode uit de geschiedenis van het deïsme in Nederland', *Documentatieblad Werkgroep achttiende eeuw*, 21 (1989): 13–22.

[38] D. R. McKee, *Simon Tyssot de Patot and the seventeenth-century background of critical Deism* (Baltimore, 1941), 45.

[39] M. Jacob, 'An unpublished record of a Masonic lodge in England, 1710', *Zeitschrift für*

that the evidence did not just stray into Toland's papers, but is the result of some connection he had with the society. The case of Toland is complicated by the fact that he seems to have had the habit of making himself progressively more unwelcome in libertine circles. As a result, we cannot simply assume that friends of Desmaizeaux and Collins were friends of Toland too. The point is clearly illustrated by comments of Charles de La Motte, a French refugee living in Amsterdam, a 'correcteur d'imprimerie' and principle agent of Desmaizeaux in Holland.[40] In 1707 he wrote to Desmaizeaux:

> I am angered that you have given money to Toland; I fear greatly for your two works. I have formerly known the man here, but he has so misbehaved that I have refused to see him on the travels he has made since. He owes money to several people of my acquaintance, which he has never thought to repay. I hope, however, that now he is richer that he will be more honest with you. You know very well too, that he lies like a dentist.[41]

From this letter it is clear that Desmaizeaux and Toland were on friendly terms,[42] but also that Toland had a very bad reputation in Holland. I would stress the point that the literary activites of Toland in Holland we know of all date from 1710 or earlier. Given these facts, it seems hazardous to assume either a continuous connection with Holland or with the Chevaliers after this year. This makes it improbable that he was involved in the publication of the *Traité* in 1719.

Religions- und Geistesgeschichte, 22 (1970): 168–71. The document has been edited by C. Berkvens-Stevelinck in *Quaerendo*, 13 (1983): 53–7.

[40] See B. P. L. Lagarrigue, ' Les Coulisses de la presse de langue française dans les Province-Unies pendant la première moitié du XVIIIᵉ siècle d'après la correspondance inédite de Charles de la Motte (1667?–1751), correcteur à Amsterdam', *Documentatieblad Werkgroep achttiende eeuw*, 22 (1990): 77–110.

[41] London, British Library, Add. MS 4286, fol. 58ᵛ (2 August 1707); 'Je suis faché que vous ayez donne de l'argens a Toland, je crains fort pour vos 2 pieces. J'ai autrefois connu cet homme ici, mais il s'est si mal conduit ici que je n'ai pas voulu le voir dans les voyages qu'il a faits depuis. Il doit ici de l'argent a plusieurs personnes de ma connaissance qu'il n'a jamais pensé a leur payer. J'espère pourtant qu'à présent qu'il est plus riche, il sera plus honnete à votre égard. Vous saves bien aussi qu'il est menteur comme un arracheur des dents.' On the few other occasions when La Motte mentions Toland's name, he speaks of him with the same sarcasm; ibid., fol. 83 (23 June 1709): 'au reste cet honnête homme, je parle de Toland est encore ici, je ne sai s'il a attrapé quelque chose'; fol. 236 (10 June 1718).

[42] See also a letter to Desmaizeaux from Anthony Collins of 10 April 1716; 'Pray do me the favour when you see Mr. Toland to ask of him the following books of mine which he has had several years.' London, British Library, Add. MS 4282, fol. 118.

Voyages de Jaques Massé

I will digress here to take a close look at the book *Voyages et avantures de Jaques Massé*,[43] which contained a reference to the manuscript of Toland's *Tetradymus*. The *Voyages*, for one thing, clearly illustrate the bibliographical problems of this kind of publication. The place of publication on the title page is Bordeaux, but this is certainly wrong and should be The Hague. Not even the publisher is known. The year of publication is said to be 1710, though this has been doubted (without, it now seems, a basis), and, finally, the Deventer Professor of Mathematics Simon Tyssot de Patot has been universally regarded as the author, but this is most probably wrong. Marchand, at least, states that he was not.[44] All Tyssot's biographers have been at great pains to explain away the differences between this book and his other writings.[45] So both the author and the publisher remain unknown at present.[46] The work also reveals a view of religion common in the circles in which Toland moved. The *Voyages et avantures*, written in the traditional form of an imaginary voyage, offers a devastating critique of revealed religion. The main character, Jaques Massé, undergoes a sequence of perilous adventures: voyages, several shipwrecks, a robinsonade, imprisonment by the Inquisition, slavery in Algiers, and so on. Everywhere he meets people to whom he lectures on science and who discuss religion with him. He always defends orthodox doctrine, but his opponents invariably have the stronger arguments. It also contains the motif of imposture. The central episode is the hero's sojourn in a utopian country, Butrol, a country ruled by despotic kings who claimed to be the descendants of the sun, whose claims were upheld by means of fraud and imposture. The people of Butrol believed that there were no other people in the universe but themselves; when however a Portuguese man appears one day, the people realize that they had been deceived and a revolution ensues. The king is banished and the government is reformed in a more equitable way. In a moving detail, the

---

[43] This work has been reprinted in Geneva in 1979. See also A. Rosenberg, *Tyssot de Patot and his work, 1655–1738* (The Hague, 1972).

[44] Leiden, UB, Marchand 2, letter from De Beyer to Marchand, 4 July 1745: 'On m'avait assuré que le Voiage imprimé à *Bourdeaux* était du vieux Tissot de Patot, mort il n'y a pas bien longtems à *Isselstein*. Je vous remercie, Monsier, de m'avoir désabusé. Ces miserable livres font beaucoup de mal.'   [45] Rosenberg, *Tyssot de Patot*, 162–3 n. 43.

[46] R. H. Vermij, 'Een aantekening over de auteur van de "Voyages et avantures de Jaques Massé"', *Documentatieblad Werkgroep achttiende eeuw*, 21 (1989): 13–22. Marchand wrote the following on the work: 'composée par un écrivain très méprisable, & augmentée par divers autres de même caractère, & imprimé, non à la Haie, chez un libraire fort amoureux de ces sorts d'impiétez'; Marchand, *Dictionnaire historique*, 1: 318.

story tells of the deposed king, who was rather pitiable; for he had believed in his own divine descent, a belief he had known only from tradition.[47]

The *Traité des trois imposteurs* offers the same message as the *Voyages*: that imposing a false religion on the common people is not in the public good, but is on the contrary an obstacle to it. In a sense the *Voyages* was potentially more radical, as it was presented in the form of a popular novel, which could reach a large audience, while the *Traité* was deliberately presented as a learned document. There was one important distinction, however; in the *Voyages* only the kings and priests are treated as impostors—a commonplace at the time—there was no question of religion itself being an imposture. Jesus or Mohammed are not mentioned in this context, and while Moses is, it is only in a very casual way.[48] The only place where the book comes close to the radical tone of the *Traité* is in the 'fable of the bees' in the fifteenth chapter[49]—not to be confused with the well-known fable of Mandeville. The fable starts as a parody of Christian doctrine: a king, owner of a large number of beehives, becomes angered with his bees because they disobey his commands. Instead of destroying them, which was his first impulse, he decides to be more merciful, changing his only son into a bee and sending him among the bees as a mediator. The other bees torture and kill him, whereupon he returns to his father to ask mercy for the bees. Up to this point, the fable must have been very shocking to the religious-minded people of the time, and it is not surprising that the novel was remembered for this episode in the eighteenth century. The fable continues, however, by describing some hornets who have insinuated themselves into the hives and who pretend to teach the bees the will of the king, and the way they can obtain his mercy. Their behaviour is elaborated in much detail, but only through commonplace arguments. In fact, this episode considerably weakens the effect of the earlier story. Indeed the author's preoccupation with 'priestcraft' clearly hampers his ability to attack Christianity on a more fundamental level.

Desmaizeaux and the Traité

While this is all we can say about the relations between the Chevaliers and the English Deists, it is not all we know about the relationship between these Deists and the *Traité* . At least Desmaizeaux was involved

---

[47] *Voyages et avantures de Jaques Massé* (Geneva, 1979), 209–15, 236–41.

[48] Ibid., 169–79: 'ce Moïse duquel vous parles, prétendoit être le Seigneur temporel tandis que son Frére Aaron avoit une Domination sans bornes sur leurs Consciences'.   [49] Ibid., 468–76.

in some way with the publication—and Desmaizeaux is as close to Collins and Toland as we can get at this moment. The *Traité* was published in 1719 as *La Vie et l'Esprit de Spinosa*. In this edition the *Traité*, called *L'Esprit de Spinosa*, was preceded by a biography of Spinoza called *La Vie de Spinosa*. As is well known, this biography was published separately the same year in the *Nouvelles littéraires* of the publisher Henri du Sauzet.[50] It should be noted that in the edition in the *Nouvelles littéraires* of the *Vie de Spinoza* there is an *Avis au lecteur* which is also present in the complete edition of *La Vie et l'Esprit*. This *Avis* states explicitly that the work is in two parts, one describing the life, the other the spirit of Spinoza. This remark does not make any sense in this place, unless the *Vie* published by Du Sauzet has been taken from a manuscript containing a complete *Vie et Esprit*. This was probably the same one which lay behind the Levier edition, since the two versions of the *Vie* are nearly identical except for the footnotes, which were probably added by the respective publishers.[51]

In 1989 Almagor discovered that the manuscript of Du Sauzet came from Desmaizeaux.[52] As he recounts the story, in April of 1712, Desmaizeaux sent his Dutch correspondent Charles de La Motte a 'commencement d'éloge ou de vie de Spinosa' through Pierre Coste, who was travelling to Hannover. La Motte was somewhat embarrassed by the piece and asked Desmaizeaux what his intentions were, making it quite clear that he did not want to co-operate in the publication: 'Ainsi si c'est pour cela vous m'obligerez d'en charger un autre'.[53] La Motte did not want to get into trouble, and moreover, although decidedly not very orthodox, he seems to have had a real dislike for the militant and provocative Deism of his day.[54]

We do not know the reaction of Desmaizeaux, but apparently for several years nothing further happened with the manuscript.[55] In 1717, however, it was obtained by the publisher Henri du Sauzet. In Septem-

[50] On Du Sauzet, see I. H. van Eegen, *De Amsterdamse boekhandel, 1680–1725* (Amsterdam, 1965), III: 105–8; and Kossmann, *De boekhandel te 's-Gravenhage*, 339. From 1715 to 1718, Du Sauzet lived in The Hague, and before and after that period in Amsterdam.

[51] See the edition by S. Berti, *Trattato dei tre impostori: la Vita e lo Spirito del signor Benedetto de Spinoza* (Turin, 1994), or the older one of the *Vie* only by J. Freudenthal in *Die Lebensgeschichte Spinoza's in Quellenschriften Urkunden und nichtamtlichen Nachrichten* (Leipzig, 1899).

[52] Almagor, *Pierre des Maizeaux*, III–12 n. 8.

[53] La Motte to Desmaizeaux, 19 April 1712. London, British Library, Add. MS 4286, fol. 173.

[54] See ibid., fol. 221ᵛ (22 June 1717), on the subject of Collins's work; while he likes the man, he wishes the work had not been written. Cf. Lagarrigue, 'Les Coulisses de la presse', 82.

[55] There is a mention of a *Vie de Spinosa* in a letter by La Motte to Desmaizeaux, 26 August 1712 (London, British Library, Add. MS 4286, fol. 176) but this evidently concerns the life by Bayle.

ber 1717 he wrote to Desmaizeux; 'Today, I received from Mr. de La Motte the *Vie de Spinosa*, which is incomplete; besides, the underside of the last pages have been torn up. You will undoubtedly explain to me in your next letter why this piece is incomplete and mutilated, and what I am to do about it.'[56] As we have seen, La Motte had already noted that the text was incomplete and just a beginning, but there was no mention of mutilations then. Probably La Motte had been somewhat careless with it during the intervening five years. Desmaizeaux apparently had forgotten about the manuscript. In October, Du Sauzet sent him the last page of the manuscript he had received with a request to send him the parts that were missing, for he was eager to publish it. 'If you have not promised it to Mr. de Sallengre for the *Mémoires*,[57] you will give me great pleasure if you would give it to me; I shall publish it in two or three folios in the supplement. This *Vie* will equally be preserved, because I shall make complete volumes in so far as I have a number which are sufficient for them.'[58] Apparently things went satisfactorily for him, for in February 1719 Du Sauzet wrote that he would publish the *Vie* as soon as possible — he was just without the money at that moment.[59]

This episode leaves us with some intriguing questions. Desmaizeaux possessed the text in 1712. Although he sent only the beginning to La Motte, it seems probable that he disposed of the full text of *La Vie et l'Esprit* at that moment. On the other hand, we know that the treatise, in the same form as the *Vie et Esprit de Spinoza*, was known in Rotterdam by Levier and Fritsch in 1711. The textual version of the *Vie* copied and later printed by Levier and the one printed by Du Sauzet are the same — the expansions in the 1719 edition relate only to the *Esprit*. It seems probable, therefore, that even if one does not have any further evidence, that there is some connection between the two. It is even more likely since friendly relations existed at the time between the Rotterdam publishers and the Collins–Desmaizeaux circle. Maybe Levier or someone in his environment had given the text to Collins, Coste, or Desmaizeaux himself. I should remark that if indeed Desmaizeaux had obtained the text only in

[56] London, British Library, Add. MS 4288, fol. 5ᵛ, 24 September 1717.

[57] Henri-Albert de Sallengre had been a member of the society which edited the *Journal littéraire*, but had been removed from it. In the conflict between Marchand and Desmaizeaux he sided with the latter. In 1715–17 he edited a journal called *Mémoires de littérature*, which was likewise published by du Sauzet.

[58] London, British Library, Add. MS 4288, fol. 8, 22 October 1717, 'Si vous ne l'avez pas promis à Mr. de Sallengre pour les Mèmoires, vous me ferez plus de plaisir de me le donner; je l'imprimerai en 2 ou 3 Feuilles de suplement. Cette vie sera egalement conservéee, parceque je ferai des volumes complete à mesure que j'en aurai un nombre suffisant.'　　[59] Ibid., fol. 9, 11 February 1718.

1711 or 1712, it must be considered improbable, given the relationship betwen Toland and Desmaizeaux, that Toland knew of it much earlier.

After 1712, neither Levier nor Desmaizeaux nor anyone else seems to have been interested in printing the *Traité* for five years or so. Then there is another coincidence: in the year 1719 both the *Traité* and the separate *Vie* are published, by Levier and unknown collaborators and by Du Sauzet respectively. From the letters, one cannot tell what caused Du Sauzet's interest in the *Traité*. One might assume that Desmaizeaux had asked him whether he wanted to publish it, but this does not seem probable. After all, in October 1717 Du Sauzet was not sure whether Desmaizeaux would not have it printed by Sallengre. It seems more probable that Du Sauzet had got wind of it in some other way and asked La Motte for the manuscript on his own initiative. One wonders whether this sudden interest is connected with the publication of the *Reponse à la Dissertation de M. de la Monnoye sur le Traité des trois imposteurs*, published at The Hague by Henry Scheurleer in 1716. However, this text is only concerned with the *Esprit* and not the *Vie* of Spinoza. Another possible explanation could be professional rivalry—with one editor trying to outdo the other. This possibility would argue against any deliberate co-ordination. However, Levier was acquainted with the Collins–Desmaizeaux circle—at least in 1714. Is it possible that Desmaizeaux knew of his forthcoming publication of the full text and therefore deliberately let Du Sauzet have only the *Vie*?

There is no real solution to these questions at the moment. The publishers of the *Traité* were in close contact with English Deism, and the English Deists for their part seem to have been interested in the work, but their direct involvement remains unclear. Desmaizeaux was involved with the Du Sauzet edition, but any connection with the Levier edition remains a speculation. This is more true for the case of Toland who—as we have remarked—did not show any signs of activity in Holland after 1710.

[7]

Sallengre, La Monnoye, and the *Traité des trois imposteurs*

————◄◦►————

BROM ANDERSON
(UNIVERSITY OF NEW MEXICO)

T HE EDITION OF THE *Traité des trois imposteurs* published in Amsterdam in 1777 and republished by Rétat[1] consists of four texts: the *Traité*, La Monnoye's 'Dissertation sur le livre intitulé des trois imposteurs', an anonymous 'Réponse a la Dissertation de M. de la Monnoye'[2], and a note, purporting to be a copy of the *Mémoires de littérature*, Vol. 1, Pt 2, Art. IX.[3] This confirms the existence of the *Traité* but explains that it is clearly a modern, and not an ancient work, not only because it mentions Descartes but because it is based on the principles of the modern philosophy,[4] introduced in the previous century by 'the Descartes's, the Gassendis, the Berniers and some others.'[5]

What was the purpose of following the *Traité* with La Monnoye's 'Dissertation'? Was this meant to let us know that the *Traité* had been constructed to refute La Monnoye's 'Dissertation'?

Moreover, why was La Monnoye's 'Dissertation' followed by the 'Réponse'? The narrator of the 'Réponse' claimed to have discovered a medieval manuscript of a Latin treatise of the three impostors. Both the 'Réponse' and the *Traité* itself, if taken as a medieval work, were

---

[1] Pierre Rétat (ed.), *Traité des trois imposteurs: manuscrit clandestin du début du XVIIIᵉ siecle (ed. 1777)* (Saint-Etienne: Universités de la Région Rhône-Alpes, 1973).

[2] The 'Réponse' has been attributed, on the basis of a letter of Gaspar Fritsch to Prosper Marchand, to Jean Rousset de Missy; cf. Margaret C. Jacob, *The radical Enlightenment* (London: George Allen and Unwin, 1981), 219, 278.

[3] See Rétat (ed.), *Traité des trois imposteurs*, 147. [4] Ibid., 147–8. [5] Ibid., 148.

255

S. Berti et al. (eds.),
Heterodoxy, Spinozism, and Free Thought in Early-Eighteenth-Century Europe, 255–271.
© 1996 *Kluwer Academic Publishers. Printed in the Netherlands.*

obvious frauds, as the Note points out. For the *Traité* mentions Descartes, and the 'Réponse' tells us that it does.[6]

What was the point of a footnote referring to Bayle's article AVER-ROËS? Did it have any relation to the content of the Note? It seemed as if it might. For the contents of the Note were as follows: the Note begins by announcing that the existence of the *Traité* is now beyond doubt. It goes on to say, however, that it is plain that the *Traité* must be modern because it is founded on the principles of the moderns, introduced in the last century by 'the Descartes's, the Gassendis, the Berniers and some others'—and because, the writer of the Note remarks just afterwards, 'the author was even careless enough in his fifth chapter to name M. Descartes, and he there combats the arguments of that great man about the soul'. The Note characterizes the difference between the method and principles of the ancients and the moderns in the following way: the new philosophers explain themselves with better or fairer arguments, and they speak more clearly.[7]

> This treatise of the *Three Impostors* is written and argued following the method and the principles of the new philosophy, which only prevailed towards the middle of the seventeenth century, after the *Descartes's*, the *Gassendis*, the *Berniers* and some others explained themselves with arguments both better [plus justes] and clearer than the ancient philosophers, who had affected a mysterious obscurity, wanting their secrets to be reserved for the initiated.

This remark raises the following problems: if according to the Note the difference between the ancient and the modern philosophers is that the ancients spoke obscurely, whereas the moderns argue better and speak more clearly, does it thereby mean to suggest that the substantive views of the ancients and those of the moderns were identical? Did the ancients, in other words, agree with the modern critique of the imagination which supplied the philosophical foundation of the *Traité*—but conceal or obscure this opinion of theirs in order to keep it secret?

This interpretation of the Note's meaning receives some support from

---

[6] Bernard de la Monnoye (1641–1728), member of the Academy, was a late and discreet representative of the tradition of the 'libertins érudits'. He is best known for his edition of the *Menagiana*, a work based on the sayings of Gilles Ménage (1613–1692). La Monnoye's edition, published in Paris and Amsterdam in 1715, was as much his own work as Ménage's: it contained so many additions of his own that it was published in four volumes, rather than the two of the first edition (1693). The 'Dissertation', originally printed separately in 1693, was expanded and reprinted in this edition on p. 145.   [7] Ibid., 148.

the footnote to the article AVERROËS. For in that article[8] Bayle had suggested that a great many ancient and modern philosophers—Malebranche in particular, but also Aristotle and perhaps Descartes[9]—had shared the Averroist (and Spinozist) view that intellect was one. This thesis, which implies that there is no personal immortality and no distinction between the active intellect of the individual and of God, was intimately bound up with Averroës' and Spinoza's general critiques of the imagination, according to which not just personal immortality but all prophecy, all moral law, and all providential deities were simply fictions of the imagination.

If Bayle's view was indeed the view being proposed by the author of the Note—that is, if the author agreed with Bayle that many ancient philosophers, at least, had thought the same things as the most radical moderns, and if the author of the Note held the further view (perhaps as a corollary to the first) that ancients and moderns differed only in so far as the ancients sought to obscure their views, while the moderns made them clear—then perhaps a further puzzle posed by the text of the *Traité* could be resolved: that of the mention of Descartes referred to above.

If the *Traité* purported to be medieval, then in mentioning Descartes it was implying that Descartes was medieval. Even if the presence of Descartes in the text of the *Traité* was a mere blunder, why did the 'Réponse' treat Descartes as if he were medieval—older, at least, than Frederick II?

If the puzzle were confined to the 'Réponse', it might not be very troubling; similarly, if it depended on the supposition that the *Traité* intended to present itself as medieval. For perhaps this claim should not be imputed to the *Traité* at all, but was a bit of literary imposture at the hands of the author of the 'Réponse' or his coadjutors. But in fact the puzzle occurs in the text of the *Traité* itself.[10] For there too Descartes is treated as an ancient, this time explicitly:[11] he is placed among those ancient authors who sought to defend the immateriality of the soul, though his arguments for this thesis, the text says, are pitiable.

The Note, especially when read with Bayle's article AVERROËS in mind, suggested an interpretation of this puzzling passage. Descartes, it suggested, had held the same belief as the moderns whose philosophy was presented in the *Traité*; he *was* in fact one of those moderns, since

---

[8] *Remark, E.*   [9] Or 'la plupart des cartésiens'.
[10] In ch. 5. The Descartes passage is found in the *Esprit de Spinoza* version as well, ch. XIX, §7, p. 224 of *La Vie el l'Esprit de Mr. Benoît de Spinosa*, in the edition being published by Silvia Berti.
[11] That is, he is discussed among the ancients. If this is not the same as saying explicitly that Descartes was an ancient it certainly implies it.

the moderns whose principles founded the *Traité* were precisely 'the Descartes's, the Gassendis, the Berniers and some others'. When Descartes was classed, both in the *Traité* and the 'Réponse', among the ancients, this anomaly—to which the Note called our attention—had a special meaning: it meant that Descartes, though he held the same views as the moderns (and indeed as the school of Aristotle and the Arabs), and though his principles (along with those of 'the Gassendis, the Berniers, and some others') were in fact the foundation of the *Traité*, was an 'ancient' in the sense indicated by the Note: he wrote obscurely.

In fact the Note was not a copy of Vol. I, Pt 2, Art. IX of the *Mémoires de littérature*. Rather, Vol. I, Pt 2, Art. IX was a dismissive reply by La Monnoye to the 'Réponse', which had been printed as Art. VIII, following the 'Dissertation' itself printed as Art. VII. There was, however, a footnote at the end of La Monnoye's reply directing us to the *Nouvelles littéraires* of 11 April 1716. However, in the *Nouvelles littéraires* appears a much briefer and less definite announcement than the Note:

> *De Berlin* On a vu, à la page 719. du catalogue de la bibliothèque du feu M. Jean Fred. Mayer, le livre *de tribus Impostoribus*.
>
> Commence: /Deum esse, cum colendum esse, multi disputant, ante quam & quid sit deus, & quid sit esse, quatenus hoc corporibus & spiritus, ut eorum fert distinctio, commune est, & quid sit colere deum, intelligant. En voici la fin: communes nam demonstrationes, quae publicantur, nec certae, nec evidentes sunt, & res dubias, probant per aules soepius magis dubias, adeo ut exemplo eorum, qui circulum currunt, ad terminum semper redeas, a quo currere incoepisti. Le veritable titre est de Impostoribus religionum, & l'on doute fort que ce soit le fameux livre, qui a fait tant de bruit parmi les savants.[12]

The assurance in the edition I had first consulted, that the Note was a copy of Art. IX, was, therefore, a fake or at least an error: the Note was neither a copy of Art. IX, nor even of the article referred to in the footnote to Art. IX. It seemed odd to suppose that it was simply a mistake. If, as appeared to be the case, the Note had been reprinted in the edition consulted as part of a dossier about an amusing case of

---

[12] *Nouvelles littéraires*, Vol. III, Pt 1 (The Hague: Henri du Sauzet, 1716), 227–8. Du Sauzet, of course, was also the publisher of the *Mémoires de littérature* and of other works of its author and editor, Albert Henri Sallengre. Sallengre (1694–1723), born of Huguenot parents at The Hague, was, with Themiseul de Saint-Hyacinthe and others, one of the regular contributors to Prosper Marchand's *Journal littéraire*.

literary fraud and scandal, it seemed likely that the editor would check his sources. Above all, it seemed unlikely that he would make the rather striking statement that a piece of evidence was copied from a certain source without checking this. If this error was deliberate, then La Monnoye had been set up. That the purpose of the *Mémoires* in printing 'Dissertation', 'Réponse', and La Monnoye's reply was in some fashion to mock La Monnoye—to set the stage for the 'refutation' of La Monnoye by the publication of the *Traité*. But perhaps it meant further that we were supposed to understand this 'refutation' of La Monnoye in terms provided by the Note—in terms of the contrast between ancient obscurity and modern clarity, and the victory of the latter over the former. Perhaps the false attribution of the Note to the *Mémoires* was supposed to indicate, more generally, that the meaning of the 'refutation' of La Monnoye by the 'Réponse' and *Traité* was to be sought in the *Mémoires*. The deliberate error in attribution is a prompt to look carefully at the *Mémoires*, to which it refers us, and a suggestion that there is more in the affair of the *Traité*, and perhaps in the *Mémoires*, than meets the eye.

Indeed, the whole of the first volume of the *Mémoires* could be interpreted as satirizing La Monnoye's 'Dissertation'. Satirizing it how? Article after article was devoted to a full discussion of the more obscure of the heterodox literary figures whom La Monnoye had considered and rejected in the 'Dissertation' as possible authors of a Treatise of the Three Impostors. It was as if the whole of the *Mémoires de littérature*, Vol. I, were a set of footnotes to the 'Dissertation'. Its purpose, apparently, was to awaken and celebrate the memory of all the forgotten heterodox figures whom La Monnoye mentioned in passing, and only to dismiss the claim that they could have written a Treatise of the Three Impostors. If La Monnoye's 'Dissertation' was a piece of theologico-political fire-control, as it seemed to be—an attempt to track down and suppress rumors about all the possible sources for a three-impostors Treatise—then the *Mémoires* looked like a vast explication, but at the same time and by the same token a vast undoing, of La Monnoye's endeavor to control these fires: any minor figure whom La Monnoye had considered and dismissed as an author of a three-impostors treatise was to be brought before us, made known, made interesting and amusing, either for his extravagance (as in the case of Guillaume Postel)[13] or for his witty subversiveness (as in the case of Henry Estienne).[14] We were to be shown the difficulty, in many

[13] *Mémoires de littérature* (The Hague: Henri du Sauzet, 1715–17); on Postel, see Vol. I, Pt I (1715), Arts. I, II, III, XVI; see also Vol. II, Pt I (1717), Art. VI.   [14] Ibid., Vol. I, Pt I, Art. IV.

cases, of separating orthodoxy from heterodoxy; that many apparently
orthodox figures had fallen into odd and extravagant claims, and how the
Church had tried to control them; or how men had wittily teased the
stupid orthodoxies of the Church by writing about Herodotus (like
Estienne) or Aesop (like Méziriac).[15] We were to be shown, in fact, that
behind La Monnoye's 'Dissertation' lay a whole history of attempts to
capture, control, and refute subversive thought and writing.

Alongside mad or witty heterodoxy, was shown on the one hand
cynical and venal, but on the other hand sincere and incredibly stupid
orthodoxy: in particular, the history of Maître Passavant,[16] a satire directed at Président Lizet, the ignorant Paris magistrate who sought to
refute Beza, and who was so amusingly mocked by the more learned and
wittier Calvinists of Geneva—men not known for their lightheartedness,
but unable, faced with such idiocy, to take it anything but lightheartedly:
moved by the stupidity of orthodoxy to laughter and satire.[17] And then
there are the stories which seek to connect high religious emotion with
sexual instinct,[18] or the stories of foolish or obscene miracles,[19] or the
stories of clerical unbelief.[20]

All of this, and a great deal more, is shown to us in the most deadpan
manner: Sallengre, the author of the *Mémoires*, never pauses to take
a stand on any of what he shows us or to suggest the least partisanship
with the mockers against the mocked.

Among the other forgotten bits of literature Sallengre revives for us as
stories about and by French literati: thus we are given what Sallengre
claims is a brief autobiographical account by Regnier Desmarais[21], apparently (to judge from this and other material we are given) something of
a time-server and a hack; we are told that this autobiographical note was
used by M. de La Monnoye as the basis of his eulogy for Desmarais on
assuming the chair of the latter at the Académie[22]. We cannot help
wondering, on reading it, whether the sterility and careerism of the life
of Desmarais is not a model for that of his successor, and if the rest of the
latter's writing is not as false as the eulogy must have been if it was meant
to glorify this selfish and mediocre life (and based praise on this dull
listing of events).

Another figure we encounter is Gilles Ménage, whose sayings are
alleged to be collected in the *Menagiana*. The name Ménage rings a bell

---

[15] Ibid., Vol. 1, Pt 1, Art. VII; see also Art. VI.   [16] Ibid., Vol. 1, Pt 2, Art. VI.
[17] Ibid., Vol. 1, Pt 2, Art. VI, p. 329.   [18] Ibid., Vol. 1, Pt 2, Art. IV, p. 49; Art. VIII, p. 110.
[19] Ibid., Vol. 1, Pt 1, Art. XVI, p. 172.   [20] Ibid., Vol. 1, Pt 1, Art. IV, p. 53.
[21] Ibid., Vol. 1, Pt 1, Art. V.   [22] Ibid., p. 60.

for us, because we remember that the author of the 'Réponse' begins by saying that it has been occasioned by the publication of 'a species of dissertation rather bereft of demonstrative force, which is found at the end of the new edition of the *Menagiana* that has just been published in this country'.[23] La Monnoye's 'Dissertation' has been published, therefore, in the new edition of the *Menagiana*; as we discover when we look at the *Menagiana*, La Monnoye prepared the new edition of the *Menagiana*, adding a good deal of material of his own. La Monnoye, therefore, is an admirer of Ménage, and in a rather literal sense identifies himself with Ménage; what is said about Ménage may therefore perhaps be true of La Monnoye, or at least shed light on his admiration for the latter.

And what we discover about Ménage—all of this, again, is suggested rather than asserted outright, and shown us by juxtaposition rather than direct argument—is that Ménage was not only petty and spiteful, but that he did everything he could to dim the memory of his loyal friend, the Epicurean Sarasin; that he stole from the literary remains of the latter, which had been left in his care. (Sallengre suggests this latter charge in passing by a discussion of printing licenses[24] in books, and how they are to be interpreted; the procedure is typical for him, and suggests that one of his aims is to teach us how to uncover literary fraud in general, as well as the frauds and lies of the orthodox, and of orthodoxy, in particular.) Ménage, therefore, was not only disloyal, he was a thief; and his badness of character is perhaps linked to his disloyalty, in particular, to his freethinking friend—in other words, it is connected with an opportunistic conformism.

Sarasin, it is clear, was a problematical friend for Ménage to have or have had because of his Epicureanism: Sallengre suggests this to us by printing as Art. XII of I, II, just before the 'Mémoires sur la vie et les ouvrages de Sarasin', what he presents as some fragments of an epic refutation of Epicureanism in verse, supposedly by the Cardinal de Polignac, whose absurdly clumsy argument against Epicureanism appears to consist in nothing but the assertion that it subverts crown and aristocracy.

This sort of deadpan satire of religio-political orthodoxy under Louis XIV cannot but rub off on Ménage—for we learn that Ménage was

---

[23] Rétat (ed.), *Traité des trois imposteurs*, 131.

[24] That is, of what in French were called 'privilèges'. It is in Vol. 1, Pt 1, Art. XVIII, 'Remarques detachées de littérature' (the last article in Vol. 1, Pt 1), on p. 181 that Sallengre makes some casual remarks about 'privilèges'; for the full appreciation of these remarks one should look at Vol. 1, Pt 2, Art. XIII, 'Mémoires sur la vie & les ouvrages de *Sarasin*'.

himself carefully careerist in his attitude to orthodoxy; clearly clever enough to appreciate and enjoy free thought and freethinking friends, but careerist and disloyal in his relations to them, disavowing them when convenient and seeking always to put himself on the side of orthodoxy and respectability.[25] Is what is true of Ménage true of La Monnoye?

The question is reinforced for us when we come to Vol. 1, Pt 2, Art. III: the 'Expurgatory index for the *Menagiana*'. La Monnoye, we are told, has announced in the Preface to his new edition of the *Menagiana* (in which was contained the 'Dissertation' whose re-publication in it provoked the 'Réponse') that his intention was to present a new and 'truly correct' *Menagiana*, purged of the errors found in the original. The *Menagiana*, apparently, had been popular and fairly respectable in France, though it contained some rather free passages.[26] In 'correcting' the *Menagiana*, La Monnoye found himself extending it with further material of his own, written in the spirit of the original; included in this is the 'Dissertation'.

Sallengre's 'Indice éxpurgatoire' takes note of this intention of La Monnoye's—the intention of presenting a 'new, and truly correct' *Menagiana*—and seems to applaud it. Sallengre tells us, however, that La Monnoye, for all his endeavors at 'correctness', has had the misfortune to meet criticism from 'grave men' whom the editor (La Monnoye) 'infinitely respects'. These men, having examined the additions, have condemned several places.

> He, born docile, and who moreover had had no ill intention, preferred to submit to such reform as was prescribed to him than to try to justify himself. He has therefore prepared the following inserts to be substituted for the articles and passages declared licentious by his censors. And since these inserts do not fail, although with a lesser degree of gaiety, to have their attractions whether by their erudition or by their wit, I thought I would please the public if I inserted them here immediately, specifying, after the manner of expurgatory indices, the page, the line, often even the first and last words of the places being changed. I have done more; the Editor having carefully reviewed the whole work,

[25] In Vol. 1, Pt 2, p. 247, Sallengre will have La Monnoye, half despite himself, removing the disguise of Ménage the man of orthodoxy by revealing his participation in libertine conversations.

[26] See Sallengre's instructions to censor Vol.2, p. 161 of the *Menagiana*, where Ménage says: 'J'aime encore ceci (de Pascal): il n'est pas mauvais qu'il y ait une erreur commune qui fixe l'esprit des hommes; par exemple la Lune à qui on attribue les changemens des tems, le progres des maladies &c. car quoiqu'il soit faux que la Lune fasse rien à tout cela; cela ne laisse pas de guerir l'homme de la curiosité inquiète des choses qu'il ne peut savoir, qui est une des maladies de l'esprit humain.'

and having found matter for several new corrections, I have taken care to collect them and to add them, for the satisfaction of lovers of exactitude, to the expurgatory index; so that if one joins these last corrections to those which have been marked above in the Errata and in the various additions, some at the end of the volumes, others at the beginning, one would be quasi certain of having at last what was promised, I mean *a correct Menagiana*.[27]

There follow some sixty-odd pages of instructions for excising passages from La Monnoye's new *Menagiana*, together with 'cartons', passages to be glued in to cover up the old passages being excised or corrected.

The aim of Sallengre's 'Indice' is of course a parodic one. It pursues this aim in several ways. On the one hand, Sallengre satirizes La Monnoye's enterprise of 'correction' by pretending that La Monnoye's explicit aim—correcting errors of fact or diction—is identical with what Sallengre takes to be his implicit aim: censoring any thought which threatens the political or religious order, and in particular veiling his own and Ménage's indulgence in such thoughts—though they are essential to the appeal of the *Menagiana* and to La Monnoye's own interest in Ménage. In order to satirize the program of providing a truly 'correct' *Menagiana*, with correctness understood in this latter sense, Sallengre picks out the mildest bits of salacity, or any passage which might seem to imply the possibility of error or folly on the part of someone in authority, or a disagreement between such persons, and substitutes a passage of the most idiotic banality. This is characterized either by its sexual prudishness, or absolute avoidance of erotic content, in the one case; or by its lackeyish flattery of those in authority,[28] and it is an obvious attempt to

---

[27] Vol. 1, Pt 2, Art. III, pp. 228–9.

See also the *Poesies de M. de la Monnoye*, written by Sallengre (pp. xxxiv–xxxvi); Sallengre's Preface to the *Poesies* provides a short of road-map of his campaign against La Monnoye. See on pp. xxxviii–xxxix his discussion of the Réponse and on p. xxxix his reference to *L'Histoire de M. Bayle*, which he had also published under the name of La Monnoye.

[28] See Vol. 1, Pt 1, p. 190, which at once expresses the hope 'que notre monarque devienne le plus grand qui ait jamais été'. All these sorts of joke are represented in the *Poesies de Mr. de La Monnoye* as well.

On p. 90 Sallengre invokes Naudé's *Mascurat* (written against the Fronde and in favour of Mazarin): 'GABRIEL NAUDÉ qui dans son Dialogue de *Mascurat* & de *Saint Ange* a discouru fort au long de la Poésie Burlesque, & de ses differens stiles, ne paroit pas en avoir connu un qu'on pourroit fort bien, ce semble, appeler le stile *niais*, tel qu'est celui de ce chanson intitulé, le *Fameux La Galisse*, Homme Imaginaire, dont Mr. de La Monnoye a pris plaisir de faire en cinquante quatrains la description suivante'. On p.190, we meet praise of Huet.

suggest that they never speak to or of each other in any but the most innocuous and respectful terms.[29]

In drawing our attention to salacious passages in La Monnoye or Ménage, Sallengre is of course suggesting that La Monnoye's attempt at 'correctness' in such matters is sheer hypocrisy; that La Monnoye himself is much attracted to the salacity he censors. And in order to emphasize this, instead of supplying innocuous or asexual substitutes, Sallengre sometimes supplies passages of the most unrestrained obscenity[30]—from some old piece of literature or legend, of course, or some other learned source.

In drawing on such sources (real or imaginary), Sallengre is also suggesting the connection between La Monnoye's erudition and his interest in sexual libertinage: for he shows us how old books, and particularly the sort of curious old books beloved of Ménage and La Monnoye, are full of sexual joking, obscenity and pornography.

They are full, also, of joking at the expense of religion—La Monnoye was in fact a devoted student both of Rabelais and of Bonaventure des Périers, both authors suspected of atheism (and of having written a three-impostors treatise).[31] And so Sallengre sometimes supplies, in one of his substitute passages, something irreligious or anticlerical: a story about the sexual prowess of a monk, or something of the sort.

This suggestion about the meaning of the 'Indice éxpurgatoire' reminds us of the Note, with its remark on the obscurity of the 'ancients'. Is La Monnoye, with his fascination with rare and obscure texts, perhaps an 'ancient'? Is he perhaps one of those who actually believe the same things as the new philosophy—and, in particular, who believe in the fictional or imaginary character of revealed religion, morality, and the accompanying orthodoxies—but who obscure and conceal the fact in order to keep this doctrine secret?

The supposition is an interesting one, especially when we apply it to the 'Dissertation'. For then what it suggests is that La Monnoye himself agrees with the impostor thesis—agrees that Moses, Jesus, and Mohammed were impostors; but that he does not believe that this thesis should be stated clearly. His fascination and apparent sympathy with libertine authors—whom he desires to 'exculpate' from the charge of having

---

[29] For censorship about sexual matters, see e.g. p. 236. See also, for example, p. 238 or 241.

[30] See e.g. Vol. I, Pt 2, Art. VII, p. 340.

[31] And of other libertine authors like Geoffroy Vallée. See Vol. I, Pt 2, Art. II, p. 224.

The British Library catalogue attributes to La Monnoye an anonymous edition of the *Contes et nouvelles et joyeux devis de Bonaventure des Périers* ('On a joint à cette edition des observations sur le Cymbalum Mundi de cet auteur') (Cologne: Jean Gaillard, 1711).

written such a treatise of the three impostors—can then be understood as an expression of his own agreement with the views of many of them: he too believes that the religious legislators taught fictions, that religion is an illusion; but he does not believe that this teaching should be made public, or its existence publicly acknowledged. The enterprise of the 'Dissertation', then, would be an expression of La Monnoye's double attitude: the three-impostors thesis is in some sense true; but no one has ever stated it fully and explicitly; moreover, it is not desirable that anybody should do so, or should be thought to have done so; La Monnoye will therefore seek to prove that no one has done so.

In his reply to the 'Réponse' La Monnoye goes so far as to suggest that there is no reason to think that the work described in the 'Réponse' exists simply on the basis of the summary of its contents which we are presented with in the 'Réponse'; any unbeliever of ordinary ability could elaborate such an outline in under an hour.[32] So far was La Monnoye from being thought incapable of thinking atheist thoughts, in fact, that he had been accused by some atheists for his *Noei borguignons*.[33] Indeed, perhaps this accusation itself was one of the reasons why he undertook to republish the 'Dissertation' and to produce a new and 'truly correct' *Menagiana*: to show that he was orthodox, or at least respectful of orthodoxy (that he could improve on the correctness of the respectable Ménage himself); and to show the more discerning that even if he was a libertine, his libertinism, and the libertine tradition, was perfectly consistent with outward respectability and respect for public pieties.

How does all this help us understand the *Traité*?

I would suggest that it illuminates not only the *Traité*, but, in particular, the attribution of the 'Réponse' to Arpe,[34] 'author of the *Apologia pro Vanino*'.

---

[32] *Mémoires de littérature*, Vol. 1, Pt 2, Art. IX.

[33] 1701, published under the name of Gui Barézai. See *Dictionnaire Bordas*, ed. J.-P. de Beaumarchais et al. (Paris: Bordas, 1984).

[34] *Apologia pro Jul. Caesare Vanino, neapolitano* (Cosmopoli: Typis Philaletheis, 1712). On the three impostors see 42–4.

The motto is interesting in relation to the 'Réponse':

> Opus aggredior vastum, non mole operis, sed dignitate materiae & latentis veritatis cultu. *Res ardua vetustis novitatem dare, novis autoritatem, obsoletis nitorem, obscuris lucem, fastiditis gratiam, dubiis fidem* [Plin. lib. I Hist. Natur.]

See also Peter Friedrich Arpe, *Feriae aestivales, sive, scriptorum suorum historiae liber singularis* (Hamburg: Jo. Chr. Kisner, 1726). See on p. 62 the remark concerning 'Apologia pro viris illustribus de magia falso postulatis' (by Naudé): 'Omnis *philosopia antiquorum & sapientia*, apud orientis populos dicta est *magia*, quae nata ex *medicina*, velut altior santiorque floruit; blandissiumis

To understand why, we must see the meaning of writing a book entitled 'Apologia pro Vanino'. To write an apology for Cesare Vanini, the famous libertine who had been burned at the stake, was to write an apology for someone who was thought by the orthodox to have taught libertinism and atheism, while claiming on the contrary to be a defender of orthodoxy. Indeed, when one glances at Arpe's book, one sees that its defence of Vanini falls into precisely the pattern which the orthodox had suspected in Vanini himself: it defends Vanini from the charge of lying, by suggesting, ironically, that he should be blamed for atheism or libertinism because he always taught—ironically—that one should lie or speak obscurely; and that religion and political order needed the defense of such obscurity.

Arpe, in other words, adhered to the policy of the 'ancients' explained in the Note; and thus the attribution of the 'Réponse' to Arpe fits the character of the authorial voice in the 'Réponse', for that author speaks not with the voice of the Spinozist rationalist, inclined to directness and plainness of speech, but in the persona of a *libertin érudit*, a lover of old secrets and forbidden texts.

We might also like to look beyond Arpe, to one of the authors whose writings help supply the tissue of texts that make up the *Traité*;[35] that is to Gabriel Naudé, the author of the *Apologie pour tous les grands personnages qui on été faussement soupconnez de magie*[36] and of the *Considérations politiques sur les coups d'Etat*.[37] For Arpe's title is clearly an allusion to Naudé's; as his argument on behalf of Vanini follows Naudé's arguments on behalf of the 'grands personnages'.

Now what is the relevance of the *Considérations* (or of its tradition, as represented by Arpe) to the 'Réponse', considered as a teasing of and satire on La Monnoye? To see the answer to this question, we have to know that Naudé's doctrine represented the tradition of court machiavellianism that included Catherine de Medici—whose adherence to its doctrines had in fact helped inspire the Massacre—and Mazarin. Naudé was close to important figures in Church and State; he was in no sense an outlaw figure. The tradition to which Naudé belonged—the larger tradition, I mean, of the *libertins érudits*—had not died in France with the

desideratissimisque promissis, vires addens *religionis & artes mathematicos* miscens, *nullo non avido futura de se sciendi*.'

[35] Prosper Marchand juxtaposes Naudé's *Bibliographie politique* with the 'Réponse', which Rousset and his friends sought to attribute to Arpe, in the sections of his private catalogue called 'Bibliothèques de livres de politique' (p. 30) (Leiden Library, Marchand collection, Mar22).

[36] (Paris/The Hague: Addrian Ulaz, 1679).   [37] (Rome, 1667).

death of Naudé or of Mazarin himself. Ménage, for example was a familiar of the Dupuy circle, frequented also by Naudé's sceptical follower, La Mothe le Vayer—whose similar teachings on imposture are also borrowed from in the *Traité*.[38] Ménage himself was careful to dissociate himself from overt expressions of religious libertinage, like that of Cyrano de Bergerac,[39] or indeed, as we have seen, from the Epicureanism of his friend, Sarasin. But of course such a policy was thoroughly compatible with the private holding of *libertin érudit* views, which might, as in the case of Naudé's political doctrine, actually recommend hypocrisy on behalf of religious orthodoxy; and with the special thrill of *libertin érudit* intellectual practice, which consisted for the more prudent, at least, in the entertaining of shocking or subversive ideas in private—in particular, the idea that political order is founded on imposture—together with the concealment of these views in public.

The court-machiavellian view of the necessity of lying was far from incompatible with the actual practice of the French court which was very consciously devoted to the careful manipulation and control of all public statements about religion and the King.[40] (This was an enterprise in which the Jesuits, of course, were very self-conscious and skillful advisors and participants.)[41] One need not regard Ménage himself as properly speaking a 'libertin érudit' to think that it is proper to say of him that he lived his literary life in a world which was largely devoted to the (often deeply hypocritical) practice of the sort of policies Naudéan court-Machiavellianism recommended: to what one might call the systematic and very self-conscious practice of political 'magic' or 'imposture'—the use of religion, in particular, to support absolutist rule.

Ménage, of course, is distinguished from Naudé by his care to avoid too much detectable libertinage in speech or writing.[42]

But one might say of him that his very avoidance of such statements represents not a sincere conviction of the truths of religion or the sanctity of political order, but a base and selfish sense of his personal

[38] It is worth noting that Ménage had helped organize the published formal eulogies in verse for Mazarin.

[39] Ménage on Cyrano: 'Je crois que, quand il fit son *Voyage dans la lune* il en avait déjà le premier quartier dans la tête'—*Menagiana* (presumably the first or second edition) 238–9, quoted in Joan de Jean, *Libertine strategies* (Columbus: Ohio State University Press, 1981), 5.

[40] I urge the reader to consult the recent work of Peter Burke, *The fabrication of Louis XIV* (New Haven: Yale University Press, 1992).

[41] On Jesuit imposture, see Pascal's *Provincial letters*, especially Letters 12 f.

[42] Though of course even his most respectable associates, like Madame de Lafayette, played with what could be interpreted as 'libertine' ideas.

advantage. It expresses in practice, one might put it, the hypocrisy recommended in theory by Naudé and La Mothe le Vayer.

The same might be said of La Monnoye, except that La Monnoye had been more exposed to the accusation of atheism than Ménage himself. La Monnoye, it might be said, actually participated in the tradition, and the intellectual and moral pleasures, of the *libertins érudits*. We might even compare his 'Dissertation' to Naudé's *Apologie* (or Arpe's *Apologia*), as belonging to the tradition of the 'ancients' which maintains and seeks to pursue the obscurity, to veil the secrets of rule from the eyes of the many.

This view of La Monnoye is suggested by the 'Réponse' itself, insofar as its reply to La Monnoye speaks the language not of the moderns, but of the *libertins érudits*; and insofar as its very refusal to produce the manuscript conforms to the *libertin érudit* canon of obscurity, and demand for hiding the truth of imposture from the public, of which La Monnoye's 'Dissertation' can itself be seen as an expression. In hinting that Arpe speaks the same language as La Monnoye, the 'Réponse' is suggesting that La Monnoye thinks the same thoughts as Arpe (and Naudé); that he believes in the doctrine of imposture, but also believes that it must be kept 'obscure' or secret.

This view of La Monnoye is suggested not just by the 'Réponse', or indeed by the *Mémoires* in general, but by the numerous other publications teasing La Monnoye which Sallengre wrote and issued at the same time: the *'Poems* of La Monnoye',[43] filled with an alternation of extreme lubricity, profound servility to Louis XIV, and simple stupidity and bad taste; the *Histoire de M. Bayle & de ses ouvrages*,[44] which Sallengre attributed to La Monnoye possibly in order to embarrass him by emphasizing and indeed exaggerating his connection with the freethinking Bayle;[45] the *Histoire de Pierre de Montmaur*[46], a collection of pieces edited by

[43] *Poésies de M. de La Monnoye de l'Académie Française, avec son éloge*, ed. M. de S*** (The Hague: Charles Le Vier, 1716).

[44] Sallengre in the *Poésies de M. de La Monnoye*, note to p. xxxix: 'je ne mets point dans ce rang *L'Histoire de M. Bayle & de ses ouvrages* imprimée à Amsterdam en 1716. in 8., qu'on s'est avisé de publier sous le nom de M. de La Monnoye, aparement pour en faciliter le debit, & qu'il a publiquement desavoué dans les *Nouvelles littéraires* du 27. juin de cette année.'

[45] See also the many favorable or ironically favorable remarks about La Monnoye by Bayle quoted in Sallengre's preface to the *Poesies* (p. xxxix): Bayle to Nicaise (Letter 115 in *Lettres* of Bayle) in 1693: 'Le *Menagiana*, corrige sur les bons avis de M. de La Monnoye, sera quelque chose de bon. Personne ne pénètre comme lui les fautes les plus imperceptibles.' (See also Bayle's article 'Ménage' in the *Dictionnaire*.) Sallengre refers to several other letters of Bayle on La Monnoye: on p. xvi, to Letters 154, 158; on p. xxvi, to 115; on p. xli, to 110; on p. xlii, to 115.

[46] *Histoire de Pierre de Montmaur, Professeur Royal en langue grecque dans l'Universite de Paris* (The Hague: Chr. van Lom, P. Gosse, & R. Alberts, 1715). Ménage's attack on Montmaur was called *La*

Sallengre in praise of the literary 'parasite' Montmaur, who had been attacked by Ménage. We should read these works, in turn, as part of a larger literary campaign satirizing the literary intelligentsia of Catholic France: the supposed autobiography of Huet, published after his death, and said by Aiken, its American translator, to have been written by Sallengre;[47] the publication of Huet's sceptical *Traité de la foiblesse de l'ésprit humain*, really written by Huet, but edited by Sallengre and published by du Sauzet,[48] who had also published the autobiography, in order to embarrass Huet's friends the Jesuits; the contemporary writings of Sallengre's friend Saint-Hyacinthe, including the *Mémoires littéraires*, with their imaginary interview with the great Jesuit obscurantist, the Père Hardouin, their Malebranchist essay on Truth clearly directed against the Jesuits,[49] and numerous essays on heterodox figures of the past allied in spirit to the articles in the *Mémoires de littérature*; and other writings of Saint-Hyacinthe's, like the *Chef d'œuvre d'un inconnu*[50] (a parody of French literary careerists and hacks) and the *Pièces échapées du feu*[51] (usually attributed to Sallengre in library catalogues but which Saint-Hyacinthe, in correspondence with Levier, seems to speak of as his own[52]—he may of course be acting as a front here, since Sallengre was not on terms with Marchand, Levier's partner, at the time).

One way to interpret this campaign is in the light of the Note: its aim can be described as one of penetrating the obscurity of the 'ancients', uncovering the deliberate obscurantism, for example, of figures like Hardouin or La Monnoye. In so doing, Sallengre and Saint-Hyacinthe can be thought of as following out the implications of Bayle's article AVERROËS: they are revealing that the philosophers have in fact always thought the same thing, that the ancients agreed with the moderns, and

---

Metamorphose du pedant parasite en perroquet (ref. in the new *Menagiana*, Vol. IV, p. 258, I believe); see beginning of *Indice expurgatoire*, on the 'Mémoires pour servir à la vie de M. Ménage.'

47 *Memoires of the life of Peter Daniel Huet, Bishop of Avranches*; written by himself; and translated from the original Latin, with copious notes, biographical and critical/ by John Aikin, MD, 2 vols. (London: Longman, Hurst, Rees, and Orme; Cadell and Davies, 1810). For Aikin's attribution, see the preface.

48 The first edition is Pierre Daniel Huet, *Commentarius de rebus ad eum pertinentibus* (Amsterdam: Henri du Sauzet, 1718); the *National union catalogue* lists it under Huet, but has Sallengre's name in brackets underneath. Huet was still alive when the *Commentarius* was published, and French works of reference treat it as authentic.

49 Pierre Daniel Huet, *Traité philosophique de la foiblesse de l'ésprit humain* (Amsterdam: H. du Sauzet, 1723); id., *De imbecillitate mentis humanae libri tres* (Amsterdam: H. du Sauzet, 1738).

50 (The Hague: Aux depens de la compagnie, 1714).   51 (Plaisance [Hollande], 1717).

52 See Mar2, Leiden Library, Marchand collection, manuscripts.

that their apparent difference is the result only of a deliberate policy of obscurity on the part of the ancients.

In this light one can see the publication of the *Traité*, and the *Esprit de Spinoza*, in the following way: they aim not just to announce the new teaching of the moderns but to expose the secret of the ancients. The aim of the publication of the *Esprit* and *Traité*, after the publication of the 'Réponse' and the Note is not just to embarrass La Monnoye by showing that there was a three-impostors treatise—but to suggest, at the same time, that La Monnoye himself did not disagree with the thesis of the three impostors; that his very denial that there was such a treatise was an expression of his belief in the truth of the thesis that religion is an imposture, and his conclusion, which was that imposture was necessary and should if possible be concealed or obscured.

We can now understand something peculiar about the Note. Why does it speak as if the claim of the 'Réponse' had been confirmed—the claim that there existed a three-impostors treatise—though it at the same time acknowledges that La Monnoye, were he to see the treatise, would recognize immediately that it is modern, and not ancient at all? Why, in other words, does it suggest by its tone that La Monnoye has been refuted and the 'Réponse' vindicated—that the existence of the three-impostors treatise announced by the 'Réponse' has been confirmed, though it actually lends support to La Monnoye's scholarly thesis—that there was no old three-impostors thesis; and that no such thesis was written by the medieval or Renaissance authors who were rumored to have written one, and who are considered by La Monnoye?

The answer to this puzzle, I would suggest, is simply the following: La Monnoye has, it is true, been confirmed on the matter of erudition or scholarship. But at the same time his whole attitude, one might put it— the political and intellectual attitude of the *libertins érudits*, with their attempt to preserve the obscurity of the truth in order to preserve it as a secret tradition—has been overthrown by the new treatise, and the philosophy of the moderns which it represents, for which such questions of literary erudition or secret traditions—all those playthings of the antiquarian imagination, with its love of secrets—are dissipated by the light of the modern day, in which what matters is not old traditions, but rational argument and public truth.

In incorporating passages from Naudé and La Mothe into the *Traité* and the *Esprit de Spinoza*, one might further suggest, those who are responsible for these works suggest the fragility and sub-subversiveness of the *libertin érudit* tradition. For they suggest that the *libertin érudit* stance has a natural tendency to undo itself, to speak the truth which it is always hinting at and denying; that Mazarinian Machiavellianism, we might put it, has an innate tendency to turn into Spinozist or republican Machiavellianism.

The aim of the *Traité* and of the *Mémoires de littérature*, we might put it, is to represent, within the philosophical and literary traditions of modernity, including those of the *libertins érudits* and even of the new and 'truly correct' *Menagiana*, a version of what psychoanalysis calls the return of the repressed. It allows us to see the history of orthodoxy as a history of denial, in something like the psychoanalytical sense—of self-censorship, of conscious and unconscious hypocrisy, of the confused and obscure assertion of what one denies, and denial of what one asserts.

[8]

The politics of a publishing event: the Marchand milieu and *The life and spirit of Spinoza* of 1719

———◄◦►———

JOHN CHRISTIAN LAURSEN
(UNIVERSITY OF CALIFORNIA, RIVERSIDE)

T HE 1719 EDITION of *La Vie et l'Esprit de Mr. Benoît de Spinosa* was a significant event in the history of the press. It brought out in print a heretical and subversive text that had hitherto circulated only in clandestine manuscript. It was one of the most accessible of such texts, since it was short, clear, and direct, and did not hide its message behind massive erudition nor disguise it in scholarly polemics. It contained the first French translation of significant sections of Hobbes's *Leviathan* and of Spinoza's *Ethics*, and provided a materialist interpretation thereof.[1] Its publication was a test of the limits of the free press in the Netherlands.

This essay explores the politics of the publication of *La Vie et l'Esprit*. 'Politics' is used here in several senses, referring not only to regime-oriented politics on the domestic scene and up to the international level, but also to the politics of personal rivalries, professional interests, and the rise of the literati. Unfortunately, research has not yet turned up any contemporary notes or letters that explain in detail the motivations and timing of publication of this text. Nevertheless, we can construct the

---

[1] See Sylvia Berti, '*La Vie et l'Esprit de Spinosa* (1719) e la prima traduzione francese dell'*Ethica*', *Rivista storica italiana*, 98 (1986): 5–46, and Françoise Charles-Daubert, 'Les principales sources de *L'Esprit de Spinosa*, traité libertin et pamphlet politique', *Groupe de Recherches Spinozistes: Travaux et Documents*, no. 1 (1989): 61–107.

S. Berti et al. (eds.),
Heterodoxy, Spinozism, and Free Thought in Early-Eighteenth-Century Europe, 273–296.
© 1996 *Kluwer Academic Publishers. Printed in the Netherlands.*

broad outlines of what was going on by situating the book in the context of the growing role of the ideology and practice of the press in this period.

We can also construct a detailed picture of the micro-context of the reputed editors and publishers of *La Vie et l'Esprit*. Most of the figures involved belonged to Huguenot publishing circles in the Netherlands. One of these was Prosper Marchand (1678–1756), the author of one of our chief sources on the 1719 edition (the *Dictionnaire historique* of 1758–9), and friend and correspondent with Aimon, Arpe, Böhm, Fritsch, Levier, Rousset de Missy, and others who have been identified as having some connection with the book. His letters and papers in the Marchand collection at the University of Leiden[2] provide a window into the publishing world that brought out *La Vie et l'Esprit*. Secondary materials will provide valuable perspectives, but our focus in this essay will be on the primary sources in the Marchand collection. Other primary sources would, of course, fill out the picture, but would take us beyond the limits of space available here.

Using the Marchand materials, this essay engages in a form of archaeology in the history of ideas. It stakes out the buried foundations, walls, and avenues of available intentions that might have motivated the publication of *La Vie et l'Esprit*. Until better evidence is uncovered, it will provide a wide-ranging review of the contexts of that publishing event.

What did contemporary authors, editors, and publishers think of the press in general, and of this kind of publication in particular? How self-conscious were they of the novelty and of the increasing political importance of what they were doing? Why did they get involved in this kind of publishing venture? These are some of the questions that are explored here. In the larger sense, this is an essay on the early history of the theory and practice of the free press. It complements the burgeoning literature in many languages on the rise of literacy, the press, and the culture of the book in eighteenth century Europe.[3]

Four 'ideal types' from the world of print provide the organizing principle here. Individuals, intentions, and publishing acts can be classified in terms of one or more of these types. First, there were the *érudits* or learned men, whose primary goal was to display their learning and to contribute to enlightenment in general. Then there were the *journalistes* or *nouvellistes*, who were developing the relatively new genre of periodi-

---

[2] Hereinafter cited as 'March.' with the file number and other identification if necessary.

[3] See, e.g., the work of Hans-Erich Bödeker, Roger Chartier, Robert Darnton, Elizabeth Eisenstein, Rolf Engelsing, and Jeremy Popkin.

cal publications. Next, there were the *politiques*, the politically *engagés*, who wrote and published in order to further some political or politico-religious purpose, either short-term or long-term. Finally, there were the *libraires*, or publisher/booksellers, who published with an eye to commercial success and profit. Individuals often wore more than one of these hats, but the analytical distinction among them helps bring out the different dynamics of each one. We shall try to tease out the role of these different types in the publication of *La Vie et l'Esprit*. The best explanation of this publishing event emerges as a complex web of different, sometimes contradictory intentions, in which those of the impious *politique* and the *libraire* predominate.

I.

Before going any further, a chronology of important dates is necessary. First, it must be observed that *La Vie et l'Esprit* consisted of two texts, *La Vie de Monsieur Benoît de Spinosa* and *L'Esprit de Monsieur Benoît de Spinosa*, each with a separate history. Scholarship has dated *La Vie* to 1678, and its attribution to Jean Maximilien Lucas is widely accepted.[4] *La Vie* has its own publishing history in the efforts of Pierre des Maizeaux to have it published in 1712, followed by its separate publication in 1719 in Henri du Sauzet's *Nouvelles littéraires*.[5] This evidently brought Du Sauzet severe criticism, because he published an apology in the next edition of his journal and the issue may have been suppressed, since several copies of the full run of the journal in the Bibliothèque Nationale are missing the 1719 issue that contained *La Vie*.[6] Three hundred uncirculated copies of the *La Vie* half of the 1719 edition were republished in 1735 by Marchand on Levier's widow's behalf with a new title page.[7]

Recent scholarship has also dated an Urtext of *L'Esprit* as far back as the period between 1690 and 1710. Firmer dates begin with Fritsch's report to Marchand that Charles Levier made a copy of the manuscript

[4] See Berti, 'La Vie et l'Esprit de Spinosa', 6, 9 n.

[5] Joseph Almagor, *Pierre Des Maizeaux (1673–1745), Journalist and English Correspondent for Franco-Dutch Periodicals, 1700–1720* (APA—Holland University Press, 1989), 111–13. I owe this reference (and other helpful advice) to Rienk Vermij.

[6] Ibid., 112. The information about the Bibliothèque Nationale is from a personal communication from Sylvia Berti, and see Berti, 'La Vie et l'Esprit de Spinosa', 6. An alternative explanation of the missing copies is that they were stolen in order to meet the demand for subversive literature.

[7] Prosper Marchand, *Dictionnaire historique ou mémoires critiques et littéraires concernant la vie et les ouvrages de divers personnages distingués particuliérement dans la république des lettres*, 2 vols. (de Hondt, 1758–9), 1: 324. The rest of the chronology in this section draws on research reported in other articles in this volume, so it will not be footnoted here.

from the library of Benjamin Furly in 1711, and manuscript copies dated to 1716 and 1718.

Meanwhile, in 1693 Bernard de la Monnoye had written a letter to Bayle, printed in abridged form in 1694 in *L'Histoire des ouvrages des sça-vants*, claiming that no such thing as a tract on the three impostors actually existed. A version of this was reprinted in 1715 in Paris and in Amsterdam, and in 1716 the publisher Henri Scheuleer brought out a *Réponse a la Dissertation de M. de la Monnoye* in the Hague (variously attributed to P. F. Arpe, Rousset de Missy, and others), which was in turn followed by La Monnoye's answer in the *Memoires littéraires* in 1716. These works provided the published prelude in the Netherlands to the printed version of *La Vie et l'Esprit* of 1719, and were often included in manuscript copies that circulated later.

The further history of published editions begins shortly after the 1719 edition, when Michael Böhm is alleged to have brought out an edition in Rotterdam in 1721 with the title *Traité des trois imposteurs*. Then, while manuscripts continued to circulate, there were no more printed editions until 1768. Further printed editions followed in 1775, 1777, 1780, 1793, 1796, and 1798.

Since we are focusing on the 1719 edition as a publishing event, our chief interest is in the decade from 1710 to 1720. Earlier developments in the text are of course of interest, but readers are referred to other essays in this volume for more information on such matters. Later materials will be used when they throw light on the possible intentions of the coterie thought to be responsible for the 1719 edition.

2.

By way of theoretical background, Milton's *Areopagitica* had appeared in 1644, and Spinoza's *Tractatus theologico-politicus* of 1670 had concluded with an appeal for freedom of thought and conscience. It is important to realize that such theoretical statements were available, and to some of the characters involved may have been part of the justification for printing *La Vie et l'Esprit*.

But Macaulay's description of the origin of the free press in England during the same period suggests that such theories may not have been as important as the micro-level day-to-day facts of politics and the printing business in explaining the growth of the free press. It was not any such theory that motivated Parliament to allow the Licensing Act to expire in 1695, but rather disputes with the Crown over specific provisions of the

Act which cost booksellers too much money and trouble, created opportunities for extortion, allowed books to mildew in the ports, and generally were found to be inconvenient.[8] Other accounts stress the sheer unworkability and ineffectiveness of the Licensing Act.[9] According to these accounts, freedom of the press emerged in England by default.

Likewise, the Dutch authorities published no ringing manifesto or declaration of freedom of the press. Indeed, as we shall see below, they reserved the right to intervene and ban publications when necessary. But this kind of involvement was relatively rare in the Netherlands, for a variety of reasons. Evidently the authorities rarely felt threatened by printed works; they may have appreciated the role of their printers in subverting French legitimacy; and they may have recognized the economic benefits of becoming a major publishing centre.[10] Another common explanation for Dutch freedom of the press in this period was the federal nature of the Dutch Republic, which meant that books banned by one jurisdiction were not necessarily banned by the others. Some books even advertised that they had been banned in a particular jurisdiction, in order to pique curiosity and increase sales in others.[11]

3.

By way of practical background, it is important to observe that *La Vie et l'Esprit* was published at the threshold of the modern freedom of the press, at a time when the potential and the implications of the free press were not at all clear. The historical norm was control of the press by both government and religious authorities. Censorship was much older than the invention of moveable type, and had followed it at every step. Writers and publishers could not be unaware of the dangers of government intervention.

A pantheon of martyrs of the printed word would be too long to mention here, but a few indicators should be enough. Vanini was one of the writers whose texts were incorporated into *La Vie et l'Esprit*, and he had met a particularly gruesome death at the hands of the authorities in

[8] T. B. Macaulay, *The history of England* (New York: Houghton, 1866), VII: 189 f.

[9] G. C. Gibbs, 'Government and the English press, 1695 to the middle of the eighteenth century', in A. C. Duke and C. A. Tamse (eds.), *Too mighty to be free: Censorship and the press in Britain and the Netherlands* (Zutphen: De Walburg, 1987), esp. 87–9.

[10] See G. C. Gibbs, 'The role of the Dutch Republic as the intellectual entrepôt of Europe in the seventeenth and eighteenth centuries', *Bijdragen en mededelingen betreffende de geschiedenis der Nederlanden*, 86 (1971): 323–349.

[11] S. Groenveld, 'States assemblies and censorship in the seventeenth-century Dutch Republic' in Duke and Tamse (eds.), *Too mighty to be free*, 80.

1619.[12] Even in 'liberal' England after the lapse of the Licensing Act, writers and publishers were subject to post-publication prosecution.[13] Most of the Huguenots involved in the publication of the 1719 edition had fled from France to the Netherlands, either because of the Revocation of the Edict of Nantes in 1685 and the persecutions in its aftermath, or to escape from the censorship constraints on the publishing business in France. Marchand, for one, left just ahead of the police in 1709.[14] Rousset de Missy, his family ruined and himself left an orphan, has been well characterized as a 'réfugié vindicatif'.[15]

The Dutch authorities were relatively inactive in censorship matters in this period, but a brief review of books that were banned provides us with contextual evidence of which the publishers of the 1719 edition would have been aware. Out of an avalanche of publications in the years 1700–1720, no more than approximately 22 books were banned by various Dutch jurisdictions, 4 of them published in French.[16] Continuing a pattern set in the seventeenth century, the banned books fall largely into two categories, religion and politics.[17] At least half were banned for atheism or attacks on the Dutch Reformed Church. Some of these were specifically accused of 'Spinozism',[18] so anyone who was contemplating bringing out something with a title like *La Vie et l'Esprit de Spinosa* would have known that this was a provocative act. As we have seen, Du Sauzet felt compelled to apologize for publishing just *La Vie* in 1719.

The other category of banned books included books which might offend powerful neighbours such as Prussia and France, as well as libels of local authorities.[19] Rousset de Missy was eventually banished from the Netherlands, although this may have been at least as much because of his

<hr />

[12] See John Owen, *The skeptics of the Italian Renaissance* (1908; repr. Kennikat, 1970), ch. 5.

[13] See Gibbs, 'The role of the Dutch Republic', esp. 93–5.

[14] Christiane Berkvens-Stevelinck, *Prosper Marchand: La Vie et l'œuvre (1678–1756)* (Leiden: E. J. Brill, 1987), 3.

[15] Eugène Hatin, *Les Gazettes de Hollande et la presse clandestine aux XVIIᵉ et XVIIIᵉ siècles* (1865; Slatkine Reprints, 1964), 177.

[16] W. P. C. Knuttel, *Verboden boeken in de Republiek der Vereenigde Nederlanden* ('s-Gravenhage: Nijhoff, 1914), 137. This listing may not be complete. Hans Furstner reports that no count of books published in French in the Netherlands in this period is available; *Geschichte des niederländischen Buchhandels* (Wiesbaden: Harrassowitz, 1985), 74. However, the number must have been large, since G. C. Gibbs gives a tentative count of more than 100 members of the Walloon Church active as booksellers in Amsterdam alone in the years 1680–1725: 'Some intellectual and political influences of the Huguenot emigrés in the United Provinces, c. 1680–1730', *Bijdragen en mededelingen betreffende de geschiednis der Nederlanden*, 90 (1975): 272.

[17] See Groenveld, 'States assemblies and censorship', 72.

[18] Knuttel, *Verboden boeken*, 51, 67. Spinoza's *Tractatus* and *Opera posthuma* were banned in 1674 and 1678 respectively. See Knuttel, pp. 115–16, 110–11.   [19] Ibid., 20, 51, 98–9, 107.

political actions as because of his publications. His *Mercure historique et politique* was banned in 1749 for slandering a powerful minister.[20]

Later editions of our work received attention from as far as away as Rome. The 1768 and 1775 editions, under the title *Traité des trois imposteurs*, were placed on the *Index librorum prohibitorum* in 1783. I have been unable to find any mention of *La Vie et l'Esprit* in the *Index*es of the 1740s and 1750s. That may be, as we shall see below, because the 1719 edition probably never had a wide circulation, and may never have come to the attention of the compilers of the *Index*.

Writers, editors, and publishers unquestionably kept this kind of consideration continually in mind, as is amply clear from the Marchand documents. In annotations to books in his personal library, Marchand recorded, *inter alia*, that Mersenne's *Quaestiones celeberrimae* (1623) had been censored.[21] Even among his private papers, he was careful to camouflage his own handwriting when he dealt with 'livres nouveaux, curieux et interessants' and other sensitive topics.[22] To take only one more example, Marchand claims to have learned 'avec une extreme Surprise' that the same Scheurleer who brought out the *Réponse* was also accused 'publiquement d'Impieté et de Libertinage' for bringing out *L'Histoire des papes*.[23] His surprise was surely not at the possibility that Scheurleer would bring out an impious book, but rather an expression of sympathy and solidarity and an indication that he would defend the book against the charge. It brings out the point that authors and publishers in this period always had to be on their guard against such charges.

The general ambience of controversy and danger is brought out by comparison with another closely related contemporary issue, the *cas Saurin*. In 1729–30 the 'trop à la mode' Walloon minister Jacques Saurin published an essay on the idea that Christ and even God himself were liars, albeit for the public good.[24] This aroused much controversy in the press, and Saurin was charged before the Synods of Campen and the Hague and two of his supporters were tried for impiety before the Court of Holland.[25] But this public scandal was only the tip of an iceberg that Marchand had evidently been following for many years.

[20] Ibid., 78

[21] Christiane Berkvens-Stevelinck, *Catalogue de la collection Prosper Marchand* (Leiden, 1987), 143.

[22] Ibid., 90–1.   [23] March. 2, Marchand to N.N., n.d.

[24] Marchand had a copy of the second edition of Saurin's *Dissertation sur le mensonge*, printed in the Hague in 1730 (now in the UB Rare Book collection in Leiden).

[25] See Gibbs, 'Some intellectual and political influences', 271–2, and the literature cited therein; also Marianne Constance Couperus, *Un Périodique français en Hollande: Le Glaneur historique (1731–1733)* (The Hague: Mouton, 1971), 68.

The Marchand papers contain a 'Dissertation sur le mensonge offici-eux par Mr. Ricotier' dated 1705, which explored the subversive idea that Saurin was later to take up.[26] Marchand's *Journal littéraire* returned to this issue in letters and reviews in 1714 and 1721 under cover of refuting it.[27] When it did so, it expressly denied responsibility, claiming that the contributions had been submitted anonymously.[28] Significantly, the other materials it printed were never attributed, so these express denials of responsibility on the part of the editors take on even more force. Marchand could not have been surprised when Saurin eventually got into trouble for writing and preaching on the theory of beneficial lies.

The point here, of course, is that all along Marchand recognized that a dangerous idea was percolating just below the surface, and his *Journal* had to be very careful about how to handle it. Contemporaries must have seen the analogy between the claim that Christ was a liar and that he was an impostor, and the publishers of *La Vie et l'Esprit* would have been just as aware of the possible effects of drawing the attention of the authorities as the editors of the *Journal littéraire*. The general response was a great deal of self-censorship, caginess, and secrecy on the part of writers and publishers of works that were likely to be controversial.

One response to government interference, of course, was to keep subversive writings in manuscript, and a tradition of clandestine manu-scripts flourished all over Europe in the eighteenth century. *La Vie et l'Esprit* can claim an important place in the history of publishing partly because it was one of the first of these manuscripts to be brought out in print. Of the 102 French-language manuscripts catalogued by Wade, and expanded to 148 by Benítez, *La Vie et l'Esprit* may have been only the fourth to be printed.[29]

---

[26] March. 50, folios 14–17. The characterization of Saurin as 'trop à la mode' is from one of Marchand's notes. I have prepared an edition of this manuscript with the story of its aftermath: 'The beneficial lies controversy in the Huguenot Netherlands, 1705–1731: an unpublished manu-script at the root of the *cas Saurin*', *Studies on Voltaire and the eighteenth century*, 319 (1994): 67–103. An English translation can be found in J. C. Laursen (ed.), *New essays on the political thought of the Huguenots of the Refuge* (Leiden: E. J. Brill, 1995), ch. 3.

[27] *Journal littéraire*, 5 (1714): 249–70; 11 (1721): 344–67.   [8] Ibid., 5 (1714): 253; 11 (1721): 344.

[29] Ira O. Wade, *The clandestine organization and diffusion of philosophic ideas in France from 1700 to 1750* (Princeton University Press, 1938), 11–18; Miguel Benítez, 'Materiaux pour un inventaire des manuscrits philosophiques clandestins des XVIIᵉ siècles', *Rivista di storia della filosofia*, 3 (1988): 501–31.

4.

It is now time to identify in more detail the coterie behind the printing of *La Vie et l'Esprit*. Marchand's *Dictionary* and one of his notes report that: 'Là Mr. Vroese, conseilier de la Cour de Brabant, est declaré l'Auteur de cet ouvrage; Aimon, et Rousset ses Reviseurs, et Levier son Imprimeur ou Libraire'.[30] In the present case, the actual author is by no means necessarily the key figure. *L'Esprit* was, after all, largely a pastiche of selections from Charron, Hobbes, Naudé, Lamy, Spinoza, Vanini, La Mothe Le Vayer, and others.[31] Vroesen may very well have authored parts of the core text of Chs. I–XIII and XIX–XXI of the printed edition, but then, as Marchand's note advises us, others probably revised it and/or added a compilation of materials, and still another published it. Each may have had different intentions.

Jean Aymon (1661–1734?) defended the Huguenot cause in works such as *Tableau de la cour de Rome* (1707) and *Lettres historiques* (1719).[32] Peter Friedrich Arpe (1682–1748) was a German associated with the Marchand circle who spent the years 1712–16 in the Netherlands and published an *Apologia pro Julio Caesare Vanino neapolitano* in 1712.[33] Jean Rousset de Missy (1686–1762) was a prolific writer, editor, activist, and, after our period, Freemason.[34] Charles Levier was a printer by profession, but also the author of an *Histoire de l'admirable don Inigo de Guipuscoa* (1736; reissued by Marchand in 1738). According to Marchand, Levier was an 'Homme extrémement infatué du Systême de Spinosa'.[35] We shall return to most of these figures below.

5.

The first of the ideal types mentioned above is that of the *érudit*. These are the people who publish to disseminate their accumulated wisdom, without necessarily intending any specific political effects. An ideal typical case may be La Monnoye, author of the memorandum to Bayle

---

[30] March. 39, fol. 134; Marchand, *Dictionnaire historique*, 1: 325.

[31] See Charles-Daubert, 'Les principales sources de *L'Esprit de Spinosa*', *passim*.

[32] See Berti, '*La Vie et l'Esprit de Spinosa*', 23.

[33] See the contribution by Martin Mulsow to this volume, and Berti, '*La Vie et l'Esprit de Spinosa*', 25 n.

[34] See Margaret Jacob, *The radical Enlightenment: Pantheists, Freemasons and republicans* (London: Allen & Unwin, 1981), *passim*; Friedrich Meinecke, *Die Idee der Staatsräson* (Munich: Oldenbourg, 1963), bk II, ch. 4; and the article on Rousset in Jean Sgard (ed.), *Dictionnaire des journalistes: 1600–1789* (Grenoble: Presses Universitaires de Grenoble, 1976).

[35] Marchand, *Dictionnaire historique*, 1: 325.

mentioned above. By all indications, his piece was written largely to debunk a myth and not to stake out any political claims or generate a market. In any case, scholars have not yet identified any political cause that he may have been trying to promote. The reissue of his essay in 1715, by contrast, stimulated a *Réponse* that may fall into the type of work issued by a *libraire*, as we shall see below.

Much of Marchand's work seems to be largely that of an *érudit*. His early works were painstakingly prepared book catalogs, and he spent much of his life editing, proofreading, and collecting books and bibliographical information.[36] His major works were an *Histoire de l'origène et des premiers progrés de l'imprimerie* of 1740 and a *Dictionnaire historique* of 1758–9. The history of printing was a piece of antiquarianism, focusing on the late sixteenth century. It cites with approval a claim that the present is 'un Siécle d'Erudition' and of 'un grand Soin de rendre cet Ouvrage éxact' (quoting Chevillier) and Marchand writes that 'Tels ont été mon But & ma Méthode'.[37]

The *Dictionnaire historique* amounted to a supplement to the dictionaries of Bayle and Moreri.[38] Marchand's article on 'Tribus impostoribus' was a *tour de force* of the long train of writers from the Middle Ages to the early eighteenth century who could be accused of harboring the idea that the three main religions were frauds. The question arises naturally: what was Marchand's intention in collecting and publishing all this material? His treatment of the 1719 publication of *La Vie et l'Esprit* is disparaging: he calls it a 'détestable Traité' and the booksellers who published it 'remplis d'irréligion'.[39] He also reports that he followed the instructions of Levier's heirs in burning 300 copies of *L'Esprit* after his death.[40] All of this could be intended to mask his real intentions, but we have no collateral evidence that contradicts them and suggests other intentions. His biographer asserts that he was personally religious,[41] and his lifelong dedication to bibliographical integrity militates against any presumption of insincerity here.

Marchand could hardly have intended to popularize these doctrines in any wide sense of popularization, considering the numbing erudition of his *Dictionnaire* as a whole and of the 'Tribus' article in particular. It is worth observing that Marchand's dictionary was only published after his

---

[36] See Berkvens-Stevelinck, *Prosper Marchand, passim.*

[37] Prosper Marchand, *Histoire de l'origène et des premiers progrés de l'imprimerie* (The Hague: Levier and Paupie, 1740), 1: viii–ix.

[38] Berkvens-Stevelinck, *Prosper Marchand*, 65.   [39] Marchand, *Dictionnaire historique*, 1: 325.

[40] Ibid.   [41] Berkvens-Stevelinck, *Prosper Marchand*, 26, 30, 79–80, 169, 171.

death. On the one hand, this could imply that he considered it dangerous, and likely to attract unpleasant attention from the authorities. On
the other, it had been a work in progress for 40 years and his editor
reports that he was constantly adding to it;[42] it may be that he simply was
not willing to let it go until he could no longer add to it. This makes any
short-term political purpose unlikely; rather, it represented his intellectual legacy to 'le monde savant'.

This is not to say that Marchand was an *érudit* with no politics at all.
Bayle was surely one of his role models, judging from his careful editions
of many of Bayle's works. And Marchand may very well have intended to
follow in the footsteps of Bayle's ideal of impartiality. But Bayle himself
was a formidable polemicist, involved in long-term polemics with politi-
cal-religious opponents such as Jurieu. Bayle was not above inserting
numerous footnote attacks on Jurieu and others in his *Dictionnaire*.
Likewise, Marchand was not above slandering Böhm for 'stupidity' and
repeated attacks on Catholics in *his* dictionary, and feuding in print over
a long period with Sallengre and Des Maizeaux.[43]

It came with the territory, so to speak, for an *érudit* to be in favor of
enough freedom of the press that he could publish his erudition. Marchand began his history of printing with the assertion that 'C'est avec
beaucoup de Raison, qu'on a regardé l'Imprimerie comme un riche
Présent du Ciel'.[44] Characteristically, he footnoted that sentence with
references to other writers who had made that claim. Notice, however,
that freedom to publish erudition does not imply freedom to publish any
kind of trash. Marchand could still believe that publishing *La Vie et
l'Esprit* had been unwise and no contribution to the scholarly world.

An *érudit's* politics would naturally turn on the effect any particular
policy would have on his investigations. In a letter to Picart, Marchand
complained that 'en fait d'Autorité, Rome et Geneva se ressemblent-
elles comme deux gouttes d'Eau'. Why did they bother him? 'Li-
sez L'Ecriture; mais, gardez-vous bien de l'entendre autrement qu'a
nous'.[45] He was most upset by their intolerance of intellectual freedom.

Marchand's solution to the politics of religious dispute was also characteristic of a scholar, and not of commitment to a cause. In a letter of
1720 from Geneva, the prominent Calvinist and scholar Jean Alphonse
Turretin took Marchand to task for 'La 3ᵉ voye dont vous parler, qui est

---

[42] Marchand, *Dictionnaire historique*, 1: 1.
[43] Ibid., 1: 324 and *passim*; Almagor, *Pierre Des Maizeaux*, esp. 81–101; Christiane Berkvens-
Stevelinck, *Prosper Marchand et l'histoire du livre* (Brugge: Sinte Catharina, 1978), 79–133.
[44] Marchand, *Histoire de l'imprimerie*, 1: 1.   [45] March. 2, Marchand to Picart, 1709.

d'employer des termes equivoques', which he thought 'tres mauvaise'. 'Il faut toujours agir rondement, & sans chercher à se tromper les uns les autres', he wrote; 'laissons à chacun la liberté de penser a qu'il voudra sur les questions particulierez'.[46] Evidently Marchand realized that one man's particular questions would be another man's basic beliefs, and thus that there would be no end to religious controversy as long as people insisted on showing all their cards.

Erudits were also naturally subversive in the sense that they read and circulated the most provocative writers of the age. Marchand edited Des Périers' *Cymbalum mundi* for publication in 1711 and various works of Bayle in 1713, 1714, and 1720. His *Histoire* contained a long selection from the libertine bibliographer Gabriel Naudé's history of the press.[47] Already in 1711 Marchand had written to Fritsch and Böhm: 'J'ay voulu commencer avant hier a copier les notes Mss. du *Tractatus Theologico-Politicus* que notre cher Ami Mr. Fritsch m'a chargé de lui remettre', but he had not done so because he could not read the Hebrew and Syriac.[48] However, this kind of circulation of manuscript notes may not have been intended for wider publication. The most that can be said for the pure *érudits* is that they promoted the general, long-term cause of enlightenment, and that any concrete, short-term goals were subordinated to their long-run purposes.

Although Marchand was probably not one of the inner circle that published *La Vie et l'Esprit*, he belonged to the coterie that printed it, and he maintained an interest in it throughout his life. As a bibliophile, his main interest was in the purported authorship and distribution of the book. In a packet of his papers entitled 'Anecdotes . . . touchant l'Auteur du Livre intitulé Examen de la Religion [another clandestine work]' there are several mentions of the book. In one letter it is characterized as the 'livre rouge (c'est a dire La Vie et L'Esprit de Spinosa)', indicating that it even had a familiar name among the *cognoscenti*, and in another one Varenne is described as having claimed to copy 'a certain Spinozist book' printed by Levier, Fritsch, and Böhm.[49] In letters, Fritsch supplied Marchand with further information he had requested about the publication.[50]

Although Marchand edited and published a large number of works, his interests were clearly not with the business end of publishing. In a letter

---

[46] March. 2, Turretin to Marchand, 13 August 1730.
[47] Marchand, *Histoire de l'imprimerie*, II: 57–96.
[48] March. 2, Marchand to Fritsch and Böhm, 9 November 1711.   [49] March. 47.
[50] March. 2, Fritsch to Marchand, 7 November 1737 and 17 January 1740, and other correspondence.

of 1711 to Fritsch and Böhm he indicates his distaste for the business by quoting Guy Patin with approval: 'il n'y a point de gens plus fourbes que les Libraires'.[51] The 'Avertissement' to his *Dictionnaire* describes his withdrawal from the business end in disgust in order to devote himself as exclusively as possible to his studies.[52]

A recent author has characterized Pintard's *érudits* as pallid and prudent absolutists in their published works, whatever may have been their private and esoteric doctrines. *La Vie et l'Esprit*, in contrast, was an audacious novelty, with unspecific but potentially radical political implications.[53] Marchand had moved to the Netherlands to escape from absolutism, but in other respects perhaps he belongs largely with Pintard's *érudits*. Judging from his dim view of the 1719 edition of *La Vie et l'Esprit* in the *Dictionnaire*, it probably would never have been published if the decision had been up to this *érudit*.

6.

The second of the ideal types is that of the *journaliste*, *nouvelliste*, and *gazettier*. These were the people who were publishing periodicals for the purposes of disseminating knowledge, influencing politics, and making money. They overlap substantially with the *politiques* and *libraires*, who will be discussed below.

Many of the members of the Huguenot Republic of Letters were involved in journalism to one degree or another. Marchand wrote for *Nouvelles de la république des lettres* between 1699 and 1709 and for the *Memoires de Trévoux* from 1701 to 1718.[54] He joined the group that edited the *Journal littéraire* soon after it was founded in 1713, writing for it between 1713 and 1718, and again from 1729 to 1733.[55] He was active on at least a half a dozen other journals during the later years of his life.[56] Levier printed Saint-Hyacinthe's *Memoires littéraires*. The purported author of *La Vie*, Lucas, edited *La Quintessence des nouvelles* from 1689 to 1714, followed in this role by Jean Rousset de Missy.[57] This latter figure also edited the *Mercure historique* from 1724 to 1748, and was involved with several other periodicals.[58] Marchand continued to send him pieces for his *Epiloguer* in the 1750's.

La Vie was published in the *Nouvelles littéraires*, as mentioned above,

[51] March. 2, Marchand to Fritsch and Böhm, 2 November 1711.
[52] Marchand, *Dictionnaire historique*, 1: 'Avertissement'.
[53] Berti, 'La Vie et l'Esprit de Spinosa', 31 ff.
[54] Berkvens-Stevelinck, *Prosper Marchand*, 107–10.   [55] Ibid., 110–15.   [56] Ibid., 115–19.
[57] Hatin, *Les Gazettes de Hollande*, 181.   [58] Ibid., 176–7, 194, 200 f.

but *L'Esprit* was not. Considering the reaction that *La Vie* provoked, contemporary publishers surely would have expected much more of a response to *L'Esprit*, and prudence would have suggested restraint. Marchand's correspondents were well aware of the political implications of what they were doing. As Marais wrote to Marchand in 1720, commenting on a journal published by Janniçon (probably the Utrecht *Gazette*), 'Sa Gazette est bien ecrite et cúrieuse: mais c'est icy une affaire d'Etat & de Ministres — de laquelle on ne peu pas se mesler: Les gazettes son toujours de consequence'.[59]

Journalists were only beginning to define their craft during this period. In the early 1700's, for example, Pierre des Maiseaux wrote a number of pieces designed as guides for the *journaliste*, setting forth standards of truth, impartiality, and service to the community by the provision of information.[60] Naturally, not every *journaliste* would have accepted these standards, and those who did were not always successful in reaching impartiality, so often their personal and political purposes show through.

Marchand had in his possession a printed copy of an 'Essai sur la profesion de Gazettier' which provides examples of both the contemporary preoccupation with imposture and fraud, and of what observers thought of the role of the periodical press. '[Q]u'est ce que une Gazette? . . . un écrit fondé sur des relations que la fourbe, l'imposture, & l'interêt ont dictees?' 'Est il donc le maitre de ces événements? ou en forgera-t-il pour nourrir la curiosité du Public?'. No, the answer follows, 'Sentiments, pensées, refléxions, raissonements, figures; tout cela est interdit aux Gazettiers'. The gazetteer must have a 'Jugement éxact & solide' to 'examiner la nature des nouvelles, le nombre, la bonne foi, & la sincerité des correspondants'.[61] This very serious moral view of the responsibility of the journalist may have been part of the context of the publication of *La Vie et l'Esprit*.

If so, *La Vie et l'Esprit* may have been something of a contradiction and test of this view of journalistic responsibility. Much of the *Réponse* is widely assumed to be pure fabrication, a *jeu d'esprit* belonging to the genre of literary fakery. Efforts of later manuscript copyists to delete modernisms and create the effect that the whole work was a medieval manuscript also belong in this category. Such jokes would, of course, have economic purposes: the *Réponse* might stimulate demand and purported medieval manuscripts could command a higher price than contemporary works.

---

59 March. 2, Marais to Marchand, 6 May 1720.
60 Almagor, *Pierre Des Maizeaux*, 20–42.   61 March. 39.

Marchand was no humorless caricature of an *érudit*. His papers contain numerous satirical poems and burlesques of contemporary individuals and events, and in 1714 he collaborated on *Le Chef-d'œuvre d'un inconnu* with Saint-Hyacinthe, a humorous send-up of their journalistic rival, Samuel Masson.[62] But humor has its time and place, and Marchand does not seem to have found *La Vie et l'Esprit* amusing.

L'Esprit was also fraudulent in the sense that its borrowings from other writers are not carefully attributed. It has already been mentioned that Marchand claimed to have burned 300 copies of *L'Esprit*. It would not be surprising if this was a result of his own advice to Levier or Levier's widow. If so, that advice may have been based on his own distaste for scholarly laxity, literary fraud, and impiety, in addition to the danger of provoking the authorities. *L'Esprit* did not meet the standards of responsible journalism.

7.

The third of the ideal types is that of the *politique*, or *engagé*. These are the people who write, edit, and publish with a view to promoting a cause.

This was a time in which religion and politics were inextricably intertwined. Nevertheless, for the purposes of this paper, we will artificially divide our discussion into two sections. The first section will evaluate *La Vie et l'Esprit* from what might be called the more narrowly political perspective, as far removed as possible from the religious sphere. The second section will explore the politics of the religious controversies of the day.

Rousset de Missy was such an *engagé*, actively involved in politics. He published a tract in 1714 on the fate of Sardinia and edited a *Mercure historique* that was 'notorious for its widely read critique of the existing order'.[63] He supported the artisans in the Dutch Revolution and further affairs of 1747–9 and managed to get himself banned from the Netherlands by the States General in 1749. Even after the banning, he continued to work for the House of Austria against the clergy and particular interests.

Jacob explains that Rousset's 'career as a propagandist began with a translation of Collins's *Discourse of freethinking* (1713), which had been intended by Collins, as the preface to the French translation explains, as

---

[62] E.g. March. 50, 55; see Maarten Ultee, 'The Place of the Dutch Republic in the Republic of Letters of the Late Seventeenth Century', *Dutch crossing*, 31 (1987): 68 ff.

[63] Jacob, *The radical Enlightenment*, 237. Other unattributed information about Rousset in the following paragraphs is also borrowed from this volume.

a piece of well-timed political propaganda'.[64] Thus, Rousset's role as reputed author of the *Réponse* and editor of *L'Esprit* could have had analogous purposes. But the Collins preface only says that some have said that the book would require a long introduction 'pour faire entendre aux Etrangers le discours dont on donne ici', but that on the contrary, 'La Verité, la Pensée, & la Raison sont de tous Pais'.[65] Even if Collins's book was intended as a contribution to some such political debate as that of the Sacheverell crisis, it is not at all clear how Rousset's involvement with *La Vie et l'Esprit* could have had a similar purpose.

Another factor militating against the assumption of an occasional political purpose for the 1719 printed version is the long period of gestation in the hands of the publishing coterie from 1711 to 1719, as described above. If there was any such purpose in 1711, or in 1716 when the *Réponse* appeared, it could not have been exactly the same in 1719 when the actual printing took place.

There is some evidence that Marchand thought of Rousset's involvement with *L'Esprit* as a political matter. As Jacob reports, Marchand classified Rousset's *Réponse* under the category of 'Bibliotheques des livres de politique' in his personal library. Other volumes in that category include 'Gisberti Voetii Disquisitio de autore libri cui titulus Vindiciae contra tyrannos' and J. F. Reimanni's *Historiae atheismi et atheorum* (1725).[66] Books concerning religious controversy could well be filed with political classics at a time when religious and political matters were intertwined. The *Vindiciae* was a classic sixteenth-century statement of Huguenot anti-absolutism, and therefore Jacob concludes that Rousset's *Réponse* must have meant something similar, in Marchand's eyes.[67] There are serious problems here, however, because there is very little that is overtly political, other than impiety, in the *Réponse* (and in *L'Esprit*).

Jacob is also probably quite wrong to say the *Vindiciae* and *La Vie et l'Esprit* both 'have democratic tendencies'.[68] Rather than democratic, the *Vindiciae* was a republican tract, limiting political participation to the elite of magistrates and prominent public men. A better case can be made for Rousset, but he was still only ambivalently a democrat. As Jacob points out, he defended Austrian hegemony in Sardinia in terms of 'the people', but in fact the Austrians had conquered the island from Spain in the War of Spanish Succession. When Rousset sided with the artisans in 1747, he was only demanding rights for guild members, by no means all

---

[64] Ibid., 230.   [65] Anthony Collins, *Discours sur la liberté de penser* (London, 1714), pp. iii–iv.
[66] March. 22; Jacob, *The radical Enlightenment*, 225 ff.   [67] Ibid., 226 ff.   [68] Ibid., 228.

of the people, and he evidently thought he could combine this position with Orangism.[69]

Similarly, Rousset's alleged Freemasonry (and that of Marchand, Fritsch, and the others discussed by Jacob) should not be taken as profoundly democratic. It is true that they called each other brothers, and purported to treat each other without regard to estate and only as equal citizens of the Republic of Letters. As it later developed, Freemasonry probably was partly responsible for breaking down class barriers. But we must remember that we are at a very early stage in that process in the early eighteenth century, and Jacob herself admits that the Marchand circle was still rooted in the libertine tradition.[70] Another manuscript in the Marchand collection gives something of the taste of the intellectual snobbery of the *libertins*: 'Le peuple sera toujours le peuple, destiné à ramper et à subir éternellement le Joug des Religions'. The author recommends the classic libertine 'maniére exterieurment conforme au cults de la Religion ou l'on se trouve a fin de ne pas perdre la confiance que le peuple a en nous'.[71]

Until much later in the Masonic tradition, it is very hard to believe that the princes and other nobility, magistrates, and important figures who were recruited into these organizations were not treated with more than equal respect. They were, if nothing else, potential patrons for the men of letters. In any case, in spite of a handful of artisans in some lodges, the Freemasons, like the Republic of Letters at large, were recruited from the relatively small elite of men of letters who had the leisure to engage in these activities. And there is nothing in the Marchand papers that suggests much of an interest in democracy.

Unlike most of the rest of Europe at this time, literacy rates among the approximately 70,000 Huguenot refugees in the Netherlands were unusually high.[72] But of the literate population, more than half probably never read anything but the Bible and devotional material, popular moralistic poetry, and so forth.[73] The absence of scholarly apparatus in *La Vie et l'Esprit* suggests that the publishers hoped to sell to wider circles than the buyers of Bayle's *Dictionary*. In addition, of course, they surely wanted to sell to francophone circles throughout Europe.

It is certainly possible that some of the figures responsible for *La Vie et*

[69] Ibid., ch. 7.
[70] Margaret Jacob, 'The Knights of Jubilation — Masonic and libertine', *Quaerendo*, 14 (1984): 63–75.   [71] March. 66, fol. 5.
[72] Gibbs, 'Some intellectual and political influences', 256, 273.
[73] Furstner, *Geschichte des niederländischen Buchhandels*, 72.

l'Esprit had democratic intentions. The original chapters are in effect much more populist than the materials added from the writings of earlier libertins. As one recent scholar has pointed out, the original chapters reveal a certain optimism concerning the potential enlightenment of the people.[74] Another has characterized *La Vie et l'Esprit* as 'il primo Dictionnaire philosophique portatif del libero pensiero, anticristiano e anti-assolutistico'.[75] The clear and direct French and omission of documentation made it more accessible to a wider variety of readers than the texts of the *érudits*. These points certainly suggest that it was intended for wider distribution than the texts of *libertins* and *érudits*.

Nevertheless, what the writers and publishers in the early eighteenth century meant by 'the people' and by wider distribution is probably not what we mean. 'The people' almost surely meant independent, literate, male citizens. If the literary class of writers, editors, and publishers composed at most a fraction of one percent of the population, we might imagine the intended audience of even a quite radical text as consisting of only another ten or twenty percent of the population.

Regardless of their intentions, the actual readers, based on what little we know, were elite circles. In 1714–16 Eugene of Savoy's librarian was acquiring copies of the French and Latin versions for his patron.[76] When French police cracked down on circulation of the manuscript in Paris in the 1740s and 1750s, the high social class of the purchasers stands out.[77] It seems fairly unlikely that the published version or the manuscripts ever actually spread the theory of the three impostors among the populace at large.

In any event, the only information we have concerning the political effect of *La Vie et l'Esprit* consists of the attention it received from the French police. The police, of course, were notoriously likely to be much more nervous about the potential effects of books like this than any evidence about their actual effect can justify. They may have thought that the danger was largely one of association with Boulainvilliers,[78] who

---

[74] See Charles-Daubert, 'Les principales sources de *L'Esprit de Spinosa*'.

[75] Berti, '*La Vie et l'Esprit de Spinosa*', 7.

[76] On the French version, see Marchand, *Dictionnaire historique*, 1: 325. On the Latin version, see Wolfgang Gericke, 'Die handschriftliche Überlieferung des Buches von den drei Betrügern (De tribus impostoribus)', *Studien zum Buch- und Bibliothekswesen*, Vol. 6, ed. F. Krause and E. Teitge (Leipzig, 1986), 20. Fritsch wrote to Marchand in 1712 about collecting books for Eugene (March. 2, Fritsch to Marchand, 11 October 1712).

[77] See Miguel Benítez, 'Autour du "Traité des trois imposteurs": l'affaire Guillaume', *Studi francesi*, 91 (1987): 21–36, and id., 'Sur la diffusion du *Traité des trois imposteurs*', typescript supplied by the author.   [78] See Benitez, 'Sur la diffusion'.

figured in the minds of the police as a representative of the aristocracy against the monarchy.

If the press run of this volume was as small as is claimed in the 'Avertissement', and Levier still had 300 copies at his death in 1735 as Marchand reports, then the sheer number of volumes in circulation must have been very small.[79] Unless these copies were carefully distributed to the most influential people, or they were passed from hand to hand in rapid progression, they simply did not reach very many people. In this respect, the 1719 publication probably never had much of a political effect.

8.

The interpenetration of religion and politics in this period has already appeared above. Polemics concerning the one always had a bearing on the other. Each religion formed a party, from the Catholics through the many Protestant sects to the Jews. Across Europe, the Protestant North was arrayed against the Catholic South, with the Huguenot community in the Netherlands poised right on the frontier. In international relations, the *bête noire* of most of the Huguenots was Louis XIV and French absolutism. Within the Netherlands, each religion formed a party, with major players including the Dutch Reformed Church, the French-speaking Walloon Church, the Remonstrants (Arminians), Pietists and millenarian sects, and the heresy of Socinianism.[80] The Marchand correspondence is full of commentary on politico-religious controversy: for example, Christofle Balber reported to Marchand from Zurich that Werenfels and Turretin 'sont suspects non seulement de l'Universalisme, mais chez la plupart de l'Arminianisme'.[81]

Added to these were the free-thinkers, libertines, pantheists, Spinozists, atheists, and *hommes d'esprit* in myriad variations, who opposed all of the foregoing religions and promoted a variety of other political

[79] The Avertissement reads: 'On en a tiré si peu d'Exemplaires, que l'Ouvrage ne sera guères moins rare que s'il étoit resté en Manuscrit.' According to a manuscript in the Marchand collection, the press run for a typical arts and sciences work was 400 to 500 copies (March. 29:2). See Christiane Berkvens-Stevelinck, 'Les problèmes de l'édition scientifique dans les Provinces-Unies au 18e siècle: Deux pièces inédites', *De arte et libris: Festschrift Erasmus, 1934–84* (Amsterdam: Erasmus, 1984), 2.

[80] For a recent review of the politics of religion in a slightly earlier period in the Netherlands, see Henri Méchoulan, *Amsterdam au temps de Spinoza* (Paris: Presses Universitaires de France, 1990), 145–85.

[81] March. 2, Balber to Marchand, 9 January 1711. See also Hogguer to Marchand, 18 April 1712; Fritsch to Marchand, 11 October 1712; Eugene of Savoy to Basnage, 26 September 1716; etc.

programs.[82] Something of their character is indicated by the summary of Bentley's critique of Collins in the *Journal littéraire* in 1718: 'Liberté signifie Libertinage chez nos auteurs. . . une persuasion forte que le Genre humain n'est composé que d'Imposteurs & de Dupes'.[83] Right in line with this, and as an attack on the three great religions, *La Vie et l'Esprit* is surely best understood as a tool of these free-thinkers, if it had any political purpose at all.

As we have seen, Marchand characterized the publishers of *La Vie et l'Esprit* as infatuated with Spinozism and full of irreligion. They might have brought the book out as a contribution to political debates, and one can imagine a number of potential audiences that they may have hoped to reach. They may have been aiming at wide ranges of French noblemen who were already sceptical of the Catholic Church, and perhaps they even thought they could reach the *bourgeois gentilhommes*. By undermining Catholicism, they probably thought they were undermining the French monarchy. With respect to the Netherlands, they may have thought that a text like theirs could be useful in dampening dogmatic or enthusiastic forms of Protestantism.

Margaret Jacob has recently suggested that if Jan Vroesen wrote the core text of *L'Esprit* in 1700–1710, perhaps he had some purpose in mind concerning the War of Spanish Succession.[84] This invites the question of why an adviser to the court at the Hague would write something that would undermine Protestant beliefs just at the time that Protestant solidarity was most needed in the fight against the French. Perhaps Vroesen wrote it in French precisely so that it would only hurt the Catholics; and of course, he never published it. Perhaps by 1719 the Huguenot coterie that did publish it no longer thought of religious solidarity as necessary for the anti-absolutist cause, and thus the printing of *La Vie et l'Esprit* could be seen as more damaging to the French than to the Dutch. Free-thinkers would naturally support the Dutch because of their relative tolerance of religious variety and even irreligion, especially if limited to French.

In the last analysis, however, it seems most likely that *La Vie et l'Esprit* was published with no ambitious or concrete political purposes in mind. Rather, it was probably published by Spinozists for clandestine circulation among Spinozists and other radicals and free-thinkers, quite possibly as an inside joke. It was only at the most general level that it had

---

[82] For an introduction, see Jacob, *The radical Enlightenment, passim*.
[83] *Journal littéraire*, 10 (1718): 177.
[84] Seminar presentation, 11 July 1990, University of Leiden.

a political program, and in that it seems to have been simply a precursor of Voltaire's *Ecrasez l'infâme*.

9.

The fourth of the ideal types is the *libraire*, or publisher/printer/bookseller,[85] interested above all in selling books. The business end of publishing was always an important consideration. The Huguenot publishers and booksellers were a litigious lot, as many of the Marchand papers reveal. He kept a file on a suit brought against Fritsch, Böhm, and Levier concerning transactions carried out in 1709, 1711, and 1715.[86] His quarrel with Des Maizeaux from 1713 through to the 1730's concerned the rights (and profits) associated with editions of Bayle's *Letters* and *Dictionary*.[87] The timing of such editions often reflected the financial strength and needs of the publishers.

Publication of *La Vie et l'Esprit* may, after all, have been intended as a pot-boiler by its necessitous Huguenot publishers. Unlike an *érudit* like Lamy, who insisted that he did not write for money,[88] most of these Huguenots were trying to live from their pens and their presses. The editors and printers of *La Vie et l'Esprit*, if not its original author, may have believed that they could fill the market niche created by all the reported rumors about a book on the three impostors stretching back to medieval times. Christina of Sweden had offered a large sum for *De tribus impostoribus* in the 1650s, and Hohendorf had paid 80 Reichstaler for a copy of the Latin version for Eugene of Savoy in 1716.[89] The *Réponse*, in 1716, may have been a species of advance publicity work, designed to whip up public curiosity and demand.

The theory that *L'Esprit* was conceived of largely as a pot-boiler is perfectly consistent with the view that it was an inside joke. Marchand wrote contemptuously of the 1721 Rotterdam edition that its publishers 'avoit trouvé bon de changer ainsi le titre, a fin de le vendre sous plus d'une face, & de tromper par-là plus d'une fois les mêsmes Personnes'.[90] The intentions behind the work may never have been very serious, but rather a blend of humor and fraud.

[85] Berkvens-Stevelinck, *Marchand et l'histoire du livre*, uses 'le terme "libraire" dans son acception générale du XVIIIe siècle: éditeur, marchand-libraire, souvent encore imprimeur . . . toute une série d'activités due monde du livre qui se verront séparées par la suite' (66 n. 1).

[86] March. 29:1.

[87] See Almagor, *Pierre Des Maizeaux*, and Berkvens-Stevelinck, *Marchand et l'histoire du livre*, 79–133.   [88] Ibid., 53.   [89] Gericke, 'Die handschriftliche Überlieferung', 20.

[90] Marchand, *Dictionnaire historique*, 1: 324.

On this account, the small number of printed copies would be explained in terms of price maintenance strategy: the fewer the available copies, the higher the price each unit could obtain. Levier would still have 300 copies in his hands when he died because he had judged that a better price could be obtained if he held onto them until more demand was created. Marchand reports 'qu'il n'en vendit que peu d'Exemplaires, parce qu'il éxigeoit une pistolle de chacun; qu'il donna ordre en mourant d'en brûler le reste; & que, depuis cela, ils se vendent jusqu'à 50. Florins'.[91] This was at a time when the four huge volumes of Bayle's *Dictionary* sold for 60 florins and translations and imitations of Swift, Defoe, and Richardson sold for 1 florin.[92]

Complementary to such reasons, the danger of scandal and intervention from the authorities may have provided an alternative reason for limited distribution of *La Vie et l'Esprit*. The *Journal littéraire* often printed denunciations of booksellers, quoting, for example, from Bentley's answer to Collins: 'je crains bien que la licence de ces Messieurs . . . n'oblige le Gouvernement à restreindre une liberté, dont on abuse'.[93] Among Marchand's papers was a manuscript titled 'Projet pour redresser les abus de l'imprimerie' which proposed, among other things, that the number of publishers be reduced by a factor of ten.[94] We have already seen that Marchand himself held a dim view of booksellers. Booksellers and publishers were well aware of the kind of public criticism they often provoked, and of the dangers of bringing out books like *La Vie et l'Esprit*. It would not make good business sense to risk arrest and the closing down of a printing house for the sake of one potential best-seller. Levier may simply have withheld these books from wider circulation on prudential grounds. Levier's heirs may have been balancing religious, prudential, and economic considerations in their instructions to Marchand to sell *La Vie* but to burn *L'Esprit*.

Other documents in the Marchand collection also throw circumstantial light on the business end of publishing the 1719 text. Marchand had in his possession a copy of a 1715 letter from one Delaube to the publisher Reinier Leers. Writing from Lyons, Delaube writes that 'mes amis m'ont conseillé de la faire imprimer hors du Royaume', indicating the general understanding of the Netherlands as a safer place to publish radical

---

[91] Ibid. 1: 325.
[92] Furstner, *Geschichte des niederländischen Buchhandels*, 65, 75. Méchoulan, *Amsterdam au temps de Spinoza*, 155, reports that a Calvinist minister's salary might be 500–600 florins per annum.
[93] *Journal littéraire*, 10 (1718): 184.
[94] Berkvens-Stevelinck, 'Les problèmes de l'édition scientifique', 4.

ideas. The author writes of 'la tradition . . . l'histoire . . . [et] la langage scholastique. Ce sont la trois sources inépuisable de mensonges'. He describes religion as 'une variable production des hommes et des Législateurs ambitieux' and writes of religious laws that 'ne sont que de joutes politiques qui n'obligent à rien pour l'autre monde'.[95]

Delaube's essay evidently was never published, although the manuscript can be found in two libraries.[96] For our purposes, what it reveals is that members of the 1719 coterie knew about it, and perhaps some of them saw it as competition. With reference to another 'travail anti-apostolique', d'Harnouville wrote to Marchand, perhaps exaggerating, 'c'est ce qu'il y a de plus lucratif aujourd'hui dans la Litterature'.[97] Knowing that others were contemplating such publishing ventures could have been the kind of thing that stimulated them to go ahead with their own publication. They could have combined an interest in distributing a critique of religion more sympathetic to the people (as discussed above) with an interest in taking advantage of the market suggested by Delaube's offer.

10.

If more diaries, manuscripts, and correspondence of other figures close to the 1719 publication were available, they might provide a more complete picture than what we have obtained from the Marchand collection. But there is no reason to expect that there would be any surprises. It is hard to imagine how they could fall outside of the wide variety of sometimes contradictory possible intentions that have been surveyed, in which threads of erudite motives, journalistic enterprises, politico-religious purposes, business reasons, and even humor have been detected.

As we have seen, a pure *érudit* probably would not have published *La Vie et l'Esprit*. *Journalistes* did not bring out *L'Esprit* in any of the periodicals of the age. And as far as we can tell, its publication was not in the political interest of any of the feuding religious parties, nor in the interest of any narrowly political movement. Rather, the best explanation of the 1719 publication of *La Vie et l'Esprit* would focus on the last two of

---

[95] March. 66.

[96] Benítez, 'Materiaux pour un inventaire', p. 516, no. 116. See the edition of this manuscript in Miguel Benítez, 'Liber de religione abolenda: Réflexions morales et métaphysiques sur les religions et sur les connoissances de l'homme', *LIAS*, 17 (1990).

[97] March. 2, d'Harnouville to Marchand, 9 July, n.y.

the ideal types discussed above, that of the *politique* with Spinozist sympathies and that of the *libraire*.

Each of our ideal types, however, provided part of the context of this publishing event. As we have seen, *érudits* created much of the climate of curiosity about the book, supplied information about the sort of subversive materials that were compiled into it, and provided us with our information about its bibliographical history. *Journalistes* did not bring out *L'Esprit*, but they did publish the *Réponse* and *La Vie*, which served to test the limits of the free press in the Netherlands. The impious *politiques* can only be appreciated in juxtaposition to the religious parties and other political programs. All of the above, then, help us understand the 1719 publication of *La Vie et l'Esprit*.

We have had very little to say here about the *philosophy* of *La Vie et l'Esprit*. Writing of Levier, Marchand observed that 'il n'eût aucune teinture des connoissances abstraites qu'il suppose'.[98] Much the same observation may apply to Marchand: his biographer remarks that compared to Bayle's, Marchand's work was much less philosophical.[99] The lesson here may be that much of the history of the diffusion and reception of the texts and ideas of great figures such as Hobbes and Spinoza may not be a matter of their transmission to and through the work of philosophers. Rather, it is the story of the politics of publishing events such as the publication of *La Vie et l'Esprit de Spinosa* in 1719.

[98] Marchand, *Dictionnaire historique*, 1: 325.

[99] Berkvens-Stevelinck, *Prosper Marchand*, 82, 170. This chapter was written in 1990, before the appearance of Elisabeth Eisenstein, *Grub Street abroad* (Oxford, 1992). Ch. 3 of that work provides an interestingly similar analysis of the Marchand materials and should be consulted by any reader who is interested in the subject.

[9]

Impostors and Revolution: on the 'Philadelphie' 1796 edition of the *Traité des trois imposteurs*

———◄◦►———

HEATHER BLAIR
(UNIVERSITY OF CHICAGO)

AMONG THE eighteenth-century printed editions of the *Traité des trois imposteurs*, the most unusual is the last, which, according to the title page, was printed in 'Philadelphie sous les auspices du général Washingthon [sic]' in 1796. This edition is full of poems celebrating the French Republic and condemning its enemies foreign and domestic. Although the earlier editions of the *Traité* were used to promote a Spinozist view of God, or even atheism, this one states that 'Le peuple français reconnant l'être supreme, l'immortalité de l'ame, et la liberté des cultes', reflecting instead the patriotic and providential deism of the Revolution. Who was responsible for this edition? We will see that it was one 'citoyen Mercier', who used the *Traité* to promote an idea of a deist civil religion recommended by Rousseau and put into execution by Roberspierre and others. For this reason, the only relation that this book had to America or Washington is imaginary and symbolic, a 'pious fraud' in the civil religion of the French Revolution.

Changes to the text

Baron d'Holbach, with his friend Jacques-André Naigeon and his publisher Marc-Michel Rey,[1] propagandized for atheism by printing tracts in

---

[1] Alan Charles Kors, *D'Holbach's Coterie* (Princeton: Princeton University Press, 1976), 83.

S. Berti et al. (eds.),
Heterodoxy, Spinozism, and Free Thought in Early-Eighteenth-Century Europe, 297–304.
© 1996 *Kluwer Academic Publishers. Printed in the Netherlands.*

the decades just before the Revolution. These texts included not only
d'Holbach's own atheist works, but also deist works by other writers
which the Baron would 'atheize'. These books included the anonymous
clandestine *Traité des trois imposteurs*.² D'Holbach and Naigeon believed
that atheism was necessary for improving human life, although they
wavered between optimism and pessimism about whether godlessness
would catch on.³

The text of the edition of 1796 deviates very little from the editions
published by d'Holbach beginning in 1768; it is the supporting material
that has changed. D'Holbach's six chapters are divided into nine by
breaking the old third chapter into four new chapters: 'Ce que signifie le
mot *religion*', and one chapter each on Moses, Jesus and Mohammed.
The chapter headings have some changes, but generally minor ones
involving the choice of words, and the only changes in the text involve
inserting a footnote here and deleting one there and adding a few
remarks at the end of a chapter.⁴

It is more important that the 1796 edition does not contain the usual
three essays that disingenuously confuse the *Traité* with the Latin 'De
tribus impostoribus' and discuss whether such a book really existed.
Instead, it has engravings of Moses, Mohammed, and Pope Pius VI, and
many poems and songs celebrating the French Revolution and 'l'être
suprême'. The expanded title, *Traité des trois imposteurs, des religions
dominantes et du culte, d'après l'analyse conforme à l'histoire: contenant nombre d'observations morales, analogues à celles mises à l'ordre du jour pour
l'affermissement de la République, sa gloire, et l'édification des peuples de tous les
pays*, itself shows the intent of the publisher to propagandize for the
French Revolution.

---

² This work was sometimes even attributed to d'Holbach, although this has been known to be
false since the early 19th c. One example of this is a popular edition of the *Traité* published in Paris
in 1932 in the series 'La Bibliothèque du Libre Penseur'. A.-A Barbier, *Dictionnaire de ouvrages
anonymes et pseudonymes*, 3rd edn (Paris, 1882), p. lxii, describes how he learned of d'Holbach's
publications from Naigeon and his brother; subsequent historians, namely A. C. Kors and Jeroom
Vercruysse, have found this to be a very accurate list. It does not include the *Traité des trois
imposteurs*. See J. Vercruysse, *Bibliographie descriptive des écrits du baron d'Holbach* (Paris: *Lettres
modernes*, 1971).   ³ Kors, *D'Holbach's Coterie*, 139–42, and private conversation.

⁴ Here's a list of changes in the text other than supporting material:

Ch. 2, § 1 leaves out the footnote quotation from Lucretius (p. 7). And the last section adds to the
last sentence '. . . qui donna lieu à une infinité de religions,' 'aux cérémonies du culte et à l'origine
de la morale' (p. 17).

Ch. 5, 'De Jesus-Christ'. Paragraph viii begins a new paragraph at 'Quelques souins qu'ils aient
pris . . .' This seems to be the only change (p. 47).

Ch. 7, 'De l'ame'. The last sentence is changed from 'qu'il est aisé de deviner' to 'qu'il est aisé
d'apprécier, d'imaginer, et d'accueillir comme elles le méritent' (p. 64).

Who was the publisher?

Who put out this edition of the *Traité*? In his *Dictionnaire de ouvrages anonymes et pseudonymes*, Barbier lists the book as being authorised by Mercier de Compiègne, the same 'citoyen Mercier' listed as one of the two booksellers on the title page, and printed at Philadelphia and Paris.[5] Jeroom Vercruysse agrees that the edition was published by Mercier.[6] This attribution is quite plausible when one compares the edition to works authored and published by Mercier both in style and content; the typeface is similar to that of these other works, and the style of some of the poetry is very much the same.

Claude-François-Xavier Mercier de Compiègne (1763–1800), worked first as a secretary to a nobleman, then for the Bureaux de la Marine, and finally as a bookseller and publisher after the Revolution.[7] He worked very fast at getting popular books out, his own as well as those of others. Mercier wrote and published erotic, humorous and patriotic works, all popular genres which were often blended together in various ways in the years just before and after the Revolution.[8] Many of the works have an air of broad but fantastic humour about them, for example one has the title, *La Calotine, ou la Tentation de saint Antoine, poème épi-satyri-héroi-comique et burlesque*.

Mercier was given to false title-pages: books were published with the attibutions 'Memphis, 5800', 'Cythère, 1240', 'Lutipolis, 2496', 'Frivolipolis, 1788' the city and date depending on the theme of the work.[9] Although false title pages were part of the business of clandestine books before the Revolution often to protect the real publishers, in fact the number and extremity of them burgeoned with the new freedom of the press. Mercier continued in this tradition until the end of his life.[10]

There is no evidence that Mercier had any real ties to Philadelphia or

[5] Barbier, *Dictionnaire de ouvrages anonymes et pseudonymes*, IV: 790.

[6] 'Bibliographie descriptive des éditions du *Traité des Trois Imposteurs*', *Tijdschrift van de Vrije Universiteit Brussel*, 17 (1974–5): 69–70.

[7] See *Biographie universelle*, ed. Michaud, nouv. édn (Paris, 1870–73), XXVIII: 11–12.

[8] J.-M. Quérard, *La France littéraire ou dictionnaire bibliographique* (Paris, 1834), XVI: 62–4, gives a list of Mercier's works.

[9] Gustave Brunet, *Imprimeurs imaginaires et libraires supposés* (Paris, 1866), 244, 249, 256, 280, describes 4 books with false places: (1) *Manuel des Boudoirs, ou Essais sur les demoiselles d'Athènes* (Cythère, 1240 [Paris, 1787]). (2) *Mon Serre-tête, ou les Après-soupers d'un petit commis* (Frivolipolis, 1788). (3) *La Calotine, ou la Tentation de saint Antoine, poème épi-satyri-héroï-comique et burlesque* (Memphis, 5800 [1800]). (4) *Momus redivivus, ou les Saturnales français* (Lutipolis, 2496 [Paris, 1796]).

[10] Brunet *Imprimeurs imaginaires*, 5, claims that the practice died out with the Terror in 1792, but this did not stop Mercier.

any other city in the United States. None of his other books claim to have been printed there, as one might think if he had collaborated with a printer in the US. The misspelling of 'Washingthon' on the title page, and the suggestion that Congress is in Boston on the last page, indicates that he pulled these elements together into a quick conceit. The name 'Philadelphia', itself meaning 'brotherly love', has something of the same imaginary ring as 'Frivolipolis', or perhaps the real but ancient and exotic 'Memphis', since it is mentioned in the book of Revelation.

But Mercier did not spend all of his time joking in 'Frivolipolis'; after the Revolution, his patriotic works were meant to propagandize for revolutionary virtues.[11] In *Le Despotisme*, Mercier claimed that he had been 'persecuted by the priests and the nobles whom I had ridiculed', and that one of his allegorical poems almost got him put into the Bastille in the last days of the Ancien Régime.[12] The themes of 'patrie', war and the cheats of priests appearing in this work are the themes that he tries to draw with his supporting material from the *Traité des trois imposteurs*.

Rousseau, Robespierre, and civil religion

Mercier's themes derive from those of Jean-Jacques Rousseau. In Chapter 8 of *The social contract*,[13] Rousseau discusses the role of religion in the state: how it can encourage or discourage the virtues of citizenship. It is good for the community if everyone has a religion that encourages civic virtue, even if each citizen's religion is different from the next, but Rousseau adds, there is also a kind of civil religion that the sovereign should institute, composed of 'sentiments of sociability'. Its doctrine should be (1) the existence of a good, wise, just God, (2) the existence of the afterlife, (3) the just will be happy and the unjust punished, (4) the 'sanctity of the social contract and of the laws' and (5) the rejection of intolerance, namely the outlawing of any sect that claims only its members will be saved.

Rousseau's sentiment became that of Robespierre in his attempt to institute a cult of the Supreme Being shortly before his downfall in 1794. Before the Revolution, the Catholic Church was often denounced as an oppressor of the people; afterwards the Revolutionary government debated what to do with an institution so closely linked to the Old Regime.

[11] Querard lists these patriotic works: *Le Despotisme, poëme, et autres poésies patriotiques* (An II [1794]); *La Fédération ou Offrande à la liberté francaise, poëme lyrique en un acte et en vers libres* (Paris, 1792); *Gérard de Velsen, ou l'Origine d'Amsterdam; nouvelle (historique, en vii livres)* (Paris, 1795). Another work is *Les concerts républicaines* (Paris, 1795).   [12] *Le Despotisme*, 6–7, 14.

[13] Jean-Jacques Rousseau, *Œuvres politiques*, ed. Jean Roussel (Paris: Bordas, 1989).

They forced the clergy to swear an oath of loyalty to the new regime in 1790, an oath denounced by Pope Pius VI the next year. Separation of church and state was also part of the Constitution. In practice, the separation became not so much toleration but a violent program of 'de-christianization', supported by some elements of the government and the populace.[14]

Addressing the Convention on 18 Floréal (7 May) 1794, Robespierre delivered a speech, 'Sur les rapports des idées religiueses et morales avec les principes républicains, et sur les fetes nationales',[15] outlining his deist cult and the reasons for it. He aimed this speech against his colleagues who wished to 'nationalize' atheism, and who wished to carry out an extreme anti-clerical program of 'dechristianization'. While Robespierre agreed with the atheists that Catholic Christianity should be eliminated ('Les prêtres sont à la morale ce que les charlatans sont à la médecine'),[16] Robespierre denounced the atheist program as too fanatical. The extremism of the atheist faction not only encouraged civil war, which enemies abroad like Mr Pitt would applaud,[17] but atheism would undermine the morality necessary for the existence of a republic: 'c'est le sentiment religieux qu'imprime dans le âmes l'idée d'une sanction donnée aux préceptes de la morale par une puissance supérieure à homme'.[18]

Robespierre claimed that people need to believe in divine justice in order for them to believe in moral virtues, and divine justice requires that there be a Supreme Being and an immortal soul. A cult of the Supreme Being would destroy the fanaticism of the old religions, while avoiding the fanaticism of atheism, by replacing them with a true one preserving morality. 'Sans contrainte, sans persécution, toutes les sectes doivent se confondre d'elles-mêmes dans la Religion universelle de la Nature.'[19] Robespierre ended his speech with a decree outlining the festivals the new religion should celebrate honouring the Supreme Being, humankind, and various virtues.[20]

[14] See the articles 'Revolutionary Religion' and 'De-Christianization' by Mona Ozouf in *A critical dictionary of the French Revolution*, ed. François Furet and Mona Ozouf, trans. Arthur Goldhammer (Cambridge, Mass.: Harvard University Press, 1989) [*Dictionnaire critique de la révolution française* (Paris: Flammarion, 1988)].

[15] See *Œuvres de Maximilien Robespierre*, ed. M. Bouloiseau and A. Soboul (Paris: Presses Universitaires de France, 1967), x: 442–65.   [16] *Critical dictionary*, 457.

[17] Furthermore, atheism is 'aristocratic,', since the philosophers supporting it were of the aristocratic class, while belief in the Supreme Being is 'popular'. This is the motive for the atheists trying to stir up civil war.   [18] *Critical dictionary*, 453.   [19] Ibid., 457.

[20] The first of these, the 'Fête de l'être suprême', scheduled on the day of the Pentecost, (replacing a holiday of the old religion with that of the new), was a grand show orchestrated by the painter David. It included burning an effigy representing atheism.

Robespierre's cult of the Supreme Being was not the only deist religion that came to be during the Revolution. Some months before, the de-christianizers had rededicated churches as 'Temples of Reason' instituting ceremonies pompously delivering the precious metals of religious objects to the State. The Cult of Reason died, as did Robespierre's Cult of the Supreme Being, along with their leaders, but deists less powerful in government started a movement of 'Theophilanthropy', which lingered into the nineteenth century.

The Traité *as deist tract*

As supporting material, in his version of the *Traité des trois imposteurs*, Mercier included verses of Lattaignant, Voltaire, Ovid, and others unattributed, contrasting real morality with that of priests, the faith in the real Supreme Being with religions.

After the false American title page of the *Traité*, a poem entitled 'Avis de l'Editeur', sets the three impostors in a patriotic and anti-religious context, keeping within the conceit of an American work:

> CITYOYENS, qu'elle est chimérique
> Cette vie des trois imposteurs!
> Leur morale, mise en pratique,
> Fut celle d'avides docteurs . . .
> Désiez-*vous* de l'historique
> Qui, tracé de la main d'auteurs,
> De cette secte évangélique,
> Pleine d'absurdités, d'erreurs,
> Mérite la haine publique,
> Le mépris, l'oubli des censeurs
> De notre congrès d'Amérique.

This poem, blaming Moses, Jesus, and Mohammed themselves for the errors of religion, is the one that is closest to the spirit of the *Traité*, with its denunciation of revealed religion. Furthermore the poems which follow the text of the *Traité* such as 'Grand vide dans le paradis,' 'Le St.-Espirit absent du ciel,' stress that the real God, 'l'être suprême', is a nice 'moteur celest' who doesn't get angry or desire vengeance; specifically or Catholic beliefs in the holy spirit or the cult of Mary, are fanatical superstitions.

But with the rest of his supporting material, Mercier stresses an anti-clerical rather than an anti-Christian theme: of the three impostors, only

Moses and Mohammed have engraved portraits; instead of a portrait of Jesus is one of Pope Pius VI. The verse 'Bouquet au Pape', which follows, angrily denounces the power and luxuries of the popes.[21] In fact, the Pope is a foreign enemy like the English that the patriotic French person must resist: 'Le fier *français* ne s'étonnant de rien, Irait braver le *pape* au capitole'.[22] In resisting these enemies, Protestants, Catholics, Jews, and Muslims must unite to battle for liberty.[23] Other poems like

[21] Compare the poem in the *Traité*, p. 36:

Bouquet au Pape

Eh toi, que les flatteurs ont paré d'un vain titre,
De l'Europe en ce jour te diras-tu l'arbitre? . . .
Pontife charitable et l'ami des humains,
Fais des pères de famille autant de souverains . . .
Les successeurs *du Christ*, au fond du sanctuaire,
Ont-ils mis, sans rougir, l'inceste et l'adultère? . . .
Sois donc le dernier fourbe, et ton dernier soupir,
Te fera plus d'honneur, d'estime et de plaisir,
Que tous le monumens élevés à la gloire
De tes prédécesseurs au temple de mémoire,
On lira sur ta tombe, il fut digne d'amour,
Le *père de l'église* et *l'oracle du jour*.

with one in *La Despotisme* (p. 23):

Des pontifes pleins d'arrogance,
Vivaient sans autre dignité
Que la scandaleuse opulence
Et l'indolente volupté.
Cette èpiscopale indécence
Contraistait avec l'indigence
De Jésus plein d'humilité.
Fruit honteux de son ignorance!
La cour préférait la naissance
Aux talens, à la probité.

[22] *Traité*, p. 35.

[23]

IL est une divinité
Dont je me déclare l'apôtre;
CITOYENS, c'est la liberté,
A vous permis d'en croire une autre.
   CHACUN sa façon de penser;
Juif, protestant et catholique,
Toute secte doit s'occuper
Du salut de la république.
   QUAND elle nous semble en danger,
Sacrifons fortune et vie;
Le bonheur doit se propager,
Quand le nôtre est digne d'envie.
   QUE le TURC et le STAMOIS,
En dépit de PITT et sa clique,
Unis avec le LAPONOIS,

'Voltaire admis à la cour céleste' and 'Reproches au clergé de Paris sur son défaut d'humanité, fondé sur l'esprit de vengeance,' denounce the clergy as self-interested or fanatical oppressors of the people.

Mercier de Compiègne, citizen and patriot, is continuing the program of replacing the oppressive and undemocratic old religions with a new one which will help the Republic. Like Robespierre, he declares that the people of France recognize the Supreme Being and the immortality of the soul, (although he adds 'freedom of worship' to the list).[24] Clearly from a survey of his other patriotic works, Mercier is sincere in—or at least sincere in exploiting[25]—the deist sentiment of the Revolution, and hopes that the text of the *Traité* will undermine beliefs in the revealed religions of Judaism, Christianity, and Islam. And he hopes that his poetry and that of others can push not towards the Spinozism of the *Traité*, but in the direction of the civil deism of Rousseau and Robespierre. He prints his work in 'Philadelphie' because it is the seat of the allies of Revolutionary France, Washington and the Congress, allies that preceded France in overthrowing the old order and the common British enemy with their own Revolution.

The text of the *Traité*, however, is not one supporting immortality or a providential God. Mercier's attempt to paste his own religion onto the text by means of ornamentation, somewhat resembles d'Holbach's and Naigeon's project of forcing the deism to point towards true atheism. In both cases, the message of the *Traité* was blurred for a particular end of political persuasion. And in both cases, undermining revealed religions by demonstrating their political origins is thought enough to point the reader in the direction of the editor's true faith, whether that is a providential deism, or atheism.

> Ne forment qu'une république.
> L'humanité prêche les droits
> De l'amour de l'indépendance;
> Pour subjuguer l'orgueil ANGLOIS,
> Point d'armes que la patience.
> Lui-même honteux, humilié,
> Le cœur plein de fiel et de rage,
> Ne pourra trouver d'allié,
> Ni d'energie dans son courage.

[24] The deists all seem to profess belief in freedom of worship while believing that their religion, the true one, is a 'lowest common denominator' that will replace the old ones. Thus, in the long run, there would be no Jews, Christians, or Moslems to unite against a common enemy. This ambivalence on the question of toleration we will not pursue here.

[25] In the *Biographie universelle* (ed. Michaud), the author of the article on Mercier remarks, 'Il fut du nombre des gens de lettres à qui la convention accorda des secours.' This would give him an incentive for supporting the values of the revolution.

III

---◄○►---

THE THREADS OF A TRADITION

[10]
An eighteenth-century interpretation of the *Ethica*: Henry de Boulainvilliers's 'Essai de métaphysique'

ROBERTO FESTA

(UNIVERSITÀ STATALE DI MILANO)

IDEAS ARE 'the most migratory things in the world', said Arthur O. Lovejoy in 1940. No barrier can impede their circulation nor any obstacle prevent their mutual agreement. The doctrinal *corpus* of any philosophy is nearly always an aggregate in which different ideas and experiences operate, interacting amongst themselves and with their environment and culture as well as with common sense and emotions. The words of the old master of the history of ideas come to mind when confronting the figure of Henry de Boulainvilliers (1658–1722). Like many others of his age the count of Saint-Saire developed a taste for liberal and unbiased research and impassioned and inexhausted collation of ideas and opinions.[1] History, philosophy, politics, religion, ethics,

---

[1] For information, albeit fairly brief, on Boulainvilliers's life, see R. Simon, *Henry de Boulainviller: Historien, politique, philosophe, astrologue, 1658–1722* (Paris: Boivin, 1941), esp. 9–45. Further brief information is outlined by Colonna d'Istria in his Introduction to Spinoza, *Éthique*, tr. Henry de Boulainvilliers, with introduction and notes by F. Colonna d'Istria (Paris: Colin, 1907), pp. ix–xv, and by I. O. Wade in *The clandestine organisation and diffusion of philosophic ideas in France from 1700 to 1750* (Princeton: Princeton University Press, 1938), 97–123.

Simon returned to the subject of Boulainvilliers on several occasions. For the sake of completeness two more works should be cited: R. Simon, *A la recherche d'un homme et d'un auteur: essai de bibliographie des ouvrages du comte de Boulainviller* (Paris: Boivin, 1941); and idem, *Un Révolté du grand siècle: Henry de Boulainviller* (Garches: Editions du Nouvel Humanisme, 1948).

S. Berti et al. (eds.),
Heterodoxy, Spinozism, and Free Thought in Early-Eighteenth-Century Europe, 307–332.
© 1996 *Kluwer Academic Publishers. Printed in the Netherlands.*

astrology, and natural sciences: there was no discipline or area of knowledge which could not arouse his concern and intellectual curiosity or prevent him from venturing into the new expanses and different possibilities which that age of 'European crises of conscience' offered to men's research.

Contemporary evidence describes him as 'simple, doux, humble, même par nature, quoiqu'il se sentit fort, très éloigné de se targuer de rien, qui expliquait volontiers ce qu'il savait sans chercher à rien montrer, et dont la modestie était rare en tout genre'[2]—a man who on the death of his father had to abandon the military career for which he had been brought up and dedicate the rest of his life to restoring the family fortunes and an intense life of study:

> il y donnoit tout le temps qu'il pouvoit avoir de libre: il lisoit avec réflexion, & souvent il mettoit par écrit ses remarques & ses pensées, ce qui composa par la suite un recueil utile qu'il mit en ordre, quand il fut moins accablé d'affaires . . . Il ne travailloit, à ce qu'il disoit lui-même, que pour son instruction & pour celle de ses enfans.[3]

The chief factor to which contemporary witnesses attest was an untiring thirst for knowledge. Boulainvilliers must have acquired this during his years at boarding school at Juilly (1669–74), where he attended Richard Simon's classes on Biblical exegesis and consolidated his growing interest in history.[4] Above all Juilly convinced Boulainvillers that reason must not be forced into the yoke of faith. As a result, clarity and intellectual distinction were traits which characterized all his succeeding works.[5] By the time he left Juilly his interests as a writer had already been

---

[2] *Mémoires de Saint-Simon*, ed. Chéruel and Régnier, XI: 152. But Saint-Simon mentioned Boulainvilliers several times, testifying to a strong feeling of sympathy and admiration for him. Cf. ibid., XVIII: 437–38.

[3] L. Moreri, *Le Grand Dictionnaire historique*, suppl. Abbé C. P. Gouiet, rev. E. F. Drouet (Paris: Libraires associés, 1759), II: 132.

[4] On Boulainvilliers as a student at the Oratorian school in Juilly see Simon, *Henry de Boulainviller*, 23–8. As we know, the Congregation of Oratorian Fathers came into being in Rome through the work of Filippo Neri in the Oratory of San Girolamo della Carità and was approved in 1575 by Pope Gregory XIII. The Congregation exercised a vast influence, especially in France through the initiative of Cardinal Pietro di Berulle (1575–1629); it worked in the field of education on disciplinary openness (paying particular attention to history, geography, and the revaluation of the study of French) and the use of the most modern educational instruments. See A. Perrand, *L'Oratoire de France du XVIIᵉ au XIXᵉ siècle* (Paris, 1865).

[5] It should be remembered that many accusations of heterodoxy were levelled against the Oratorian Fathers, particularly by the Jesuits. These intensified after 1662 when the philosophy of Descartes (amongst other things a friend of Berulle's) began to be taught. In 1675 Royal *arrêts*

formed: history (especially national history, to which the school paid a great deal of attention), philosophy and natural sciences (his first work, in 1683, was to be *Idée d'un système général de la nature*, in which he drew inspiration from Van Helmont's principles), and also astrology, which he studied in those years and had not yet abandoned.[6] His contemporaries said of him: 'Il est excellent généalogiste, chronologiste exact, grand historien, métaphysicien sublime, et il a pris pour son amusement la science de l'astronomie judiciaire, qui fait beaucoup de bruit à la cour ... et qui l'honore beaucoup moins que tous ces autres talents admirables qu'il a portés au dernier degré de lumière.'[7]

This curiosity and yearning to traverse different fields of knowledge while always applying his own intelligence and subjecting everything to his own reasoning, moreover, was already typical of the Enlightenment. His historical works were nourished by his political vision; his philosophical ones were indivisible from his astrological interests.[8] They

forbade this teaching. See V. Cousin, 'De la persécution du Cartésianisme en France', in *Fragments philosophiques pour faire suite aux cours d'histoire de la philosophie*, 4th edn, (Paris, 1847), III: 1–33.

[6] On Boulainvilliers's astrological interests see D. Venturino, 'Metodologia della ricerca e determinismo astrologico nella concezione storica de Henry de Boulainvilliers', *Rivista storica italiana*, XCV (1983): 389–418.

[7] M. Marais, *Journal et mémoires de Mathieu Marais . . . sur la régence et le régne de Louis XV (1715–1737)* (Paris: Didot, 1863–68), II: 237. But cf. Saint-Simon: 'Il était curieux au dernier point, et avait l'esprit tellement libre que rien n'était capable de retenir sa curiosité'; *Mémoires de Saint-Simon*, XI: 152.

[8] Obviously this is not the place for a close examination of Boulainvilliers's political and historical ideas, which represent the most studious and much-discussed side of his thinking (cf. N. Torrey, 'Boulainvilliers: The man and the mask', in *Travaux sur Voltaire et le dix-huitième siècle*, ed. T. Bestermann, Vol. I (Geneva: Institut et Musée Voltaire, 1955); G. Gargallo da Castel Lentini, *Boulainvilliers e la storiografia dell'Illuminismo francese* (Naples: Giannini, 1952); V. Buranelli, 'The historical and political thought of Boulainvilliers', *Journal of the history of ideas*, XVIII (1957): 475–94; J. Hecht, 'Trois précurseurs de la sécurité sociale au XVIIIᵉ siècle: Henry de Boulainvilliers, Faiguet de Villeneuve, Du Beissier de Pizany d'Eden', *Population*, XIV (1959): 73–88; J.-M. Nzouankeu, 'Boulainvilliers: Questions de légitimité monarchique et théorie du pouvoir politique', in *Mémoire D.E.S. d'histoire de droit de des faits sociaux* (Paris: Faculté de Droit, 1968); G. C. Corada, 'La concezione della storia nel pensiero di Henry de Boulainviller', *A.C.M.E.: annali della Facoltà di Lettere e Filosofia dell'Università degli Studi di Milano*, XXVIII/3 (1975): 311–33; F. Furet and M. Ozouf, 'Deux légitimations historiques de la société française au XVIIIᵉ siècle: Mably et Boulainvilliers', *Annales*, XXXIV (1979): 438–50; M. G. Zaccone Sina, 'L'interpretazione della "Genesi" in Henry de Boulainvilliers. Fonti: Jean Le Clerc e Thomas Burnet', *Rivista di filosofia neoscolastica*, LXXII (1980): 494–532, 705–33, LXXIII (1981): 157–78; G. Gerhardi, 'L'idéologie du sang chez Boulainvilliers et sa réception au XVIIIᵉ siècle', in *Etudes sur la noblesse*, Vol. XI: *Idéologie de noblesse*, ed. R. Mortier and H. Hasquin (Brussels: Editions de l'Université de Bruxelles, 1984); D. Venturino, 'Feudalesimo e monarchia nel pensiero politico di Henry de Boulainvilliers', *Annali della Fondazione L. Einaudi*, XVIII (1984): 215–42; H. A. Ellis, 'Boulainvilliers ideologue and publicist ideologies of aristocratic reaction and the uses of history in early-eighteenth-century France' (PhD diss., Washington University, 1981); idem, 'Genealogy, history, and aristocratic

represented one particular ambition, the 'méthode de combat contre l'orthodoxie',[9] which would constitute Boulainvilliers's greatest legacy to the eighteenth century. 'Les seuls biens réels que nous puissons posséder sur la terre . . . sont l'existence et la connaissance'.[10]

Boulainvilliers's interest in Spinoza was not new. In the 'Avertissement' to the 'Essai de métaphysique' he tells how, aware of the errors and risks contained within Spinoza's doctrines, he had undertaken a 'Réfutation du Traité théologo-politique',[11] for which he had sought reassurance from the opinion of a 'grand prélat'. The death of those he held most dear had, however, caused him to put aside this task (his wife died in 1696, his father in 1697), until a series of texts—François Lamy's *Le Nouvel Athéisme renversé* (the refutation of a Dutch 'cru socinien'), the article 'Spinoza' in Bayle's *Dictionnaire*, and finally the discovery of

reaction in early-eighteenth-century France: The case of Henry de Boulainvilliers', *Journal of modern history*, LVIII (1986): 414–51; idem, *Boulainvilliers and the French monarchy: aristocratic politics in early eighteenth-century France* (Ithaca and London: Cornell University Press, 1988). Here it is important to underline the unity of his intellectual activity, his capacity to confront a single problem from several visual angles, to link, therefore, historical meditation, political elaboration, and philosophical and moral reflexion. We know, for example, that it was a certain interpretation of French history that was behind his proposals for the reform of society and the state. His legitimization of the traditional social hierarchy and in particular of the nobility to which he was so proud to belong, was essentially a historical legitimization, the consequence of the Frankish conquest, which had created a certain order which those of noble blood had been charged with perpetuating. In this way history supplanted Providence, and to follow the course of time meant to rediscover the lost origins of the nation (see Furet and Ozouf, *Deux légitimations historiques*, 438–50). On the other hand, the reading of Spinoza, spread between the seventeenth and eighteenth centuries, also in French aristocratic circles, placed itself within a fundamentally political horizon (cf. P.-L. Assoun, 'Spinoza, les libertins français et la politique', *Cahiers Spinoza*, III (1979–80): 183–90). A system that identifies God's law with his power, and in which each individual is able to do exactly what his faculties permit and no more, obviously could not escape those who sought to create social order around a certain fact, that of the conquest, and on the correlation with power that was derived from that event.

Evidently a close link also existed between Boulainvilliers's historical activity and the effort he made in criticizing dogma and revealed religion. In the 'Avertissement' to the 'Abrégé de l'Histoire universelle', he wrote that his intention was to establish a 'chronologie avec toute l'exactitude' possible, subordinating scriptural expedience to historical truth (see H. de Boulainvilliers, 'Abrégé de l'Histoire universelle', Bibliothèque Nationale, MS fr. 6363–4, pp. 1–4). Historical method, the exact verification of facts and their succession, could serve to show up contradictions and inexactnesses in the holy text and dogmas which had until then been uncritically accepted.

9 Cf. Colonna d'Istria, Introduction to Spinoza, *Ethique*, p. xvi.

10 H. de Boulainvilliers, 'Apogée du soleil ou Pratique des régles de l'Astrologie pour juger des événements généraux', Bibliothèque Nationale, MS fr. 12295, p. 294.

11 This is the 'Extrait du Traité théologo-politique de Spinosa et la Réfutation de quelques-uns de ses sentiments', in 'Extraits des lectures de M. le comte de Boulainviller, avec des réflexions', Paris, Bibliothèque Nationale, MS n.acq.fr. 11071–6, published by R. Simon in H. de Boulainvilliers, *Œuvres philosophiques* (The Hague: Martinus Nijhoff, 1973), 1: 10–82.

Confucius' doctrines in the works of the 'Messieurs des Missions étrangères'—reawoke his intention to combat the opinions of a writer who
was considered so dangerous to the conservation of faith and morality. It
was, however, his reading of the *Opera posthuma*, acquired together with
a Hebrew grammar in 1704, that was the principal cause of his compos-
ing the 'Essai de métaphysique'. His intention was to expose the principles of Spinozan philosophy, while waiting for 'un plus éloquent écrivain'
to oppose the refutation that he did not know how to do.[12] His encounter
with Spinoza's thought, and in particular with the *Tractatus theologico-
politicus*, took place before 1696, when the philosopher's works were
thought to contain a terrible, implacable atheism.[13]

The 'Extrait du Traité théologo-politique' and the 'Essai de métaphysique' (probably written between 1704, the date of the acquisition of the
Opera posthuma, and August 1712, the date that appears on the work's
three manuscripts: Arsenal 2236, Auxerre 235–6, Laon 514) were not,
however, the only works in which he confronted Spinozan philosophy
directly. As Ira O. Wade said: 'Boulainvilliers's great passion seems to
have been the works of Spinoza'.[14] As well as the much-quoted 'Extrait du
Traité théologo-politique', his 'Extraits des lectures' include the 'Principia cartesiana more geometrico demonstrata', a copy of the youthful
Spinozan treatise, an 'Abrégé ou courte exposition de l'opinion de Spinoza touchant la divinité, l'espirit humain, et les fondements de la
morale', and finally an 'Extrait du Traité théologo-politique avec la réfutation', written in Latin and inspired by the preface to the *Tractatus*.[15] To
these should be added an 'Exposition du système de Benoit Spinosa et sa
défense contre les objections de M. Regis',[16] in which Boulainvilliers
replied to the criticisms levied against Spinoza by the Cartesian Pierre-

[12] The 'Essai de métaphysique' was published for the first time in the *Réfutation des erreurs de
Benoît de Spinosa* (Brussels: Foppens, 1731). For the present work we are using the more easily traced
text published by R. Simon in Boulainvilliers, *Œuvres philosophiques*, 1: 83–212. The 'Avertissement'
with which Boulainvilliers prefaced the 'Essai' can be found on pp. 83–5.

[13] On the spread of Spinozism in France, the best work even today remains that of P. Vernière,
Spinoza et la pensée française avant la Révolution, 2 vols. (Paris: Presses Universitaires de France,
1954), esp. 1: 306–22, where Vernière writes on Boulainvilliers. On the spread of Spinozism in
France, see also J. S. Spink, *French free-thought from Gassendi to Voltaire* (London: Athlone Press,
1960), 238–52.

[14] Wade, *The clandestine organisation*, 111.

[15] Two other works on the Spinozan argument, the *Traité théologo-politique* and the *Analyse du
traité de la théologie-politique* were attributed to Boulainvilliers for a long time. This attribution was
challenged, with convincing arguments, by Wade, *The clandestine organisation*, 112–16. See also
Simon's Preface to the *Œuvres philosophiques*, 10.

[16] All published in Boulainvilliers, *Œuvres philosophiques*, 213–52. Simon's *Essai de bibliographie*, 39,
mentions two MS copies of the last: Auxerre 238 and Fécamp 24–5.

Sylvain Régis in his 'Réfutation de l'opinion de Spinosa touchant l'existence et la nature de Dieu'.[17]

With the translation of the *Ethica* published by Colonna d'Istria in 1907 with an attribution to Boulainvilliers,[18] we see the formation of a consistent corpus of works by Boulainvilliers dedicated to Spinoza's philosophy. A great part of his untiring activity as a scholar was dedicated to the work of transcribing, explaining and commenting on Spinoza's works — not only those parts on the Biblical exegesis (that is, the *Tractatus theologico-politicus*, which would naturally interest a pupil of Richard Simon's, whose prevailing concerns were historical and political), but Spinoza's doctrine in its entirety. He must have understood very well how the *Ethica* and the *Tractatus* complemented each other and how the onto-theology of the former ran through and upheld the criticism of the latter.[19] These commentaries of Boulainvilliers's, which took up an important part of his intellectual life, described an arc that initially repulsed Spinoza's philosophy (in the 'Extrait du Traité théologo-politique' he spoke of 'vaine témérité', of 'artifice impie des sophismes', of an 'impropre et malicieuse' argumentation) and later reached a specific agreement with his system in the work opposing Régis's objections (which Boulainvilliers began 'Spinosa donne des règles pour démêler nos vraies idées d'avec les fausses, afin qu'en nous renfermant dans celles qui peuvent appartenir à notre intelligence, nous puissions avec sûreté trouver la verité').[20]

Boulainvilliers's reputation for obstinate and corrosive heterodoxy is due, above all, to his interpretation and popularization of Spinoza's works. This reputation began while he was still alive, consolidated itself during the course of the eighteenth century, and continues until the present day. Ira O. Wade, in his *Clandestine organisation and diffusion of philosophic ideas in France from 1700 to 1750* (1938), a book central to any subsequent enquiry into philosophical ideas during the early years of the

---

[17] In P. S. Régis, *L'Usage de la raison et de la foy, ou l'accord de la foy et de la raison* (Paris, 1704), 481–500.

[18] Spinoza, *Ethique*. The manuscript on the basis of which Colonna d'Istria published the translation attributed to Boulainvilliers is Lyon, Bibliothèque municipale, MS Mestre 839. In the second appendix to the volume Colonna d'Istria also hypothesized that this translation of the *Ethica* represented 'une travaille préparatoire . . . la première phase de cette transformation dont la *Réfutation* [that is, the 'Essai de métaphysique'] nous donne la seconde et dernière phase', and with this in mind collected possible similarities between the two texts (ibid., 369).

[19] As we know from Ep. xxx to Oldenburg, Spinoza began work on the *Tractatus* in 1665, whereas the *Ethica* had been in preparation since 1661.

[20] H. de Boulainviller, 'Exposition du système de Benoît de Spinoza et sa defénse contre les objections de M. Régis', in *Œuvres philosophiques* , 1: 214.

Enlightenment in France, placed Boulainvilliers in the middle of a group of free-thinkers who met often at the Duke of Noailles's house to debate unorthodox ideas on religion, politics, and philosophy.[21] Wade also assumed the existence in Paris, around the turn of the seventeenth century, of an actual *coterie Boulainvilliers*, similar to the *coterie holbachique*, which half-way through the century had inundated Paris with violently materialistic and anti-religious writings. They were not merely a company of friends united by birth and shared philosophical views, but an organized, close-knit group with a well-defined political and cultural strategy: 'he was the veritable centre of an activity which has been hitherto thought to have existed only after 1770'.[22] Wade did not stop here. He identified Boulainvilliers as the author of the *Traité des trois imposteurs* (also known under the title *Esprit de Spinosa*), which has become legendary for its radical atheism.[23] The basis on which Wade reached this conclusion is also known. Many copies of the 'Essai de métaphysique' were collected together with the *Espirit de Spinosa*[24] and the *Vie de Monsieur Benoît de Spinosa*, a biography of the philosopher written around 1678, by a French journalist, Jean Maximilien Lucas, who had emigrated to Holland. Boulainvilliers's name was also found in several of these manuscripts, indicating that he was the author.[25] To this must be added the statement of

[21] Wade, *The clandestine organisation*, 98: 'There is no doubt that Boulainvilliers had intercourse with some notable free-thinkers of his time, an association, incidentally, which Voltaire capitalized in the *Dîner du comte de Boulainvilliers*.'

[22] Wade's theory does not appear sufficiently justified. If indeed it is possible to recognize the existence of a small group of friends who met with Boulainvilliers, among them the Duke of Noailles, Fréret, d'Argenson, the assumption by Wade of a *coterie* appears a forced one, aimed at confirming Boulainvilliers's heterodoxy, which is not supported by documentary evidence.
See also M.-H. Guerrin, 'Deux amis: Nicolas Fréret (1688–1749), Henry de Boulainvillier (1658–1722)', *Dix-septième siècle*, VII–VIII (1950): 197–204; and G. Costa, 'Un collaboratore italiano del conte di Boulainvilliers: Francesco M. Pompeo Colonna (1664–1726)', *Atti e memorie dell'Accademia Toscana di Scienze e Lettere La Colombaria*, XXIX (1964): 212 ff.

[23] Wade, *The clandestine organisation*, 127: 'The author of the treatise was undoubtedly Boulainvilliers.'

[24] In particular manuscripts Arsenal 2236, Auxerre 235–6, Bibliothèque Nationale fr. 12242–3, Laon 514, Chaumont 195. Mazarine 3558 and Arsenal 2235 contain only the *Vie* and the *Essai*. Auxerre is composed of the *Vie* and the first part of the *Essai*. Fécamp 25–6 contains the first part of the *Essai*, the *Esprit* and a *Lettre anonyme contre le système philosophique de Boyer*. See Wade, *The clandestine organisation*, 122. A list of manuscript copies of the *Esprit de Spinosa* (or *Traité des trois imposteurs*), including Wade's, has recently been published by Miguel Benitez in O. Bloch (ed.), *Le matérialisme du XVIIIe siècle et la littérature clandestine* (Paris: Vrin, 1982), 16–25.

[25] Among these are Mazarine 3558, Auxerre 237, Bibliothèque Nationale fr. 12242–3, Laon 514, Fécamp 24–5, all of which name Boulainvilliers. Arsenal 2236 and Auxerre 235–6 give the initials M. L. C. D. C. D. B. (that is, Monsieur le Comte de Charles de Boulainvilliers). It should also be noted that among the manuscripts of the *Esprit de Spinosa*, Périgueux 36 and Rouen 1769 name Boulainvilliers as the author, and Carpentras 1275 notes: 'Cependant il est positif que l'auteur du

Boulainvilliers himself in the 'Avertissement' which opened the *Essai*, in which he spoke of 'trois traités suivants' in which he wrote a summary of Spinoza's doctrine. Wade maintained that the 'trois traités' were the two parts of the 'Essai de métaphysique' and the *Esprit de Spinosa* which, 'written as the third part of the *Essai de métaphysique*, was intended by him to be nothing more than a brief summary of Spinozistic ideas'.[26]

With developments in research and the emergence of new data and evidence Wade's hypothesis has steadily lost credibility, and today it is fairly generally admitted that Boulainvilliers was not the author of the *Esprit*.[27] This conclusion cannot, however, rest here. The attribution of the impious booklet to Boulainvilliers takes us back to the questions of his heterodoxy and his Spinozism, both of which we propose to investigate in these pages. It is not only necessary to identify the author of the *Esprit de Spinosa* with as much certainty as possible, after excluding Boulainvilliers from its authorship. Once his authorship is discounted, a series of questions remains. Why should his contemporaries (and not just them, as the case of Wade and others of this century demonstrates) have believed that he was the author of the *Esprit de Spinosa*? What

présent opuscule est le comte de Boulainvilliers qui n'a fait que copier le Théologico-Politique de Spinoza.'

[26] Wade, *The clandestine organisation*, 127.

[27] See S. Berti, '"La Vie et l'Esprit de Spinosa" e la prima traduzione francese dell'"Ethica"', in *Rivista storica italiana*, 1 (1986): 33–4. Apart from the question of chronological order which the author adduces, and the attentive research undergone in order to identify the author of the *Esprit* (whom it seems we may recognize as the Councillor of the Court of Brabant, Jan Vroesen, as Berti affirms in 'Jan Vroesen, autore del "Traité des trois imposteri"?', *Rivista storica italiana*, 11 (1991): 283–98, and in the Introduzione to *Trattato dei tre impostori: La vita e lo Spirito del Signor Benedetto de Spinosa*, ed. Silvia Berti (Torino: Einaudi, 1991)); apart from all this it is said that the clearest proof that Boulainvilliers did not write the *Esprit* emerges through a comparison of the two works. As F. Pollock had already stated in his *Spinoza: his life and philosophy* (London: Duckworth, 1881), pp. xvii ff., the impious pamphlet is completely unworthy of Boulainvilliers's talents, above all those which he reveals in the 'Essai de métaphysique'. It is not merely a question of stylistic order that renders the attribution of the *Esprit* to Boulainvilliers improbable (the booklet's rapid, hasty style is incompatible with the elegant, classical prose of the 'Essai de métaphysique'); it is the actual conceptual system of Boulainvilliers's work, which cannot be reduced to the mechanical Spinozism of the pamphlet. The understanding of Spinoza's philosophy shown by Boulainvilliers, as we shall see, goes well beyond that of the *Esprit*, which was based on a reading that tended to favour the materialistic potentialities present in the *Deus sive natura*, in a way that prejudiced the complexity of Spinoza's vision. Another element that would seem to exclude Boulainvilliers from the authorship of the *Esprit* is the way in which it identifies the figure of Mohammed as a brutal and astute imposter. Boulainvilliers, on the contrary, was fascinated by Mohammed, to the point of dedicating his last work to him: *La Vie de Mahomet* (London: Hinchcliffe, 1731). In this the sympathy shown for the founder of the Moslem faith was such as to make many suspect that Boulainvilliers had died a Mohammedan (see Simon, *Henry de Boulainviller*, 37). On the interpretation given by Boulainvilliers to the figure of Mohammed, see M. Petrocchi, 'Il mito di Maometto in Boulainvilliers', *Rivista storica italiana*, ix (1948): 367–77.

evidence links works as diverse as the *Essai* and the *Esprit*, apart from the fact that they are both about Spinoza? What was Boulainvilliers's intention in preparing an exposition of the *Ethica*'s doctrine? What were the specific methods of his reception of Spinoza? These are questions in which elements of critical-philological enquiry blend with other more theoretical ones. By answering them we hope to uncover indications which transcend specific problems and illuminate different aspects of the development of philosophical ideas in eighteenth-century France.

The 'Essai de métaphysique' is organized into three great thematic nuclei: an exposition of the Spinozan theory of matter, sufficiently faithful to the original but already marked by interests and objectives which Boulainvilliers set himself within the work; an enquiry into the modes and forms of knowledge, which only coincided in part with that exposed by Spinoza in the second part of the *Ethica*, the 'De natura et origine mentis'; a 'mechanism' of the passions, finally, which was, by this time, a long way from the one dictated by Spinoza, and in which the writer appeared committed to the construction of a naturalistic personal morality.

The originality of the work is immediately obvious. Boulainvilliers did not begin with preliminary definitions of 'causa sui', as he had allowed Spinoza to establish the principles on which he founded the theory of God-substance as a fundamental ontological reality. At the beginning of the *Essai* he wrote of the act by which man can know immediately of his own existence: 'la première de nos connaissances . . . consiste dans la conviction que nous avons de notre existence. Connaissance accompagnée de sentiment'.[28]

The affirmation, as has been noted by more than one commentator,[29] betrayed a clear, Cartesian derivation, although it also contained several elements which would be significantly developed in the rest of the work. The Cartesian 'je pense, donc je suis' in fact lost any intellectual valency, and became, above all, the certain and immediate perception of our existence and of the existence of everything around us. Through this *sentiment*, man could know beings 'qui pensent évidement comme je pense moi-même: ceux qui sentent de telle façon que l'on pourrait conjecturer qu'ils pensent aussi, sans que l'on puisse toutefois s'en assurer parfaitement, et ceux qui ne pensent point du tout'.[30]

It was that same, immediate evidence that Locke had affirmed in the

[28] 'Essai de métaphysique', 87.
[29] See Wade, *The clandestine organisation*, 118; Simon, *Henry de Boulainvilliers*, 495; Spink, *French free-thought*, 269.
[30] 'Essai de métaphysique', 87.

Essay on human understanding, and which Boulainvilliers now took up again, giving his exposition of the *Ethica* a sensationalistic-experimental tone, which emphasized his interest in grasping the origin of life in its eternal and inexorable flow: 'L'experience qui naît des diverses sortes de sensation dont la mémoire se conserve intérieurement chez moi' teaches us that existence is the general property of every being, and that 'le principe du sentiment et de la pensée ... est nommé la vie et que c'est le fondement d'une seconde division de tous les êtres: vivants et non vivants'.[31] This, together with the statement that existence is the most basic and general property of all beings, contributed towards accentuating the phenomenal, experimental aspect which would come to be placed at the beginning of the *Essai* as the key point of reference to the explanation which he intended to offer of the *Ethica*.

For the rest, Boulainvilliers's interpretation appeared in in many ways to follow the original. Substance, as *causa sui*, or existing from necessity, is infinite, one, indivisible, eternal.[32] Substance is only what has in itself the principle of its own existence and intelligibility, and therefore only one substance exists, in that no finite object has these properties. It is endowed with infinite attributes, of which each one expresses its eternal and infinite essence; nothing which exists can be conceived without reference to it, because without it it could not even be conceived. A consequence of this was the transformation of *res cogitans* and *res extensa* into attributes of substance. Descartes's monistical reduction, put into effect by Spinoza, would then, interpreted in a principally materialistic sense, be spread throughout the world of European free thought (*L'Esprit de Spinosa* was a typical example of this), until, of its own accord, it pervaded the most mature and radical elements of the Enlightenment.[33] Substance

---

[31] Ibid.   [32] Ibid., 91 ff.

[33] On this point see A. Vartanian, *Diderot and Descartes: a study of scientific naturalism in the Enlightenment* (Princeton: Princeton University, 1953), 19 ff. Here the scholar's objective was to examine the way in which Descartes's natural philosophy and the general conception of science which it implied contributed to the emergence of that tendency towards scientific naturalism which would culminate in the philosophy of Diderot and his contemporaries. Vartanian pointed out that it was the Cartesian metaphysical dualism, with its distinction between *res cogitans* and *res extensa* which offered a renewed *status* to substance, elevating it from the subordinate position which it had occupied in the Aristotelian entelechy. In the period following Descartes, three philosophies aimed, in different ways, to unite the spiritual and physical worlds: Malebranchian occasionalism, Leibnitz's pre-established harmony, and Spinoza's system, which, not by chance, was interpreted in the eighteenth century in a version only partly related to the original, that is as pantheism, accentuating the physical side at the expense of the theological one.

On these questions see also J. Roger, *Les Sciences de la vie dans la pensée française du XVIIIᵉ siècle* (Paris: Colin, 1963). For Roger, science after 1750 was indebted to Spinoza for the theory of one unique substance, capable of reuniting two apparently irreconcilable attributes, thought and

was, therefore, infinite power of thought and infinite corporeal power; thought and extension lost their ontological constitution as independent substances and became the only attributes by which we could have a notion of substance itself. This absolutely infinite substance, made up of an infinity of attributes, was God.

Boulainvilliers then defined minds and bodies as modes of thought and of extension: 'Le corps n'est autre chose qu'une étendue solide et bornée par une figure qui est une manière d'être de cette étendue. L'intelligence n'est autre chose qu'une pensée représentative d'objets ou de perceptions, à laquelle les differentes idées sont le même que les figures à l'étendue.'[34] For Boulainvilliers man was one particular mode of the infinite attributes of thought and extension, a mode which existed both in consequence of the idea that is in the Infinite Being and for the determination of causes enacted in the attribute of extension.[35] All modified beings lived: '1) comme modifications des attributs de la substance, puisque par la regle générale reconnue de tous les partis il n'existe rien que ne soit substance ou affection de la substance; 2) comme objets réels et nécessaires de l'infinie pensée qui est en Dieu.'[36]

It is interesting to note the way in which Boulainvilliers forcibly insisted on the principle that every idea, before existing individually, exists in the 'cause première'.[37] In this way he put the ideas of everything that existed in God, together with everything that had existed and everything that would exist. He returned to certain of Malebranche's suggestions (Malebranche had in fact put ideas in the mind of God, to whom our thought is joined in such a way that we see things through God because God himself illuminates us). He also made the first steps towards that identification of God with the universality of things which would be the premise of the Pantheism which followed, and which represented the principal cause for scandal among those who upheld religious orthodoxy. The emphasis on Spinozan immanentistic rationalism was also a way of marking his separation from Cartesianism, and thus from Christian apologetics which had made Cartesianism one of the chief instruments in opposing the spreading of the principle of the unity of substance and

extension: 'Sur ce point Spinoza est réuni a Locke, quelque abîme qui puisse les separer en fait. Mais il faut ajouter que cette substance unique sera assimilée à la matière, ce qui n'est pas de Spinoza, et qu'on prêtera à cette matière un dynamisme propre. Pour cette idée essentielle, c'est à travers Leibniz que l'on comprendra Spinoza, dans une sorte de synthèse que Toland avait déjà tentée en 1704 dans ses Lettres à Serena, et qu'on voit apparaître ailleurs, et indépendamment de lui' (p. 462).

[34] 'Essai de métaphysique', 98.
[36] Ibid., 125.
[35] See ibid., 124–6, 157.
[37] See ibid., 119, 123, 126, 158.

the immanence of God in nature. For Spinoza, to say that God was the immanent cause[38] was not equal to affirming the simple dependence of finite things on their cause, which creates and conserves them, as it was for Descartes and his school. Spinozan immanence, as Boulainvilliers had well understood, cancelled out every separateness between God and the world: 'si Dieu et l'universalité des êtres sont la même chose, il s'ensuit qu'étant toutes choses en général, il n'est rien en particulier. Il ne pense que dans les intelligences, il n'est étendue que dans les espaces'.[39] God held within himself the ideas of all the possible modalities, and explained his own power through them. He was the actual infinite, comprehending every possible reality.

Thus, in his writings, the image took form of the unity of the real, regulated in its infinite forms by eternal and necessary laws, which constituted the theoretical contest necessary for replacing the traditional God, the object of superstitious worship and the creation of the imagination. Even divine productivity could be explained according to eternal and necessary laws. Boulainvilliers forcefully denied the idea of a supreme power exercised deliberately by God. Divine action was not free except when it was determined by itself, and was not absolute except in the sense that it could do everything that was possible and nothing more:

> se faire une idée de la toute-puissance de Dieu en conséquence de laquelle on puisse conclure qu'il a fait et pu faire également le possible et l'impossible, les contradictoires aussi bien que les simples contraires, les êtres pensants comme les étendus, et généralement tout l'univers, sans que rien du tout cela appartînt à l'ouvrier, c'est abuser de sa raison et des termes par lesquels on l'exprime.[40]

Every consequence of the divine causality was determined to be and to act in the necessary way, and could not escape from this determination. In nature nothing contingent existed: 'les êtres particuliers sont aussi necessaires en tant que déterminés par leur causes'.[41]

From this Boulainvilliers concluded the impossibility of the Creation—that is the act by which the God of Christian tradition gave life and radiated goodness and justice. The Creation was, in fact, supposed

---

[38] Spinoza expressed himself thus: 'Deus est omnium rerum causa immanens, non vero transiens.' *Ethica*, I, 18, in Spinoza, *Opera*, ed. Carl Gebhardt (Heidelberg: Heidelberger Akademie der Wissenschaften, 1924), II: 63–4. But cf. the *Korte Verhandeling van God de Mensch en deszelfs Westand*, I, 3, in Spinoza, *Opera*, I: 35–6.

[39] 'Essai de métaphysique', 105.   [40] Ibid., 117. Cf. *Ethica*, I, 17 s, *Opera*, II: 61–3.

[41] 'Essai de métaphysique', 99. Cf. *Ethica*, I, 29, *Opera*, II: 70.

by beings who were not necessary, who, being nothing in themselves, received existence thanks to the intervention of God through an arbitary act that could equally well not have taken place. But if created beings are not necessary, that is if they have only come into existence through a contingent act of will, it is necessary to conclude that God, the essence of whom is necessary existence, is not their author, which is impossible because He is 'cause de tout ce qui peut exister'.[42]

That the object of Boulainvilliers's polemic was religious dogma, and in particular his attempt to reconcile reason and revelation is also demonstrated by another factor. In introducing elements useful to his polemic against orthodoxy he did not hesitate to move away from a correct interpretation of the *Ethica*, introducing elements that were only partly assimilable within Spinoza's work. He thus revealed his true intentions, which he had hidden in the 'Avertissement' behind the affirmation of wanting to expose the principles of a dangerous doctrine, while waiting for a more effective refutation. On the contrary, the divulgation of the *Ethica* was always intended to encourage anti-religious polemic, and to this end he did not hesitate to insert motives which were in part foreign to Spinozan dictates, although they were related to notions common in European free-thought. An example of this is the theory of the Universal Chain of Being, which came to Emmanuel Maignan and Gassendi through the rebirth of medieval Aristotelianism. Boulainvilliers affirmed that

> il y a des individus de toutes espèces, les uns composés de corps très simples, d'autres composés eux-mêmes d'autres individus, et d'autres encore de ces derniers, et ainsi jusqu'à l'universalité des choses, qui est elle-même une espèce d'individu, dont les parties changent perpétuellement et en une infinité de manières, sans que sa nature en soit altérée, ni qu'elle cesse d'être la même.[43]

The unity of creation was therefore assumed in order to justify a conception which linked the strictly physical and the psychical. The negation of Cartesian dualism was, by implication, the negation of the Christian apologetic, which had been used to resist the attraction of ideas which led inevitably to a materialistic conception of man and his position in the world. Not only this. At the end of the first part of the 'Essai de métaphysique' Boulainvilliers, in order to give greater strength to the theory of the unity of all beings, withdrew from the idea of the *Grand Tout* which, as we know, represented one of the principal channels through

[42] 'Essai de métaphysique', 112–13.   [43] Ibid., 129.

which Spinoza's philosophy was spread over France between the seventeenth and eighteenth centuries.[44] He affirmed how, at death, each body returned to the universal extension, and the soul re-entered the infinite mind as the idea of what that particular being had been. It was not destruction, but dissolution of the particular into a greater unity, that *Grand Tout* which at this point Boulainvilliers identified with the eternal and infinite substance, that is with God. In his exposition Boulainvilliers also prefigured those theories which had a greater success during the eighteenth century, in the first place the transforming conception based on the vision of nature consisting in perpetual movement:

> Notre être corporel consiste dans la modification et l'organisation de certaines parties de la matière qui n'ont aucune liason nécessaire entre elles, s'unissant et se séparant suivant l'action de certaines causes, sans préjudice de l'organisation et de la modification qui nous sont propres; pourvu que les relations internes soient conservées; mais quand ces relations sont une fois détruites, il est évident qu'il n'y a plus d'organisation et par conséquent plus de connaissance ni de sentiment particulier, puisque le mode de pensée qui donnait l'être à l'esprit n'a plus d'objet déterminé, ce que je dis par supposition qu'il existe encore sinon comme mode actuel, du moins dans l'immensité de l'attribut de la pensée.[45]

Boulainvilliers's intention was thus revealed: through the *Grand Tout* and its parts in perpetual motion of relation and combination, he intended to strike at the belief in an after life which, until then had been used in order to subjugate men and degrade their consciences: 'il n'y a point de proposition plus absurde que celle dont on se sert pour nous persuader qu'il faut croire par provision tout ce qui se dit de l'autre vie'.[46] He had come full circle. What had begun as an apparently neutral exposition of Spinoza's ontology ended as a formidable accusation against the foundations of religion. The God of the Bible, but also the God of reason who sought alliance with the God of religion, was finally obsolete. He had lost his regal prerogatives, the anthropomorphous characteristics which until that time men had been pleased to give him, in order to become an impersonal entity governed by unchangeable laws[47]. Revela-

---

[44] See Spink, *French free-thought*, 253–79.   [45] 'Essai de métaphysique', 149.
[46] Ibid., 148.
[47] See ibid., 116. In Boulainvilliers's exposition of Spinoza's system he obviously could not omit the polemic against finalistic prejudice which Spinoza developed in the long 'Appendix' which

tion itself lost all value, becoming nothing more than an error of the imagination: 'on s'appuie communément sur la révélation comme sur un fondement solide et invariable, sans faire attention que dans les principes de toutes les religions et du christianisme même la révélation n'est croyable qu'en conséquence de l'opinion commune. Je ne croirais pas à l'Ecriture, a dit Saint Augustin, si l'Eglise ne l'ordonnait.'[48]

Boulainvilliers's other great interest in the 'Essai de métaphysique' was represented by the meditation on the ideas and forms of human knowledge. The author's gnosiological interests were on the other hand well consolidated. Among his 'Extraits des Lectures' in the Bibliothèque Nationale are four pamphlets which document this side of his intellectual personality well. These are 'Considération abrégée des opérations de l'entendement humain', 'Considération sur les jugements de l'esprit humain et leur énonciation', 'Considérations sur les différentes méthodes de disposer nos jugements pour parvenir à la connaissance de la vérité', and finally 'Jugements sur la nature de l'être et ses propriétés'.[49] In these Boulainvilliers tackled the study of ideas, their origin and their properties, the way in which men arrived at the formation of mental judgements, and to what these must conform 'pour parvenir à la connaissance de la vérité'. Even in these pages he turned to the past—to Gassendi, Descartes, Malebranche, and the logic of Port Royal—and discussed them all eclectically, drawing hints and discourses from each of them. It was, however, his encounter with Locke which counted most. As we know, the *Essay on Human Understanding* (1690) was published for the first time in French in 1700, translated by Pierre Coste, with the title *Essai philosophique concernant l'entendement humain, où l'on montre quelle est l'étendue de nos connaissances certaines et la manière dont nous y parvenons*.[50] But Jean Le Clerc had already published extracts of Locke's *Essay* in his *Bibliothèque universelle* in 1688 entitled 'Extrait d'un livre anglais qui n'est pas encore publié intitulé "Essai philosophique concernant

concluded the first part of the *Ethica*. It is the fragment, as we know, from which can be traced the elements of an anthropology and of a secular and materialistic ethic which must have particularly attracted Boulainvilliers's comments. Criticism of finalism enabled him to oppose himself against theological prejudice, against the superstition of which it was an expression and which accompanied its cultivation, and finally against that system of values which decreed man's subjugation and justified every form of tyranny. As with Spinoza, also with Boulainvilliers, criticism of finalism was the starting point for universal determinism which governed everything, and for the rejection of the Creation as being totally inadequate in explaining the intercurrent relationship between God-substance and his modes. Cf. ibid., 118–19.

[48] Ibid., 146–7.
[49] Bibliothèque Nationale, MS n.acq.fr. 11073. The four pamphlets are published in Boulainvilliers, *Œuvres philosophiques*, II: 1–63.   [50] Amsterdam: H. Schelte, 1700.

l'entendement" '.[51] Moreover, in October and November 1699 the *Nouvelles de la république des lettres* had published two accounts of the *querelle* between Locke and Stillingfleet, Bishop of Worcester, who had accused Locke's theory of knowledge of undermining the certainty of the Christian faith. The *Nouvelles* had also given much space to the discussion of the hypothesis of thinking matter.[52]

On these and other occasions Boulainvilliers was thus able to approach the principles of Locke's research. This also conformed to the attraction he had acquired at Juilly for the concept of clear, distinct ideas, and generally for all problems linked to psychology, method, and logic which were particularly cultivated by the Oratorian masters (the case of Malebranche is the most obvious example of this). While not knowing the exact date when he wrote the four pamphlets mentioned above, the influence of Locke's thought is evident in these first attempts. This is true above all for the 'Considération abrégée des opérations de l'entendement humain sur les idées', where Boulainvilliers, having begun by affirming that 'on a lieu de supposer que l'esprit de l'homme est d'abord une table rase, car l'expérience nous apprend que nos idées n'ont que deux sources, la sensation et la réflexion', paused at the distinction between simple and complex ideas, before returning, in controversy with Cartesianism, to Locke's hypothesis of the possibilities of thinking matter: 'Il est donc évident que notre établissement des espèces de la substance pensante et de l'étendue n'a rien d'assuré, car encore bien que nous n'en connaissions point d'autre espèce, cela ne règle point

---

[51] *Bibliothèque universelle*, VIII (January 1688): 49–149. On Locke's reception in France during the eighteenth century see J. Hampton, 'Les Traductions françaises de Locke au XVIIIᵉ siècle', *Revue de littérature comparée*, II (April–June 1954): 240–51.

[52] 'Mr. Locke's reply to the Right Reverend the Lord Bishop of Worcester's Answer to his second letter, etc. C'est-à-dire, Replique de Mr. Locke à la seconde Réponse de Mr. l'Evêque de Worcester, où l'on traite de la certitude par la raison, par la foi, etc., de la résurrection du même corps, de l'immortalité de l'âme, et de l'incompatibilité des notions de Mr. Locke avec les articles de la foi chrétienne', *Nouvelles de la république des lettres*, XVIII (October 1699): 363–84, (November 1699): 483–513. It is known that what most disturbed Bishop Stillingfleet was Locke's distinction between propositions 'according to Reason', 'above Reason', and 'contrary to Reason', and the fact that he confined faith to the category 'above reason', which could have had heterodox consequences regarding doctrines which were of prime importance to the conservation of faith. To define with the greatest possible exactitude the origin and nature of our ideas, the extension of knowledge, and the capacities of reason, signified implicitly the devaluation of the realm of faith, confined within those truths of which it was not possible to offer experimental verification. The propositions of reason, at which the spirit arrives through the use of the natural faculties, in the first level of perception, were incompatible, and therefore superior to the truths of faith, which were not arrived at through the working of our organs, but merely based on the credit of those who proposed them as originating from God.

la puissance du Créateur, qui certainement en a pu former diverses autres'.[53]

The enquiry into the nature and possibilities of human knowledge also occupied an important place in the 'Essai de métaphysique'. The relationship between mind and body determined the various forms of knowledge. Like Spinoza, Boulainvilliers affirmed that the body does not cause the mind to think, just as the spirit does not cause the body to move. He did not in fact postulate the body's autonomy from the mind, conceived as autonomous substances (on this subject he spoke of 'préjugées capitaux'), but of their structural identity, of their being one with the substantial being, considered sometimes under the attribute of thought, sometimes under that of extension.[54]

Having thus reaffirmed the unity of our modal being, Boulainvilliers concluded that 'sous le nom d'esprit humain je suis véritablement un mode de pensée résultant du sentiment de tout ce qui arrive à mon corps, en conséquence de quoi mes idées sont perpétuellement muables; ce qui fait que dans le cours de ma vie je suis capable d'en avoir une infinité de toutes espèces'.[55] The mind knows external objects through the modifications which the body undergoes when entering into conflict with them. Thought does not exist except through the perceptions of the body, and thus *esprit* is no more than the succession of ideas born from perceptions.[56]

Even here it is possible to note an important new element in respect to Spinoza's text. The Dutch philosopher had spoken of the modifications to which the body is subject during the course of its existence as *affectiones*. The *affectiones*, according to Definition 3 of the third part of the *Ethica*, are the 'affections of the Body, from which the body itself's power to work is increased or diminished, favoured or impeded, and together with it the ideas of these affections'.[57] Significantly, Boulainvilliers used the term *affection* only rarely. Probably he judged it to contain too many traces of that scholastic, Cartesian tradition which he intended to surpass.[58]

---

[53] H. de Boulainvilliers, 'Considérations abrégées des opérations de l'entendement humain sur les idées', in *Œuvres philosophiques*, II: 11.

[54] See 'Essai de métaphysique', 145: 'Mon corps et mon esprit ne composent qu'un même individu, ou qu'une même modalité d'existence, qui peut être considérée tantôt sous l'attribut d'étendue corporelle, et tantôt sous l'attribut de la pensée, et laquelle, malgré le partage idéel que l'on en fait par usage, n'est qu'un tout réellement indivisible, dont l'action n'est pas plus propre ni plus conséquent d'un attribut que de l'autre'. But cf. ibid., 178–9.

[55] Ibid., 158.   [56] Ibid., 122, 164.   [57] *Ethica*, III, Def. 3, *Opera*, II: 139.

[58] Scholars had spoken of *affectiones* (or also *passiones*) *entis*, in the sense of anything that could interest any sort of being: a property which transcended the being, an accident, any sort of state

Certainly this substitution of terms could also be explained by his lack of familiarity with 'abstract and metaphysical' language. But the principle of the *afficiere* was part of the store of information common to eighteenth-century philosophical culture, and Boulainvilliers was too much of a *bon métaphysicien* not to master the concepts he made use of. It would seem therefore that this was not a lack of knowledge so much as a choice, the consequences of which Boulainvilliers was fully aware of. In place of *affection* he almost always used *perception*. This was not a purely terminological question so much as a modification which placed the 'Essai de métaphysique' within a precise perspective of Lockean epistemology, to which he alluded at the beginning of the work. *Perception* was what was felt of external reality through the senses, thus sensation. It was the formative act of man's psychic identity, the origin of all knowledge:

> mon esprit n'est ni une faculté de penser, et d'avoir des idées, ni une idée simple, ni proprement une idée composée, mais plutôt une succession ou continuité d'idées qui naissent de mes perceptions, tant et si longtemps que la constitution organique de mon corps le rend capable de sentiment . . . les perceptions sont le fond et proprement la matière de mon esprit.[59]

Locke's influence thus stimulated Boulainvilliers's interest in the external world and the operations of the spirit on the ideas which reflection extracts from perception. Locke affirmed that all human knowledge comes from experience, and that the beginning of all knowledge is perception. But he distinguished between *perception-feeling*—the purely passive psycho-physical fact which characterizes the spirit when it can do nothing other than perceive what is taking place—and *perception-thought*, which involves a new elaboration of organic impressions on the part of the spirit—the intervention of the intelligence.[60] In speaking of *perception*, Boulainvilliers was undoubtedly referring to the first alternative,

which occurs in anything. For Descartes affection was opposed to action as patient to agent (see *Les Passions de l'âme*, 1, 1, in *Œuvres de Descartes*, éd. C. Adam and P. Tannery (Paris: Vrin, 1964), XI: 325). We already know of Spinoza. But it should be noted that in the *Cogitata metaphysica* he spoke of affections as a synonym of attribute: '[dicimus] entis affectiones esse, quaedam attributa, sub quibus uniuscuiusque essentiam vel esistentiam intelligimus, a qua tamen nonnisi ratione distinguuntur' (*Cogitata metaphysica*, 1, 3, *Opera*, 1: 240). But in some cases Boulainvilliers too used *affection* in this sense: 'les êtres particuliers sont du moins affections de la substance universelle et modalité de ses attributs' ('Essai de métaphysique', 125).

[59] Ibid., 152–53, but also 147: 'Toutes les idées de l'esprit naissent de ses [that is, man's] perceptions'.

[60] See J. Locke, *An essay concerning human understanding*, ed. P. H. Nidditch (Oxford: Clarendon Press, 1975), II: 143–9.

perception-feeling, as he shows when dealing with the different forms of knowledge. The first of these was

> de celles qu'ils acquièrent par la perception des différentes objets, laquelle étant presentée par le sentiment à mesure qu'il arrive, n'est susceptible d'aucun ordre, et ne saurait manquer d'être inégale, obscure et confuse, représentant plutôt . . . l'habitude du corps que les objets . . . Cette espèce de connaissance appartient tout entière à l'imagination, puisq'elle se renferme dans la peinture des objets de la sensation.[61]

Without this it would not have been possible for the spirit to know itself nor to have been given any idea of the world. The second form was based on general notions, in consequence of which it was possible to possess an adequate idea of the properties of things. The third was the intuitive form, which proceeded 'from an adequate idea of the formal essence of certain of God's attributes to an adequate knowledge of the essence of things', as Spinoza had said.[62] Through this last form, man could distinguish objects from ideas. The first form was the most widespread, but also the most frequent cause of error; the second and third were of necessity true, and provided the criterion for distinguishing between true and false. Truth was precisely that intuitive evidence: 'la vérité est évidente par elle-même et distinguée de la fausseté comme la lumière l'est des ténèbres, sans autre argument que la sensation et l'évidence qui en résulte'.[63]

Here Boulainvilliers was closely following the division established by Spinoza in propositions 40–44 of the *Ethica*. But surprisingly he did not take up Spinoza's central distinction between adequate and inadequate knowledge which admitted the possibility of an 'active' mind capable of suspending the external determination which constitutes the origin of affection (with the resulting possibility of liberty from the passions which Spinoza developed in the fifth part of his work). By inadequate knowledge Spinoza evidently intended knowledge which the mind could have by imagining—what is conceived by an existing body as an idea[64]—while by adequate knowledge he alluded to the temporary suspension of external determination, which rendered the mind capable of considering several things simultaneously.[65] Boulainvilliers, however, excluded the possibility of adequate knowledge from his field of enquiry. It was not that he did not make any distinction between different types of ideas and

[61] 'Essai de métaphysique', 169.   [62] Ibid., 169–71.   [63] Ibid., 175.
[64] Cf. *Ethica*, II, 24–31, *Opera*, II: 110–16.   [65] Ibid., S and Coroll. P29, *Opera*, II: 114.

their degree of approximation to the truth. There were *idées égales*, which conformed perfectly to their object and offered an adequate notion of the properties of things, and *idées inégales* which represented present sensation rather than their object and were thus typical of imaginative knowledge.[66] This acceptance of different types of knowledge, according to the Spinozan distinction, rendered implicit his recognition of the mind's possibility of perceiving many things, and of being on certain occasions adequate cause of the objects with which, through the body's mediation, it enters into relation with. Yet, parallel to this recognition, a constant discussion ran through the 'Essai de métaphysique' as to whether there was even a possibility of an adequate knowledge. In the end it was the negation of this which emerged most strongly, going beyond and even *against* Spinoza's text. *Idées égales* and *inégales* became the products of a mind incapable of 'self-affection', capable only of receiving its determination from outside:

> quand il serait vrai que cette perception nous pourrait fournir des idées parfaitement conformes à leurs objets, il n'est pas moins certain que les désirs ou passions qui en seraient conséquents ne se rapporteraient que négativement à l'esprit: puisqu'au lieu d'une détermination prise chez lui-même, il recevrait celle d'une image étrangère à son objet essentiel, qui est le corps.[67]

After recognizing, at least theoretically, the possibility of rational knowledge and dominion over the passions, Boulainvilliers excluded its practical feasibility. This evident contradiction in terms of logic was fruitful for the purposes he set himself. Refuting the possibility of an internal determination of knowledge meant remaining faithful to that integral sensationalism which we have seen working from the opening lines of the 'Essai de métaphysique'. As the mind is no more than the following and chaining of perceptions and ideas, it is not capable of any active knowledge, it is the classic *tabula rasa* on which experience engraves its mark. But the denial of a mind capable of dominating the passions was also the necessary premise to that radical determinism within which Boulainvilliers placed man and his actions. It is not that the *Essai* lacks a proper foundation of reason (conceived by Spinoza as a structure of common notions and a faculty of adequate knowledge). The *Ethica* bound man's liberty to the exercise of reason. In the fourth and fifth parts of the book

---

[66] 'Essai de métaphysique', 158: 'L'idée égale et vraie éclairera l'âme, l'ornera de connaissances et la fera exister dans des termes vrais et réels, ce qui renferme le genre de perfection qui peut essentiellement lui être propre'.   [67] Ibid., 160; but see also 157–8.

there were frequent definitions which showed reason to be the instrument of human liberty. To deny this reason, to make man the exclusive product of his perceptions and resultant passions, was to deny liberty itself.

The whole of the second part, entitled 'Des passions', is dominated by this question: Is it possible to subject human nature, with its instincts and the explosive strength of its needs, to the exclusive and sovereign dominion of reason? The answer was already obvious from the decision to exclude the fifth part of the *Ethica* from his treatment. This was the *De potentia intellectus seu de libertade humana*, in which Spinoza recognized the possibility of man achieving that blessedness identified with the knowledge of the unity and structure of the universe. This supreme blessedness, the result of the subjection of the passions, and thus of an act of freedom, remained for Boulainvilliers largely illusory. The reduction of a great part of the intellect's activity to mere perception, united with metaphysical monism of the first part, created a determinism of needs from which it was illusory that one could free oneself. Far from affirming that our actions are the consequence of a precise 'will or essence', it was necessary to conclude that they are necessary products of the modifications that man receives from external objects.[68]

Boulainvilliers was thus led to consider morality 'mathematically': 'la morale considerée dans les affections naturelles de l'individu humain se doit traiter mathématiquement, et ... elle est susceptible de démonstrations aussi régulières que celles ... de tout sujet mécanique'.[69] Like Spinoza, he held that perseverence at existing is the principal which defines man's essence. But if he is led by nature to persevere at his own existence, and if he is sensible, that is, capable of receiving every impression from external causes, it follows that he is also continually searching for his own means of procuring his conservation, and of escaping everything which is contrary to this well-being. Escape and search: no sensible being lacks these two affections—the desire to possess, and the sense of loss when deprived of something.[70]

All the other passions were no more than modifications of these two primary ones. In a meticulous and not very original 'mechanism of the passions', he examined, with the exactness of a mathematician, the

---

[68] See ibid., 156, 159.   [69] Ibid., 191.

[70] Ibid., 180. The prime passions were, according to Boulainvilliers 'celles qui résultent immédiatement des affections primitives, en tant qu'elles sont satisfaites, par la jouissance dans la recherche, et l'éloignement dans la fuite, ou en tant qu'elles sont affligées par la privation dans la recherche et la présence dans la fuite'. The consequences were joy in the first case and sadness in the second.

different states and affections which man may assume when urged by
outside objects. But the principal objective—the reduction of psychic life
and human behaviour to the iron determination of external causes, and
thus the impossibility of escaping from the force of the passions—had
now been achieved. Philosophy and religion erred on this point: 'l'individu humain, étant une fois touché des sentiments d'amour ou de haine
pour les différents objets que la sensation lui présente, n'est plus en état
d'arrêter les passions qui en sont les conséquences nécessaires, et toute
sagesse, la religion et la philosophie dont il peut être armé . . . n'y
peuvent rien opposer'.[71] The notion of free will was thus destroyed. It
was an error fed by the persuasion that our soul is pure spirituality, a substance independent from the body, and not, as Boulainvilliers's investigation demonstrated, the place where perceptions are worked out again
and man's psycho-physical identity organized: 'par le mot esprit j'entends donc tout être pensant. Non que je prétende le distinguer essentiellement de l'étendue, parce que les conclusions précédentes nous ont
appris que la substance infinie est en même temps étendue et pensante, et
parce que l'expérience nous apprend encore que la pensée se trouve
jointe à nos corps.'[72]

The examination of the 'Essai de métaphysique' has revealed more than
one surprise. Boulainvilliers's work, far from being a faithful transcription of the *Ethica* in more accessible prose, a translation for the use of
a wider public, represented one of the first and most interesting attempts
to reflect on Spinoza's philosophy, adapting it to the particular situation
of the French and innervating it with those ideas and experiences of
renewal and research which pervaded European culture at the time.
    Renée Simon is therefore right to say that 'Boulainvillier contribua
largement pour sa part à répandre la connaissance du spinozisme en
France, bien que lui-même n'ait pas été spinoziste.'[73] But the significance
of this affirmation can be completely overturned. Boulainvilliers maintained a profile which was largely autonomous from Spinoza's not because he disagreed with the latter over the fundamental points of his
system, but because his references and objectives were only partly refer-
able to Spinozism, which he assumed rather for the immense potential it
offered in the fight against tradition and revealed religion. Boulainvilliers
was not simply a follower of Spinozism. His exposition, paradoxically,
transcended the *Ethica* itself, and was successful as an original work even

---

[71] Ibid., 185.   [72] Ibid., 121.
[73] 'Introduction' to Boulainvilliers, *Œuvres philosophiques*, p. xii.

if derived from the source of Spinozism. His eclecticism, his extraordinary sensitiveness in establishing connections between ideas and in experimenting with new solutions in politics, history and ethics rendered him particularly prone to that contamination from Spinoza's ontology, Locke's gnosiology and naturalistic ethics which the *Essai* happily represents.

Thus it is not particularly important to protest Boulainvilliers's orthodoxy as Simon does, taking as genuine the execration of Spinoza and acceptance of religious dogma in the opening of the *Essai*.[74] Boulainvilliers had an intensely anti-religious spirit. There is hardly any work in which he does not discuss the truth and accepted beliefs of religion. In one case, the *Abrégé d'histoire ancienne*, he intended, under the guidance of Marsham, Bochard, and Le Clerc, to establish an acceptable chronology and satisfactory genealogy. But his method, based on scriptural criticism and a comparison of opinions, led him to doubt such fundamental truths as the Creation, the value of prophecy, and faith in the immortality of the soul. On another occasion, in the *Histoire de l'apogée du Soleil*, the distinction between primary and secondary causes, the only forces in the formation of the universe, led him almost imperceptibly to exclude the intervention of Providence from the ordered course of affairs. In the *Vie de Mahomet*, exaltation of the prophet and admiration of the Arabs did not cause the author to forget the violence and absurdities of which every religion (including Catholicism) had been guilty.

Invocations of the Revelation[75] and declarations about not wanting to cast doubt on the existence of a 'cause première'[76] count for little and are merely the ludicrous justifications made in much of the heterodox, clandestine literature of the time. He professed his respect for tradition and at the same time introduced doubts, he proclaimed obedience to established dogma, and at the same time pointed out contradictions in the holy text, or mentioned unedifying episodes in the story of the Church. It was in this that both the irreligiousness and the originality of a text like the 'Essai de métaphysique' consisted. The writing on the Creation, the

[74] See ibid.. This attitude is, on the other hand, a very early one and dates back to Fréret, who was seeking first of all to clear his friend from charges of scant orthodoxy (cf. 'Lettres de M. Fréret, de l'Académie des Belles-Lettres, écrites à M. *** au sujet de la personne et des ouvrages de M. le comte de Boulainvilliers', Bibliothèque Mazarine, MSS 1577–8, p. 12). But cf. Moreri, *Dictionnaire*, II: 133: 'Plusieurs de ses écrits ont donné lieu de croire qu'il avoit beaucoup donné à la liberté de penser. Il est sûr cependant qu'il a passé toute sa vie dans une liaison étroite avec les seigneurs de la cour qui ont eu le plus de réputation de piété.'

[75] See the 'Traité sur l'immortalité de l'âme', in Boulainvilliers, *Œuvres philosophiques*, I: 297, and the *Vie de Mahomet*, 247–8.

[76] See the 'Abrégé d'Histoire ancienne', Bibliothèque Mazarine, MS 1577, p. 54.

abusive polemic against revealed religion which he accused of being *instrumentum regni*, the grafting of Locke's gnosiology on to Spinoza's ontology, the interpretation of the theory of passions in a rigidly deterministic sense—all these bring us to close to the knowledge of Boulainvilliers's opinions. It is his voice we are listening to, even if it is disguised as that of the 'impious' Spinoza, and it was received thus by his contemporaries who began to circulate the *Essai* and the *Esprit de Spinosa* round Europe, bound together in one dangerous *recueil*.

At this point the reasons behind the belief that Boulainvilliers was the author of the *Esprit de Spinosa* become clearer. It is not just that the *Esprit*, like the 'Essai de métaphysique', explains several principles of Spinoza's philosophy. It is really that the image they render of this philosophy is complementary. In the first place, they both interpret Spinozan ontology through the notion of the *Grand Tout*, which was widespread in French culture at the time. But above all both works draw all the possible consequences in a materialistic sense from Spinoza's system, starting from that naturalistic interpretation of Spinoza's philosophy which constituted one of the central causes of the French Enlightenment. In the chapter 'Ce que c'est que Dieu', the *Esprit* reported: 'c'est un Etre absolument infini, dont un des Attributs est d'être une Substance éternelle & infinie'.[77] In this way, reducing substance to an attribute of the *Etre absolument infini*, and affirming the materiality of such a substance, the libel could be concluded that God is matter: 'Car si tout est en Dieu, & si tout coule nécessairement de son Essence, il faut absolument qu'il soit tel, que ce qu'il contient; puisqu'il est contradictoire, que des Etres tous Matériels soyent contenus dans un Etre, qu'il n'est point.'[78] This is a completely false version of Spinoza's thought, as he never thought of identifying God exclusively with material substance. But it is an interpretation of the *Ethica* which, together with the subsequent conception of the soul as mortal and corporeal (ch. 20, 'Ce que c'est que l'âme'), and with the resumption of the notion of the *Ame du monde* as an active principle which gives life, contributed towards underlining that image of matter endowed with sensibility, and nature in perennial transformation, which would be among the most widespread arguments of libertine and materialistic literature in the eighteenth century.

The path chosen by Boulainvilliers was different, but reached the same heterodox conclusions. It gave a more faithful translation of Spinoza's theory of being, but ended by elaborating an iron determinism, both natural and ethical, leading to a wholly terrestrial and mundane concep-

---

[77] *La vita e lo spirito*, 92.   [78] Ibid.

tion of life. If the world of ethics can be interpreted mechanically, if it is subject to the rigid conditioning of physiological and psychical functions, it is evident that the whole universe can be interpreted according to deterministic laws, and thus removed from the lucubrations of theologians. The consequence was a step forward: if ethical and natural worlds move according to their own permanently established laws, even the intervention of an *Etre souverainement intelligent* is a useless and superfluous accessory. More: to affirm the absurdity of free will, to maintain that man's conscious activities, no less than his unconscious ones, are no more than necessary effects of a certain organization, is to liberate the field of ethics from obedience to suffocating absolutes, legitimizing research into a different morality, aimed at the satisfaction of *voluptas* and the search for worldly happiness. It was precisely this which was to be one of the most debated questions among the generation of *philosophes* following Boulainvilliers: how to redefine ethics within the theoretic picture of an iron determinism, both biological and social, and what significance to give to terms such as *bienfaisance* and *malfaisance*? And again: was not to refuse liberty, to substitute personal responsibility, negated by the deterministic argument, with the social conditioning entrusted to power, to run the risk of an authoritarian society?

Boulainvilliers left this combination of ideas, questions, and suggestions as a legacy to succeeding generations. This was the historical significance of a work like the 'Essai de métaphysique', and the specific character of its Spinozism and heterodoxy. In it Boulainvilliers contributed towards the construction of what can be defined as the *alphabet* of the philosophical movement: he selected its *ancêtres* and tested its possible combinations and reciprocal compatibilities, he forged its critical instruments and measured their strength. It was not by chance that he was held up as a symbol of free thought throughout the eighteenth century and particularly during the 1760s. Voltaire made Boulainvilliers the protagonist of an *entretien*, *Le Dîner du comte de Boulainvilliers* (1768), in which the aristocrat, in front of a poor, astounded abbot, maintained philosophical reason to be 'plus salutaire mille fois que notre religion'.[79] Thus Boulainvilliers became the spokesman for the *gens de lettres* whose task it was to see that the princes of barbarism, and especially of religion, should remain far from the throne so that France too could embark on the road to freedom and tolerance. But much more than simply a protagonist in a literary pretension, the figure of Boulainvilliers, astutely

[79] Voltaire, F.-M. Arouet, dit, *Le Dîner du comte de Boulainvilliers*, in *Œuvres complètes*, éd. L. Moland (Paris: Garnier, 1877–85), XXVI: 532.

used by the philosophical movement, would become that of a fierce enemy of religion, a danger to morals and to the social order. The 'Essai de métaphysique' was one of the most widely-circulated texts in private libraries between 1731 and 1765,[80] as was much of the rest of Boulain-villiers's historical and political production, and his name was frequently found in sale catalogues, often clandestine ones, of eighteenth century booksellers and publishers, together with those of Hobbes, Bayle, Di-derot and Rousseau. In the *Almanach des honnêtes gens* which the *énragé* Sylvain Maréchal wrote on the eve of the Revolution, the name Henry de Boulainvilliers was placed with those of Spinoza, Toland, Collins and Giordano Bruno—believers in that lay religion which would lead to progress and to the liberation of humanity.[81]

[80] See Vernière, *Spinoza et la pensée française*, 614.
[81] S. Maréchal, *Almanach des honnêtes gens, l'an 1er du régne de la Raison* (Paris, 1788; réédition Nancy, 1836).

[11]

Legislators, impostors, and the politic origins of religion: English theories of 'imposture' from Stubbe to Toland

JUSTIN A. I. CHAMPION
(ROYAL HOLLOWAY COLLEGE, UNIVERSITY OF LONDON)

I

ON THE 10TH OF JUNE 1672 one John Baptista Damascene, 'an impious and profane and irreligious person' of the extra-mural London parish of St Giles-in-the-Fields, was arraigned for proclaiming 'impious, blasphemous and heretical words'. Some six months later Damascene was acquitted 'Not Guilty' of the charged utterance. He had been accused of proclaiming that 'Jesus Christ, Moyses and Mahomet were three greate rogues'.[1] The central theme of the supposed impiety, that Moses, Christ, and Mahomet were devious impostors, was to form the basis of one of the most radical eighteenth-century attacks upon organized religion and the priesthood, the French work *Le Traité des trois imposteurs*, published in 1719 but in circulation on the Continent in the 1690s and 1700s. What then was John Baptista Damascene doing voicing such opinions in the suburbs of London in the early 1670s?

In late April 1656 Henry Oldenburg wrote in devoutly worried tones to the Dutch Collegiant Adam Boreel about an heretical work that argued that the three great religious legislators—Moses, Christ, and Mohammed—were impostors who composed their religious economies

[1] J. C. Jeaffreson (ed.), *Middlesex Sessions rolls, 1667–1668*, 4 vols. (1886–92), III: 29.

333

S. Berti et al. (eds.),
Heterodoxy, Spinozism, and Free Thought in Early-Eighteenth-Century Europe, 333–356.
© 1996 *Kluwer Academic Publishers. Printed in the Netherlands.*

'from motives of merely political prudence'. For both sender, and pre-
sumably recipient, the 'first pillar of all true religion, was the existence of
God and his providence as found in the 'certainty of Divine Revelation'.
The author of the irreligious text, smitten with his 'love of reasoning',
threatened all religion by undermining the certainty and 'divinity' of
Scripture. As Popkin has shown, Oldenburg was attempting to cajole and
encourage Boreel in his project of answering such charges of imposture.
Writing to Boreel some four years later in August 1660, Oldenburg
repeated insistently that the three most important doctrines to defend
were the existence of the Deity, providence, and the divine origin of
revelation. Oldenburg wrote also to the English divine John Beale in
September of the same year, stressing that the central theme of their
apologetics should be to 'give a full proof of the divine origin and
veracity of ye Holy Scripture . . . with such evidence as we may prove ye
truth of ye most received civil history in the world'. Defending the
'truth' of Scripture was the shibboleth of Oldenburg's, Boreel's, and as
we will see later, Beale's conception of a counter-attack against the
'libertins' and 'indifferent men'.[2]

Over a decade earlier Thomas Browne in his *Religio medici* (1643) had
made reference to 'that villain and Secretary of Hell, that composed that
miscreant piece of the Three Impostors'. Browne's opinion was that the
author 'though divided from religion . . . was not a positive Atheist'.
Indeed, continued Browne, 'I confess I have perused them all, and can
discern nothing that may startle a discreet belief: yet there are heads
carried off with the wind and breath of such motives'. While Browne was
secure with his 'discreet belief', others feared that less discreet heads
might be startled out of their religion. Richard Smith, bibliophile and
Comptor of the Poultry, claimed to have seen a similar text, presumably
sometime before 1670. Like Browne (but in more detail), Smith was
discreet enough to give some objective account of the treatise in his
'Observations on the report of a blasphemous treatise by some affirmed
to have been of late years published in print of Three grand impostors'.
There are at least two surviving manuscript copies of Smith's 'Observations', both in the British Library.[3] The first is bound in Smith's

---

[2] *The correspondence of Henry Oldenburg*, ed. A. R. Hall and M. B. Hall (Madison, 1965): Henry
Oldenburg to Adam Boreel, April 1656, 1: 90–92; Oldenburg to Boreel, August 1660, 1: 382;
Oldenburg to John Beale, September 1660, 1: 385–6.

[3] Thomas Browne, *Religio medici and other works*, ed. L. C. Martin (Oxford, 1964), 21, 26; R.
Smith, 'The wonders of the world', British Library Sloane MS 388: 'Observations on the report of
a blasphemous treatise by some affirmed to have been of late years published in print of three great
impostors', at fos. 358–61, also Sloane MS 1024. I have compared both MSS.

manuscript volume 'Wonders of the world'. The second is a separately paginated manuscript of twelve pages in a different hand. Although each text has a different order and some minor textual variations, they share a common source. Smith suggested that the existence of the treatise was 'a common rumour . . . divulged not only by the vulgar illiterate sort, but by very many judicious men'. He seems to have been convinced that a Latin text existed. Upon the authority of Matthew Paris, Smith argued that the work was written by Simon Tornacensis, a scholar learned in 'all ye liberal arts', and probably communicated to the Emperor Frederick II in the early thirteenth century. Certainly, in Smith's opinion, if there was a modern text the supposed authors were not original 'but only the divulgers there of which was long tyme before acted'. It seems probable that this work, if it existed and if Smith had seen it, was the Latin one *De tribus impostoribus* published at Wittenberg in 1640.[4]

In England, then, between the early 1640s and the late 1660s there was a persistent literary rumour, perhaps a 'fama mendax', that a treatise, possibly modern but more likely a medieval Latin work, was in circulation among the cabals of unbelief and libertinism. The political context of the English Revolution provided ample room for the most radical critiques of established religion. Independents overthrew episcopacy, but men like the 'true leveller' Gerard Winstanley and the Quaker Samuel Fisher re-interpreted and rescinded traditional ideas of revelation. The attack on priestcraft went hand in hand with assaults on the divinity of the Bible. There is however a *lacuna* in current accounts of the origins of theories of imposture in the period. For the next cluster of references to treatises on imposture we have to move on a few decades and turn to France. We know the *Traité de trois imposteurs* was published in 1719: originating most likely from a *fin-de-siècle* Anglo-Dutch milieu.[5] The published *Traité*, as scholars have recently and expertly shown, was a collage of *libertin érudit*, Hobbist, Spinozist, and classical sources. The studies of the reception and diffusion of the work have concentrated almost exclusively on the French context to the cost of any English dimension.[6] Given the discussions of a similar work in England between

---

[4] See J. A. I. Champion and R. H. Popkin, 'Richard Smith's 'Observations' and the English origins of the treatises on imposture' (Forthcoming).

[5] See S. Berti, 'Jan Vroesen, autore del "Traité des trois imposteurs"' in *Rivista storica italiana*, CIII (1991), esp. nn. 4–6, for a complete bibliography of the more recent studies.

[6] See C. Hill, *The world turned upside down* (1978); I. O. Wade, *The clandestine organisation and diffusion of philosophic ideas in France* (Princeton, 1938); P. Hazard, *La crise de la conscience européenne, 1680–1715* (Paris, 1935}; M. C. Jacob, *The radical Enlightenment* (1981); C. J. Betts, *Early Deism in France* (The Hague, 1984); J. S. Spink, *French Freethought from Gassendi to Voltaire* (1960); B. E.

the 1640s and 1660s, this omission seems odd. It is the intention of this paper to examine both the Latin and French treatises and to see whether any influences can be found of either in the covert and published writings of English free-thought between 1670 and 1719.[7]

It is apparent that both works share common themes: an epistemological scepticism about the truth of revelation and an historical scepticism about the origins of religion. Nevertheless I will argue that there is a theoretical shift from the Latin to the French versions. In the Latin text a question is posed: 'Can we know there is a right religion?'; in the French version the question has become a sociological or anthropological assertion: 'All religion is of human construction.' Here I think we stand between two historiographical positions: that of the Hazardian crisis of conscience and the idea of the evolution of a non-eschatological conception of history. Both treatises on imposture gesture toward these interpretations. It is my task to see how the English context contributed to these traditions. Let me turn to the texts in question.

As I have already briefly stated above, I intend to argue that the Latin and French texts are parts of two distinct but conspiring traditions: the sceptical and the historical. Both are concerned with propositions, evidences and testimonies. Like the Hobbist theme of *Leviathan* (1651), 'Who shall judge?', *De tribus impostoribus* is premissed on the relativistic issue of 'How do we know which Scripture is right?'. The text poses the principle concern: how should God be worshipped (if at all), and how should we know which of the three religions is the correct way of

---

Schwarzbach and A. W. Fairbairn, 'Sur les rapports entre les editions du "Traité des trois imposteurs" et la tradition manuscrite de cet ouvrage', *Nouvelles de la republique des lettres*, ii (1988); R. H. Popkin, *Isaac La Peyrère (1596–1676)* (Leiden, 1987); id., 'The dispersion of Bodin's Dialogues in England, Holland, and Germany', *Journal of the history of ideas*, xlix (1988); S. Berti, 'La Vie et l'Esprit de Spinosa' (1719) e la prima traduzione francese dell'Ethica', *Rivista storica italiana*, xcvii (1986). See also R. H. Popkin, 'The crisis of polytheism and the answers' and 'Polytheism, Deism, and Newton', in J. H. Force and R. H. Popkin (eds.), *Essays on the context, nature, and influence of Isaac Newton's theology* (The Hague, 1990).

[7] For ease of reference I have used A. Nasier, *The three impostors translated* (1904) which contains English translations of both the French and the Latin treatises. All references are to this edition unless otherwise stated. *TTI* is the abbreviation for the *Traité des trois imposteurs* and *DTI* for the *De tribus impostoribus*. A comparison has been made of these texts with the two English manuscript translations, the first British Library Stowe 47 'The famous book intitled De tribus impostoribus', and the second at Hebrew Union College, Cincinnati, Bamberger #669 'De tribus impostoribus, or a Treatise of the three most famous national impostors'. Cross reference has also been made to the edition of the Latin text (in Latin and French) by G. Brunet (Paris, 1867) and a 17th-c. manuscript in the British Library, Harliean 6494 'De impostoris religionum breve compendium'. For the Latin treatise and its diffusion, see W. Gericke, 'Die handschriftliche Überlieferung des Buches von den drei Betrügern (De tribus impostoribus)' (Leipzig, 1986).

worshipping? Since all revelations are texts with a history they must be treated as historical documents and subjected to the same critical examination as other secular documents. In this way the 'testimony' for Mohammed is just as good as, if not better than, that for Moses. Working from this sceptical basis the next assertion concerns the social or political mechanics of imposture. Priests and sovereigns were responsible for cultivating religious superstructures on the foundations of human ignorance and fear. Indeed, the treatise is explicit about the complicity between *sacerdos* and *imperium*.[8]

While *De tribus impostoribus* is more theoretical than historical, the text uses the historical case of Islam to illustrate its relativism. Having discussed the possibility of Muslim prophecy, the author declared, 'and if we are too severely critical of the words of the Koran, we ought to employ the same severity of criticism against the writings of Moses and others'.[9] True hermeneutics to avoid circularity has to admit 'other religions'. This severity of criticism was only posed, not elaborated: as the author wrote, 'it would be too long and tedious to show more at length in this place, the nature and forms of what goes under the name of imposture'.[10] This more detailed account of religion and revelation in terms of its 'origins' in human psychology and history is precisely what the French *Traité* set out to accomplish. If the thrust of the Latin work was epistemological—that it is impossible to identify true religion in only one of the three economies—the theme of the French work is anchored in an historical context.

The *Traité* focuses on the origins of religion as a social and political phenomenon: the theory of religion is essentially a theory of imposture. The author posits a model of human anthropology that although originally pure—an ideal community ruled by right reason and natural law—was inherently prone to epistemological corruption. This latency was exposed by scheming impostors; again both priests and monarchs were complicit. So far the *Traité* was probably similar in argument to orthodox accounts of pagan religion. The implication of the treatise was that this model of religious corruption was not specific to heathenism but was universal to all religious institutions. All humans, unless following the pattern of right reason or common sense, are prone to ignorance, prejudice, and fear, the trinity of ingredients for imposture. This is the work's radicalism: that the theory of priestcraft and the 'empire of falsehood' applies not only to the pagans, but also to Judaism, Christianity, and Islam.[11] If pagan religion was forged by ecclesiastics and princes to

[8] *DTI* 114, 116, 118.   [9] *DTI* 133.   [10] *DTI* 124.   [11] *TTI* 59.

advance their own interests, then so too were Jewish, Christian, and Islamic theologies. Unlike the Latin treatise, which had simply asserted the 'history' of imposture, the French text went to some effort to detail the historical rise of the three great economies and their concomitant prejudices.

Moses, Christ, and Mahomet all learned their 'juggling' in Egypt. In turn, having analysed the needs of circumstance and the ignorance of the people, they then calculated politic ideologies to legitimate their empire. The language was deliberately Machiavellian. The tradition of the political legislator, embodied in the histories of Numa Pompilius, Solon, and Lycurgus, had been promoted most fervently by the 'atheistical' Florentine Machiavelli in his *Discourses*. Following some of the elliptical suggestions of Machiavelli, the French text applied the model to the three religious leaders. So Moses, tutored in the arcana and sciences of the Egyptians, in collaboration with the heathen Jethro of Midian, achieved a 'revolution'. Jesus, 'who was not unacquainted with the maxims and sciences of the Egyptians', adopted a new theology to renovate the 'faults of the Mosaic policy' by manipulating contemporary messianic expectation. Mahomet, educated in the East, gained credit amongst the pagans, Jews, and Arians, established his empire by a prudent combination of the sword and popular interests and accommodated his law to the 'genius and passions of his followers'.[12] Integrated with these histories, which were all (it must be noted) accounts drawn from hostile sources just as the Latin text recommended, the *Traité* displayed a history of ignorance, exemplified in an essay on the 'absurd imagination' of theological belief.[13] The discussions about the variety of ideas about the Soul, about Hell, or about Heaven, are in effect (to speak anachronistically) analyses of false consciousness. Philosophy, particularly Aristo-

---

[12] *TTI* 65–7, 72, 77, 90, 91–2. Machiavelli gives his fullest account of political legislators in the *Discourses* (Penguin, 1981), Bk I, chs. 11–15; see also Machiavelli, *The Prince* (Penguin, 1975) 50–52, where he discusses Moses in the same breath as other legislators like Cyrus and Romulus. Interestingly, the figure of Jethro of Midian was used to justify the politic divinity of the Hebraic commonwealth by James Harrington in his *Oceana* (1656): see *Oceana*, ed. S. J. Liljegren, Skrifter Vetenskaps–Societen 4 (Lund, 1924), 28, 35; see also Harrington, *The art of lawgiving*, in *The political works of James Harrington*, ed. J. G. A. Pocock (Cambridge, 1977), 619, 652. Jethro and his son Hobab also appear in Toland's *Hodegus* (1720), 51–2. One of the only published accounts of the idea of civil religion in Harrington's writings is M. A. Goldie, 'The Civil Religion of James Harrington', in A. Pagden (ed.), *The languages of political theory in early modern Europe* (Cambridge, 1987). For the background to the republican use of the Old Testament, see A. Pacchi, '*Leviathan* and Spinoza's *Tractatus* on Revelation: Some elements for a comparison', *History of European ideas*, x (1989).   [13] BL, Stowe 47, fo. 68.

telianism, was the corrupter of reason and religion, indicted as harbinger of such false ideas as demons, spirits, and devils.[14]

The *Traité* is not however just a theoretical arraignment of false religion. It is also a practical indictment of 'the injustice of the Doctors in Tiaras, Mitres, and Gowns'. In arguing that religion is made by man, rather than the reverse, the work suggests that a critique of error logically leads to a critique of power. An assault on *de jure divino* theories of religion undermined the sanctity of civil sovereignty because they both shared and cultivated a false respect for power and authority.[15] The Latin treatise seems to be concerned with the individual need for epistemological certainty; it is only by default anticlerical. The *Traité*, on the other hand, proposes a profound rejection of organized religion—and as such has been characterized as a seminal moment in the rise of modernity. It not only argues for a theoretical analysis of religion as an anthropomorphic and historical phenomenon, but is also crucially a practical invocation to reform corrupt religion. This practical dimension is commonly ignored, but advancing remedies for corruption is central to the text: 'it is not sufficient to have discovered the disease if we do not apply a remedy'. Indeed, as the author continues to argue, 'it would be better to leave the sick man in ignorance'.[16] The *Traité* can on the one hand be read as a profoundly pessimistic text: the theme of the inherent ignorance of the majority of the people is constantly reiterated. Against ignorance, prejudice, and most importantly imagination, are opposed reason, nature, and 'common sense'. As reason corrupted engineered religion and superstition, so, on the other hand, reason reformed holds forth the possibility of true felicity.

The author of the treatise suggests a Ciceronian theory of the origin of human society: men originally lived in rational harmony conforming to the laws of nature and 'the dictates of right reason'. An additional note to one English translation of the *Traité* in the British Library emphasizes this cult of reason in the form of the marginal couplet 'True happiness alone in reason lies, | 'tis reason makes, and reason that keeps, us wise'.[17] So it is clear that, while the treatise offers a critique of human ignorance, it also signposts the means of liberation from the 'absurd imagination' by the use of reason.[18] It is at this conceptual point—where reason is proposed as a model of true religion—that careful thought needs to be paid to the practical purposes of the *Traité* and the implications this 'practicality' has for the theory of imposture defined in the work. Here it must

---

[14] *TTI* 101 ff.   [15] *TTI* 105, 54, 58; *DTI* 116, 118.   [16] *TTI* 93.
[17] *TTI* 56, 57; Stowe 47, fo. 14.   [18] Stowe 47, fo. 68.

be stressed that the ideas proposed in this piece are drawn from an 'English' reading of the text contained in the two surviving translations in London and Cincinnati. In this way I wish to draw out ambiguities in the work over the distinction between a 'legislator' and an 'impostor'. This distinction, I argue, becomes more apparent when the *Traité* is read within the context of radical republican attacks on the Anglican Church in England, rather than within the continental culture of the *libertins érudits*.

Let me clarify the position: I have proposed a reading of the treatise that proffers two theories of the 'origins' of religion. The first is found in a psychology of ignorance and the second in a history of imposture displayed in the lives of Moses, Christ, and Mohammed. In this way all religion is categorized as superstition. Jewish, Christian, and Islamic theology are not divine but human artefacts. However it is important to ask whether this attack on 'religion' and human nature is an assault on the phenomena in themselves or in their manipulated forms. Is the author against 'Religion' or the sociological manifestations of corrupt religion? The popular account of the history of religion from pagan to modern times is premissed upon the opposition between 'reason' and 'ignorance'. With this opposition the author creates an admixture of psychological (fear) and epistemological (ignorance) explanations to argue for the anthropological origins of religion. This was a model of how human beings act in societies and in history. In describing the origins of religion, the author also implicitly advocates a model for how religion ought to function. This ambiguity is illustrated in the imprecision and overlap between the ideas of a 'legislator' and an 'impostor' in the text.

The primary reading of the *Traité* (and one which I speculate gains most takers in the context of French Libertinism) is that all religions are false, all religious leaders speculators, and all priesthoods corrupt. The second, and perhaps more radical and specifically English, reading suggests that since all religion is a social, political, and ultimately historical phenomenon with an inherent tendency to imposture, then it is necessary for the wise and rational (the proponents of right reason) to reform religion to 'the gentle yoke of reason and nature'. This second embedded reading (which I will argue is embodied in the neo-Harringtonian tradition of civil theology) suggests that while religious leaders have ordinarily been impostors, they can become 'true legislators'. This interpretation suggests that while the human condition is prone to error, ignorance, and prejudice, all does not have to be this way (thus the diagnostic tone of the work), given 'good' laws and 'good' legislators which could enthrone reason in the fabric of civic virtue. A clue to this 'English' reading can be found in Ch. XIII, 'Of those spirits called demons'. In discussing the classical origins of ideas about spirits the author describes at §5 how 'the dread which people lay under of these invisible powers might hold them within the bounds of their duty' and cited 'a certain celebrated historian of Antiquity' in support of the analysis. Importantly, the historian cited was Polybius, and the lengthy extract placed in the footnotes was from Bk VI, ch. 56 of his *History*, which addresses the problem of republics not being 'composed completely of wise men'. For Polybius, and presumably for the author of the treatise, it was acceptable in this case for a legislator to employ 'those imaginary fears which religion imprints in the mind' to keep the people in awe and to their duty. This text from Polybius (to the word) was popular amongst English free-thinkers as a classical source for the theory of civil religion.[19]

That an English reading of the treatise suggests that the impostor/legislator categories were, in function, oppositional rather than inclusive can be given extra support from further textual variants in the surviving English translation in the British Library. This copy omits the chapter on Mohammed: the copyist noted in justification 'as this *writer* consulted none but bad *authors* (seemingly only the lying Greeks) for he has given us in his Xth Chapter relating to Mohammed, and has inserted diverse false facts, I chuse to leave it out being not worth transcribing: we having already many far better and withal genuine accounts of this celebrated Arabic Legislator'. Mohammed is no longer one of a trinity of impostors but a 'celebrated Arabic Legislator'.[20] The many 'far better and withal genuine accounts' of Mohammed, as I will explain below, could have included Boulainvilliers' *Life of Mahomet* (1731) but also the earlier English manuscript work written by Henry Stubbe, 'An account of the rise and progress of Mahometanism' (*c.*1671). The rest of this piece will be concerned with the positive role of the legislator in English free-thought

---

[19] See Stowe 47, ch. XIII, §5, fo. 64: 'He means Polybius, it must be noted (says he) that if we could form a republic which should be composed only of wise men all the fabulous opinions concerning *Gods*, Hell, etc would be wholly useless or superfluous. But, since there are no states where the people are other than just such as those we can see, subject to all kinds of irregularities and wickedness, there is a necessity in order to keep them in awe, of having recourse to those imaginary fears which religion imprints in the mind, and those panic terrors of the *other world* which the ancients have so prudently established for that very intent and purpose.' See also my 'Ancient constitution of the Christian Church: the Church of England and its enemies, 1660–1730', (PhD thesis, Cambridge University, 1989), 186, on Republican uses of Polybius. The latter's *Histories* were published in England in 1634 and 1698. For background see R. Tuck, *Philosophy and government* (Cambridge, 1993).   [20] Stowe 47, fo. 54.

and how this links with the traditions of both the Latin and the French
treatises on imposture.

II

At the start of this essay I suggested that there was an historical conundrum: that it seemed odd that so few English manuscripts of the *Traité*
were in existence, especially given the obvious fear of such a text between
the 1650s and 1660s. I now wish to advance some historical and intellectual reasons for this lack of manuscripts, focused upon the opposition
between the idea of the 'impostor' and the 'legislator' discussed above.
I wish to suggest that at least by the early 1670s there existed in England
a radical tradition that discussed the issues contained in the Latin and
French texts, that proposed an account of the human origins of religion
very similar to these works, but that described the history of the three
great religious foundations in terms of legislators rather than impostors.
In this way, drawing from the religious traditions of radical Protestantism, English radicalism, or free-thought, in its development of a civil
theology, sought not to destroy all religion but to reform it. In doing
this, one of the first tools of reform the radicals adopted was that of
sacred or scriptural interpretation. Given the limits of space I wish to
focus upon one specific theme (although it is not a small one): that of the
historical connection between Judaism, Islam, and Christianity. As I have
shown, the French work negated the spiritual quality of this history of
religious transformation, but the English tradition from Henry Stubbe
to John Toland re-wrote the narrative as a history of reforming legislators.[21]

Henry Stubbe (1631–1676) was, as Anthony à Wood wrote, 'the most
noted person of his age'. Recently James Jacob has disinterred the meaning and influence of Stubbe's polemics against the Royal Society in the
1660s and pointed to the links between Stubbe's materialist conception
of history and Toland's later writings. I should like to reinforce and
extend his suggestions. That Stubbe was a political and religious radical
there is no doubt. An intimate of Hobbes, he was renowned for his
learning. As under-librarian to Thomas Barlow at the Bodleian he be-

---

[21]   This is the general thesis of my *The pillars of priestcraft shaken: the Church of England and its
enemies, 1660–1720* (Cambridge, 1992); but see also H. T. Roper, *Religion, the Reformation, and social
change* (1967), 193–237; J. G. A. Pocock, 'Post-Puritan England and the problem of enlightenment',
in P. Zagorin (ed.), *Culture and politics from Puritanism to the Enlightenment* (1980); K. Scholderer,
The birth of modern critical theology (1990), 26–46. See also M. A. Goldie, 'Ideology' in T. Ball, J.
Farr, and L. Hanson (eds.), *Political innovation and conceptual change* (Cambridge, 1989).

came 'thoroughly read in all political matters, councils, ecclesiastical and prophane histories'. Indeed, as Wood commented, 'he was a very bold man, uttered anything that came into his mind, not only among his companions, but in public coffee houses, of which he was a great frequenter'. Sir Henry Vane, Republican and regicide, had sponsored him at Westminster and Christchurch. The Independent John Owen gained him preferment to the Bodleian in 1657. In the 1660s Stubbe was part of the Conway coterie at Ragley Hall that later included men like the radical Quaker George Keith. John Beale, friend of Oldenburg, was convinced Stubbe was involved with an atheistic sect in the 1660s. Similarly, Daniel Cox had written of his suspicions to Robert Boyle. Oldenburg had described Stubbe as 'a loose unsettled spirit, tending rather to libertinisme and prophanesse, y^n to any serious and conscientious enquiry of truth' for his 1659 pamphlet *Light out of darkness*. Years after Stubbe's death, Beale linked his name with religious unorthodoxy when he railed against 'Hobbians and Stubbians, atheists, scoffers, blasphemers' in the same breath. If any of these men had ever seen Stubbe's manuscript 'Account of the rise and progress of Mahometanism' their worst fears would have been assured. The work was composed in about 1671. The editor in 1911 suggested that Stubbe wrote the piece between 1671 and 1674, and Jacob has tied the work accurately to 1671 citing references from Stubbe himself and his clerical antagonist Joseph Glanvill. The earliest dated copy is 1705, and there were at least seven versions in circulation, although some of these were only fragments. It seems likely that there were more copies in circulation between the 1670s and the 1700s because both Charles Blount and John Finch seem to have had access to the written text.[22]

The manuscript itself is more than its title suggests: while there is a very detailed and, for the seventeenth century, unique historical account of the rise of Islam, there is also an important and original account of the political and human origins of Christianity. To have written on the rise of Mahomet at the time was not unique: the 1650s had occasioned

[22] Oldenburg to Hartlib, August 1659, *Oldenburg correspondence*, 1: 303–4; J. R. Jacob, *Henry Stubbe, radical Protestantism and the early Enlightenment* (Cambridge, 1983), ch. 8, 'Civil religion and radical politics: Stubbe to Toland', passim, but esp. 65, 76; M. Nicolson (ed.), *The Conway letters: The correspondence of Anne Viscountess Conway, Henry More and their friends* (New Haven, 1930), 327, 328, 331: H. M. K. Shairani (ed.), *An account of the rise and progress of Mahometanism by Dr Henry Stubbe, MA* (1911; repr. 1954), 'Introduction', pp. iv–viii. See also L. Kontler, 'The idea of toleration and the image of Islam in early Enlightenment English thought', in E. H. Balzacs (ed.), *Sous le Signe des Lumières* (Budapest, 1987). See C. Blount, *Miscellaneous works* (1695), 158–63; John Finch, BL Add. MS 23215, 'Letters from Sir John Finch and Dr Thomas Baines to Lord and Lady Conway, 1651–1678', fos. 77–82.

a flurry of anti-Muslim texts. Alexander Ross had Englished du Ryer's inaccurate French translation of the Koran in 1650. Francis Osborne wrote an explicitly Machiavellian work *Political reflections upon the government of the Turks* (1656), and more recently Sir Paul Rycaut had published his *Present state of the Ottoman Empire* (1668), all of which may have provided Stubbe with useful material.[23]

Stubbe's text was, however, original. He made his points clearly and unambiguously: the lives of Christ and Mohammed were political phenomena. To these 'revolutions' there were 'antecedent causes'. He insisted that 'never did any Republic dwindle into Monarchy, nor any Kingdom alter into an Aristocracy or Commonwealth without a series of preceding causes principally contributing to such alterations'. Christianity was 'conformable to the constant course of human affairs in such great revolutions'. Here Stubbe indicated his radicalism by explicitly denying any providential account of the origins of Christianity: there were no 'miraculous accidents, unimaginable effusions of the Holy Ghost, and such like'. According to this theory Stubbe recounted how Christ perceived the circumstances of Jewish oppression and the general expectation of a Messiah and thus projected himself within the tradition of Jewish Messianism. Christianity was for Stubbe a combination of reformed Judaism (and therefore historically conditioned by the practices, law, and monotheism of Moses' religion) and the gentiles (who acknowledged Christ as a temporal Messiah but were only bound by the laws of Noah). As Stubbe insisted, these first Christians were known as Ebionites or more accurately Nazarenes. This primitive purity was corrupted by an admixture of pagan philosophy and priestly interest. The Judaic notion of a temporal Messiah became interlarded with metaphysics, and the resultant idea of a 'spiritual messiah' became the groundbed for the mystery of the Trinity. Stubbe reiterated the point that the Nazarenes believed no other than 'that Christ was a mere man'. It was the corrupt Council of Nicea 'adapting some passages in the New Testament to the Platonic Philosophy' which provided the philosophical (not theological) groundbed for Trinitarianism. Historically for Stubbe the crucial change came after the destruction of the city and temple of Jerusalem (afterwards called Aelia) by the Emperor Hadrian: this made it impolitic for Christians to be identified with Judaism, and so they 'pretend only to a spiritual Messiah'. With the abandonment of the true Judaic origins of its religion, Christianity embraced paganism, not only in theology but also in ritual, 'and undoubtedly not long after that wee find mention of

[23] See Champion, *The pillars of priestcraft shaken*, ch. 4.

Priests, Temples etc'. Festivals formerly retained for Mercury, Venus, Bacchus, and other 'rural deities' now became directed to the 'honour of Christ, the Virgin Mary, and the Saints'. The most fatal moment in the history of Christian error was the Emperor Constantine's calling of the Council of Nicea to frame a 'confessional faith'. Contrary to the orthodox Foxian tradition that heralded Constantine as the nursing father of the Church, Stubbe portrayed him as a politician who 'insured his own secular power by advancing the ecclesiastical'. Idolatry and priestcraft was the result. As Stubbe wrote, 'Christianity was then degenerated into such a kind of Paganism as wanted nothing but the ancient sacrifices and professed polytheism, and even as to the latter there wanted not some who made three gods of the Trinity, others made a Goddess of the Virgin Mary, the reverence of the Saints differed little from that of the Pagans to their Heroes and Lesser Gods'.[24]

Eastern Christianity was split into varying sects: it was Mohammed's skill and political prudence that reformed this corrupt religion. Chs. 3 to 9 of the 'Account' give a rational historical description of how Mohammed established a reasonable monotheism modelled upon the Nazarene system. The radicalism of Stubbe's account becomes evident at this point: he deliberately sets out to rescue Islam from the charge of 'vilest imposture' and instead claims that Mohammed was the 'wisest Legislator that ever was'. Indeed importantly, given the relativism proposed in *De tribus impostoribus*, Stubbe reverses the charge: many of Mohammed's supposed impostures are in fact Christian 'inventions'. His radicalism is twofold here: first, the suggestion that Islam is a true model of pristine Christianity is profoundly unorthodox, but secondly (and perhaps more importantly), Stubbe uses sources and history in a way that is indebted to the central theme of the Latin impostor text. For example, Stubbe assesses the 'vain' story of 'Mahomet's Pigeon'. The commonplace Christian fable suggested that Mohammed duped his followers into believing that the Holy Ghost communicated with him in the form of a pigeon: in fact Mohammed had simply trained this bird to eat peas out of his ear. On these grounds, as Stubbe recounted the tale, Muslims 'have ever since preserved a veneration or extraordinary respect for pidgeons'. Stubbe insisted that there was no 'evidence' for this claim: even Christians as eminent and as learned as Grotius had been led astray by prejudice. Stubbe explained 'he did not therein follow any narration of Mahometans, or Arabian Christians, but of European Christians, and particularly of Scaliger in his notes upon Manilius where this is

[24] Stubbe, 'Account', 2, 3, 16–17, 18–20, 30–31, 32–3, 37, 50, 52.

reported, and this is all that can be said for the story'. Stubbe rather neatly inverted the tradition against Christianity by insisting that it was Athanasius (the anti-hero of the Council of Nicea) that had a pigeon 'on his shoulder by his ear'. Stubbe here seems to be alluding to the passages in the *De tribus impostoribus* that insisted it was futile to use hostile sources to condemn an opponent's religion.[25]

Indeed, the suggestion that Stubbe's 'Account' was conceived as an essay premissed upon the central theme of the Latin text is worth some consideration. Put in a very simplified way, *De tribus impostoribus* argued against the sanctity of any one Holy Scripture over the claims of the others: for example the text insisted 'if we are too severely critical of the words of the Koran, we ought to employ the same severity of criticism against the writings of Moses and others'. Stubbe made exactly the same point as the Latin treatise when he commented 'Mahomet is undoubtedly considered an impostor among us; but why? Not from his own testimony or that of his friends but from that of his enemies'. The 'Account' therefore set out to defend Islam from the charge of imposture using scholarly, and more interestingly Islamic, sources. It also goes one step further in using hostile sources to indict early Christianity. Stubbe was aware of the unorthodoxy of his texts as he acknowledged in Ch. 2, 'the Author's apology for the forgoing account of the Primitive Christians'. He insisted that his sources (mainly pagan and heretic) were good, true, and indisputable: 'if', he continued, 'it be further urged that the relations I make are inconsistent with the Apologies of the Ancient Christians, in which the accounts given are so very different from mine that they cannot in anyway be reconciled, I answer that those Apologies ought to be look'd upon no otherwise than as rhetorical pleas, and the defences of advocates for their clients'.[26]

Stubbe in justification offers some examples of the early Fathers corrupting tales for Christian advantage: Justin Martyr fabricated stories about Simon Magus; Apollinaris and Tertullian made up the fiction of the 'legion Fulminea'. Church histories were 'pious frauds', and Church Councils were 'generally picked out by the parties or Princes to carry on Cabals or condemn some particular opinion'. Thus two of the central rules of faith beyond the Bible (the Fathers and the early Councils) were dismissed as imposture. Stubbe, as befitted an intimate friend of Hobbes, did not stop there but went on to suggest that Scripture itself was suspect. Stubbe addressed the central theme of the Latin text: How could we know which was the true divine text? As Stubbe explained,

[25] Ibid., 132–4, 153–5, 158–9.   [26] *DTI* 133; Stubbe, 'Account', 52–61 at 53, 131, 160.

original Alexandrine Christianity had no other Bible than the Septuagint 'or a version of it, and from thence they received those Books which after ages called Apocryphall'. None of the apostles, apart from Paul, could understand Greek, so 'all the sacred Books of the New Testament . . . may be justly supposed to be but translations or Counterfeits performed by unknown persons'. The knife was twisted further when Stubbe insisted that even the Pauline texts were corrupt and laid the 'foundation of perpetual schisms and heresies'. Stubbe attempted to undermine Scripture in a very similar way to *De tribus impostoribus*: as he wrote, 'I have often reflected upon the exception made by the Christians against the Alcoran, and find them to be no other than might be urged with the same strength against our Bible; and what the Christians say for themselves will fully justify the Alcoran'.[27]

Importantly, Stubbe dealt with one scriptural passage that the Latin treatise had discussed concerning the prophecy of Islam or the 'paraclyte' in John 16:7. For Muslims the 'Comforter' is Mohammed, 'the Paraclyte or comforter being one of his names or titles in the Arabian language'. The interpretation of the prophecy in John 16 as signifying Mohammed had troubled orthodox men. Henry Oldenburg (who exchanged letters with Stubbe in 1668) wrote to John Beale, rector in Somerset and profound antagonist of Stubbe, on just this theme. As noted above, Oldenburg saw that it was essential to defend the divinity of Scripture. Among the specific things that needed to be established with clarity and certainty was the 'intricate genealogy of our Saviour, and his nativity from an untouched Virgin'. In particular it was necessary to justify the New Testament against the 'Mahometans' as 'genuine, unaltered, and altogether free from additions and diminutions'. One such charge Oldenburg noted was the Islamic reading of John 16.[28] While Oldenburg was trying to inspire defences of scripture, Stubbe purposively repeated Islamic charges of corruption, suggesting that 'a certain Christian priest of great note' possessed an uncorrupted copy of the

[27] Ibid., 55, 57–8.
[28] Ibid., 60. Interestingly, Stubbe cites Ahmed ben Edris on the accusation that 'Paul instructed three Princes in religion, and taught each of them a different Christianity: assuring each of them singly that he was in the truth, and afterwards when Paul was dead, each of them pretended his religion to be the true religion derived from Paul, whence arose great feuds amongst them'. Ahmed ben Edris seems to be an important source for Stubbe's interpretation of Islam, but there are very few accounts of his thought. D'Herbelot, *Bibliothèque orientale* (1698), and Maracci, *Alcorani textus universus* (Passau, 1698), make reference to Ben Edris. Humphrey Prideaux in the bibliography appended to the *True nature of imposture* (1697), 166, describes him simply as 'An author that writes in defence of the Mahometan religion against the Christian and the Jews'. See Stubbe, 'Account', 168–70, 173–4; cf. *DTI* 133.

Gospel, which contained 'divers texts which did very clearly and per-spicuously prophecy concerning Mahomet'. Rather than dismiss this interpretation of John 16, Stubbe insisted on the contrary, that 'the texts above recited seem at least as plainly to point to Mahomet and to be fulfilled in him, as any of those which the Christians pick out for their turn'. It is clear then that Stubbe has adopted a sceptical position very close to that advocated in the *De tribus impostoribus*; one of the constant themes of the 'Account' is that of laying aside one's prejudices, of treat-ing all religious claims as equal. In discussing received ideas of paradise in Judaism, Christianity, and Islam, Stubbe insists he cannot distinguish between them, 'and do think that our Notion of the Torments of the wicked in a lake of fire and brimstone somewhere underground, hath as much folly and absurdity in it as any Fable of the Mahometans'.[29]

The effect of Stubbe's 'Account' is manifold. It can be considered as an assault upon all scriptures or 'corans', as Stubbe preferred to call the revelations of different religions. There is also an embedded scriptural claim about the continuity of Jewish, Christian, and Islamic *prisca theo-logia*. Secondly as a work of history the work disinvests the Judaeo-Christian *saeculum* of its sacredness by annexing the Islamic religion to its course. Religion, for Stubbe, is a mutable superstructure related to the political constitutions of particular historical contexts. Thirdly, and per-haps most importantly, the 'Account' proffers a positive model of impos-ture, or to use Stubbe's words, of the necessity of a rational political legislator. The model of Islam is commended by Stubbe because it is rational and prudent, calculated to counter idolatry, superstition, and priestcraft: the counter-implication is that Trinitarian Christianity is imposture.[30]

III

To recap, I have tried to draw some distinctions between the Latin and the French treatises and suggested that there appears to be an historical conundrum in the fact that the English context is absent from the furore surrounding the publication of the *Traité* in 1719. In a speculative attempt to understand this problem I have suggested that the differences in political and religious traditions between the *libertinisme* of the continent and the English free-thinking republicans exemplified in Stubbe's ac-count may be illuminating. By tracing the influence of Stubbe's manu-

[29] Stubbe, 'Account', 174, 178, 179. See also Oldenburg to Beale, September 1660, *Oldenburg correspondence*, 384–7 at 385–6.   [30] Ibid., 104, 153, 154.

script from the 1670s to the publication of John Toland's *Nazarenus, or Jewish Gentile and Mahometan Christianity* in 1718, I hope to argue that the *Traité* was impractical for the reforming programme of the neo-Harringtonian republicans of the early eighteenth century.

Stubbe died in 1676, but his manuscript seems to have been in fairly constant circulation from this period onwards. John Finch, ambassador at Constantinople, brother to Anne Conway of Ragley Hall (to whom Stubbe was physician) used large sections of the 'Account' on the origins of eastern Christianity in his lengthy letter to Lord Conway in February 1675. Finch considered his account unorthodox enough to have omitted it from a letter describing the East to his sister at the same time. In 1678 Charles Blount, member of the radical Green Ribbon Club, wrote to Rochester, using the manuscript to give his 'a political human account of the subversion of Judaism [and] foundation of Christianity'. That Blount had accepted and approved of Stubbe's work is clear from the scattered references in his letters and published works, such as his translation of Philostratus' *Life of Apollonius* (1680) and *The oracles of reason* (1693). In the latter, again writing to Rochester in the early 1680s, Blount skilfully summarised the 'Account' in a few sentences, when he wrote commenting upon Averroës' idea that the whole world is deceived by religion 'for supposing that there were but three laws, viz. that of Moses, that of Christ, and that of Mahomet: either all are false, and so the whole world is deceived; or only two of them, and so the greater part is deceived'. Blount seemed to have read Stubbe's work with the Latin treatise at his elbow: his very next sentence illustrates the practical and political dimension Blount assumed this relativism had, when he wrote, 'But we must know, as Plato and Aristotle well observe, that a Politician is a physician of minds, and that his aim is rather to make men good than knowing: wherefore, according to the diversities of men, he must render himself agreeable to the diversity of humours, for the attainment of his end'. To reinforce this point Blount cited Averroës' justification of the political legislator devising fables to 'regulate the people'.[31] When

---

[31] C. Blount, *Oracles of reason*, 123–4, 125–7. Charles Blount is a much understudied figure, casually dismissed by many historians as a mere plagiarist (see for example H. R. Hutcheson (ed.), *Lord Herbert of Cherbury's 'De religione laici'* (Yale, 1944), 48, 71–4), but it seems that his work is central to early English free-thought. He was the first translator of passages from Spinoza's *Tractatus theologico-politicus*, but more importantly his understudied translation and polemical edition of Philostratus' *Life of Apollonius* (1680) combines many of the subversive texts that were compiled in the *Traité de trois imposteurs* (for example: Spinoza, 99; Vanini, 29, 69, 82, 112, 113; Hobbes, 13, 28, 29, 32, 33, 151; Averroës, 29, 73; Postel, 72). A much more detailed study of Blount and his use of *libertin* sources needs to be undertaken: for an introductory survey see Champion, *The pillars of priestcraft shaken*.

Blount's work was originally published (and republished) in the mid 1690s it was into a context made overly sensitive to the model of Islam and its connection or discontinuity with Christianity because of the Unitarian polemics against the Trinity. Bound in with this debate was the issue of imposture.

As I have shown elsewhere, the Unitarian polemicists, drawing from the Interregnum writings of Biddle and his contemporaries, explicitly proposed a theological continuity between Judaism, Christianity, and Islam. The first public statement was an attempt by certain Unitarians in London to address the Moroccan ambassador in 1682 with a statement of Islamic and Unitarian unity. As the Unitarians became more vocal in the 1690s this manifesto of unity was republished by the Nonjuror Charles Leslie in an obvious attempt to blacken his anti-Trinitarian opponents. In this way positive Stubbian or Blountian statements about Mohammed became intermingled with a theological movement that makes it difficult to assess the intentions of the participants. Were Stubbe and Blount proposing a sincere theological reading of Scripture, or were the Unitarians advocating a politic religion? Stephen Nye, the most articulate of the Unitarians, in a *Letter of resolution* (1691), gave a reading of Scripture that suggested Islamic monotheism was more 'Christian' than seventeenth-century Trinitarian corruption.

It was for this reason that Humphrey Prideaux in the *True nature of imposture* (1697) attempted both to destroy the value of Mohammed's religion and defend the certainty of the New Testament. It is likely that Prideaux, with the Unitarian texts to the forefront of his mind, sought also to rebuke Stubbe's 'Account'.[32] Employing, in particular, the arguments of Johannes Andreas (a late-fifteenth-century convert from Islam to Christianity), *De confusione sectae mahometanae*, first published in English in the mid 1650s, Prideaux denounced Mohammed as the model of true imposture. In the appended *A letter to the Deists* he insisted that 'the Gospel of Christ' was no imposture. Christ and Christianity had none of the 'marks, characters, and properties' of imposture. Importantly Prideaux countered Stubbe's contention that Christ had originally presented himself as a Judaic Messiah: the constant theme was of Christ's 'spiritual kingdom' opposed to the messianic notion of a temporal kingdom prevalent amongst the Jews.[33] Prideaux's work was a massive polemical success. It reached ten editions by 1722. In England then, certainly by

[32] H. Prideaux, *The true nature of imposture* (1697) compare with Stubbe's 'Account', 173–4. Note that both authors use Edward Pococke's *Specimen historiae arabum* (Oxford, 1650), 185, as a source.

[33] Prideaux, 'A letter to a Deist', appended to *The true nature of imposture*, 14–16.

the mid 1690s, there was a public and vociferous debate about the nature of imposture. The Unitarians had implied that Trinitarian Anglicanism was priestly imposture and that Scripture was corrupted. Orthodox men like Charles Leslie, Jonathan Edwards, and Prideaux wrote virulent counter-attacks defending Christianity and the priesthood. Indeed the texture of these debates was not just a criticism of belief (how this text or that text should be interpreted) but was in essence a criticism of power, which focused upon the idea of the priesthood as mediators between man and God. As Prideaux noted, the 'notion of a mediator between God and Man was that which did run through all the religions that ever were in the world'.[34] For the orthodox, only a priesthood could teach men by revelation: for the free-thinkers it was the priests who had corrupted an originally pristine and rational religion. The English debate was thus both propositional and practical, and the reform of religion was to be undertaken by sacred criticism.

It was into this context that Stubbe's manuscript 'Account' was thrust. 'Mahometan Christian' became a commonplace phrase of abuse in the 1690s and 1700s. John Toland was accused of being one in 1698 for his 'blasphemous denial of the *mysteries* of our religion, and his insufferable virulence against the whole *Christian Priesthood*'.[35] In 1718 the Irishman justified these charges by publishing *Nazarenus, or Jewish Gentile and Mahometan Christianity*. Thomas Mangey insisted that this work was linked to Stubbe's, and I have shown elsewhere that Toland's work is heavily indebted to the 'Account'. But here I want to suggest that as a published text it intends to fulfil a similar function to the treatises upon imposture. To be more specific, I wish to argue that Toland's *Nazarenus* epitomizes English republican radicalism, in being profoundly influenced by the writings of Harrington and Spinoza, and projecting his ideas for practical reform by undertaking innovative scriptural interpretation. In his reading of the three religions Toland managed to combine the Harringtonian idea of civil religion with a Spinozistic vision of revelation as anything that induced men to morality.

Toland, given the sobriquet 'Tractatus-Theologico-Politicus', by one opponent, was originally notorious for his *Christianity not mysterious* (1696) which proposed a 'reasonable' vision of religious belief calculated

---

[34] Prideaux, *The true nature of imposture*, 150.

[35] BL, Add. MS 4295, fo. 6, 58, 63, and 64. Toland replied rather ironically 'The reason for this odd compliment I am yet to learn, unless it be that I can't drink wine enough to pass for orthodoxy with some doctors: for I am by no means for propagating religion by force, in which respect the doctor is a very good Mahometan, how ill a Christian so ever he may be'. The best published account of Toland's thought is R. Sullivan, *John Toland and the Deist controversy* (Harvard, 1982).

to undermine the 'mystery' of priestcraft.[36] All Christian belief and revelation was to be subject to strict historical analysis. A year later he published *Amyntor, or a life of Milton* which contained Toland's meditations on the historicity of the canon of Scripture. These passages were expanded later to become a full-length study of Scripture, the *Catalogue of books . . . as truly or falsely ascribed to Jesus Christ*. These two works present the two sides of Toland's polemic: *Christianity not mysterious* is a full frontal attack upon priestcraft, and as such the book was burnt in Dublin and later condemned by Convocation in London. Toland judiciously left Ireland in fear for his life. *Amyntor* and the *Catalogue* present the more devious side of Toland's work. They appear as an impartial scholarly and historical commentary on various apocryphal Christian texts. Toland was a learned Biblical scholar. He had been taught by Frederick Spanheim at Leiden in 1692, although he acknowledged that his opinions were sharply at variance with his teacher's. Toland's point, however, was not mere scholarly erudition, though he was proud to note that scholars with continental reputations like Pfassius, Daillé, Grabe, and Mill all approved his various opinions about particular texts. His assault was not against particular passages but suggested that all scripture (Jewish and Christian) was suppositious. Following Spinoza, he argued that each piece of revelation was composed by men for specific purposes. Just as the pagans forged works to induce men to believe, so did the Jews and Christians. The *Anabaticon of Isaiah* and the Sibylline Oracles were two such examples. No wonder that Thomas Brett insisted that Toland's claims about the uncertainty of the Canon were subversive: he wrote, 'so there's an end of all revealed religion, and Christianity itself is all cheat and imposture: and if his books have not been much misunderstood and misrepresented, the Destruction of Christianity seems to have been the main design of all his writings'.[37]

In a later work, *Hodegus*, written between 1708 and 1710 in Holland, Toland executed a precise piece of Spinozism (and a piece that was integrated into the English manuscript of the *Traité*) in his naturalistic explanation of the Pillar of Cloud and Fire described in Exodus.[38] At the same time as Toland composed this work he is known to have been working upon a larger account of the Mosaic republic, extracts of which

---

[36] J. Toland, *A collection of several pieces* (1726), 2 vols., 1: liv.

[37] Ibid., 1: 354 ff. at 355, 383, 395–6.

[38] Toland's *Hodegus* is the source for the section on Moses and the Pillar of Fire in the English translation of the French treatise: see Stowe 47, fo. 38; T. Brett, *Tradition necessary to explain and interpret the Holy Scripture* (1718), p. iv.

appeared as *Origines judicae* and *Adeisdaemon* between 1708 and 1709, published at Amsterdam. The Netherlands at this time was also the place where he started his work upon *Nazarenus*. This was to be an attempt to undermine all Christian apostolic tradition. Toland's work was based upon his discovery at Amsterdam of a 'Gospel of Barnabas' in 1709. He had continued his researches at the 'public library' at Leiden although he actually lived in the 'delicious gardens of Honslaerdyck'.[39] It has been suggested speculatively that the Gospel may have belonged to either Limborch or Furley: Toland refers to a person of great authority.[40] Using this text Toland restated with much more scholarly prowess Stubbe's speculations about the Nazarene origins of Islam: where Stubbe had written rather vaguely of the Septuagint or the Gospel of Hebrews, Toland proposed the Gospel of Barnabas as the repository of pristine Christianity and Islam. Like Stubbe, Toland insisted he was 'only a historian, resolved to make no reflection but what my facts will naturally suggest, which are generally collected from the Bible and the Fathers'. The irony can hardly have been unintended. In *Nazarenus* Toland proposed simply and innovatively that all three great religions were part of the same tradition: the religious laws of Moses, Christ, and Mohammed were diverse historical and political manifestations of a common rational and prudential religion, 'no less national and political, than religious and sacred'. Toland reduced issues of belief to 'reason and evidence' as opposed to 'revelation and mystery'. Toland argued that the Gospel of Barnabas, an anti-Pauline polemic that denied Christ's resurrection, was a central Christian text. The critics howled: Toland was the 'great advocate of Mahomet' or 'Mahomet's solicitor general'. The Gospel of Barnabas was a forgery and primitive Christianity definitely not Nazarene. Brett rejected Toland's attempt 'to make his new found Mahometan Gospel pass for genuine Scripture' because this was like trying to make 'the Alcoran pass for a Christian book, or, in a word, make anything that an impostor or whimsical enthusiast shall teach, pass for a good saving Christian Doctrine'. Mangey indicted Toland's 'sham discovery [that] gave him an opportunity of emptying his commonplace

---

[39] J. Toland, *Nazarenus* (1718), III. Some brief notes on Toland's education in Leiden can be found in the holdings of the Dousa Room at Leiden University: the *Volumen inscriptiorum sive catalogus studiosorum academicae leydensis* has Toland's matriculation details for his study under Spanheim. Entry 254 for 1692 reads, '1 Nov Joh. Tholandus; Hybernus 1. Theol. Stud. annor 22'. Toland appears to have been resident in the house of Susanna Dolphin in the Langebrugge just off the Rappenburg, convenient for the university library.

[40] See J. Slomp, *Psuedo Barnabas in the context of Moslem–Christian apologetics* (Pakistan, 1974), III; L. Cirillo, *L'Evangile de Barnabe. Recherches sur le composition et l'origin* (Paris, 1977), 50.

book, and lent his a title to his long projected Design of unsettling the Canon of Scripture, overturning the foundations of Christianity, and of pursuing that fashionable and threadbare subject of abusing the clergy'.[41]

What was *Nazarenus* intended to do and how can it be linked to the treatises upon imposture? Contemporaries perceived its prime intention as a burlesque upon Scripture. In undermining the sacred text Toland aimed to overthrow the 'English High Church Pharisees' and their monopoly of interpretation. *Nazarenus* does not however argue for the abolition of all religion but its reform to virtuous fundamentals. Very much like the *Traité*, Toland (citing Cicero) argued that 'right reason' was the bond of society 'where there is or where there is not a reveal'd religion'. The point of a national religion was to induce men to 'right reason'.[42] Here it is instructive to consider the categories of private and public in Toland's thought: in *Clidopherous* he had drawn the Varroistic distinction between an esoteric or private philosophy and an exoteric or public version of the private adapted to the capacities of popular reason. He commented 'what I whisper'd in private, and what I printed to the world all speak the same language, all tend to the same end'. To this end Toland explicitly espoused the Harringtonian idea of civil religion: since man was 'by nature' sociable, but prone to error, it was necessary 'therefore that Virtue, Religion, and Understanding ought to provide against these evils of society, by good education and wholesome law'. To this end the 'rules for virtue and religion' were part of a civil philosophy: 'the clergy should teach those rules, and deliver those precepts without adding, diminishing, glossing, or commenting: which is the ready way to make humanity shine, justice flourish, and communities happy'. Toland lamented in 1714 that the Church of England 'is not what we could wish it': it was necessary to 'endeavour to alter and amend by degrees, as far as is practicable'. *Nazarenus* was part of this campaign of practical reform.[43]

The connections between *Nazarenus* and the French treatise are complex. Margaret Jacob's research has argued that Toland was part of the Masonic coterie that was most likely responsible for the publication of the *Traité* in 1719. Certainly parallels between the main themes on the origins of religion (both historical and human) can be found in Toland's works. However the Bible criticism of *Nazarenus* seems to stand apart from the apparent rejection of all scripture and religion as imposture in the French treatise. Although there is a common appreciation of 'right

---

[41] Toland, *Nazarenus*, 17, 18, 5, 38; *Collection*, I: xviii, xx; *Tetradymus* (1722), p. xix; T. Mangey, *Remarks upon Nazarenus* (1722), 3; T. Brett, *Tradition necessary*, p. xxi.

[42] Toland, *Nazarenus*, 82, 65–6.   [43] Toland, *Collection*, II: 222, 246, 247.

reason' and 'natural law, the *Traité* consistently seems to adopt a more pessimistic tone than Toland. The impostor theory is presented as a diagnosis, not a remedy. This is not to argue that the *Traité* is more radical than the English theorists, but that they are addressing different audiences. This distinction is between a purely propositional analysis and a practical programme. While the *Traité* anatomizes priestcraft and imposture, it does not give any explicit indications of how society can overcome these historical and epistemological problems. On the other hand, the English Republican tradition, indebted to the Harringtonian analysis of authority and civil religion combined with a Hobbist or Spinozist critique of revelation, set out to reform imposture. Thus Toland's *Nazarenus* was conceived as a contribution to the Bangorian controversy provoked by Bishop Benjamin Hoadly. Writing upon the favourite Hobbist theme of 'My kingdom is not of this world' Hoadly suggested that the clerical order should be reformed along the lines of a civil religion. Toland set out to promote the same cause. In private Toland was as sceptical as the *Traité* about the capacity of the vulgar to conceive of the pantheistic truth, but he saw the need to reform public religion as a tool for social comfort.

Speculating about the different contexts and intentions of French and English free-thought could fill many more volumes: here having examined the positions, arguments, and histories contained in *De tribus impostoribus*, the *Traité*, Stubbe's 'Account', and Toland's *Nazarenus*, I should like to propose a few preliminary remarks. The differences of textual intention lie, I suspect, in the experience of the Interregnum in England: the eruption of radical ideas in both politics and religion in the 1650s provided a storehouse of statements hostile to *de jure divino* defences of Church and State. Attacks upon priests, kings, and the Bible were conceived of as a common and linked programme. The revolutionary writings of Harrington and Winstanley, for example, proposed not only theoretical indictments, but also practical models of reform. This public polemic of the 1640s and 1650s was driven underground, as Hill has discussed, with the restoration of monarchy and episcopacy in the 1660s.[44] Being driven underground did not mean disappearing: Restoration radicalism, as the cases of Stubbe and Blount indicate, developed different strategies to display their attacks. One of the central methods was

---

[44] See J. F. McGregor and B. Reay (eds.), *Radical religion in the English Revolution* (Oxford, 1984); C. Hill, *The experience of defeat* (1984); R. Zaller, 'The continuity of British radicalism in the seventeenth and eighteenth centuries', ???, VI (1981); for a useful case-study see R. H. Popkin, 'Spinoza and Samuel Fisher' *Philosophia*, XV (1985).

to write alternative histories of other religions. Cultural relativism became a means of criticizing priestcraft in England. Writers like Stubbe, Blount, and Toland pre-empted the arguments of the French treatise when they insisted that public religions were necessarily forms of imposture and had to be analysed as forms of political and social ideologies. According to the English tradition the theory of imposture went hand in hand with the theory of the political legislator. Public religions were almost always theologically false, but they could potentially become just instruments for the reform of reason. For the English free-thinkers, theology, if it led to virtue, was benign, but if it led to ignorance, prejudice, and error it was priestly imposture. In England, unlike France, the peculiarly Protestant tradition of the royal supremacy was adopted by radicals like Stubbe and Toland as an Erastian instrument against corrupting priests.

[12]
'Behold the fear of the Lord':
The Erastianism of Stillingfleet, Wolseley, and Tillotson[1]

⏤◄◦►⏤

Jan W. Wojcik

(Auburn University)

FEAR, ACCORDING TO THE THESIS expressed in *The three impostors*, is the origin of religion. The author (if there is a single author) of the treatise goes on to explain that in their ignorance of natural causes, men have been frightened by such apparently inexplicable events as earthquakes and illnesses and have imagined that invisible powers are responsible for these evils. Thinking these powers to have immediate and complete control over nature, men have tried to appease them and gain their favor. Princes and priests have capitalized upon this fear and the hope born of fear by nurturing these seeds of religion, the former to support their own authority and the latter to enrich their own purses. These cunning men have used religion to keep the vulgar in submission and awe, and their cheat has been facilitated by the ambition and avarice of certain individuals (most notably Jesus, Moses, and Mahomet) who

---

[1] 'Behold the fear of the lord, that is wisdom, and to depart from evil, is understanding' (Job 28:28, Authorized Version). This is the textual basis for one of John Tillotson's sermons to be examined in this essay.

In the narrow sense of the term, an 'Erastian' is one who shares the views of Thomas Erastus (1524–1583), that is, one who believes that the Church has no power to excommunicate; in England such a sect arose during the Civil Wars in the middle of the seventeenth century (E. Chambers, *Cyclopaedia* (London, 1728)). In this paper I used the term in the broader sense in which it is used today to refer to one who believes that the State, and not the Church, has supremacy in ecclesiastical affairs.

S. Berti et al. (eds.),
Heterodoxy, Spinozism, and Free Thought in Early-Eighteenth-Century Europe, 357–374.
© 1996 *Kluwer Academic Publishers. Printed in the Netherlands.*

have pretended to be friendly with and to have received laws from the invisible powers.[2]

In this essay I shall examine the responses of three Anglican spokesmen, Edward Stillingfleet, Sir Charles Wolseley, and John Tillotson, to the thesis that religion is a 'mere politick contrivance.' Stillingfleet (1635–1699) ended his career in the Church as Bishop of Worcester, and Tillotson (1630–1694) ended his as Archbishop of Canterbury. Wolseley (1630?–1714), pardoned after the Restoration for Cromwellian associations during the Interregnum, spent the rest of his life in retirement, writing on religious themes.[3] Their responses are valuable for the light they shed on what the writers conceived to be the proper relationship of religion to civil government, for each of the rebuttals evolves into a defense of the benefits of religion to the state. By arguing that the fear of God is well-grounded in God's existence and power, they are able to deny that religion is a cheat devised by cunning men to keep the rest of mankind in submission and awe while arguing at the same time that statesmen quite properly use religion to maintain order and stability in the state.[4] In short, these Anglicans rebut the thesis expressed in *The three impostors* not by denying that religion is used as a political device, but rather by arguing that the use of religion to secure civil obedience is part of God's plan.

I

Before examining the responses of these spokesmen, it will be helpful to consider briefly the general context in which they were written, for the thesis to which these Anglicans were responding had a long history of being expressed in English publications. Stillingfleet's *Origines sacrae* was published in 1662, Wolseley's *The unreasonableness of atheism made manifest* in 1669, and Tillotson's *Sermons preach'd upon several occasions* in 1671; none of the writings was motivated by the publications, later in the century, of the English deists.[5] All of the responses were written after the

[2] For *The three impostors* I have relied upon Stowe MS 47 in the British Library.

[3] *Dictionary of national biography*, for all three men.

[4] In his *True intellectual system of the universe* (London, 1678) Ralph Cudworth included an exposition similar to the ones considered in this essay. I have not discussed it in the present essay because of the excellent treatment given it by Richard H. Popkin, 'The crisis of polytheism and the answers of Vossius, Cudworth, and Newton', in James E. Force and Richard H. Popkin (ed.), *Essays on the nature, context, and influence of Isaac Newton's theology* (Dordrecht: Kluwer Academic Publishers, 1990), 16–20.

[5] The first published work of Charles Blount, generally considered to be the 'Father of English Deism,' is dated 1679 (*Anima mundi*).

publication of Thomas Hobbes's *De cive* (Latin, 1647; English, 1651) and *Leviathan* (1651). Indeed, both Wolseley and Tillotson explicitly connect Hobbes with the thesis to be rebutted.[6]

Hobbes, like the author or authors of *The three impostors*. grounds religion in men's fear of invisible powers:

> This Feare of things invisible, is the naturall Seed of that, which every one in himself calleth Religion; and in them that worship, or feare that Power otherwise than they do, Superstition.
>
> And this seed of Religion, having been observed by many; some of those that have observed it, have been enclined thereby to nourish, dresse, and forme it into Lawes; and to adde to it of their own invention, any opinion of the causes of future events, by which they thought they should best be able to govern others, and make unto themselves the greatest use of their Powers.[7]

Certainly Hobbes was perceived as particularly dangerous because of the implications of his metaphysical materialism; for this alone it was essential that he be answered. We should bear in mind, however, that the thesis of the political origin of religion was circulating in England long before the publication of Hobbes's writings, and we should also bear in mind the historical relationship of religion to the state in post-Reformation England.

In England the head of state (in Parliament) is the head of the state church. As part of the Elizabethan Settlement, Elizabeth's first Parliament of January 1558/9 passed 'An Act restoring to the Crown the ancient jurisdiction over the state ecclesiastical and spiritual, and abolishing all foreign power repugnant to the same'. This act required ministers and officers, both lay and divine, to swear an Oath of Supremacy to the crown in all matters spiritual and temporal; the penalty for refusal to take the oath was forfeiture of office 'as though the party so refusing were dead'.[8]

---

[6] Stillingfleet mentions Hobbes only once in the 1662 edition of *Origines sacrae*, in a context not directly related to the thesis that religion is a political contrivance. (He argues that imagination — as defined by Hobbes — cannot account for reflective acts of the mind upon itself (pp. 414–18).) In his 1697 revision of the work, however, he does explicitly associate Hobbes with this thesis: *Works* (London, 1709), II: 41, 63, 66, and *passim* (differently paginated from the 8th edn. of *Origines sacrae*).

[7] Thomas Hobbes, *Leviathan* (London, 1651), 51. Hobbes, of course, excludes Moses, Jesus Christ, and the Apostles from any imputation of imposture (p. 54). The question of Hobbes's personal religious beliefs need not concern us here; in the eyes of the 17th-c. Anglicans with whom we are concerned in this essay he was an 'atheist.'

[8] The act may be found in G. R. Elton (ed.), *The Tudor constitution: Documents and commentary*

Although with this Act royal supremacy was re-established (previous Henrician legislation having been repealed during the reign of Mary I), the question of the proper relationship of the Crown to the Church remained controversial throughout the remainder of the sixteenth century and during the seventeenth century. Roman Catholics posed the most immediate threat with the excommunication of Elizabeth by Pius V (which from the pope's point of view deprived her of her kingdom and released her subjects from allegiance to her), and with the missionary activities of French-trained Jesuits determined to reclaim England for Rome (activities that were judged to be—and probably were—treasonous). Within the Church of England itself there were those who opposed royal supremacy. High churchmen believed that bishops, princes of the Church and the direct descendants of Christ's apostles, should rule the Church, not a temporal prince. And throughout the period there were those who argued that the Reformation had not restored Christ's Church to its original purity and who increasingly stressed the supremacy of—and indeed the obligation imposed upon—the individual conscience, even when that conscience was not in agreement with the Crown's. It was this latter group that would lead the nation into Civil War in the 1640s and who would pose, even after the Restoration and the re-establishment of the State Church, a distinct threat to conformity within the Church.[9] It was within the context of opposition to royal supremacy from both high churchmen and non-conformists that the writings which are the subject of the present essay were penned.

The opposing views of fellow-Christians do not provide the only context for the writings of Stillingfleet, Wolseley, and Tillotson, however. Within this period there was an increasing awareness of the threat to Christianity posed by 'atheists'. The problem of determining the exact extent to which 'atheistic' views were expounded during the sixteenth and seventeenth centuries is a notoriously vexing one for historians.[10] At

(Cambridge: Cambridge University Press, 1965), 363–8. For the passage containing the exact wording of the penalty, see the unabridged transcription of the Act in Henry Gee, *The Elizabethan clergy and the settlement of religion, 1558–1564* (Oxford: Clarendon Press, 1898), 15.

[9] Claire Cross, *The Royal Supremacy in the Elizabethan Church*, Historical problems, studies and documents (London: George Allen and Unwin, 1969), Introductory 1; John Marshall, 'The ecclesiology of the latitude-men, 1660–1689: Stillingfleet, Tillotson and "Hobbism"', *Journal of ecclesiastical history*, 36 (1985).

[10] For an excellent discussion of 'atheism' in early modern England see two essays by Michael Hunter: 'The problem of "atheism" in early modern England,' *Transactions of the Royal Historical Society*, 5th Ser., 35 (1985), covers the late sixteenth and early seventeenth centuries; and 'Science and heterodoxy: An early modern problem reconsidered', in D. C. Lindberg and R. S. Westman (eds.), *Reappraisals of the scientific revolution* (Cambridge: Cambridge University Press, 1990), covers

a time when declaring 'a poxe' on God for permitting rain to interfere with hawking was considered rank atheism[11] and when genuinely atheistic views were not likely to be committed to writing (or preserved by posterity if they were) surviving evidence of *bona fide* atheism is scanty.

What is clear is that there were a number of rather stock arguments that were perceived by orthodox apologists to be used by 'atheists,' and among these arguments was the claim that religion is a device used by politicians to secure the obedience of subjects.[12] In 1593 Gabriel Harvey bewailed the 'monster of extremityes' who had forged 'the most detestable *Blackebooke de tribus impostoribus mundi*'.[13] And in 1597 Thomas Beard, the Puritan divine who later tutored the young Oliver Cromwell, complained that in recent years Christopher Marlowe had written books 'affirming our Sauiour to be but a deceiuer, and Moses to be but a coniurer and seducer of the people, and the holy Bible to be but vaine and idle stories, and all religion but a deuice of policie'.[14] When a Royal Commission sat in Dorset in March of 1594 to investigate such rumors of heterodoxy one of the nine questions put to the witnesses asked them to name anyone rumored to have claimed that 'scriptures ar[e] not to be believed & defended by her ma[tie] for doctrine, & faith, and salvacion, but onlye of policye, or Civill government'.[15] And Richard Hooker, whose influence on subsequent generations of Anglican spokesmen is inestimable, showed his awareness of the hypothesis of the political origin and use of religion when he noted that atheists

would faine belieue that the hartie deuotion of such as in deede

the late seventeenth and early eighteenth centuries. In the present essay I use the term in the rather loose way (described by Hunter) in which it was used by the apologists themselves, and enclose the word in quotation marks when, in the context, to do so seems appropriate. The study of atheism in early modern France poses similar difficulties; see Alan Charles Kors, *Atheism in France, 1650–1729: The orthodox sources of disbelief*, Vol. 1 (Princeton: Princeton University Press, 1990).

[11] This was alleged of Thomas Allen at the Cerne Abbas hearing; quoted in Hunter, 'Problem of "atheism"', 152.

[12] Ibid., 141 and *passim*. It is possible (and in my opinion likely) that an early manuscript version of *The three impostors* was circulating in England in the late 1590s; certainly the comments of G. Harvey and of Beard (below) seem to be specific references to such a document. What is certain, however, is that the specific thesis expressed in *The three impostors* was known in England at this early date and that this thesis was associated with a treatise entitled *De tribus impostoribus mundi*. There is also evidence that such a manuscript was again (or still) in circulation in 1656; see the discussion of Oldenburg and Boreel below and n. 22.

[13] [Gabriel Harvey], *A nevv letter of notable contents* (London, 1593), sig. D[r].

[14] Thomas Beard, *The theatre of Gods iudgements*; Or, a *Collection of histories out of sacred, ecclesiasticall, and prophane authors, concerning the admirable iudgements of God vpon the transgressours of his commandements. Translated ovt of French, and avgmented by more than three hundred examples* (London, 1597), 148.   [15] G. B. Harrison, *Willobie his avisa* (London 1926), App. 1, p. 256.

feare God, is nothing else but a kinde of harmeles error, bred and
confirmed in them by the slights of wiser men. For a politique vse
of religion they see there is, and by it they would also gather, that
religion it selfe is a meere politique deuice, forged purposely to
serue for that vse. Men fearing God are thereby a great deale
more effectually then by positiue lawes restrayned from doing
euill; in as much as those lawes haue no farther power then ouer
our outward actions only, whereas vnto mens inward cogitations,
vnto the priuie intents and motions of their harts religion serueth
for a bridle.[16]

Attention to the claim that religion is but a tool of the state was not
limited to the 1590s, the period from which all of the above examples
have been taken. In 1616 Henry Wright raised the question of the
political origin and use of religion point-blank. Wright, about whom we
know nothing other than that he dedicated his one published work to the
Lord Mayor of London and that he acknowledged Machiavelli as an
influence, was able to insinuate the truth of the political use of religion
by including it in a series of 'questions'—questions, it should be noted, to
which Wright offered no answers. Why (Wright asks) did the wisest
lawgivers determine that religion and all holy things should belong to
the Prince? Was it because they thought it best that that which was best
should be honoured by the best? Or was it because the lawgivers figured
(and wisely so) that if the subjects feared God, they would be less likely to
hurt one another or their prince? Or was it because they figured that
divine powers would be on the side of those that serve them? 'Or to
conclude, was it for the generall good of a Common-wealth, as a certaine
Diuine plainely protested, who held that *Religion*, and the *Feare of God*,
were the surest bands for conseruing of Humane Society?'[17] And orthodox spokesmen continued to express their concern with such speculations. In addition to Harvey, Beard, and Hooker noted earlier, Roger
Ascham, John Carpenter, Jeremy Corderoy, and John Hull, all writing in

---

[16] Richard Hooker, *Of the lawes of ecclesiasticall politie: The fift[h] booke* (London, 1597), 6. Hooker
has Machiavelli in mind (p. 7, marginal n.).

[17] Henry Wright, *The first part of the disqvisition of trvth, concerning political affaires* (London,
1616), 1–2. Machiavelli is listed among the 'chief authors' Wright has followed (sig. B3r). From
a marginal n. (p. 2) we learn that the 'certain divine' is Lactantius. Apparently the planned second
part of Wright's *Disqvisition* was never published. For a discussion of Wright, see Felix Raab, *The
English face of Machiavelli: A changing interpretation, 1500–1700* (London: Routledge and Kegan
Paul, 1964), 91–4. As we shall see, orthodox spokesmen argued for the truth of all of Wright's
possibilities, with the exception of the first which was perhaps taken for granted.

the late sixteenth or early seventeenth century, denied that religion is but a fable imposed by politicians.[18]

In the years leading up to the Civil War and during the Interregnum, writings on political and religious issues multiplied. To examine all of these writings is beyond the scope of this essay. For present purposes it is sufficient to note that radical reformers were aware of the thesis that religion is of political origin and used it in their writings.[19] Gerrard Winstanley, for example, claimed that the 'subtil elder Brother' was using fear of the afterlife to cheat 'his simple younger Brother of the Freedoms of the Earth'.[20] These years of turmoil also saw a proliferation of false messiahs and prophets: John Reeve and Lodowick Muggleton, the 'Two Witnesses'; Roland (or Reynold) Bateman, the Royalist messiah; the Quaker James Naylor.[21]

Given the references in the 1590s to the thesis later to be published in *The three impostors*, Wright's 'questions', published in 1616, the writings of the radical reformers and the proliferation of religious impostors in the 1640s and the 1650s, and the concern of apologists writing prior to the publication of Hobbes's works, we should not assume that the views of Hobbes were all that the apologists whose writings we are about to examine had in mind. Indeed, there is evidence that a manuscript version of *The three impostors* was circulating in England just six years prior to Stillingfleet's *Origines sacrae*, for in a letter written to Adam Boreel in 1656 Henry Oldenburg expressed concern about and asked Boreel's help with 'two problems that were mentioned lately'. The first problem involved the claim that the Mosaic account of Creation had been composed to introduce the Sabbath; having accepted the need to worship God one day of the week the people would be more likely to accept whatever else Moses might claim God had revealed to him. The other problem was

> that Moses certainly encouraged and excited his people to obey him and to be brave in war by hopes and promises of acquiring rich booty and ample possessions, and that the man Christ, being more prudent that Moses, enticed his people by the hope of

[18] Hunter, 'Problem of "atheism"', 136, 140–41, 145.

[19] Raab, *English face of Machiavelli*, chs. 4 and 5.

[20] Jerrard [Gerrard] Winstanley, *The law of freedom in a platform; or, True magistracy restored* (London, 1652), 61. In Winstanley's account the clergy first used threats of retribution in this life to keep the people in submission to the king; later, this 'hypocrisie' being discovered, they preached retribution in an afterlife to keep both the king and the people in submission to them (Ibid., 20–21).

[21] Keith Thomas, *Religion and the decline of magic: Studies in poplar beliefs in sixteenth- and seventeenth-century England* (Harmondsworth, Middx: Penguin Books, 1973), 159–61.

eternal life and happiness though aware that the soul seriously contemplating eternity would scarcely savor what is vile and low. But Mohammed, cunning in all things, enlisted all men with the good things of this world as well as of the next, and so became their master, and extended the limits of his empire much more widely than did any legislator before or after him.[22]

II

There is no evidence that, when he published his *Origines sacrae* in 1662, Stillingfleet was aware of Oldenburg's 'problems' or of the lengthy apology, never published, that Boreel penned in response to Oldenburg's plea for help. In *Origines sacrae* his primary target was those who, relying on heathen histories for support, argued that there were men before Adam.[23] But in the process of revealing the inadequacies of the heathen histories and defending the integrity of the Judeo-Christian revelation, Stillingfleet found it necessary to repudiate those 'atheists' who pretend that

> *religion* is only an *invention* of *Politicians*, which they *aw[e] people* with as they *please*, and therefore tell them of a *God*, and another *world*, as *Mothers send young children to school to keep them in better order*, that they may govern them with the greater ease.[24]

Stillingfleet responds by granting that religion is indeed of benefit to the state; civil government in fact depends on bonds of duty and allegiance, and it is better that these bonds not be based on force, for men will rebel against force at the earliest opportunity. However, 'when mens minds are possessed with a sense of duty and obligation to obedience out of conscience, the rains may be held with greater ease; and yet the people be better managed'.[25]

But, Stillingfleet stresses, politicians could not make such use of religion 'were there not a real propensity and inclination to religion imprinted on the minds of men' by God.[26] In support of this statement, Stillingfleet argues from universal consent. However rude or barbarous,

---

[22] *The correspondence of Henry Oldenburg*, ed. and trans. by A. Rupert Hall and Marie Boas Hall (Madison: The University of Wisconsin Press, 1965), 1: 91. For a discussion of Boreel's response, see the essay by Robert Iliffe in this volume.

[23] Edward Stillingfleet, *Origines sacrae; or, A rational account of the grounds of natural and reveal'd religion* (London, 1662), Preface, sig. b3ʳ. Interestingly, 2 Peter 1:26 appears on the title page: 'For we have not followed cunningly devised Fables, when we made known to you the power and coming of our Lord Jesus Christ, but were eye-witnesses of his Majesty.'

[24] Ibid., 382.   [25] Ibid.   [26] Ibid.

all of the ancient nations acknowledged a deity. If God did not imprint this propensity to religion on the minds of men, then the only other possible explanation is that the idea which all men have of God is the result either of force or of fraud. It cannot be the result of force, for we find the idea in areas of the world which have no history of force; further, it is deeply rooted among the very natures of people most tender of their liberties. The only 'force' involved in the universally-held belief in God occurs when men try to cast off this belief, for then thunder, quakes, and illnesses force men back to the belief.[27]

But what about fraud? It is simply not reasonable to believe that men's belief in God could be fraudulently introduced by politicians, Stilling-fleet notes, because people are always suspicious of the subtlety of politicians and this very suspicion makes it unlikely that politicians could influence the vulgar in this way unless what is being proposed is '*so consonant to their natures*, that they could suspect no *design* at all in the *matters* propounded to them'.[28] In fact, it is so unreasonable to believe that magistrates could have fooled the vulgar into believing in God that some modern atheists, seeing the futility of arguing fraud and imposture, argue instead that the universal belief in God is caused by the influence of the stars.[29]

Stillingfleet will not allow the fact that some few individuals do not consent destroy the force of the argument. Just because some men are born with one leg does not mean it is not natural to have two; just because some men take their own lives does not mean that it is not natural to desire life.[30] Besides, Stillingfleet notes, 'if it were not a *dictate of nature* that there was a God, it is impossible to conceive the *world* should be so *constant in the belief of him, when the thoughts of him breed so many anxieties in mens minds*'.[31] God himself is responsible for the idea of his existence in the minds of men, and it is this God-induced idea that is the source of the anxiety and fear that disposes men to religious belief.

Once we understand that the magistrate did not instill this propensity for religious belief in order to make use of it but rather makes use of the propensity because it is natural to man, we realize that the political use of religion is not only permissible but that it is essential, for without the restraint of conscience the whole world would be hurried

[27] Ibid., 388. [28] Ibid., 388–9.
[29] Stillingfleet does not dismiss the possibility that the stars are responsible for universal consent out of hand but instead argues (among other things) that if the influence of the planets is responsible for men's belief in God then atheism is impossible (Ibid., 392).
[30] Ibid., 392–3. [31] Ibid., 394.

into *confusion*; and the *people* would make no *scruple* of all *oaths and obligations*, but every one would seek to do others what mischief he could if he had *opportunity* . . . the more *men* are *perswaded* of the *truth of religion*, they will be the better *subjects*, and the more *useful* in *civil societies*.[32]

At the time of his death Stillingfleet was working on a revision of *Origines sacrae*, and although his treatment of the 'atheistic' claim concerning the political origin and use of religion is essentially the same as in the original edition, there are two differences worth noting. The first is that his treatment of the thesis has been moved to the very beginning of the work. Instead of emerging among many 'atheistic' arguments it has now become of prime importance. And the second is that reason plays a more important role in his discussion of the thesis. Ignorance and fear are still responsible for man's inclination to religion, but it is reason which prevents ignorance and fear from becoming superstition. Since it is reason which confirms our knowledge of God's existence, religion, instead of being a superstitious fear of unknown powers, is 'a prudent, wise and reasonable Fear' of the wise and intelligent Creator whose existence is confirmed to us by (among other things) the admirable adjustment of final causes.[33]

It is likely that 'atheistic' arguments were spread by (and indeed may to a great extent have originated with) orthodox Christians as they rebutted the claims of alleged atheists.[34] Wolseley's *Unreasonableness of atheism made manifest* provides an excellent example of an orthodox work that could have served such a function. To it he appended a brief but comprehensive 'Atheist's catechism'; any aspiring atheist could tell at a glance, without having to pore over pages of apologetics, just what it was he or she was supposed to believe. Of twenty-two questions and answers, five involve the thesis that religion is of political origin:

> Q: What is that men call Religion?
> A: *A politick cheat put upon the world.*
> Q: Who were the first contrivers of this cheat?
> A: *Some cunning men that designed to keep the world in subjection and awe.*
> Q: What was the first grounds of it?

---

[32] Ibid., 382–3.
[33] Stillingfleet, *Origines Sacrae* (1697 revision, cited in n. 6), ch. 1; quote from p. 64.
[34] Hunter, 'Problem of "Atheism"', 149; Kors, *Atheism in France*.

A: *Men were frightened with Tales, that were told them, about invisible nothings.*

Q: When did this fright first seize men?

A: *'Tis very long ago: and (for ought we can find) 'tis as old as the world it self.*

Q: Has this fright upon men been general?

A: *Yes: The whole world, in all ages of it, have been possessed with a fear of nothing.*[35]

In the body of his work Wolseley rebuts these (and other) claims of 'atheists.' He begins by considering several causes of the atheism that he considers rampant, including the mockery of sacred things, the multiplicity of oaths and the renouncing of them, the decline in church attendance that resulted from the restraint upon the liturgy during the Civil War, and the revived philosophical notions of Democritus and Epicurus.[36] The first cause of atheism that Wolseley lists, however, and one that he explicitly attributes to Hobbes, is the bottoming of *'all Religion upon humane authority'*.[37] This atheistic claim cannot be true, Wolseley argues, because all men have an 'instinct' of God in their very nature; even if the object of worship is a *'Leek*, an *Onion*, a *Calf*, or an *Oxe'*, all men know that there is a God.[38]

The atheist, of course, will deny universal consent because he himself does not consent, and will claim that *'this fear of a Deity . . . is nothing but what some cunning men have foisted into the world, upon politick grounds*, and the better to serve their own turns, and keep the world in subjection and awe'.[39] The existence of such 'Ideots' and 'mad men' does not detract from Wolseley's argument, however, for 'the universality of any thing does not lie in every individual persons reception of it . . . but in that even and true proportion it bears to the *universal reason* of the world'.[40] It cannot be true, as the atheists claim, that this universal fear of a deity was imposed by politicians, for there are whole newly discovered peoples who share this fear and who, previously isolated, cannot have been influenced by the tales of politicians. And if politicians have in some parts of the world used this natural fear for their own ends, why has this ruse

---

[35] Charles Wolseley, *The unreasonableness of atheism made manifest*, 2nd edn. (London, 1669; the 1st edn. was also published in 1669), 198. The entire 'catechism' is only three pages long (pp. 197–9). It is reprinted in its entirety in Samuel I. Mintz, *The hunting of Leviathan. Seventeenth-century reactions to the materialism and moral philosophy of Thomas Hobbes* (Cambridge: At the University Press, 1962), 39–40.

[36] Wolseley, *Unreasonableness of atheism*: mockery, 18–21; oaths, 21–3; church attendance, 36; philosophical notions, 37–9.   [37] Ibid.; the reference to Hobbes is on p. 17.

[38] Ibid., 68, 67.   [39] Ibid., 72.   [40] Ibid., 72–3.

not been discovered? It is, Wolseley notes, 'not to be imagined that reason could invent a cheat that reason should not discover'.[41]

Reason has, after all, discovered the cheat imposed on people by the 'Mahumetan' religion. The only other religions that claim to be a system of supernatural revelation, the Jewish and the Christian, rely on human testimony that was never questioned at the time those religions were founded. The 'Mahumetan' religion, on the other hand, was shown to be a 'cheat' and its founder an 'Impostor' by the testimony of the age in which it was promulgated. Haven't we heard how Mahomet, when suffering from fits due to 'Fallingsickness,' told men he was in a rapture and conversing with the angel Gabriel? Haven't we heard how he was persuaded to write the 'Alcoran' by Sergius of Alexandria, a discontented monk? Haven't we heard how he promised his disciples to rise four days after his death, but finally, 'putrified and noisome,' had to be buried? And haven't we heard from the wisest and best men of that time about his drunkenness and debauchery?[42]

By putting Judaism and Christianity on the same footing as the Mahometan religion, Wolseley notes, atheists raze and demolish 'that which should chiefly uphold and support the being of government in the world . . . : and that is, a *primary subjection to God*, which begets a *secondary subjection to men*, as representing him, and exercising his authority amongst them.'[43] For that reason

> the great concern of a Christian State is to justifie the *common cause of God* in the world . . . Keeping men firm in their *Religious Allegiance* has a necessary influence upon all humane Societies. He that is the fastest to God, will be the safest friend. Whatever tends to eradicate Religion, will be found also most pernicious and destructive to the state.[44]

After reading Wolseley's rebuttal of the political thesis one is left with the impression that we are indeed lucky that (the Christian) religion is true; if not, politicians would have had to invent it.

Only two years after Wolseley's *Unreasonableness*, John Tillotson published a volume of his sermons, in some of which he had addressed the thesis that religion is a political contrivance, while defending the view that religion is of benefit to the state.[45] The atheist, Tillotson claims, cannot account for the universal consent of mankind to the existence of God. To be sure, the atheist attempts to account for universal consent by

---

[41] Ibid., 75–9; quote from 79.   [42] Ibid., 142–3.   [43] Ibid., 158–9.
[44] Ibid., 37.   [45] John Tillotson, *Sermons preach'd upon several occasions* (London, 1671).

appealing to fear, tradition, and the policy of the state. Both atheists and orthodox, Tillotson notes, grant

> that the *fear* of a *Deity* doth universally posses the minds of Men. Now the question is, whether it be more likely that the existence of a God should be the cause of this fear, or that this fear should be the cause why men imagine there is a God?[46]

Tillotson, of course, affirms that the former is the case: 'Fear is a passion that is most deeply rooted in our natures, and flows immediately from that Principle of Self-preservation which God hath planted in every man.'[47] The atheist may deny that fear of a deity is God-implanted, claiming instead that it is due to 'universal tradition,' but what, Tillotson asks, is the origin of universal tradition? The atheist will argue in response, Tillotson claims, that men's

> *Superiours* and *Governours*, have a design to impose upon them for their own ends . . . [And] that this noise about a God is a meer *State-Engine*, and a *Politick Device*, invented at first by some *great Prince*, or *Minister of State*, to keep people in awe and order.[48]

And from the atheist's point of view, it is easy to see why this notion has lasted so long, 'for being found by experience to be so excellent an Instrument of Government, we may be sure it would always be cherished and kept up'. The atheist seems to think that at some point very early in the history of the world

> when all Mankind was under one Universal Monarch . . . some great *Nebuchadnezzar* set up this *Image* of a *Deity*, and commanded *all People and Nations to fall down and worship it*: And this being found a successful device, to awe people into obedience to Government, it hath been continued to this day, and is like to last to the end of the world.[49]

Tillotson offers four points in rebuttal of the atheist's position. First, the atheist has no evidence that his thesis is true.[50] Second, if it *were* true, the atheist ought to *support* the fable of religion, for in his supposition the atheist 'grants the opinion of a God to conduce very much to the support of Government and Order in the World, and consequently to be very beneficial to Mankind. So that the Atheist cannot but acknowledg[e] that it is a great pity that it should not be true.' The atheist, instead of exposing the alleged fable, should be concerned to punish those who

46 Ibid., 45.　　47 Ibid., 6.　　48 Ibid., 50.　　49 Ibid., 51.　　50 Ibid.

might expose it as 'the great *disturbers* of the World, and *pests* of human society'.[51]

Thirdly, the atheist's supposition is worth nothing unless the politicians themselves planted the belief in God in men's minds and, as we have already seen, it is 'much more likely, that . . . Politicians . . . found the minds of men *prepossest* . . . with the Notion of a God, than that they *planted* it there.' Politicians may '*reap* the advantages of obedience and a more ready submission to Government from mens believing that there is a God,' but they '*reap where they did not sow*'.[52]

Finally, Tillotson points out that there is evidence against the atheist's hypothesis because if it *were* true, 'Governours' themselves would know religion to be a cheat and would be secure from troubles of conscience and terrors of the afterlife, and this is not the case. Caligula, for example, crept under the bed when it thundered. Tiberius, 'that great Master of the *Crafts of Government*', was troubled by conscience. And even Cardinal Wolsey, 'that great *Minister of State* in our own Nation', poured forth his soul in these sad words: '*Had I been as diligent to please my God as I have been to please my King, he would not have forsaken me now in my gray hairs.*' If these great men were not in on the '*Secret*,' Tillotson thinks that 'we may safely conclude, that the Notion of a God did not come from the *Court*; that it is not the invention of Politicians, and a juggle of State, to cozen the people into obedience'.[53]

Tillotson has already indicated a full agreement with the 'atheist' that belief in God is beneficial to the state in the sermon (or discourse) just examined. In another sermon published in the same series he elaborates on this, showing 'that *Religion and Virtue are the great causes of Publick happiness and prosperity*'.[54] We are not able to tell, Tillotson points out, which individuals God loves and which he hates, for an individual reaps his or her reward in this world. God, 'in the usual course of his Providence . . . recompenceth Religious and Vertuous Nations with temporal blessings, and prosperity.' On the other hand, 'the general and crying Sins of a Nation, unless they be prevented by a general Repentance, never scape publick Judgments'.[55] Because of God's providence, the 'Civil Authority ought to be very tender of the Honour of God and Religion, if for no other Reason, yet out of *Reason of State*'.[56]

Further, it is the 'natural tendency' of religion to promote the welfare of the nation. Religion obliges the conscience of the subject to all 'Civil offices, and Moral duties. Chastity, and Temperance, and Industry . . .

---

[51] Ibid.   [52] Ibid., 52.   [53] Ibid., 52–3.
[54] Ibid., 129.   [55] Ibid., 131.   [56] Ibid., 144.

tend to health and plenty. Truth and Fidelity in all our dealings do create mutual love, and good-will, and confidence among Men; which are the great bands of Peace.'[57] Sin, on the other hand, leads to public mischiefs, including 'publick Troubles and Confusions.'[58]

Religion has a beneficial influence on both magistrates and the people. It teaches magistrates to rule with the fear of God in their hearts, for God shall judge them. Religion also strengthens the magistrate's authority because it procures the veneration of the people; it makes them

> obedient to Government, and conformable to Laws; and that *not only for Wrath*, and out of fear of the Magistrates Power, which is but a weak and loose Principle of Obedience, and will cease when ever men can Rebel with safety, and to advantage; but out *of Conscience*, which is a firm and constant, and lasting Principle, and will hold a man fast, when all other Obligations will break. He that hath imbibed the true Principles of Christianity, is not to be tempted from his Obedience and Subjection, by any worldly Considerations; because he believes that *whosoever resisteth Authority, resisteth the Ordinance of God*; and that *they who resist, shall receive to themselves damnation.*[59]

The benefits of religion to government are indeed so great that Tillotson wonders whether government can even exist without belief in God and the afterlife. He concludes that, although possible, government without religion

> would be far more difficult than now it is . . . Therefore Magistrates have always thought themselves concerned to cherish Religion, and to maintain in the Minds of Men the belief of a God and another Life. Nay that common suggestion of Atheistical persons, That Religion was at first a Politick device, and is still kept up in the World as a State-Engine to awe Men into Obedience, is a clear acknowledgment of the usefulness of it to the Ends of Government.[60]

'If this Discourse be true,' Tillotson concludes, 'then those who are in place of Power and Authority, are peculiarly concerned to maintain the Honour of Religion.'[61] At its first implanting, God fostered the sentiments of religion by the working of miracles; now that miracles have ceased, religion has to be supported by human means—'by the

---

[57] Ibid., 134.   [58] Ibid., 135.   [59] Ibid., 136–7.   [60] Ibid., 140.   [61] Ibid., 143.

countenance of Authority, and the assistance of Laws'.[62] Tillotson ends this sermon by calling for the passage of laws to curb 'atheistic' utterances.[63]

III

The Erastianism of these three Anglicans should be obvious; indeed, both Stillingfleet and Tillotson were accused of 'Hobbism' by contemporaries. In his study of Stillingfleet and Tillotson, John Marshall points out the extent to which the Erastianism of these two clergymen was shaped by the events of their era, and Marshall's discussion can (with some reservations)[64] be extended to the lay theologian Wolseley as well. Religious disputes had been a significant factor in the Civil War, and continued to be divisive even after the Restoration as non-conformists pleaded their God-imposed obligation to preach what they perceived to be the truth, even if doing so was proscribed by law. That the need to lay secure foundations for civil peace fostered the development of Erastian views should come as no surprise; Hobbes had had similar motivations.[65] We must, however, remain aware of one crucial difference between the Erastianism of apologists such as Stillingfleet, Wolseley, and Tillotson, and that of Hobbes. Rightly or wrongly, the spokesmen with whom we have been concerned in the present essay considered Hobbes to be ungodly and his state church to be an essentially secular institution. *Their* state church and the monarch who headed it, on the other hand, subsisted under the providence of almighty God.[66] Any changes sought by dissatisfied subjects should be effected by prayer.[67]

---

[62] Ibid., 144.   [63] Ibid., 146.

[64] There can be no doubt of Wolseley's Erastianism, but it does have limits. In his *De christiana libertate; or, Liberty of conscience . . . The first [part], proving, that no prince nor state ought by force, to compel men to any part of the doctrine . . .* (London, 1681 ["By a Nameless, yet an Approved Author" appears on the title page; the "Second Part" was written by Francis Bugg]) he argued that subjects must obey a Christian magistrate; indeed, they must obey even a heathen magistrate (25–6). But a Christian magistrate's power should be 'improved' by the light of Christianity (24), and this improvement precludes the forceful imposition of 'any part of the Doctrine, Worship or Discipline of the Gospel' (50). The Christian magistrate must remove all oppressions to Christianity and must see that the Gospel be preached. But 'as Christs chief Officer in the World' he must do these things '*under the Gospel in the manner Christ hath appointed*' (43–6; quote on 46). To use force in religious matters is contrary to the example set by Christ, and therefore the magistrate should not use temporal power to wound liberty of conscience (49–50). Despite these reservations, it should be noted that Wolseley is pleading for toleration on the part of the magistrate, not denying the subject's duty to obey an intolerant one.

[65] Marshall, 'Ecclesiology'.

[66] 'Well may we then look upon the power of Magistracy, as the greatest and most transcendant of all humane things, and pay the due tribute of all Reverence and Obedience to it, as being the

[*See opposite page for n. 66 cont. and n. 67.*]

The response of Stillingfleet, Wolseley, and Tillotson to the thesis that religion is a 'mere politick contrivance' foisted upon the vulgar in order to secure their obedience to the state raises an interesting question. All three of the apologists deny that crafty politicians have instilled the idea of God in men's minds, yet this is not the thesis of *The three impostors*, nor is it the thesis expressed in Hobbes's *Leviathan*: in both of these works the fear of God in men's minds precedes the manipulation of this fear by politicians. This is explicit in the passage from *Leviathan* quoted above, and it is explicit in *The three impostors*:

> This Chimerical Dread of Invisible *Powers* it is which has been the *Seed* productive of those multifarious *Religions* which each Individual has fashioned answerably to his own Fancy. Sundry sets of Men, whom it highly imported to hold the World busied in such sorts of Infatuations, failed not promoting the Growth of so useful, so Lucrative, a *Seed*, & durst even go so far as to pervert them, into *Laws*, & finally to ingage the simple people, thro' Fear of Futurity, to yield them a Blind implicit Obedience.[68]

What should we make of this discrepancy? Probably not too much. It is interesting to speculate that a more radical thesis than that of Hobbes or of *The three impostors* was circulating among the irreligious wits of the day and that it was to the more radical thesis that the apologists were reacting. There is, however, no evidence of this; certainly no such written document has come to light, and it is impossible to ascertain what impieties might have been the subject of irreligious conversations. The most likely explanation is that Stillingfleet, Wolseley, and Tillotson unthinkingly conflated the actual 'atheistic' argument as (for example) expressed in *Leviathan* with the stereotypical views that 'atheists' were presumed to argue.[69]

Soveraign Power of God, exercised in a way of Vicegerency amongst men, and that wherein the peace and quiet of mankind is most necessarily included.' Wolseley, *De christiana libertate*, 19.

[67] In his first sermon, 'The duty and reason of praying for governours', Tillotson considered the possibility that the state religion is false. Although individuals in the past may have suffered under non-Christian rulers, Tillotson argues that St Paul, realizing that the majority of people benefit from even a non-Christian government (which provides security in interests and possessions), left instructions for those who find themselves in that situation when he urged Christians to pray for 'kings and for all that are in authority' (1 Timothy 2:12). We should not forget God's power and the efficacy of prayer, Tillotson urges. In the case of the early Christians, prayer was answered, and prophecies that kings and princes would '*become nursing fathers to the church*' were fulfilled; *Works* (London, 1728), II: 190. (Hobbes, of course, would have agreed with Tillotson in urging prayer rather than civil disobedience, but Tillotson would have judged Hobbes to be insincere.)

[68] Stowe MS 47, fo. 17ᵛ.

[69] Hunter discusses the significance of 'the juxtaposition of an exaggerated "atheist" stereotype

One cannot help wondering, however, just what form the rebuttals would have taken had these spokesmen responded to the claim actually found in *Leviathan* and *The three impostors* that magistrates use religion to foster the obedience of subjects for, as we have seen, Stillingfleet, Wolseley, and Tillotson think that this is in fact a quite proper use of religion. 'The more *men are perswaded of the truth* of the *truth* of *religion*, they will be the better *subjects*,' Stillingfleet notes, for 'when mens minds are possessed with a *sense* of *duty* and *obligation to obedience* out of *conscience*, the rains may be held with greater ease; and yet the *people* be better *managed*.' Wolseley argues that 'he that is the fastest to God, will be the most dutiful subject . . . [And] whatever tends to eradicate religion will be found also most pernicious and destructive to the State'. While Stillingfleet and Wolseley rely on persuasion to foster obedience, Tillotson goes so far as to threaten the disobedient with damnation: the Christian's conscience, Tillotson claims, prohibits his being 'tempted from his Obedience and Subjection, by any worldly Considerations; because he believes that *whosoever resisteth Authority, resisteth the Ordinance of God*; and that *they who resist, shall receive themselves damnation*'. And in another sermon published in the same series he reiterates: 'The Laws of Christianity . . . secure . . . the publique peace . . . by commanding obedience to humane Laws which decide mens rights, and submission to Government under pain of damnation.'[70] In their desire to secure order and stability in a commonwealth too recently disturbed by disorder and instability, these apologists found themselves doing exactly what 'atheists' had charged princes and priests with doing. They used religion to secure obedience to temporal rulers. Religion, for Stillingfleet, Wolseley, and Tillotson, was true; that being the case, from their point of view not only was it quite proper for statesmen to foster the seeds of religion found in men's minds but it was their duty to do so.[71]

with the sense of an inexorable continuum from mild to extreme infidelity' in 'Problem of "Atheism"', pp. 153–4.

[70] Tillotson, *Sermons preach'd*, 192–3.

[71] Wolseley, *De christiana libertate*, 41.

For their helpful comments on an earlier draft of this paper I thank James E. Force, Michael Hunter, and Phillips Salman.

[13]
'Jesus Nazarenus legislator': Adam Boreel's defence of Christianity

◄◦►

ROB ILIFFE

(IMPERIAL COLLEGE, UNIVERSITY OF LONDON)

IN THIS PAPER, I discuss the manuscript work on the Christian religion of the Dutch Collegiant Adam Boreel (1602–1665), a copy of which is now among the Boyle Papers of the Royal Society of London.[1] Although scholars have been aware of its existence for some time, it has not been studied in any detail. I begin by describing the background to its production and in particular, the efforts of men like John Dury, Samuel Hartlib, and Henry Oldenburg to see it published. Secondly, I offer an account of the order and content of the work and suggest a rough dating for its composition. I also show how Boreel believed that attacks on Christianity could be overcome by means of a series of different types of proof. Finally, I assess its significance in the light of the three-impostors thesis.

1. Boreel, Oldenburg, and the Hartlib circle

Historians have only recently begun to unravel the complex theological, philosophical, and political interrelations of mid-seventeenth-century Europe. While the rest of Europe looked on in horror at the regicide in England, a number of scholars looked to England as the place where

---

[1] R. S. Boyle Papers, Vols. XII, XIII, and XV. For Boreel, see W. Schneider, *Adam Boreel: sein Leben und sein Schriften* (Giessen, 1911). For the Collegiants, see L. Kolakowski, *Chrétiens sans église* (Paris: Gallimard, 1969); and A. Fix, *Prophecy and reason: the Collegiants and the Dutch Enlightenment* (Princeton, 1991).

S. Berti et al. (eds.),
Heterodoxy, Spinozism, and Free Thought in Early-Eighteenth-Century Europe, 375–396.
© 1996 *Kluwer Academic Publishers. Printed in the Netherlands.*

Utopian schemes might be put into practice for the good of humanity and in defence of the Christian religion. With few exceptions, the status of Christianity and the verification of its main tenets commanded the attention of all the significant European intellectuals. As Popkin has shown, many of these proofs of Christian doctrines were linked to powerful and sophisticated anti-sceptical strategies, and those that devised guarantees of their own group's version of Christianity were, in time, likely to be hoist by their own petard.[2]

In places where internal rivalries amongst Christians had been patched up, the protagonists could turn their attention to irreligion in the form of idolatry, atheism, enthusiasm, or libertinism. Proponents of such eirenic allegiances and tendencies argued for politically tolerant civil and religious structures as well as for proofs of Christianity that did not exact belief in the absolute certainty of their faith from its adherents. For example, having experienced a bloody civil war, theologians in England suggested that this sense of the infallible certainty of one's cause had been a major reason for the recent troubles. Developing the work of scholars like William Chillingworth, a number of these intellectuals devised defences of (usually a broad-based Anglican) Christianity based on the notion of 'moral' certainty. Two such groups were fairly well defined by the mid seventeenth century.[3]

In Holland, Boreel set up a community of Arminian thinkers formed in the mid 1640s around an Amsterdam 'college' (hence the name 'Collegiants'), while in England a large number of scholars (often with widely differing interests and epistemologies) had contacts with the reformers Dury and Hartlib.[4] These movements had close connections. As Ernestine van der Wall has shown, the Hartlib circle was heavily involved in promoting Boreel's Latin translation of the Mishnah, and amongst other members of this group, Boreel had contacts with Henry More and Henry Oldenburg. Indeed, Boreel visited England in the early 1630s (when, for reasons as yet unknown, he was briefly jailed) and in 1655,

---

[2] R. H. Popkin, *The history of scepticism from Erasmus to Spinoza* (Berkeley: University of California Press, 1979). See also H. Van Leeuwen, *The problem of certainty in English thought, 1630–1680* (The Hague: Nijhoff, 1963).

[3] See R. Orr, *Reason and authority: The thought of William Chillingworth* (Oxford: Clarendon Press, 1967); and Henning Graf Reventlow, *The authority of the Bible and the rise of the modern world* (London: SCM Press, 1984), 147–54.

[4] For the broad range of subscribers to the Hartlib program, see Charles Webster, *The great instauration: science, medicine and reform, 1626–1660* (London: Duckworth, 1975); and in particular, id., 'Henry More and Descartes: Some new sources,' *British journal for the history of science*, 4 (1969): 359–77, esp. 364–70.

when he met Menasseh ben Israel to discuss the readmission of the Caraite Jews to England.[5]

Boreel's major work in this period was his *Ad Legem et ad Testimonium* of 1645, composed just outside the town of Middelburg where he had been since his return from England. As Andrew Fix has pointed out, Boreel argued that Christ had given divine authority to the the first Christian church, both through the teachings of Scripture and in the form of his Holy Spirit. The latter initially enabled Christians to correctly interpret the Word of God, but after a short period the church engrossed itself in secular politics and broke its covenant with Christ. There now followed a series of schisms and the fracturing of Christianity into different creeds and confessions, and all that remained legitimate in the modern age was the foundation of a temporary space or congregation in which a number of people could continue in a proper religious life. Such a church would be modelled on Scriptural principles but would possess no divine authority, and Boreel established such a 'church of toleration' with Daniël de Breen in 1646.[6]

Popkin has discussed many of the local intellectual contexts of Boreel's correspondence with Oldenburg, and the latter's requests for Boreel's proof of the certainty of Christianity. In this section, I shall trace the development of Boreel's work through remarks about it in the correspondence of the Hartlib circle, and suggest that these descriptions indicate that Boreel was in fact engaged upon *two* major projects (apart from translating the Mishnah) in this period. Oldenburg was constantly urging Boreel to publish this work, particularly his promised treatise 'Jesus Nazarenus, legislator of the whole human race' (hereafter referred to as JNL), but it never appeared in print, and in the end Oldenburg and Boyle hastily arranged for Petrus Serrarius to have the work copied when they learned of Boreel's impending demise in 1665.[7]

Boreel was known to Dury long before he met Oldenburg. His knowledge of Hebrew made him a particularly useful acquisition for Hartlib, though his disciplined reliance on *Sola Scriptura* and his belief that

---

[5] E. G. E. van der Wall, 'The Dutch Hebraist Adam Boreel and the Mishnah project: Six unpublished letters', *Lias*, 16 (1989): 239–63; R. Colie, *Light and Enlightenment: a study of the Cambridge Platonists and the Dutch Arminians* (Cambridge: Cambridge University Press, 1957), 26. Many of Dury's papers are extant in different libraries across Switzerland. An examination of their content would greatly enrich our understanding of this episode. For a recent examination of Boreel's work, see Fix, *Prophecy and reason*, 41–4 and 90–6.   [6] Ibid., 90–2.

[7] R. H. Popkin, 'Spinoza and the conversion of the Jews,' in C. de Deugd (ed.), *Spinoza's political and theological thought* (Amsterdam: North-Holland, 1984), 171–7; and id., 'Could Spinoza have known Bodin's *Colloquium heptaplomares*?' *Philosophia* (1986–7): 307–14.

Christian Revelation could be demonstrated as certain by proof left him open to charges of Socinianism. In fact, there were others amongst the Collegiants such as Johannes Becius, Frans Kuyper, Galenus Abrahamz, and de Breen himself, who were held to have even more marked Socinian tendencies.[8] In the earliest reference to Boreel in the Hartlib–Dury correspondence, Dury mentioned that he had seen 'divers of his peeces wch are elaborat & drawen from grounds wch are to all men y^t are but rationall undenyable,' and some years later, he reassured Hartlib that he 'never knew Mr. Boreel to bee a socinian nor did I believe him to be one, although I knew him to be as much for moderation as any.' Anyone, he wrote, who admitted the 'principle' of Boehme, 'can not be guiltie of socinianisme.' Yet charges of Socinianism would never leave Boreel, and he was involved in a controversy over this very topic with Samuel Maresius in the early 1660s.[9]

When Oldenburg wrote to Boreel from Oxford in April 1656, it was only a few months since he had discussed the return of the Caraite Jews with Boreel and Menasseh ben Israel at the houses of Boreel and the sister of Robert Boyle, Lady Ranelagh. Having just left London, he was about to undertake a four year tour of Europe as tutor to Lady Ranelagh's son.[10] In this letter, Oldenburg praised the new philosophers — 'followers of nature itself' — and went on to lament the fall of religion

[8] Attacks on the Collegiants' (and more generally the Remonstrants') reliance on Scripture and their politically tolerant attitude usually associated them with Socinianism; cf. Fix, *Prophecy and reason*, 96 and 135–61, esp.145–150. De Breen's (Brenius') work was important to a number of English Unitarians; Henry Hedworth mentioned de Breen's death in a letter to John Knowles of 30 Sept. 1664 and promised to send him a copy of de Breen's *Dissertatio . . . De regno ecclesiae glorioso in terris* (n.p., n.d.). See H. J. McLachlan, *Socinianism in seventeenth-century England* (Oxford: Oxford University Press, 1951), 302 n. 2, and also Gerard Reedy, *The Bible and reason: Anglicans and Scripture in late seventeenth-century England* (Philadelphia: University of Pennsylvania Press, 1985), esp. chs. 5 and 6.

[9] Dury to Hartlib, 31 Aug. 1646, cited in E. G. E. van der Wall, '"Without partialitie towards all men": John Durie on the Dutch Hebraist Adam Boreel', in J. van den Berg and E. G. E. van der Wall (eds.), *Jewish–Christian relations in the seventeenth century: studies and documents* (Dordrecht: Kluwer, 1988), 145–9, at 147; and Dury to Hartlib, 9 Dec. 1654; Sheffield University, Hartlib MS 4/3/65, cited in Van der Wall, 'De mystieke Chiliast Petrus Serrarius (1600–1669) en zijn wereld' (PhD thesis, University of Leiden, 1989), 660; cf. also 230–33. I am grateful to Dr. Van der Wall for allowing me to consult her thesis. Cf. also J. C. van Slee, *De geschiedenis van het Socinianisme in de Nederlanden* (Haarlem, 1914); and W. J. Kuehler, *Het Socinianisme in Nederland* (Leiden, 1912).

[10] Oldenburg to Boreel, April 1656, in A. R. Hall and M. B. Hall (eds.), *The correspondence of Henry Oldenburg* (hereafter OC), (Madison and Milwaukee: University of Wisconsin Press, 1965), 1: 89–92; Oldenburg to Menasseh ben Israel, 25 July 1657, ibid., 123–7; and Hartlib to John Worthington, 12 Dec. 1655, in J. Crossley (ed.), *The diary and correspondence of John Worthington* (Chetham Society series XIII, 1847), 1: 78–9. It is not known when Oldenburg and Boreel first made contact with each other.

into contempt, an abyss in which 'for many centuries past theology has been a source of profit.' He then described two 'problems' (*scrupuli*) which had recently been put forward. The first was that the Sabbath had merely been introduced for political prudence, for why else would God the *pantokrator*, who can command all things in an instant, have been 'assigned the fatiguing labour of so many days'? Moses, the story goes, created this fairy tale deliberately so as to have one day reserved for the public worship of God, and 'that whatever Moses himself should say proceeded from that same Deity, they would observe with greater humility and reverence'. The second notion was basically a 'three-impostors' thesis. Moses promised his people rich rewards if they obeyed him and fought bravely in battle, while the more prudent Christ promised eternal life and happiness 'though aware that the soul seriously contemplating eternity would scarcely savour what is vile and low'. Finally, Mohammed, 'the most cunning of all', spread his empire much more widely than any legislator before or since because he 'thoroughly captivated all men with [promises of] the goods of first this and then of eternal life, and then conquered them completely'. Oldenburg remarked that the critic had gone beyond the bounds of decency 'through his love of reasoning', and that his own thoughts on these matters should remain private. With the recipient of his letter in mind, he added that '[these questions] seem to me to depend upon the solid establishment of that first pillar of all true religion, that is to say, the existence of God and his care for human concerns, *and upon the certainty of divine revelation*'.[11]

From the contents of this letter, it seems that Dury and Oldenburg were aware of another work of Boreel's, apparently intended to be a proof of Christianity and of the certainty of Revelation. It may have been to this that Oldenburg was referring in January of the following year when he wrote to Boreel saying that he 'rejoice[d] that having almost concluded the refutations you are now getting ready to move on to the dogmatic part'. Significantly, Oldenburg also referred to a 'double argument (*duplex illud argumentum*)' to which Boreel had alluded in a previous letter, namely 'that the origin of religions is truly divine and that God appoints no one but himself to be the legislator for the whole human race'.[12] In a letter of November 1657, Oldenburg (now in Saumur) again asked Boreel to provide 'stout arguments (*torosa argumenta*)' for the 'claims of revealed truth', and 'at last to bring into the open those things upon which I knew you had meditated, concerning the necessity for

---

[11] OC, 1: 91 (my italics).   [12] Oldenburg to Boreel, 24 Jan. 1665/6; ibid., 115–16.

religion in general, the truth and excellency of the Christian religion, and above all the legislator of the whole world'.[13]

While in Paris in 1659, Oldenburg received a request from Hartlib for information concerning Bodin's *Colloquium*. Although he was initially doubtful that he would see a manuscript of this work, Oldenburg did get to view the text in August. In a country of such 'absolut libertinisme and indifferency in matter of religion', it came as no surprise that such a work existed, though its contents shocked him nevertheless. He remarked that its purpose appeared to be 'to insinuate into y\ Spirits of men, y\ any religion is acceptable to God', and he wished that Boreel had taken the place in the text of the 'lukewarm' Christian interlocutors. This being impossible, Oldenburg attempted to have it completely transcribed so that Boreel could refute it.[14] Early in the following year, Hartlib also suggested in a letter to the Cambridge don John Worthington that Boreel should write a response to Bodin, though Hartlib was 'master [neither] of my own copy of Bodinus Ms. [nor] that which my Parisian friend hath caused to be transcribed', suggesting that Oldenburg had succeeded in having the work copied. A fortnight earlier, Hartlib had told Worthington that

> By Borel is meant, he that is the author [of] Ad Legem & Testi-monium. He hath written a large Tr. about the Divinity of the N. Testament, *as likewise a larger work against all sorts of Atheists.* He is very much pressed to publish it, but I cannot tell yet, how soon it will be done. By some of the papers you will see what he is doing for the present.[15]

Dury met Boreel in Spring 1660, after which he told Hartlib and Oldenburg that Boreel was still 'going on' in his JNL, while in December 1660, Worthington suggested that More's *Grand mystery of godliness* might be 'fit to be perused by the author' of JNL. In the meantime, Oldenburg continued to press him for the publication of his proof of Christianity. In August 1660, he told Boreel that he was praying that he

[13] Oldenburg to Boreel, early Nov. 1657; ibid., 142–4.

[14] Oldenburg to Hartlib, 13 and 27 Aug. 1659; ibid., 302–4 and 306–10. Oldenburg also had occasion to refer to the 'libertinisme and profanenesse' in England, in particular that of Henry Stubbe, assistant to Thomas Barlow (friend of Boyle and at this time chief librarian of the Bodleian); cf. also Champion in this volume. Oldenburg requested that Boyle should get Stubbe to search for some books for Oldenburg's acquaintances in Paris; cf. Oldenburg to Hartlib, 13 Aug. and 19 Nov. 1659; OC, 1: 303 and 332.

[15] Hartlib to Worthington, 17 and 30 Jan. 1659/60; *Worthington correspondence*, 1: 166–8. Henry More had asked Worthington to get Hartlib to procure him a copy.

would prove the certainty of 'the three chief principles of religion—the existence of a deity, his provident care, and the divine origin of the revelation made in Holy Writ'.[16] As Oldenburg grew more restless with the irreligious bearing of the age and more dissatisfied with those in Restoration England who did 'not hesitate to return to their vomit', he clung desperately to the possibilities of 'another reformation of our Reformation' and of the proof of the certainty of Christianity. The task of the current crop of true believers was, as he told John Beale, to clear up 'ye intricate genealogy of Our Saviour', and prove to Moslems that the 'New Testament, as we professe it, is genuine, unaltered, and altogether free from additions and diminutions', particularly in the matter of the Paraclete. What was required was to

> give a full proof of ye divine origine and verity of ye Holy Scriptures, and y^t with such evidence, as we may procure ye truth of ye most receaved civil History in ye world; and y^t not only in ye moral precepts, wch agree to ye light of reason, but also of certain histories, and actions, wch seem to affront it.[17]

Indeed, for Oldenburg, this resolution of the consistency and reality of Christ's genealogy and his miracles (particularly his resurrection from the dead) was of prime importance, for

> though we should have prouved to wise and sober heathens ye excellency of Christ's doctrine, and ye reasonableness thereof, yet will y^t not be enough to induce y^m to ye embracement of Christian religion, as a distinct one from y^t of right reason, and as one peculiarly revealed from God as the best unless those forementioned heads be evidenced to ye understanding of all men.[18]

If there was a 'Borellian program', this was it; as we shall see, many of these statements correspond precisely to what Boreel was doing at this time and are intimately linked to themes of the manuscript version of JNL. Perhaps the new secretary of the Royal Society of London played a large role in shaping this project.

In December 1660, Oldenburg informed Boreel that people in England such as Boyle were anxious that his work should be 'hastened', especially as the foggy Amsterdam climate had been the cause of his

---

[16] Hartlib to Worthington, 4 June 1660, and Worthington to Hartlib, c.Dec. 1660; ibid., 1: 199 and 242; Oldenburg to Boreel, 25 Aug. 1660, OC, 1: 381–2.

[17] Oldenburg to Beale, 4 Sept. 1660, and Oldenburg to Boreel, mid-Sept. 1660; ibid., 1: 384–7 and 390–2.   [18] Ibid.: 385–6.

recent serious illness. Even if they received only an outline of the work, that would be sufficient; in any case, Boyle would help financially with its preparation. Oldenburg went on to say that there was 'still a great liberty of conscience in England', and that he had 'recently entered into closer acquaintance with that sect of men here called Quakers (*Tremebundi*)'. He remarked that he was aware that Boreel was unhappy about the doctrines of this group, particularly with respect to the article of faith concerning the person of Christ. Oldenburg also shared this worry, and had questioned the Quaker leaders about the Holy Scriptures and the resurrection of the dead.[19]

The problem of Quakerism exercised Boreel greatly in the last years of his life, and he was involved in some vigorous debates with members of that group. In August 1660, the Quaker John Higgins and the sympathizer Benjamin Furly attended a meeting of the Collegiants at the house of Serrarius. A heated argument between Higgins and Boreel took place, and resulted in the final break between the Amsterdam Collegiants and the Quakers. There had hitherto been close connections between the two groups; for example, it was Serrarius who had introduced Spinoza to the Quakers after Spinoza was excommunicated (on 27 July 1656) and had come to the Collegiants. Now, in Serrarius' house, Quakers were denounced, and Boreel read a paper called 'A warning against the Quakers.' Furly reported this to the rest of the Amsterdam Quakers, and in April 1662 they published the pamphlet 'Adam Boreel ontdeckt door sijn vruchten' ('Adam Boreel exposed by his fruits'), which Furly signed. Moreover, in the section of the JNL manuscript which can be internally dated to 1661–2, the Quakers—whom Boreel classed with all 'pneumatistae'—begin to appear in the taxonomy of enemies of true Christianity.[20]

There are no further indications of the correspondence between Oldenburg and Boreel until 1665, although Oldenburg met Boreel (and Spinoza) when he briefly visited Holland in 1661. However, there is one more piece of evidence concerning the nature of Boreel's labours at this time. At Cambridge, Worthington and More (amongst others) were

---

[19] Oldenburg to Boreel, 13 Dec. 1660; ibid., 404–8.

[20] Cf. W. Hull, *The rise of Quakerism in Amsterdam* (Philadelphia, 1938): 237–41 and 261–2; id., *Benjamin Furly and Quakerism in Rotterdam* (Lancaster, Pennsylvania 1941), 10–11; Popkin, 'Spinoza and the conversion of the Jews', 174. In Boreel's *Scripta posthuma*, 205–9, there is a short work entitled 'Quoad hodiernos cognitos pneumatistas ut Quakeros, eorumque similis'; it is possible that this is connected with the paper he delivered in 1661. Popkin points out that Furly and Boreel both translated Peter Balling's *Light on the candlestick* in 1661 (Boreel into Latin and Furly into English); cf. R. H. Popkin, 'Spinoza and the three imposters', (typescript), 4; and Fix, *Prophecy and reason*, 196–7.

eager to learn how far Boreel had proceeded in his translation of the Mishnah, and by mid 1661 Worthington was suggesting that Boreel dispense with the large comments he was appending to his translation since some were 'still of the mind, that it needed not to have been made so bulky'. Worthington may have been concerned with what Hartlib had told him two months earlier, namely that Boreel was 'still busy with those treatises concerning J. C. Legislator and the Discourse of Reasonableness of the Laws of Christ'. Whatever the state of his travails on the Mishnah, Boreel was (as far as Hartlib and Dury were aware) still working on these two other projects in the summer of 1661.[21]

At some point in May or June 1665, Oldenburg learned that Boreel was dying, and asked him to have the 'writings y^t concerne ye truth of Christian religion' copied. Boreel replied that he had already done so,[22] although he could not afford a copy for Boyle or Oldenburg. Boyle agreed to defray the expenses for it, and Oldenburg arranged for Serrarius to have it transcribed. The final cost was about 5 or 6 pounds sterling (67 guilders 10 stuivers), which Oldenburg thought was a large amount for a work that they had still not seen by January 1665/6. In any case, the manuscript now in the library of the Royal Society indicates that the work did finally arrive.[23]

2. Jesus Nazarenus Legislator

From the evidence of the previous section, it seems that Boreel was engaged in two projects, one to show that Jesus of Nazareth was the divinely supported legislator of mankind, and the other, a proof of the certainty of the Christian religion. The manuscript obtained by Oldenburg deals with both these matters, and I suggest that on these grounds the manuscript JNL is a probably a combination of these projects. Internal evidence suggests that it was written roughly between 1658/9 and 1663 or 1664.[24] Immediately obvious to the reader of this work is that

[21] Worthington to Hartlib, 22 Aug. 1661, and Hartlib to Worthington, 11 June 1661; *Worthington correspondence*, 1: 354–5 and 335.

[22] This may be the copy which Van Helmont let More see at Ragley, and from which More copied; cf. More, *The theological works of the most pious and learned Henry More* (London, 1708), 'Preface to the Reader', pp. iv–v.

[23] Cf. Oldenburg to Boyle, c.16–18 June, 28 Sept., 5 Oct., 10 Oct., and 16 Jan. 1665/6, and Boyle to Oldenburg, 20 June, c.16 Sept., 30 Sept., and 11 Nov. 1665; OC, II: 404–5, 534, 545, 556, 408, 509, 603, and 3: 18. Boyle thus paid about as much for copying JNL as for the receiver of an air-pump; see T. Birch, *History of the Royal Society*, 4 vols. (London, 1756–7), II: 184.

[24] In a section entitled 'Appendix ad tractationem PRIMI CAPITIS, Tractatus,' the year 1661 is mentioned, while earlier, a new list of revisions is precisely dated to 21 June 1660; R. S. Boyle MS XIII (5th foliation), fol. 16^v, and ibid. (2nd foliation), fol. 1^r.

it is a mosaic of different attempts to write a complete treatise, a labour that was never completed. The manuscript consists of a series of chapter headings, notes, and biblical references, and much of the text is taken up with various proposed revisions to an earlier version of JNL. For this reason, it is disordered and replete with repetitions, and a fair degree of work is required to construct a consistent argument from the text. Nevertheless, there is enough material in Boreel's notes to show how he was attempting to achieve the aims which others like Dury and Olden-burg were fashioning for him.

Broadly, JNL was a synthesis of the two areas in which his English correspondents believed him to be engaged. An initial 'General' part of the treatise was designed first to show that the first five books of the New Testament were composed and made public in the era of Christ, and that they really were written by those who claimed to be their authors (In later revisions of the notes, Boreel brought in a wealth of evidence to prove that these authors were *compos mentis*). Later chapters were to prove that the text which we now possessed was the true text, and that everything in it—concerning the miracles and prophecies which 'came to pass and exceeded human wisdom and power'—was true.[25] This evidence extended to a number of different features of Christ's life, doctrine, and deeds, which 'pleased God, who was their [true] author'. Boreel reserved separate chapters for the introduction, propagation, preservation, and defence of Christ's religion, as well as for his suffering and the qualities of his life (such as the testimony of John the Baptist, his resurrection, and his ministry). These considerations were followed by evidence of the misfortunes of his enemies and references to his coming and deeds in the Old Testament. Next came chapters proving that there was nothing contradictory in this testimony, and that it was testimony of a law which proved that Christ was the earthly legislator of divine law.[26]

The second section in the first part examined the remaining books of the New Testament. Boreel proceeded here in the same way as in the first section, except that the agreement of these other texts with the first five books was conclusive evidence of their truth. Hence all the New Testament was genuine, and spoke truly of Jesus of Nazareth, legislator according to divine law.

The second part of JNL was what Boreel termed the 'comparative' part. Here, Christ's law was to be examined in the light of other laws, legislators, and religions. Boreel took on both contemporary enemies

---

[25] Ibid., XII, fols. 65ʳ–66ʳ. All translations from the Latin are mine.   [26] Ibid., XII, fols. 2ʳ ff.

and those of yesteryear, and in separate chapters he quickly disposed of the so-called laws of nature, reason, and conscience. Boreel noted that the laws of other cultures such as the Chinese, the pagans, the Jews, and the Muslims should not be taken as those of God, and, in 1662, he added that everything that could be mustered against Quakers should also be included in this section. This was followed by the conclusion of JNL, which was that neither the evidence of the external senses nor that of human reasoning was sufficient for proving the truth of the New Testament, but only the 'bare evidence of the testimony of the books of the New Testament'. Now Boreel promised to offer proof that there were things that were certain (against the claims of sceptics), that there is a God (against the claims of atheists), that human law had to be backed by the power of divine authority (against the claims of libertines), and that there was a divine Providence (against the claims of Deists). In later revisions, Boreel cited a richer taxonomy of wrongdoers, but the basic structure of the proposed text remained fairly constant.[27]

3. The challenge to scriptural Christianity

In the middle of 1660, when Boreel incorporated a new series of notes and revisions to the text, he began to analyse more closely the character of the writers of the New Testament. Remarking (not for the first—or last—time) that the writings of Socinus needed to be more closely studied, he suggested that the sanity of the authors needed to be proved in the first chapter of the work, as well as the fact that they did not seek their own glory in writing what they did, but only that of Christ.[28] In a series of notes entitled 'Prolegomena to JNL', Boreel dealt with the ways in which the proofs of the truth and certainty of religion could be made accessible to each and every man. This was to be an integral part of Boreel's work. JNL was written to convince even those of small judgement and ability, and since these people were excluded from understanding the basis of religion by their inability to grasp demonstrative reasoning, some other means of proof had to be adopted. In fact, their grounding on human reasoning was a fundamental flaw in such

---

[27] Ibid., xii, fols. 6ʳ ff; xv, nos. 58 and 185–7. Vol. xii is (in the main) an uncomplicated outline of the structure of JNL. The most probable dates for the composition of these volumes are: Vol. xii in the late 1650s, Vol. xiii in 1660–1, and Vol. xv in 1662–3. A significant part of Vol. xv is comprised of a series of 'Miscellaneous' notes numbered 1–454. Since there are gaps and discrepancies in the foliation, I shall refer to individual numbers of these notes.

[28] Ibid., xiii (2nd foliation) fols. 1ʳ, 13ʳ⁻ᵛ, and 15ᵛ. See also ibid., xv, no. 148.

proofs, though this did not mean that true religion was unreasonable or incapable of being supported by reason.[29]

This idea was developed in the collection of 'Miscellaneous notes to the first general part' of JNL, composed in 1662–3. Here Boreel explicitly stated that JNL was for three kinds of person; for those of mediocre intellect and judgement; for those of 'acute intellect and judgement who had not yet made any contribution to learning', and for those who had an acute or extremely acute judgement (and were 'either poorly or extremely learned') who had contributed to learning and literature. A different series or combination of proofs was necessary for each one;

> The common people are not able to grasp the procedures ('rationes') of the sceptics, atheists, Deists and philosophers by which they vie with each other in different opinions (whether these be for proposing and asserting doctrines, or for defending and vindicating themselves from objections). For this reason, the average person should not allow himself to be confused (*divelli*) by people who use arguments that they understand but he does not.[30]

JNL presented a number of different ways of proving the truth of the Christian religion. Many of these were abstractly summarized into a succession of headings which indicated the degree of certainty appropriate to each manner and type of proof. Boreel argued that religion was based on ten elements, namely Revelation, ratiocination, the external senses, the 'common consensus of men', tradition, language or speech, writing, prophecy, miracles, and conscience. While all these features of religion contributed to the support of true religion, none but the first could give certain proof of its truth, and many of these miscellaneous notes were concerned with the discussion of their relative merits.

The ten fundamentals of religion covered every aspect of the modes by which testimony was received and believed by men. It was essential to Boreel that in the first part of the work, the proof that Jesus was the divinely ordained Legislator, should proceed in an orderly fashion. For this reason, many of these notes dealt with ordering and ranking these proofs correctly, and with introducing more detailed proofs much earlier into the treatise. In earlier versions of JNL he had argued that the 'life and doctrine of the Apostles were borne out [both] by the miracles God performed through them, [and] by the miracles of Jesus Christ', but in

---

[29] Ibid., XIII (2nd foliation), fol. 19r.

[30] Ibid., xv, nos. 309, 320–23, and 228. Earlier, he had suggested that JNL be directed only towards the non-believers; ibid., XIII, fols. 1r ff. (from the notes of 21 June 1660).

the later notes, he dealt in more detail with the arguments of the sceptics about how we could have any knowledge at all. The latter questions needed to be resolved before one could proceed to any solid claims as to the character and testimony of Christ and the Apostles and then on to the certainty of Scripture.[31]

What of the claims of the enemies of Christianity? How could one overcome the techniques of the sceptics? Potentially, these tools could call into question each of the ten bases of the Christian religion. Boreel suggested that the 'first principles' of religion—the means by which we attain knowledge—were the senses and tradition. A sceptic might argue that the senses were no sure basis for belief; hearing our parents' teachings and having visual contact with the Bible did not guarantee the truth of Christianity. Why, instead of true historical fact, might not the books of the New Testament be concoctions or fictions such as that of Diana of the Ephesians? How did we know that the consensus of different men about some of the facts in the Bible ('even if these men were Jews or Saracens') is not relatively recent? Here Boreel suggested that this could be known through 'the unanimous tradition of the Churches, and the histories which they produced; from continuous and uninterrupted succession of Bishops, and from ancient records'. Likewise, we could know that the books of the New Testament were not recent creations, from the consensus of all those who 'testified on many occasions that they had translated the books into their own tongues; and from their chronicles, and the succession of bishops' commentaries in those books'.[32] Nevertheless, the determined questioner could bring all these statements into doubt. Consensus was often consensus in error, such as was the ancient belief about the earth's fixity. Moreover, the things upon which people were agreed were not necessary for religion. Tradition was likewise no basis for certainty; how could one prove that these books had not been changed since they had been written? Boreel's answer was that no one could possibly have changed all the extant manuscripts in so many different languages. However, the sceptic could respond by showing that the books were not immediately dispersed (and so were not openly known for some time after the events they purported to describe), and point to the many variant readings that were now known to exist.[33]

As for the status of miracles, how could the populace judge whether

---

[31] Ibid., xv, nos. 233, 26, 35, and esp. 175.   [32] Ibid., xv, nos. 197–205.

[33] Ibid., xv, nos. 209–20 and 238. Boreel planned at this stage (c.1662) to introduce variant readings and annotations of authors like Socinus, Ficino, Savonarola, and Grotius into the margins of JNL; ibid., xv, nos. 390, 400, and 147–9.

the resurrection of Christ was natural or demonic, given that this supposed miracle was not done in their presence? And why should anyone believe that these books were written for the sake of Christ, and not by ignorant men for the grace and favour of their master? Furthermore, many of these writers were unlearned ('idiotae'), and could easily have made mistakes in recording their material.[34] Elsewhere, Boreel raised similar questions about the status of arguments from prophecy, from spoken authority, and from written testimony. With all of these, there were problems about ascertaining and proving the nature of their origin and transmission.[35]

The authority of Revelation, of reasoning, of the external senses and of internal conscience required more detailed analysis. Human reasoning—those mental processes associated with the workings of the understanding or intellect—and the testimony of the senses were closely linked. In the lists relating the types of certainty to appropriate styles and levels of proof, these two processes possessed 'the highest level' of certainty and dignity next to Revelation. Boreel drew from contemporary as well as older accounts of the relations between the intellect and the senses to outline the arguments of his opponents.[36] Truth, certainty, and essence were 'intellectual notions'. Only existence was something external to the intellect. *Veritas de re*, the conception of something in the intellect, was problematized by the fact that there was nothing in the intellect that was not previously in the senses. Hence certainty in the former depended upon certainty in the latter, though the intellect had combinatory and divisory powers independent of these sensory resources. Ratiocination, as he put it, was 'the inquiry and investigation by which one uncovers the perceptions of the intellect'. These perceptions were relayed to the brain from the senses, but what certainty was possible via the external senses?[37]

The senses often erred, as many had shown, and the clear perceptions of the intellect could not guarantee certainty. Boreel argued that just as when one tells oneself that twice two is four while one is dreaming, it is as true as if one was to say it while awake, then also

when someone dreams, and feels that he is touching fire, that is as

---

[34] Ibid., xv, nos. 221–5 and 239.

[35] For prophecy, see for example ibid., xv, nos. 67 and 242; for speech, nos. 240 and 277, and for writing, nos. 241 and 278.

[36] See for example ibid., xv, nos. 246 and 306. In the latter note, Revelation is accredited with a wholly different sort of certainty from anything else.

[37] *Veritas de re* is contrasted with *veritas rei*, which is a thing's existence or its 'external truth'; cf. ibid., xv, nos. 229–32, 363, 235, 272, and 259–68, esp. 266.

true as if he were to touch it when he were awake . . . it is true that he touches something; for if he touched nothing at all, he would have no memory of it when he awoke. So, either way . . . the senses and the intellect perceive something.[38]

What the understanding perceives is thus not necessarily true, and so what it 'perceives clearly about things should not necessarily be affirmed as true'. The *essence* of fictions and chimeras can be perceived clearly by the understanding, but these fantasies do not really *exist*.[39] The certainty warranted by religion was much higher than anything the intellect could offer. In another argument, he suggested that religion should have the highest degree of certainty of any feature of human existence, on the grounds the it was 'of the greatest moment'. Men should be more certain about religion than they are that twice two equals four; 'since men are more certain of their eternal salvation than they are that twice two is four, the means of, and reason for their salvation should be more certain to them than that twice two equals four'.[40]

Boreel was particularly concerned with those who relied on Cartesian techniques to argue for the power of the laws of nature and reason, since 'the idea that someone was sent from elsewhere and faithfully carried out his commission [could] be proved neither by mathematical demonstration nor by acute philosophizing'. Citing sleep experiences, he suggested that the 'Cartesian method' (because it relied on the clear perception of the intellect which was capable of generating Chimeras, as he had shown) could not give certain knowledge. This method, he wrote, was 'initially good', but people 'could not descend to particulars from its generality'; moreover, it excluded any role for *authoritative* law. In addition to this, the vulgar could not grasp the Cartesian method and so were unable to apply it to particular religious functions.[41]

No one could know the special promises and works described in the Bible by natural reasoning alone, and men were constantly at variance in their accounts of natural law. If there really were a law of reason which gave certainty about things, it would have flourished in earlier periods, but there was no evidence that this was the case. However, Boreel outlined the supportive place of reasoning in his system in a passage explaining the importance of John 10:37–8:

> Hence Christ's religion rests on authority, not on reasoning (*ratiociniis*). However, once its truth has been proved from authority,

---

[38] Ibid., xv, no. 363.   [39] Ibid., xv, nos. 272–4.
[40] Ibid., xv, no. 251.   [41] Ibid., xv, nos. 388, 360–1, and 396.

the reasonableness of its doctrine and its other aspects can be examined. Nevertheless, the crucial argument cannot begin from reason because there are many great things which rest solely on the will and authority of the divine Legislator, and whose cause (*ratio*) cannot be discovered through human reason.[42]

As we shall see, this statement contains the gist of part of Boreel's *Scriptural* proof of Christianity. Yet the real enemy was not Descartes, but the doctrine preached by David George, the Quakers, and the men Boreel called the 'paradosista', 'Enthusiastae', 'pneumatistae', and 'illuminati'. These were the people who believed that religion could be proved and made certain to others merely according to the dictates of internal conscience, and he argued vehemently against this notion. The books of the New Testament 'had reference to reality', and were not merely moral tales; they were 'historical accounts that pertained to events which really took place in the external world, and not, as the *pneumatistae* claim, only to the inner man (*in interiore homine dumtaxat*)'. Conscience ought not to be affected by the region of one's birth, nor by the lessons of one's schoolteachers, and neither should it change according to one's experience. However, Boreel argued that men who stressed the importance of conscience often changed their opinions, while it was 'variable and fallacious' even within different religions. The belief in the infallible dictates of the persuasion of conscience was dangerous. It was what men were prepared to defend most vigorously, but ultimately it rested on 'intellectual notions', about which we could be mistaken. Of all the ways for proving the certainty of Christianity, this was therefore the most precarious and least valuable. According to Boreel, it was dependant upon each of the other nine sorts of proof and so stood or fell with any of them.[43] Having dismissed nine ways of proving the Christian religion, only the 'Revelatory way' was left. Boreel believed that this way did give the requisite certainty.

4. Boreel's proof: Revelation and praxis

The many different attempts of Boreel to construct an acceptable ordering of his various proof strategies is testimony to problems he faced in moving from his answers to his objectors on to a positive proof of the divinity of Christ's ministry. Among other attempts, these proofs were

[42] Ibid., xv, nos. 359–61, 363, and 153. John 10: 37–8 is 'If I do not the works of my Father, believe me not. But if I do, though ye believe not me, believe the works; that ye may know, and believe, that the Father *is* in me, and I in Him.'   [43] R. S. Boyle MS xv, nos. 119, 333, 244, and 281.

classified as either 'absolute' (further divisible into 'primary' or 'second-ary' ways) or 'comparative'; internal (*insita*) or external (*exotica*)—these are both either artificial or non-artificial); or any of the following—from authority, from reasoning, or from contemporary references. Ultimately, none of these was codified in JNL into an acceptable final strategy.[44]

As these taxonomies became more intertwined and complex, what Boreel called the 'simple flow' of the work's proof disappeared in the morass of this restructuring. In the main, however, his argument was fairly simple and relied on a division of the proof into what he termed 'proofs applicable to all' and 'proofs applicable to individuals'. In the first case, the truth of Christianity was proved by 'the bare evidence of the testimony of the New Testament'. This testimony was Revelation, and was more certain than any other element of religion. That there was a God who was an author of these writings was proved first by arguments showing that existence was part of God's essence, and also that every-thing now existing must have had as its author a being who was the ground of his own existence.[45] Secondly, it was demonstrated by the excellence of the life and teaching of Jesus of Nazareth, who claimed God as his Father. Such a law and the manifestations of the power of its author could only have come from a beneficent entity who gave Revela-tion to the human race so that they could grasp the truth, believe in his essential goodness, and lead moral lives. Such a man as Christ truly existed and actually performed the deeds mentioned by his disciples, a fact confirmed by external evidence such as the character of his disci-ples and even the records of his enemies. This was further corroborated by showing that Revelation contradicted neither reason nor the testi-mony of the external senses. One could then show that the law of Jesus surpassed that of anyone else, and the burden of proof was then on the believers in other moral codes to give 'equal or better' reasons for adhering to their own faith; this they were unable to do. This final argument was to be the subject of the second, 'comparative' part of JNL, although Boreel never completed more than a few jottings for this section.[46]

Revelation could not be proved by Revelation, as that would involve question-begging. It could be shown that not even the least scruple could

---

[44] Ibid., xv, nos. 179, 191, 196, 257, and 300–93, esp. 389–90. Argument from design was not considered seriously by Boreel as evidence for the nature of Divine *moral* law, since one might 'argue that the power of fire was wise and good', but it could play a corroborative role once the truth of Christianity had been established; cf. nos. 248 and 426.

[45] Cf. ibid., xv, no. 396.   [46] Ibid., xv, passim.

be brought against it, but ultimately, the origin of Revelation was from God and its truth could be illustrated (though not proven) by human reason; only the authority of the text could give certainty. God gave Revelation 'for convincing the people of today by means of miracles and prophecies, most excellent benefits and promises, and holy examples and precepts'; that was the only way that common people could 'arrive at the most certain things in religion'. Likewise, the combined endowments and laws of all the other legislators could not match those of Jesus, and the fact that prophecies had been and were now being fulfilled was 'a sign that they originated in heaven'.[47]

The law of contradiction, which played a crucial role in his general proof strategy, allowed Boreel to add another corroborative proof of Christianity. He argued as follows: the law that is best able to convince men is from God. Of all existing laws, the 'excellencies' exemplified by the life, deeds, and suffering of Christ demonstrate it to be the best, and the highest certainty pertains to that against which one can offer no scruple. All other laws are inconsistent with the precepts and doctrines of Christianity, and since Christ's law is the best able to convince men (and hence is true), the others are false. They are likewise uncertain because one can question their fundamentals. On the other hand, the testimonies of these false religions might be used so long as they concurred with the evidence of the Bible. He claimed that Jews and Moslems also asserted that Christ had performed miracles, although in a note from late 1660 he noted that a Rabbi had informed him that one specific commentary on the Talmud contained no record of Christ's miracles. Boreel remarked in a passage following this that he should 'diligently seek out [the text] where the Jews say that Christ performed miracles.'[48]

The second type of proof concerned the conduct and bearing of *individuals*. In another example of classification, Christ's doctrine was divided up into its 'practical' and 'theoretical' aspects. It was the practical side which concerned God and men, and in dealing with this, Boreel came to the crux of his version of Christianity. Perhaps the most important texts for his Scriptural religion were John 10:37–8 and 3:33 ('He that hath received his testimony hath set to his seal that God is true'). For Boreel, the essence of Christian conduct was *praxis*—the inculcation of

[47] Ibid., xv, nos. 249–50, 256, 318, 377 and 67. There is no evidence that Boreel vigorously countered the claims of the chiliasts in JNL. For a significant analysis of the testimony associated with miracles, see no. 429.

[48] Ibid., xv, 249, 396–8, and ibid., xiii (4th foliation), fol. 4ʳ. This last note is in a piece which is preceded by a comparative section on the laws of the Jews; Boreel returned to this subject in work which now follows the miscellaneous notes of Vol. xv.

Christian precepts through practice 'by first imitating and modelling oneself on (*exprimere*) the life of Christ, and then recognizing that his doctrine is from God; for then it will be sealed up inside peoples' consciences that it is God who has given the testimony about Jesus of Nazareth'. The life and deeds of Christ pleased God, and he gave testimony about his son. Living according to these precepts would bring one closer to the nature of God, and one would not be deceived in one's conscience that the testimony derived from such a life originated with the Devil. The Devil could not deceive through expression of the divine nature.[49]

Only by obeying his laws through such *praxis* could the divine origin of Christ's laws be made clear to individuals, and a *legitimate* internal seal be set up. The purpose of JNL was to help create this internal mark by means of these arguments. With this 'sign' in place, all doubts that remained about the Christian religion would disappear, and the reader would be certain about the truth of Christianity. The internal mark was expressed through behaviour that conformed to the life and teachings of Christ, and the outward bearing that followed Christ's precepts was likewise the mark of a true Christian. Its internality distinguished it from the outward show that characterised the ritual ceremonial of organized Christianity. More significantly, its practical feature guaranteed that it was not cut from the same cloth as the persuasion of conscience dear to the Quakers and enthusiasts.[50]

There remains relatively little more than scattered and mainly superficial notes of the comparative part of JNL, and as the notes to the first part expanded, Boreel appears to have incorporated into this first part much more testimony from the comparative part. By default, the comparison had to all intents and purposes been completed in the first part, although in the second part he promised to reduce the doctrines of the Jews and Moslems to absurdity. In the miscellaneous notes, the doctrines of the Quakers, enthusiasts, libertines, Cartesians, and Deists are all lumped together with those of the Chinese, Moslems, and Jews; they all rested on incorrect views about religion.[51]

---

[49] Ibid., xv, nos. 380, 177, and 178. No. 381 emphasises that one should keep to the literal words of the Bible.

[50] Ibid., xv, nos. 153, 196, and 452. See also ibid., xii (3rd foliation), fol. 5ᵛ, and xv, fol. 7ᵛ, where the individual certainty about Christianity is described as 'internal Revelation'.

[51] Nevertheless, see ibid., xv, fols. 30ʳ ff., in which Boreel has written a series of 'Theses' and 'Antitheses', the latter claiming that what can be said about Christianity can also be said about Islam and 'the Chinese religion'.

5. Conclusion

At times, Boreel's Christianity teetered perilously close to either Quakerism or Socinianism, and it was from these doctrines that he worked hardest to dissociate himself. If they ever read JNL, Boyle and Oldenburg must have felt that it left insufficient room for the authority of organized religion, whereas Henry More's Platonic leanings and his stress on the use of reason in theology ensured that JNL's method was useful to at least one reader. By the mid 1660s, the state of mainstream English theology (with its stress on *moral* certainty) may have been a receptive context for the work, and there is nothing in JNL that argues for the kind of infallible certainty so feared by the English (and by Boreel). Ultimately, the 'work' was an incomplete mess, but the machinations of Boyle, Oldenburg, and the Hartlib circle testify to the extraordinarily high regard in which Boreel's abilities were held. JNL's targets were specific, and it represents a unique attempt to solve many of the problems which were thought to beset Christianity in the 1650s and 1660s.

Åckerman and Champion (in this volume) have pointed to two significant political contexts for the Oldenburg–Boreel–Dury correspondence, namely the Swedish and English discussions of religious imposture. Thanks to the work of a number of scholars such as Gericke, there is no doubt that there was widespread interest in the first half of the century in the existence of a text describing the three impostors, from people as diverse as Thomas Browne and Tommaso Campanella, and the Swedish diplomat J. A. Salvius. Moreover, as Åckerman shows conclusively, there was renewed interest in the text at the court of Queen Christina from 1652–3, and so on through the 1650s. J. P. Marana, in his *Letters writ to a Turkish spy in Paris* (London, 1723) claimed that the story was in circulation in 1656, while Oldenburg's letter is further evidence that this was the case. Where Oldenburg heard the terrible thesis is unknown, though it may have been in London in late 1655 or early 1656, perhaps via Swedish diplomats. In any case, the thesis was, as Popkin suggests, 'in the air'.[52]

This being so, it is perhaps fruitless to search for any particular text which would be the referent of Oldenburg's lament to Boreel. Olden-

---

[52] Cf. Popkin, 'Spinoza and the three imposters', passim; a similar description was offered by Richard Smith in his 'Observations on the report of a blasphemous treatise by some affirmed to have been of late years published in print of three grand impostors', composed between 1648 and 1671, which is now British Library, Sloane MSS 1024 and 388. Oldenburg took notes on the Queen of Sweden in his commonplace book of 1654–1661; Royal Society, Misc. MS 1, pp. 154–72.

burg's letter contains a number of elements that are in neither *De tribus impostoribus* nor in any version of *Les Trois Imposteurs*, and in this sense, JNL could not have been a response to these works. Nevertheless, I would suggest that Boreel shaped his text to confront the demonology that Oldenburg created for him, namely the horrifying thesis that the Law of Jesus was not from God and that Jesus was an impostor. After all, most Christians could scarcely be upset by the claim that Mohammed was an impostor, and Boreel argued that the Law of Moses was God's Law so long as it was 'understood, expounded, and observed according to the Law of Jesus.' Against the theory of imposture, Boreel's thesis argues that Christ *was* a legislator, backed by divine authority.[53] Nevertheless, there is no lengthy analysis of the relation between religion and state, nor is there any reference to the priesthood or the imposture of priestcraft, except to say that there was a continuous succession of writings from bishops confirming that there is something like providentially guaranteed 'tradition'.[54]

There is no anthropology of other cultures, nor any *explicit* account of the 'imagination', nor did Boreel explicitly state the dangerous psychopathological theories that were apparently used by atheists to explain the propensity of ignorant people to believe in religion. Nor is there a detailed analysis (in the manuscript JNL now extant) of the organized religious doctrines he attacked, but only a stark, Cartesian-type account of the internal workings of the mind, along with the common gesture to the different intellectual capacities of the learned and the vulgar. Boreel's argument required none of these trappings, although it was directed against the sort of people (libertines, atheists, Deists, etc.) who might have been expected to compose the filthy tract. Since we now know a great deal about the immediate English and Dutch backgrounds and contexts to JNL, I have argued that it should be examined in terms of contemporary responses to the general three-impostors thesis, which (as Oldenburg confirmed) was among the most radical challenges to Christianity. Whether the 'proofs' have any merit is beside the point—in conversation with Oldenburg and others, and by reputation, Boreel came across as the one person most likely to refute the outrageous claims of the three-impostors thesis.

[53] R.S. Boyle MS xii, fol. 5ᵛ.

[54] That is, the bishops referred to the general features of Christ's doctrine for which Boreel wished to argue. Boreel suggested that this constituted corroborative and continuous evidence that Christ lived and did the things he is said to have done; he did not argue that the bishops' actual practice conformed to Christ's precepts.

Perhaps one final point is in order. In the fourth chapter of his *Tractatus theologico-politicus*, Spinoza gave an account of Christ's office which in many respects is remarkably similar to that of Boreel. For Spinoza, Christ was the mouthpiece of God, through whom God made revelations to mankind. Christ was 'sent to teach not only the Jews but the whole human race', and his mind was 'accommodated to the opinion and fundamental teaching' of the whole human race. Christ related the mysteries of God to the people, while the laws that he taught were those of God. Spinoza cited Romans 8:9 to the effect that 'no one is blessed unless he have in him the mind of Christ, whereby he perceives the laws of God as eternal truths'. Significantly, he denied that this knowledge of the goodness and eternal divinity of God was due to a supernatural light, but rather suggested that this 'light' was natural. Spinoza had a lower opinion of the vulgar than Boreel, and they differed markedly over their interpretation of miracles and prophecy, but both were scathing about the self-serving and obfuscating functions of various ceremonies in Christianity. Shorn of ritual, Spinoza's Christian Man was like Boreel's, and such that if

> he were to read the Scripture narratives believing the whole of them, but were to give no heed to the doctrines they contain, and make no amendment in his life, he might employ himself just as profitably in reading the Koran or the poetic drama . . . [but if he] is absolutely ignorant of the Scriptures, and none the less has right opinions and a true plan of life, he is absolutely blessed and truly possesses in himself the spirit of Christ.[55]

Likewise, Boreel's and Spinoza's Christ is not so far removed from that of the Socinians, and their account of the internal spirit of Christianity was in some senses close to that of the Quakers. These groups had close contacts in the Amsterdam of the late 1650s. Perhaps one could call this a movement. Whatever, in their own ways, they offered similar responses to a three-imposters thesis that was (by now) well known. Boreel's status made his answer to the problem at least as significant as any of the others.[56]

---

[55] Spinoza, *A theologico-political treatise*, trans. R. H. M. Elwes (New York: Dover, 1951), 64–8 and 79.

[56] See in particular R. Popkin, 'Spinoza's relations with the Quakers in Amsterdam', *Quaker history*, 70 (1984), esp. p. 27; and H. Siebrand, *Spinoza and the Netherlanders: an inquiry into the early reception of his philosophy of religion* (Assen and Maastricht, 1988).

[14]

Johan Adler Salvius' *Questions to Baruch de Castro concerning* De tribus impostoribus

Susanna Åkerman

(University of Stockholm)

As *de jure divino* notions of monarchy were increasingly assaulted in the courts of seventeenth-century Europe, charges of political impostorship became more commonplace. Foremost in this clandestine tradition was a manuscript of utmost heresy, *De tribus impostoribus* (On the three impostors), in which it was argued that Moses, Jesus, and Mohammed had established a rule of political fraud. Some of the most important surviving material related to this literary tradition can be traced to Scandanavian sources, in particular the cultural milieux of the University of Greifswald in Swedish Pomerania and the Academy of Kiel in Danish Schleswig-Holstein. The literary origin of this Latin work seems to be quite distinct from that ascribed to the later French work *Le Traité des trois imposteurs*. This paper will present evidence for the distinctiveness of the two traditions of imposture.

The oldest evidence concerning the existence of the Latin tract *De tribus impostoribus* survives in three letters of the Swedish diplomat Johan Adler Salvius, now kept at the Herzog-August-Bibliothek in Wolfenbüttel. Recently Friedrich Niewöhner argued, in his *Veritas sive varietas* (Heidelberg, 1988), that these letters between Salvius and a Jewish doctor Baruch de Castro, dated 1635, are evidence that the Latin tract derived from the medieval philosophical tradition created by Moses Maimonides and present in Lessing's language of toleration promoted by his Parable of the Rings.

S. Berti et al. (eds.),
Heterodoxy, Spinozism, and Free Thought in Early-Eighteenth-Century Europe, 397–423.
© 1996 *Kluwer Academic Publishers. Printed in the Netherlands.*

The most ancient extant printed edition of *De tribus impostoribus*, a single copy held in Wittenberg, has been dated to the middle of the seventeenth century. It has been argued that the text was written some generations before, in the middle of the sixteenth century, as a direct reply to the preaching of Calvin.[1] Instead, Niewöhner argues that it is probable that the manuscript was actually produced, or even composed, in Hamburg in Jewish freethinking medical circles surrounding the foremost rebel and Bible-critic against Jewish Orthodoxy before Spinoza, Uriel Da Costa.[2] Salvius' letters and the minutiae of Gericke's evidence, however, point in other directions, directions that cast considerable light on the Baltic intellectual context and that question Niewöhner's identification of the author. In this paper the reasons for Adler Salvius' early interest in the manuscript are set against the role that the manuscript actually played in Sweden. First, I examine some central passages of the Latin text of *The three impostors*, as it is quite different from the better-known French text on the same theme. Then, I consider some new evidence on readings of the tract in northern Germany.

The tract and its argument

The text of *The three impostors* sets out in simple terms that the founders of religion have consciously deceived their followers in order to gain eternal political control. Like its French counterpart (produced in Holland in the beginning of the eighteenth century), *De tribus impostoribus* is a patchwork, written by different hands, but with a recognizable central core: that the few who can comprehend the mysteries of faith have established an élite that have been able to deceive the many, who are told that they cannot penetrate the core of religion.[3] The author of the tract holds that in reality everyone, even peasants, women, and children, have a will to discern the false from the true (§ 29). While positive religion maintains authority through employing deception and legislation, there is an ancient natural religion that allows us to act according to truth and justice (§§ 22, 23). The anonymous author makes his central claim, mildly Deist, in § 16: the Natural Light teaches us that there is a God, an invisible being, and if only we act according to the spark (*scintilla*) he has given us, we shall remain just. There is no need to probe into the

---

[1] Wolfgang Gericke, *Das Buch von den drei Betrügern*, Quellen: Ausgewählte theologische Texte (Berlin, 1983), 71 ff.

[2] Friedrich Niewöhner, *Veritas sive Varietas: Lessings Toleranzparabel und das Buch von den drei Betrügern*, Veröffentlichung der Lessing-Akademie, Wolfenbüttel (Heidelberg: Lambert Schneider, 1988), esp. 353–66.   [3] Gericke, *Das Buch von den drei Betrügern*, 85.

sincerity of those who bear witness to God, and no need to fear or to love him, as we can remain in the belief of our hearts. Also, it does not follow from the claim that 'there is a Gros-Mogul' that he must be adored. The desire to be honoured is instead a sign of incompleteness and weakness. These passages show that the author has an anti-monarchist tendency and it has been suggested that these lines, together with the mention of the cult of the Roman god-monarch Numa Pompilius, were written with the persecutions against heretics in mind through which Calvinism spread during the rule of Henry II of France.

The focus of the title—the discussion of Moses, Jesus, and Mohammed in §§ 10–15—is shorter and milder than one might expect from having read the French version: it is notable that Moses is subject of much criticism, while Christ is referred to as 'their Messiah', considerations that Niewöhner takes to indicate a Jewish origin of the text. Some contemporaries, such as Salvius, instead saw a Muslim or a Unitarian background in the formulations. Yet Mohammed is criticized for his exploits with the sword; and generally, for a Christian audience, the arguments against his election as a prophet were not new. On the other hand, the followers of Christ are described as hypocritically going forth with a mask of humility. It is questionable whether Unitarians would have accepted the denial of a central salvific role to Jesus, since they merely denied his consubstantial status as the Son of God.

Persistent doubts have been expressed in the literature that a tract on the three impostors could have existed any time earlier than 1688, when the so called Mayer copy of the Latin text was presented after a debate at the academy of Kiel. Some believe even that copy to be a hoax and argue that we can be sure that the Latin tract took form only with Straube's print of 1753. But, in his recent studies, Wolfgang Gericke draws attention to the Wittenberg printed copy (W-S Th 8 1), whose full title is *De tribus mundi impostoribus breve compendium*. It shows variant readings at the foot of the page, so the printer must have had at least two even older texts to work from. Gericke dates the Wittenberg copy to around 1645, and believes that the two originals may be identical with those mentioned by the Spanish monk De la Madre de Dios, in his *Miserable estado de los ateistas* (Brussels, 1610), as spread 'in Germany'.[4] The reaction in Belgium in 1610 may have been occasioned by the accusation in the same year in Gouda and Middelburg against the French Socinian Ferdinand Barnaud, that he had offered for copying a tract on the three impostors. This Barnaud seems to have been identical with the well-known French

[4] Ibid., 44–5.

alchemist who visited Prague under the name Nicholas Barnaud. In 1614, one J. C. Nachtegael was banished for having distributed *De tribus orbi impostoribus* in and around Alkmaar. His imprisonment seems related to Barnaud's activity. Nachtegael confessed to having obtained the idea from a Frenchman who claimed to be an illegitimate son of the King of France, Henry IV. This mysterious man may quite possibly have been a Huguenot with wide international contacts: Nicholas (Ferdinand) Barnaud, author of the outspokenly Deist and anti-clerical tract dedicated to Henry IV, *Trois perles dans le Cabinet du Roy de France* (Paris, 1583).

It is in northern and eastern Europe that we now find copies of the Latin *Three impostors*. Gericke has located 41 copies, traced back to three sources. Thus not all derive from Mayer's 1688 manuscript; the source now at Halle may be an independent parallel. The older Wittenberg print, prepared on fine paper as a presentation copy or collector's item, is therefore of special interest. In a perceptive analysis, Gericke shows that the text contains a typical Socinian (Unitarian) section, at the end of §3 (and of §10) that he assumed must be an addition. In it the author denies that the Invisible Being can have descended into any particular human representative. There is also another, a Deist, addition at the end of §15, where the creation is described as an act of setting a machine in motion that then develops solely according to its inherent laws.

Through his analysis of the content and formulations of the tract, Gericke is convinced that the text was originally written in the Swiss cantons in the middle of the sixteenth century as a hostile response to the doctrine of election and hidden grace preached by Jean Calvin. Gericke's specific claim that the executed heretic Jean Gruet wrote it in 1546 has, however, been disputed.[5] As has been widely recorded for the same period, references to a written tract appear in scholarly correspondence, spanning from Pomponazzi's claim in 1516 that by 'tres leges totus mundus est decepta', to the heretic Arabist Guillaume Postel's assertion in 1563 that such a book had been printed in Caen by early Deists. The Italian thinker Tommaso Campanella even declared that sects in Germany maintain that all legislators have been impostors.

---

[5] Ibid., 47. An early author, W. E. Tentzel, *Curieuse Bibliothec* (1704), 493, instead makes the interesting claim that the *Tribus* ws printed by one Christian Wechelin of Paris in 1530.

Campanella and the Swedish court

During his second year of exile, after many years of imprisonment, Campanella wrote to Fabri di Pereisc in December 1634 of his recent fortunes in Paris:

> I continuously have . . . many amicable visits from grand and learned men; among those visiting have been Monsieur Bourdelot, also Moreau, Diodati, Cafarelli, the Count of Guise, Bottiglieri, and certain other gentlemen whose names I no longer remember; in particular, some who were going to Sweden to influence the King there, and who took all my works with them to report about me in that country in my favour.[6]

Campanella knew that the King of Sweden had perished at the battle of Lützen only two years before, but that there was now an eight-year-old princess as prospective ruler in that most Lutheran country to the north had escaped his attention. Sweden's rule by a mixed group of nobility did not turn Campanella's concern away from extending his influence to its farthest possible reach. The death of Gustavus Adolphus, of which Campanella was fully aware and upon which he had written poems, to his mind only made that country more suitable for his utopian schemes. He was now at work on his political and millenarian tome, the *Monarchia Messia* (1634), and he eagerly searched for a court in which his ideas could be put to use, now that the Catholic court of Spain seemed hostile to his plans. But the Swedish project was apparently given up, and a year later, Campanella settled on his object of scholarly devotion and dedicated his utopian tract to the French Dauphin, the future Sun King.

Campanella's escape from imprisonment as a heretic in Italy, a feat of derring-do designed in 1634 by Ambassador d'Estrée and two Bourdelots, Jean and Pierre Michon, had made him a great attraction for intellectuals in Paris. One of the visitors was Guy Patin. He reports on a conversation about Campanella's recently published *Atheismus triumphatus* (1636) and its references to a book on the three impostors. The aim of Campanella's publication was to provide a millenarian antidote against schisms, and he explains that he was taken aback when he himself

---

[6] Campanella to Niccolo Claudio Fabri de Peiresc, 11 December 1634: 'Ebbi ed ho continue carezze, benefici, offici amorevoli e visite di gran signori e letterati, e venuto il signor Bordelet [Bourdelot], Moruoe [Moreau], Deodato, Cafarelli, il conte di Ghisa, Buttiglier e certi signori di conto delli quali non ho il nome, in particolare quello che ando a svecia per mover quel re, ed ha tutte l'opere mie, e dona relazioni assai di quelli paesi in favor mio'. Tommaso Campanella, *Lettere*, ed. Vincenzo Spampanato (Bari, 1927), Letter LXXIV, p. 299; see also pp. 247, 261, 280.

read a copy of *The three impostors* belonging to the Florentine heretic
Francesco Pucci. Earlier, Campanella argued that the author must be
a northerner and that the book was spread in Germany by Averroist and
Aristotelian sects.[7]

As if by a lucky coincidence, in July 1635 the Swedish diplomat Johan
Adler Salvius (1589–1652) had developed an intense concern for certain issues of Fate and Providence. Perhaps influenced by Campanella's
friends, he had begun a search for a copy of the infamous tract on
religious impostorship, *De tribus impostoribus*. He now wrote three letters
to the Jewish doctor Baruch de Castro in Hamburg asking him to obtain
it at any price. Significantly, Salvius refers to the tract with the longer
title *De tribus maximis mundi impostoribus*: 'Quaeso, mihi proxime significet, an ceperit, & quid resciverit de isto libro secretiori de 3. max. mund.
imp.'[8] In the same letters, Salvius asks for copies of Pomponazzi's *De immortalitate animae*, Cremonini's *De fato*, and Cesare Vanini's *Amphithea-
trum aeterna providentia* (a copy of which was in his library at his death in
1652).[9] Salvius' friend, Erik Larsson von der Linde, took the letters with
him on his travels to Hamburg. The third and last letter to De Castro, in
1637, tells of Von der Linde's death; there thus could be no more letters
conveyed in this way, and so the exchange of information stopped. But in
1638 Salvius wrote to Johannes Müller of Hamburg to claim that he had
seen the tract 'in lingua Batava excusum'—written in Dutch, or even
printed in Dutch—some twenty years earlier in the Netherlands; thus
around 1618, or perhaps more exactly in 1616, when Salvius travelled
through Holland to France and Italy after having completed a peregrina-
tion that began in Rostock in 1612, where he had graduated by giving
a long speech on the use and abuse of rhetoric. The journey took him to
Helmstedt and Marburg, and to Montpellier, where in 1618 he completed degrees in Roman law and Hermetic medicine. At Montpellier his
teacher was Julius Pacius, a Protestant convert and student of Cremonini
at Padua. In 1619, as his letters to Axel Oxenstjerna show, Salvius hoped
to go to Padua to complete his studies. This, however, was denied him.

[7] German Ernst, 'Campanella e il De tribus impostoribus', *Nouvelles de la republique des lettres*,
1986/II: 143–70, esp. 166, 162.

[8] Salvius to Baruch de Castro, 23 July 1635, 6 December 1635 (Salvius also asks for the Platonist
Basil and the Gnostic Marcion); and one letter, no date, all in MS Guelph. 13 to Oxenstjerna in B.
Boethius, 'Johan Adler Salvius släktförhållanden och studier', *Personhistorisk tidskrift*, 1915.

[9] *Amphiteatrum aeterna providentiae divino-magicum christiano physicam nec astrologo catholicum:
adverta veteres philosophos, atheos, epicuros, peripatetico ex stoicos*. One copy is filed as MS T 377,
Uppsala UB. Points of debate usually concern the nature of: (1) God's full jurisdiction over all his
creatures; (2) God's continuous care, conservation, and regiment, a power which is general and
extends to all his creatures; (3) Special Providence.

In these letters he writes as an advocate of continental learning, and he maintains rhetorically that political ambitions, the 'necessaria ista hominem ludibria' at court, and the deceitful hopes of mankind, wealth and honour in warfare, no longer attracted him. In his probing letter to Müller in 1638, Salvius declares that while it is believed that the *De tribus impostoribus* had been written by Cardano, the neo-Averroist and fatalist astrologer, he held it likely that it was written by the Mohammedan Apstate Merula. This Merula was probably the Morisco from Spain who had converted in 1487 and who was known for his *Confusio sectae mahometanae*, translated from the Arabic into Latin in 1595.[10]

In France in 1693, Salvius' and De Castro's involvement with the manuscript was made public to a wider audience, when La Monnoye

[10] I thank Professor Miguel Benítez of the University of Seville for the following information: After his conversion, Merula took the name Joannes Andreae. The *Confusio sectae mahometanae* was republished by G. Voetius at Utrecht in 1646. The copy at the Bibliothèque Nationale, Paris (J 11891), presents the following contents:

Caput 1. Ubi, et ex qua prosapia Mahometis oriundus, de principio ipsius sectae, & quantum temporis insemsurit in ea confirmanda, deque ipsius obitur.

Caput 2. De Alcorano et quid in eo tractatur . . .

Caput 3. De Zuna Mahometis . . .

Caput 4. De argumentis contra Alcoranum . . .

Caput 5. De multis stultiis et falsitatibus Alcorani . . .

Caput 6. De variis scandalis maurorum tempore legis à Mahomete latae . . .

Caput 7. De uxoribus Mahometis . . .

Caput 8. De somnio et visione Mahometis . . .

Caput 9. De gloria Paradisi Mauris . . .

Caput 10. De contrarietatibus Alcorani . . .

Caput 11. Fidem Christianam in Alcorano et Zuna probari . . .

Caput 12. Christianos non debere mirari, sectam Mahometanam tantopere auctam esse.

The *Confusio* may be related to MS 66 in Christian Ravius' *Spolium orientis* (Kiel, 1669), i.e., 'Johannes Mauri libellum contra sectam Mohammedicam *De morte Muhammedis arabum impostoris*'. The Muslim origin of the *De tribus impostoribus* is discussed by C. D. Kochius, 'Observatio nova de vero scriptore libri de 3 impostoribus mohammedano', in *Annales Academiae Juliae* (Braunschweig-Helmstedt, 1721), Julio/Augusti/September, § viii. Kochius discusses the *Investigation of the three faiths* (1280) by Ibn Kammuna (1215–1285) or Asadauhla ben Camunae, alias Kemouneh Aliahoude, a Jew of Baghdad during the Mongol incursion. Kochius mentions a response by the Muslim doctor Serighia, entitled *Mohoud kathsith aliahoud* who declared 'L'enlèvement ou nettoyement des balazeurs de Juif'. Kochius refers to manuscripts in Guilbert Gaulmin's Arabic collection in Paris (bought by Queen Christina on Christian Ravius' advice in 1651, but shipped back because the price was considered too high), and points to the Averroism at the court of Emperor Frederick II. See Christian Callmer, *Königin Christina, ihre Bibliothekare und ihre Handschriften*, Acta Bibliothecae Regiae Stockholmiensis, xxx (Stockholm, 1977). In *Veritas sive Varietas*, Friedrich Niewöhner argues that the book of Ibn Kammuna is a Maimonidean answer to the three-impostors theme raised in the Gulf, after the Qarmatian slave revolt, by Abu Tahir and al-Maarri (p. 249). See also pp. 219–22 on Sura 5: 44–50 of the Koran, in which it is declared that God did not want only one, but many different religious communities. See also p. 236 on the Noachites and p. 227 ff. for reference to the modern edition of the *Tanquih al-ahbat, li-l-milal al-talat* by Moshe Perlmann (Berkeley and Los Angeles: University of California Press, 1971).

published the memoirs of Gilles Ménage, the *Menagiana* (Paris, 1716).
Ménage added a famous critical letter on the history of the manuscript.
In it he tells the story of how Queen Christina had sent her atheist
doctor Pierre Michon Bourdelot to obtain the manuscript at Salvius'
death in Stockholm in 1652. By then, Johan Adler Salvius was the Swedish queen's personal counsellor in matters of state. After humble begin-
nings in Strengnäs, he had gained independent wealth in 1620 through
marriage with the rich widow Margareta Petri Skute of Gothenburg. It
was at this time that he started to add 'Adler' to his name, a name he kept
when he was enobled in 1629.[11] He could now publish his doctoral thesis
Sciagraphia universi juris feudalis. In 1632–7, he and Margareta lived in
Hamburg.[12] Salvius's career was eventful. As scouts in a military raid in
Poland in 1625, he and Arvid Horn were captured by the Cossacks. They
were traded back after four weeks of imprisonment. Later, on 30 April
1635, Salvius was sent to Germany to negotiate concerning the Persian
trade. The assignment may have added to his interest in the infamous
manuscript that year. As noted, he did believe that it was written by
a Muslim author.

Salvius's other diplomatic efforts during these years were to persuade
the north-western German states to abandon their neutrality. In time,
his diplomatic role in Germany became momentous, and in 1638 he
started to negotiate concerning the alliance with France. Before leaving
for Paris on 20 June 1637, he wrote to the Swedish envoy there, the
Dutch philosopher of law Hugo Grotius, some lines that shed light on
his political perceptions:

> the negotiator from the Pontificate . . . is among us, to bring us
> into relation with the three most powerful heads of the Roman

[11] Salvius' domains in Bremen included the monastic fortress Adelsburg, and he was given
territories at Örneholm in Rautas, Finland. One older Swedish biographer explains Salvius' choice
of the eagle by Tegnér: 'You see, around the strong spirit there always grow strong wings. Is the
eagle to be blamed? (Ser du, kring den starke anden Vexa alltid starka vingar. Hvad rår Örnen väl
därför?)'

[12] Margareta was thirty years Johan's elder. He met her through Lorentz Hartman, her son, who
had accompanied him to Germany. She was widow of the wealthy goldsmith Lorenz Hartman and
brought 145,000 SKR with her dowry. They had no children. Salvius had an illegitimate son, Paul
Mücken, and in 1641 Salvius contemplated remarrying. At his death, Margareta set up a silver altar
in the Church of St Nicolai and gave a large endowment 'ad pios usus'. Still, Salvius' secretary
argued that he died of too much erotic love: 'Femmellarum etiam, insuavis conugii sui taedio,
amoribus obnoxius valde ac dedisti fuit.' SBL (1836) suppl., p. 166. Salvius' career, from copyist and
secretary to diplomat and statesman, was swift, and provoked jealous remarks among noblemen,
such as Åke Tott, who asked: 'Is the situation in Sweden such that ink-masters dare insult
gentlemen? (Är det så tillstädt i Sverige att bläckmästare våga kujonera kavaljerer?)'.

Church—the Emperor, France, and Spain; even as for the exter-
mination of all pretended heretics they promulgate jubilees. On
whom among them can one be confident, when they daily accuse
each other with infamous titles, as heretics and Anti-Christs?[13]

A passage such as this shows that a diplomat's interest in knowing
exactly how religious impostorship was formulated was pragmatic: he
could enhance his confidence in himself by learning the sceptical arguments against the claims of divine election current among his political
opponents. To Salvius, the three greatest impostors were no doubt the
Habsburg kings. Through the nature of their missions, diplomats directly faced the time-honoured problems: *Quid fortuna, quid fatum, quid
providentia?* Like prophets, diplomats sometimes forced God's hand.

When readers of *The three impostors* came in contact with an outright
scorn for the uses of religion, much of the normal rules of behaviour
were revealed to be an instrument for political power, a useful tool to
structure the courtly ambition that Johan Adler Salvius scorned. Display
of these virtues was no more than a 'ludibria', Salvius fiercely claimed,
and thus only a courtly game for those seeking to master the ladder of
ascent to power. His awareness of rhetorical deception is already present
in the oration he gave at the close of his Ramist studies in rhetoric at
Rostock in 1612.[14] As Salvius saw, a new economy of souls had developed,
in which status no longer was accorded to concrete acts of courage and
valour, but rather to the ability to communicate that virtue. Natural
impostors, those who could administer a cure or convey therapy in
personal relations, had a clear advantage in this new rhetorical order.

But perhaps there was another, more personal, issue involved. Like so
many Protestants, Adler Salvius lived through the enormous mobiliza-
tion around the Swedish King, who was seen as their fated saviour and
whose death in 1632 had suddenly thrust the nation into a brooding cult.
For some time, then, Salvius had contemplated how a national messianic
figure turned violent events into victory, soon followed by martyrdom.
Had Salvius, who had even written on the wounds of the king, perhaps
begun to doubt?

[13] Salvius to Hugo Grotius, 20/30 June 1637, MS Ltk 1003, Leiden UB. The 'mediator parti
Pontificum . . . Qui etsi nuper, pro conciliandis tribus potissimis Romana Ecclesiae capitibus,
Imperatore, Gallio, Hispano; iuxta tamen etiam pro omnium praetensorum haereticorum extispa-
tione jubilarum promulgavit. Quae potest antim esse confidentia inter eos, qui infamibus titulis
haereseos et Antichristianismi quotidie se mutuo lascesunt.'
[14] Johan Adler Salvius, *De rhetorica* (diss. Rostock, 1613).

The arcana imperii of Swedish politics

At the death of his friend Von der Linde in 1637, Salvius had known that the transactions with De Castro could not continue. In his letter to Müller in 1638, Salvius by contrast warns against the doctrines of the Jews, 'Scimus, quid gentes judaei, diabolus ipse de Christo Servatore serverint'. He does not mention his earlier contacts on the matter. Still, Salvius knew the Hamburg rabbi David Cohen de Lara and had helped him distribute twenty copies of his Hebrew–Greek lexicon *Ir David* (1634) to Hugo Grotius' circle in Paris. Indeed, Salvius' own confidence in special providence was not diminished by his search for the manuscript. After returning from his Paris embassy, on 23 July 1639, Salvius even boldly declared that 'interest suecici autem fere totius Evangelicie Europae.' The remark is reminiscent of his more famous claim that the ultimate goal of Gustavus Adolphus was to achieve an 'Omnium terrarum orbis imperium'.

Salvius' evangelical defence took energy from his frequently attested interests in Hermetic emblematism and chivalry. Ambitious realism dominated Swedish politics, however, and Salvius' hopes expressed by his imperial slogan of a world empire had to give way to more concrete Baltic concerns. Thus, when Axel Oxenstjerna was offered the Order of the Garter in negotiations with the Church unionist Thomas Roe on 9 September 1637, the Chancellor wrote, 'Anglus ludit more suo in re seria et illudit orbi terrarum.'[15]

Because of the recent emphasis on Oxenstjerna as a supreme politician of *raison d'état*, Salvius' unusual ideological position has received relatively little attention from Swedish historians. This is due not least to the fact that his vast diplomatic correspondence only rarely presents his more literary interests. One is lucky to find requests such as that at Minden in 1643, and then at Osnabrück in 1645, when he promised the states general Per Brahe to look for a rare copy of *Athlantem majorem*, the invaluable atlas made by Europe's foremost cartographic printer, Jan Blaeu. Salvius reported that the best place to look was among the many bookshops and booksellers in Hamburg.[16] However, the full significance of Salvius' political role emerges in his opposition to the thinking of the aging Axel Oxenstjerna. Salvius was a supporter of the syncretist move-

[15] Salvius to Hugo Grotius, 23 July 1639, MS Ltk 1003. Oxenstjerna's remark noted in A. Heimer, *Magnus Gabriel de la Gardies ambassad i Paris, 1647–49* (Stockholm, 1905).

[16] Salvius to Per Brahe, Minden, 5 September 1643: 'I Hamburg äro fuller bookhandlare', also Osnabrück, 4 January 1645. MS E 8147, fol. 110. Riksarkivet, Stockholm.1.5.

ment among the Lutheran Churches and probably was influenced by Thomas Roe's friend John Dury, who at Uppsala in 1635–7 tried to negotiate an ecclesiastical union among the Protestant Churches. It is possible that these debates on a vast reorganization of the faiths, rather than his diplomatic aims *per se*, induced Salvius to write to De Castro for the tract. Campanella's ideas on a needed general reform set out in the *Atheismus triumphatus* naturally led to concrete proposals for religious integration.

In 1648, Salvius was sent as chief Swedish delegate to the peace negotiations at Osnabrück in Westphalia. Through direct and secret communications with Queen Christina, he made sure that the more expansive claims favoured by Axel Oxenstjerna through his son Johan were given up. Salvius' peace proposal instead was in direct agreement with the ideas of the French Comte d'Avaux and the Austrian Graf Trautsmannsdorf. It is in this context that Gericke draws attention to an undated note by Guy Patin, addressed to the Carmelite monk Ponce de Leon, stating that Patin had seen the tract in Paris at the collection of Judge De Mesme (who died in 1650). Gericke conjectures that French diplomats in Westphalia had heard of, or even had copied, Salvius' tract. (The book referred to cannot be the *Heptaplomeres* mentioned below, as shown by Patin's comment that 'the book is rather small and does not say much'.) Displaying his tolerant attitude at the Westphalian negotiations, Salvius now presented a portrait of himself with the inscription: 'Deus, sed pacis non est dissensionis.'[17]

Queen Christina and the three impostors, 1652–3

Adler Salvius clearly had a central political role, but La Monnoye did not anyhow give much credence in 1693 to the story that Salvius at his deathbed in 1652 had thrown the offensive tract on the fire. La Monnoye thought the whole thing, including the tract itself, a well-crafted fiction. He knew that in 1692, the nephew of the royal medical doctor Bourdelot had told Abbé Nicaise that Queen Christina never could obtain the book. Later, rumours arose that a Swedish captain had obtained a copy of the manuscript from Salvius and offered it for sale in Germany, a scenario exploited also by the exiled Huguenots around the free-thinking printer Prosper Marchand in Amsterdam. Their story of how the German soldier 'Tausendorf' at Frankfurt in 1706 had offered them a copy of *De tribus impostoribus* that he claimed to have pillaged at the siege of

---

[17] Gericke, *Das Buch von den drei Betrügern*, 41.

Munich, was good advertisement for the purported French translation that they now clandestinely put out for sale. Yet the original source of the story of Salvius' obsession with the three impostors is Johann Balthasar Schuppe of Hamburg, the minister present as confessor at his deathbed. Schuppe told the story of Salvius casting it on the fire some twenty years later in 1674, in a letter to Heinrich Dassowius, who passed on the information to Placcius for his edition of the *Theatrum anonymorum et pseudonymorum* (Hamburg, 1708).

It is possible to conclude from this evidence that the book actually was in Stockholm on the day of Salvius' death, 23 August 1652. Also, on 6 July, little over a month earlier, Pierre Bourdelot had exclaimed: 'Il est venu ici un medecin Juif d'Hambourg'; in fact, De Castro himself made an appearance on the scene.[18] If the tract was not present in Stockholm at that time, De Castro might then have brought it with him. The signs of interest in the three impostors in Stockholm in 1652 hence may have been an outcome of a meeting of libertine doctors, who, like Bourdelot, were such outspoken atheists that it was perfectly safe to reveal the argument in detail.

Another source, this time an original account from 1653 by a French courtier present in Stockholm, Philippe Boudon de La Salle, contains mention that the Queen looked for 'a manuscript that no one ever had seen', the *De tribus impostoribus*. Perhaps some scepticism must be directed to this report, as La Salle's story was edited by Le Comte de Baillon for publication in the journal *Le Correspondent* (1878).[19] From the printed text it is impossible to determine whether it is the editor himself who (in 1878) adds the story of the three impostors from having read the *Menagiana*, even if this seems unlikely. In any case, La Salle says that he also overheard Queen Christina arguing about the divine essence and Providence for three or four hours with libertine arguments. She called the Incarnation a fable. La Salle then reports about Christina's dislike of Swedish Lutheranism and recalls that during a sermon in the summer of 1653, Christina had shown him some lines from a work entitled *Pastor Sion*, while she had whispered 'what is written here is much better than what they preach'. This was not surprising since earlier in the same year, on 18 March 1653, the court preacher Erik Emporagius had preached a virulent sermon against atheism, using 2 Peter 2: 1 and 1 Corinthians 10 to warn that foreign teachings and the frivolous Epicureanism at court

[18] Bourdelot to Nicolas Heinsius, 6 June 1652, Leiden UB.
[19] Le Comte Ch. De Baillon, 'La Suède en 1653 . . .', *Le Correspondent* (1878); Johan Arckenholtz, *Mémoires pour servir à l'histoire de Christine, reine de Suède*, 4 vols. (Amsterdam and Leipzig, 1751–60).

would bring down God's sudden judgement.[20] The sermon may well have been delivered at the time of the Queen's medical doctor Bourdelot's presentation to the Swedish clergy of a 'cathechism of atheism', as reported by the Latinist scholar at court, Nicolas Heinsius.[21]

The circumstances surrounding the death of Salvius on 23 August 1652 and the subsequent signs of Epicureanism (or atheism) at court are highlighted when one considers Queen Christina's letter to Claude Saumaise's widow in 1653. Upon hearing that Mme Saumaise had burned all of her husband's secret papers kept in a chest in Holland, Christina reproached her in such a spiteful tone that we can be sure that she had expected to find invaluable, perhaps heretical, manuscripts among them. No wonder, given that the year before, Andreas Colvius had written to Saumaise that even a serious millenarian like Rabbi Menasseh ben Israel wanted to read the *Tribus impostoribus*.[22]

A most interesting aspect of the atmosphere surrounding the manuscript at the Stockholm court is that after Christina's public conversion to Catholicism in 1655, a pamphlet was published in the Netherlands, entitled *Le Génie de la reyne Christine de Suède*, in which the ex-Queen's philosophical views are reported, among them her claim that the only form of Immortality is provided by Plato's Universal Soul. *Le Génie* states that Christina thought that 'Moses was a great impostor as well as a clever man (*un bon ésprit*)' since he had led the Israelites through the Red Sea by the same device as Numenius in the Persian wars, when he marched his army through the waters by 'taking account of the flux and reflux of the Arabian Gulf'. The mysterious pamphlet *Le Génie* is one of the earliest documents in French in which something like the impostor thesis is used to subvert monarchical claims to divine authority. Now,

[20] 'Erik Emporagius bönedagspredikan, 18.3.1653', MS T 178, Uppsala UB.

[21] René Pintrad, *Le Libertinage érudit de la premier moitié du dix-septième siècle* (Paris: Boivin, 1943), suggests that the 'catechism' may be a reference to Pierre Garasse's *Doctrines curieuses des beaux ésprits de ce temps, ou pretendus telles* (Paris, 1623) that we know Christina asked Claude Saumaise to send her. But it could refer to another work. In view of Bourdelot's friendship with Saumaise and Isaac La Peyrère, the manuscript may in fact have been a manuscript copy of *Prae-Adamitae*, which had circulated in manuscript since 1643. At Würzburg, 15 December 1655, Johan Christian Boineburg wrote to Herman Conring asking, 'Quid videbi tibi de Praeadamitarum? Eum Reginae Suediae mihi dixit vocar la Peire, et vivere in contulnario Condaei: scilicet ita est: noscitur ex socio, qui non cognoscitur ex se.' *Commercio epistolici boineburgica* (1703), 153. In 1652, Bourdelot tells of De Castro's arrival to Stockholm and immediately adds that La Peyrère is expected at the court (he never came further than Copenhagen, where he frequented Count Corfitz Ulfeldt's circle of anthropologists, among them Ole Worm and Thomas Bang).

[22] A. Colvius to Saumaise, 6 June 1652, cited in F. F. Blok, *Caspar Barleus* (Leiden: E. J. Brill, 1978), 185 n. 29. Through the Dutch art dealer Michel Le Blon, Salvius in 1652 received a Hebrew panegyric describing the Swedish queen as protector of both bow and quill (= sword and pen).

one of the accusations against Campanella by the inquisition in Naples in 1598 was that he had denied the miraculous passage of Moses through the Red Sea. It is thus plausible to assume that his friend Bourdelot carried the idea with him to the northern court. The Queen might just have said what her freethinking Campanellan doctor believed, and then added an explanation for it.

Soon after its publication, Christina's librarian, Isaac Vossius, believed that *Le Génie* was written by Urbain Chevreau, the courtier who claimed to have advised the Elector Palatine in Heidelberg to call Spinoza to the chair of philosophy in 1662, after the departure of Samuel Pufendorf for the University of Lund. The attribution is understandable. In his ballet *Les Liberalitez des dieux*, danced in Stockholm in 1652, Chevreau employs a classical setting similar to the imagery of the opening text of *Le Génie*: the gods have gathered to decide the qualities of the newborn princess; Minerva, Venus, Mercury, and Mars each contribute characteristics to form a perfect child. While Chevreau exalts Christina's qualities by three times stating: 'Elle est de la race des demi-dieux', *Le Génie* subverts this view by intentionally exaggerating the speeches of the gods to bring out slowly a biting satire. A parallel is drawn between Christina's reign over the barbaric Swedes with Numa Pompilius' seduction of the Romans by representing himself as the divine guardian of the flames in the Vestal fire. Perhaps similarly, in a central scene in *Les Liberalitez*, the Queen herself entered the stage dressed up as 'Pan'. Next there is a mysterious scene, entitled 'Trois démons craintes en Suède', in which three figures on stage—'gasten, näcken, tomten'—declare that if all their prey had possessed the spirit of the Queen, they would have been driven away from civilization to dwell among the Lapps. As three demons they were very poor indeed.[23]

Be that as it may, in some corrections of his memoirs *Chevreauana* (1702), Chevreau himself denies that he is the author of *Le Génie* and instead claims that it was in fact written by Saint-Maurice, a language teacher from Blois who travelled to Stockholm in 1651 as companion to the son of Claude Saumaise. Robert Alcide de Bonnecase, Sieur de Saint-Maurice, appears to be responsible for *Le Génie*'s companion piece, which is signed A. H. S. M., and which (deceptively ascribed to Gilles Le

---

[23] Entrées VIII and IX of *Les Liberalitez des dieux: Balet sur le jour de la naissance de la Reine, le 8 decembre* (Stockholm: Jean Jeanson, 1652). One copy is at Thysius 1424, no. 19, Leiden UB. Cf. the eyewitness account of the ballet in *De la Gardieska Arkivet*, VII: 197. Compare also the ballet *Le Boeuf rôti* danced on the Queen's birthday with Religio, Temperantia, Fortitudo; Numa Pompilius, Caesar, and Alexander as prominent characters; 10 December 1650, in *Johan Ekeblads brev*, ed. Nils Sjöberg (Stockholm, 1911).

Songeur) carries the title *Brieve relation de la vie de la reine Christine* (n.p., 1655). Yet, as any reader will recognize, this pamphlet is written in an altogether different tone, and it contains a much more contemptuous attack on Christina's morals. Saint-Maurice was an adventurer close to royal circles who also published works such as *Le Sage politique instruisant son Prince* (1656) and *La Politique du Prince* (1659). It seems clear that Saint-Maurice edited the texts of 1655 to publish both pieces in one volume. But, one should note that in the preface to *Le Génie* itself there is recognition that it has fallen into the editor's hands some thirteen months before.

The real author thus seems to be distinct from Saint-Maurice; possibly it was a Paris *frondeur*, or even a Huguenot anti-monarchist, since the author contemptuously rejects equally Lutheranism and Catholicism. In addition, the author is sufficiently skilled in reporting Christina's religious criticism to let his Averroist propensity shine through. Perhaps one ought to consider Carpentier de Marigny, an escapee from Paris, aide to the Prince of Condé, and author of the materialist irony *Le Pain bénit*, who in 1656 wrote the pamphlet *Lettre écrit de Rome touchant les motifs du voyage de la reine de Suède en cette ville du Saint-Siège* (MS 4142, Bibl. de l'Arsenal, Paris). On Condé's advice, Marigny reveals that Christina's journey to Rome is a preparation for a plot with France. Marigny also translated the Leveller William Allen's revolutionary tract *Killing no murder* (1647) into French, thus creating the often reprinted pamphlet *Traité politique . . . ou il est prouvé par l'exemple de Moïse et autres, que tuer un tyran n'est pas un crime* (Lyons, 1658).[24] I do not think one can exclude the possibility that *Le Génie* was written by Marigny, or by some other visitor at the Stockholm court who had been present at the staging of Urbain Chevreau's ballet in 1652, or who at least had access to its text.

Another act in the same drama was drawn to a close in 1652 at Florence, when the doors were shut on Christina's emissary and confidant Alexander Cecconi as he tried to interview the guardians of the Bibliotheca Laurenziana to get them to let him copy the fifteen complete books of Porphyry's lost manuscript *Kata Christianon*, said to reside there by Isaac's father, the polymath G. J. Vossius. It was thought that the manuscript had been destroyed during the book purges by Emperor

[24] Cf. Albert de la Fizelière, 'Chevreau et la reine Christine: anecdote bibliographique', *Bulletin du bibliophile et de bibliothécaire*, 13th ser. (Paris, 1858), 1058–65. On the *Chevreauana* (1700), Vol. 1: 28, 199, cf. G. Boissière, *Urbain Chevreau (1613–1701)* (Paris, 1909). Other sources for atheism at court: Johan Ekeblad's letters, 5.v.1652; Christian van Beuningen to Isaac Vossius, 1.xii and 15.xii.1653; Nicolas Heinsius to Jean Chapelain, 17.i.1653. On Marigny, see O. Lutaud, *Les Levelleurs, Cromwell et la république* (The Hague: Martinus Nijhoff, 1967), 247–74.

Theodosius towards the end of the fourth century, but Vossius claimed to have actually seen it himself, bound with a copy of Xenophon's *Milesiaca* on a back shelf of the library. As a furious Heinsius told Isaac Vossius, Cecconi's clumsy diplomacy (marching straight in and asking the librarian for the book) now had made it impossible to gain personal access to the shelves. Heinsius and Vossius had for some time also been trying to copy Jean Bodin's *Heptaplomeres* from one of the few copies kept in Paris. (The Biblioteca Laurenziana never has admitted to owning Porphyry's lost work, but it is tempting to start a search for all copies of the *Milesiaca* deposited there.)

Christina's search for Porphyry's work is not mentioned in recent scholarship on his fragments, but it was well known to Lessing, who, in his *Anti-Goetze VIII*, reports that it was Salvius and Vossius who wanted to obtain it. We should expect Porphyry's neo-Platonic arguments against the Christians to have set out in detail how divine illumination emerges through the progression of power from an undepleted source into personalities, of which Christ is *only one*. Modern attempts to restore Porphyry's fifteen books include a presentation of Apollonius of Tyana as the magician 'who knew the language of the birds'. In these books Porphyry was also thought to have drawn a parallel between the life of Apollonius and the miserable trial scene of the Gospels. Porphyry, who died in AD 304 before Mohammed was born, is reported to have said that '"trois causeurs" have attracted the whole world to themselves'. He regarded Jesus as a magician, and the third villain of his piece may have been a character such as Simon Magus or the Pythagorean prophet Apollonius.[25]

An even more mysterious event occurred in 1661, on Christina's trip from Rome to Hamburg: she then asked a man by the name Giulio Cesi to obtain for her by 'segretezza volendo che é il coste' an unnamed 'libro manuscritto' from Germany. She also instructed a Dominican monk to employ the utmost caution in being her go-between in this matter. Tentzel's suggestion (reported in J. Arckenholtz, *Mémoires* (1751), Vol. IV) that the manuscript sought in these letters was Bodin's *Colloquium heptaplomeres* (1593) is not entirely convincing. Through Nicolas Heinsius,

[25] See Herman Conring's comment in *Operum tomus VI . . . curante . . . Joh. Wilh. Goethlio* (Braunschweig, 1730), 570, referring to Peter Burman, *Sylloge epistolarum de viris illustribus scriptarum* (Leiden, 1693), III: 633, noted in Johan Nordström box 11, Uppsala UB. On Porphyry, cf. 'Réponse à M. de la Monnoye' by J. G. Kraussen (Frankfort, 1716) cited in n. 5 above. On Alexander Cecconi see Johan Nordström's unpublished notes for the opening chapters, 'Isaac Vossius och Kristina' and 'Hercule de Lacguer', of a projected volume 'Kristinatidens lärde' deposited in 1967 at the Carolina Rediviva, Uppsala UB. Boxes 7–12.

Christina had already obtained a copy of that work from the Grotius canon in Paris as early as 1656. She may, however, have wanted to complete the manuscript, since, as the English translator Marion Kuntz has pointed out, the MS Reginensis 1313 in the Vatican ends in Book v in the middle of a sentence; that is, in the middle of the discussion of the Catholic Church, but before Bodin's final vision of toleration and harmony is reached.[26]

There are a few other comments on the Swedish court in German letters concerning De tribus impostoribus. In March 1676, Leibniz was informed of the manuscript by a M. Hardy, who argued that 'la R. C. ne l'avoit jamais pu trouver, ainsi qu'il y avoit de l'apparence qu'il n'avait pas esté imprimé'. That is, Queen Christina's futile search had been taken to prove the non-existence of the manuscript. Only some time before that, however, a stranger had shown M. Hardy the book in the rue St.-Jacques (the location of the major bookmarket in Paris). The book on the impostors was printed in Rakow and was described as a dialogue between a Christian, a Jew, and a Turk, favouring the Jews. This could be a confused reference to a copy of the dialogue Heptaplomeres that existed in manuscript in Paris at the time, but was first printed in 1873. Or perhaps it meant something like the Kuzari, a Jewish debate on the three religions. But now, M. Hardy had also met a M. Toinard who could recall that there had been a note in a 'Gazette d'Angleterre' in 1652 on an inquisition made against the Racovian Bible and the Tribus impostoribus.[27] Could this note have a connection with the interest shown in the manuscript in Stockholm and in Holland by Colvius, Saumaise, and Menasseh that same year?

To conclude, Queen Christina's search for clandestine manuscripts, beginning with The three impostors in 1652, probably depended on her interest in clandestine Averroism, and there is evidence that she was

[26] Marion Leathers Kunz, Colloquium of the seven on the secrets of the sublime, translation and introduction to the Heptaplomeres de rerum sublimium arcanis abditis (Princeton, 1975), Introduction, pp. xxxvi, xlix.

[27] Letter printed in Leibniz, Philosophische Schriften, Vol. III: 1672–1676 (Berlin: Akademie Ausgabe, 1980), 395. Niewöhner remarks that in 1664, Leibniz in a short note compared the doctrine of the three impostors to the arguments of Vanini. In the many bundles of unpublished Leibniz letters at Hannover, there has so far been found only one letter from J. F. Mayer, dated 1707. It deals simply with the coronation ceremonies of the Swedish Queen Hedwig Eleonore, and provides no information about the manuscript. In the longer correspondence between Leibniz and the Berlin librarian La Croze in 1716, La Croze describes the manuscript as a trifle and recommends that Leibniz have it burned if he ever finds it. See Margo Faak, 'Die Verbreitung der Handschriften des Buches 'De imposturis religionum' im 18. Jahrhundert unter Beteiligung von G. W. Leibniz', Deutsche Zeitschrift für Philosophie, 1970/2: 212–28. esp. 224.

stimulated to do so from hearing of Campanella's heresies as described to her by the libertine medical doctor Pierre Michon Bourdelot.

Disputations on divine election

As I have shown, Wolfgang Gericke argues that the *Tribus* print at Wittenberg must date from around 1640, thus explaining the short, but independent, observations on the book by Claude Beauregard and Thomas Browne in 1643. The editor of the Wittenberg print refers to two originals by suggesting variant readings and, significantly, it does not contain the forged addition that was printed with the text in 1753. That forged edition was given the false printing date MDIIC (1598), and the text was taken from the manuscript owned by Johannes Joachim Müller. The history of the lost manuscript, traced back to the court of Emperor Frederick II in the thirteenth century, was first put together by Johan Friedrich Mayer in a preface to a disputation by one of his students called *Comitia taboritica a Christo, Mose et Elia celebrata* (Kiel, 1688). Mayer comments on Christ's transfiguration on mount Tabor, as related in Luke 9:28–36. After having conversed in a transfigured state with Moses and Elijah, Jesus descended the mountain to instruct the apostles to consider him 'the Son of Man'.

The conditions around the disputation are described by one of Mayer's colleagues at the Swedish University of Greifswald, J. H .V. Balthasar. At the close of the disputation, a man in the audience, J. J. Müller, had raised several questions and some days later he had presented a copy of the manuscript to J. F. Mayer. But in fact, Müller had appended to it a newly written forgery in which arguments critical of the Bible are borrowed from Spinoza and from the German atheist Matthias Knuttel. Balthasar said that Müller was influenced by Menasseh ben Israel's *De adventu Messiah* (1651)—meaning *The hope of Israel* (1650), which Gericke has shown had been discussed a year before by Philip van Limborch in his *Amica collatio cum erudito Judaeo de veritate religionis Christiano* (Gouda, 1687). Balthasar's revelation was published by Woldebrand Voigt in the journal *Brem- und verdischen freiwilliges Hebopfer* (Stade and Leipzig, 1751).[28] The story was told also by J. C. Dähnert in his *Critische Nachrichten* (Greifswald, 1752), with more information concerning the disputation in a piece called 'amica collatio' and short quotations

---

[28] W. Gericke, 'Die handschriftliche Uberlieferung des Buches von den drei Betrügern', in F. Krause and E. Teitge (eds.), *Im Auftrag des deutschen Staats-Bibliothek* (Leipzig, 1988), VI: 5–28, at 16; *Brem- und verdischen Hebopfer* (Greifswald, 1751), 878–9; and *Critische Nachrichten* (Greifswald, 1752), III: 289–96.

from the manuscript addition that begins with the words 'Ut constet'. Within a year of these statements, Straube's forged print, hung in his chimney to acquire a false patina, but including Müller's forged addition, was to appear with the false date MDIIC.

Johan Friedrich Mayer (1650–1712) was a many-sided figure who worked as an ecclesiastical authority and adviser to the Swedish king, Charles XII. Mayer used his influence, for example in his diatribes *Jakob Spener, wo ist sein Sieg?* (Hamburg, 1696) and *Warnung für den Buchlein: die Klugheit der Gerechten* (Hamburg, 1693), to combat and finally to suppress the nascent Pietist movement in the Swedish sphere of influence in the Baltic states. Pietist preaching on a special calling was his main quarry. In 1688, Mayer published a short critical note, *Sacrarum rerum cultores*, on the false and atheist Bible criticism of Isaac Vossius, Pierre Daniël Huet, and Spinoza. He may have been inspired by Christian Kortholt's publication in the same year of a tract with the title of *The three impostors*, but in which he polemicized *against* the well-known critics of religion Lord Herbert of Cherbury, Hobbes, and Spinoza. Mayer saw impostors everywhere. As general superintendent in Swedish Pomerania in 1693, he forced the self-proclaimed Danish prophet Olger Pauli to flee Hamburg for Amsterdam and also sought to expel the most influential Pietist in Sweden, Johann Conrad Dippel. The danger with Pauli was that he had been instructed by the Kabbalist Moses Germanus and that he actively preached on the light of Jewish mysticism as a way to imitate Christ.[29] In 1693, Mayer also reported on the Roman inquisition against the Spanish Quietist heretic Miguel Molinos. Finally, in 1702 in Greifswald, he published a book, *Diabolicum de tribus impostoribus librum*, in which he discussed the history of the Latin manuscript and reprinted Salvius' letter to Müller.

Salvius, De Castro, and Merula the morisco

Niewöhner asks: Why did Salvius ask Baruch de Castro for the manuscript? After having dismissed the Merula trail perhaps too swiftly, Niewöhner argues that Salvius may have asked De Castro because of his contacts with a programmatic atheist who committed suicide in 1647, Uriel da Costa, who also may have been the atheist and epicurean moving in Amsterdam under the pseudonym Gomez (Romez). This Gomez was noted by men in the circle of Baruch's father Rodrigo's medical practice in Hamburg around 1618. Baruch went to school at the

[29] H. J. Schoeps (1942), p. 42.

Hamburg Gymnasium, where Da Costa's case may have been much discussed. In 1629, Baruch wrote the *Tratado de calumnia* in defence of Jewish medical practise, which he published in Latin 1631 as the *Flagellum calumniatium* under the pseudonym Philotheus Castellus, indicating that his community in Hamburg was under critical observation from Christian burghers. Finally, Niewöhner's detailed investigation of the impostor theme in early Hebrew and Arabic sources, and of the toleration arguments in the Maimonides tradition, makes him conclude with conviction, but still rather elusively, that a third-generation Marrano, an atheist, Jew, and printer, would most likely be able to supply a print of the infamous manuscript.[30]

Baruch de Castro is indeed a special case. He was Queen Christina's medical doctor during the time of her nervous disorder. His letter of introduction to her is dated 18 February 1646, and in it he uses the emblematics of light and darkness and the dominance of the Sun among the planets to convey the need for a peaceful reign and a fertile future for the young Queen: 'Sed non imbellem progenerat aquila columbam, imo potius simili frondescit virga metallo.'[31] Having written this most exalted letter, De Castro was invited to cure her in 1648. In 1652, Bourdelot reports that he had turned up at the court. He was again Christina's medical adviser in Hamburg in 1655. With Christina's banker Manoel Teixera, in 1666 De Castro became a leading follower of the mystical Messiah Sabbatai Zvi. Together they paid for the publication of Joseph Gedera Abudiente's Messianic tract *Fin de los dios* (1665) at the Jewish printing shop of Joseph Attias in Hamburg. During those years, a new edition of his father Rodrigo's book *Medicus–politicus, sive De officiis medico-politicus tractatus* (Hamburg, 1664) was put out to criticize the Paracelsians and 'to reveal their frauds & impostures'. Rodrigo's aim was to reinstate a Platonic and Kabbalistic analysis of the passions in chapters such as 'De fascinatione' on the fixed paralyses of the soul, and 'De philtris' on various love potions and methods suggested in the philosophy of love by Leone Ebreo.[32] It was also here in Hamburg, at the time of the newly abdicated Queen's passage through the city in 1654–5, that Spinoza's Deist friend and co-expellee Juan de Prado welcomed the Queen in a sonnet written to his friend the Spanish ambassador in Copenhagen, Bernardino de Rebolledo. Half mockingly, De Prado

[30] Niewöhner, *Veritas sive Varietas*, 356.

[31] Baruch de Castro to Queen Christina, 1646, 'Utländska sändebuds skrivelser till Kungl. Majt.' Riksarkivet, Stockholm.

[32] See pp. 205 ff.: 'philtris hechizos, ein liebdranck', pp. 213–14.

called Christina 'an unexpected Messiah of the female gender'. The trading ports of Hamburg thus had become a centre for religious expectation and criticism. It was also here in 1654 that Christina with a laugh told Plettenberg, the diplomat of the Habsburg emperor, that she 'lived with the Jews in order to convert them', alluding to the biblical scenario for the last days and thus to her providential and semi-divine status even after her newly completed abdication.[33]

That De Castro was Christina's confidant (and that he may have known Juan de Prado) perhaps adds evidence that he was a freethinker. Why, then, did he not sell the tract to her in 1655, if he really had access both to it and to a printing shop? Or was she too involved with her future at that time to pursue her libertine interest? Was she simply short of the money?

Niewöhner also asks: Why did Salvius think of an apostate? Niewöhner's own answer is that the text shows a mentality familiar with different claims to revelation, typical of the Marrano situation. Gericke and Niewöhner are convincing when they argue that the text is not written by any one who considers himself belonging to a sect that is at all Christian; all Unitarians could therefore be excluded as authors. Barnaud's adventures in 1610 in the Netherlands and the reported inquiry in 1652 against the Racovian Bible shows that Unitarians could have distributed the tract in England, even if they were not inclined to invent its arguments. Yet, I think that Salvius' letter of 1638 to J. Müller indicates that he did not believe in a specific Marrano origin of the tract. Salvius was thinking of Merula the *morisco*, who was known to have written a critical review of the life of Mohammed. Did Salvius mention Merula simply to conceal from Müller the Jewish origin of the book? I do not think that Salvius' letters to De Castro show that he thought that the argument was conceived by a Jewish author. The testimony provided by Salvius' confessor J. B. Schuppe suggests, however, that Salvius had a copy in Stockholm in 1652, and that he probably obtained it from Hamburg, perhaps when De Castro arrived at the court that summer.

De secta non timentium Deum?

In my view, Niewöhner has overlooked an important piece of information in Gericke's study: on 12 July 1647, J. G. Dorsche (1597–1659) in

---

[33] Susanna Åkerman, *Queen Christina of Sweden and her circle: the transformation of a philosphical libertine* (Leiden: E. J. Brill, 1991); and ead., 'Queen Christina and Messianic thought', in David S. Katz and Jonathan I. Israel (eds.), *Sceptics, millenarians and Jews* (Leiden: E. J. Brill, 1990), 142–60.

Rostock wrote to Abraham Calow in Wittenberg that 'das buch *De tribus magnis mundi impostoribus*' is distributed by 'ein grosser Fursten' in Dorsche's 'vicinia'. In this circle there are people who argue that: (a) religion can be reduced to philosophy; (b) we need not believe anything that cannot be demonstrated by the natural light.[34]

Gericke thinks that the great nobleman mentioned is Salvius. Yet, conditions at the Stockholm court do not substantiate the view that such ideas could flourish there as early as 1647. Salvius' role in Hamburg was not very permanent and he was by then preparing his mission to Westphalia. However, the same Johan Georg Dorsche, at Strasbourg in 1648, wrote to Jena to warn that Calixtus' syncretism has developed as far as to cause 'sparks from a Calixtean firestorm that cannot be put out without the destruction of those who want to suppress it'.[35] In his *Apologia . . . contra dissertationes & animadversiones theologi cuiusdam Juliani* (Strasbourg, 1650), Dorsche attacks the theologians of the Accademia Julia led by Prince Christian Ludwig of Braunschweig-Lüneburg, where studies were made in the early Church Fathers, in the ancients' 'prisca theologia', and 'to say it straight out, in Aristotelian philosophy, with vile novelties and corruptions'. These interests have led to a 'secretiori foederationis' where atheism can spread through unorthodox formulations of Christianity. The *triumviri* and 'tribus Antichristis',the syncretist theologians at Königsberg — Dr Drejer, Dr Behm, and Dr Laterman — had published in 1649 a theological commentary on Providence that ought to be committed to the flames as it shows dangerous tendencies. Thus, Dorsche was disturbed by the spread of Calixtean reformist theology.[36] Perhaps he was referring all along to the German prince (or the young Duke of Mecklenburg?) in whose domains Calixtus' syncretist theories were set ablaze by preachers, inspired by such cases as John Dury's active diplomacy. But could these Calixteans have been so radical in their denial of official religion as to applaud *De tribus impostoribus*? Salvius' case, with his interest in Johannes Matthiae's controversial work *Idea boni ordinis in Ecclesia Christi* (1644), does show that in particular

---

[34] Gericke, *Das Buch von den drei Betrügern*, 46.

[35] 'Funken einer Calixtischen Feuersbrunst hervorbrechen . . . sie können nicht gelöscht werden, ohne die Untergang diejenige die es gelöschen wollen', in R. C. B. Avé-Lallement, *Des Dr. Jungius aus Lübeck Briefwechsel mit seinen Schulern und Freunden* (Lubeck, 1863), 419.

[36] '. . . ut verbo dica, Aristotelicae philosophia, explosis novitatibus & corruptelis' in J. G. Dorsche, *Apologia pro judicio collegii theologici acad. Argentorati in causa Johannis Latermanni & PP regiomont. a chr MDCXLVI dati contra dissertationes & animadversiones theologi cuiusdam juliani* (Strasbourg, 1650), 4, 25.

syncretists were willing to consider in depth the arguments for, and the alleged proofs of, reason, grace, and a special revelation.

Considering Dorsche's neighbourhood, one might think of the Swedish General Herman Flemming, who as 'Landlord' at the castle Wolgast in Swedish Pomerania brought Descartes to Sweden in 1649. After his arrival at the Stockholm court, there were rumours that Descartes was offered a residence in Pomerania.[37] One may, however, also consider such German-speaking Baltic travellers as the spiritual atomist Friedrich Menius from Dopat, who in his *Consensus hermetico-mosaicus* (1634), specifically claimed that 'lumen naturale' must be set above the 'lumen gratiae' of the Church. Subversion was a theme of the accusation of Menius when he was condemned in 1643 for his Unitarian tendencies and strange Hermetic angelology. In the public acts for his sentence in Stockholm, 1646, Menius was said to have Unitarian sympathizers who would join him if he were exiled to Danzig. However, these 'Unitarians' probably included religious men such as the mystic Abraham van Frankenburg.[38]

A source of naturalist ideas nearer to Rostock was the circle surrounding the Hermeticist Joachim Morsius of Lübeck, in whose 'Stammbuch' the De Castros set their signatures in 1618 and 1634 respectively. In 1643, Morsius wrote to Joachim Jungius in Hamburg asking for Jungius and Tassius' new edition of Apollonius of Perga. Morsius also referred to Heinrich Hein at Dorpat in Livonia, who had suggested that the two Hamburg scientists should bring their atomist ideas to a wider audience. A year earlier, in 1642, Jan Amos Comenius suggested to Jungius that he and Tassius should go to Sweden, where Axel Oxenstjerna and Johan Skytte had shown some interest in their work. Morsius now reminded Jungius of the move in 1629 for a secret union around J. V. Andreae's 'Dextera porrecta'—the Protestant pattern of Reform that had been distributed to important political figures around the Baltic, among them Johan Adler Salvius.[39]

In fact, Salvius' residence in Hamburg was located wall-to-wall with

---

[37] Reference in Charles Adam, *Les Femmes de Descartes* (Paris, 1920), 154–5. Is it a conflation based on the ten year lease of lands in Pomerania for Robert Douglas in 1646 in De la Gardieska Arkivet, Lund UB? Also Salvius had domains in Pomerania, as landlord of Wildenbruch.

[38] Johan Nordström, 'Fredrich Menius: en äventyrlig Dorpatprofessor och hans glömda insats i det engelska comediant dramats historia', *Samlaren* 21, Uppsala.

[39] Heinrich Schneider, *Joachim Morsius und sein Kreis* (Lübeck: Otto-Quitzow-Verlag, 1929), 83, 57–61. In the letter, dated 26 August 1643, Morsius describes several Rosicrucian statements and in the last sentence of greetings compares Jungius and Tassius to J. V. Andreae, Hartlib, Dury, and their English friends.

the house of Jungius. Salvius' German priest, Schuppe, had arrived in Hamburg in 1649, after having left his position as professor at Marburg. Shortly afterwards, on 8 September, Schuppe signed a document together with Jungius, Tassius, Petrus Lambecius, and Antonius Meno. The document contained a text given in no less than thirty variations: 'Concordia res parvae crescunt | Discordia magnae dilabuntur'. Was the document the record of radically syncretist meeting? Lambecius, for one, later decided to convert to Catholicism, and escorted the Swedish queen at her official conversion at Innsbruck in 1655. The same dictum, 'Unity promotes small nations, disunity destroys great ones', is also reproduced on a ceremonial sword forged in 1648 at Arboga by the young weaponsmith Daniel Kohl. The edge on one side carries an image of Christina beneath the coats of arms of the Swedish counties; the other side is etched with the Finnish coats of arms and a portrait said to be of Gustavus Adolphus, but which looks very much like Adler Salvius. It was no doubt made to be emblematic of the Peace of Westphalia, and shows that the support of Salvius and the queen for Johannes Matthiae's syncretism, under ecclesiastical review since 1647, had to be manifested concretely.[40]

Indeed, the doctrines presented in Le Génie (1656) as Queen Christina's personal opinions may indicate a fairly widespread variant of early clandestine belief: that of regarding the sources for positive religion as a political fraud, while rationally arguing for a single universal spirit as the only form of immortality. The cases of Salvius and the queen may show that the farther one moves away from Protestant spiritualists the more pagan or Averroist this sort of belief becomes.

There also is a natural explanation for the German interest in De tribus impostoribus. Christian Harenberg argues in a neglected source, Dissertationibus de secta non timentium Deum (Braunschweig, 1756), that while the French Traité des trois imposteurs (The Hague, 1721) is a forgery, it is true that the Latin tract disseminates a criticism of religion first formulated by the Arabic philosopher Averroës (Ibn Rushd, 1126–1198). Harenberg explains how Averroistic ideas found a haven among the Teutonic Knights on their return from the crusades in the twelfth century.[41] Thus,

---

[40] Sten Lindroth, Paracelsismen i Sverige intill 1600-takets mitt (Uppsala, 1943), 484. The document is in Avé-Lallement, Jungius-Briefwechsel, 418, 134. The sword was kept in the armoury of Paul Khevenhüller at the castle Äs. Since 1968, it has been preserved as no. 124 at the Royal Armoury, Stockholm.

[41] The Teutonic order had three salvific patrons: the Virgin Mary, St Elizabeth of Thuringia, and St George. In the thirteenth century, the books of Judith and Esther were translated by the Order in Prussia. Their use of the books of Daniel and Maccabees shows that the Order's model

and agreeing with Campanella's comments, it is possible that the origins of the *De tribus impostoribus* are to be found in indigenous German sources, rather than French or Italian mediation of Oriental sources. The Teutonic Knights could themselves have worked out an Averroist interpretation of Aristotle's *De anima*. Niweöhner's effort to show a direct mediation through a Jewish tradition stemming from Maimonides thus might disregard links between religious orders and worldly power that had a role in shaping Reformation criticism. Also, Salvius' letters to Baruch de Castro do not rule out the possibility that the tract was once both conceived and written by a Muslim apostate.

The letter from Emperor Frederick II to Otho of Braunschweig, reproduced as a preface to the French *Traité des trois imposteurs* to make it appear to be a medieval document, is shown by Harenberg to represent accurately the atmosphere of toleration at the Hohenstaufen court of Sicily. This is where legend has it that Averroës' two sons lived, and where his ideas, in commentaries by Michael Scotus and Jakob ben Abomori, were employed. In the *Quesiti siciliani* (1240), the conversation of the Emperor with the Moslem theologian Abd-al-Haq-Ibn-Sabin is Averroist, denying the immortality of the soul, and concerning the eternal (non-created) nature of the universe. In 1238, in a crucial letter to the Archbishop of Canterbury, Pope Gregory VII had himself declared that the Emperor was the Anti-Christ and that he spread the theme of the three impostors together with denying the Virgin birth. Also, the chronicler at Frederick's court, Pier delle Vigne, reports that the Emperor had claimed that 'the world has been seduced by three deceptors'. The Pope's attempt to defame the mighty Emperor in an Apocalyptic context was probably made urgent by the fact that the year 1240 corresponds to the year 5000 in the Jewish calender, when the millenium was to be expected.[42]

After the death of the Emperor, in 1260 the Vatican offered the encyclical 'De erroribus philosophorum' against Averroist heresies. St Thomas published his *De unitate intellectus contra Averroistas* (1270). A period

was not the Church of suffering and pity, but the fighting and victorious church, an image suited to the bloodshed demanded by the Baltic crusade. Harenberg (1756) considers some reasons for believing that the Teutonic Order's reception of Oriental criticism of religion helped a quasi-Averroist doctrine of political impostorship to survive in Lithuania and Prussia, and that perhaps was known among the princes of Braunschweig, Thuringia, Saxony, and Anhalt. Is there some relation to the fact that Queen Christina's collection in the Vatican (MS Reg. lat. 163) includes one of the oldest charts of the form and rules of the Teutonic order, instituted in Acre of Palestine in 1198 and written down around 1250?

[42] Ernst Kantorwicz, *Kaiser Friedrich II* (Berlin: George Bondi, 1927), 455.

of free thought had ended, one that had reached a peak of openness in 1198 in Paris, when the scholastic philosopher Simon de Tournai had set up the three-impostors thesis in order to refute it dialectically in public disputation.[43] This closure of debate is illustrated also by the fact that while Queen Christina of Sweden never found a copy of *The three impostors*, she did own a copy of Alvarez Pelayo's *Collyrium fidei contra haeresos* (1335). It records a remarkable list of heresies, such as that there were men before Adam, that a Virgin birth is both impossible and unnatural, that Moses was a magician and, significantly, that 'tres deceptores fuerint in mundo, scilicet Moises que decepit Judaeos, et Christus qui decepit Christianos, et Mahomethus qui decepit Saracenos'. The Queen's copy is in the Vatican, MS Reg. lat. 1129, but in the catalogue it is simply and discreetly called 'Anonymum Antidotarium universale'.[44]

APPENDIX

Uppsala University Library has a few items: one Latin *Tribus Impostoribus*, MS H 34, entitled *Breve compendium de imposturis religionum*. The owner, the librarian Johannes Lidén (whose library included the 1677 edition of Spinoza's *Opera* and the studies on God's language by Johannes Mercurius van Helmont), states that it was copied in 1761 indirectly from the manuscript owned by Eugène de Savoy, first around 1752 by the Swede Petrus Aurivillius from the copy of Johan Elers, the royal librarian at 'Sorbon argentorati', and then in 1756 by Samuel Lewenbom, royal archivist in Stockholm. It has the forgery (noticed by the copier) and thus ultimately stems from J. F. Mayer's copy. The Royal Library in Stockholm, MS N. Ep. 3. f. 29–33, has two letters from the King's medical doctor at Copenhagen Frank von Frankenau to the Orientalist at Uppsala, Lars Normannus, dated December 1700. Frankenau speaks of Hippocrates' medical 'opera' and mentions a book copied in Vienna with the comment: 'In re litteraria heic fere altum silentium'. Martin Mulsow shows that J. F. Arpe dedicated his book on Vanini to 'Fr. de Fr.'—the son of the above-mentioned. The younger Frankenau got his copy of the three impostors from the Danish bishop Christian Worms, who was sent a copy by Palthenius of the Mayer manuscript.

At Uppsala there is also one *Traité des trois imposteurs*, MS H35, in eleven chapters, and one *La Vie et l'Esprit de Spinoza* (1719), MS P 9, attributed to 'Lucas Fraese', in twenty-one chapters with a 'Rèponse à M. De La Monnoye' by J. G. Kraussen (Leipzig, 1716). In 1823, the copy belonged to Fredrik Munter

---

[43] Mario Esposito, 'Una manifestatione d'incredulità religiosa nel medioevo: il detto dei 'Tre impostori' e la sua trasmissione da Federico a Pomponazzi', *Archivio storico italiano*, ser. vi, vol. xvi (1931): 1–48, at 33.　　　　　　　　　　　　　　　　　　　[44] Ibid., 39–40.

(1761–1830), the Danish Orientalist and Bishop of Seeland, a Freemason and member of the Order of the Illuminati, who published several documents concerning the Templars.

There are two other related manuscripts at Uppsala: the book-collector Simon Gahm's copy of *Mediatations sur la verité de la religion chrétienne*, deconstructing the miraculous story of Christ, dated Stockholm, 31 December 1718. Also the Spinozistic *Meditationes de Deo, mundo, homine* (1717), MS P 113a, by Theodore Lau; see Olivier Bloch, *Le Materialisme du XVIIIᵉ siècle et la littérature clandestine* (Paris: Vrin, 1982). It is filed in a bundle of lecture notes, with items such as Professor Andreas Rydelius' *De philosphia in genere*, dating from 1716 onwards (these histories lead up to Christian Wolf, naming precursors such as the Kabbalists, the Pythagoreans and the natural philosophers Vanini, Bruno, Campanella, Comenius). Lau's manuscript copy is, however, written in another hand. It breaks off at § 25 of the second chapter: 'Meditationes physicae', hence before the political argument against monarchy and clericalism is introduced: e.g. 'sine lege: rege: grege'. But still, with the kabbalisto-alchemical self-apotheosis: 'Deus natura naturans: Ego natura naturata; Ratio ratiocinans: Ego ratio rationata; aqua: ego gutta; ignis: ego scintilla; aer: ego effluvium; Sol: ego radius etc.'

[15]
The struggle against unbelief in the Portuguese Jewish community of Amsterdam after Spinoza's excommunication

———◄○►———

JOSÉ R. MAIA NETO
(UNIVERSITY OF MINAS GERAIS, BELO HORIZONTE, BRAZIL)

I N T H E P E R I O D from Juan de Prado's arrival in Amsterdam in 1655 to his excommunication in 1658, many problems concerning unbelief arose within and around the Portuguese Jewish community of Amsterdam. On 27 July 1656, Spinoza was excommunicated because of— I quote from the proclamation of the excommunication ban—the 'abominable heresies that he practiced and taught'. These heresies were presumably the following: (1) denial of the immortality of the soul, (2) denial of the divinity of the Law, and (3) the view that God exists only philosophically.[1] In 1658 accusations were brought against Daniel Riberia. Isaac Pacheco testified that, among other heresies, Riberia denied 'that God exercises either individual or general providence', that he had affirmed 'that Moses was a great magician', and 'that in establishing all precepts, Moses was acting in his own interest and that of his brother (Aaron)'.[2] According to another witness, Abraham Franco de Silveira, Riberia held the three-impostors thesis: 'one day, when I entered in his room, he [Riberia] spoke so frankly that he told me that what Moses said

---

[1] Tomás Solano y Robles reports that this is what he heard from Prado and Spinoza as the reasons for their excommunication. See A. Kasher and S. Biderman, 'Why was Spinoza excommunicated?', in D. S. Katz and J. I. Israel (eds.), *Sceptics, millenarians and Jews* (Leiden: Brill, 1990), 103.
[2] Yosef Kaplan, *From Christianity to Judaism: the story of Isaac Orobio de Castro* (Oxford: Oxford University Press, 1989), 142–3.

425

S. Berti et al. (eds.),
Heterodoxy, Spinozism, and Free Thought in Early-Eighteenth-Century Europe, 425–437.
© 1996 *Kluwer Academic Publishers. Printed in the Netherlands.*

is as false as what Mohammed and Christ proclaimed, that all their talk is nothing but deceit and expedient action'.[3] On the same occasion charges as serious were raised against Prado. According to the testimony of one of his Latin students, Jacob Monsato, Prado asked: 'What cause have we to believe in the law of Moses more than in the teaching of the various sects? If we believe Moses rather than in Mohammed there must be some cause for it, but it is all imaginative.'[4]

The suggestion that Moses was, like Jesus and Mohammed, an impostor, was circulating at the time not only within the Portuguese Jewish community but also, as it were, on its borders. Richard H. Popkin has called our attention to Oldenburg's letter of April 1656 to Boreel, in which Oldenburg refers to the three-impostors thesis and urges Boreel to write a reply.[5] Boreel, then living in Amsterdam, was at the time in close contact with Rabbis of the Portuguese Jewish community and was studying Hebrew with Menasseh Ben Israel and Jacob Judah Leon. In order to facilitate his contact with Leon and the community, Boreel even took the trouble of learning Portuguese and Spanish.[6] More relevant for my purposes is another acquaintance of Boreel among the Rabbis: Jacob Abendana. According to David Katz, because Boreel was too busy working on his refutation of the three-impostors thesis, he engaged Jacob Abendana in the project of translating the Mishnah.[7]

Popkin has suggested that Spinoza's *Tractatus* is a response to the three-impostors thesis. Did Spinoza know Boreel? Although there is no attestation of Spinoza's personal contact with Boreel, his relation with the Collegiants after his excommunication is well known. Besides, Spinoza was in contact with Oldenburg, who was aware of Boreel's work — finally completed in 1661 and entitled 'Jesus Christus universi humani generis legislator'. The work was never published.[8]

Now considering the cases of heterodoxy aforementioned in the Por-

---

[3] Document published by I. S. Révah, 'Aux origines de la rupture Spinozienne', *Revue des études juives*, 123 (1964): 404.   [4] Kaplan, *From Christianity to Judaism*, 142.

[5] Richard H. Popkin, 'Spinoza and *The three impostors*,' in Edwin Curley and Pierre-François Moreau (eds.), *Spinoza: issues and directions*, Proceedings of the Chicago Spinoza conference (Leiden: Brill, 1990), 348–9.

[6] For Boreel's dealings with the Jews see Richard H. Popkin, 'Some aspects of the Jewish–Christian theological interchanges in Holland and England 1640–1700', in J. van der Berg and E. van der Wall (eds.), *Jewish–Christian relations in the seventeenth century*, International archives of the history of ideas, 119 (Dordrecht, Boston, and London: Kluwer, 1988), 3–32; and Ernestine van der Wall, 'The Dutch Hebraist Adam Boreel and the Mishnah project,' *Lias*, 16 (1989): 239–63.

[7] David Katz, 'The Abendana brothers and the Christian Hebraists of seventeenth-century England', *Journal of ecclesiastical history*, 40 (1989).

[8] Popkin, 'Spinoza and *The three impostors*,' 349.

tuguese Jewish community at the time, among them, the three-impostors thesis stated in the record of the Synagogue, plus the fact that Boreel's attested contact was with the Rabbis, not with Spinoza, one wonders if, besides Boreel's Christian, and Spinoza's political, there was also a Jewish response to the thesis.

I have examined some polemical manuscripts preserved in the ETS Haim Seminarium (the Library of the Portuguese Synagogue in Amsterdam) and books written by members of the community in the Bibliotheca Rosenthaliana (Amsterdam) but found no reference to the three-impostors thesis. I did find, however, an interesting debate concerning revealed religion, which is certainly an indirect response to the thesis.

1. A criterion problem

Saul Levi Mortera was the chief Rabbi of the community during the period under examination. He wrote a treatise entitled 'Tratado da verdade da Lei de Moisés'. The treatise is more an anti-Christian work than a reply to freethought. Nevertheless, Mortera addresses a challenge posed by an unnamed Catholic theologian (possibly the Portuguese Jesuit Antônio Vierira), who raises the problem of scepticism about revealed religion. This theologian argues that if the Jews do not accept the divinity of the New Testament they are bound to deny that of the Law of Moses. The evidences for the authenticity of the latter are no better, so he argues, than those for the former. Mortera takes this to be a suicidal position. He compares it with the desperate move made by the defeated sailors in a naval battle when, hopeless, they set fire to their own seized ship, killing themselves together with the enemy.[9] Although the Christian theologian puts forth the argument against revelation just as an absurd hypothesis that he does not expect his Jewish counterpart to accept, Mortera is aware that others may not find it absurd. To be sure, Mortera does not accept the consequence of the argument and endeavors to prove the veracity of the Mosaic revelation as against the falsity of the Christian one.

The criterion problem implicitly raised by Mortera's opponent is fundamental in the three-impostors thesis. When you have an apologist for each of the three major revealed religions, each arguing for the veracity of his own revelation as against the falsity (or partial falsity) of the other two, it is just a short step for someone—in particular for

---

[9] Saul Levi Mortera, *Tratado da verdade da Lei de Moisés*, ed. H. P. Salomon (Coimbra, 1988).

someone like Daniel Ribeira, who was first a believer, than a doubter, of two of these three revealed religions—to put all these conflicting apologies together and, in the manner of the Pyrrhonians, do away with the very notion of revealed religion.

Mortera did not need to have heard of the three-impostors thesis, nor to have deduced the potential danger of his opponent's challenge, to be familiar with the problem. Uriel da Costa, also excommunicated from the Portuguese Jewish community, arrived at the notion of a natural religion by first denying the Christian revelation and then the Jewish one. In his autobiography, written about 20 years before the period under examination, he says:

> A blind Pharisee who forgets that law which is the first, has always existed, and will always exist, and only mentions the other laws which only later began to exist and which you condemn, making the single exception of your own law, but which, despite your wish, others also evaluate according to right reason, the true criterion of the true natural law, which you have forgotten and want to hide, so that you can dominate the people.[10]

Uriel da Costa raises a criterion problem here. The irrationality of each revealed religion is not perceived as such only by those raised in and subjugated by the guardians (theologians) of that particular religion. Also remarkable in Uriel da Costa's autobiography is his claim that although not a Jew, or a Christian, or a Muslim, he believes in God.[11] His text leaves the impression that he denied revealed religion because it keeps people away from the true natural religion—a religion based on reason alone.[12]

Several authors in the present volume point out how the author of the *Traité des trois imposteurs* is far from being an atheist. His criticism of the God of Scripture is just one side of a coin, the other side of which is his belief in a infinite, eternal, and philosophical God who is equated with nature.[13] After his denouncement of Jesus, Moses, and Mohammed as

[10] Uriel da Costa, *Três escritos* (Lisboa: Instituto de Alta Cultura, 1963), 59. I am responsible for the translation into English of da Costa's, Abendana's, and de Castro's quotations.

[11] Ibid., 59.

[12] The authenticity of da Costa's autobiography is not attested. However, H. P. Salomon discovered in the summer of 1990 the first known copy of Uriel da Costa's *Examen das tradições phariseas* (1624). From Salomon's report, forthcoming in *Bibliotheca Rosenthaliana*, it is clear that da Costa distinguishes the false superstitious interpretations of the 'Pharisees' (the Oral Law) from the Written Law (Scripture), which must be interpreted rationally. In his autobiography da Costa says that he first doubted the Oral Law and later became sceptical of Scripture itself.

[13] *Traité des trois imposteurs*, ed. P. Rétat (Saint-Étienne, 1973), ch. 3.

impostors, the anonymous author begins the chapter 'Verités sensibles & évidents' as follows:

> Moyse, Jésus & Mohamet étant tels que nous venons de les peindre, il est évident que ce n'est point dans leurs écrits qu'il faut chercher une véritable idée de la divinité.[14]

One must find the true idea of divinity in reason, philosophy, and science.

Anthony McKenna has examined the *Traité des trois imposteurs* together with a number of clandestine heterodox manuscripts of the period and concludes that

> Dans tous les manuscrits que nous avons évoqués, la critique des preuves historiques de la religion chrétienne . . . se fonde sur l'inébranlable certitude métaphysique de l'existence du Dieu des Philosophes. La perfection de ce Dieu fonde la dénonciation des aberrations du Dieu tyrannique de l'Ancien Testament, dont l'imposture s'explique par la 'grossièreté du peuple'.[15]

Because the attack upon revealed religion is complemented by the introduction of a philosophical God, two strategies of defense can be pursued. One is the positive defense of the divinity of Scripture. This is, however, a difficult task as remarked concerning Mortera's case. The freethinker attacks all three religions and gains plausibility from the fact that the apologist for each one of them is forced to agree with him that the two other revealed religions are false. The arguments of freethinkers such as Uriel da Costa, Juan de Prado, and Daniel Ribeira thus imply the criterion problem.

Another defense strategy consists not so much in arguing for the divinity of one particular revelation as in counterattacking. On the one hand, sceptical arguments are raised against the philosophical God. On the other, the God of Scripture is shown to be attested by reliable historical testimony, miracles, and fulfilment of prophecies. Even if successful, this strategy does not offer metaphysical certainty of the divinity of Scripture. But it does destroy the philosophical alternative proposed by the freethinker, thereby indirectly making a case for revelation if one is not willing to become an atheist altogether (as the Deist claims he is not).

---

[14] Ibid., 75.
[15] A. McKenna, 'Les *Pensées* de Pascal dans les manuscrits clandestins du XVIIIe siècle', in Olivier Bloch (ed.), *Le Matérialisme du XVIIIe siècle et la littérature clandestine* (Paris: J. Vrin, 1982), 137.

2. *The counterattack*

The two responses to Deism from members of the Portuguese Jewish community that I examine in what follows are from 1663 and pursue the second strategy outlined above.[16] They are Abendana's translation of Yehuda ha-Levy's *Kuzari* (with a very extended commentary of his own), and Orobio de Castro's 'Epistola invectiva contra Prado, un Philosopho Medico que dudava o no cria la verdad de la divina escriptura y pretendio encubrir su malicia con la afectada confession de dios y Ley de Natura-leza' (Letter against Prado, a medical philosopher who doubted or did not believe in the truth of the divine scripture and pretended to hide his malice behind an unsincere confession of belief in God and the Law of Nature).

Abendana's translation of the *Kuzari* is quite relevant in this scenario of conflict among revealed religions on the one hand, and that between the very idea of a revealed religion and natural religion on the other. The *Kuzari* is a dramatic book in which is told the story of the conversion of King Kuzar to Judaism. The story begins when the king has a dream in which an angel tells him that his intentions, though not his actions, are pious. The king believes that the dream is a message from God and invites four experts on God—a philosopher, a Christian, a Muslim, and a Rabbi —to help him find out what practices he should embrace. Most of the book consists of a dialogue between the Rabbi and the king, for the king quickly finds the others unconvincing.

Ha-Levy's book is therefore apologetic of Judaism in opposition both to the other two revealed religions and to philosophy. On which of these two fronts was Abendana fighting by translating and publishing the *Kuzari*? The *Encyclopedea judaica* suggests that his initiative is anti-Christian, motivated by attempts to convert him. There is evidence that Boreel and a Dutch Hebraist scholar—Hulsius—tried to convert Abendana. This hypothesis, however, must be dismissed. Abendana dedicates the translation to the English ambassador at Amsterdam, William Davidson. He substitutes a 'sage of Edom' for the original Christian scholar and skips the Christian's dialogue with the king altogether in his commentary.[17]

---

[16] This does not mean that unbelief was then a major concern of the Jewish community. See Richard H. Popkin, 'Notes from underground,' in *The new republic*, 21 May 1990, 35–41. All I am claiming is that there were members worried about the wave of unbelief associated with Prado and Spinoza.

[17] Moreover, the congregation had forbidded the engagement of its members in religious

The target is the Philosopher,[18] whom Abendana updates by depicting him as a Deist. This is clear from the outset, for in his dedication to Davidson, Abendana justifies the translation by noting that in his book, Ha-Levy

> destroys the false opinions of the philosophers. [Ha- Levy] proves the truth of the Divine Law. [He] teaches, with reasons according to the understanding, how is it possible that God communicates with mankind and [how He] reveals His will—something that philosophers and gentiles who are not enlightened by the Divine Law sometimes regard as impossible. [Ha-Levy] declares that there is a particular way to worship God which cannot be achieved by the human understanding, but only by means of Divine revelation.[19]

Abendana characterizes the Philosopher as someone who denies revelation, God's will, and providence. This is a common enemy whom Jews and Christians—Oldenburg, Boreel, Orobio, and presumably Davidson—would like to see defeated by 'reasons according to the understanding'.

As I note above, the initial issue which leads to the comparison of Judaism with (mainly Aristotelian) philosophy is that Abendana attributes the silence of the Philosopher on this point to his respect for the king, since the Philosopher

> regarded the 'message' of the dream as an illusion or as the result of the king's imagination, which made him believe in such a thing. [The Philosopher did not think that what the king saw in his dream] was Prophetic or True.[20]

After pointing out that with this naturalistic account the Philosopher dismisses the prophetical communication with God, Abendana then goes on to say that the Philosopher attempts to arrive at the knowledge of God by means of mathematical demonstrations held by the Philosopher as absolutely certain.[21] These alleged demonstrations are, however, 'opinions without any certain ground and demonstration which, once carefully examined, are shown to be dubious and deprived of any

controversies with Christians. See Kasher and Biderman, 'Why was Spinoza excommunicated?', 128–30.

[18] This is also what I take to be Ha-Levy's main purpose. Here is however not the place to argue for this interpretation.

[19] Yehuda Ha-Levi, *Cuzary*, tr. from Arabic into Hebrew by Yehuda Abentibbon and from Hebrew into Spanish by Jacob Abendana (Madrid: Victoriano Suarez, 1910), 4.

[20] Ibid., 363.   [21] Ibid., 545.

certitude'.[22] Furthermore, the God conceived in this mathematical way is a God who 'cannot direct nature as he pleases, nor change its ways'.[23] God's providence and will are therefore denied and God is reduced to a first cause. Abendana indicates that this philosophical God is quite different from the providential God of Scripture.

> With their reasonings and demonstrations they came to the point of claiming that God has no knowledge of mankind, that he does to men neither good nor harm, and other heresies like these, . . . [but] they do not know nor can grasp the right name with which we refer to God, for they do not have—nor can they achieve— true knowledge of him.[24]

Abendana emphasizes in his commentary that the Philosopher/Deist offers no sound alternative to the God of Scripture that he denies. The true concept of God is not achievable by limited and weak human faculties. This makes direct revelation indispensable. Philosophical approaches to God are therefore denounced as heretical both because they reveal the presumption that human and divine intellects are commensurable and because they present a false conception of God.[25]

The position advocated by Abendana is similar to the negative theology held by Counter-Reformers in France.[26] Scepticism about human reason justifies the acceptance of the divinity of the Law on the bases of faith and trust in historical testimonies of revelation.

> Because man's judgment is uncertain and vain with respect of the inquiry of the hidden things, and because the doctrine of the Prophet's law which we receive from tradition is certain and infallible, for it is revealed by God, the Rabbi condemns the investigation of the truth by means of intellectual speculation, and approves the safe way of the believer who accepts the faith and believes the truth by means of tradition, following the Prophets who enjoyed spiritual vision and reached the hidden things which were thereby revealed.[27]

Orobio de Castro, in his letter against Prado and the Deists, has in mind these ways referred to by Abendana when he mentions, in the Prologue, two groups of ex-Marranos living in the community.

---

[22] Ibid., 532.   [23] Ibid., 365.   [24] Ibid., 497–8.   [25] Ibid., 358.
[26] Richard H. Popkin, *The history of scepticism from Erasmus to Spinoza* (Berkeley, Los Angeles, and London: University of California Press, 1979).   [27] Ha-Levi, *Cuzary*, 517.

> Some . . . employ all their will to love the Divine Law. They humbly hear those who, for having being raised in Judaism and learned the Law, are in a position to explain it. So they fall sick with ignorance, but, because they do not suffer the horrible disease of pride, they are easily healed [from the sickness of ignorance]. Others who have came to Judaism studied some profane sciences such as Logic, Physics, Metaphysics, and Medicine while still living in Idolatry [i.e., in Portugal and Spain]. They come as ignorant of the Law of God as the others, but they come full of vanity, pride, and arrogance, persuaded that they are very wise [so they cannot be cured].[28]

Orobio claims that theological and historical matters are not capable of mathematical demonstration. This renders the 'profane sciences' of little help in religious matters. The authority of the Jewish law derives, according to Orobio, from (1) the fact that it is not against reason, and (2) the credibility of those who have believed in it. Unlike Christianity, Judaism meets both requirements.[29]

One of Orobio's main arguments for the divinity of the Mosaic law is quite similar to that of Abendana/Ha-Levy. The divinity of Scripture is attested to by the fact that no philosopher, ancient or modern, and however bright and diligent, has ever arrived at the absolute unity of God without the aid of divine revelation.[30] Because the true, monotheistic, conception of God is beyond human understanding, the only place it can be found is in Scripture. So, in denying Scripture, the Deist is actually denying God. Orobio thus reduce Deism to atheism.

> From this discourse it follows that it is a contradiction to claim that one does not believe in Scripture but does believe in God, for there is no other source for belief in God, even if God's existence can be conjectured from effects and reasons. But this would be a dubious opinion, not assent to a belief beyond any shadow of doubt, which is how our assent to the Creator's Unity must be given.[31]

If the existence of God cannot be proved mathematically, as Orobio claims, then the Deist is either defeated or unmasked as an atheist, for 'the Deists claim that they believe with such a certainty in the Unity and

---

[28] Orobio de Castro, 'Epistola Invectiva . . .', ed. I. S. Révah in his *Spinoza et le Dr. Juan de Prado* (Paris and The Hague, 1959), 90.

[29] Ibid., 100.   [30] Ibid., 116 and 119.   [31] Ibid., 120.

Eternity of God that they do not make any conjecture or express more opinions on this matter, for to opine would be to doubt instead of believing with infallible certainty'.[32]

Orobio's strategy, like Abendana's, is to break down what McKenna calls 'l'inébranlable certitude métaphysique de l'existence du Dieu des Philosophes', which is presented as the true alternative to the concept of God provided by the revealed religions.

In summary of Abendana's and Orobio's position, man is naturally limited and thus incapable of knowing God without the assistance of divine revelation. The failure of the many attempts by the best minds of antiquity to arrive at monotheism and a volitional God attests to the limits of reason on religious matters. Divine revelation, however, is attested to by the historical testimony of the whole Jewish nation. Attempts at knowing God by reason alone are deemed to fail and display unacceptable arrogance which only keeps the Deist further from God.

3. Unbelief strikes back

I can mention here only briefly a further development of this theological struggle in the Portuguese Jewish community. I started with Prado's and Spinoza's heresies. I conclude by examining Spinoza's *Tractatus*, published more than 20 years later. Some of the views held by Spinoza in the *Tractatus* are diametrically opposed to Abendana's and Orobio's main theses.

Abendana and Orobio claim that despite the efforts of the philosophers, only Jews can have the true knowledge of God because only they received God's miraculous revelation. But Spinoza says that 'the Israelites, from all their miracles, were unable to form a sound conception of God . . . whereas philosophers, who endeavor to understand things by clear conceptions of them, rather than by miracles, have always found the task extremely easy.'[33]

Abendana and Orobio insist on the unacceptable arrogance of those who use the limited human intellect in attempts to attain, unassisted by tradition and revelation, knowledge of God. Spinoza holds that intellectual perfection is the highest good, which consists precisely in the knowledge of God.[34]

Crucial in Orobio's apology for Judaism is his claim that although above reason, the events related in Scripture—as well as the command-

---

[32] Ibid., 119.   [33] Baruch Spinoza, *A theologico-political treatise* (New York: Dover, 1951), 88.
[34] Ibid., 59.

ments of the Law—are not against reason; that is, human reason cannot deduce them, but once revealed by God, they are found to be perfectly reasonable. Spinoza says: 'Neither do I recognize any difference between an event against the laws of nature and an event beyond the laws of nature.'[35]

Orobio says that Deists attribute even the most extraordinary events to natural causes, thereby doing away with God's providence. The Deists claim, so Orobio says, that 'in order to exercise his omnipotence, God does not need to change the natural order of things nor to make new miracles, for, only in having created and conserved them, [He] shows his infinite and universal domain.'[36] I have already quoted Abendana's similar characterization of the Philosopher as someone who believes that there is a God, 'but [a God] who cannot incline nature to what he wants, nor change its ways.'

Spinoza argues that the will and providence of God are identical with his understanding of the eternal essences of things and the fixed and immutable order of nature.[37] The 'masses', i.e., the ignorant Jews, believe that God exercises his will and providence only through miracles. 'They suppose . . . that God is inactive so long as nature works in her accustomed order, and vice versa, that the power of nature and natural causes are idle so long as God is acting: thus they imagine two powers distinct one from the other, the power of God and the power of nature.'[38]

Kasher and Biderman understand Spinoza's reported heresy that God exists only philosophically as the view that 'God is absent from the universe, does not direct all created beings nor watch over his people.'[39] If Spinoza's views at the time of his excommunication were similar to those of Prado's—Solano y Robles reports them as being jointly held by both—then Kasher's and Biderman's reconstruction is attested by Prado as expressed in Orobio's letters to Prado. If this is so, then Spinoza's move from Deism to Pantheism may well have been a way to avoid criticisms such as Abendana's and Orobio's. If God's will and providence are identical with his eternal understanding of essences, if his essence is identical with the immutable laws of nature, then the 'philosophical God' is no longer a God who merely created and preserves the laws of nature. God's activity and power are no longer restricted in the way that Abendana and Orobio find them to be in the Deist's notion of God.

---

[35] Ibid., 87. [36] Orobio de Castro, 'Epistola Invectiva', 103.
[37] Baruch Spinoza, A theologico-political treatise, 62–3 and 84.
[38] Ibid., 81. [39] Kasher and Biderman, 'Why was Spinoza excommunicated?', 108–10.

I have pointed out above that the core of Orobio's and Abendana's counterattack is their claim that the existence of God cannot be proved mathematically. The God of philosophical reason is thus rendered incompetent to judge the God of historical religion. Orobio in fact challenges the Deist: he must show first that he can provide this mathematical demonstration before daring to deny the divinity of Scripture.

When in the *Tractatus* Spinoza makes the point that the existence and essence of God are known not by miracles but by natural laws, he refers the reader to the 'geometrical' demonstration of God's existence in his *Renati Descartes Principiorum philosophiae*.[40] The *Principles* appeared in 1663, the same year as Abendana's translation of and commentary on the *Kuzari* and as Orobio's first letter to Prado. Although there is no evidence that Prado was still in contact with Spinoza at that time—Spinoza was in Rijnsburg and Prado in Antwerp—it is not implausible to conjecture that Spinoza had knowledge of Orobio's attack on the Deists, which was widely copied.

Révah argues that Juan de Prado exercised substantial influence on the young Spinoza. He notes basic similarities between their views, points to the fact of their association upon Prado's arrival in the community, and notes that until this occasion, the evidence is that Spinoza was orthodox: he duly payed the fees of the congregation and attended the classes of Saul Levi Mortera.[41] Révah's theory has been attacked recently by Yirmiyahu Yovel. Yovel claims that Spinoza's behavior gives no indication of his beliefs at the time, that because Spinoza was intellectually independent he would not be impressed by someone less gifted than him such as Prado, and that the period from Prado's arrival in Amsterdam to the beginning of the proceedings which led to Spinoza's excommunication was too short to cause such a change in Spinoza.[42]

There is, however, another possibility of how Prado's thought may have influenced Spinoza besides their direct contact. This is by the mediation of Abendana's and Orobio's objections to the Deism held by Prado and presumably by the then young Spinoza. Révah points out that Spinoza builds upon problems he detects in Prado's position.[43] Ironically, Abendana and Orobio may have helped Spinoza to identify and address these problems by showing the weaknesses of the position, the points that had to be addressed, and the challenges that had to be met before

---

[40] Baruch Spinoza, *A theologico-political treatise*, 84 and 270.

[41] Révah, *Spinoza et le Dr. Juan de Prado*, 27.

[42] Yirmiyahu Yovel, *Spinoza and other heretics*, Vol. 1 (Princeton: Princeton University Press, 1990), 57–83.   [43] Révah, *Spinoza et le Dr. Juan de Prado*, 287.

natural religion could be proposed as a serious alternative to Jewish revealed religion. It would then be up to the mature Spinoza to strengthen the view and to meet the challenges, thereby providing, in his *Tractatus*, one of the most powerful attacks ever launched against Judeo-Christianity.

[16]

Worse than the three impostors?
towards an interpretation of
Theodor Ludwig Lau's
Meditationes philosophicae de Deo, mundo, homine[1]

———◁◦▷———

April G. Shelford

(Princeton University)

1. Lau as Spinozist, or problems of interpretation

Theodor Ludwig Lau was obviously disappointed when the University of Halle upheld the decisions taken at Frankfurt am Main to condemn, confiscate, and burn the pamphlet he had anonymously published there in 1717, the *Meditationes philosophicae de Deo, mundo, homine*, and to exile its author. He had expected better from his former teacher Christian Thomasius, and he complained that, even if his *Meditationes* had been worse than that 'erzgottloseste Traktat' *De tribus impostoribus*, such a crime merited confiscation at most; that any

[1] This article would not have been possible without the assistance of many people. Thanks are due to Constance Blackwell and Richard H. Popkin for inviting me to participate in the summer 1990 seminar on the *Treatise of the three impostors*, thus introducing me to the world of clandestine literature; to Françoise Charles-Daubert, scholar and fellow *devotée* of *libertinage érudite*, who introduced me to this text and encouraged me to undertake its translation into English and analysis; to Martin Mulsow, who identified as Lau's the misattributed manuscript of the *Meditationes* found in the Koningsbibliotheek in The Hague; to Jan Wojcik, who suggested I explore possible Hermetic influences; to Hilary Bernstein, my colleague, who read and critiqued my early drafts; and to Anthony Grafton, my advisor, whose erudition, enthusiasm, and sure guidance were indispensable.

S. Berti et al. (eds.),
Heterodoxy, Spinozism, and Free Thought in Early-Eighteenth-Century Europe, 439–474.
© 1996 *Kluwer Academic Publishers. Printed in the Netherlands.*

harm should befall its author ran counter to the spirit of Protestantism, he asserted rather mysteriously.[2]

Lau clearly desired to distance himself from the atheism such a clandestine tract embodied, but he was perhaps unwise to invite comparison of his *Meditationes* with *De tribus impostoribus*.[3] For Lau's *Meditationes* are worse, or at least aspire to be, but not because they offer more than the conventional (by free-thinking standards) critique of the political uses of religion. Lau's *Meditationes* are worse because in them he attempts to strengthen that critique by embedding it in a comprehensive vision of the relationship and nature of God, the universe, and man. In short, he seeks to give that critique greater force by making it part and parcel of a consistent metaphysics or, in Lau's terms, a 'natural theology' (Preface).

That Lau offered such a cohesive vision has not been acknowledged, and the nature of that vision has not been understood. This is not

---

[2] Fritz Mauthner, *Geschichte des Atheismus im Abendlande*, Vol. III (Stuttgart, 1921), 242.

[3] Some of the scribes who subsequently copied Lau's *Meditationes* were not so scrupulous in maintaining that distance. The Hague, Koningsbibliotheek, MS 132 D 30 bears the title of that same 'erzgottloseste Traktat'; moreover, its unknown scribe was clearly familiar enough with the mythic history of *De tribus impostoribus* to attribute his handiwork to one of its legendary authors, Julius Caesar Vanini. Mauthner reports that he found another copy of Lau's *Meditationes* similarly mistitled (*Geschichte des Atheismus*, 247). We can only speculate why Lau's *Meditationes* were mistitled, but the motivation may have been commercial — that is, one could demand a higher price for a manuscript masquerading as the infamous *De tribus impostoribus*.

That Lau himself knew of *De tribus impostoribus* is obvious from his response to the Halle decision, although it is not possible to determine whether he had read it or, if he had, whether he had read the Latin version or the French *Traité des trois imposteurs*. (For the record, Lau's list of impostors includes, in addition to Moses, Christ, and Mohammed, Confucius, the Pope, Luther, and Calvin; *Meditationes*, IV.18.) He also mentions it in his second anonymous heterodox treatise, the *Meditationes, theses, dubia, philosophico-theologica* (1719), indicating his awareness of the publication of the French treatise in the Netherlands. (*Meditationes, theses, etc.*, 6; Cambridge, Mass., Andover–Harvard Theological Library, MS 30/Niedmer 3373B).

In any event, as a clandestine manuscript, both in the original Latin and in German and French translation, Lau's little treatise may have acquired more celebrity, both contemporary and modern, than the cheap little brochure ever would have. Miguel Benítez lists seven Latin versions and one French version in his 1988 article 'Matériaux pour un inventaire des manuscrits philosophiques clandestins', *Rivista di storia della filosofia*, III (1988): 501–31; Henri Coulet refers to other versions, especially in East Germany, in his article 'Réflexions sur les *Meditationes* de Lau', in *Le Matérialisme du XVIIIᵉ siècle et la littérature clandestine*, ed. Olivier Bloch (Paris, 1982), 31–44 esp. n. 1. A German translation is published in G. Stiehl, *Materialisten der Leibniz-Zeit* (Berlin, 1966), 83–107. Another German manuscript is available in Cambridge, Mass., Andover–Harvard Theological Library, MS 31/Niedmer 3374, though it lacks a title page and Lau's preface.

I could not benefit from Martin Pott's analysis of Lau's *Meditationes* communicated in his preface to Theodor Ludwig Lau, *Meditationes philosophicae de Deo, mundo, homine* and *Meditationes, theses, dubia philosophico-theologica* (Stuttgart–Bad Cannstatt, 1992), as it was published after this essay was written.

surprising. As a text, Lau's *Meditationes* frustrate because, while obviously derivative, they suggest a bewildering number of sources. Also, because the conclusion of the *Meditationes*—Lau's rather wistful yearning for the life of a being 'acting freely and thinking freely, without a king, the law, the herd' (IV.26–7; all references to Lau's *Meditationes* will appear within the text with roman numerals representing chapters, arabic subsections)—is so radical, if not anarchic, we are tempted to regard those conclusions as anticipations of Enlightenment thought. It is tempting as well to seek the intellectual roots of such controversial conclusions in the works of equally controversial contemporaries. Henri Coulet, for example, writing in an article liberally sprinkled with references to Spinoza, echoes Ira O. Wade when he concludes that Lau's age of innocence 'annonce Rousseau, mais a son brillant modèle de l'âge d'or'.[4]

Thus Lau's few interpreters have been led astray first because they assume an *a priori* intellectual hegemony, Spinozism. They cull the text for Spinozistic-sounding citations and then assess how far they diverge from the sense of the master.[5] Secondly, they slice up, isolate, and

---

[4] Coulet, 'Réflexions', 36; Ira O. Wade, *The clandestine organization and diffusion of philosophic ideas in France from 1700 to 1750* (Princeton, 1938), 241.

[5] Winfried Schröder has begun to move Lau out of the shadow of Spinoza. He sagely notes the discrepancy between the assessments of modern scholars (Dunin-Borkowski, Bell, van Stockum, Baeck, Hirsch, Mauthner, Grunwald, Coulet, Gulyga, Merker, Gilli, and Wild) and those of Lau's contemporaries. While virtually all of the former judge Lau a Spinozist, the vast majority of his contemporaries dubbed him atheist, pantheist, indifferentist, or deist. That Lau is almost universally considered Spinoza's disciple (if a wrong-headed one) is, writes Schröder, the intellectual legacy of Jakob Brucker's *Historia critica philosophiae* (1742–67), in which Lau is described as 'Spinozismi suspectus'; Winfried Schröder, *Spinoza in der deutschen Frühaufklärung* (Würzburg, 1987), 124–32. Even a copyist, reporting the opinion of G. Stolle in his *Gantz neue Zusätze und Ausbesserungen der Historie der philosophischen Gelahrtheit* (1736), wrote that Spinoza would have objected to the *Meditationes*! (See miscellaneous biographical notes inserted between the first and second treatise in a compilation of Lau's *Meditationes philosophicae de Deo, mundo, homine* and *Meditationes, theses, dubia philosophico-theologica*, Cambridge, Mass., Andover–Harvard Theological Library, MS 30/Niedmer 3373A–B.)

To be fair, Lau's intellectual relationship with Spinoza and Spinozism is far from straightforward, and Schröder has probably overstated the case. Lau himself admits that his *Meditationes* will probably earn him the epithet 'Spinozist' as well as atheist (Preface). After publication he wrote that his persecution earned him a place on the esteemed (by him, at least) roster of writers hounded for their beliefs, a roster which included Hobbes, Toland, and Spinoza. According to the *Freydenker-Lexikon*, he was guilty of the ultimate Spinozist crime—that is, 'er macht hier die Welt zu Gott'; Johann Anton Trinius, *Freydenker-Lexikon* (Leipzig and Berburg, 1759), 84. And what are we to make of the fact that Lau himself translated into German the article SPINOZA from Bayle's *Dictionnaire historique et critique*? (See Max Grunwald, *Spinoza in Deutschland* (Berlin,1897; rpt. Darmstadt, 1986), 61.) I have not had the opportunity to review this document, but at the very least the fact that Lau translated a text that both misrepresents and is hostile towards Spinoza's philosophy is yet another proof of David Bell's assertion of the 'appallingly inaccurate image of

'identify' scattered elements of Lau's text as deriving from this or that intellectual luminary.[6] These approaches are seriously flawed because they fragment the text; its integrity and whatever coherence the ideas presented may have are lost. Also, these interpretative strategies neglect the import or influence of ideas much closer to home—that is, in Lau's more immediate intellectual environment—as well as naïvely, if only implicitly, assume that new ideas completely displace old ones.

For example, at critical points Lau employs the theories of the four elements and of the temperaments—remarkably traditional, even ancient ideas seemingly out of touch with contemporary political and scientific concerns. In the post-Boyle world of corpuscular theory and the post-Gassendi world of atoms, Lau asserts the composition of the world and the human body from the four elements: air, fire, earth, and water. With respect to the soul, Lau adheres to a theory that even by the standards of clandestine literature had been largely superseded by a mechanistic view deriving from Descartes.[7]

With respect to political theory, it is not surprising or original that Lau grounds politics in human psychology, but it is remarkable that he causally relates the rise of states to the four temperaments, i.e., the choleric, phlegmatic, melancholic, and sanguine. An appeal to Spinoza cannot explain why Lau's physiological and political thought takes such

Spinoza in the minds of the majority of German literates for over 100 years'; David Bell, *Spinoza in Germany from 1670 to the age of Goethe* (London, 1984), 2.

Now it is undeniable that Spinoza's ideas, however poorly understood, tantalized and haunted pre-Enlightenment intellectuals and religious thinkers on the continent; that the *Freydenker-Lexikon*'s listing of 129 refutations is incomplete only reinforces that fact; see Bell, *Spinoza in Germany*, 1. Still, given the vagaries of the transmission of Spinoza's ideas, especially those of the *Ethics*, Winfried Schröder is absolutely correct when he rejects the notion that we can adequately account for Lau's metaphysics as simply a misunderstanding of Spinoza's *Deus sive Natura*—the interpretative strategy, for example, of both Bell and Max Grunwald in their discussion of Lau's *natura naturans, natura naturata* (see below).

[6] In the end, the effect of this is a game of intellectual charades. 'Sounds like . . . ?' John Toland, Thomas Hobbes, John Locke, Pierre Gassendi, Rene Descartes, Paracelsus, according to G. Stiehl. Descartes, Spinoza, Galen, Newton, Stahl, Epicurus/Lucretius, Hippocrates, Hobbes and Locke, according to Coulet. He's a sceptic, writes Schröder. A Spinozist gone awry, writes Grunwald, but a Kabbalist as well; *Spinoza in Deutschland*, 60–63.

[7] Aram Vartanian, 'Quelques Réflexions sur le concept d'âme dans la littérature clandestine', in *Le Matérialisme du XVIIIe siècle*, 149–63. Vartanian traces the Lau variety of soul to the recovery and rehabilitation of Epicurean ideas, thanks to Gassendi, but the idea is not at all peculiar to Epicureanism.

Here it should be noted that Coulet misunderstands Lau's description of the composition of the soul and body (III:5–7). Lau writes that the body is dense and passive material composed of fire, air, earth, and water; the soul, on the other hand, is a subtle and active substance. Coulet writes that the soul, like the body, is made up of fire, air, earth, and water, the only difference being that these elements are subtler in the soul than in the body. Coulet, 'Réflexions', 35.

interesting turns. Nor are we helped by the suggestion that such ideas betray Epicurean influence, because these ideas are not peculiar to Epicureanism, and the suggestion that such ideas represent Galenic and Hippocratic influence is true, but unhelpful.[8]

Put another way, ideas are always appropriated and interpreted within a specific cultural and intellectual context. Thus we need to understand far better the nature of the intellectual matrix into which Lau incorporated whatever ideas, Spinozistic or not, that struck his fancy. If we do not, the presence of elemental theory or the theory of the temperaments will be unintelligible, and we may be tempted to dismiss them as mere idiosyncrasy.

Moreover, while it is true that clandestine literature generally offers little in the way of original philosophical insight, the originality of an author such as Lau lies in his synthesis of diverse intellectual materials. This in itself presents a real opportunity for the intellectual historian. Because Lau was not an intellectual of the second or even third rank, we can use him as a window into an intellectual world that left few monuments; we can peer into the mind of a nonspecialist who stitched a quirky metaphysics from whatever intellectual tatters, old or new, commonplace, cliche or curio, that he happened upon. Yet we need to be cautious as well. Although Lau's biography is sketchy, what we know suffices for the reasonable reader to wonder whether his singular lack of prudence betrays a lack of sanity as well.

2. LAU AS INTELLECTUAL ITINERANT, OR POSSIBILITIES FOR CONTEXT

Lau studied philosophy, theology, and law in the city of his birth, Königsberg, before attending the University of Halle. There he studied under that elder statesman of the German Enlightenment, Christian Thomasius. He became a jurist, and he supplemented his education with travels in Holland, where he apparently studied architecture and mathematics (1685). He also visited the English universities (1697), and he again occupied himself with mathematical studies in France (1700).[9]

Lau was left unemployed by the death in 1711 of the Duke of Courland. Ironically, in the same year that he yearned for a world free of kings and

---

[8] Ibid.

[9] This biographical information is drawn largely from Mauthner, *Geschichte des Atheismus*, and Stiehl, *Materialisten der Leibniz-Zeit*, Preface.

laws, Lau the jurist was in Frankfurt am Main awaiting the arrival of the
elector of the Palatinate and hoping for a state administrative position.
From the standpoint of career prospects, Lau's decision to publish the
Meditationes at all appears reckless, and his preface indicates he knew the
risks. In anticipating the form persecution might take, he may have had
in mind the example of Friedrich Wilhelm Stosch, who had been compelled to recant his views publicly and whose work *Die Übereinstimmung
von Vernunft und Glauben* (1692) was burned.[10] Lau writes:

> Of course I anticipate that not a few will object to what I write. Of
> these, those burning the midnight oil to prepare their refutations
> will object the most; to the extent that these meditations diverge
> from the rut of opinion and prejudice, they will fiercely lacerate
> and gnaw at them with their teeth. . . . These gladiators will
> sharpen their pens against me and this my little book of philoso-
> phy. Truly these great Hectors, these defenders of the glory of
> God, will rage; they will wrathfully condemn, burn, and punish
> these my philosophical thoughts by confiscating them and enter-
> ing them into the index of prohibited books. They will call me
> heretic, atheist, Spinozist, and calumniate me with even harsher
> titles and names besides. (Preface)

Lau's appeal of his condemnation to the University of Halle appears
reckless as well, though Thomasius was well known as an enemy of any
variety of persecution and a defender of free enquiry.[11] Perhaps Lau took
Thomasius too much at his word when he wrote in 1705 that one must

> Challenge prejudice as the prime source of all errors and mis-
> takes. Never rely in the discovery of truth upon the authority of
> any one person whosoever he may be, if you yourself lack the
> inner conviction that what has hitherto been generally believed is
> founded upon principles of undoubted validity.[12]

Thomasius opposed witch trials, religious persecution, and torture to
extract confession, and he defended Jews and atheists from superstitious

[10] Ibid., 22.

[11] The biographical notes found in the Andover–Harvard manuscript indicate that Thomasius
had scant respect for his disciple and considered it absurd that Lau even submit the *Meditationes*
to him. Mauthner's account is particularly useful for an appreciation of the relationship be-
tweenThomasius and Lau .

[12] F. M. Barnard, 'Christian Thomasius: Enlightenment and bureaucracy', *American political
science review*, LIX (1965): 431.

or libelous attacks.[13] Moreover, in response to Lau's request for a review of the condemnation at Frankfurt am Main, he wrote that the confiscation of atheistic works only made them more expensive and that such a procedure was, in any event, suspiciously similar to the papist habit of suppressing books that might prove useful under the pretext of their being dangerous.[14] Lau was, as noted above, disappointed; Thomasius himself wrote the opinion of the faculty that upheld the condemnation. Why, then, did he persist in his objections, responding with an ill-tempered attack on Thomasius himself?

Worse yet, two years later Lau published anonymously another heterodox treatise, *Meditationes, theses, dubia, philosophico-theologica placidae eruditorum disquisitioni religionis cuiusvis et nationis in magno mundi auditorio submissa a veritatis eclecticae amicae*. Though less original than the first treatise, it was no less offensive.[15] In the same year he published under his own name a treatise of advice to the sovereign on state management, the *Aufrichtiger Vorschlag von glücklicher, vorteilhaftiger, beständiger Einrichtung der Intraden und Einkünfften der Souverainen und ihrer Unterthanen: in welchem von Policen- und Kammer-Negocien und Steuer-Sachen gehandelt wird*. This hardly seems to have been calculated to improve his chances for employment either. There he asserts, for example, that while religion may originally have been an invention of clergy and politicians, it remains the noblest foundation of the state—a classic, if equivocating, libertine observation, and hardly a tactful one. Also, as the economic health and wealth of the state required an increasing population, he proposed 'die fruchtbare Polygamie'; he anticipated the accusation of immortality by asserting that polygamy did exist *de facto*, if only for those who could afford mistresses.[16]

Lau lived in several German cities without securing permanent employment, though he managed finally to become Doctor of Law at Erfurt. His heterodox past caught up with him at Königsberg, however, when he attempted to secure an appointment at the university. There he was forced to recant his views in October 1729; he subsequently led an unsettled life, dying at Altona in 1740.

The circumstances of Lau's life do not suggest the career of an inept

[13] F. M. Barnard, 'The "practical philosophy" of Christian Thomasius', *Journal of the history of ideas*, XXXII (1971): 433.   [14] Mauthner, *Geschichte des Atheismus*, 240.

[15] While I have not had the opportunity to review this manuscript in depth, it appears to repeat many of the ideas of the first treatise—e.g., intellectual freedom, the error of polytheism—and to be a much more conventionally 'Deist' work. But while giving natural religion priority, in this treatise Lau also appears to accord more importance and respect to revealed religion, especially to Christianity, than he did in the first treatise.   [16] Mauthner, *Geschichte des Atheismus*, 235–6.

hypocrite, which is not to say the he was not at times hypocritical.[17] In addition to his problems with employment, his travels reflect the emotional instability we sometimes sense in the *Meditationes* and testify indirectly to the irascibility evidenced in his feud with Thomasius. In any event, Lau's life presents us with a paradox: on the one hand was the place-seeking candidate, on the other the would-be martyr for intellectual freedom.

However we evaluate Lau's character, his biography, if not common sense, compels us to recognize that Lau's intellectual world was potentially very rich and influenced by diverse and competing schools of thought.

At least one influence is obvious—that is, Christian Thomasius. Though Thomasius' views took a somewhat pessimistic turn after his conversion to Pietism in the mid 1690s, Lau might have absorbed some of his early optimism with respect to rationality and his rejection of Scholasticism. Lau writes, for example, that 'The best knowledge of God is clear knowledge. Clear knowledge of God declares, reveres, and teaches of a God uncomplicated by many deities, a God free and pure of the divisions, co-ordinations, and subordinations that are the speculative terms of Scholasticism, theology, and metaphysics' (1.11). Lau rejoices in his reason and will prove his points thereby (Preface), believes that the existence of God is proved by his senses and his reason (1.2), feels confident to speak of 'the universal God of the whole Universe' by virtue of his 'free reason' (II.10), and holds that the best life for man is one in which 'all of his actions are dictated by shining reason' (IV.26). While Lau's views on epistemology are scanty, in their reliance on the senses they probably indicate the influence of Thomasius, who was influenced by Locke rather than Cartesianism. Lau writes: 'Indeed, there are no

---

[17] It is difficult, for example, to reconcile Lau's rather unflattering presentation of kings in *Meditationes* with his grovelling in the preface to the German text mentioned above. Even by the low standards of candour of dedications, this is a bit much: 'Ich werde meine Souverainen, die sichtbaren Welt-Götter, ehren, ihren Willens-Meinungen gehorsamen und durch wohleingerichtete Financien, sie nebst ihren Ländern, reich und mächtig zu machen suchen.' The adherence to Scripture he claims cannot help but sound a little hollow, and the context is more than a little nasty. He writes that he will fulfil his duty to his sovereign against all, who 'mögen entweder mit den Juden auf den kommenden Messias warten, oder mit mir das Alte und Neue Testament für die Richtschnur der echten Religion verehren, oder durch den Alcoran selig zu werden sich einbilden, oder die Abgöttern mit den Heiden und das unchristliche Christentum mit den masquierten Gleitznern, öffentlichen und verdeckten theologischen und politischen Heuchel-Christen, Atheisten, Tartüffen, Pharisäern, und Sadducäern ausüben, welche also leben, als wann kein ander Leben zu hoffen, und so sicher sterben, als wann keine Hölle wäre'. Mauthner, *Geschichte des Atheismus*, 234–5.

innate ideas of reality in either the heart or the brain, and there is nothing in the understanding and the will which is not first in the senses' (III.33). In any event, the example of Thomasius indicates the necessity of further exploration of possible influences on Lau's thought in the intellectual environment of the University of Halle.

Another possible and uniquely German influence is Pietism, for which Halle became an important centre. That influence may have been very limited; Lau rejects unambiguously Christ, the Trinity, and the Bible. Still, Lau's views of appropriate cult could have been influenced by the Pietist rejection of a Lutheranism that stressed the aridity of theory over fervency in practice, right doctrine over right feeling, the life of the mind over the Christian life. Moreover, there was a radical streak in Pietism, represented by Johann-Conrad Dippel. Rabidly anti-Spinoza and radically individualistic in matters of religious conscience, he eventually moved beyond Pietism to a mysticism that rejected all external religious organization and asserted its independence from biblical history, Christ, dogma, and doctrine.[18] Lau appears equally radical when he writes:

> Let the Gentiles worship multiple gods and the Christians worship God as one and the Trinity. According to my religion, I love and revere one God as he essentially appears to me . . . Thus I do not concern myself with any present or future good of the body or soul, of this or of another life. He who loves God in any way other than this loves himself more than he loves God, and such self-interested love is neither true nor sincere. I love God as God; I do not fear him. Fear implies hatred. Love and hate are incompatible. Fear presupposes an act of transgression and injury, which is why I greatly fear another's anger, punishment, and revenge. God is exempt from such passions. God cannot be offended in any way . . . Whoever loves God with his whole heart and esteems him with his whole soul, that person is able to liberate himself from all such notions and dogmas [e.g., Adam's fall, the life and passion of Christ], for they are only the offspring of fear and hate. Let us proceed from the love of God to his worship. For me this consists of admiration, thanks, and obedience . . . Truly all of this worship is internal, not external, spiritual not material, it abides in intellect and the heart. These indeed are God's only and best temples, chapels, and altars. Religion is of sense, not the word, of reason, not the state, free, not coerced, of the will, not the ruler, of man,

---

[18] Bell, *Spinoza in Germany*, 10.

not the prince; religion acknowledges no other precepts, formu-
las of concordance, confessions, creeds, catechisms, no other articles of faith than that the one God is my creator, governor, and
conservator. (1.12–20)

Moreover, Gottfried Arnold's *Unparteyische Kirchen- und Ketzer-
Historie* (1699; 1700), which Thomasius praised as the best book on
religion since the Bible, is another proof that Germans did not need the
French or English to arrive at a radical rejection of organized religion.[19]
Arnold's critique 'surpassed anything written by the most thoroughly
anticlerical eighteenth-century philosophe'.[20] In it he savaged contemporary Protestantism as thoroughly as Catholicism. It would have been
difficult for Lau not to know of Arnold's work, with its radical privileging
of personal religion and its definition of the true church as the negation
of the established church: 'no priests, no rules of observation, no Sunday
sabbath, no consecrated places of worship, no hierarchy, no confession-
als, no bishoprics, no political affiliations, no theologians, no theology,
no concern with riches or prestige'.[21]

We could also, for example, fruitfully consider Lau's *Meditationes* in
the context of contemporary scientific debates about mechanistic versus
vitalistic models of life, Cartesians versus Paracelsians and the animists,
and the debate in physics about the nature of motion and its relationship
to matter. Lau's *Meditationes* do suggest an awareness of current scientific
controversies and at points perhaps even rely on the work of more
scientifically minded contemporaries (see below). However, we must
remember that, for Lau, theology and metaphysics come first. Lau, for
example, asserts the multiplicity or, rather, the infinite number of worlds.
'God's existence is evident to me in the miracle of so many worlds,
planets both terraqueous and fiery' (1.6). But he does so not in the spirit
of the anonymous author of the *Traité de l'infini créé*—that is, in a Cartesian sense.[22] Rather, Lau believes in the multiplicity of worlds because it
follows logically from his beliefs about the nature of God.

Next, many creations followed and will follow this first creation
[i.e., of our world]; indeed, the number of creations is infinite,
because God is infinite. Every operation of his will, every one of

[19] This discussion is based on Peter Hanns Reill, *The German Enlightenment and the rise of
historicism* (California, 1975).   [20] Ibid., 26.   [21] Ibid., 25.
[22] Miguel Benítez, 'La Tentation du gouffre: la pluralité des mondes dans la littérature clandestine', in *Le Matérialisme du XVIIIᵉ siècle*, 117. Of course, Descartes himself settled for indefinite,
rather than infinite.

his thoughts is creation. Thus there are as many universes and worlds as there are acts of will or thoughts. (II.13)

It is of course unwise to attempt too sharp a distinction between religion and science in this period. God is in Newton's universe as well as in Lau's. Also, we cannot exclude the possibility of reciprocal influence between Lau's 'science' and his theology. Yet differences in emphasis and intent do exist. What follows seeks to clarify Lau's priorities and suggests that his views, because impatient of secondary causes and indifferent to the empiricism we judge the hallmark of modern science, were actually indifferent, if not hostile, to important trends in contemporary science.

3. Lau as Hermeticist, or towards an interpretation

Lau's thought emerges from a very different intellectual environment than the rationalism or libertinism of much French clandestine literature. It was an environment in which older intellectual traditions predating and having nothing to do with Descartes, Hobbes, or Spinoza survived, even thrived, finding some of their most vigorous expressions in biological thought. Lau's *Meditationes* betray the continuing appeal of Hermeticism and the Renaissance naturalism of a Giordano Bruno. Lau's views on the multiplicity of worlds, for example, resemble those of Bruno writing in *De Immenso*:

> Why should or how can we suppose the divine potency to be idle? Why should we say that the divine goodness, which is capable of communicating itself to an infinity of things and of pouring itself forth without limit, is niggardly? . . . Why should that centre of deity which is able to expand itself (if it may be so expressed) into an infinite sphere, remain barren, as if it were envious? Why should the infinite capacity be frustrated, the possibility of the existence of infinite worlds be cheated, the perfection of the divine image be impaired—that image which ought rather to be reflected back in a mirror as immeasurable as itself?[23]

Lau thus remains committed to a unified vision of creation of which man is the microcosm, and his vision does not so much 'materialize' God, as divinize the world. Related to and intertwined with these views is this ancient system of correspondences that formed the basis of tradi-

---

[23] Arthur O. Lovejoy, *The great chain of being* (Cambridge, 1936), 118.

tional medicine, not to mention provided popular tropes for centuries of artists and engravers and a framework within which one late Renaissance writer formulated his political views (see below). Thus whatever contemporary scientific ideas or views of religion (e.g., biblical criticism) Lau adopts, he does so because he finds them consonant with his fundamental theological and metaphysical premises. We will see, however, that when he attempts to graft his favored political views onto this older stock, he is led into irreconcilable contradiction.

Here we do not pretend to offer a definitive interpretation of Lau's *Meditationes*; this is, rather, a preliminary foray. Nor do we seek to identify precisely what texts Lau may or may not have read. Lau is a writer of such unbridled eclecticism that such an endeavor may not only be impossible, but futile. The use of citations from texts by Giordano Bruno or Robert Fludd, for example, is not an argument for direct influence, though such could have existed, nor is it intended to obscure the important differences between them or between them and Lau. The use of these texts is only meant to suggest the dense and vital intellectual tradition in which very old ideas continued to circulate and from which Lau could draw.

With respect to the Hermetic books, an indirect case based on thematic and circumstantial evidence can be made for their influence on Lau. The career of Athanasius Kircher is testimony enough, if such were needed, of the continued vitality of the Hermetic tradition in German-speaking lands even after Isaac Casaubon had exposed the books as late-antique rather than pre-Mosaic writings. Especially significant is the abiding interest in the Hermetic writings throughout the seventeenth century in England, whether through the rather baroque Robert Fludd or the rather more stolid Cambridge Platonists.[24] John Toland, while apparently having little use for the Platonism of the Hermetic books, kept a copy of the *Corpus* even in the room where he died. Toland also had sufficient respect for Giordano Bruno to publish an English abridg-

---

[24] See D. P. Walker, *The ancient theology* (London, 1972); for Athanasius Kircher, see R. J. W. Evans, *The making of the Hapsburg monarchy* (Oxford, 1979), esp. 433–42.

Ralph Cudworth, in fact had a rather ingenious defense for the continued use of the Hermetic Corpus. Although Cudworth takes the part of Causaubon as opposed to Kircher, he alleges that Casaubon had not proved that all of the hermetic writings were forgeries, then writes that 'yet would they for all that upon another accompt, afford no inconsiderable Argument to prove that the Egyptian Pagans asserted One Supreme Deity; *viz.* Because every *Cheat* and *Imposture* must needs have some *Basis or Foundation of Truth* to stand upon; there must have been somethings truly Egyptian, in such counterfeit Egyptian Writings, (and therefore this at least *One Supreme Deity*) or else they could never have obtained credit at first, or afterwards have maintain'd the same.' Ralph Cudworth, *The true intellectual system of the universe* (London, 1678), 320.

ment of the *De l'infinito, universo e mondi* and to attempt translations of other works by the Italian.[25]

Moreover, Hermeticism, animism, and vitalism were often associated with Pietism. After his conversion, Thomasius adopted in his metaphysics animistic or vitalistic views of creation.[26] David Bell has written of neo-Platonic and Hermetic influences on Lau's contemporary Johann Christian Edelmann; he suggests not only that Edelmann was more influenced by Hermes Trismegistus than by Spinoza, but that he appropriated Spinoza in the light of Hermeticism![27] Edelmann, moreover, was the student of Johann-Conrad Dippel, who expressly relied in his 'physico-theologie' on 'Zoroastre parmi les Perses, Mercure Trismégiste parmi les Égyptiens, les plus anciens Cabbalistes parmi les Juifs, Platon parmi les Grecs, Origène, Clément de Rome et Tertullien parmi les premiers Chrétiens' and, among the moderns, Jakob Böhme, Van Helmont, Stahl, and Fludd.[28]

Thus, it is no accident that Lau's churning prose evoking a Protean God ceaselessly maintaining, conserving, and directing the universe bears little resemblance to Spinoza's astringent presentation of an austere and logically necessary deity.

> God does not rest, but is in perpetual motion . . . Hence life resides in perpetual motion . . . Certainly God infused this motion into all creatures so that they might be preserved and governed . . . God augments and diminishes this motion, alters it and hinders it as his pleasure, whence so many diverse actions and effects occur in the universe . . . Moreover, this universe is the same one that existed formerly; it is even the same universe that existed an infinite number of ages ago. The theatre is always the same, though changes in scenery are permitted and innumerable variations may have occurred and may occur every day . . .

[25] Robert E. Sullivan, *John Toland and the Deist controversy* (Harvard University Press, 1982), 198–9. Stiehl discusses the impact of Toland upon the German materialist philosophers Lau, Stosch, Wagner, and Bucher, and specifically compares Lau and Toland with respect to theories of the development and political uses of religion; *Materialisten der Leibniz-Zeit*, 19. Lau himself, in one of the two poems he wrote in response to his condemnation at Halle, gives Toland, with Hobbes and Spinoza, a place on that honor roll of writers whose works were suppressed. 'Es kann ihr Irrtum nicht dieselben Bücher leiden, | Die den gemeinen Weg des Irrtums wollen meiden.' See Mauthner, *Geschichte des Atheismus*, 243.

[26] *The encyclopedia of philosophy* (New York, 1967), s.v. 'Christian Thomasius'.

[27] Bell, *Spinoza in Germany*, 17–21. In his *Philosophia Moysaica*, Edelmann wrote that Hermes was a 'good Spinozist'.

[28] Marianne Schaub, 'Le Piétisme: une théologie mystique des lumières', in *Recherches sur le XVIIᵉ siècle* (Paris, 1986), 97.

Nevertheless, God as the first mover can suspend and recall to himself the motion with which he infused the Universe, if he so desires. Then the world would cease to be that which it is now in accordance with its present form; nevertheless, the substance of the world will not perish. It will return from whence it came. It will be concentrated in God, as if in a mother, and will return to its first loins and cradle as semen and birth. (II.14–25)

Nor is it surprising that Lau's nature seems much more akin to that of Shaftesbury, the English nobleman who 'saves the Cambridge School from the fate of a learned curiosity',[29] than to Spinoza's nature considered as extension:

O Mighty Genius! Sole Animating and Inspiring Power! . . . Thy influence is universal: and in all Things thou art inmost. The vital Principle is widely shar'd, and infinitely vary'd: Dispers'd throughout; no where extinct. All lives: and by Succession still revives. The Temporary Beings quit their borrow'd Forms, and yield their several turns, to Life, they view the Light, and viewing pass; that others too may be Spectators of the goodly Scene, and greater numbers still enjoy the Privilege of NATURE.[30]

The resonance between the Hermetic tradition and Lau's *Meditationes* is not limited to a visionary, even mystical style. Lau often echoes important themes of the *Pimander* and the *Asclepius*, and his understanding of God's creative act appears very neo-Platonic. Even the title of the *Meditationes* echoes the constantly reiterated theme of the Hermetic books: 'Eternitas dominus, deus primus est: secundus est mundus, homo est tertius.'[31] Lau retains the same descending scale of creation and relationship in his *Meditationes*—God, the universe, man.

By viewing Lau in the context of the Hermetic tradition both in itself and as transmitted and amplified by succeeding writers and in the context of the theory of correspondences, we can resolve problems of inter-

[29] Ernst Cassirer, *The Platonic renaissance in England*, tr. James O. Pettegrove (Austin, 1953), 159–60.

[30] Cassirer, *Platonic renaissance in England*, 193, citing Shaftesbury. Mention of Shaftesbury here as well as of Toland later in this paper reinforces the connection between English and German thought in the seventeenth and eighteenth centuries. Its impact on Lau needs to be further explored.

[31] *Mercurii Trismegisti liber De potestate et sapientia Dei: e greco in latinum traductus a Marsilio Ficino florentino* (Paris, 1505); *Pimander*, ch. 6. (Subsequent references to the *Pimander* will be indicated as P: ch. no.; references to the *Asclepius* as A: ch. no.)

pretation and clarify the relationship of Lau's thought with that of his contemporaries. Finally, we can see Lau's *Meditationes* as a cohesive, if not entirely internally consistent, whole.

1. De Deo

In interpreting the first chapter of the *Meditationes*, Winfried Schröder errs badly when he alleges Lau's 'ausgeprägte skeptische Tendenz'.[32] Here he refers to Lau's assertion that 'it is impossible for us to determine or demonstrate what His [God's] nature is' (1:3).[33] Yet it is difficult to square such alleged scepticism with Lau's assertion soon after that the senses provide adequate, indeed infallible testimony of the existence of God (1:5). Sensationalist rather than sceptical seems a more appropriate adjective to describe Lau's epistemological views (see above).

Yet there is a more important point to be made here. Lau's assertion is a typical strategy of the negative theology of, say, a Nicholas of Cusa, a Giordano Bruno, or a Robert Fludd, the end of which is to heighten our awareness of the otherness of the deity while thwarting the temptation to anthropomorphize. In Lau's *Meditationes*, God is unknowable because God and man are so wildly incommensurate. Thus God's work 'transcends man's grasp' because 'one may not compare finitude and infinity' (II.11).

Though unknowable, continues Lau, God is everywhere present. God manifests and reveals himself to us 'through and in his works', and this is 'the most certain, mathematical, infallible and also the clearest and sufficient principle for knowing and demonstrating the true God and His existence . . . The eye sees him, the ear hears him, the nose smells him, the tongue tastes him, the hand touches him' (1.5–6).[34] The proof of the existence of God from creation is, of course, one of the oldest and most banal. It is also the argument of the Hermetic books, particularly

---

[32] Schröder, *Spinoza in der deutschen Frühaufklärung*, 129–30.

[33] In this connection he gives too much emphasis to a statement Lau makes in his second treatise: 'Scrutianismus, Carthesianismus, Scepticismus, genuini ad templum veritatis sunt ductores' (§5). Here there appears no other recourse than to believe that Lau did not, in fact, understand what Cartesianism or Scepticism or both were. If we assert that Lau is stating his intellectual loyalties, we would be forced to believe that he is a Cartesian as well, which is nonsensical.

[34] This itself bears an uncanny resemblance to a passage in P: xi: 'Unus itaque deus mundum unum est confessus: et solem unum unicam lunam unam quoque divinitatem. Ipsum vero deum unum quidem credimus esse. Unus igitur: singula facit in multis. Num censes arduum quiddam et laboriosum deo vitam, animam, immortalitatem, mutationemque efficere? Tu enim tot tantaque potes: vides, audis, odoras, gustas, tangis, loqueris, graderis, spiras: intelligis.'

strongly stated in the fifth book of the *Pimander*. To the question whether God is invisible, Trismegistus responds:

> For he is revealed more brilliantly through this [the universe]. Clearly this is why he made all: so that you might discern him through singular things. This is the goodness of God, this his excellence: he is manifested through all things. Indeed, neither is he invisible in his incorporeality. Mind may be seen in thinking, and God in his works.[35]

Lau expresses sentiments that are intellectual first cousin to those of the early seventeenth-century Hermeticist Thomas Tymme and may also reflect the religiosity with which the English natural philosophers imbued their investigations into the book of nature.[36] He refers to God's 'stupendous creation' as 'my most trustworthy Bible, my prophets, my apostles, and my sacraments, which I read, scrutinize, hear, follow.' But Lau goes further and virtually dismisses Scripture:

> It is more pleasing to me when God reveals himself through his own works, rather than through the words of others, since in fact the former are written by the finger of God, while the latter [Scripture] are written and promulgated by the hands of men; the former are truly divine, the latter human, one most certain, the other uncertain. (1.9)

Lau's use of the phrase '*natura naturans, natura naturata*' is an espe-

---

[35] 'nam quis illo lucidior. Ille quippe omnia ob eam causam fabricavit. ut eum per singula cerneres. Hec dei bonitas. hec eius virtus est: illum fulgere per omnia. Nihil est vel in incorporeis etiam invisibile. mens ipsa intellectione videtur. deus autem in operatione conspicitur.' P: XI.

See also P: III: 'Generatio hominem ad divinorum operum cognitionem, testimoniumque nature ad imperandum omnibus que celo teguntur, ad bonorum discretionem, ad incremen tum generis numerique propaginem. Omnibusque anima velata carnis umbraculo: ad celestium deorum discursum suspiciendum, ad opera dei, et nature progressus, ad bonorum signa ad potestatis divine cognitionem.'

[36] 'the Almighty Creator of the Heavens and the Earth . . . hath set before our eyes two most principal books: the one of Nature, the other of his written Word . . . The wisdom of Natures book, men commonly call Natural Philosophy which serveth to allure to the contemplation of that great incomprehensible God, that wee might glorify him in the greatness of his work. For the ruled motions of the Orbes . . . the connection, agreement, force, virtue, and beauty of the Elements . . . are so many sundry natures and creatures in the world, are so many interpreters to teach us, that God is the efficient cause of them and that he is manifested in them, and by them, as their final cause to whom also they tend.' Tymme, cited in Allen G. Debus, *Man and nature in the Renaissance* (Cambridge, 1978), 14. For the view of English natural philosophers such as Robert Boyle, see Richard S. Westfall, *Science and religion in seventeenth-century England* (New Haven, 1958), ch. 2.

cially good example of how interpreting Lau solely within a Spinozist context may lead to grief. Grunwald writes, for example, that this demonstrates both Lau's Spinozism and his misunderstanding of Spinoza,[37] and Bell writes that here Lau 'proclaims Spinoza's doctrine of substance (which is God) and mode (which is man or nature). But whereas Stosch virtually quotes or paraphrases, Lau uses his own imagery, which betrays vague notions.'[38] The notions are vague only if one sees them as an attempt to represent Spinoza rather than an attempt to represent the neo-Platonic emanation and eternal return that suffuses the Hermetic corpus (see above). Lau's understanding of the relationship between creator and creation is similar to, say, Robert Fludd's effusion 'O natura naturans, infinita et gloriosa':

> Hence in writers of physics, he is called the divine principle, infinite nature and *natura naturans*, the principle of all principles, the star of stars, the light of lights; or he is the light of all creatures everywhere disposing, the spirit of spirits, and the architect and cause of spirits, the world of worlds, leader, governor, and director of all, he who raises up and reduces all things.[39]

Rather than making a distinction between substance and extension, Lau is intent on making the distinction and asserting the relationship between essence and existence in a Brunian sense, though his expression is both more concrete and poetic than Bruno's 'Una prima Essentia, una prima Bonitas, una prima Veritas, quo omnia sunt Entia, Bona, Vera.'[40] This seems a more appropriate way to understand Lau when he writes:

> For me, God is *natura naturans*, I am nature having been born; God is thought thinking, I am a thought; God is form forming, I am that which is formed; God is pure substance, I am substance changed; God is flame, I a spark; God the earth, I a clump of dirt; God air, I breath; God the sun, I a ray; God the body, I a member; God is mind, I an operation of mind; God is eternal, omnipotent, omnipresent, and omniscient. (1.4)

[37] Grunwald, *Spinoza in Deutschland*, 61.   [38] Bell, *Spinoza in Germany*, 16.

[39] 'Hinc apud physicos principium divinum, natura infinita et natura naturans, principium principiorum, sydus syderum, lux luminum, seu creaturarum lux undique collocens, spiritus spirituum, et spirituum opifex atque effector, mundus mundorum, dux, gubernator et director omnium, exultator et depressor nuncupatur.' Robert Fludd, *Utriusque cosmi historia*, cited in Serge Hutin, *Robert Fludd, 1574–1637: alchimiste et philosophe rosicrucien* (Paris, 1971), 79.

[40] Giordano Bruno, *Opera latine conscripta* (Stuttgart, 1962), I/2: 346.

A single line from Bruno's terse *Scalae monadis* expresses well the relationships which Lau seeks to present:

> We know that there is one, so to speak, individual centre, and that all species are like the flowing out of innumerable lines from and about it, and that they are brought back to and into it.[41]

He poetically evokes the same relationship with the metaphor of God as a spider, the universe as a web (ii.3). Lau's use of the circle/point metaphor to describe both God's unity and perfection and his relationship with creation signals a mystical, rather than Cartesian geometry.

> Truly this God is one; indeed, God may not be unless he is one. This universe is a circle, God is a point. The entire circle rejoices in one point. God is perfect, consequently he is one by necessity, but multiplicity diminishes the perfection and unity. To multiply God is to destroy divinity. (i.10)

Lau fields these notions in a typically Brunian way,[42] but the Hermetic books are equally insistent on the oneness and unity of God out of which all is generated.[43] Thus Lau's rejection of the Trinity as polytheistic

---

[41] Ibid., 347: 'Unum veluti centrum est individuum, ex quo et de quo originaliter omnes species veluti diversarum innumerabiliumque linearum effluxus esse cognoscimus: ad quod item et in quod sese recipiendo reducuntur.'

In Lau's second treatise the conventional relationship of creator to created is just as marked, and the neo-Platonic organization of emanation more clearly stated: 'Principia huius [God's] cognitionis sunt opera creationis, sensus et ratio. Per hanc scalam, hos per gradus, per hanc climacem, homo ascendit in coelum . . . Opera adsunt, ergo artifex; effectus, ergo causa; fructus, ergo semen; radii, ergo Sol; fluvii, ergo Oceanus; creaturae, ergo Creator; creatio, ergo Deus.' (§ 19)

[42] Hélène Védrine's discussion of Bruno's use of the circle/point metaphor as 'cercle dont le centre n'est nulle part et la circonférence partout' (citing Bruno) is a good one, and she also connects Bruno's use of that metaphor with that of Nicholas of Cusa: 'Sed in regione intellectus, qui vidit in unitate numerum complicari et in puncto lineam et in centro circulum, coincidentia unitatis et pluralitatis, puncti et lineae, centri et circuli attingitur visu mentis sine discursu, uti in libellis *De conjecturis* videri poruisti, ubi etiam super coincidentiam contradictoriorum Deum esse declaravi, cum sit oppositorum oppositio secundum Dionysium.' Védrine, *La Conception de la nature chez Giordano Bruno* (Paris, 1962), 330. The same emphasis on point and monad exists in Fludd, though his geometry is rather more complicated; see Hutin, *Robert Fludd*, 105–9.

Walter Pagel describes this relationship particularly well, writing: 'For, to Bruno, the circle is the first principle and root of all other geometrical figures. It forms and gauges, embraces and comprises, fills and measures them. The circle is at the same time a whole and a part, a beginning and an end, a central point and a circumference. Any motion that returns to its point of departure assumes that shape of necessity. It is only circular motion that is continual and consistent. Indeed, each object of nature constitutes a circle, its function and activity deriving from a centre, the soul. From this the active principle tends to go out into the periphery whence it tends to flow back to the centre.' Pagel, 'Giordano Bruno: the philosophy of circles and the circular movement of the blood', *Journal of the history of medicine*, vi (Winter 1951): 116–24.

[43] 'Deus super omnia est: et circa omnia. Dei radii: actus existunt, mundi radii. sunt nature:

should be related to his fundamental belief that any compromise of God's unity and one-ness represents imperfection.

2. De mundo

The manner in which Lau understands God's creation and maintenance of the universe also strongly recalls the Hermetic books. Lau's universe is 'in God, from God and through God' (II.3); it 'was in God before creation, the embryo in his depths, the semen in his loins, the circle in his point' (II.4). He rejects creation *ex nihilo*, writing that the universe 'is from God through creation, but it is not out of nothing but out of infinite being that existed before and co-exists with it' (II.5). We are strongly reminded of the *Timaeus* when Lau writes that 'the universe is from eternity . . . nevertheless it emerges in time. Its principle is the rupturing of eternity's chains' (II.7); though eternal, 'it becomes a sensible universe only in time, not from eternity' (II.23). When Lau writes that 'the voice of eternal God spoke, the generative act was complete' (II.8), we cannot help but be reminded of the power of the *logos* in creation. God is also untiringly energetic in the maintenance as well as the creation of the universe (II.15), and he is the source of the motion that, infused into all, preserves and governs his creation (II.16–17).

All these ideas are present in the Hermetic books, though Lau streamlines his presentation and is not as scrupulous in maintaining the distinction between God and his creation. Thus Lau's God is rather more hermaphroditic than the Hermetic deity, who operates more as the male to the female principle of the universe. 'God,' for Lau, 'is the nurse, the universe is the infant suckling at the providential breasts' (II.6). Also, Lau emphasizes the ceaselessness of God's activity, while the Hermetic books emphasize His stillness and immutability in a universe of unceasing change.[44] These are not substantive differences, however. Both express God's creation of the world in the language of generation, procreation, and fecundity, and both stress God's continual, immediate, and active preservation of it. 'Clearly if God were to rest even one instant, if he did not preserve that which he created, if he did not govern that which he

radii vero homines artes atque scientie.' P: x.

'Monas: id est unitas omnium principium radix atque origo. absque vero prinicipio nihil. Initium autem est non principii sed alterius. monas ergo principium: omnemque numerum continet a nullo contenta, omnemque gignit numerum nullo numero genita. Quicquid utique genitum imperfectum dividuum crescens: atque, decrescens.' P: IV.

[44] The second book of the *Pimander* makes the relationship of God to the motion of the universe particularly clear.

preserves, all that he has joined in order and harmony would come apart'
(II.15). [45]

Lau's understanding of God's creative act is the context for understanding his critique of Genesis. As with the Hermetic deity, the creative
act of Lau's deity is identical with the movement of his will and thought
and that act is ceaseless. 'God and action, decree and execution, will and
effect, joined simultaneously in the production and generation of the
universe . . . God is a being always acting, always willing, always creating'
(II.8–9). [46]

[45] 'Tempus, deus, et universum sic se habent. Deus eternitas. Tempus generatio. Deus eternita-
tem, eternitas mundum: mundus tempus, tempus generationem efficit. Dei quasi essentia est:
bonum, pulchrum, beatitudo, sapientia, eternitas. essentia: ipsum idem mundi ordo: temporis
transmutatio, generatio, mors, et vita. actus dei: mens et anima. eternitas, perseveratio atque
immortalitas: mundi institutio et restitutio temporis. augmentum et diminutio: generationis
denique qualitas. Eternitas ergo in deo: in eternitate mundus. tempus in mundo. in tempore
generatio. eternitas extat circa deum mundus in eternitate movetur. tempus terminatur in mundo:
generatio complectitur in tempore.' P: xi.

'Deus quid est? Quod nullum ex iis est: horum tamen omnium ut sit causam presens quidam
cunctis presentiam etiam unicuique neque quicquam permittit non esse. Omnia ex iis quam sunt
procreatur. de nihilo autem nihil pervenit.' A: ii.

'Celum ergo sensibilis deus, administrator est omnium [c]orporum: quorum augmenta detri-
mentaque sol et luna sortiti sunt. Celi vero, et ipsius anime, et omnium que in mundo sunt: ipse
gubernator est: qui est omnium effector deus. a supra dictis enim omnibus quorum gubernator est
omnium frequens per mundum fertur influxio, et per animam omnium generum et specierum
omnium perque rerum naturam. mundus autem preparatus est a deo: receptaculum omniformium
specierum.' A: ii.

'[E]ffector mundi: deus et eorum que insunt omnium simul cuncta gubernando cum ipso
homine gubernatore composita.' A: vi.

'Omnia enim deus et ab eo omnia: et eius voluntate omnia. quod totum est bonum, decens et
prudens inimitabile: et ipsi soli sensibile atque intelligibile. et sine hoc nec fuit aliquid nec est nec
erit. omnia enim ab eo et in ipso et per ipsum: et multiformes qualitates et magne quantitates et
omnem mensuram excedentes magnitudines et omniformes species.' A: xii.

'O naturarum omnium fecunda pregnatio. Cognovimus te: totius nature tuo conceptu plenis-
sime. Cognovimus te: eterna preservatio.' A: xv.

'Elementa nature unde manarunt? Ex voluntate dei: que verbum complexa pulchrumque intuita
mundum ad eius exemplar reliqua sui ipsius elementis vitalibusque seminibus exornavit. Mens
autem deus utriusque sexus fecunditate plenissimus vita et lux cum verbo suo mentem alteram
opificem peperit . . .' P: i.

'Qui postquam didicit horum essentiam propriamque naturam conspexit: penetrare atque re-
scindere iam exoptabat ambitum circulorum vimque gubernatoris presidentis igni comprehendere.
Quive arbitrium et potestatem omnium habuerat: in animantia mundi mortalia et ratione carentia
per harmoniam emersit atque exiliit, penetrans ac resolvens potentiam circulorum.' P: i.

[46] On this, from the *Pimander*: 'Universum mundum verbo non manibus fabricatus est opifex.
Ipse vero sic cogita illum presentem semper agentem omnia: deum unicum voluntate sua cuncta
constituentem.' P: iiii.

'Non dico o Tati universa facit, faciens enim: longo quodam tempore deficiens: at indignum est.
Siquidem interdum facit interdum cessat: egenum quidem et quantitatis pariter et qualitatis.
nonnunquam qualia et quanta disponens: alias horum contraria.' P: x.

'Quid autem propter hoc aliud deus efficiet? necque enim ociosus est deus. Nam ociosa forent

Thus Lau objects to Genesis not only on the grounds one would expect to find in a clandestine manuscript—that is, that the Bible is not the infallible word of God, but the historical record of all too fallible man, or that, because it is a particular revelation to a particular people, it is not universally relevant. He rejects Genesis because it implies a time prior to creation when God was idle, which is impossible because creative activity is God's essence and being. Also, the Old Testament account suggests that creation was a developmental act accomplished over a period of time, which is utterly at odds with Lau's identification and simultaneity of divine will and act.

Here Lau's reference to the 'many subtle speculations about the manner in which the world was created . . . especially [those of] the English' (II.12) helps us better understand Lau's views of creation and the relationship of his ideas to contemporary scientific views.[47] Lau probably refers to a spate of English books whose authors attempted to reconcile geological evidence with the biblical account of creation and the universal deluge. (We might recall, too, that Lau was in England at this time.) Having rejected both, Lau would have had little patience with Thomas Burnet's *Theory of the Earth* (1684) and John Woodward's *Essay towards a natural history of the Earth* (1695). He probably would have judged the arguments of the former as specious, if not silly, because Burnet attempted to construct a universal geological history, which

> may be call'd *Sacred*, because it is not the common physiology of the Earth, or of the Bodies that compose it, but respects only the great Turns of Fate, and the Revolutions of our Natural World; such as are taken notice of in the Sacred Writings, and are truly the Hinges upon which the Providence of this Earth move.[48]

Those 'hinges' were precisely those providential events such as Creation, the Universal Deluge and the Apocalypse that Lau rejected, along with Burnet's belief that we live in 'the dying Age of the World'.[49] Lau writes:

> Likewise, the world does not appear to me to have grown old or to be steadily deteriorating. Because there is always the same

omnia. cuncta siquidem plena sunt deo: ocium vero in nullis mundi partibus reperitur. nomen perfecto vanum est ocium: tum secundum id quod agit, tum etiam secundum id quod agit. universa fieri necesse est: ac semper fieri secundum loci cuiusque naturam. Agens non uni presens est tantum: sed omnibus. nec unum duntaxat verum universa producit. nam efficax existens in seipsa potestas: in iisque facta sunt minime sufficiens est . . .' P: XI.

47 When he refers to the fact that people cannot agree as to the number of years from creation, he might have the chronology of Ussher in mind as well.

48 Burnet, Preface to *The theory of the Earth*.   49 Ibid., ch. 2, p. 76.

motion, the same motor, the same God. I do not deny that there are alterations and mutations, but in fact these do not involve any deterioration or ruin. In all events, the motion of the organs itself is immutable; most assuredly it remains the same, because this pleases the mover [God]. (II.22; see also above)

Lau also would have dismissed the debate between Woodward and Burnet as to whether the Antediluvian world differed substantially from the one we now inhabit, and he appears explicitly to reject Burnet's view when he writes that 'there are those who assert that the world perished through a universal flood and emerged again and exists to the present day as if it were a new creation' (II.21). Lau could be responding as well to Thomas Robinson's *New observations of the natural history of this world of matter* (1696), which Robinson begins with the assertion that

the work of the Creation cou'd not in a natural way, be completed in so short a time as six days; for as it cannot be easily imagined that all the Strata and Beds of Iron could be digested into such good order, as we find them in; and receive their several degrees of consolidation in that time: Neither can it be supposed that all these natures in the Vegetative and Animal Spheres of life shou'd grow up to such a degree of Perfection, that Adam cou'd eat Ripe fruit in Paradise of six days Production: And that all the beasts of later Birth cou'd in that time get Strength to appear before him.[50]

Lau, on the other hand, has no need to find some way to take these theological niceties into account. He writes that he intends no quarrel with those who write in accordance with 'the principles of revelation,' but that revelation is particular to the 'Jewish nation and the Christians'. He, by contrast, is speaking of 'the universal God of the whole universe' (II.10).

In considering Lau's reactions to this controversy, we should not limit our attention to the biblical issue, for these were works with scientific intent. Their authors were not content to let the matter rest by appealing to divine revelation; they desired to prove the universality of the Flood by bringing together empirical observation (e.g., fossil remains) and rational explanation.[51] A comparison of the amount of water required to

[50] Thomas Robinson, *New observations of the natural history of this world of matter* (London, 1696), 2.
[51] D. C. Allen discusses these and other 'rationalized' accounts of the universal deluge in *The legend of Noah*, Illinois studies in language and literature, Vol. xxxiii, nos. 3–4 (1949), ch. 5.

submerge the world to a depth of fifteen cubits with the amount of water in the world's oceans is amusing in retrospect, but is a recognizably scientific approach. Similarly, Woodward's explanation for strata containing marine fossils is ingenious and, on its own terms, a quite successful blending of biblical history and geological process. In summarily dismissing such attempts, Lau betrays his impatience with secondary causes or evolutionary explanations. He believes quite literally in the immediacy of God's action in the universe, and there the matter rests.[52]

> Thus just as God is always in motion, so through motion the world is preserved and governed. Certainly God infused this motion into all creatures so that they might be preserved and governed; nevertheless, his motion remains primary, the mover and director. God navigates the ship of the whole universe; God drives the chariot; God is the ceaseless workings of the clock, you might say: God is the machine's rotor; God is the automaton's driving force . . . God can, however, alter the universe and the creatures in it, if and inasmuch as he desires to do so, by altering this same motion or its instruments. Thus a mountain is made into a valley, a river into rocks, a star into a clod of earth, a fish into a bird, a tree into gold, a man into an animal and vice versa . . . My God and artisan is of such power that the desire of his heart to act is perfectly congruent with his works, since any being who is without limits is the arbiter and moderator of all his works. (II.16–23)

In asserting the primacy and the continuous and direct activity of divine motion, Lau apparently rejects the notion of any sort of clockwork universe, wound up and left to run, albeit with an occasional divine intervention à la Newton. Furthermore, the perpetual motion by which Lau's deity maintains the universe bears little resemblance to the contemporary debate in physics over the nature of motion, one in which Cartesian ideas played a central role and which had its counterpart in the biological sciences. Admittedly, these are terribly difficult areas in which to make distinctions, but the differences appear clearer when we, for example, compare Lau's views with those of Toland. In his refutation of

---

[52] This idea is present in the work of that other famous, yet explicitly Christian, Hermetic, Fludd. 'C'est Dieu seul qui agit, et sans intermédiaire, en chaque créature: rien ne peut m'empêcher, ni moi, ni aucun chrétien de déclarer qu'Il agit tout entier en toutes choses, dans et par ce Verbe, de Lui-même, par Lui-même et sans intermédiaire, et par conséquent n'abandonne jamais la créature qui agit d'elle-même ou par elle-même.' Fludd, cit. Hutin, *Robert Fludd*, 140.

Spinoza appearing in the *Letters to Serena*, Toland expresses views that superficially resemble Lau's:

> All the parts of this Universe are in constant Motion of destroying and begetting, of begetting and destroying: and the greater the Systems are acknowledg'd to have their ceaseless Movements as well as the smallest Particles, the very central Globes of the Vortex turning about their own Axis; and every Particle in the Vortex gravitating to the Centre. Our Bodys, however we may flatter our selves, differ nothing from those of other Creatures, but like them receive Increase or Diminution . . . being alive in a perpetual flux like a River, and in the total Dissolution of our System at Death to become Parts of a thousand other things at once.[53]

Yet Toland's motion, like his universe, is rather soul-less:

> having learnt from others that Matter was essentially inactive . . . and yet finding by Experience all and every Particle of Matter to be in motion, and believed likewise that Life was different from the organiz'd Body, they concluded that the Cause of this Motion was some being intimately joined to Matter however modify'd, and that it was inseparably the same. But this pretended Animation is utterly useless, since Matter has Motion of itself, and that there is no real Repose . . . [Here follows a summary of the views of the Stoics, Platonists, Strato, Heraclitus, and Spinoza.] No less romantic is the plastic Life of other philosophers, which (according to its modern Reviver, the universally learned Dr. Cudworth) is not material but an inferior sort of Spirit without Sensation or Thought, yet endu'd with a Vital Operation and Energy.[54]

Toland argues for motion inhering in matter; Lau's conception of motion, however, resembles that of Hermes. Lau's formulation of that motion is a more dynamic presentation of Bruno's 'Vel nihil est natura, vel est divina potestas | Materiam exagitans, impressusque omnibus ordo | Perpetuus'.[55] Thus there is an important difference between Lau's motive force and that rather more materialistic doctrine of Toland, the *vis motrix* or *vis impressa* that exists because 'God was able to create this Matter active as well as extended, that he could give it the one Property as well as the other, and that no reason can be assign'd why he shou'd not

---

[53] John Toland, *Letters to Serena* (London, 1704), 187–8.
[54] Ibid., 209.   [55] Védrine, *La Conception de la nature*, 127.

endue it with the former as well as with the latter'.[56] Indeed, Lau's motion resembles Cudworth's 'plastic life', which Toland rejected:

> Though Motion considered *Passively* in Bodies, as taken for their *Translation*, or *Change* of *Distance* and Place be indeed a Corporeal Thing, or a Mode of these Bodies' themselves moving; yet as it is considered *Actively*, for the *Vis Movens*, that *Active Force* which causes this *Translation* or *Change of Place*, so is it an *Incorporeal thing*; the *Energy* of a *Self-Active Substance*, upon that sluggish *Matter* or *Body*, which cannot at all move itself. Wherefore in the Bodies of Animals, the True and Proper *Cause of Motion*, or the *Determination* thereof at least; is not the *Matter* itself *Organized*; but the *Soul* either as a *Cognitive*, or *Plastickly Self-Active*, *Vitally* united thereunto, and *Naturally* Ruling over it. But in the whole World it is either *God* himself, Originally impressing a Certain *Quantity* of *Motion* upon the Matter of the Universe, and constantly conserving the same, according to that of the Scripture, *In whom we Live & Move*.[57]

Although Toland reassures us towards the end of his refutation that his arguments do not dispense with the need for a 'presiding Intelligence', his universe runs rather nicely without God, whereas it could be said of Lau's universe what Hélène Védrine has written of Bruno's: 'Dieu reste nécessaire: non plus pour créer, mais parce que, sans lui, l'univers serait incompréhensible.'[58]

3. De homine

Lau's scientific affinities, such as they are, become clearer when we move from the macrocosm to the microcosm, from the universe to man.

> Truly to me physical-medical man is a machine composed from two materials, one subtle, the other dense. The subtle material is the soul, the dense material is the body. The body is composed of particles of air, water, fire, and earth. The whole universe, of which man is a part, is composed of these same particles: truly the part follows from the nature of the whole . . . In this body of passive material the spirit or active material works. The spirit is the blood, and the body, which is the habitation and organ of the

---

56 Toland, *Letters to Serena*, 234.
57 Ralph Cudworth, *The true intellectuall system of the univers* (London, 1678), 669.
58 Védrine, *La Conception de la nature*, 342.

soul, is composed of air, fire, earth, and water. It [the blood] is all material, just as the body, but composed of pure and refined matter, like the spirit, for its role is to act and to rule, as the body's role is to be ruled and to endure. (III.5–10)

Here again we find critical points of agreement between Lau's *Meditationes* and the Hermetic books, similarities that extend to the mechanism and significance of death, and even the immortality and migration of the soul:[59]

In death, the body and blood dissociate, and the body and the blood dissolve similarly and simultaneously into the same types of particles that existed prior to their conjunction and mating.

[59] 'Corpora vero ex materia in differentia constant: horum quaedam ex terra, quaedam ex aqua, ex aere alia: ex igne quoque permulta universa certe composita.' P: IX.

'Cum vero compactum est corpus, animamque in sui molem dispergit ac distrahit: tunc illa oblivioni subiicitur pulchrique ac boni visione privatur. Oblivio autem ipsa improbitas est. Idemque accidit iis qui egrediuntur ex corpore. Recurrente enim anima in seipsam spiritus in sanquinem anima in spiritum contrahitur.' P: X.

'Solum enim animal homo duplex est, et eius una pars simplex est . . . aut quem vocamus divine similitudinis formam. est autem quadruplex . . . ex quo factum est corpus.' A: III.

'Nihil eorum que sunt interitus: sed mutationes decepti homines interitum nominant. De anime et corpore o fili dicendum: quonam modo immortalis anima: quantaque sit agendi virtute in concretione dissolutioneque corporis. Mors ad horum nullum attinet.' P: VIII.

'Mens in ratione. ratio in anima. anima in spiritu: spiritus in corpore. Spiritus per venas arteriasque sanguinemque diffusus: animal undique ciet molemque corporis suspensa sustinet atque circumfert. Unde decepti quidam humorem sanguinis animam existimarunt: hos plane latuit. quia in primus oportet spiritum ad animam usque manare. deinde sanguinem coalescere venasque et arterias cavas extendi: demum resolui animal eamque mortem corpis esse.'P: X.

'Vita vero est unio mentis et animae: mora autem non pernicies concretorum sed unionis plurium dissolutio.' P: XI.

'Impossibile enim aliquid absque motu parere. Nec minus ridiculum illud: quod id corpus sterile nuncupare. Nihil enim aliud ipsius immobilis appellatio quantum sterile quiddam significat. Totum hoc o fili generatim considera quod est in mundo: aut crescendo aut descrescendo movetur. Quod vero movetur: id propterea vivit. singula tamen viventia: haud eadem esse necesse est. Simul quippe mundus universus existens: totus quidem immobilis partes autem eius agitabiles undique, nihil tamen corruptioni subiectum: sed appellationes quaedam false homines turbant. Necque enim generatio: vita creatio est, sed latentis explicatio vitae. Necque mutatio mors: sed occultatio potius'; P: XII.

'De immortali vero et mortali modo disserendum est. multos enim spes timorque mortis vere rationis ignaros excruciat. Mors enim efficitur: dissolutione corporis labore defessi et numeri completi quo corporis membra in unam machinam ad usus vitales aptantur. moritur enim corpus: quando hominis vitalia ferre posse destiterit. hec ergo est mors: corporis dissolutio et corporalis sensu interitus'; A: X.

'Harum utique animarum mutationes permulte partim sane in melius feliciusque: partim autem in contrarium. Nam reptilium quoddam in aquatilia transmutantur: aquatilium animae in terrestria migrant. terrenorum in volatilia scandunt aereorum vertuntur in homines. homine deinde immortales animae: in daemones transeunt: demum in deorum chorum feliciter revolant'; P: X.

As truly the particles are returned, called back to their centres through the magnetic chains of love—watery to water, fiery to fire, and so on—and join together, they adhere to these true material spheres in perpetuity, remaining in peace because beyond all passive or active motion. Or the creator and first mover might recall and combine these particles to create new motion, new heaven, new earth, that is, to compose a new body and new soul. Thus the particles migrate, wander, are transformed and poured out from one body into another, one soul into another and vice versa throughout eternity, as if in a circle whose centre is God. This is why I do not dread death. (III.39–40)[60]

The nature and action of the blood is central to Lau's physiology and is typically Hermetic. The circulation of the blood has a mystical significance because its movement through the body mirrors the activity and performs the same function as the divine motion infusing the universe.[61] Thus the blood in its spiritual aspect and circulation became a central feature of the physiologies of Fludd and Bruno.[62]

H. Coulet is no doubt correct when he suggests a connection between Lau's physiology and that of his contemporary Georg Stahl. Where he errs is in his belief that Lau was necessarily indebted to Stahl for the theory of the temperaments. This theory holds that there are four basic human psychologies (the choleric, sanguine, phlegmatic, and melancholic) determined by the dominance of one of the four elements (respectively fire, air, water, or earth). The temperaments, whether as an aspect of Galenic medical theory or of Paracelsian chemistry, were certainly not peculiar to Stahl. Even the non-Galenic Friedrich Hoffman

[60] Lau's second heterodox treatise expands upon his idea of the soul's migration, making it perfectly clear that he literally believes that he will be transformed into a demon, star, or angel after death (III.40).

[61] See Pagel, 'Giordano Bruno', as well as his 'Religious motives in the medical biology of the XVIIth century', *Bulletin of the history of medicine*, III (1935): 2–3.

[62] 'Ut in nostro corpore, sanguis et humore omnes, virtute spiritus per totum circumcursant et recursant, sic in toto mundo, astro, tellure'; see Pagel, 'Giordano Bruno', 120 n. 8. While Fludd's emphasis on the sun is absent in Lau, the effect is essentially the same: 'It is apparent, then, that the incorruptible Spirit is in all things, but most abundantly (next unto the great world) in the little world called man . . . So also, and in the very like manner, the same incorruptible spirit filleth the little world (*est enim Templum Spiritus Sancti* it is the Temple of the Holy Ghost) and hath put his Tabernacle in the heart of man, in which it moveth, as in this proper macrocosmicall Sunne in Systole, and Diastole namely, by contraction and dilation without ceasing, and sendeth his beames of life over the whole frame of man, to illuminate, give life, and circular motion unto his spirit.' Fludd, cit. Allen G. Debus, 'Robert Fludd on the circulation', in *Chemistry, alchemy & the new philosophy* (London, 1987), 380. See also Debus, 'Chemistry and the quest for a material spirit of life', ibid., 245–65.

made use of them.[63] Galenic, Paracelsian, or otherwise, humoral theory (to which the theory of the temperaments is intimately linked) had an up-and-down career during the seventeenth century. Initially rejected by Paracelsus, for example, it was readopted by Fludd into a pathology 'permeated by the ancient doctrines of the elements and humours which he actually accepts in their entirety and elaborates to the last detail'.[64] Although Lau eschews such elaborations, his allegiance to the temperaments and elemental theory hardly appears to be a 'souvenir d'Hippocrate réinterprété à l'aide des théories du newtonien Stahl',[65] and Lau did not need Stahl for his conception of the choleric personality.[66]

Also, what is absent in Lau is the physiology that results from Stahl's interest in saving humoral theory by attempting to relate it to the mechanics of circulation.[67] Lau's physiology is overall much simpler, even cruder than Stahl's, and suggests his continued allegiance to a much older, more conservative understanding of the temperaments.

What Lau and Stahl do share is a commitment to the idea of the necessary presence of some spiritual force acting on and directing the passive material of the body and the priority accorded to blood in the maintenance of life. However ambiguous Lau's use of the term 'matter' and *animus*, it resembles Stahl's *ens* far more than, say, the mechanistically inspired *virtus organizans plastica* of Friedrich Hoffman, which, because innate in organic matter, banished the need for any rational or intelligent force for the body's direction.[68]

What is perhaps most striking about any possible relationship between Stahl and Lau's ideas is not intellectual dependence, but resonance. For Stahl, because the body was made up of disparate elements, because its fundamental nature was its corruptibility and its tendency to disintegration, it could only be maintained by some immaterial force through constant motion.[69] It could be said that Lau 'cosmologizes' that physiology:

---

[63] Owsei Temkin, *Galenism: Rise and decline of a medical philosophy* (Ithaca, 1973), 180–81.

[64] Pagel, 'Religious motives', 273.

[65] Coulet, 'Réflexions', 34.

[66] For example, see Bruno, *Opera latina conscripta*, I/2: 624: 'Est cholerica complexio, in qua ignis est a praedominio et consequenter terra; et sic homo cholericus ratione ignis est superbus et vult dominari aliis, quemadmodum ignis aliis elementis; ideo naturaliter cholericus appetit superare et non superari; et quia siccitas est consequutiva, ideo cholericus est etiam melancholicus aliqualiter; ideo cito movetur ad iram et est valde subtilis et cito obliviscitur, ratione evacuationis terrae.'   [67] Georg Stahl, *Theoria medica vera* (Halle, 1737), 236–8.

[68] See Lester S. King, 'Stahl and Hoffmann: a study in eighteenth-century animism', *Journal of the history of medicine*, XIX (1964): 118–30.

[69] '*Corporis constitutio materialis per motum conservatur* Quod ad corpus ipsum attinet, ante oculos

Clearly if God were to rest even an instant, if he did not preserve that which he created, if he did not govern that which he preserves, all that he has joined in order and harmony should come apart. Moreover, are not governance and conservation actions? And what sort of actions are they? They are those that require perpetual motion . . . Thus, just as God is always in motion, so through motion the world is preserved and governed. (II.15–16)

Whatever sympathy Lau might have felt for Stahl's ideas was no doubt due to the fact that Lau perceived the consonance of those ideas with the microcosm/macrocosm as no mere analogy, but the most accurate and powerful description of the world and its workings. The symmetry of cosmology and physiology is anything but accidental: God maintaining through motion the cosmos parallels the spirit-blood maintaining through motion the body; the dual nature of cosmic motion (love/hate, concord/discord, sympathy/antipathy, uniting/resisting, attracting/repelling in II.18) parallels the action and effects of the appetites (love/hate, flight/selection, pleasure/sorrow, bitter/sweet in III.22–7). If we believe, as writes A. G. Debus, that the sundering of this unity was one of the major achievements of seventeenth-century science, Lau's conservatism becomes even more apparent.

4. Meditationes ethico-politico-iuridicae

It is into precisely this context—the union of microcosm and macrocosm—that Lau desires to embed the political vision he presents in his fourth chapter. Lau takes as his starting point the original state of nature, and the ice is no doubt thick beneath our feet if we assert that this section betrays direct knowledge of Spinoza's *Tractatus theologico-politicus*, although his discussion is considerably cruder:

> In this first state, which is truly one of innocence, man acts freely, that is, in accordance with the dictates of his heart and mind. He

est 1) tota eius *materialis constitutio, ad corruptionem* et intimam et velocissimam sua essentia disposita, ut re vera appareat, nude in se considerata, ad corruptionem talem ex instituto facta, sive, ut loquuntur, destinata esse. 2) Videmus hanc materialem corporis constitutionem, contraria ratione offici; nempe opposito corruptionis, *conservatione*, ad perennitatem, instrui, re aliqua ab illa sua simpliciter corporea et materiali indole in oppositum usque aliena; nempe re vera *incorporea*, et quicunque tandem nobis de ille indole conceptus suppetit, *immateriali*; adeoque si ut effectus consideretur, a pari certe causa, nempe ipsa etiam immateriali, per omnem sanam rationem arcessenda, nempe MOTU. 3) Nulla etiam usquam compareat, conservationis corporis tam heteroclitae, (nempe tam materiae eius contrariae, quem modo, indoli ipsius opposito, factae) ratio, quamobrem corpus hoc durare, contra suam propriam indolem, et diu servari debeat . . .' Stahl, *Theoria medica vera*, 28.

is ignorant of laws and rulers; for him, they do not exist at all, and he does not know their characteristics and obligations. The end of his activity is utility. Indeed, all that is useful to him is pleasurable; moreover, man desires what is pleasurable . . . While man nourishes himself, propagates, protects himself following this rule and measure, he acts in a utilitarian way, which is to say, he acts rightfully and well. In this state of liberty in which he is born, such a man abandons himself to his appetites and is ignorant of prohibitions . . . He protects and defends himself as he wishes, even by killing. (IV.4–12)[70]

Yet while Lau, like Spinoza or Hobbes, begins his history of human politics with the state of nature, he soon parts company with these authors. The latter were concerned to move from the premiss of a less-than-felicitous state of nature to the reasonableness of the state (that is, why men might find it advantageous to bargain away some measure of their freedom to gain its protection) and to explore the nature and limits of sovereignty.

The poignant and powerful conclusions of the *Meditationes* make it clear that Lau's concerns are very different. There Lau affirms his status as citizen and subject 'whose only remaining glory is obedience'. He laments that men have been reduced to 'servants of kings, the slaves of magistrates, machines without sense, reason, will, feeling, and understanding, desiring no more and only that which our rulers desire and command'. He yearns wistfully for that life where man might

live as a free being, acting freely and thinking freely, without a king, the law, the herd . . . all of whose actions are dictated by shining reason and the leadership of the will, keeping before him the life of the stars. (IV. 26–7)

Lau's conclusions differ because his assessment of the state of nature and his reconstruction of the process by which men banded together to

[70] Spinoza writes: 'Thus whatever every man, when he is considered solely under dominion of Nature believes to be to his advantage, whether under the guidance of sound reason or under passion's sway, he may by sovereign natural right seek out and get for himself by any means, by force, deceit, entreaty, or in any other way he best can, and he may consequently regard as his enemy anyone who tries to hinder him from getting what he wants. From this it follows that Nature's right and her established order, under which all men are born and for the most part live, forbids only those things that no one desires and no one can do; it does not frown on hatred, or anger, or deceit, or on anything at all urged by appetite.' Baruch Spinoza, *Tractatus theologico-politicus*, transl. Samuel Shirley (London, 1989), ch. 16. See also Hobbes, *Leviathan* (London, 1914), 67.

form states differ. He does not consider the state a desirable institution or even a necessary evil; conversely, he does not consider the state of nature where passion ruled so bad. He does not, for example, argue for the suppression of the desire to sleep with one's neighbour's wife in the interest of pursuing some greater, more elevated end, whether that end is the maintenance of civic peace or the exploration of the higher realms of rationality. He rather bluntly assesses that first state as good. Indeed, Lau seems a little personally put off that he cannot sleep with whomever he pleases, so it is no wonder Trinius wrote that Lau 'hält es für recht, wenn der Mensch auch wie ein Vieh lebt'.[71]

The state, on the other hand, is nothing more, nothing less than an instrument of domination wielded by men who have the innate urge to rule over other men who have the equally innate urge to acquiesce. In Lau's politics the will to dominate is based in certain unalterable facts of human psychology, and, for him, individual character becomes collective destiny:

> Among the first men, altercations, disputes, oppositions, contradictions, revolts, tumults, murders, and war arose. The principal authors of this discord and these wars were those in whom the choleric humour dominated. Just as choleric men were the authors of wars, so, too, are they the authors of empires, whose first foundations they established through arms and oppressions. Indeed, choleric men gradually desired to rule over others by the force of their temperament; they prevailed over the melancholics, who appear to be of an utterly contrary disposition, through violence . . . it was easy work to dominate the phlegmatic and sanguine men, most of whom were persuaded by fear to surrender gladly to the shackles of servitude. (iv.13–15)

Now Lau was not the only one observant enough to notice that ambitious men often have their way. What is surprising, at least at first blush, is that Lau defines human psychology in terms of the four temperaments.

Yet not even Lau's use of this time-honoured, not to say hoary tradition, lacks Renaissance precedent. Bodin in his fifth book of the *Methodus ad facilem historiarum cognitionem* structures his entire discussion around natural determinants of human behaviour, those 'faits stables que rien ne puisse modifier'.[72] In his descriptions of national character and his threefold division of humanity into northern, temperate, and southern, he cites Galen often and makes constant reference to and relies upon

---

[71] *Freydenker-Lexikon*, 84.   [72] Jean Bodin, *Œuvres philosophiques*, Vol. iii (Paris, 1951), 313.

humoral psychology and the properties of the body, i.e., moist or dry, hot or cold. The actions of southern peoples are conditioned by their abundance of black bile,[73] for example, those of the 'Scythians' by their abundance of blood.[74] Although he maintains that these natures and their concomitant behaviors can be modified and mastered, he is unambiguous about their physiological foundation:

> Cette cruauté [i.e. of the Scythians or of the southern peoples] ne provient qu'en partie de la tyrannie que fait peser sur un homme la mauvaise éducation et le libre jeu des passions; bien plus important est à notre avis la répartition fort inégale des humeurs. Celles-ci dépendent en effet d'éléments qui restent soumis à l'action des corps célestes. Le corps humain tout entier est contenu dans ses éléments, le sang dans le corps, l'esprit dans le sang, l'âme dans l'esprit, l'intelligence dans l'âme: et cette intelligence, quoique indépendante de toute parenté réelle avec les autres éléments créés n'en est pas moins par cette étroite union soumise fortement à un effet de contagion.[75]

Particularly relevant to Lau's case is the fact that Bodin explicitly structures his thought in terms of the macrocosm/microcosm analogy:

> On peut également saisir ce rapport d'après la structure de l'âme, car l'esprit avise, la raison décide, et les sens, comme des serviteurs, s'emploient à exécuter. Et aussi d'après les trois facultés de l'âme: animale, vitale et naturelle. La première reçoit du cerveau le mouvement et le sentiment, la seconde du cœur le souffle vital, la troisième du foie la force végétative. Il ne me semble donc pas qu'on puisse mieux comprendre la nature dont chaque peuple est doué ni porter en histoire un jugement plus assuré et plus authentique qu'en comparant ce microcosme avec un macrocosme, c'est-à-dire avec l'univers.[76]

Thus while Lau may be idiosyncratic, there is method in his idiosyncrasy. By making political behavior a function of the temperaments, by exploiting the connection between humoral and elemental theory, he connects human politics to his guiding metaphor, macrocosm and microcosm.

Thus, for Lau, there is no social contract, only conquest; there is no *raison d'état*, only the imperatives of personal ambition. Lau's view of law is as positivist as that of Thomasius or Pufendorf, but the law is devalued

---

[73] Ibid., 322.   [74] Ibid., 330.   [75] Ibid., 322.   [76] Ibid., 330.

because not related to the higher end of maintaining civil peace and order. The law, like religion, is just another tool rulers use to keep subjects obedient:

> Imperial monarchies having thus been founded, religion, laws, rewards, and punishments were introduced as aids of the ambitious to preserve their rule . . . By the chains of religion men were made slaves . . . And, so that no one might dare to attempt to establish new rulers against these usurpers of primal liberty, divisions were secretly sown among them by these same rulers. Thus natural and human law, prohibiting and permitting, denying and affirming, had their origin in the minds of the rulers. Thence arose many types of moral sensibility: the vicious and the virtuous, good and bad actions and passions, the honourable and the foul. (IV.17–19)

The rise of the state for Lau represents a net loss; it does not arise because men desire to avoid the anarchy and violence that ensues when everyone competes to satisfy their natural desires. That Lau sees nothing just or socially redeeming in this situation is evident from his discussion of the ruler's double standard:

> These same lords [the cholerics] rule slaves. They bind others; they themselves are freed. They rule over their subjects; they tolerate no rule over themselves . . . just as the subjects follow the lead of appetite and utility, certain princes forbid the satisfaction of these desires to their subjects, while the princes themselves have as their first and sole end in all actions the satisfaction of these desires and the concern for whatever is to their best advantage or utility. (IV.23–4)

Moreover, the ruled are prevented from being truly virtuous because they act only from self-interest, that is, out of fear of punishment or promise of reward, whether spiritual or temporal. In fact, Lau would be compelled to disagree with Spinoza when he wrote:

> It is not, I repeat, the purpose of the state to transform men from rational beings into beasts or puppets, but rather to enable them to develop their mental and physical faculties in safety, to use their reason without restraint and to refrain from the strife and the vicious mutual abuse that are prompted by hatred, anger, or deceit. Thus, the purpose of the state is, in reality, freedom.[77]

77 Spinoza, *Tractatus*, 293.

Not that Lau did not find the commonwealth Spinoza describes at-
tractive—far from it. He consistently urges the exercise and tolerance of
intellectual freedom because that is the philosopher's right, and this
right has both a quasi-theological basis and moral imperative—that is, it
is virtuous, it constitutes what is divine in man and potentially unites him
with God, and, furthermore, God himself 'rejoices in the liberty of
understanding and appetite' (Preface, IV.26). [78] Yet though a tolerant state
was desirable, for Lau it was impossible. The transformation of men into
unthinking 'beasts or puppets' is precisely the desired result of a social-
ization process worked in home, church, and school designed to make
men forget their primal liberty (IV.19).

Yet Lau has also created serious problems for himself. First, because of
his inflexible use of the temperaments, he has locked himself into moral
determinism, a danger Galen himself recognized when he wrote that
'neither are all men born enemies of justice nor are they all its friends,
since they become such as they are because of the temperament of their
bodies'. [79] Second, because Lau increases the power of the temperaments
at the expense of rationality, reversing, if you will, the relative strengths
of superego and id, he becomes embroiled in a contradiction that on his
own terms cannot exist.

Theoretically it ought to be possible for everyone to follow the lights
of their natural reason, but in actuality only the choleric appears free to
do so because, when he does, the choleric inevitably frustrates everyone
else's efforts. Similarly, the phlegmatic does what is natural and good
when he submits, yet when he does, he also puts himself in a situation
where he cannot follow his own nature. [80] The ambivalence and wistful-
ness of the conclusions cited above suggests that perhaps Lau was aware
of the difficulty he had created, that he had created contradictory and
apparently mutually exclusive yet equally imperative 'goods'.

Yet perhaps we cannot account for Lau's rather drastic and disastrous
determinism solely on the basis of a too rigid adherence to logic or
metaphor. Every philosophy, no matter how abstract, is an attempt to
describe and explain the world as the author experiences it. The world of

[78] Lau looked towards Holland and England as havens of intellectual freedom where one may
live 'in peace and harmony' and not be despised as a heretic. (From one of the two poems that Lau
wrote as a response to his condemnation at Halle; see Mauthner, *Geschichte des Atheismus*, 244).

[79] Temkin, *Galenism*.

[80] Admittedly, just what Lau means by following his nature is ambiguous. On the one hand, he
suggests that it is the theological aspect of man's dual reason (IV.14–15), which is 'directed to God'
and thus suggests a higher, transcendent moral order. Yet, as noted above, he sometimes appears to
literally identify acting in accordance with nature to acting in accordance with primal liberty.

politics, for Lau, was characterized by relationships of power, and the often irresponsible, cynical, and selfish exercise thereof. Power—how to get it, how to keep it—is the only concern of Lau's king, as it was the only concern of Machiavelli's prince.

Clearly the world Lau wanted was at odds with the one in which he found himself. It has been suggested that the *Traité des trois imposteurs* is a protest against the absolutism of Louis XIV. Could there be a specific German political situation against which Lau was reacting?

Lau's own experience in Frankfurt am Main testifies to the repressive power of church and state acting in combination. As soon as his *Meditationes* appeared, it was denounced from the pulpit, and church authorities convinced the magistrate to confiscate the book and banish Lau. This was hardly exceptional. Freidrich Wilhelm Stosch in 1694, like Lau in 1721, was forced to recant his views as atheistic in Berlin. Johann Conrad Dippel was compelled to adopt a peripatetic lifestyle, sometimes in flight from creditors, at other times from persecution. Johann Christian Edelmann, the 'most audacious and notorious freethinker of the period',[81] was persecuted for his views and, like Dippel, eventually found refuge in Berleberg. The political fragmentation of Germany gave people like Lau or Dippel more places to run to, but their need to move on testifies to the ubiquitousness of persecution as well.

Yet when Lau writes that the only glory of the subject is obedience and that men are being transformed into machines, he may be reacting to more than political and religious repression. We should not forget that Lau's life and education began in the Prussian city of Königsberg, and his career, if not his life, ended there. Bureaucracy was an instrument of Hohenzollern absolutism, and the system that the Great Elector Frederick William initiated was consolidated by King Frederick William I after his coming to the throne in 1713. When Hans Rosenberg writes about the creation of the Prussian bureaucracy, he has a polemical axe to grind, but his description of the Prussian carrot-and-sometimes-brutal-stick approach to personnel management recalls Lau's emphasis on both temporal rewards and punishment.[82] Rosenberg suggests as well that the Prussian bureaucracy did not just require disciplined men, but men who were different, a

> new species of thoroughly disciplined man, activated by quasi-moral compulsions and chained to a large-scale apparatus and

---

[81] Bell, *Spinoza in Germany*, 27.

[82] Hans Rosenberg, *Bureaucracy, aristocracy and autocracy: the Prussian experience, 1660–1815* (Cambridge, Mass., 1958).

thus to the collective pursuit of objectified, utilitarian tasks. In line with the conception of the bureaucratic state as a machine, man himself was destined to become an automaton.[83]

It is not necessary to identify Lau's misgivings, if any, about the bureaucratic state with the Prussian example. But Lau's career does suggest ambivalence towards the instruments of governance he, as cameralist and jurist, was supposedly committed to serving, and he was keenly aware of how powerfully society shapes its citizens to serve without complaint. While contemporaries condemned his work for its atheism, Lau's critique of religion is, in the end, ancillary to his critique of the political order. In this, Lau moves beyond the confines of older and declining intellectual structures to concerns we might rightly consider modern.

[83] Ibid., 90.

MARCHAND'S ARTICLE
IMPOSTORIBUS

(*b*) *On ne ſçait qui eſt ce Mérula le Mahométan : que le Ménagiana, Tom. IIe., p. 404, & Scriverius de doctis Impoſtoribus, pag. 17. ſe contentent de nommer, ſans indiquer celui ou ceux qui lui ont intenté cette accuſation. Peut-être a-t-on voulu parler de* Jean Paul Alciat, *que vint un trente Auteurs ont accuſé de s'être fait Mahometan, mais que Mr. Bayle a juſtifié de cette fauſſe accuſation.*

déric II, & à ſon Chancellier Pierre des Vignes, (*F*), à Alphonſe X. Roi de Caſtille (*G*), à Boccace (*H*), à Pogge, à Léonard Aretin, à ces deux enſemble, à Pomponace (*I*), à Herman Ryſwick, à Machiavel, à Eraſme, à Pierre Aretin, à Ochin (*J*), à Dolet (*K*), à Mérula le Mahométan (*b*), à Francesco Pucci, à Servet

---

ques-uns d'entre eux le diſent néanmoins avoir été de ces trois Réligions, & d'être enfin tombé dans l'Athéïſme; mais, ſans donner aucune preuve de ce qu'ils avancent. *De Chriſtiano Judæus, de Judæo factus eſt Mahumeïanus* dit Antoine Sirmond. *Averroys, Philoſophe Arabe, de Mahométan Juif, de Juif Chrétien, de Chrétien Hérétique, & d'Hérétique Athéiſte,* appelloit les *Chreſtiens Catholiques Mangeurs de Dieu, par riſée,* dit tout au rebour, mais avec plus de vraiſemblance, le furieux Ligueur Jean Boucher (13). Si ce fait avoir quelque réalité, il ſeroit bien étonnant, que tous les autres Ecrivains, incomparablement mieux accréditez que ceux-là, n'en cuſſent abſolument rien dit. Quoiqu'il en ſoit, j'ajoûterai par rapport à cette expreſſion de *Mangeurs de Dieu,* qu'elle ſe trouve dans un autre paſſage d'Averroës, qui revient à ceci: *de toutes les Sectes que j'ai vûes, je n'en connois point d'auſſi follement extravagante que la Chrétienne, qui mange avidement le Dieu qu'elle adore ;* & qu'un bon Brabançon, nommé Jean Garet, & Directeur de Nones, n'a fait aucune difficulté de ſe ſervir de cette Autorité, pour prouver la Tranſubſtantiation, dans un Ouvrage intitulé *Concilium Sanctorum Eccleſiæ Patrum de veritate Corporis Chriſti in Euchariſtia, ſeu eorum Teſtimonia per Claſſes IX. diſtincta,* & imprimé à Anvers, chez Sylvius, en 1561, in 8. Si ce n'eſt point là réellement ériger Averroës en *Père de l'Eghſe,* c'eſt au moins faire *flèche de tout bois,* que de l'emploïer ainſi.

(*F*) .... à *l'Empereur Frédéric II. & à ſon Chancellier Pierre des Vignes.*] On a ſuffiſamment vû dans la Remarque (*B*), pourquoi l'on a ainſi flétri cet illuſtre Empereur. Il ſuffira donc de noter ici que les Auteurs qu'on croit le lui avoir attribué, ou qui le lui ont attribué en effet. Grotius eſt à peu près dans le prémier cas; car, on voit bien que c'eſt par ſimple erreur de mémoire, qu'il a nommé *Frédéric Barberouſſe au lieu de Frédéric II.* Colomiés, qui l'en a repris, a fait pis encore ; car, il paroit regarder ce Prince comme Auteur de cet odieux Traité, & que Grotius rejettoit très poſitivement (14). Ils ſe fondent tous deux ſur l'authorité de Pierre des Vignes; mais, comme on l'a vû ci-deſſus Citation (17), il ne dit rien de ſemblable : il ſe contente de défendre ſon Maître de l'injuſte imputation de l'Apophtegme impie des trois Impoſteurs.

Quant à l'imputation, qu'on lui fait, tout auſſi injuſtement qu'à ſon Maître, d'avoir compoſé lui-même cet Ouvrage impie, ce n'eſt qu'une mauvaiſe conjecture témérairement hazardée , ou mieux encore qu'une véritable impoſture, imaginée pour embellir un Roman Littéraire forgé contre toute vraiſemblance par un de ces Ecrivains téméraires, qui ne ſe ſoucient guéres de ce qu'ils avancent, pourvu qu'ils rempliſſent & vendent leurs papiers : & c'eſt ce que je le prouverai fort au long ci - deſſous Remarque (*S*). Cependant, les nouveaux Journaliſtes de Florence, dont le *Giornale de' Letterati publicato in Firenze* vient de commencer , n'ont pas laiſſé , non ſeulement d'adopter dans le V. Article de leur I. volume cette conjecture frivole, mais même de la regarder comme une opinion aſſez univerſellement reçue. *Uno de gli Scritti piu celebri,* diſent-ils page 76, *che ſuole communemente attribuirſi à Pietro delle Vigne e la famoſa Operetta* De tribus Impoſtoribus.

(*G*) .... à *Alphonſe X. Roi de Caſtille.*] Je ne connois que le bon-Homme Catherinot, qui le charge de cette odieuſe accuſation ſur une eſpéce d'*On dit,* & qui n'eſt apparemment pas mieux fondé en cela, qu'au titre de *Roi d'Eſpagne,* & au ſurnom de *Sage,* qu'il donne gratuitement à ce Prince (15). Ne ſe reſſouvenant apparemment qu'en gros du reproche qu'on lui fait ordinairement & avec beaucoup de fondement, d'avoir dit que *s'il s'étoit trouvé à la Création de l'Univers, il auroit donné de bons avis à Dieu,* le bon Catherinot ſe ſera accroché à l'Apophtegme ſi rebattu des trois Impoſteurs, & aura facilement crû qu'un Prince ſi peu réligieux pouvoit bien être l'Auteur d'un Livre dans lequel on le developpoit.

(*H*) .... à *Boccace.*] A cauſe de ſa *Nouvelle des trois Anneaux,* la III. de la I. Journée de ſon *Décaméron :* Nouvelle, dans laquelle il établit nettement l'indifférence des trois principales Réligions du Monde, le Judaïſme, le Chriſtianiſme, & le Mahométiſme. Mr. de Julien Scopon, qui a mis cette Nouvelle en Vers (16) , & qui s'eſt aviſé de la publier à 90. ans dans un mélange monſtrueux de Poëſies pieuſes & de Contes libres peu dignes d'un Homme de ſon âge & de ſa profeſſion , ne ſauroit ſouffrir qu'on trouve là l'*Indifférence des Réligions.* Par prédilection pour ſa Paraphraſe, il n'y en voit, dit-il , que l'*égaliſé.* Naudé, tout ſuſpect qu'il ait été d'irréligion dans l'eſprit de beaucoup de gens , n'en jugeoit point ainſi. *Pour la Réligion,* dit-il, *je crois que Boccace n'en avoit pas,* & qu'il étoit parfait Athée ; ce qui pourroit ſe prouver par quelques Chapitres du ſon *Décaméron ,* principalement par celui dans lequel il eſt parlé d'un *Diamant qu'un Père de famille n'avoit que trois Filles* (17) : à ſes trois Fils, falloit-il dire. L'Auteur des *Additions & Corrections* à cet Ouvrage n'a rien remarqué ſur cet endroit.

(*I*) .... à *Pomponace.*] A cauſe de cette penſée : *Totus Mundus decipitur , aut hujus pars maxima. Nam , ſuppoſito quod tres tantum ſint Leges , Moſis , Chriſti , & Mahumedis : aut omnes falſæ ſunt , & ſic totus Mundus decipitur ; aut ſaltem duæ earum , & ſic major Pars eſt decepta* (18).

(*J*) .... à *Machiavel, à Eraſme, à Pierre Aretin, & à Ochin.*] Pour faire voir ſur quels rondemens on leur a fait cette injuſtice , je ne ſaurois mieux faire que de rapporter la 4. note ſur la XII. Chapitre du I. Livre de la Traduction Françoiſe de la *Réligion du Médecin* de Thomas Brown. Elle eſt du Traducteur, fort curieuſe, & beaucoup plus ample & plus intéreſſante que celle qui ſe trouve au même endroit dans la Traduction Latine. ,, On ne ſçait pas " dit-on , ,, qui a cité l'Autheur du *Livre des* ,, *trois Impoſteurs.* A cauſe que *Machiavel* eſt ,, en mauvaiſe réputation parmy pluſieurs, il y en ,, a qui oſent (*le*) luy attribuer. Quelques-uns ,, penſent qu'*Eraſme* l'auroit eſcrit, pour ce que, ,, dans ſa *Louange de la Folie,* & en quelques autres lieux de ſes eſcrits , il ſemble ſe mocquer ,, de la Réligion. Néantmoins, je ne puis pas ,, me le perſuader ; à cauſe qu'il a eſcrit pluſieurs ,, *Explications ſur le Nouveau Teſtament* ", (& pluſieurs autres bons Ouvrages d'une piété très ſolide, pouvoir fort bien ajoûter ce Traducteur.) Hoornbeeck ſemble l'attribuer à *Aretinus,* quand , ,, dans

(13) Ant. Sirmondus, de Immortalitate Animæ , pag. 29. J. Boucher, Sermons de la ſimulée Converſion de Henry de Bourbon Prince de Bearn, pag. 144. Ce dernier écrivit fort ſérieuſement pag. 149 , qu'Iſidore Eveſque de Seville , vouloit faire prendre au corps Mahomet en Eſpaigne auſſi-tôt ſon Immpoſture ; mais , que le Diable l'ayant averti, il s'en fuit : Conte barleſque , auſſi peu fondé que les infames Calumnies contre Henry IV, & auſſi ridicule que l'Imgynation extravagante de Benevenuto da Imola , ſous des Commentateurs de Dante , qui raconte fort gravement , que le même Mahomet avant conſerné au Chriſtianiſme préſque toute l'Afrique, ſut fait Cardinal , avec promeſſe d'être fait Pape dans la ſuite ; mais , que les Cardinaux lui avant manqué de parole , il ſe vangea en ſe rendant ſon Afrique à la ſui Saraxine , nommés depuis Mahométanes. Voiex ce Benevenuto ſur le XXVIII. d'Enfer de Dante. Cette première Fable ridicule n'étoit pourtant point de l'invention de Boucher , quantité d'Eſpagnols tant du moins que du bas âge l'aïant très ſouvent emploïée d'après Luc Eveſque de Tuy en Galice , (Lucas Tudenſis ,) qu'on en regarde comme l'inventeur , ou le premier racontent. Le célèbre Dom Nicolas Antonio s'eſt donné beaucoup plus de peine qu'il ne méritoit pour le réfuter dans ſa Bibliotheca Hiſpana Vetus, Tom. II. pag 246 — 248.

(14) Grotii Appendix ad Commentationem de Anti Chriſto, pag. 111. Colomiés, Mélanges Hiſtoriques, pag. 25 , 26. Gui Panziroler, de clariis Legum Interpretibus Libr. III, Cap. V, pag. 222, confond auſſi ces deux Frederics , en donnant au II. le ſurnom de Barberouſſe, qui ne convient qu'au I.

(15) Nic. Catherinot, l'Art d'Imprimer, pag. 8.
(16) Elle ſe trouve ainſi au bout des trois Juſt-au-corps paraphraſés du Docteur Swift, & dans le Recueil des Oeuvres de M. de Julien Scopon. (17) Naudæana, pag. 83.
(18) Pomponatius de Immortalitate Animæ , Cap. XIV , pag. 121. Edit. 1534, in 12.

(11) Ant. Sirmondus , de Immortalitate Animæ , pag. 29. J. Boucher, Sermons de la ſimulée Converſion de Henry de Bourbon Prince de Bearn , pag. 144. Ce dernier écrivit fort ſérieuſement pag. 149 , qu'Iſidore Eveſque de Seville , vouloit faire prendre au corps Mahomet en Eſpaigne auſſi-tôt ſon Impoſture ; mais , que le Diable l'ayant averti, il s'en fuit : Conte barleſque , auſſi peu fondé que les infames Calumnies contre Henry IV , & auſſi ridicule que l'Imgynation extravagante de Benevenuto da Imola , ſous des Commentateurs de Dante , qui raconte fort gravement , que le même Mahomet avant conſerné au Chriſtianiſme préſque toute l'Afrique , ſut fait Cardinal , avec promeſſe d'être fait Pape dans la ſuite ; mais , que les Cardinaux lui avant manqué de parole , il ſe vangea en ſe rendant ſon Afrique à la ſui Saraxine , nommés depuis Mahométanes. Voiex ce Benevenuto ſur le XXVIII. d'Enfer de Dante. Cette première Fable ridicule n'étoit

[Appendix]
Marchand's article IMPOSTORIBUS

———◦>———

EDITED BY JEFFREY DEAN
(MANCHESTER)

[NOTE TO THE READER: What follows is reprinted in its entirety from Prosper Marchand, *Dictionnaire historique, ou Mémoires critiques et littéraires, concernant la vie et les ouvrages de divers personnages distingués, particulièrement dans la république des lettres* (The Hague: Pierre de Hondt, 1758), 1: 312–29. Our knowledge of Marchand's life is encapsulated in Larousse, *Dictionnaire universel*: 'Prosper MARCHAND—bibliographe français (Guise *v.*1675–Amsterdam 1756) de la dynastie des musiciens Marchand. En 1698 il s'établit libraire dans la rue St.-Jacques (Paris) à l'enseigne du Phénix. Protestant, il passa en Hollande en 1711, s'établit à Amsterdam, puis quitta le métier de libraire et se livra à des travaux littéraires. En mourant, il légua sa bibliothèque à l'Université de Leyde. On a de lui *Histoire de l'origine et des premiers progrès de l'imprimerie* (1740) et *Dictionnaire historique ou Mémoires critiques et littéraires* (1758–59).'

[Marchand's Dictionary is presented in a typographical form (based on that of Bayle's *Dictionnaire historique et critique*) that is too complex to reproduce here (see opposite). His primary text is accompanied by two series of notes: marginal bibliographical notes or *Citations* indexed by lowercase letters, and discursive footnotes or *Remarques* indexed by uppercase letters; the latter have their own marginal *citations* indexed by arabic figures. In the article IMPOSTO-RIBUS the *remarques* are far longer than the main text (approximately 18,450 words as against 650). I have chosen here to print them following the article proper as endnotes, and to print the *citations* to both the main text and the *remarques* as footnotes.

[Marchand's French is readily intelligible to the modern reader. I have retained his spelling, capitalization, punctuation, and use of italics exactly, with the following exceptions: (1) I have modernized the long 'ſ' and expanded '&' to 'et' (the ampersand, used invariably, seems to be due to the printer rather than

477

S. Berti et al. (eds.),
Heterodoxy, Spinozism, and Free Thought in Early-Eighteenth-Century Europe, 477–524.
© 1996 *Kluwer Academic Publishers. Printed in the Netherlands.*

to Marchand). (2) I have silently corrected obvious misprints and omissions (e.g., *dand* for *dans*). (3) I have modernized the use of accents: Marchand (or his printer) often gives what would now be considered an incorrect accent (e.g., *siécle*), omits an accent where it would be expected (e.g., *Jesus-Christ*), or gives one where no accent is now called for (e.g., *tître*), but in many cases he also uses the present-day accentuation elsewhere in the same words. I have left alone the use of '-ez' for plurals now spelt '-és', along with many other spellings now obsolete that were common practice in Marchand's day (the most common of these are the endings '-oit', '-oient' for verbs in the imperfect and conditional tenses, now spelt '-ait', '-aient'; the omission of 't' in the plural of nouns ending '-nt' in the singular like *savant/savans*; the use of 'i' rather than 'y' between vowels, as in *voïez*; *françois* for *français*, etc.). The orthography of some of the earlier writings quoted by Marchand is even farther removed from modern-day practice. I do not expect these archaisms to obstruct understanding. (4) I have normalized the number of points of suspension (. . .), which vary between two and six, at three; I space them, as Marchand does, rather than printing them close up as in modern French practice. All ellipses are Marchand's; nothing has been abridged. (5) I have modernized Marchand's notation for inclusive page numbers: where he typically writes '16, —41' I give '16–41'. (6) Marchand's printer lacked italic arabic figures; I have italicized them where appropriate. (7) Whereas Marchand repeats the initial quotation mark („) at the beginning of every line of a quotation, I repeat it only when there is a new paragraph within the quotation.]

◄○►

IMPOSTORIBUS (LIBER DE TRIBUS) *sive Tractatus de Vanitate Religionum*, Livre chimérique, dont tout le monde parle, mais que Personne n'a pourtant jamais vu, et qui ne doit probablement son existence, ou pour mieux dire, tout le bruit que fait depuis si longtems son titre, qu'à une pensée libertine et impie de Simon de Tournay, Docteur en Philosophie et en Théologie dans l'Université de Paris au XIII. Siècle (*a*) (*A*): Pensée, que l'on attribue aussi à l'Empereur Frédéric II. (*B*), et encore à divers autres (*C*); mais, qu'aucun d'eux n'a peut-être jamais effectivement eue. Divers Savans de presque toutes les Communions, et de tous les Païs, aïant assez amplement traité de l'histoire et du sujet de cet Ouvrage, je ne saurois mieux faire que de renvoïer aux Dissertations expresses qu'ils en ont publiées, ceux qui voudront en être instruits à fonds (*D*): me contentant de remarquer ici, que ce Livre a été attribué à une infinité d'Auteurs, savoir, à Averroës (*E*), à l'Empereur Frédéric II,

(*a*) Jac. Marchantii Hortus Pastorum, *Tract. I, Lect. VI, Propos. II.* Observat. Halenses ad Rem Litterariam, *Tom. I, pag. 79–81.* Struvii Dissertatio de doctis Impostoribus, *pag. 31.* Menagiana, *Tom. IV, pag. 398, 399, d'édition d'Amsterdam, en 1716.*

et à son Chancellier Pierre des Vignes, (*F*), à Alphonse X. Roi de Castille (*G*), à Boccace (*H*), à Pogge, à Léonard Arétin, à ces deux ensemble, à Pomponace (*I*), à Herman Ryswick, à Machiavel, à Erasme, à Pierre Arétin, à Ochin (*J*), à Dolet (*K*), à Mérula le Mahometan (*b*), à Francesco Pucci, à Servet (*L*), à Rabelais, à Gruet, à Barnaud (*M*), à Postel (*N*), à Muret (*O*), à Giordano Bruno (*P*), à Nachtegaal, à Campanella (*Q*), à Milton, et peut-être encore à quelques autres. Cette prodigieuse diversité d'Auteurs si différens entr'eux de tems, de lieu, de nation, de génie, de profession, de religion, etc., jointe à tout ce qu'on en débite d'ailleurs d'incertain et de contradictoire, a fait conclure avec beaucoup de fondement aux Personnes sensées et judicieuses, que ce Livre n'est qu'une Chimère, et qu'on n'en a jamais rien vu de réel que le titre (*c*). Je sai bien que quelques Ecrivains ont débité fort affirmativement, qu'ils l'avoient vu et lu, je connois même différens Auteurs, qui marquent le lieu, le tems, et la forme de son Edition prétendue, avec autant de précision que s'il avoit effectivement passé par leurs mains (*R*): et je n'ignore point, que le trop crédule Lipénius l'a bonnement placé dans sa *Bibliotheca Philosophica*, sous ce titre également faux et illusoire, et qui prouve très bien qu'il ne faisoit pas la moindre attention à ce qu'il écrivoit, *De III hujus Seculi Impostoribus*; marquant bien positivement qu'il avoit été imprimé *en 1669. in 8°*; et ajoutant cette Remarque aussi judicieuse qu'instructive, *Liber, sive Ochyni, sive cujusdam alius, igne et supplicio dignus* (*d*). Mais, je ne crois pas, que tous ceux, qui se vantent le plus hardiment d'avoir vu et lu cet Ouvrage, aïent vu et lu autre chose que quelque mauvaise rhapsodie, répondant tant bien que mal à un titre si propre à éblouir les Personnes curieuses de ces prétendues raretés, et fabriquée en secret par quelqu'un de ces misérables Compilateurs, qui ne s'embarassent guères de ce qu'ils mettent dans un Livre; et qui, ne cherchant qu'à surprendre des Idiots à l'appas séduisant d'un titre imposant et trompeur, leur font acheter le plus chèrement qu'ils peuvent, non seulement la perte de leur tems et de leur peine, mais assez souvent encore la corruption de leur esprit et de leur cœur. C'est un artifice, qu'on n'a mis en usage, que trop souvent, et

---

(*b*) *On ne sçait qui est ce* Mérula le Mahométan, *que le* Ménagiana, *Tom. IV, pag. 406, et* Struvius de doctis Impostoribus, *pag. 17. se contentent de nommer, sans indiquer celui ou ceux qui lui ont intenté cette accusation. Peut-être a-t-on voulu parler de* Jean Paul Alciat, *que vingt ou trente Auteurs ont accusé de s'être fait Mahometan, mais que Mr.* Bayle *a justifié de cette fausse accusation.*

(*c*) *Tels sont, par exemple,* Grotius, Naudé, Richard Simon, La Monnoie, Beauval, Bayle, La Croze, *et sans doute divers autres.*

(*d*) Lipenii Bibliotheca Philosophica, *pag. 722, où les mots d'*hujus Seculi *font clairement voir, qu'il confond étourdiment ce prétendu Traité avec un réel et effectif, dont il venoit immédiatement de parler lui-même, et que j'indiquerai ci-dessous, Remarque (T). Num. III.*

avec trop de succès : et, sans sortir de notre sujet, j'en donnerai ci-dessous un exemple, dont les différentes branches sont autant de preuves sensibles de ce que j'avance, et d'ailleurs aussi mémorable qu'aucun de ceux dont on a jamais ouï parler (*S*).

Tous les Traités *de tribus Impostoribus*, ne sont pourtant pas imaginaires. Il y en a eu plusieurs de réels, et assez dignes de la curiosité du public. Mais, ils sont tout-à-fait différens pour la matière. J'indiquerai ci-dessous ceux qui sont venus à ma connoissance ; et j'y joindrai l'idée de quelques autres, qui ne seroient peut-être pas indignes d'occuper le loisir de quelque habile Homme (*T*).

[Remarques]

(*A*) *Une pensée . . . impie de Simon de Tournay, Docteur en . . . Théologie au XIII. Siècle.*] Cette pensée est celle-ci : *ceux, qui ont subjugué le monde par leurs sectes et enseignemens, sont trois ; assavoir, Moyse, Jésus-Christ, et Machomet. Premièrement, Moyse a fait devenir fol le peuple Judaïc. Secondement, Jésus-Christ, les Chrestiens. Tiercement, Machomet le peuple Gentil.* On peut voir ci-dessous, dans les Remarques (*C*), et (*D*), de l'Article de SIMON DE TOURNAY, une autre pensée pareille qu'on lui attribue encore, à quelles occasions on prétend qu'il les avança, les suites affreuses dont elles furent dit-on suivies, les Auteurs qui débitent ces événemens, et enfin la réfutation de tout cela ; où l'on fait assez bien voir, que ce ne sont-là que de mauvais contes, uniquement nez de la haine et de la vengeance des Ecclésiastiques et des Moines de ce tems-là, aussi Calomniateurs pour le moins, que ceux de celui-ci. Jean Bayon, Dominicain du XIV. Siècle, et Auteur de l'*Historia Mediani Monasterii*, fait remonter cet événement jusqu'en 1022. Mais les autres circonstances de son récit étant toutes semblables, il y a tout lieu de croire qu'il s'est trompé quant au tems.

(*B*) *. . . Pensée, qu'on attribue aussi à l'Empereur Frédéric II.*] Ce fut dans le fort de ses disputes avec Grégoire IX, que ce violent Pape le chargea de cette impiété, en ces termes : *sed quia minus bene ab aliquibus credi possit, quod se verbis illaqueaverit oris, probationes in Fidei victoriam sunt paratæ ; quia iste Princeps pestilentiæ,* a tribus Baratoribus, *ut ejus verbis utamur, scilicet* Christo Jesu, Moyse, et Machometo, totum mundum fuisse deceptum ; et, duobus eorum in gloria mortuis, ipsum Jesum indignum suspensum, manifeste proponens. *Insuper, dilucida voce affirmare, vel potius mentiri præsumpsit, quod* omnes fatui sunt, qui credunt nasci de Virgine Deum, qui creavit naturam, et omnia potuisse (1).

Dès que cette horrible accusation eut été rendue publique, elle fut avidement

---

(1) Gregorius IX, *in* Epistola ad Principes et Prælatos contra Fridericum, *data* Laterani, 12. Cal. Junii, Pontificatus nostri anno 13, *id est, 1239.*

adoptée par les partisans de la Cour de Rome, comme le seront toujours toutes celles qu'il prendra fantaisie aux Papes de répandre contre les Princes qu'ils voudront déshonnorer; et les Historiens du tems ne manquérent pas de l'insérer aussitôt dans leurs Ecrits. *Anno M.CC.XXXIX*, dit Albéric des trois Fontaines, Moine de Cisteaux, *decem et septem sunt casus contra Imperatorem annotati, inter quos est quædam illius contra Christianam Legem Blasphemia* . . . tres, *inquit*, Baratores seu Guillatores fuerunt in Mundo, Moyses, Christus, et Machometus . . . *numquam tamen Machometus Moysem vel Christum* Baratores *appellavit; et in hoc Imperator iste deterior eo Machometo . . . sed et die quadam, cum vidisset Sacerdotem Corpus Domini ad quemdam infirmum deferentem, fertur dixisse*, heu me! quamdiu durabit ista truffa (2)? *Præterea iniquitatem in excelso locutus est*, dit la Chronique d'Ausbourg, *ponens in cœlum os suum. Dixit enim, audiente Lant-Gravio Henrico, „tres sunt qui seduxerunt totum Mundum, Moses Hebræus, Jesus Christianus, et Machomet Saracenus. Quam ob rem, si principes institutionibus meis adsentiant, ego multo meliorem modum vivendi et credendi ipsis nationibus ordinarem (3)." Adjiciens tres* Truffatores, Moysem, Christum, et Machometem, *in elusionem hominum præcessisse*, fait dire à Frédéric II. le Cardinal d'Arragon (4). Matthieu Paris, Bénédictin de l'Abbaïe de St. Alban en Angleterre, et Historien très estimé de cette Nation, rapporte bien aussi ce fait, mais non pas sans témoigner ne le pas croire. *Fertur . . .*, dit-il (5), *Fredericum Imperatorem dixisse, . . . „tres præstigiatores callide et versute, ut dominarentur in mundo, totius populi sibi contemporanei universitatem seduxisse, videlicet Moysem, Jesum, et Machometem:" . . . et de sacratissima Eucharistia quædam nefanda et incredibilia deliramenta et blasphemias impie protulisse. . . . Quid sibi vult istud? Retroactis temporibus, imposuit Papa Imperatori, quod ipsi Machometo, Legique Saracenicæ, plus consensit, quam Christo, vel legi Christianæ. Nunc autem, in sua Epistola invectiva imponit eidem, quod tam Machometum, quam Jesum vel Moysem, vocat* Baratazem. *. . . Absit, absit, aliquem virum discretum, nedum hominem Christianum in tam horribundam Blasphemiam os et linguam reserasse* (6).

Aussi étoit-il hors de toute vraisemblance, qu'un aussi habile Homme que ce Prince eût tenu de pareils discours, quand bien même il auroit été imbu de si dangereux principes. Il s'en défendit donc très vigoureusement par la Plume de Pierre des Vignes son Chancellier; et, à son tour, il accusa le Pape, et ses partisans, de n'avoir inventé et de ne répandre artificieusement contre lui de semblables calomnies, qu'afin de le perdre d'autant plus facilement de réputa-

---

(2) Albericus trium Fontium, *in* Chronico *ad annum 1239, in Tomo II*, Accessionum Historicarum God. Guill. Leibnitzii. *Dans le* Morery *de 1740, au mot* IMPOSTEURS, *on fait vivre cet* Albéric *au troisième Siècle, et l'on ne laisse pas de le dire* contemporain de l'Empereur Frédéric II. *Cette édition est toute remplie de fautes semblables, ou plus grossières.*

(3) Chronicon Augustanum, *ad annum 1245, in Tomo I*, Collectionis Freheri; *et* Compilatio Chronologica *Tomi I*, Collectionis Pistorii, *ad annum 1249*. Mersenni Quæstiones in Genesim, *col. 533.* (4) Card. Arragon. *in* Vita Gregorii IX, *apud* Giornale Fiorentino, *Tom. I, pag. 77.*

(5) Matthæi Paris Hist. Anglicana, *ad ann. 1238, pag. 326.*

(6) *Idem, ibidem, ann. 1239, pag. 430, 480.*

tion dans l'esprit des Peuples. *Nostræ Majestatis jubar*, dit-il, *intendit ducere in Eclypsin, dum, veritate in fabulam commutata, plenæ mendaciis ad diversas Mundi partes Papales mittuntur Epistolæ non de ratione accusantes nostræ Fidei puritatem. Scripsit enim solo nomine Papæ, nos Bestiam ascendentem de Mari, plenam nominibus Blasphemiæ, Pardique varietatibus circumscriptam . . . inseruit . . . falsus Christi Vicarius Fabulis suis, nos . . . dixisse,* tribus Seductoribus mundum esse deceptum, *quod absit de labiis nostris processisse, cum manifeste confitemur unicum Dei Filium, . . . Jesum Christum, . . . etc.* (7).

C'est, sans doute, de ces anciens Ecrivains, que Lipse avoit tiré ce qu'il dit de la prétendue impiété de cet Empereur, et que quantité d'autres Auteurs modernes ont servilement copié d'après lui. Cela se trouve dans ses *Monita et Exempla Politica*, en ces termes. *Sunt . . . , qui non solum vita impietatem præserunt, sed impudenter Lingua exprimunt, ut ille Fredericus II. Imperator, cui sæpe in ore*, tres fuisse insignes Impostores, qui Genus Humanum seduxerunt, *Moysem, Christum, Mahumetem* (8). On a fait plus. Non seulement on l'a représenté comme traitant d'*Imposteurs* les Auteurs des trois principales Religions du Monde, mais encore comme étant effectivement lui-même le plus grand et le plus insigne *Imposteur* qui ait jamais été. En effet, vers la fin du dernier Siècle, le P. Hardouin, Jésuite, Ecrivain d'une hardiesse extrême à débiter sans le moindre scrupule les Paradoxes les plus étranges et les plus insoutenables, osa bien avancer, et cela à la face de toute la République des Lettres, qu'à la réserve de *Cicéron*, des *Epîtres* et des *Satires d'Horace*, des *Géorgiques de Virgile*, et de l'*Histoire Naturelle de* son cher et bien-aimé *Pline*, tous les écrits, que nous avons sous les noms des anciens Auteurs, n'étoient autre-chose que les fruits de l'adresse, de la mauvaise-foi, et de l'imposture d'une Société impie et scélérate du XIII. Siècle, dirigée et autorisée par un certain *Severus Archontius* (9). Et l'on a fait voir avec la dernière évidence, que, de la manière dont il a énigmatiquement indiqué les dix Lettres, les quatre Syllabes, et le nombre 1599. des Lettres numérales, du vrai nom de ce Personnage, ce ne peut être que $\Phi\rho\iota\delta\epsilon\rho\iota\chi\sigma\varsigma$, ou l'Empereur Frédéric II, dont les partisans de la Cour de Rome, et particulièrement les Jésuites, ne négligent jamais l'occasion de noircir et décrier la Mémoire. Voïez à cet égard, dans les *Dissertations Historiques de Mr. la Croze sur*

(7) Frederici II. Epistola universis Prælatis adversus Papam, *quæ est inter* Epist. Petri de Vineis *XXXI. Libri I, pag. 211, 212, Editionis Basileensis anni 1566, in 8.* Schminkius et Wernbergius, *en promettent de nouvelles Editions, et viennent d'être prévenus par* Jean Rudolphe Iselius, *qui en a publié une* à Bâle, chez J. Christ, en 1740, en 2 Volumes, in 8. *Selon* Jean Godefroi Schmutzerus, *Professeur en Philosophie à Leipsic, dans sa* Dissertatio de Friderici II, in rem Litterariam Meritis, *imprimée* à Leipsic, chez Langenheim, en 1740, in 4, *cet Empereur est lui-même Auteur de la plus grande partie de ces* Lettres. *Voici ses propres expressions, pag. 37.* Vide PETRI DE VINEIS *Epistolas,* quas non quidem ex sua, sed ex Imperatoris sui FRIDERICI persona, maximam partem conscripsit.

(8) Lipsii Monita et Exempla Politica, *Libr. I, Cap. IV, pag. 30.*

(9) *Voïez ses deux Livres intitulez,* Chronologiæ ex Nummis restitutæ, Prolusio de Nummis Herodiadum *Parisiis, apud J. Anisson, 1693, in 4.* Chronologia Veteris Testamenti, ad Vulgatam Versionem exacta, et Nummis antiquis illustrata*: Parisiis, apud J. Anisson, 1699, in 4. Ils ont été réimprimez parmi ses* Opera selecta *Amstelodami, apud J. Lud. de Lorme, 1709, in folio.*

divers sujets, imprimées *à Rotterdam, chez Reinier Leers, en 1707, in 12°*, son *Examen abrégé du nouveau Système du Père Hardouin sur sa Critique des anciens Auteurs*, pages 182–198; et sa *Réponse aux sentimens d'un* prétendu *Docteur de Sorbonne sur ces Dissertations*, insérée dans la *Bibliothéque Choisie de M. le Clerc*, Tome XV, pages 167–183. Pour mieux cacher son jeu, le Père Hardouin ne s'est fait aucun scrupule d'imiter une des plus noires méchancetés des Juifs. En effet, c'est ainsi que leurs Rabbins, abusant criminellement des versets 1, et 18, du Chapitre XIII. de l'*Apocalypse*, ont autrefois osé appliquer à Jésus-Christ même le caractère de la Bête et de l'Anté-Christ, en trouvant dans les sept Lettres des deux mots Hébreux qui signifient *Jesus Nazarenus*, sept têtes, dix cornes, dix couronnes, et le nombre 666. Voïez l'*Historia Jeschuæ Nazareni, a Judæis blaspheme corrupta, versioneque et notis illustrata a Joh. Jac. Huldrico*, imprimée *à Leide, chez du Vivié, en 1705, in 8°.* C'est aux pages 115, et 116, que cela se trouve.

Bien pis encore, *le Comte de* MAZZUCHELLI, Auteur d'une *Vie* de PIERRE ARETIN, et Mr. DE BOISPREAUX son Traducteur, ne font aucune difficulté d'attribuer, *avec beaucoup de vraisemblance*, disent-ils, *le Livre exécrable* de tribus Impostoribus, *à* PIERRE DES VIGNES, *Secrétaire de l'Empereur* FREDERIC II, par l'ordre *duquel il fut composé, lequel se trouve dans plusieurs Bibliothèques d'Allemagne, et qui fut imprimé en Hollande, sans nom de ville, ni d'Imprimeur, et sans date d'année, sur un ancien Manuscrit, qui fut volé dans la Bibliothèque de Munich, après la Bataille de Hoechstett, lors que les Impériaux s'emparèrent de la Bavière* (10): et ces Mrs.-là sont de bien facile composition, s'ils ont admis de bonne-foi tout ce narré. On verra ci-dessous, Remarque (*S*), à quoi il faut le réduire, et n'admettre en attendant que l'Impression Françoise d'un Ouvrage qu'on a très mal-à-propos donné pour tel.

Mr. de Voltaire vient de renouveller ces accusations contre Frédéric II. et son Chancellier Pierre des Vignes, qu'il trouve bon de nommer *de Vigne*: mais, selon sa constante coutume, il ne daigne pas citer ses garants sur des sujets si graves. Voïez son *Abrégé de l'Histoire Universelle depuis Charlemagne jusques à Charles-Quint*, Tom. II, pag. 92, 97, etc.; et ses *Annales de l'Empire d'Allemagne depuis Charlemagne*, pag. 269, 279, 283, 287, etc.: Ouvrages brochés, plutôt que composez, fort à la hâte, conséquemment fort négligés, et dont le dernier n'est qu'une partie du premier, retouchée par pur esprit d'intérêt. Pratique assez et trop ordinaire à l'Auteur, comme on le lui a maintes fois reproché.

(*C*) . . . *Et encore à divers autres.*] Entre lesquels on n'a pas fait difficulté de mettre le fameux Porphyre, antérieur de 300. ans à Mahomet; ce qui est d'une impertinence achevée. Voïez à cet égard la *Lettre de Monsieur de la Monnoye à Mr. le Président Bouhier sur le prétendu Livre des trois Imposteurs* (11); et ajoutez-y l'exemple suivant, dont il n'a point eu de connoissance. On trouve dans le *Fortalitium Fidei* d'Alphonse Spina, écrit en 1459, et imprimé plusieurs fois dans

---

(10) Mazzuchelli vita di Pietro Aretino; *et* Boispréaux, Vie de Pierre Arétin, *pages 155, 156, 157, 158, où les noms des Auteurs, qu'ils citent, sont si misérablement estropiés, qu'on a toutes les peines du monde à les reconnoître.*   (11) Menagiana, *Tom. IV, pag. 378, et suivantes.*

le XV. Siècle, qu'un certain Alvaro Fernandez, Médecin, déposa en présence des Inquisiteurs, qu'un certain Diégo Gomez, Bachelier hérétique, lui avoit parlé d'un Livre Hébreu, dans lequel, entre autres choses libertines et impies, l'on trouve, que les trois principales Religions ne sont que des extravagances de l'Esprit Humain; qu'elles n'enseignent que des fables si puériles et si ridicules, qu'il étoit bien surprenant que les Peuples crussent tant de sottises; qu'un esprit Saturnien, évoqué par l'effusion qu'avoit faite de son sang Abraham dans sa circoncision, présidoit à la Religion Mosaïque, de même que Mercure à la Religion Chrétienne, et Mars à la Mahométane; etc. Mr. la Croze, à qui l'on est redevable de cette découverte, ajoute, qu'il croiroit facilement, que ce Livre Hébreu pouroit bien avoir donné lieu au bruit si universellement répandu du *Traité des trois Imposteurs* (12): et cela n'est pas fort éloigné de l'opinion de ceux qui attribuent ce bruit et ce Traité à la pensée irréligieuse de Simon de Tournay et de ses semblables.

(*D*) *Je . . . renvoie aux Dissertations expresses, publiées* touchant ce Livre, *ce qui voudront en être instruits à fonds.*] Il y a X. de ces Dissertations Historiques et Critiques.

La I. est de *Chrétien Kortholt*, et se trouve à la tête de son Traité *de tribus Impostoribus hujus seculi magnis.* Voïez ci-dessous le nombre IV. de la Remarque (*T*).

La II. est de *Richard Simon*, et se trouve dans ses *Lettres Choisies*, Tome I, Pages 166, et 212.

La III. est de *Jean Frédéric Mayer*, et se trouve dans la Préface de ses *Disputationes de Comitiis Taboriticis*. Voïez *Placcius de Anonymis*, pages 185, 188, etc. Elle a aussi été imprimée séparément *à Gripswald, en 1702, in 4°.*

La IV. est de *Chrétien Thomasius*, et se trouve dans les *Observationes Halenses ad rem Litterariam*, Tome I, Observation VII, page 78, et suivantes.

La V. est de *Burchard Gotthelf Struve*, et se trouve dans sa *Dissertatio de doctis Impostoribus*, pages 16–41. Elle a été réimprimée dans *Oudini Commentarii de Scriptoribus Ecclesiasticis*, Tome III, colonne 66, et suivantes, mais aussi misérablement que ces *Commentarii*, qui fourmillent de fautes énormes. Un Auteur est bien à plaindre lors qu'il tombe entre les mains de pareils Libraires.

La VI. est de *Vincent Placcius*, et se trouve dans son *Theatrum Anonymorum*, pages 184, et suivantes.

La VII. est de *Bernard de la Monnoye*, et se trouve à la fin du IV. Tome du *Menagiana*, tant d'édition de Paris 1715, que d'Amsterdam 1716. On en avoit déjà vu un court extrait dans l'*Histoire des Ouvrages des Sçavans*, Février 1694, pages 278–281.

La VIII. est d'*Immanuel Webber*, et a été imprimée, sous le titre de *Programma de tribus Impostoribus*, à Giessen, en 1713.

La IX. est du Père *Augustin Calmet*; et se trouve sous le mot IMPOSTEURS de

---

(12) La Croze, Entretiens sur divers sujets d'Histoire, etc. *pag. 130, et suiv.*

son *Dictionnaire de la Bible*. Il y parle d'une manière douteuse de celle de Mr. de la Monnoye; et cela est assez étonnant.

La X. enfin, écrite tout nouvellement, longtems après ce présent Article tout dressé, est des Auteurs du *Giornale de' Letterati publicato in Firenze per i Mesi di Aprile, Maggio, e Giugnio M.DCC.XLII.*; et fait partie de leur V. extrait concernant les *Petri de Vineis Epistolarum Libri VI, ex Editione Jo. Rud. Iselii.*

Outre ces dix Dissertations sur cet Ouvrage, j'en trouve une XI, intitulée *Observations upon the report of the horrid Blasphemy of the* three grand Impostors, *by some affirm'd to have been of late years uttered and published in Print*; et qui se conserve en manuscrit dans le Cabinet de Henry Worseley à Londres. Voïez le *Catalogus Manuscriptorum Angliæ*, Tome II, page 213, num. 6917. Mais, je ne sçai s'il s'agit-là de *Remarques Historiques et Critiques* touchant cet Ouvrage, ou de *Réflexions Morales et Théologiques* contre un si extravagant dessein.

Quoi qu'il en soit de ce dernier Article, de ces dix Dissertations Historiques touchant le prétendu Livre *de tribus Impostoribus*, Jean Godefroi Schmutzerus paroit n'avoir connu, ou du moins n'a fait usage, que de celle de Struve, dans sa *Dissertatio de Friderici II. in Rem Litterariam Meritis*, dont la fin pourroit en quelque façon tenir lieu d'une XIe.

(*E*) *On a attribué le Traité de* tribus Impostoribus *à Averroës*.] A cause de cette pensée, qu'on prétend qu'il a souvent avancée: *lex Moysi, lex Puerorum; lex Christi, lex Impossibilium; lex Mahumeti, lex Porcorum*. Voïez à cet égard la *Sylva Nuptialis* de Jean Nevizan, Livre I, Chapitre ou Article CXXI, citée une infinité de fois depuis par différens Auteurs. Quelques-uns d'entre eux le disent néanmoins avoir été de ces trois Religions, et d'être enfin tombé dans l'Athéisme; mais, sans donner aucune preuve de ce qu'ils avancent. *De Christiano Judæus, de Judæo factus est Mahumetanus* dit Antoine Sirmond. *Averroys, Philosophe Arabe, de Mahométan Juif, de Juif Chrétien, de Chrétien Hérétique, et d'Hérétique Athéiste, appeloit les Chrestiens Catholiques* Mangeurs de Dieu, *par risée*, dit tout au rebour, mais avec plus de vraisemblance, le furieux Ligueur Jean Boucher (13). Si ce fait avoit quelque réalité, il seroit bien étonnant, que tous les autres Ecrivains,

---

(13) Ant. Sirmondus, de Immortalitate Animæ, *pag. 29.* J. Boucher, Sermons de la simulée Conversion de Henry de Bourbon Prince de Béarn, *pag. 144. Ce dernier débite fort sérieusement pag. 149, qu'*Isidore Evesque de Séville, voulut faire prendre au corps Mahomet en Espaigne avant ses Impostures; mais, que le Diable l'ayant averti, il s'en fuit: *Conte burlesque, aussi peu fondé que ses infames Calomnies contre Henry IV, et aussi ridicule que l'Imagination extravagante de* Benvenuto da Imola, *l'un des Commentateurs de* Dante, *qui raconte fort gravement, que le même Mahomet aïant converti au Christianisme presque toute l'Afrique, fut fait Cardinal, avec promesse d'être fait Pape dans la suite; mais, que les Cardinaux lui aïant manqué de parole, il convertit une* seconde *fois l'Afrique à la foi Sarazine, nommée depuis Mahométane. Voïez ce* Benvenuto *sur le XXVIII. de l'Enfer de Dante. Cette première Fable ridicule n'étoit pourtant point de l'invention de* Boucher, *quantité d'Espagnols tant du moïen que du bas âge l'aïant très souvent emploïée d'après* Luc Evêque de Tuy en Galice (Lucas Tudensis,) *qu'on en regarde comme l'inventeur, ou le premier raconteur. Le célèbre Dom* Nicolas Antonio *s'est donné beaucoup plus de peine qu'elle ne méritoit pour la réfuter dans sa* Bibliotheca Hispana Vetus, *Tom. II. pag. 246–248.*

incomparablement mieux accréditez que ceux-là, n'en eussent absolument rien dit. Quoiqu'il en soit, j'ajouterai par rapport à cette expression de *Mangeurs de Dieu*, qu'elle se trouve dans un autre passage d'Averroës, qui revient à ceci: *de toutes les Sectes que j'ai vues, je n'en connois point d'aussi follement extravagante que la Chrétienne, qui mange avidement le Dieu qu'elle adore*; et qu'un bon Brabançon, nommé Jean Garet, et Directeur de Nones, n'a fait aucune difficulté de se servir de cette Autorité, pour prouver la Transsubstantiation, dans un Ouvrage intitulé *Concilium Sanctorum Ecclesiæ Patrum de veritate Corporis Christi in Eucharistia, seu eorum Testimonia per Classes IX. distincta*, et imprimé *à Anvers, chez Sylvius, en 1561, in 8°*. Si ce n'est point là réellement ériger Averroës en *Père d'Eglise*, c'est au moins faire *flèche de tout bois*, que de l'emploïer ainsi.

(*F*) . . . *à l'Empereur Frédéric II. et à son Chancellier Pierre des Vignes.*] On a suffisamment vu dans la Remarque (*B*), pourquoi l'on a ainsi flétri cet illustre Empereur. Il suffira donc de noter ici quels sont les Auteurs qu'on croit le lui avoir attribué, ou qui le lui ont attribué en effet. Grotius est à peu près dans le premier cas; car, on voit bien que c'est par simple erreur de mémoire, qu'il a nommé *Frédéric Barberousse* au lieu de *Frédéric II*. Colomiés, qui l'en a repris, a fait pis encore; car, il paroit regarder ce Prince comme Auteur de cet odieux Traité; ce que Grotius rejettoit très positivement (14). Ils se fondent tous deux sur l'authorité de Pierre des Vignes; mais, comme on l'a vu ci-dessus Citation (7), il ne dit rien de semblable: il se contente de deffendre son Maître de l'injuste imputation de l'Apophtegme impie des trois Imposteurs.

Quant à l'imputation, qu'on lui fait, tout aussi injustement qu'à son Maître, d'avoir composé lui-même cet Ouvrage impie, ce n'est qu'une mauvaise conjecture témérairement hazardée, au mieux encore qu'une véritable imposture, imaginée pour embellir un Roman Littéraire forgé contre toute vraisemblance par un de ces Ecrivains téméraires, qui ne se soucient guères de ce qu'ils avancent, pourvu qu'ils remplissent et vendent leurs papiers: et c'est ce que je prouverai fort au long ci-dessous Remarque (*S*). Cependant, les nouveaux Journalistes de Florence, dont le *Giornale de' Letterati publicato in Firenze* vient de commencer, n'ont pas laissé, non seulement d'adopter dans le V. Article de leur I. volume cette conjecture frivole, mais même de la regarder comme une opinion assez universellement reçue. *Uno de gli Scritti più celebri*, disent-ils page *76, che suole communemente attribuirsi a Pietro delle Vigne è la famosa Operetta* De tribus Impostoribus.

(*G*) . . . *à Alphonse X. Roi de Castille.*] Je ne connois que le bon-Homme Catherinot, qui le charge de cette odieuse accusation sur une espèce d'*On dit*, et qui n'est apparemment pas mieux fondé en cela, qu'au titre de *Roi d'Espagne*, et au surnom de *Sage*, qu'il donne gratuitement à ce Prince (15). Ne se ressouve-

---

(14) Grotii Appendix ad Commentationem de Anti-Christo, *pag. 133.* Colomiés, Mélanges Historiques, *pag. 25, 26.* Gui Panzirole, de claris Legum Interpretibus *Libr. III, Cap. V, pag. 322, confond aussi ces deux* Frédérics, *en donnant au* II. *le surnom de* Barberousse, *qui ne convient qu'au* I.

(15) Nic. Catherinot, l'Art d'Imprimer, *pag. 8.*

nant apparemment qu'en gros du reproche qu'on lui fait ordinairement et avec beaucoup de fondement, d'avoir dit que *s'il s'étoit trouvé à la Création de l'Univers, il auroit donné de bons avis à Dieu*, le bon Catherinot se sera accroché à l'Apophtegme si rebattu des trois Imposteurs, et aura facilement cru qu'un Prince si peu religieux pouvoit bien être l'Auteur d'un Livre dans lequel on le developpoit.

(*H*) ... *à Boccace*.] A cause de sa *Nouvelle des trois Anneaux*, la III. de la I. Journée de son *Décaméron*: Nouvelle, dans laquelle il établit nettement l'indifférence des trois principales Religions du Monde, le Judaïsme, le Christianisme, et le Mahométisme. Mr. de Julien Scopon, qui a mis cette Nouvelle en Vers (16), et qui s'est avisé de la publier à 90. ans dans un mélange monstrueux de Poésies pieuses et de Contes libres peu dignes d'un Homme de son âge et de sa profession, ne sauroit souffrir qu'on trouve là l'*Indifférence des Religions*. Par prédilection pour sa Paraphrase, il n'y en voit, dit-il, que *l'égalité*. Naudé, tout suspect qu'il ait été d'irréligion dans l'esprit de beaucoup de gens, n'en jugeoit point ainsi. *Pour la Religion*, dit-il, *je crois que Boccace n'en avoit pas, et qu'il étoit parfait Athée; ce qui pourroit se prouver par quelques Chapitres de son* Décaméron, *principalement par celui dans lequel il est parlé d'un Diamant qu'un Père de famille laissa à ses trois Filles* (17): *à ses trois Fils*, falloit-il dire. L'Auteur des *Additions et Corrections* à cet Ouvrage n'a rien remarqué sur cet endroit.

(*I*) ... *à Pomponace*.] A cause de cette pensée: *Totus Mundus decipitur, aut hujus pars maxima. Nam, supposito quod tres tantum sint Leges, Mosis, Christi, et Mahumedis: aut omnes falsæ sunt, et sic totus Mundus decipitur; aut saltem duæ earum, et sic major Pars est decepta* (18).

(*J*) ... *à Machiavel, à Erasme, à Pierre Arétin, et à Ochin*.] Pour faire voir sur quels fondemens on leur a fait cette injustice, je ne saurois mieux faire que de rapporter la 4. note sur le XX. Chapitre du I. Livre de la Traduction Françoise de la *Religion du Médecin* de Thomas Brown. Elle est du Traducteur, fort curieuse, et beaucoup plus ample et plus intéressante que celle qui se trouve au même endroit dans la Traduction Latine. „On ne sçait pas" y dit-on, „qui a esté l'Autheur du *Livre des trois Imposteurs*. A cause que *Machiavel* est en mauvaise réputation parmy plusieurs, il y en a qui osent (*le*) luy attribuer. Quelques-uns pensent qu'*Erasme* l'auroit escrit, pour ce que, dans sa *Louange de la Folie*, et en quelques autres lieux de ses escrits, il semble se mocquer de la Religion. Néantmoins, je ne peus pas me le persuader; à cause qu'il a escrit plusieurs *Explications sur le Nouveau Testament*", (et plusieurs autres bons Ouvrages d'une piété très solide, pouvoit fort bien ajouter ce Traducteur.) „Hoornbeeck semble l'attribuer à *Aretinus*, quand, dans sa *Somme des Controverses*, où il traite des Libertins et des Enthousiastes, il dit ainsi: *quo refer ad Librum, non inter Gentiles*

(16) *Elle se trouve ainsi au bout des* trois Just-au-corps *paraphrasés du Docteur* Swift, *et dans le Recueil des* Oeuvres de M. de Julien Scopon. (17) Naudæana, *pag. 83.*

(18) Pomponatius de Immortalitate Animæ, *Cap. XIV, pag. 121, Edit. 1534, in 12.*

aut Tartaros, sed Christianos proh dolor! editum, de tribus Impostoribus, *cujus Author, an* Petrus Aretinus, *an alius, fuerit jam non inquiro* . . . (19). Mais, l'opinion de la pluspart est, que *Bernardinus Ochinus* Italien de Nation, l'a fait : et il est vray, que cet Homme-là nous a laissé plusieurs escrits considérables en Dialogues, dans lesquels on dit qu'il y avoit beaucoup de choses profanes. Le Chevalier Digby, dans sa *Lettre* qu'il escrit à un certain ami sur cette *Religion du Médecin* en dit cecy. Nostre Autheur semble estre d'une autre opinion, quoyque je ne doute pas que *Bernardinus Ochinus* a esté un Athée formé et manifeste; lequel, aïant esté Fondateur et Patriarche de l'ordre des Capucins, d'un zèle fort ardent, est devenu hérétique, et après cela Juif, et enfin Turc. Après tout cela, il s'est montré très vindicatif, et a escrit contre tous ces trois, qu'il nommoit les plus grands Imposteurs du Monde, entre lesquels il a conté Christ notre Sauveur, Moyse, et Mahomet aussi (20)." Pour peu qu'on soit éclairé, on voit aisément que ce passage est, non seulement fort injurieux à ces quatre Auteurs, mais même que ce qu'il y avance touchant le dernier est tout rempli de faussetez, l'infortuné Ochin aïant aussi peu été Juif, Turc, et Athée, que Fondateur et Patriarche des Capucins, mais simplement l'un de leurs Généraux.

(*K*) . . . *à Dolet.*] A cause, apparemment, de la réputation qu'il a eue chez beaucoup de gens d'être Athée; ou, peut-être, à cause d'un de ses Ouvrages intitulé *de Opinione*, dans lequel il promettoit d'examiner en III. Livres ce qui a été dit de la mortalité et de l'immortalité de l'âme, les divers jugemens qu'on a portez sur la Religion, et les différentes sectes qu'elle a produites. Voici ce qu'il en dit lui-même dans ses *Commentarii Linguæ Latinæ*, Tome II, pages 413, 414, éd. 1619: *has de animæ Mortalitate vel Immortalitate Sententias, simul varia de Religione Judicia, Sectasque hominum in Deo colendo diversas, discutimus iis Libris, qui* de Opinione *a nobis Posteritati relinquentur, ut nos plane viros vixisse intelligat, non ineptiis cruciatos elanguisse.* Je ne saurois dire si cet Ouvrage a été publié, ou non. Quoiqu'il en soit, Struvius, qui dans sa *Dissertatio de doctis Impostoribus*, pag. 18, met Dolet, au nombre de ceux à qui l'on a attribué le Livre de *tribus Impostoribus*, et qui ajoute qu'il fut brûlé, pour l'avoir composé, à Lion en 1553, se trompe fort; et quant à la Ville, puis qu'il fut brûlé à Paris; et quant à l'année, puisque ce fut en 1545, (21).

(*L*) . . . *à Servet.*] C'est-à-dire, à *Michel de Villeneuve*, nom sous lequel Servet s'est produit plus d'une fois; et non pas à *Arnault de Villeneuve*, comme l'a cru Naudé, qui s'est-là terriblement abusé et après lui beaucoup d'autres (22), auxquels on peut ajouter Clavigny de Sainte Honorine (23).

(*M*) . . . *à Gruet, à Barnaud.*] Parmi les Papiers de Jaques Gruet, Genevois,

---

(19) *Voïez ci-dessus la fin de la Remarque (B).*

(20) Religion du Médecin, *Livr. I, Chap. XX, Note (4), pages 86–88.*

(21) Maittairii Annal. Typograph. *Tom. III, pag. 110, et seqq.*

(22) Naudé, Apologie pour les Personnages soupçonnez de Magie, *Chap. XIV, pag. 378.* Menagiana, *pag. 390, etc.*   (23) *Voïez son Traité* de l'Usage des Livres suspects, *pag. 109.*

Homme d'esprit fort gâté, et de mœurs fort corrompues, exécuté à Genève pour Crime d'Impiété en 1547, ou 1548, on trouva deux petits Ecrits, l'un Latin de deux pages, l'autre François de 26. pages, dans lesquels il se déchainoit brutalement contre Moïse, contre Jésus-Christ, et contre toute Religion. Le dernier de ces Papiers fut brûlé par la main du Bourreau en Avril 1550; et quelques Savans ont conjecturé, que c'étoit le projet du prétendu Traité *de tribus Impostoribus*, ou peut-être ce Traité même. Calvin se contente néanmoins de dire dans la LXXVII. de ses Epîtres: *paginæ etiam duæ compositæ Lingua Latina, ubi ridetur Scriptura tota, laceratur Christus, Immortalitas animæ vocatur somnium et fabula, denique tota Religio convellitur. Non puto illum esse Auctorem: sed quia est ejus manus, causam dicere cogetur. Quamquam fieri potest ut ipse ab aliis audita in Commentarium sua Minerva redegerit. Sunt enim mutilæ sententiæ, refertæque Solœcismis et Barbarismis.* Et Bèze dans sa *Vie de Calvin*, ne dit que ceci sous l'année 1547: *quin etiam post ejus interitum inventus est Libellus, ipsius manu adversus Mosen, ipsumque adeo Christum professo scriptus, quo impietatis scelere dubium non erat quin alios etiam aliquot infecisset.* Voïez sur tout cela les Remarques de Mr. Gautier sur l'*Histoire de Genève* de Spon, Tome I, pages 288, et 289.

Environ cinquante ou soixante ans après, un autre Genevois, nommé BARNAUD, Médecin de Profession, fut aussi accusé d'avoir fait le Livre *de tribus Impostoribus*; et cela, dans un Livret intitulé le *Magot Genevois*, imprimé *en 1613, en 98. pages in 8°*, sans aucune autre indication, et peut-être traduit en Latin sous le titre de *Simius Genevensis detectus*, imprimé *à Cologne, en 1614, in 8°.* Naudé, *Naudæanorum* pag. 129, attribue ce Livre au Ministre *Bansillon*, ou à *Barnaud* lui-même, ce qui choque la vraisemblance; mais, d'autres l'attribuent à Henri de Sponde, premièrement Calviniste, et depuis Evêque de Pamiés. Comme on donne aussi-là le Livre *de tribus Impostoribus* à Postel, et que d'ailleurs on y introduit *Barnaud* comme *convaincu d'Arianisme*, il est aisé de conclure, qu'une pareille accusation, incertaine et contradictoire, se réduit à rien. Voïez ci-dessus l'Article BARNAUD, Remarque (*E*).

(*N*) . . . *à Postel.*] A cause de ces pensées. *Le Paradis est comme Paris: on y entre par diverses Portes, le Judaïsme, le Christianisme, le Mahométisme* (24). „Pour faire une bonne Religion, il faudroit qu'elle fût composée de trois; de la Judaïque, de la Chrétienne, et de la Turquesque (25)."

(24) Mezeray, Mémoires Historiq. et Critiq. *Tom. II, pag. 143.*

(25) Apologie pour Hérodote, *pag. 100, et 386.* Ernstius, variar. Observat. *Libr. II, Cap. XXXVI,* attribue aussi le Traité de tribus Impostoribus *à Postel; ajoutant qu'il fut assez impie, pour se vanter de délivrer les Hommes de la mort éternelle, pendant que sa Mère en délivreroit les Femmes. Mais, on sait que Postel s'est contenté de dire, que la Mère Jeanne, Religieuse Vénitienne, et non sa Mère, opéreroit le salut des Femmes, comme Jésus-Christ celui des Hommes; ce qui étoit assez impie, sans le surcharger. Mais, le bon Homme étoit fou. Cahier n'étoit guères plus sage, puisqu'il préchoit que la Vierge étoit venue pour sauver les Femmes. Voïez les Pithœana, pag. 9. Avant eux les Franciscains avoient pareillement osé débiter, que comme Jésus-Christ, et sa Mère, avoient auparavant sauvé les Hommes et les Femmes; leur St. François, et leur Ste. Claire, les sauvoient depuis l'établissement de leur Ordre. Voïez ci-dessus l'Article* ALBIZZI, *Rem. (C), Num. II.*

Par la même raison, on auroit pu l'attribuer au Cardinal de Cusa, qui, dès le XV. Siècle, avoit songé à la concorde des trois principales Religions de l'Europe: et un Auteur de nos jours a trouvé étrange qu'on ne l'eût point fait. *Miretur quis*, dit-il, *cur non et Cardinalem Cusanum . . . prædictis Malitiæ Magistris adjunxerit, cum hic easdem Irenicas Postelli Technas longe præsenserit, ac Syncretismum Judaicæ, Christianæ, et Turcicæ Fidei serio meditatus fuerit* (26). Gabriel Naudé reprend le Cardinal d'Ailly d'avoir dit quelque chose de semblable dans un Traité *de tribus Sectis* (27). François de Croy, Ministre Réformé, a autrefois aussi rassemblé trois des principales Religions du Monde dans un Ouvrage intitulé *les trois Conformitez*, et imprimé sans nom de Ville, ni d'Imprimeur, *en 1605, in 8°.* Mais, ce n'étoit que pour y prouver l'*Harmonie et Convenance de l'Eglise Romaine avec le Paganisme, le Judaïsme, et les Hérésies anciennes:* Parallèle, non seulement renouvellé par . . . Mussart, Ministre de Lion, dans ses *Conformitez des Cérémonies modernes avec les anciennes, où il est prouvé par des Autoritez incontestables, que les Cérémonies de l'Eglise Romaine sont empruntées des Payens,* imprimées aussi sans nom de Ville, ni d'Imprimeur, *en 1667, in 8°;* mais même traité par occasion, dans divers autres Livres.

On trouve dans les *Histoires Orientales* du même Postel, qu'*Adam a esté Prince de la Loy de Nature, Moyse de la Loy escripte, et Jésus-Christ de la Loy de Grâce* (28). Je ne sai où se trouve ce qu'on a vu ci-dessus que Henry Etienne lui attribue: mais, voici quelque-chose d'approchant, tiré des mêmes *Histoires Orientales* (29). „Dieu donna aux Hommes par Moyse une loy meslée de bien et de mal; mais, ils ne la voulurent point observer, et idolâtrèrent. Puis, il en envoya une autre par Issa ou Jésus-Christ, remplie de douceur seulement; et ils ne l'observèrent pas mieux. Parquoy, il a envoyé Muhamed, avec une espée, et avec rigueur, pour faire croire les gens en Dieu par force, ou les faire mourir." Il avoit apparemment puisé ces sortes d'idées dans la lecture de l'Alcoran, et peut-être même en particulier dans la lecture de ces endroits-ci: *Dieu a envoié l'*Ancien Testament *et l'*Evangile, *qui servoient auparavant de guide au peuple; et l'*Alcoran, *qui distingue le bien d'avec le mal. Tous les* Fidèles *ou* Musulmans, *les* Chrétiens, *et les* Juifs, *qui croiront en Dieu, et feront de bonnes œuvres, seront récompensés par le Seigneur.* „Jésus Fils de Marie a dit aux enfans d'Israël, *Je suis* Messager *de Dieu. Il m'a envoié, pour confirmer l'*Ancien Testament; *et pour vous annoncer, qu'il viendra un* Prophète *après moi, qui aura nom* Mahomet (30)." Quoi qu'il en soit, il ajoute, que *les Payens laissant la Loy de Nature, les Juifs reprouvant le Messie, et les Chrestiens abâtardissant la Loy de Grâce, Dieu voulut que survint la bastarde Doctrine de l'Alcoran, colligée et accumulée de divers passages, histoires, et sentences, prinses de la Loy de Nature, de celle de Moyse, et de celle de Grâce* (31).

---

(26) Matthias Dreyerus, *in* Commentatione de Theatro Anonymorum et Pseudonymorum Placcii, *folio X2.*   (27) Naudæi Bibliograph. Politica, *Cap. IX, pag. 525.*

(28) Postel, Histoires Orientales, *Part. II. pag. 38.*   (29) *Partie I, pag. 43.*

(30) Alcoran, *Chapitre III, ou de la Lignée de Joachim, pag. 38: Chapitre II, ou de la Vache, pag. 7: Chap. du Rang, pag. 438.*   (31) Postel, Histoires Orientales, *Part. II, pag. 42, 43.*

Le fameux Pierre Charron, Auteur trop élevé par les uns et trop ravalé par les autres, s'exprime plus crûment encore en ces termes. „C'est chose effroyable, de la grande diversité des Religions, . . . et encore plus de l'estrangeté d'aucunes, si fantasque et exorbitante, que c'est merveille que l'entendement Humain aye peu estre si fort abesty et enyvré d'Impostures . . . toutes ont cela, qu'elles sont horribles et estranges au sens-commun. *Aussi toutes* s'entrecondamnent, et rejettent: et la plus jeune bastit tousjours sur son aisnée, laquelle . . . elle ruine peu à peu, et s'enrichist de ses despouilles, comme a faict la Judaïque à la Gentile et Ægyptienne, la Chrestienne à la Judaïque, et la Mahométane à la Judaïque et Chrestienne ensemble (32)."

Marco Paolo, et divers autres Auteurs, citez par Claude Duret (33), racontent, que Cublai ou Cobila, grand Cam de Tartarie, dans le XIII. Siècle, admettoit indifféremment quatre Religions, et disoit pour raison, *Je ne saurois mieux faire, étant environné de sujets de diverses Religions, et voyant qu'il y a quatre grands Prophètes crus et révérez dans tout le monde, Moyse par les Juifs, Jésus-Christ par les Chrestiens, Mahomet par les Sarrazins et Mahometistes, et Sagomombar par les Tartares.* Cela ressemble assez bien à ce qu'on dit de l'Empereur Alexandre Sévère, qui mêloit dans son Oratoire les Images d'Abraham et de Jésus-Christ avec celles d'Apollonius et d'Orphée (34); ou des Carpocratiens, qui, selon St. Irénée, St. Epiphane, et tous les autres Enumérateurs d'Hérétiques qui les ont suivis, adoroient également Homère, Pythagore, St. Paul, et Jésus-Christ: et ce grand excès de Religion en dénote peut-être encore moins qu'un Traité *de tribus Impostoribus.* Qu'Alexandre Sévère mît Jésus-Christ au nombre de ses Dieux, il n'y a-là rien de fort extraordinaire, ni qui prouve sa piété, comme le prétendent certaines gens. Tibère, l'un des plus méchans Hommes qu'il y ait jamais eu, vouloit bien faire la même chose, et l'autoriser même par un Décret du Sénat (35). La Politique des Romains les engageoit à ramasser indifféremment ainsi les Dieux de tous les peuples: et Rome étoit, pour ainsi dire, l'égout de toutes les Divinitez de leur vaste Empire. Mais, que les Carpocratiens, recevant l'Evangile, et faisant profession de croire en Jésus-Christ, le confondissent néanmoins

(32) Charron, de la Sagesse, *Livr. II, Chap. V, pag. 305, 307, et 308.*

(33) Thrésor de l'Histoire des Langues de l'Univers, *pag. 539, 624, et 642.*

(34) Lampridius *in* Vita Alexandri Sever. *inter* Hist. Aug. Script. *pag. 540, et seqq.* Aeg. Gelenius, de Colon. Magnitud. *pag. 354, par une petite filouterie religieuse, explique* Orphée *par David; sans doute, parce qu'ils étoient également Musiciens.* Patin *fait bien pis: comme il outroit volontiers les choses, il a trouvé bon de substituer à ces Dieux,* Vénus, Priape *et* Flora: *ajoutant assez plaisamment, que c'étoit ainsi que* van der Linden *associoit* Hypocrate, Paracelse, *et* van Helmont. *Voïez sa* Lettre du 12. Mars 1666, Tom. III, pag. 111. Peut-être se souvenoit-il confusément d'avoir ainsi vu* Jésus-Christ au milieu de Vénus et de Priape, *dans les* Recherches des Recherches de Pasquier par Garasse, *pag. 268, où le* Jésuite cite Spartian *au lieu de* Lampridius. *Le Père* Pétau *semble avoir usé d'une petite fraude pieuse, en voulant faire de cet Empereur un Chrétien réel et effectif.* Christo . . . cum Divinos Honores habere, ac Templum condere, per Senatum minime licuisset, E U M in Latario C O L U I T, *dit-il dans son* Rationarium Temporum, *sous l'année 222. On prétend, qu'une des* maximes *les plus familières à ce Prince étoit* Quod tibi fieri non vis alteri ne feceris: *et cela valoit incomparablement mieux que son assemblage hétéroclite de tableaux.*   (35) *Voïez* Tillemont Mém. pour l'Hist. Ecclésiast. *Tom. I. pag. 428.*

dans un même culte, non seulement avec S. Paul, mais même avec Homère et Pythagore, un pareil excès d'égarement et de folie est si peu vraisemblable, qu'il est bien difficile de se le persuader; et qu'il y a tout lieu de croire, que ce n'est-là qu'une de ces fausses imputations, dont les Pères de l'Eglise surchargeoient trop fréquemment, ainsi que trop libéralement, les anciens Hérétiques vrais ou faux.

Une bonne *Apologie pour les grands Personnages faussement accusez d'Hérésie*, seroit une pièce aussi curieuse et aussi utile, que celle qu'on a faite autrefois *pour les grands Personnages faussement soupçonnez de Magie*: et il seroit d'autant plus à souhaiter, que quelque nouveau Naudé s'élevât pour nous donner un Ouvrage si nécessaire, qu'il est beaucoup plus important d'être désabusé sur le premier de ces points que sur l'autre. A la vérité, ce seroit un travail, non seulement de longue haleine, mais même de très difficile discussion, vu les faussetez, les calomnies, les contradictions, en un mot les épaisses ténèbres, dont les anciens et les nouveaux faiseurs de *Catalogues d'Hérétiques*, espèce de Gent moutonnière s'il en fut jamais, ont comme accablé ce sujet: mais, il se trouveroit sans doute des gens capables de s'en bien acquitter; et la gloire, qui leur en reviendroit, n'en seroit que plus éclatante. Feu Mr. de Beausobre, Auteur de l'*Histoire du Manichéisme*, auroit été fort propre pour un pareil Ouvrage. On l'accuse, à la vérité, d'avoir eu un trop merveilleux penchant à absoudre les Hérétiques de toutes leurs erreurs. Mais, cette accusation est-elle bien fondée? En matière de Controverse, il est bien difficile de se fixer dans un milieu raisonnable; et souvent il suffit, qu'un des partis condamne une opinion, pour que l'autre en prenne aussi-tôt la défense.

Pour en revenir encore à Postel, Campanella lui attribue nettement le *Livre de tribus Impostoribus* (36), et un Moine menteur affirmoit à Nicolas de Bourbon, que „Postel en étoit l'Auteur; que cet Ouvrage étoit imprimé; qu'il l'avoit vu dans la Bibliothèque de Buxtorf à Bâle; qu'il étoit écrit en Latin; et que ce Latin ressembloit à celui de Postel:" toutes choses que Bourbon nie et rejette hautement dans ses *Borboniana*, pag. 253. du Tom. II. des *Mémoires Hist. Crit. et Littér. de* François de Bruys.

L'Abbé *Joly*, Editeur de ces *Mémoires*, ajoute dans une Note sur ce passage: „On peut hardiment assurer, que ce Livre n'a jamais été imprimé ni même composé. Voïez le *Journal des Sçavans*, Avril 1750, in 4., pag. 230."

(*O*) . . . *à Muret*.] Je ne trouve point sur quoi l'on fonde une pareille et si grave accusation: mais, elle n'est sans doute pas mieux fondée que toutes les autres, tant précédentes, que suivantes. Ce Savant éprouvoit un sort bien singulier. D'un côté, on en faisoit un *Dévot* si pénétré de zèle, qu'il pleuroit toujours en disant la Messe, comme le remarque le *Borboniana*, pag. 253; et, de l'autre, on l'accusoit de Pédérastie, comme ne le prouve que trop ce distique de Scaliger contre lui:

Qui Flammas rigidæ vitaverat ante Tolosæ
Muretus, Fumos vendidit ille mihi.

(36) Borboniana, *pag. 253.*

(P) . . . *à Giordano Bruno.*] Parce qu'après avoir feint, dans son *Spaccio de la Bestia trionfante*; titre artificieusement formé sur ce que de chez les Egyptiens, les premiers Inventeurs du Culte religieux, qu'ils addressèrent d'abord aux bêtes qui leur étoient les plus utiles et les plus nécessaires, et même ensuite jusqu'aux choux et oignons de leurs Jardins, la *Religion* se répandit successivement chez tous les peuples de la terre, et y domina souverainement et en *trionfante*: après, dis-je, avoir feint dans ce *Spaccio* que Jupiter, convaincu par les railleries de Momus, que le peu de piété des Hommes ne venoit que du scandale que leur donnoit la conduite desordonnée des Dieux, les avoit tous chassés du Ciel, et avoit ôté leurs noms aux Etoiles, pour leur donner ceux des Vertus Morales; et qu'après avoir pris occasion de là de comparer les Dogmes du Paganisme à ceux du Judaïsme, du Christianisme, et du Mahométisme, il n'a fait aucune difficulté de traiter odieusement ceux-ci de puérilitez et de bêtises, et leurs trois Instituteurs d'Imposteurs insignes: affectant néanmoins de se cacher sous la trompeuse apparence de combattre le vice, et de recommander la vertu. *All'hora*, dit-il dans l'Epître explicatoire dont je parlerai dans un moment, *all'hora si dà* Spaccio a la Bestia trionfante, *cioè a gli* VITII, *che predominano et sogliono conculcar la parte divina; si repurga l'animo da errori, et viene a farsi ornato de'* VIRTUTI, *etc.* Scioppius, dans une *Lettre* citée par Mr. la Croze, et que je vais indiquer, s'est imaginé qu'il ne s'agissoit uniquement là que du Pape pris en général, et s'est abusé.

Selon l'un des Auteurs du *Spectateur*, cette fiction est une assez mauvaise pièce, *où il n'y a que très peu d'esprit, et où l'on ne voit aucune ombre de raisonnement* (37): et ce seroit quelque chose de bien étonnant, qu'un semblable Livret se fût vendu plus de trois cens florins (38), si l'on ne connoissoit d'ailleurs le zèle ardent, et l'entêtement aveugle, des prétendus Esprits-forts pour tout écrit qui a la malheureuse réputation de favoriser l'impiété; fût-il aussi sot que le *Voyage de Jaques Massé* (39), et aussi fade que les railleries impies de Gueudeville, répandues aussi témérairement qu'insolemment dans ses *Réflexions vives et libres* sur les *Maximes Politiques du Pape Paul III*, et dans ses travestissements de l'*Amphitrion de Plaute*, et dans ses corruptions de la *Folie d'Erasme* et de la *Vanité des Sciences d'Agrippa*.

Le titre complet du Livre de Giordano Bruno est *Spaccio de la Bestia trionfante,*

(37) Spectateur, *Tom. IV, pag. 158. On en porte le même jugement dans les* Observations Littéraires, *Tom. II, pag. 171, aussi bien que de son* Candelaio, *qu'on traitte-là d'infâme e scelerato. C'est une pièce bizare, intitulée* Candelaio, Comedia del Bruno, Nolano, Academico di nulla Academia, detto il Fastidito. In Tristitia hilaris, in Hilaritate tristis, *et imprimée* in Parigi, appresso Guillelmo Giuliano, *nel 1582, in 12. Elle a été traduite en François sous le titre de* Boniface et le Pédant, *ses deux Personnages dominans, et imprimée* à Paris, chez P. Menard, *en 1633, in 8.*

(38) *C'est ce qu'affirme d'un Anglois le* Spectateur, *là-même. Du* BARON *de* Bester, Saxon, *Blinemann Catal. vet. Edit. pag. 13, et à peu près de divers autres, là-même, et* Vogt, *pag. 141.*

(39) *Mauvais Ouvrage, où dès l'entrée, on donne Trianon ou Marly comme existant sous Richelieu; composé par un Ecrivain très méprisable, et augmenté par divers autres de même caractère, et imprimé, non* à Bourdeaux, *mais* à la Haïe, *chez un Libraire fort amoureux de ces sortes d'impiétez.*

proposto da Giove, effettuato dal Conseglio, revelato da Mercurio, recitato da Sofia,
udito da Saulino, registrato dal Nolano, diviso in tre Dialoghi, subdivisi in tre parti,
e consegrato al molto illustre et excellente Cavalliere Signor Philippo Sidneo: et il a été
imprimé *in Parigi*, [*appresso Egidio Beïs*, dit-on,] *nel 1584, in 8°*. Selon Scioppius et
Mrs. la Croze, la Roche, et la Monnoïe (40), cette Edition a été faite *à Londres*:
mais, il est certain, tant par la Lettre de Scioppius même, que par l'Impression
de quatre autres de ses Ouvrages, que Giordano Bruno étoit à Paris depuis 1580
jusqu'en 1584. Ce que prouve aussi Jean de Nostitz, Disciple favori de Bruno,
dans la Préface de son *Artificium Aristotelico-Lullio-Rameum*, imprimé *Pragæ,*
Typis Sigfridianis, 1615, in 8°.; où il affirme qu'il y avoit 33. ans qu'il conversoit
avec Bruno à Paris. Ce Livre contient 30. Pages pour la *Préface*, et 261. pour le
Spaccio même. La même année, il en donna une Explication, intitulée *Epistola*
explicatoria, scritta al Cavalliero Signor Philippo Sidneo, sopra Spaccio de la Bestia
trionfante, *dal Nolano*: et elle se trouve à la fin de sa *Cena de le Ceneri*, qui sont
cinq Dialogues dédiés *all'unico Refugio de le Muse, l'illustrissimo Michel de Castel-*
novo, Signor di Mauvissier, etc.; imprimés *à Paris, chez le même Beïs, en 1584, in 8°.,*
avec figures; et ainsi intitulez parce que l'Auteur suppose qu'ils se tinrent le *Soir*
du Mercredi des Cendres. On prétend, que cela n'est guères moins impie que le
Spaccio même.

Si l'on en veut croire Toland, l'Ouvrage si renommé depuis si longtems sous
le titre *de tribus Impostoribus* n'est autre chose que ce *Spaccio de la Bestia trion-*
fante: et cette raison, qui auroit détourné tout honnête Homme de le reproduire, est précisément ce qui l'a déterminé à le traduire en Anglois. Cette
Traduction est intitulée *Spaccio de la Bestia trionfante, or the Expulsion of the*
triumphant Beast, etc., et imprimée *London, in the Year M.DCC.XIII., in 8°.*, de
grande forme et de gros caractère. Il n'en fit tirer qu'un assez petit nombre
d'exemplaires, afin de les mieux vendre. Mr. Fabricius n'a pas eu raison d'en
parler comme d'une nouvelle Edition de l'Original même (41).

On a aussi un *Essai de Traduction Françoise* d'une petite partie de cet Ouvrage;
et voici en quoi elle consiste:

PREMIER TITRE.

Le Ciel réformé: Essai de Traduction de partie du Livre Italien
Spaccio della Bestia triomfante.

Demus alicuis oblectationibus Veniam, dum nostris impetremus.

PLINIUS.

SECOND TITRE.

Le Ciel réformé: Essai de Traduction de partie du Livre Italien, intitulé

(40) Entretiens sur divers Sujets d'Histoire, etc. *pag. 293, et 326*. Memoirs of Literature, *Tom. II,*
pag. 258. Remarques sur Bailler, *Tom. I, pag. 129*.

(41) Fabricii Syllabus Scriptorum de Veritate Relig. Christianæ, *pag. 475.*

Spaccio della Bestia triomfante; la Déroute ou l'Expulsion de la Beste triomphante:

proposée par Jupiter, effectuée par le Conseil des Dieux, déclarée par Mercure.

C'est Sophie, qui en fait le Récit: c'est Saulin, qui l'entend; et Nolanus, qui le publie. Le tout divisé en trois Dialogues, subdivisé en trois parties. Dédié à l'illustre et preux Philippe Sydney.

Imprimé à Paris, 1584.

Ces deux Titres sont suivis d'une *Epître Dédicatoire*

A MONSIEUR ***;

Epître, où il seroit naturel de trouver quelques particularitez Littéraires, tant sur cet Ouvrage, que sur son Auteur; mais, où l'on se contente de nous dire, qu'*il est indifférent de savoir, s'il est vrai, ou non, que Jordanus Brunus, Auteur Italien fameux*, ait été brûlé à Rome, au Champ de Flore, en 1600, pour les impiétez qu'on prétend être répandues dans ses différens Ecrits; que ce bon Jacobin est l'Auteur, entre autres du *Spaccio della Bestia trionfante, etc.*, qui se trouve quelquefois joint à un autre, qui a pour titre *La Cena de i Ceneri*, parce que les cinq Dialogues, qui le composent, ont pour Epoque un premier jour du Carême: qu'à la Vente de la Bibliothèque de l'Abbé de Rothelin, ils ont été vendus 1132. Livres, [prix ridiculement excessif, et incomparablement plus fou que celui dont parloit ci-dessus le Spectateur,] quoi qu'ils ne forment qu'un *in 12°.*, sans beauté particulière, ni d'impression ni de caractères: que ce n'est point une Satyre contre la Religion en général, ou la Cour Romaine, en particulier, la Ville Sainte (Rome) n'y étant pas même nommée; mais, le premier, un *Traité de Philosophie Morale* suivant un Plan extrêmement bizarre, et l'autre un *Essay sur le Système du Monde*, qui adopte le *Système de Copernic*, semble être le *Précurseur du Spinosisme*, et où l'on se trouve au milieu de *ces Tourbillons dont Des-Cartes a fait depuis si grand usage*.

Après cela vient une Livre de 48 *Constellations*, selon l'Auteur, et puis l'*Epître* leur servant d'*Explication*, adressée à Philippe Sidney par Nolanus.

Cette Explication est fort propre à confirmer l'Idée du Traducteur touchant la *Bizarrerie* de l'Ouvrage: car, le rapport de ces *Constellations* aux vertus ou aux vices, auxquels il les applique, est si peu naturel, ou si peu convenable, que souvent il en est incompréhensible et quelquefois révoltant, tant il est guindé et alambiqué. Par exemple, en voici une, à l'aide de laquelle on pourra se faire une idée des autres.

„Céphée. Du lieu où étoit Céphée, tombe le *Sophisme*, l'*Ignorance de mauvaise volonté*, la *sotte Confiance* avec ses Suivantes, ses Ministres, et leur suite: et ici se présente la *Sagesse*, pour être Compagne de la *Prudence*; et elle aura dans sa *Sphère*, ce qu'il y a de divin, de moral, de naturel, et de raisonnable."

Fiat Lux; car, quel rapport intelligible tout ce vain et futile étalage a-t-il avec l'Histoire ou la Fable de Céphée?

Paroit, enfin après les 48. *Explications* de ces *Constellations*, le *premier Dialogue* du Livre intitulé *Spaccio della Bestia triomphante*, dont les *Interlocuteurs* sont Sophie, Saulin, et Mercure; et c'est tout ce que le Traducteur a jugé à propos de nous donner, et qui n'est que *la I. partie* du *I. Dialogue*. Ce qu'elle contient est plus intelligible, et plus digne de l'attention des Lecteurs judicieux et sensez.

Le tout contient 92. pages, *in 8º.*, de médiocre Caractère, et est précédé du premier titre rapporté ci-dessus, et daté simplement de l'année 1000, 700, 50; Bizarrerie, que les Libraires ont depuis quelque tems introduite dans leurs Impressions. Par le nom de *Cochin*, Graveur Parisien, qui se voit sur une figure mise au dessus de cette date bizarement écrite, il paroit que cette Impression s'est faite *à Paris*.

On a une Dissertation touchant ce Giordano Bruno, sous le titre de *Disquisitio de Jordano Bruno Nolano*, imprimée à *Primslaw* en Brandebourg, *in 12º.*, et composée par *Charles Etienne Jordan*, qui y étoit Ministre d'une Eglise Françoise. Mais, il n'étoit guères en état de bien juger des matières obscures et abstraites, dont traitoit Giordano Bruno. On peut juger de l'étendue de ses Lumières par son *Recueil de Littérature, de Philosophie, et d'Histoire*, par son *Voïage Littéraire en France, en Angleterre, et en Hollande*; et par sa *Vie de Mr. la Croze*; dans lesquels on ne trouve guères que quelques Anecdotes recueillies comme à la volée, et effectivement assez légèrement et assez peu exactement rapportées, comme on le fait voir dans le *Journal Littéraire*. Ce qu'avoit dit de ce Bruno Mr. la Croze, son Patron, dans ses *Entretiens* citez ci-dessus, et Mr. Bayle dans son Article Brunus, vaut sans doute incomparablement mieux. Mr. Goujet qui dit *Biblioth. Franc.* Tom. VIII, pag. 120, que Giordano Bruno *fut brûlé en effigie pour son* Spaccio, etc. auroit pu voir là, que cet Auteur fut *brûlé* en personne, pour ses impiétez, ou plutôt pour son Luthéranisme, comme le prétend Mr. Chais, dans ses *Lettres sur les Jubilés et les Indulgences de l'Eglise Romaine*, pages 230 et 231, Rome souffrant plutôt l'incrédulité que l'hérésie.

Cette même raison auroit dû faire attribuer aussi cet Ouvrage au fameux Vanini, s'il est vrai qu'il ait avancé ce que lui impute Beverland. *Julius Cæsar Vaninus*, dit-il (42) . . . *docet Mosem, Christum, et Mahometem, fuisse sidereos Legislatores*; . . . *Stellarum fato*, Judaismum Christianitati, et Mahumetismo Christianismum *locum cessisse:* . . . *et eadem vafritie eos decepisse orbem, impius profane debacchatur.* Mais, on s'est contenté de dire, qu'il l'avoit *fait revivre* (43). Veut-on dire par-là, qu'il l'ait fait réimprimer; ou bien, simplement, qu'il en ait copié et reproduit les impiétés dans quelqu'un de ses Ouvrages, comme on en a accusé Cardan, Bodin, et Bérigard?

(42) Beverland de Peccato Originali, *pag. 3.*

(43) *Voïez la XXVI. des* Histoires Tragiques de nostre temps, par François de Rosset, *imprimées* à Paris, en 1619, in 8.

Cardan, parce qu'il attribue l'origine et la diversité des Religions aux Influences des Astres, savoir le Paganisme à quantité de Constellations, le Judaïsme à Mercure et à Saturne, Le Christianisme au Soleil et à Jupiter, et le Mahométisme à la Lune, à Mars, et à Vénus; et, qu'après avoir fait, dans le Chapitre *De Necessitate Hominum*, du XI. Livre de son Ouvrage *De Subtilitate* (44), un parallèle de ces IV. principales Religions du Monde, il le conclut fort cavalièrement par ces paroles, *His igitur Arbitrio Victoriæ relictis*, qui scandalisèrent fort le public, et qu'il changea depuis en celles-ci, *Sed hæc Philosophos parum attinent pro quibus institutus era Sermo*, dont on ne fut guères plus satisfait (45). *Tibi vero*, lui dit avec beaucoup de vivacité Scaliger le Père, *Exercitatione CCLVIII. de Subtilitate*, num. I, pag. 794, *Tibi vero quis, cujusque modi, sectæque animus sit, vel præs, vel manceps, perfacile verbis illis ostentasti:* Igitur, *inquis*, his Arbitrio Victoriæ relictis, ad Provinciarum discrimina, transeamus . . . *Quod igitur arbitratus fuerit Victor, Phryx, Thrax, Cappadox, Scytha, ei tu perinde favebis ac si cum veritate veritatis oppressor triumpharit.*

Bodin, parce qu'après avoir mis aux prises, non seulement le Judaïsme, le Christianisme, et le Mahométisme, comme le dit Ancillon (46), mais presque toutes les Réligions du Monde, dans son *Colloquium ἑπταπλομερὲς de abditis rerum sublimium Arcanis*, où *Coronæus* défend le Catholicisme, n'en donnant guères pour raison que sa décision *qu'il faut croire à l'Eglise*, Refrain perpétuel des Catholiques Romains; *Frédéric*, le Luthéranisme; *Curtius*, le Calvinisme; *Senanus*, le Paganisme; *Toralba*, le Naturalisme; *Octavus*, le Mahométisme; et *Salomon*, le Judaïsme; il y fait enfin triompher le Naturalisme: ce qui a donné lieu de dire de lui, qu'*il se mocquoit également de toutes les Religions*, et qu'il étoit *mort comme un Chien, n'étant ni Juif, ni Chrétien, ni Turc* (47).

(44) *Divisé en XXI. Livres, et imprimé* à Nuremberg, chez Petreius, en 1550, et 1554, in folio, *bonnes Editions.*

(45) *Voïez* Mersenni, Quæstiones in Genesim, *col. 533, et 1029;* Morhofii Polyhistor Litterarius, *Libr. I, Cap. VIII, pag. 72;* L'Espion Turc dans les Cours des Princes Chrétiens, *Tom. III, pag. 267;* Schram, de Vita Vanini, *pag. 83. Avant* Cardan, *quelques Arabes comme* Albumasar, *quelques Juifs comme* Abarbanel, *et quelques Chrétiens comme le* Cardinal d'Ailly, *s'étoient déjà infatuez de cette influence des Astres sur les Religions. Voïez, à ce sujet,* Paschii Inventa Nov-Antiqua, *pag. 590, 591; et* Wolfii Bibliothec. Hebr. *Tom. I, pag. 4, et 5.* George Michel, *a même reproché à ce Cardinal, dans ses* Remarques sur les Curiositez inouïes de Gaffarel, *d'avoir fait l'Horoscope de Jésus-Christ, dans un Traité de* Stella Magorum; *et d'y avoir regardé le grand changement qu'il devoit apporter à la Religion, comme l'effet de l'influence des Astres.* Cardan *avoit aussi fait dans ses* Commentaria in Quadripartitum Ptolomæi, *imprimé* à Bâle, en 1554, in folio, *un* Christi Genethliacon, *dont* Scaliger, Scaligeranor. *pag. 43, s'est mocqué; ajoutant* Quid enim si de Die natali Christi non constet? Et verum est non constare. J. B. Norin *pensoit bien autrement, puisqu'il a fait l'*Apologie *de cette* Horoscope *dans son* Astrologia Gallica, *dédiée à Jésus-Christ par cette raison. Voïez encore* Paschii Inventa Nov-Antiqua, *pag. 590, où l'on voit la Liste et les Versions des Auteurs qui se sont avisez de faire l'Horoscope de Jésus-Christ.*   (46) Mélange Critique de Littérature, *Tom. II, pag. 2.*

(47) *Voïez* Bayle, Nouvelles de la République des Lettres, *Juin 1684, pag. 345, 346;* Dictionnaire Historique et Critique *Article* BODIN, *Remarque (O), Citation (68); et* Morhofii Polyhistor Litterarius, *Libr. I, Cap. VIII, pag. 72.* Frédéric de Rostgard, Biblioth. *pag. 520, se flattoit d'avoir un MS. de cet Ouvrage plus entier que beaucoup d'autres, et à la fin duquel se lisoient ces caractères* H. E. J. B.

Bérigard, ou Beauregard, parce qu'en défendant, ou faisant semblant de défendre, les Miracles de Moïse contre ceux qui ne les prennent que pour des effets de la Magie, il a affecté de citer ce prétendu Traité, dans son *Circulus Pisanus*, Part. III, Circ. III, pag. 230; et que cela a fait croire, qu'il en avoit tiré cette objection, et plusieurs autres semblables (48).

On a fait autrefois un grand crime au célèbre Wicleff d'avoir dit, *Omnes Religiones indifferenter introductæ sunt a Diabolo*. Mais, on sait, qu'il n'entendoit point par là les Religions proprement dites, mais simplement les Ordres Monastiques, et particulièrement les Mendians.

On a vu ce qui concerne Barnaud ci-dessus à la fin de la Remarque (*M*): ainsi je passe à Campanella.

(*Q*). . . *à Campanella*.] A cause de ce trait de son Epître à Scioppius, mise au devant de son *Atheismus triumphatus*, et imprimée dans les *Acta Litteraria Struvii* (49): *Nemo fidem præstat* Bibliis, Evangelio, *nec* Alcorano, . . . *nisi quatenus utile est. Credit quidem his Plebecula: sed Docti et Principes, omnes fere Machiavellistæ Politici sunt, utentes Religione ut Arte dominandi*. On lui reproche encore quelques autres pensées semblables, et particulièrement celle-ci: *Mansit Religio Mosaïca cum superstitione in Hebræis et Mahumetanis, et cum Reformatione præclarissima in Christianis*. Naudé la cite comme tirée des *Aphorismi Politici* de Campanella (50).

Tels sont les divers personnages, auxquels on a fort légèrement attribué le prétendu Traité *de tribus Impostoribus*: et sur de pareilles Imaginations, on le pourroit attribuer de même à beaucoup d'autres, qui n'y ont pas plus pensé; par

A. S. A. Æ LXIII, *qu'il expliquoit par ces mots:* Hæc ego Joannes Bodinus, Audius, scripsi Anno Ætatis LXIII. *En ce cas, il auroit possédé l'Original même de Bodin.*

D'autres l'ont pourtant soupçonné, et même accusé de Judaïsme; et l'on a singulièrement observé, que Jésus-Christ n'est pas nommé une seule fois dans tous ses écrits. *C'est au moins ce que dit* Amelot de la Houssaie, *au mot* BODIN *de ses* Mémoires Historiques et Critiques. *Dans le* Schursfleischiana, pag. 104, *on attribue ce* Colloquium ἑπταπλομερὲς, *et à* Vanini, *et à* Postel: *mais c'est un* Ana; *et c'est tout dire. Voïez ci dessus l'Article* FAUSTE, *à la fin de la Remarque* (C). *Dans la* Béatitude des Chrétiens ou le Fléau de la Foy, *par* Geoffroy Vallée, *que tous les Ecrivains traitent nettement d'*impie *et d'*athée, *mais que le* Controlleur du Parnasse, Tom. IV. pag. 85. *trouve* très innocent, *on introduit de même le* Papiste, *le* Huguenot, *l'*Anabaptiste, *le* Libertin, *l'*Athée, etc. *auxquels on fait débiter bien des* impiétés *au milieu de beaucoup d'*extravagances. *Ce* Geoffroi Vallée *étoit grand Oncle de* Jacques Vallée, Sr. des Barreaux, *si renommé pour son libertinage vers le milieu du XVII. Siècle, mais plus heureux que son Pasteur, qui fut pendu et brûlé pour son Livre.*

Les Lecteurs les moins exercés savent que cet Auteur vivoit vers la fin du XVI. Siècle. Ainsi l'on ne sauroit qu'être extrêmement étonné, lorsqu'on voit Mr. Tribart, *Avocat au Parlement de Paris, soutenir en pleine audience, que* Bodin *écrivoit dans le XV. Siècle, et par conséquent dans un tems bien antérieur à la* Conquête de l'Amérique; *et néanmoins lui faire raporter un Arrêt du Parlement de Toulouse de* 1558, *antérieur selon lui de deux Siècles à un Edit de 1685: et Mr. le* Clerc du Brillet, *Procureur du Roi de l'Amirauté de France, trouver ces* autorités savamment appliquées, et heureusement conduites. *Quant au Compilateur des* Causes célèbres, *où cela se trouve, Tom. XIII, pag. 556, 557, et 579, la chose n'est nullement étonnante, vu l'aveu cavalier qu'il nous fait de la manière singulière dont il s'est fait Auteur.*

(48) *Voyez entre autres* Morhofii Polyhistor Litterarius, Libr. I, Cap. VIII, pag. 70; *mais, surtout, le passage de* Matthias Dreyerus *rapporté ci-dessous dans l'Article* MASUCCIO.

(49) *Fasciculo II.*   (50) Naudé, Considérations sur les Coups d'Etat, *pag. 183.*

exemple, à Simphorien Champier dans le *Liber de Legum Conditoribus*, où l'on trouve folio l, *Notabile certe, et mysterio carere non existimandum, quod tres maximi Legum Latores trium Religionum, quæ totum terrarum orbem occuparunt, in tribus mundi partibus sibi vicinis, . . . hoc est Assyria, Arabia, et Egypto, fuerint procreati. Fuit enim Moses Egyptius, Christus Assyrius, Machometus Arabus*; Paroles plus que suffisantes à certains curieux indiscrets, et témérairement décisifs, pour y reconnoître l'Auteur du Traité *de tribus Impostoribus*. J'en dis autant du Cardinal du Perron. On ne sait que trop, tant par son impiété lachée à Henry III, que par diverses autres circonstances, que son Christianisme étoit au moins fort problématique. Selon d'Aubigné, dans la Préface de sa *Confession Catholique de Sancy*, on avoit *ouï* ce Cardinal *défendre, par manière de passetems*, l'Alcoran de Mahomet, *et le* Talmud des Juifs, *avec telle dextérité, que . . . les uns vouloient coiffer un Turban, et les autres un Bonnet orangé*. Réunissant tout cela, n'en étoit-ce pas assez à nos Hazardeurs de Conjectures, pour charger ce Cardinal du Livre *des trois Imposteurs*, aussi bien que la plupart des Auteurs précédens? Et s'il y a à s'étonner, c'est de ce qu'on ne l'a point fait. Le fameux Toland, dont je parlois tout-à-l'heure, et dont on a traduit en François le *Nazarenus* sous ce titre, *Le Nazaréen, ou le Christianisme des Juifs, des Gentils, et des Mahométans*, seroit sujet de même à pareille imputation: et, malgré le ridicule extrême, qu'il y auroit à attribuer, à un Auteur actuellement vivant, un Ouvrage dont on a déjà si indiscrètement chargé tant d'Ecrivains anciens, et non seulement connu mais même très fameux dès le commencement du XVI. Siècle; il ne faut point désespérer de le voir mettre quelque jour sur le compte du célèbre Mr. Wolff, puisqu'un sembable ridicule n'a point empêché d'en venir à un pareil excès, non seulement envers Campanella, mais même envers Milton, qu'on peut presque considérer comme aïant encore vécu de nos jours. Mais, que dis-je? N'a-t-on pas déjà fait, si-non précisément la même chose, du moins quelque chose de fort approchant, et n'a-t-il pas été obligé de s'en justifier? Sur ce que ce savant Homme avoit dit dans un *Discours* public, *sur la Morale des Chinois*, prononcé dans l'Université de Halle, le 12. de Juillet 1721, que *les Chinois avoient le même respect pour* Confucius, *que les Juifs pour* Moïse, *les Turcs pour* Mahomet, *et les Chrétiens pour* Jésus-Christ, *entant que Docteur et Prophète envoïé de Dieu*; on l'accusa *d'avoir placé un Imposteur à côté du Serviteur et même du Fils de Dieu*: et, parmi les *Notes* nombreuses dont il accompagna ce *Discours* en 1726, il se vit réduit à ajouter celle-ci pour sa Justification. *Je ne compare point leurs personnes et leurs enseignemens. Il ne s'agit que de la vénération qu'on a pour eux, bien ou mal fondée; et, en particulier, de l'idée de leur infaillibilité. D'ailleurs, nous avons de toutes autres idées de la Personne de* Jésus-Christ, *que les Chinois de celle de* Confucius. *Aussi ai-je ajouté cette clause*, entant que nous le considérons comme Prophète, *pour bien marquer le point de comparaison, et pour éviter le Socinianisme . . . Eu égard donc à cette Infaillibilité, on peut comparer l'honneur, qui est rendu à Confucius, à celui que* Jésus-Christ, Moïse, *et* Mahomet, *reçoivent de leurs Disciples*. Voïez ce *Discours sur la Morale des Chinois*, pag. 16, 17.

Depuis quelque tems l'on a publié un Ouvrage, intitulé, de la *Certitude des Connoissances Humaines, ou Examen Philosophique des diverses Prérogatives de la Raison et de la Foi, avec un Parallèle entre l'une et l'autre, traduit de l'Anglois par F. A. D. L.*, imprimé *à Londres, chez William Robinson*, [c'est-à-dire, *à la Haye, chez Pierre Gosse,*] *en 1741, in 8°*; et dans la Préface duquel on trouve pagg. ** 3. et 4, la Réflexion suivante; *Le Juif* se croit incapable d'errer, en ce qu'il suit le *Vieux Testament*, qu'il „*dit être* la seule *Règle infaillible* de la *vraie Religion*. Le *Chrétien* ne s'assure pas moins d'être dans le *chemin de la Vérité*, en s'attachant aux *écrits des Evangélistes et des Apôtres*. Le *Mahométan* présume aussi la même chose de son *Alcoran*. Et le *Païen* a la même opinion des *Oracles*, des *Livres des Sibilles*, etc. Quel parti prendrai-je?" Sans être ni Devin, ni Sorcier, j'oserois bien parier, vu l'expérience des imputations précédentes, que, dans la suite des tems, il se trouvera des Visionnaires et des Fanatiques, qui seront assez fous pour regarder ce Livre comme un *Traité des trois*, ou *quatre, Imposteurs*; tant certaines Gens sont prêtes à se faire illusion. J'en pourrois dire autant des *Thèses de l'Abbé* DE PRADES, qui viennent de faire tant de bruit, et dans lesquelles il ne feint point d'avancer, col. 2, lignes 3. et 4, non seulement que *le Théisme* l'emporte sur toutes les autres Religions *excepté la seule véritable*, qu'il laisse à deviner; mais même, où il met en égalité *le Mahométisme, le Judaïsme, en un mot le Christianisme*, auxquels il joint *le Polythéisme* (50*).

(*R*) *Différens Auteurs en marquent . . . l'Edition, . . .* comme *si elle avoit effective-ment passé par leurs mains.*] Le Père Théophile Raynaud, par exemple, qui cite celle de *Paris, chez Chrétien Wechel, en 1530*; qui causa, ajoute-t-il, la ruine totale de cet Imprimeur, mais qui n'est pourtant qu'une chimère; et Mullerus, qui dans son *Atheismus devictus*, cite l'Edition imprimée par *Nachtigallius, en 1610*, qui n'est pas plus réelle. Voïez à cet égard les diverses *Dissertations* que j'ai indiquées ci-dessus Remarque (*D*); et joignez-y la déposition de deux nouveaux témoins absolument inconnus à leurs Auteurs. L'un est Claude Hardy, Conseil-ler au Châtelet de Paris, grand Géomètre, et grand Orientaliste, dont il est parlé dans les *Lettres de Des-Cartes*, qui raconta à Leibnitz, qu'un étranger lui avoit montré ce Livre imprimé, et que son impression ressembloit aux Livres impri-mez à Racovie; mais, qui ne disoit pourtant point en avoir rien lu. Là-dessus Leibnitz observe, que c'étoit peut-être quelque autre Livre, auquel quelque Fourbe avoit ajouté le titre *de tribus Impostoribus* imprimé: Filouterie double-ment criminelle, qu'on prétend avoir effectivement été pratiquée par un Bro-canteur Anglois, qui avoit rassemblé dans un même Volume, le *Pentateuque* ou les *V. Livres de* MOÏSE *en Hébreu*, les *IV. Evangélistes* et *les Actes des Apôtres en Grec*, et l'*Alcoran de* MAHOMET *en Latin*, faute de l'avoir pu trouver de forme *in 8°*, dans sa Langue originale comme les autres; y avoit ajouté une courte *Préface*, et le *titre de Libri de tribus Impostoribus*. Et sur ce qu'on lui objectoit, que, selon ses vues, il auroit dû dire *trium Impostorum*, il répondoit, qu'il étoit clair par

(50*) JEAN MARTIN DE PRADES, *Prêtre de Montauban, Bachelier de la Fac. de Théol. de Paris*, Thèse de Théologie, *citée dans le* Journal des Savans, *Août 1752, pag. 238.*

vingt endroits du *Pentateuque*, que MOÏSE ne pouvoit pas en être l'Auteur; que les titres seuls des *Evangiles* prouvoient qu'ils étoient écrits par les Apôtres; que, selon les Traditions Mahométanes, MAHOMET étoit incapable d'avoir écrit l'Alcoran; que tous ces Livres étoient bien moins leurs *Révélations* que leurs *Histoires*; et qu'ainsi il ne falloit point dire *Liber trium Impostorum*, mais *Libri de tribus Impostoribus*. Quoi qu'il en soit, c'est quelque chose d'assez étonnant, que Hardi n'ait fait aucune attention, ni à la Ville, ni à l'Imprimeur, ni à la date, ni à la forme d'une Edition si rare et si notable; et que Leibnitz ne se soit point avisé de le lui objecter: du moins n'en dit-il rien dans sa Remarque, *Nouvelles Littéraires*, Tom. II, pag. 259. L'autre s'exprime ainsi, dans un Ouvrage peu commun, intitulé *Diez lamentaciones del miserable Estado do los Atheistas de nuestros tiempos*, et imprimé *en Brussellas, por Roger Velpio, en el anno 1611, in 12°*, d'assez peu d'étendue: *Uno desta Seta [de los Atheistas libertinos] compuso un Libro intitulado* De los tres Enganadores de el Mundo. Moysen, Christo, y Mahoma, *que no se le dexaron imprimir en Alemanna el anno passado de 1610* (51). Cet Auteur étoit un bon Carme Espagnol, nommé Geronymo de la Madre de Dios; non seulement aussi-bien disposé que les Pères Mersenne Minime, et Zacharie de Lisieux Capucin, à multiplier ridiculement le nombre des Athées (52), mais, même assez peu sensé pour placer très injustement parmi eux les plus grands et les plus illustres Défenseurs de l'Existence de Dieu et de la Religion Chrétienne; le célèbre du Plessis-Mornay, par exemple, dont il fait mal-à-propos deux différens Auteurs, PHILIPPO MORNEO, *y otro llamado Mons.* DU PLESSIS. Voïez particulièrement les pages 83. et 89. de son Ouvrage. Deckherus, qui avance trop légèrement, que ce détestable Livre se vend communément en France, *scelestus in Gallia passim venalis Liber*, n'est pas plus excusable: et le célèbre Bayle a eu grande raison de l'en censurer dans son *Epistola ad Almeloveenium de Scriptis Adespotis*, jointe au Livre de Deckher même sous pareil titre, dont on peut voir les pages 119. et 378.

Comme il est extrêmement rare de trouver complettes, et non mutilées, les *Quæstiones celeberrimæ in Genesim, in quibus Athei et Deistæ impugnantur et expurgantur*, imprimées *à Paris, chez Cramoisy, en 1623. in folio*; et que presque tous les Ecrivains, qui les citent touchant le Livre *de tribus Impostoribus*, n'ont presque fait que les indiquer et se copier les uns les autres; j'insérerai d'autant plus volontiers ici ce qu'il en dit, qu'il soutient avec raison contre certains prétendus délicats et faux scrupuleux de son tems, qu'il est bon et nécessaire de savoir à quoi s'en tenir touchant ces sortes de Livres impies. Il en parle en IV. endroits, que les Historiens du prétendu Livre *de tribus Impostoribus* ont à peine connus.

I. Colonnes 15. et 16. *Quapropter, cum impiis semel decertandum fuit, ne deinceps ullam nobis molestiam hujuscemodi tenebriones facesserent, neve Mosem sicut Chri-*

---

(51) Diez Lamentaciones del miserable Estado de los Atheistas, *pag. 21.*

(52) *Voïez les* Quæstiones in Genesim *du premier Colon. 671, et le* Genius Seculi *du second. On trouve la même exagération dans les* Questions rares, curieuses, théologiques, naturelles, morales, politiques, etc. *du premier pagg. 12. et 146.* Placcius, *num. 462, en fait mal-à-propos un* Frère Mineur *au lieu d'un* Minime.

stum *tanquam* Impostores *objicerent, in ea (quæstione)* Vaninum, Pomponatium, Cardanum, Agrippam, AUTOREM LIBRI TRIUM IMPOSTORUM, *seu* Mundi Cymbalum, *et alios Atheismi Autores atque Patronos, abunde confutatos reperies.*

II. Colonne 533. *Adde Librum illum impium, quem a nescio quo Atheo* de tribus Impostoribus *scriptum aiunt, in quo tam horrenda continentur, ut Vir doctus me certiorem fecerit, se, cum titulum vidisset, horrore correptum fuisse, et Librum statim projecisse.*

III. Colonne 672. *Libri* Charontis de Sapientia, Machiavelli de Principe et Republica, Cardani de Subtilitate et de Judiciis Astrorum, Campanellæ, Vanini Dialogi, Flud, *et alii plurimi, . . . non semel* Animæ Mortalitatem *insinuant, vel alios errores disseminant, qui ad* Atheismum *adducere possint; adeo ut non indigeamus Libellum istum afferre, quem* DE TRIBUS IMPOSTORIBUS, *vel* cur receptum sit Evangelium, *a* Valeo *vel ab alio Nebulone conscriptum; vel* Fabellam Mercurii e Cœlo descendentis, *et omnes homines, velut Chymicos et Lapidis Philosophici perquisitores, ab impio* Peresio *de Latino Idiomate in Gallicum conversam, in qua, ni fallor, tribus suis Dialogis insinuat, quicquid de* Religione *dicitur, nullo fundamento niti, et pro nugis habendum.*

IV. Colonnes 1829. et 1830. *Columna 15, initio quæstionis adversus Atheos, Libri* trium Impostorum *memini, quem tametsi nondum invenire potuissem, in manus meas venturum existimabam, antequam fusissimæ quæstioni finem imponerem. Quod licet minime contigerit, attamen qui totum perlegerat, et totum memoria complectebatur, breviter enarravit, et per partes enumeravit, quæ in eo continentur, quem, pro judicio quo pollet, ab Aretino scriptum existimabat, cujus videlicet stylum et ingenium saperet. Non est autem quod illius summam commemorem, quandoquidem impius* Cardanus, *Libro XI.* de Subtilitate, *quem de Hominis necessitate inscripsit, a pag. 251. et deinceps eundem Librum referre, et (quod Hominis insignem impietatem manifestat) approbare, vel saltem eandem doctrinam propagare videtur. . . . Sane non parum miror nonnullos homines, qui veluti nefas esse putant quod Librum illum impiissimum, et flammis æternis dignissimum, nominemus, quo Deistæ et Athei suadere conantur,* Mosem *et* Christum, Mahometis *instar,* Impostores *esse, nobisque suis legibus imposuisse. Ergone adversus veritatem, adversus Deum, impune armabitur iniquitas, ut ne quidem reproborum arma videre liceat? Siccine Patrem omnium surdis ictibus ferient, ut eorum stratagemata nunquam fas sit detegere? Deus bone! quis temperet a lachrymis, dum non solum impios nobis insultantes, nosque interrogantes* Quis est Deus tuus? *sed etiam illos qui Catholici esse videntur, ægre ferre intelligit quod Athei atque Deistæ refellantur, quod illorum arma proferantur, ut æternum obtundantur atque comminuantur?*

Le troisième de ces passages ne se trouve plus aujourd'hui dans le Livre du Père Mersenne, les Colonnes 669–674. en aïant été enlevées, et d'autres choses substituées en place; mais, aïant eu le bonheur de m'en procurer un exemplaire complet, et non altéré par ces changemens, j'en ai exactement copié ce singulier et notable passage.

(S) *Un exemple . . . aussi mémorable qu'aucun de ceux dont on a jamais ouï parler.*] Très peu de tems après que la Dissertation ou la Lettre de Monsieur de la Monnoie sur le Livre *de tribus Impostoribus* eut été réimprimée en Hollande (53), je ne sai quel Avanturier Littéraire, qui signe I. L. R. L., s'avisa de publier une Lettre, dattée *de Leide le 1. Janvier 1716*, intitulée *Réponse à la Dissertation de Monsieur de la* Monnoie *sur le* Traité *de tribus Impostoribus*, et imprimée *à la Haye, chez Henri Scheurleer, en 1716, in 12°*, en 21. pages. Il y débite avec autant d'assurance et de hardiesse, que s'il racontoit les véritez du monde les plus certaines, et que s'il avoit les garans les moins récusable à en produire; que la Dissertation de Monsieur de la Monnoie est *assez peu démonstrative*, et destituée *d'aucune preuve capable de faire impression sur un esprit accoutumé à ne pas souffrir qu'on lui en fasse accroire* (54). Que, sans s'amuser à la réfuter article par article (55), il a un moïen bien plus sûr de la détruire, puisqu'il a dans son cabinet le fameux petit Traité *de tribus Impostoribus*, et qu'il l'a mis en état d'être imprimé, y aïant ajouté une *Préface*, dans laquelle il donne l'Histoire de sa découverte, et où il propose quelques conjectures touchant son origine (56). Qu'étant à Francfort sur le Mein en 1706, avec un Etudiant en Théologie nommé Frecht, ils y virent, entre les mains d'un Officier Allemand nommé Trawsendorff, un imprimé très ancien intitulé *Specchio della Bestia triomphante* (57), avec deux vieux Manuscrits Latins; dont l'un étoit un Sistème d'Athéisme démontré (58), commençant par ces paroles du commencement du I. Livre de Cicéron de la Nature des Dieux, *Qui Deos esse dixerunt tanta sunt in varietate et dissensione constituti, ut eorum molestum sit annumerare sententias*; et l'autre étoit le fameux Traité *de tribus Impostoribus* (59). Que, charmez d'une si heureuse découverte, ils firent boire cet Officier et obtinrent de lui sans beaucoup de peine le dernier de ces Manuscrits, mais sous serment exécrable de ne le point copier (60). Qu'à l'aide d'une équi-voque Jésuitique, et en observant ce serment *ad mentem* (61) *interrogantis*, ils ne le copièrent point, mais en firent sur le champ une traduction Françoise dont ils gardèrent chacun une copie (62). Que cet Officier Allemand vendit ensuite ses trois Livres 50. Richdalders à un Libraire de Francfort, chargé de *cette commis-sion* par *un Prince de la Maison de Saxe, qui savoit que ce Manuscrit* [de tribus Impostoribus] *avoit été enlevé de la Bibliothèque de Munich, lors que, après la défaite*

(53) A Amsterdam, chez Pierre de Coup, en 1715, in 12, *à la fin du IV. Tome du* Menagiana.

(54) *Mr.* Bayle *et Mr.* de Beauval, *qui étoient de ces* Esprits accoutumez à ne pas souffrir qu'on leur en fît accroire, *ont pourtant jugé de la* Dissertation de Mr. de la Monnoie *tout autrement que l'Auteur, quoi qu'ils n'en eussent vu que la moindre partie en comparaison de ce qu'on donna en 1712.*

(55) *Cela auroit été un peu plus difficile, que d'imaginer le* Roman *dont on va lire l'Abrégé.*

(56) Réponse à Mr. de la Monnoie, *pag. 6, 20. Cette* Préface *n'est autre chose que la* Lettre *dont je fais actuellement l'Extrait.*

(57) *S'il avoit effectivement vu ce* Livre, *il auroit écrit* Spaccio de la Bestia trionfante; *et, bien loin de le qualifier d'*imprimé très ancien, *comme s'il s'agissoit de quelque ancienne Edition du XV. Siècle, il auroit dit tout simplement qu'il avoit été imprimé à Paris en 1584, in 8.*

(58) *C'est l'expression de l'Auteur qui en décide ainsi sur* quelques Phrases *lues* par-ci par-là. Voïez sa Réponse, *pag. 10.*   (59) Réponse à Mr. de la Monnoie, *pag. 7, 8, 9.*

(60) *Là-même, pag. 10.*   (61) *Ou plutôt ad vocem.*   (62) *Là-même. 10, 11.*

des François et des Bavarois à Hochstet, les Allemands s'emparèrent de cette Ville, où Trawsendorff étant entré d'appartement en appartement jusques dans la Bibliothèque de son Altesse Electorale, un paquet de parchemin et un cordon de soie jaune s'étant offert à ses yeux, il n'avoit pu résister à la tentation de le mettre dans sa poche, se doutant que ce pourroit être quelque pièce curieuse (63). Qu'aïant considéré que cet écrit commençoit par ces mots, *OTHONI ILLUSTRISSIMO amico meo charissimo F. I. d. s. Quid de tribus famosissimis nationum Deceptoribus in ordinem, jussu meo, digessit doctissimus ille Vir, quocum sermonem de illâ re in Museo meo habuisti, exscribi curavi; atque codicem illum, stilo æque vero ac puro scriptum, ad te ut primum mitto; et enim, etc.* (64); ils en avoient conclu Frecht et lui, que c'étoit le fameux Traité *de tribus Impostoribus*: que les Lettres *F. I. s. d.*, signifiant *Fredericus Imperator salutem dicit* (65), prouvent qu'il est adressé par l'Empereur Frédéric II. à Othon l'Illustre, Duc de Bavière ; et que le *doctissimus ille Vir*, par qui il l'avoit fait composer, pourroit bien être le célèbre Pierre des Vignes (66), son Sécrétaire ou son Chancellier (67). Qu'il n'y a guères d'apparence, que ce Traité ait été imprimé, et qu'il n'y a peut-être jamais eu que l'original, et cette copie envoyée au Duc de Bavière (68). Enfin, que ce Livre „est divisé en VI. Livres ou Chapitres, chacun desquels contient plusieurs Paragraphes.

„Le I. Chapitre a pour titre *De Dieu*, et contient plusieurs Paragraphes, dans lesquels l'Auteur, voulant paroître exempt de tous préjugés d'éducation ou de parti, fait voir, que, quoi que les Hommes aïent un intérêt tout particulier de connoître la vérité, cependant ils ne se repaissent que d'opinions et d'imaginations; et que, trouvant des gens qui ont intérêt de les y entretenir, ils y restent

---

(63) *Là-même, pag. 12.*

(64) *Dans une Copie Manuscritte de cette* Lettre, *j'ai vu* mitto. Etenim ipsius legendi te accipio cupidissimum, etc. *Notez que ce n'est-là que le commencement d'une* Lettre Latine, *dont voici la traduction, tirée de cette même Copie.*

„FREDERIC, Empereur, au très illustre OTHON, mon très fidèle Ami.

„J'ai eu soin de faire copier le *Traité*, qui a été composé *touchant les trois fameux Imposteurs*, par ce Sçavant avec qui vous vous êtes entretenu sur ce sujet dans mon Cabinet. Quoi que vous ne me l'aïes pas demandé, cependant je vous envoie au plutôt ce MS., dont la pureté du stile égale la vérité de la matière. Car, je sais avec quelle ardeur vous souhaitez de le lire. Aussi suis-je très persuadé, que rien ne peut vous faire plus de plaisir, à moins que ce ne soit la nouvelle, que j'ai terrassé mes cruels ennemis, et que je tiens le pied sur la gorge de l'Hiérarchie de Rome, dont la peau n'est pas encore assez rouge du sang de tant de milliers d'Hommes, que ses fureurs ont sacrifié à son abominable orgueil. Soïés persuadé, que vous entendrez un jour que j'en triomphe, ou j'en mourai à la peine. Car, quelque revers qui m'arrive, jamais on ne me verra, comme mes Prédécesseurs, aller plier les genoux devant elle. J'espère tout de mes armes, et de la fidélité des membres de l'Empire; et que vos bons avis, et vos secours n'y contribueront pas peu. Mais, rien n'y contribueroit plus, que, si l'on pouvoit persuader à toute l'Allemagne les sentimens du docte Auteur de ce Livre. C'est ce que l'on peut bien désirer. Mais où sont ceux qui seroient capables d'exécuter un tel Projet? Je vous recommande nos intérêts communs. Vivez heureux. Je serai toujours votre Ami F. I."

(65) *L'Auteur ne se souvenoit plus ici page 13. que ces Lettres étoient arrangées ainsi* F. I. d. s. *page 8. et qu'il falloit les expliquer par* Salutem dico, *et non* dicit.

(66) Petrus de Vineis.

(67) Réponse à Mr. de la Monnoie, *pag. 8, 9; et pag. 12, 13, 14.*

(68) *Là-même, pag. 15, 16.*

attachés, quoi qu'ils pussent facilement en secouer le joug, en faisant le moindre usage des lumières de leur raison. Il passe ensuite aux idées qu'on a de la Divinité, et prouve qu'elles lui sont injurieuses, et qu'elles constituent l'Etre le plus affreux et le plus imparfait qu'on puisse s'imaginer. Il s'en prend à l'ignorance du Peuple, où plutôt à sa sotte crédulité, en ajoutant foi aux visions des Prophètes et des Apôtres, dont il fait un portrait conforme à l'idée qu'il en a.

„Le II. Chapitre est, *Des Raisons qui ont porté les Hommes à se figurer un Dieu*. Il est divisé en 11. Paragraphes, où on prouve que de l'ignorance des causes Phisiques est née une crainte naturelle à la vue de mille accidens terribles, laquelle a fait douter s'il n'existoit pas quelque Puissance invisible: Doute et crainte, dit l'Auteur, dont les fins Politiques ont su faire usage selon leurs intérêts, et ont donné cours à l'opinion de cette existence, qui a été confirmée par d'autres qui y trouvoient leurs intérêts particuliers, et s'est enracinée par la sottise du Peuple, toujours Admirateur de l'extraordinaire, du sublime, et du merveilleux. Il examine ensuite quelle est la *Nature de Dieu*, et détruit l'opinion vulgaire des *causes finales*, comme incompatibles avec les attributs de l'Etre indépendant. Enfin, il fait voir qu'on ne s'est formé telle ou telle idée de la Divinité, qu'après avoir réglé ce que c'est que perfection, bien, mal, vertu, vice: Règlement fait par l'imagination, et souvent le plus faux qu'on puisse imaginer; d'où sont venues les fausses idées, qu'on s'est faites et qu'on conserve de la Divinité. Dans le 10. Paragraphe, l'Auteur explique à sa manière ce que c'est que *Dieu*, et en donne une idée assez conforme au Sistème des *Panthéistes*; disant, que le mot *Dieu* nous représente un Etre infini, dont l'un des attributs est d'être une substance étendue, et par conséquent éternelle et infinie. Et, dans le 11. Paragraphe, il tourne en ridicule l'opinion populaire, qui établit un Dieu toutà-fait ressemblant aux Rois de la Terre: et, passant aux Livres Sacrez, il en parle d'une manière très désavantageuse.

„Le III. Chapitre a pour titre, *ce que signifie le mot* Religion, *et comment elle s'est glissée dans le Monde*. Ce Chapitre a 23. Paragraphes. Il examine dans les 8. premiers l'Origine des Religions; et il confirme par des examples et des raisonnemens, que, bien loin d'être divines, elles sont toutes l'ouvrage de la politique. Dans le 9. Paragraphe il prétend dévoiler l'*Imposture* de Moïse, en faisant voir qui il étoit, et comment il s'est conduit pour établir la Religion Judaïque. Dans le 11., on examine les *Impostures* de quelques Politiques, comme Numa et Alexandre (69). Dans le 12, on passe à Jésus-Christ, dont on examine la Naissance: dans le 13. et les suivans, on traite de sa Politique: dans le 17. et les suivans, on examine sa Morale, qu'on ne trouve pas plus pure que celle d'un grand nombre d'anciens Philosophes: dans le 19, on examine si la Réputation, où il a été après sa mort, est de quelque poids pour sa Déification. Enfin, dans le 22. et le 23, on traite de l'*Imposture* de Mahomet, dont on ne dit pas grand'

---

(69) *Voilà qui ne répond plus, ni au titre* de tribus Impostoribus, *ni à l'idée qu'en donnent tous les Auteurs qui ont parlé de ce prétendu Traité. Aussi celui dont il s'agit ici n'a-t-il jamais été fait dans cette vue, comme je le découvrirai dans un moment.*

chose; parce qu'on ne trouve pas d'Avocats de sa Doctrine comme de celle des deux autres (70).

„Le IV. Chapitre contient des *véritez sensibles et évidentes*, et n'a que 4. Paragraphes, où on démontre ce que c'est que *Dieu*, et quels sont ses attributs; et où on rejette la croïance d'une vie-à-venir, et de l'existence des esprits.

„Le V. Chapitre traite *de l'âme*. Il a 7. Paragraphes, dans lesquels, après avoir exposé l'opinion vulgaire, on rapporte celle des Philosophes de l'Antiquité; et, enfin, l'Auteur démontre la nature de l'âme selon son Système.

„Le VI. et dernier Chapitre a 7. Paragraphes. On y traite *des Esprits qu'on nomme Démons*, et on fait voir l'origine et la fausseté de l'opinion qu'on a de leur existence (71)."

Quelque fabuleux que paroisse tout ce narré, et quelque aisément qu'on voie qu'il est tout rempli de fictions, on ne sauroit néantmoins en nier la dernière partie. Car, il est très certain, non seulement qu'il y a réellement un Manuscrit tel que celui dont on vient de voir l'Analyse, mais même qu'il s'en trouve des copies entre les mains de divers curieux; et j'en ai moi-même vu trois; une, qu'on disoit avoir été copiée sur une appartenante, ou au Prince Eugène, ou au Baron de Hohendorff; et finissant par ces mots Latins, *permittente D°. Barone de* HOHENDORFF, *descripsi huncce Codicem ex Autographo Bibliothecæ serenissimi Principis* EUGENII SABAUDICI, *anno 1717*; une dans la Biliothèque de Mr. Hulst, ancien Bourgue-Maître de la Haïe (72); et une dans le Cabinet d'un des Ministres de l'Eglise Wallonne de cette Ville.

Peut-être ne s'agit-il que de quelques copies semblables dans les IV. passages remarquables que je vais citer, quoique beaucoup de gens se soient imaginés qu'il s'y agissoit réellement du prétendu Traité *de tribus Impostoribus*, si renommé, et si inutilement recherché jusqu'à ce jour. I. *Memini vidisse me apud Fautorem Halensem tale Manuscriptum sub hoc titulo, Lingua Gallica conscriptum; in quo tamen fraus facile adparet, cum in eo mentio fiat Cartesianorum: quod quidem mutare quidam conatus fuit, pro* Cartésiens *supponendo* Pyrrhoniens, *infelici tamen*

---

(70) *Aucun Mahométan ne conviendroit de cela, sans doute; et cette raison seroit siflée dans tout l'Orient.*

(71) Réponse à Mr. de la Monnoie sur le Traité de Tribus Impostoribus, *pag. 16–20. Dans les* Epistolæ Leibnitii, *pag. 444, et dans le* Catalogue des Livres de Mr. Lancelot, *pag. 14*, on attribue cette Pièce à Mr.* Arpe; *et on lui fait tort. D'ailleurs, il n'écrit point en François. Dans la* Bibliotheca Uffenbachiana, *Tom. III, pag. 681, on remarque qu'un Calomniateur fort violent fit réimprimer cette Pièce dans un de ses Livrets, ce qui lui attira bien du chagrin; et Mr.* Reimman, Catal. Bibliot. s. Theol. *pag. 1048, nous découvre que ce fut dans la II. Partie de l'*Historia Librorum *de J. C. Crause, qui échoua aussi-tôt: ajoutant que la vente de l'original fut d'abord interdite en Hollande. Mais, il n'étoit pas bien instruit. On n'y fait pas autant d'attention, qu'il le paroît croire, à ces sortes de Livres. Peu après, le même Libraire imprima sous son nom, et avec sa marque, une Traduction Françoise du* Conte du Tonneau, *Livre bien autrement pernicieux; et on ne lui en a jamais dit mot.*

(72) *Cette Copie fut bien indiquée en son rang, parmi les Manuscrits de cette Bibliothèque, dans le Catalogue que ce Bourguemaître en fit faire pour la vente publique qu'il en fit en 1730; mais on n'osa exposer ce Volume en vente, et il fut remis dans le Cabinet du Possesseur. C'est un in folio d'assez bonne grosseur, mais de gros caractère. Voïez le Tome I, de ce* Catalogue, *pag. 312, num. 4865.*

cum successu; immo ipsi Pyrrhonii, Lingua Gallica, et ejusmodi scriptum statim reddunt suspectum ab Impostore quodam subornatum (73). II. „Contenta ejusdem Libri Tentzelius ex Litteris communis nostri amici delineat, quibus integrum Librum octo Plagulis constare testatur. I. Capite, agitur de communibus hominum præjudiciis; II, in originem inquiritur quî factum quod Homines Deum, quem minime vident, credunt; quod in sola imaginatione putat consistere; quare etiam de Bibliis male judicat: III. Capite, Religionem ex sola ambitione ortam probare contendit, impie de *Mose* et *Christo* loquitur, postmodum etiam *Mahumetem* addens. Demum de inferno, Diabolo, aliisque rebus agit (74)."
III. *anno 1716, de Imposturis Religionum breve Compendium, Manuscriptum perrarum, ab E. S. P. e Bibliotheca J. F. Mayeri Berolini 80. Imperialibus redemptum est. Potius Impostoris cujusdam dispendium temporis dicendum fuisset; usque adeo vix in eo mica salis: incertum enim, an plus inscitiæ in Auctore fuerit, an impietatis. Sane ex abditis litterarum fontibus plane nihil hausit infelix homo: ex lacunis autem eorum, qui primam partem sapientiæ esse putant, id vocare in dubium, quod ratio, et conscientia, et natura universa dictitant, gustavit tantum. Ac licet Auctor infandi hujus Schediasmatis Religionem* Judaïcam, Christianam, *et* Muhamedanam, *Imposturæ nomine suspectam reddere allaboret,* Ethnicis *tamen addictior quam aliis omnibus videtur.* Qui Bibliothecæ Mayerianæ Catalogum *condidit [post alios multos] scribit, pag. 719, constare* esse hoc ipsum famosum illud scriptum de tribus Impostoribus. *Quod rationi parum est consentaneum.* Φρασις *enim ejus non eam præ se fert ætatem, qua dicterium illud de* tribus Impostoribus *natum esse creditur. Hypotheses etiam nonnullæ Hobbesii Scholam et Philosophiam redolent* (75). IV. „Si quis

---

(73) Struvii Dissertat. de doctis Impostoribus, *pag. 30, 31.*

(74) Tentzelius, *apud* Struvium, *ibid. pag. 21.*

(75) Reimmannus, *in* Catalogo *suæ* Bibliothecæ, *Tom. I, pag. 980, 981. Dans le Tome II, pag. 679, il ajoute :* Qui pro famoso Scripto *de Tribus Impostoribus* venditatur Codex *de Imposturis Religionum* est etiam apud nos, satis sceleratus quidem, sed ab infando Libro *de tribus Impostoribus* tam diversus, ut nulla prorsus inter utrumque sit similitudo.

Dans les Epistolæ Guill. Godefr. Leibnitii, *publiées par* Christian Kortholt *avec ses* Remarques, *à Leipsic, chez Breitkopf, en 1734, en 4 Volumes, in 8, on voit, Tom. I, pag. 348 et 442, qu'il a parfaitement bien conjecturé, que ce prétendu Traité* de tribus Impostoribus *de la Bibliothèque de J. F. Mayer n'étoit que quelque bagatelle indigne d'attention. Et c'est aussi le Jugement qu'avoit porté de ces sortes d'Ecrits feu Mr.* Bayle, *dans une de ses* Lettres à ce Christ. Kortholt, *du 7. d'Avril 1699, qui ne se trouve point dans le Recueil de ses* Lettres, *mais dont* Kortholt, *n'a pas oublié de faire usage dans la* Préface *de la nouvelle Edition du* De tribus Impostoribus magnis Liber *de son Père, faite à Hambourg, chez Reumann, en 1700, in 4.*

Voici le commencement de ce Compendium breve de Imposturis Religionum *etc.:* Deum esse, eumque colendum esse, multi disputant, antequam, et quid sit *Deus*, et quid sit *esse*, quatenus hoc corporibus et spiritibus, ut eorum fert distinctio, commune est, et quid sit *volere Deum*, intelligant. *Et voici sa fin:* Communes namque demonstrationes, quæ publicantur, nec certæ sunt, nec evidentes, et res dubias probant per alias sæpius magis adhuc dubias; adeo ut, exemplo eorum, qui circulum currunt, ad terminum semper redeas a quo currere incœpisti. *Mr.* Balthasar, *Professeur en Théologie à Gripswald, en avoit une Copie, en 11 feuilles in 4. Il en envoia à un de ses Amis, le 26. Janvier 1723, quelques traits singuliers, dont voici le plus remarquable:* Prior (Moses) Ethnicismi, alter (Christus) Judaïsmi, tertius (Mahometes) utriusque Corrector habitus. *Voïez le* Recueil de Littér. de Philos. et

tamen summam ejus Libri cognoscere velit, sciat, non alia eum continere, quam quæ ex Tacito, Justino, aliisque Scriptoribus profanis congeri possunt. Quo ipse Auctor in universum Genus Humanum injurius est, quod, cum opinionem aliquam abjicere debet, meliori ante instruendum est. Auctor vero Scripturæ auctoritatem dum dubiam reddit, alios auctores, quorum auctoritas æque dubia est, ei opponit; quæ summa, vel ignorantia, vel malitia est. Cœtera ejus ita comparata sunt, ut miracula omnia extenuet, præpostero ordine, sed Atheis plane familiari, qui ut invertendus sit ex Theologia discendum. Ille, de quo loquimur, in Anglia jam sub prælo fuit, sed citius opinione auctoris innotuit; quo factum ut exemplaria omnia combusta fuerint (76)."

Quoiqu'il en soit, on ne s'en est pas tenu à de simples copies. En effet, quelqu'une d'elles étant tombée à Rotterdam entre les mains d'un Chevalier d'industrie, nommé Ferber, Allemand de Nation, soi-disant Médecin de Profession, Homme extrêmement suspect et décrié, de concert avec un Libraire de cette Ville, nommé Michel Böhm, Homme aussi peu réglé que lui, mais très stupide et conséquemment très aisé à se laisser séduire, par un Fripon adroit et rusé, ils le firent imprimer sous le titre suivant: DE TRIBUS IMPOSTO-RIBUS, DES TROIS IMPOSTEURS. *A Francfort sur le Mein, aux dépens du Traducteur, M.DCC.XXI.* C'est un petit *in quarto* d'environ sept feuilles et demi, ou soixante pages: mais, on n'y a pas mis la *Préface Historique et Analitique*, dont j'ai donné ci-dessus l'Abrégé. Ce Libraire étant mort peu de tems après; et ce prétendu Médecin aïant été assez impudent pour exiger de sa Veuve 200. ducats qu'il supposoit avoir prêtez sur les seuls 100. Exemplaires qu'on avoit tirez de cette édition, et qu'il avoit tous en son pouvoir, aussi-bien que la copie et les épreuves; quelques Personnes pensèrent à en porter leurs plaintes au Magistrat: mais, un des Ministres de l'Eglise Wallone de cette Ville, considérant les suites fâcheuses que pourroit avoir un tel éclat, remontra qu'il étoit beaucoup plus à propos d'étouffer une telle affaire; et cet avis fut suivi: mais, de peur qu'on ne se ravisât, ce malheureux se retira tout aussi-tôt de Rotterdam, avec tous ses Exemplaires, dont on n'a point entendu parler depuis. Un de ces présomptueux, que rien n'étonne, et que l'amour-propre aveugle, ouvrit alors un avis beaucoup moins sage et moins prudent. C'étoit de publier ce Traité, avec une réfutation, qu'il se croïoit capable de rendre triomphante. Mais, soit qu'on n'eût pas aussi bonne opinion que lui de sa capacité, soit qu'on fût persuadé qu'une semblable réfutation feroit toujours beaucoup moins de bien que le texte ne pourroit faire

d'Hist. *pages 33–37. Mr.* le Duchat *prétend,* Ducatianor. *Tom. II, pag. 288, que ce Livre* est plein de Gallicismes si grossiers, qu'ils paroissent y avoir été mis à dessein: *et il ajoute, qu'*il paroît avoir été composé vers l'an 1538, parce qu'il y est fait mention d'Ignace de Loyola, Fondateur des Jésuites. *Mais outre que c'est-là une assez plaisante espèce de preuve, tout ce qu'on vient de lire fait voir qu'il est bien plus nouveau.*

(76) Becmannus *ex* Mayero, *apud* Struvium de doctis Impostoribus, *pag. 21, 22. Cette dernière particularité paroît être confirmée par le titre de la Dissertation Angloise indiquée ci-dessus à la fin de la Remarque (D). Si elle est vraie, on va voir que deux pareilles Tentatives ont un peu mieux réussi en Hollande, qu'en Angleterre.*

de mal, soit enfin qu'on craignît de fournir de nouveaux argumens aux incré-
dules; on rejetta hautement cette proposition indiscrète; et l'on voulut d'autant
moins participer à la publication d'un Livre si pernicieux, qu'on s'imaginoit que
c'étoit en effet le fameux Traité *de tribus Impostoribus*. Ce n'étoit pourtant rien
moins que cela: car, il ne s'agissoit que d'un Ouvrage assez nouveau; puisque cet
imprimé n'étoit autre chose que l'*Esprit de Spinosa*: écrit, qu'on a vu courir le
Monde en manuscrit, depuis environ quarante ou cinquante ans, précédé de la
Vie de ce Philosophe (77); dont plusieurs copies se conservent actuellement dans
les Cabinets de divers curieux (78); et dont quelque Imposteur, après en avoir
réduit les Chapitres III, IV, et V, en un seul, et par conséquent tout l'Ouvrage
à VI, au lieu de VIII (79), avoit trouvé bon de changer ainsi le titre, afin de le
vendre sous plus d'une face, et de tromper par-là plus d'une fois les mêmes
Personnes (80).

Ce n'en étoit pas la première édition. Deux autres Libraires, gens encore plus
remplis d'irréligion que celui de Rotterdam de stupidité, aïant recouvré de
même une de ces copies, la revirent et la corrigèrent en quantité d'endroits; y
firent beaucoup d'Additions tant impies qu'historiques, une entre autres assez
considérable touchant Numa Pompilius, dont ils développèrent plus au long
l'Imposture; l'augmentèrent par-ci par-là de quelques notes de même caractère;
en divisèrent autrement les Chapitres, et y en ajoutèrent VI, nouveaux, composez de Lambeaux tirez des *trois Véritez* et de la *Sagesse de Pierre Charron* et des
Considérations de Gabriel Naudé sur les coups d'Etat, et placés entre les Chapitres
III, et IV, de leur Manuscrit; et, enfin, après avoir mis à la tête de toute cette
compilation un *Avertissement* de leur façon, ils la firent imprimer sous le titre
suivant:

LA VIE ET L'ESPRIT DE Mr.
BENOIT DE SPINOSA.

Si, faute d'un pinceau fidelle,
Du fameux Spinosa l'on n'a pas peint les traits;

(77) *Cette* Vie, *écrite d'une manière fort libre, et dans laquelle on fait de* Spinosa *une espèce de* Saint,
aïant été imprimée à Amsterdam, chez Henri du Sauzet, en 1719, in 8., *dans les* Nouvelles Littéraires,
Tom. X, pag. 40–74, *quantité de gens en furent scandalisés, et ce Libraire fut obligé d'en faire une espèce de
Retractation à la tête de la II. Partie de ce X. Volume.*

(78) Bibliotheca Hohendorf. *Tom. III, pag. 261.* Catalogus Biblioth. Theolog. Reimmannianæ,
pag. 1029.

(79) I. De Dieu. II. Des Raisons qui ont porté les Hommes à se figurer un Dieu. III. De ce que
signifie le mot de Religion, et comment elle s'est glissée dans le Monde, et pourquoi il y en a tant et
de si diverses? IV. De la Politique de Jésus-Christ. V. De sa Morale. VI. Des Vérités sensibles et
évidentes. VII. De l'Ame. VIII. Des Esprits, ou des Démons. *Conférez ces Titres des VIII. Chapitres
de l'*Esprit de Spinosa *avec les VI. du prétendu Traité de tribus Impostoribus, dont j'ai donné ci-dessus
l'Analyse, et vous trouverez que c'est précisément la même chose.*

(80) *Par exemple, Mr.* Reimman. Voïez son Historia Atheismi, *et son* Catalog. Biblioth. s. Theolo-
gicæ, pag. 981, 1029, etc.

La sagesse étant immortelle,
Ses écrits ne mourront jamais (81).

CIƆ IƆ CC XIX.

C'est un petit *in octavo* de 208. pages, non compris l'*Avertissement*, la *Préface* de la *Vie de Spinosa*, le *Catalogue de ses Ecrits*, et la *Table des Chapitres*. Le nom du lieu de l'impression n'a point été marqué: mais, comme si ces gens-là avoient appréhendé qu'on ne reconnût pas la Fabrique Hollandoise de leur édition, ils ont eu soin de noter, page 114, en parlant des Prédicateurs, *que quand ces* Cathédrans, *ces Vendeurs d'air, de vent, et de fumée, ont déclamé de toutes leurs forces contre les Vengeurs de la droite raison et de la vertu outragées, ils croient avoir bien gagné l'argent que les ETATS leur donnent pour instruire le Peuple.* Et, dans leur *Avertissement*, après avoir dit, *qu'on a tiré si peu d'Exemplaires* de ce Livre, *que l'Ouvrage ne sera guères moins rare, que s'il étoit resté en Manuscrit*; ils ajoutent, d'une manière d'autant plus noire et scélérate, qu'elle est ironique et insultante, que *c'est aux habiles gens, capables de le réfuter, qu'on aura soin de distribuer cet écrit monstrueux, dont les injures grossières, les mensonges, les calomnies, et les blasphèmes, ne peuvent tourner qu'à la confusion de celui qui les a avancés avec autant d'extravagance que d'impiété, et qu'au renversement total du sistème impie de Spinosa, sur lequel sont fondez les sophismes de son Disciple.* Par ce *Disciple*, ils entendent *le Sieur LUCAS, si fameux par ses* Quintessences *toujours remplies d'invectives nouvelles contre Louis XIV*; qu'ils regardent, page 25, comme l'Auteur indubitable du Recueil dont je viens de parler; que ses mœurs dépravées et corrompues me font croire effectivement très capable d'avoir conçu le dessein d'un semblable Ouvrage; mais que son génie bouffon, et sa manière d'écrire également platte et pitoïable, me font regarder comme absolument incapable de l'avoir jamais exécuté (82). Je dis la même chose de JEAN AYMON, à qui Mr. Pfaff attribue tout aussi mal-à-propos cette composition dans son *Introductio in Historiam Theologiæ Litterariam*, Part. II, pag. 14, et qui peut bien avoir eu la sotte et dangereuse vanité de s'en vanter à quelque Voïageur Allemand, qui l'aura débité à Mr. Pfaff. A la fin d'une copie manuscrite de ce Traité que j'ai vue et lue, on lui donne pour véritable Auteur un Mr. VROESE, Conseiller de la Cour de Brabant à la Haïe, dont Aymon et Rousset retouchèrent le Langage; et que ce dernier y ajouta la *Dissertation* ou *Réponse* depuis imprimée chez Scheurleer. A cela l'on ajoute, que ce fut Charles le Vier, Libraire en cette Ville, qui fit imprimer

(81) *Compliment, à peu près aussi concluant et aussi-bien tourné, que celui de Thomas Dyafoirus à la Fille du Malade imaginaire:*
        Ne plus, ne moins, que la Statue de Memnon, etc.

(82) *Voïez ces merveilleuses* Quintessences, *citées ci-dessus, et surtout celle du 21. Nov. 1689, dans laquelle* Mr. le Dauphin refuse d'assister au *Conseil des Malins*, parce que Louis XIV. n'y présidoit que comme un Ecolier qui soutient une Thèse: *Conseil, d'où le Père la Chaise ne sortoit que conformément au Proverbe du Loup fuïant. De pareilles Impertinences ont bien pu amuser les Sots pendant douze ou quinze ans, mais ne devoient nullement servir de recommandation à un Ouvrage tel que celui dont il s'agit ici.*

l'Ouvrage; qu'il ne vendit que peu d'Exemplaires, parce qu'il exigeoit une pistolle de chacun; qu'il donna ordre en mourant d'en brûler le reste; et que, depuis cela, ils se vendent jusqu'à 50. Florins. Ce qu'il y a de certain, c'est qu'après la mort d'un de ces Libraires, ses héritiers me remirent 300. Exemplaires de cette édition, qui, selon leur intention, ont tous été mis dans le feu; à la réserve néanmoins de la *Vie de Spinosa*, qui pouvoit être conservée, et à laquelle un Libraire qu'on en accommoda a trouvé bon de faire ajouter ce nouveau titre: *la Vie de Spinosa, par un de ses Disciples: nouvelle édition non tronquée, augmentée de quelques notes, et du Catalogue de ses écrits, par un autre de ses Disciples. A Hambourg, chez Henry Kunrath, M.DCC.XXXV.* Si le premier de ces Disciples n'est pas L U C A S, comme on vient d'en voir l'incertitude; il est bien certain, au moins, que le second est Richer la Selve, Homme extrêmement infatué du Système de Spinosa, quoi qu'il ne fût nullement en état de le lire en original, et qu'il n'eût aucune teinture des connoissances abstraites qu'il suppose.

Outre ces deux éditions, extrêmement rares, et presque inconnues, nous en aurions encore vu une troisième, faite d'après le Manuscrit de Mr. Hulst indiqué ci-dessus Citation (72), et procurée par certain Académicien, Reproducteur, et qui pis est Brocanteur, de ces sortes de curiositez Littéraires, si le Libraire Hollandois, à qui il en fit la proposition, n'avoit été plus honnête Homme que lui, et n'avoit nettement refusé de se charger d'une si criminelle commission.

Tel est le Livre, qu'on fait aujourd'hui passer pour le vrai Traité *de tribus Impostoribus*, et dont divers Savans, ou simples Curieux, veulent bien être les dupes, même à assez grand prix: témoins seulement Mrs. Mazzuchelli, et de Boispréaux, dans leur *vie de* P I E R R E A R E T I N, indiquée ci-dessus à la fin de la Remarque (*B*), et dans laquelle ils font ce fameux Libertin Auteur du détestable Traité qui fait le sujet de cet Article.

On conserve dans quelques Bibliothèques d'Allemagne (83), un Manuscrit intitulé *Cymbalum Mundi*, dont les sujets ou les titres des Chapitres (84), répondent si bien à ceux dont j'ai donné ci-dessus le précis, que je croirois facilement, que l'un de ces Ouvrages est une Traduction, ou tout au moins une imitation de l'autre; et que, de même qu'on lui a donné en François les deux titres, qu'on vient de voir, de *Traité des trois Imposteurs*, et d'*Esprit de Spinosa*, on a très bien pu lui donner en Latin celui de *Cymbalum Mundi*, titre déjà fort décrié dans l'esprit de beaucoup de Personnes préoccupées, et par conséquent très propres au dessein de l'Imposteur qui en auroit ainsi abusé. Dans le *Catalogus Librorum Frederici Thoms*, où ce Manuscrit se trouve aussi pag. 218, on attribue l'Ouvrage à Bonaventure de Périers, à qui l'on avoit dérobé ce titre. Mais, cela

(83) *Celle du Baron de Hohendorff, aujourd'hui incorporée dans celle de l'Empereur. Voïez la* Bibliotheca Hohendorffiana, *Tom. III, pag. 262. Celle de Mr.* Uffenbach *à Francfort. Voïez la* Biblioth. Uffenbachiana, *Tom. III, pag. 682. Celle de Mr.* Reimman *à Hildesheim. Voïez le* Catalog. Biblioth. Theolog. Reimmannianæ, *pag. 1030.*

(84) De Deo, Spiritibus, Mundo, Religione, ac de Bono et Malo, Doctrina solida, superstitioni Paganæ ac Christianæ opposita.

n'est pas fort étonnant de la part de celui qui a dressé ce Catalogue, qui ne paroît pas avoir été Homme de Lettres.

Peut-être même a-t-on encore donné à cet écrit le titre de *Theophrastus redivivus*, Manuscrit de même caractère, qui se conserve dans la Bibliothèque du Baron de Hohendorff, et que la conformité des matières dont il traite (85), me feroit facilement regarder comme le même Livre que le précédent.

Quoiqu'il en soit, et de quelque part que viennent ces prétendus Traités *de tribus Impostoribus* tant imprimez que manuscrits, on s'apperçoit très aisément, que l'écrit qu'ils renferment n'est nullement du tems auquel on suppose, que le véritable a été composé; qu'il est incomparablement plus nouveau, et même tout-à-fait moderne; et, qu'au lieu que l'ancien prétendu Traité *de tribus Impostoribus* ne passe que pour l'Ouvrage d'un simple Déiste (86), celui-ci est l'Ouvrage d'un Spinosiste achevé, comme je viens de le faire connoître. Et, puis qu'on l'attribue faussement à Pierre des Vignes, il est incomparablement plus propre à occuper une place dans la Dissertation de Mr. Struve sur les Imposteurs Littéraires, que le prétendu Traité dont on lui a donné le titre: car, supposé que ce prétendu Traité existât, et qu'il fût effectivement d'un des différens Auteurs auxquels Mr. Struve dit qu'on l'a attribué, ce ne seroit nullement l'Ouvrage d'un Imposteur, qui l'auroit publié sous le nom d'autrui; mais l'Ouvrage d'un Anonyme, qui n'auroit caché son nom, que parce qu'il n'auroit pas été sûr pour lui de le faire connoître. Si l'on disoit, que c'est comme traitant d'Imposteurs, que Mr. Struve a compris ce Traité dans sa Dissertation, on ne répondroit rien de raisonnable: car, outre que, par le même motif, il auroit dû y mettre le Traité des *Imposteurs insignes* de Jean Batiste de Rocoles, et quelques autres semblables, ce qu'il n'a pourtant point fait, tous ceux qui ont si irréligieusement parlé de Moïse, de Jésus-Christ, et de Mahomet, ne se sont jamais avisez de les regarder comme des Imposteurs Littéraires; et il ne s'agit que de ceux-là dans la Dissertation de Mr. Struve (87).

Un Ouvrage, dans le quel le *Judaïsme*, le *Christianisme*, et le *Mahométisme*, se trouvent effectivement réunis, mais dans des vues tout opposées à celle d'un Traité *de tribus Impostoribus*, est le *Muhammedanus precans, id est Liber Precationum Muhammedicarum Arabicus, Latinitate donatus, cum notis præcipua Doctrinæ*

(85) Theophrastus redivivus, sive de iis quæ dicuntur de Diis, de Mundo, de Religione, de Anima, de Inferis et Dæmonibus, de vita secundum Naturam, et de contemnenda morte: Opus, ex Philosophorum opinionibus constructum, et doctissimis Theologis ad diruendum propositum. *Voïez la* Bibliotheca Hohendorffiana, *Tom. III, pag. 234.*

(86) *Monstrum illud Hominis, Diis inferis a secretis Scelus, nefarii illius* Tractatus de tribus Impostoribus *Author, quantumvis ab omni Religione alienus, adeo ut, nec* Judæus, *nec* Turca, *nec* Christianus *fuerit, plane tamen* Atheus *non erat.* Thomas Browne, *in* Religio Medici, *Part. I, Sect. XIX, pag. 123. Gustum ex hoc Libro excerptorum . . . daturi, . . . additis justis Christiani nominis Vindiciis, . . . ut præsidiis suis improvidos exturbemus* DEISTAS. Joan. Fred. Mayerus, *apud* Placcium de Anonymis, *pag. 188.*

(87) *Elle est intitulée* Burcardi Gottelffii Struvii Dissertatio Historico-Litteraria de doctis Impostoribus, *et imprimée* à Iene, Litteris Mullerianis, en 1710, in 8, *au bout de l'*Introductio in notitiam rei Litterariæ, et usum Bibliothecarum *du même Auteur.*

Muhammedanæ *capita, aliaque ad ea, sectasque* Judæorum, *et* Christianorum *spectantia, exponentibus* (88), et imprimé *à Sleswig, en 1666, in 8°.* L'original Arabe a été déposé par Adam Olearius dans la Bibliothèque de Gottorp; et le Traducteur et Editeur est HENNING HENNINGUS, Précepteur des Enfans de Fred. Duc de Holstein, et Conrecteur du Collège de Bardethom; mais, qui, déchu de la promesse maintes-fois réitérée de la Profession des Langues Orientales à Kiel, se jetta dans la débauche, et mourut malheureusement, à Gottorp où il s'étoit retiré.

(T) *Il y a eu des Traités* de tribus Impostoribus *réels; . . . et je donnerai l'idée de quelques-autres . . . propres à occuper le loisir d'un habile Homme.*] Outre le prétendu Traité *de tribus Impostoribus* qui fait depuis si long-tems tant de bruit dans le Monde, et celui dont j'ai donné ci-dessus l'Histoire et l'Analyse, on a publié en divers tems six autres écrits sous ce même titre, mais tout-à-fait différens pour la matière.

I. Le premier est *Vincentii Panurgii Epistola ad Cl. Virum Joannem Baptistam Morinum, etc. de tribus Impostoribus,* imprimé *Parisiis, apud Matthæum Bouillette, 1654, in 4°.* L'Auteur de cette Pièce est Jean Batiste Morin, lui-même Personnage assez connu d'ailleurs; et les trois prétendus Imposteurs auxquels il en veut, sont *Gassendi, Neuré,* et *Bernier,* qui n'avoient pas approuvé ses visions, tant Astrologiques, que Mathématiques.

II. On verra ce que c'est que le second, dans ce passage d'une des Lettres de Guy Patin: „Mr. de Vicfort, Résident du Marquis de Brandebourg à Paris, m'a dit, que depuis peu en Hollande, *et ipse Hollandus,* on avoit imprimé un Livre *de tribus Nebulonibus,* qui étoient entendus, premièrement *Thomas Anicello,* qui fit révolter Naples; . . . secondement, *Olivier Cromwel,* le Tyran d'Angleterre; troisièmement, *Julius Mazarinus, Cardinalis, et summus Rerum Gallicarum Administer*: mais, que le Mazarin a fait saisir toute l'impression, afin que le Livre ne se vendît point (89)." *Mazarin, Cromwel, et le Général des Jésuites,* ajoute-t-il page 306, *seroient trois beaux Personnages, pour représenter l'Etat tyrannique du misérable tems auquel Dieu nous a réservez.*

III. Le troisième est *History of the three late famous Impostors: viz.* Padre Ottomanno, *pretended son and heir to the grand Seignior;* Mahomet Bei, *a pretended Prince of the Ottoman Family, but in truth a Valachian countrefeit; and* Sabbati Levi (90), *the supposed Messiah of the Jews in the year 1666; published by J. E.* (91), *Esquier; printed London, for H. Heringman, 1667, in 8°* (92): titre, que les *Acta Eruditorum Lipsiensia anni 1690,* pag. 605, rendent par *Historia de tribus hujus seculi famosis Impostoribus etc.,* peut-être d'après quelque Traduction Latine ainsi intitulée. Quoi qu'il en soit, on en a certainement une Allemande, imprimée

---

(88) Mulleri Cimbr. Litt. *Tom. I, pag. 258.*

(89) Patin, Lettres à Charles Spon, *Tom. II, pag. 100, 101. Voïez ci-dessous, Article* MEDAILLES, *un conjecture touchant ce Livre.*   (90) Sabathaï Tzevi.   (91) John Evelyn.

(92) Robert Clavel, the general Catalogue of Books printed in England, *pag. 38.*

à Hambourg, en 1669, in 8° (93); et une Françoise, *à Paris, chez Robinot, en 1673, in 12°* (94). Les Avantures de ces trois fourbes se trouvent aussi dans les *Imposteurs insignes de Jean Batiste de Rocoles*, imprimez *à Amsterdam, chez Wolfgang, en 1683, in 12°*; mais, notez que l'Histoire du premier y est par-tout mal intitulée *le prétendu Ibrahim*, au-lieu de *le prétendu Ottoman*. Ce que les Auteurs du Journal de Leipsig remarquent du second est assez curieux. *Ipse Cigalæ (seu Mahometo Bei)* disent-ils, *apud nos in diversorio publico tunc degenti, sed ad talia objecta non erubescenti, a Studiosis quibusdam oblata fuit hujus Historiæ Versio Germanica* (95).

IV. Le quatrième est intitulé *Christiani Kortholti Liber de tribus magnis Impostoribus*, [*nempe* Eduardo Herbert de Cherbury, Thoma Hobbes, *et* Benedicto de Spinosa,] imprimé *à Kiel, chez Richelius, en 1680, in 8°*: réimprimé, avec quleques Augmentations de Sébastien Kortholt son Fils, *à Hambourg, chez Joachin Reumann, en 1700, in 4°*; et peut-être traduit en Allemand, par Michel Bern, Diacre Luthérien à Wesselburen, et depuis Pasteur de Vandesbeck près de Hambourg, sous ce titre, *Altar der Atheïsten, der Heyden, und der Christen, entgegengesetzt den drey Ertz-Betriger, Herbert, Hobbes, und Spinosa*, et imprimé *à Hambourg, en 1693, in 8°*. Mr. Baillet a prétendu, qu'il avoit été publié avant celui de Jean Batiste Morin (96): mais, c'est se tromper de plus de vingt-cinq ans.

Jean Deckher a eu à peu près la même idée que Kortholt; car, après avoir fait une espèce de Dissertation *de tribus maximis hujus seculi Philosophis, Campanella, Hobbesio, et Spinosa*, il la conclut en ces termes: *permittat mihi, quæso, Lector ut de his tribus exorbitantis in utraque sapientia sensus Philosophis adnotata obsignet Horatianum* (97),

> *„Nil mortalibus arduum est:*
> *Cœlum ipsum petimus stultitia, neque*
> *Per nostrum patimur scelus*
> *Iracunda Jovem ponere fulmina* (98).*"*

Severinus Linturpius, célèbre Danois, a pensé de même dans un Ouvrage promis sous le titre de *Schediasma Criticum de Plagiis Gentilium ex Historia et Scriptura Sacra, contra Johannem Marshamum, Johannem Spencerum, et Benedictum Spinosam, deque præcipuis ejus argumenti Scriptoribus, variisque in eodem eorum excessibus*: où il est assez remarquable, que *Spinosa* entre encore en tiers, ainsi que dans les deux précédens Traités.

C'est à peu près ainsi, que Jean Henri Ursin avoit autrefois rassemblé trois des plus anciens Ecrivains du Monde, afin de réfuter leur opposition à Moïse.

---

(93) Lipenii Bibliotheca Philosophica, *pag. 722.* Acta Eruditorum Lips. *1690, pag. 605.*

(94) Bibliotheca Bultelliana, *pag. 987.*   (95) Acta Eruditorum Lipsiensia, *1690, pag. 605.*

(96) Baillet, Jugemens des Savans, *Tom. I, pag. 540.*   (97) *Libr. I. Carm. Ode III, in fine.*

(98) Deckherus de Scriptis Adespostis, *Sect. XIV, pag. 322–334.* Letdekker, Diss. contra Beckerum, *pag. 176, a réuni de même* David George, Hobbes, *et* Spinosa, *comme Précurseurs de* Bekker. *Mais,* Frédéric Ernest Kettnerus *s'est contenté d'associer* Spinosa *et* Bekker, *sous le titre de* Dissertatio Academica de duobus Impostoribus, B. Spinosa et B. Bekkero, *imprimée* à Leipsic, chez les Hérit. de F. Lanckisius, en 1694, in 4.

Voici quel est le titre de son Ouvrage: *Johannis Henrici Ursini de Zoroastre Bactriano, Hermete Trismegisto, Sanchoniate Phœnicio, eorumque Scriptis, Mosaicæ Scripturæ Antiquitati oppositis, Exercitationes familiares.* Il fut imprimé *à Nuremberg, chez Endter, en 1661, in 8º*: et un pareil dessein, qui ne méritoit, ce semble, que des louanges, fut aussi-tôt censuré par la Congrégation de l'Indice, et l'Ouvrage mis au rang des Livres défendus (99). Il y traitoit apparemment par occasion des supercheries et des impostures Ecclésiastiques si fréquentes dans l'Eglise Romaine, et sur-tout parmi les Moines.

L'Auteur de l'*Espion* Turc *dans les Cours des Prince Chrétiens* introduit un Jésuite, faisant un pareil assemblage de *Judas*, de *Mahomet*, et de *Luther*: les disant *les plus méchants, les plus scélérats, et les plus détestables Hommes qui eussent jamais vécu*; et ajoutant, que *les deux derniers avoient été les plus impies*, et que *Judas souffroit de moindres tourmens en enfer, parce que, s'il trahit son Seigneur, il fut l'un des instrumens de la Rédemption du Genre Humain, au lieu que les autres, en se damnant, ont fait damner une infinité de gens* (100). En effet, quoi que ce Jésuite soit un Personnage imaginaire, il est pourtant fort naturel de croire, que, selon l'esprit dominant de la Société, le crime de Judas, qui n'a que vendu et livré son Maître, n'est pas comparable à ceux de Mahomet qui a si considérablement restraint la domination des Papes, et de Luther qui a si vigoureusement et si heureusement combattu et diminué leur puissance.

Un autre Jésuite parle d'un Tableau singulier, où sont associés, à peu près de même, *Luther* abbattant le toict d'une Eglise, *Calvin* en renversant les murailles, et *George Paulli* en détruisant les fondemens: et c'est à ce dernier, qu'il attribue l'invention de ce Tableau (101).

A cela se rapporte assez bien l'imagination burlesque du Docteur Swift dans son *Tale of a Tub*, Ouvrage aussi criminel, et peut-être même plus pernicieux encore, que les Traités qui font le principal sujet de cet Article; puisqu'il ne s'y propose rien moins que de tourner cruellement en ridicule les trois principales Sectes du Christianisme Occidental. Je sais bien, que certains Anglicans regardent cet Ouvrage comme une *Apologie, ingénieuse*, disent-ils, *de l'Eglise Anglicane*; mais, je sçais encore mieux, qu'à l'imitation de Robert Howard, on y fouette très bien le *Clergé d'Angleterre* sur le dos du *Docteur Martin*. En effet, on y représente *Mylord Pierre*, ou l'*Eglise Romaine*, comme surchargeant de galons, de franges, de broderies, de nœuds d'épaule, et de toute autre sorte d'ornemens vains et superflus, l'habit simple et modeste, c'est-à-dire le *Nouveau Testament*, que son Père ou Jésus-Christ lui avoit laissé; le *Docteur Martin*, ou l'*Eglise Luthérienne*, comme détachant doucement et modérément du sien quelques-unes de ces superfluités; et *Maître Jean*, ou l'*Eglise Calviniste*, comme mettant horriblement le sien tout en pièces, en les arrachant avec fureur. L'Auteur du *Cosmopolite, ou Citoïen du Monde*, a trouvé bon d'adopter cela, pag.

(99) Index Libror. prohib. et expurg. *Part. II, pag. 279, Edit. 1667, in folio.*
(100) L'Espion ⟨Turc⟩ dans les Cours des Princes Chrétiens, *Tom. I, pag. 34.*
(101) Mémoires de Trévoux, *Oct. 1712, pag. 1705.*

41. „Il y a environ deux Siècles," dit-il, „qu'un couple d'Empiriques, l'un nommé *Martin*, l'autre *Jean*, par jalousie de Métier, décrièrent les drogues de l'Enchanteur Charlatan assis sur le Trône des Césars, et distribuèrent les leurs avec tant de succès, qu'ils lui enlevèrent la moitié de ses Pratiques . . . Auparavant, il falloit prendre, de force ou de gré, ses Pâques; maintenant, l'on a la liberté du choix."

Rien ne seroit plus étonnant que l'Apologie qu'a osé faire d'une pareille pièce un de ses Traducteurs (102), si l'on ne connoissoit le zèle intéressé de ces sortes d'Ecrivains pour leurs Originaux, et l'habitude servile où ils sont presque tous de les mettre au dessus de tous les autres. Peut-être les Anglois sont-ils bien fondez à *considérer* celui-ci *comme un Chef-d'Oeuvre de fine plaisanterie*, et à y trouver *des grâces, des beautez, des tours, et des finesses inexprimables en toute autre Langue* (103): mais, les deux Traductions Françoises, qu'on en a publiées depuis quelque tems n'en feront jamais concevoir cette merveilleuse idée. La première, intitulée *Les trois Justaucorps, Conte bleu, tiré de l'Anglois du Révérend Mr. Jonathan Swift, Ministre de l'Eglise Anglicane, Docteur en Théologie, et Doïen de la Cathédrale de St. Patrice de Dublin*, et imprimée *à Dublin* (104), *en 1721, in 8°.*, ne contient qu'une petite partie de la pièce et n'est qu'un misérable amas d'expressions viles et basses et de quolibets grossiers et populaires, absolument indigne de la moindre attention des honnêtes-gens. Elle est d'un mauvais Bouffon, nommé Macé, connu par *le Prosélite en belle humeur*, et par quelques autres mauvaises rhapsodies de pareille espèce, et mort misérable depuis peu en Angleterre. La seconde, intitulée *Le Conte du Tonneau, contenant tout ce que les Arts et les Sciences ont de plus sublime, et de plus mistérieux, par le fameux Docteur Swift etc.* (105), et imprimé *à la Haïe, chez Henri Scheurleer, en 1721, en 2 volumes in 12°.*, est sans doute meilleure; quoique souvent assez infidèle: témoin, entre autres endroits, celui où l'on reproche si peu sensément à *Milord Marlborough de s'être rendu coupable d'un despotisme inexcusable, en faisant* ROUER *pour blasphème un Officier Anglois né libre* (106); traduisant très-mal le mot Anglois *breaken* par celui de *rouer*, oubliant que les Anglois ne font aucun usage de ce supplice qu'ils ont en horreur, et ne réfléchissant point que ce mot ne signifie là simplement que *casser*. Mais, outre qu'en beaucoup d'endroits elle n'est pas même Françoise (107), elle est quelquefois si obscure et si embarassée, qu'on a toutes les peines

(102) Préface *au* Conte du Tonneau, *pag. *6 et suiv.*

(103) *Là-même, pag. *2. Avertissement des trois Justaucorps.*

(104) *C'est-à-dire*, à la Haïe, chez Charles Levier.

(105) *Ce* fameux Docteur Swift *passe pour un des plus beaux esprits d'Angleterre, mais en même tems pour un des plus libertins. Les Toris l'aïant proposé à la Reine Anne pour quelque Evêché, le Docteur Tennison, Archevêque de Cantorbéri, empêcha ce scandale, en représentant à cette Princesse, que, pour être Evêque, il falloit au moins passer pour Chrétien.* (106) Conte du Tonneau, *Tom. II, pag. 166.*

(107) *Comme il paroit par ces Barbarismes, Tom. I, pag. 9,* saccager tout ce qu'il y a de bon dans des Ecrits, *pag. 10.* monter une Brèche, *pag. 25.* un Auteur intitulé Nahum Tate, *pag. 101.* Décision Canonicale, *pag. 145.* le traita du plus grand Maraut, *pag. 161.* un Auteur de bien, *pag. 282.* me le donna ce matin. *Tom. II, pag. 32.* il se mouche le nez, *pag. 91.* faire son séjour d'un apartement, *pag. 131.* obtruder ses pensées à une Multitude, *pag. 179.* une large porte ouverte de tous côtés, *pag. 181.*

du monde à l'entendre. Ce n'est pas que son Auteur ne l'ait accompagnée d'admirable notes, dans lesquelles il nous apprend, que *les Molinistes* sont *des Fanatiques, qui détruisent la raison, pour mettre à sa place une prétendue inspiration* (108); que *la Pédérastie* est *le Péché Philosophique* (109); que *Calvin, d'un tempérament . . . doux*, (c'est parfaitement bien le connoître!) *étoit* un *Bigot*, qui a *fait des innovations, Evangéliques dans le fonds, mais* néanmoins *imprudentes et dangéreuses* (110); que *la mort de Charles I. entraîna avec elle celle de l'Eglise Anglicane* (111); qu'*il est fort naturel de croire, que le Lord Maire Humphry Edwin poussoit l'extravagance dévote jusqu'à introduire des lanternes faites de feuillets de vieilles Bibles de Genève, et jusqu'à les sanctifier par ce Texte de l'Ecriture,* Ta Parole est une Lanterne à mes pieds, et une Lumière à mes sentiers (112); et plusieurs autres belles choses, tout aussi bien fondées que celles-là. Mais, comme, au lieu d'expliquer les endroits les plus difficiles de son Texte, il s'amuse quelquefois à turlupiner et faire le mauvais-plaisant (113), on n'en entend pas mieux l'Original: et l'on est fâché de ne trouver, au lieu d'un Commentateur exact et judicieux, qu'un *Garçon-Bel-Esprit*, pour me servir d'une expression adoptée et trop volontiers emploïée par l'Auteur, d'un Garçon-Bel-Esprit, qui fait vainement Parade d'une érudition fort mince; et qu'un de ces Ecrivains affectez, qui veulent mettre de l'esprit partout, et qui se tourmentent en vain pour dire agréablement les choses.

Polycarpe Lyserus, Professeur en Théologie à Wittemberg, avoit autrefois réuni de même, mais par des vues bien différentes, les trois Sectes dont nous venons de parler, dans son Livre, intitulé *Christianismus, Papismus, et Calvinismus*; imprimé *à Wittemberg, en 1610, in 4°.*; et dans lequel on peut bien concevoir qu'il n'a pas manqué d'approprier le titre de *Christianismus* à sa propre Secte, à l'exclusion des deux autres (114). S'il est étonnant, que Théophile Spizelius ne fasse aucune mention de cet Ouvrage dans sa *Vie de Lyserus* insérée dans son *Templum honoris reseratum*, pag. 9–16, il l'est beaucoup plus encore, que Paul Fréher, qui s'est contenté d'abréger Melchior Adam, dans son *Theatrum Virorum eruditorum*, pag. 355, ne se souvienne pourtant pas plus de cette pièce. Mais, c'est ainsi que sont dressées la plupart des Biographies et des Bibliographies. A peu près dans le même tems, Nicolas Helduaderus ou Heldvaderus, Ministre Luthérien en Dannemark, fit en sa Langue un pareil Traité, dont le titre revient à ceci: *Trifolium Theologicum de Fide et Doctrina, Pontificio-*

---

l'intention des Couvents, *pag. 228.* la Majesté de la Couronne se revêtir de Splendeur. *pag. 260.* le Pape sera succédé par un Cardinal, *et cent autres pareils; sans parler des mauvais Genres assez fréquens comme* Oye *masculin,* Organes *féminin,* Evangile *féminin, etc.*

(108) Conte du Tonneau, *Tom. I, pag. 189.*   (109) *Là-même, pag. 32.*

(110) *Là-même, pag. 169.*   (111) *Là-même, Tom. II, pag. 34.*

(112) *Là-même, pag. 30, 31. Ne seroit-il pas aussi* naturel de croire, *que ce Traducteur n'a pas senti, ou n'a pas voulu sentir, que c'est-là une de ces profanations si familières à son Auteur?*

(113) *Voïez le* Conte du Tonneau, *Tom. I, pag. 16, 53, 55, et ailleurs.*

(114) *Voïez* Melchioris Adami Vitæ Theologorum Germanorum, *pag. 381;* Henningi de Witte Diarium Biographic. *ad ann. 1610, où il paroit faire trois différens Ouvrages de ce seul Livre; mais principalement la* Bibliotheca Creniana, *pag. 61, la seule où son Edition soit indiquée.*

Jesuitica, Lutherano-Evanglica, et Zwinglio-Calvinistica; et dont l'Impression se fit à *Hambourg, en 1626, in 8°.*

Les Franciscains ont fait autrefois quelque chose de bien pire encore que ce qu'a fait le Docteur Swift, lorsqu'ils ont osé dire, *Moses a Deo traditam Legem tulit ad Populum, Christus Legem Evangelicam promulgavit, Franciscus Legem suam Angeli manibus bis descriptam tradidit Seraphicis Fratribus* (115): car, les Prophanations et les impiétés, qu'on trouve dans leur *Opus auree et inexplicabilis Bonitatis et Continentie,* Conformitatum, *scilicet, vitæ Beati ac Seraphici Patris Francisci ad vitam Jesu Christi* (116); et dans ses Abrégés, *Li Fioretti di S. Francesco assimilati alla Vita e alla Passione di nostro Signore* (117), *Alcoranus Franciscanorum* (118), et *Rosenkrantz aus dem Libro Conformitatum* (119); font assez comprendre de quelle manière on doit considérer le merveilleux assemblage, qu'ils font ainsi de Moïse, de Jésus-Christ, et de St. François. Leur Père Ange de Chivas, plus connu sous le nom Latin d'*Angelus de Clavasio,* Casuiste célèbre du XV. Siècle, a dédié, dans le même esprit, sa *Summa Angelica* à Jésus-Christ, à la Ste. Vierge, et au Séraphique Père St. François.

Le fameux Palingenius, semble avoir voulu associer de même *Lucrèce, Jésus-Christ,* et *Luther,* dans quelqu'un des Livres de son *Zodiaque.* C'est au moins ce que lui reproche Postel, *de Rationibus Spiritus Sancti,* Libr. I, Cap. XII. Mais, en matière d'imputation, Postel est fort sujet à caution. Voici ses propres paroles: *Verum una* Lucretium, Christum, *et* Lutherum, *videtur velle confundere, et probare,* PALINGENESIUS. C'est ainsi qu'il le nomme.

Un bon Moine de Fontevraud a fait un assemblage, sinon tout-à-fait aussi impie que celui des Franciscains, du moins réellement tout aussi insensé, en faisant dire à Jésus-Christ lui-même: *Rejettez le joug de Moïse, celui d'Adam, et celui du Diable; mais recevez le mien* (120).

Les Jésuites sont sans doute moins repréhensibles d'avoir assemblé, à peu près de même, *Jésus-Christ,* la *Vierge Marie,* et leur Père *Edmond Auger,* dans une Tablette Japonoise, dont le bon-Homme Claude Duret a cru devoir grossir son trop savant et trop indigeste *Thrésor de l'Histoire des Langues de cet Univers* (121): mais, ils auroient dû donner à Jésus et à Marie un Compagnon d'une réputation

(115) Erasmi Colloquia, *in* Exuviis Seraphicis, *pag. 690. Edit. Variorum accurante* Cornelio Schrevelio, *Editeur fort inexact, qui met, par exemple, dans la page suivante, l'imposture et le supplice des quatre Dominicains de Berne dans la 9. Année du XV. Siècle, au lieu du XVI.*

(116) *Cet Ouvrage est d'un Franciscain nommé* Bartholomæus Albicius, *ou vulgairement* Barthélemi de Pise, *qui vivoit à la fin du XIV. Siècle. Voïez-ci dessus Article* ALBIZI, *son Histoire, celle de son Livre, et celle des Réfutations qui y ont été opposées.*

(117) *Imprimez* à Venise, en 1480, *et en* 1484, in 4. *Voïez ci-dessus le même Article* ALBIZI, *Remarque (B), Num. II, et III, et Remarque (C), Num. II.*

(118) *Imprimé d'abord en Allemand, et puis traduit en diverses Langues. Voïez-en l'Histoire, les Versions, et les Editions, ci-dessus, Article* ALBIZI, *Remarque (C), Num. I.*

(119) *Cet Ouvrage est de* Lucas Osiander, *et fut imprimé* à Tubinge, en 1591, in 4. *Voïez-en le titre plus au long ci-dessus, Article* ALBIZI, *Remarque (C), Num. III.*

(120) Gabr. Putherbei Theotimus, sive de tollendis Libris, *Libr. III, pag. 209.*

(121) *Imprimé* à Cologny, par Matthieu Berjon, en 1613, in 4. *Voïez-en la page 921.*

un peu moins équivoque que celle de cet Auger (122). Mahomet mettoit à coup sûr Marie en meilleure compagnie; car, il en fait à la fin de son *Chapitre de la Table*, une des trois Personnes de la Trinité (123): rafinant peut-être sur ce que Cyrille d'Alexandrie l'en avoit fait autrefois un Supplément ou Parachèvement, comme le témoigne St. Epiphane en traitant des Ebionites (124).

Le Père Paul Bombini, Jésuite Italien, a rassemblé de même Dieu, la Vierge, et Edmond Campian, dans la *Vie*, qu'il a écrite en Latin de ce prétendu *Prince des Martyrs Anglois*, et qu'il a publiée *à Mantoue, chez les Osannes, en 1620, in 8°*. Ce titre lui seroit apparemment disputé par Dunstan, mais certainement par Thomas Bechet, deux des plus illustres Martyrs de l'orgueil et de l'ambition Ecclésiastique. Ce dernier fut associé de même par Thomas Stapleton, et le tout à cause du nom de *Thomas*, dans son Livre intitulé *Tres Thomæ, seu Res gestæ, 1. Thomæ Apostoli, 2. Thomæ Cantuariensis, 3. Thomæ Mori*: et imprimé *à Douay, en 1580, in 8°*; et puis *à Cologne, en 1612, in 8°*.

Dans ces derniers tems, les Jansénistes, ces Théologiens si épurés, si l'on veut les en croire, ne sont-ils pas tombés dans le même excès que les Franciscains et les Jésuites, en approuvant dans leur Disciple Montgeron l'Association qu'il fait *de Jésus-Christ, de la Ste. Vierge, et du Bien-heureux François de Paris*, à la tête de

(122) *On l'avoit vu mener l'Ours par les rues: il avoit été* Basteleur, *Métier dont il retint toujours les gestes et les grimaces; et ce fut lui qui inspira à Henri III. cette bassesse d'âme, qui lui fit négliger les affaires les plus importantes de son état, pour donner la farce, non seulement à son Peuple, mais même à toute l'Europe, par des Processions aussi ridicules que superstitieuses. Voïez les* Mémoires de Pierre de l'Estoile pour servir à l'Histoire de France, *Tom. I, pag. 27, 29, 49, et 158. Voïez aussi le* Journal de Henri III, *pag. 8, 89, et 305, où l'on a mis sur* premier Métier, *cette* Note: Il y a eu un Auger Barbier. *Mais, cela est ridicule, vu que ce mot ne peut tomber que sur* Basteleur. *C'étoit un véritable* Tartuffe, *qui, d'un côté, sembloit ne respirer que douceur et bénignité, et de l'autre, ne conseilloit que feu et flammes: témoins son* Sucre spirituel *pour adoucir l'amertume des aigres malheurs de ce temps, imprimé* à Lyon, chez Michel Jove, en 1570, in 16; *et son* Pédagogue d'Armes, *pour instruire un Prince Chrestien à bien entreprendre et heureusement achever une bonne Guerre, pour être victorieux de tous les ennemis de son Estat et de l'Eglise Catholique. Ouvrage furieux, et rempli de maximes cruelles et sanguinaires qu'il ne mit que trop bien en pratique à Bourdeaux, où il fit faire le Massacre de la St. Barthélemy, malgré le Gouverneur, le Procureur-Général du Parlement, et le premier Jurat, nommé* Mulet, *qu'il disoit être une bête bâtarde, qui n'étoit point entrée en l'arche. Voïez d'Aubigné,* Hist-Univ. *Tom. I, col. 559. Cet odieux Ouvrage fut imprimé* à Paris, chez Séb. Nivelle, en 1568, in 8; *et l'on en peut voir quelques Traits dans la* Révision du Concile de Trente, *par* Guillaume Ranchin, *pag. 171–174. de la II. Partie, et dans les* Remarques sur la Confession de Sanci, *pag. 447, 448. C'étoit bien-là donner du sucre au bout d'un bâton, comme on le dit en commun proverbe: et rien n'est plus propre à rendre fort vraisemblable ce que ses Confrères débitent de lui, qu'il convertit 4000 Hérétiques. Marillac, la Rapine, et Baville, en ont bien converti d'autres: et, avec de sembables maximes, on en convertiroit aisément des millions. Ses Confrères auront sans doute bien fait valoir ces glorieux exploits, dans les* Vies *qu'ils ont publiées de ce valeureux Champion de leur Société. Il y en a deux, l'une en Latin et l'autre en François:* Nicolai Bailly Historia Vitæ Edmundi Augerii, primi e Societate Jesu Regum Galliæ a Confessionibus; *imprimée* à Paris, chez Cramoisy, en 1652, in 8: *et* Vie d'Edmond Auger, Confesseur et Prédicateur d'Henry III, Roy de France et de Navarre [*de Pologne, falloit-il dire,*] où l'on voit l'Histoire de l'établissement des Jésuites en France depuis Henry II, jusqu'à Henry IV, *par le Père* Jean Dorigny, *Jésuite; imprimée* à Lyon, chez Laurens, en 1716, in 12.   (123) Alcoran de Mahomet. *pag. 92.*
    (124) Epiphanius de Hæres. *Cap. de Ebionitis.*

son étonnant Ouvrage de *la Vérité des Miracles opérez par l'intercession de Mr. de Paris démontrée contre Mr. l'Archevêque de Sens*, imprimé *à Utrecht, par la Compagnie*, en 1737? Ouvrage, qu'on a d'abord traité de fanatique, mais qu'on a prouvé depuis être d'une imposture insigne. Voïez la *Bibliothèque Raisonnée*, Tom. XIX, pag. 393–432, et Tom. XX, pag. 178–225, et 245–266.

Un ennemi juré de l'intolérance et de la persécution, de quelque part qu'elles vinssent, s'est avisé de réunir, dans une imprécation contre elles, BEZE et CALVIN à ALPHONSE DE CASTRO Franciscain Espagnol, en ces termes: *huic Monacho junge* CALVINUM *et* BEZAM, *Genevensium Reformatorum Antesignanos; et plene instructam habebis Persequentium Carnificum Trigam*. Voïez MAITTAIRII *Index Annalium* suorum *Typographicorum*, tom. I, pag. 237, qui donne cela comme une Citation, mais qui n'ajoute point d'où il l'a tirée; ce qui feroit assez raisonnablement soupçonner qu'il en est l'Auteur.

Du tems de la Ligue, les mêmes Jésuites avoient continuellement à la bouche, *un Dieu, un Pape, un Roi de toute la Chrétienté* (125): Assemblage, beaucoup moins religieux que coupable de rebellion; car, on sait, qu'ils entendoient par là leur cher Roi d'Espagne, qu'ils auroient voulu voir Monarque du Monde entier, pour étendre plus facilement leur propre puissance. D'*Hilaret*, Cordelier séditieux mort à Orléans en 1591, et des *deux Guises*, justement punis de leurs rebellions à Blois en 1588, les Ligueurs faisoient *au Ciel* une *Trinité seconde* (126), que *Jaques Clément* étoit sans doute beaucoup plus digne de remplir: et leurs partisans en auroient pu tout aussi-bien faire une pareille, de *Barrière*, de *Châtel*, et de *Ravaillac*, dont le premier résolut, le second manqua, le troisième exécuta enfin, l'exécrable Parricide de Henri IV. Dans une vue toute opposée, l'infame Guignard disoit insolemment et séditieusement, *Pensez qu'il faisoit beau voir trois Roys, si Roys se doivent nommer, le feu Tyran* (Henry III,) *le Béarnois* (Henry IV,) *et ce prétendu Monarque de Portugal, Don Anthonio*: et ce fut une des propositions pour lesquelles ce séditieux Jésuite fut pendu et brûlé à Paris le 7. de Janvier 1595.

Immédiatement après la naissance du Dauphin, Fils de Louis XIII, les Magistrats de St. Quentin firent, dans ce Vers Latin,

Francia gaude, Numine Trino, quidlibet aude.

qu'ils firent mettre sur le front de leur Maison de Ville au dessous des Armes de ce Roi, de ce jeune Prince, et du Cardinal de Richelieu (127), et qui tient tant soit peu du Rébus de Picardie, un assemblage aussi singulier que profane, et que le judicieux Pierre de l'Etoile auroit probablement appellé une *Trinité troisième*. Mais, ce *Numen trinum*, dont on pourroit chicaneusement entreprendre la défense, à la faveur de l'usage abusif, qu'on en fait en Latin, n'est rien en compa-

---

(125) Playdoyé d'Arnauld contre les Jésuites en 1594, *pag. 164.* Cayet, Chronologie Novenaire, *Tom. II, folio 382.* (126) Mémoires de Pierre de l'Estoile, *Tom. I, pag. 61.*
(127) Drelincourt, Défense de Calvin, *pag. 84. Au lieu de ces Armes, les* Remarques sur le Gouvernement de Henri IV, Louis XIII, et Louis XIV, *pag. 79, mettent ridiculement le Cardinal entrant en cette Ville, aïant à ses côtés le Roi et le Duc d'Orléans.*

raison de l'impiété formelle et positive d'une impertinente *Epître Dédicatoire*, où, par un sot et plat jeu de mots, on traitoit nettement et sans équivoque ce Cardinal de *Riche-Dieu* (128); et d'une *Thèse de Théologie*, intitulée *Quis ut Deus?* „Et dont les neuf Conclusions commencoient par les neuf Lettres de son nom, et faisoient *Richelius* (128*):" Sottises et Impertinences irréligieuses, qu'il aura probablement lui-même condamnées. Quoi qu'il en soit, cet excès prouve, qu'on n'a pas attendu le grand éclat du Règne de Louis XIV, pour en faire un *Homme immortel*, et lui appliquer irréligieusement les attributs de la divinité, ainsi qu'on le va voir. Le Ministre Jurieu n'étoit, ni moins ridicule, ni moins prophane, lors que, plaisantant assez mal-à-propos sur le Motet scandaleux où l'on faisoit dire par Louis XIV. à Jaques II, *Sieds-toi à ma dextre, jusqu'à ce que j'ai mis tes ennemis sous le Marche-pied de tes pieds*, il osoit avancer, *Voilà une agréable Métamorphose! Le Roi de France devenu Dieu le Père, et le Roi d'Angleterre devenu Dieu le Fils! Afin que cette Trinité soit complette, je suis d'avis que nous fassions du Prince de Galles le Saint Esprit* (129). Les plaisanteries de cette espèce étoient sans doute assez de son goût; car, dans le même Ouvrage on trouve encore cette autre profanation tout-à-fait scandaleuse: *Comme Joseph, Mari de la Vierge, n'étoit pas le vrai Père du* premier Jésus, *Jaques II, Mari de la Reine, pourroit bien aussi n'être pas le Père du* second, c'est-à-dire du Prince de Galles (130). Si de sembables prophanations étoient casuellement échappées à quelque pauvre Moine ignorant, le zélé Mr. Jurieu n'auroit point trouvé de termes assez forts pour en exprimer toute son horreur.

Quelque-chose de moins prophane, mais d'aussi singulier pour le moins que cela, est l'imagination d'un bon Ecclésiastique Allemand nommé Sonntag, qui s'est avisé de faire un Traité *De Salute trium Uxorum, Lothi, Jobi, et Pilati*, imprimé *à Leipsic, en 1707, in 4°*: fruit de ce goût pour le merveilleux et l'extraordinaire auquel on s'est assujetti dans plusieurs Académies d'Allemagne.

Un assez mauvais Graveur de Paris s'est avisé depuis peu d'associer assez plaisamment *Confucius, Mahomet*, et *Arius*, les rangeant tous trois en cet Ordre parmi ses portraits des Théologiens Protestans. On a voulu faire honneur au Poète Gacon de cette ridicule *Anecdote* (131); mais, je suis très persuadé qu'on se trompe. Quelque bornées que fussent ses lumières en fait d'Histoire, il n'étoit pas capable d'une pareille bêtise.

Le fameux Guillaume Whiston, si connu en Angleterre, par la singularité de ses opinions, fait une aussi étrange Association qu'aucune de toutes celles-là,

---

(128) Amelot de la Houssaie, Mémoires Historiques, *Tom. I, pag. 35.*

(128*) Drelincourt, Défense de Calvin, *pag. 84.*

(129) Jurieu, Religion des Jésuites, *pag. 127. Selon* Bernier, Jugement sur Rabelais, *pag. 278, ce fut un Anglois, qui fit cette application profane et impie du Pseaume* Dixit Dominus Domino meo, *etc. Peut-être prit-il ce détour, n'osant publiquement condamner le Motet.*

(130) *Là-même, pag. 47. Cette profanation lui plaisoit si fort qu'il la répéta, la même année, dans les mêmes termes, à la page 47. de son* Apologie pour leurs Majestés Britanniques contre le Libelle infame, *intitulé* Le vrai Portrait de Guillaume Henry de Nassau, nouvel Abs̀çalom, nouvel Hérode, nouveau Cromwel, nouveau Néron. (131) Voyage Littéraire, *pag. 106.*

dans ses *Considérations sur l'Eternité des Peines et Tourmens de l'Enfer*, imprimées en Anglois *à Londres, en 1740, in 8°.* „ Pour moi", dit-il, avec sa franchise ordinaire, „cette opinion généralement reçue, me paroit aussi absurde et aussi injurieuse à la Religion Chrétienne, que *la Trinité d'*ATHANASE, *la Prédestination de* CALVIN, et *la Transubstantiation des Papistes* (132)."

Mais tout cela n'approche point de l'impudente Saillie d'un Curé de St. Laurent d'Orléans, nommé *Roussaselet*, qui s'écrioit dernièrement en chaire, *je pense comme notre St. Père le Pape : notre St. Père le Pape pense comme Dieu qui lui a dicté la Bulle : par conséquent*, Dieu, le Pape, et Moi, *pensons l'un comme l'autre.* „*Que dites-vous*," ajoute l'Auteur, „*de cette* Trinité de nouvelle invention (133)?"

V., et VI. Le cinquième et le sixième, que je mets ensemble, parce qu'ils sont d'un même Auteur, sont intitulez, *A Discovery of the* three Impostors, *Turd Sellers, Slanderers, and Piss-Sellers, by Seignor Perin del Vago*; et *Perini de Vago, Equitis de Maltha, Epistolium ad Batavum in Anglia Hospitem de* tribus Impostoribus Τυπογραφοις, Συκοφανταις, Φαρμακονταις; *cum ipsius Responsione*; et ont été imprimez, avec deux autres Pièces intitulées, *A Hue and Cry after the Bulls of Banthan, P. D. V's* [Perini del Vago's] *Epistola ad H. Beverland*, et *Although my Innocency etc., à Londres, vers l'an 1709, in 8°.* Ils sont du fameux Adrien Beverland, et composez contre trois Evêques d'Angleterre, qui avoient entrepris de réprimer la licence effrénée de ses écrits. On a sous le même nom un Recueil, intitulé *Severall Letters to Mr. Hadrian Beverland, with Mr. Beverland's Answers*, imprimé *à Londres, en 1702, in 8°*; et où probablement il n'épargne pas ses ennemis. Quoiqu'il en soit, c'est-là un nouvel Auteur déguisé à ajouter à ceux de Baillet, de Placcius, de Fabricius, et de Heumann.

VII. On m'a assuré depuis peu, qu'un des Ministres François de la Savoie à Londres avoit réuni sous le même titre *des trois Imposteurs*, les trois Personnes de *Mahomet*, d'*Ignace de Loïola*, et de *George Fox*. Je ne connois pas assez ce dernier Personnage, pour savoir si c'est avec raison qu'on le traite ainsi. Mais, pour Ignace de Loïola, il me semble que c'est lui faire injure; qu'il mériteroit incomparablement mieux d'être mis au nombre des Idiots et des Insensés, que des Fourbes et des Imposteurs; et que, s'il y a eu quelque imposture dans l'établissement et de l'accroissement subit et surprenant de sa Société, Lainès, et les autres habiles Gens d'entre les premiers Jésuites, en sont beaucoup plus coupables que lui. Un Controversiste moderne, qui tient aujourd'hui le premier rang dans une des principales Eglises Protestantes, l'a associé un peu plus convenablement avec un fou et un furieux, puisqu'il tenoit à peu près également de ces deux caractères. *Saint Dominique*, dit cet illustre Controversiste, *se vantoit d'être invulnérable : Saint François, de n'être nourri que du pain des Anges; et Saint Ignace, d'être doué de Dons spirituels beaucoup plus grands et admirables que ceux de tous les autres Saints ensemble* (134). S'il n'a pas effectivement ainsi surpassé tous

---

(132) Bibliothèque Raisonnée, *Tom. XXV, pag. 229.*   (133) Bigarrure, *Tom. XVI, pag. 43.*
(134) Wake, the Enthusiasm of the Church of Rome, *cité dans la* Bibliothèque Universelle, *Tom. XI, pag. 113, 114.*

les autres Saints en *Dons sprituels*, ses Enfans ne tardèrent pas au moins à surpasser tous les autres Ordres Religieux en *Dons temporels*; et, depuis long-tems,
quoique les derniers venus, ils les ont laissés bien loin derrière eux en fait de
crédit, de puissance, et de domination tirannique.

Dès l'an 1619, le célèbre d'Aubigné avoit assez plaisamment associé les trois
Ordres de ces trois Instituteurs, à propos de ce passage de l'*Apocalypse* XVI, 13,
*Alors, je vis sortir de la gueule du Dragon, de la gueule de la Bête, et de la bouche du
Prophète, trois Esprits impurs, sembables à des Grenouilles.* „Sainct Jean," dit-il,
„faict mention de trois Esprits infernaux en forme de grenouilles, tracassans çà
et là, pour assembler les Roys et les Peuples de la terre en Bataille: par lesquelles parolles sont évidemment désignées trois espèces de Prescheurs séditieux, comme on pourroit dire les *Dominicains, Franciscains*, et *Jésuites*: lesquels,
depuis leur naissance au Monde, n'ont cessé de barbotter importunément une
mesme chanson, savoir le meurtre et le carnage sur ceux qui ne veulent comme
eux rendre au Pape une obéissance aveugle (135)."

Un Pseudonyme, qui s'est donné le nom de *Phileleuterius Helvetius*, et qu'on
croit être le Professeur Zimmerman, a joint à ces trois fameux Chefs d'Ordres,
deux Personnages encore plus fameux, savoir *Pythagore* et *Apollonius de Thyane*;
mais, je ne saurois précisément dire dans quelle vue. Son Ouvrage est intitulé
*De Miraculis, quæ Pythagoræ, Apollonio Thyanensi, Francisco Assisio, Dominico, et
Ignatio Loyolæ, tribuuntur*, et passe pour imprimé *à Douai, chez Pierre Colombius,
1734, in 8°*: mais, cette indication est sans doute supposée aussi-bien que le nom
de l'Auteur, et l'on prétend avec assez de vraisemblance, qu'elle désigne Zurick.

Un Jésuite Brabançon, nommé JAQUES CORET s'est avisé de faire un *Ange*
d'IGNACE DE LOYOLA, dans un Ouvrage tout exprès, intitulé *Le cinquième
Ange de l'Apocalypse*, IGNACE DE LOYOLA, *Fondateur de la Compagnie de Jésus*, et
imprimé *à Namur, en 1679, in 4°*. Peut-être cette singulière idée ne lui est-elle
venue que par esprit de contradiction, et pour réfuter le Quolibet vulgaire, que
les Jésuites sont les Sauterelles du Puits de l'Abîme, prophétisées dans l'*Apocalypse*.

VIII. Enfin, on pourroit faire sous ce même titre *des trois Imposteurs*, une
nouvelle Pièce, incomparablement mieux fondée qu'aucune de précédentes, de
l'Ismaélite *Mahomet*, du Juif *Abdulla*, et du Chrétien *Sergius*, s'il est vrai qu'ils se
soient réunis pour composer cette rhapsodie bizarre de Paganisme, de Judaïsme, et de Christianisme, intitulée par excellence l'*Alcoran*, et qui tient lieu de
révélation Divine à tous les Sectateurs de Mahomet. Les Juifs et les Chrétiens
l'affirment depuis plusieurs Siècles comme un vérité certaine et incontestable;
et l'Editeur des Lettres de l'*Espion Turc* en étoit tellement convaincu, qu'il n'a
point fait difficulté de les faire représenter comme tels à la tête du dernier
Volume de cet Ouvrage, et de les y qualifier *Les trois Imposteurs*. Mais, de quelles

---

(135) Libre Discours sur l'Estat présent des Eglises Réformées en France, *pag. 269. et 270: Livre
rare, imprimé sans autre indication que 1619, en 315. pages*, in 8 ; *qu'aucun de nos Ecrivains François n'a
sçu être de* d'Aubigné; *et que nous ne connoissons pour tel, que par la* Préface de la Traduction
Hollandoise *qui en a été imprimée* à la Haïe, chez Barent Langenes, en 1632, in 4.

représailles les Mahométans ne pourroient-ils point user envers ces gens-là, s'ils entreprenoient de leur reprocher de pareilles fraudes pieuses? Le laborieux Mr. Fabricius leur en fourniroit lui seul quatre gros Volumes in octavo de taille Allemande, dans le Livre que je cite en marge (136); et, cependant, il s'en faut beaucoup qu'il les y ait toutes mises, puisqu'on n'y trouve encore que les plus rares et les moins intéressantes: et Joseph Scaliger, par ses Aveus des impostures des premiers Chrétiens, même dans le *Nouveau Testament* (137), les confirmeroit dans leur opinion générale, que Jésus-Christ, indigné de ce que ses Apôtres le vouloient adorer comme le vrai Dieu, remporta son *Evangile* au Ciel; et que les Ecrits, que quatre de ses Apôtres ont laissé sous ce titre, n'en sont que des morceaux altérez par leur préjugés (138).

(136) Codex Pseudepigraphus Vet. Test. collect. a Jo. Alb. Fabric. *Hamb. Liebezeit, 1713, etc. in 8, 2 Voll.* Codex Apocryphus N. Test. *Hamb. Schiller, 1703, etc. in 8, 2 Voll.*

(137) Scaligerana, *aux mots* JOSEPH *et* GREGENTIUS, *pag. 177, et 212.*

(138) Chardin, Voyages, *Tom. II, pag. 271.*

ARCHIVES INTERNATIONALES D'HISTOIRE DES IDÉES
*
INTERNATIONAL ARCHIVES OF THE HISTORY OF IDEAS

ARCHIVES INTERNATIONALES D'HISTOIRE DES IDÉES

*

INTERNATIONAL ARCHIVES OF THE HISTORY OF IDEAS

22. W.N. Hargreaves-Mawdsley: *The English Della Cruscans and Their Time, 1783-1828.* 1967 ISBN 90-247-0198-8
23. C.B. Schmitt: *Gianfrancesco Pico della Mirandola (1469-1533) and his Critique of Aristotle.* 1967 ISBN 90-247-0199-6
24. H.B. White: *Peace among the Willows.* The Political Philosophy of Francis Bacon. 1968 ISBN 90-247-0200-3
25. L. Apt: *Louis-Philippe de Ségur.* An Intellectual in a Revolutionary Age. 1969 ISBN 90-247-0201-1
26. E.H. Kadler: *Literary Figures in French Drama (1784- 1834).* 1969 ISBN 90-247-0202-X
27. G. Postel: *Le Thrésor des prophéties de l'univers.* Manuscrit publié avec une introduction et des notes par F. Secret. 1969 ISBN 90-247-0203-8
28. E.G. Boscherini: *Lexicon Spinozanum.* 2 vols., 1970 Set ISBN 90-247-0205-4
29. C.A. Bolton: *Church Reform in 18th-Century Italy.* The Synod of Pistoia (1786). 1969 ISBN 90-247-0208-9
30. D. Janicaud: *Une généalogie du spiritualisme français.* Aux sources du bergsonisme: [Félix] Ravaisson [1813-1900] et la métaphysique. 1969 ISBN 90-247-0209-7
31. J.-E. d'Angers: *L'Humanisme chrétien au 17e siècle.* St. François de Sales et Yves de Paris. 1970 ISBN 90-247-0210-0
32. H.B. White: *Copp'd Hills towards Heaven.* Shakespeare and the Classical Polity. 1970 ISBN 90-247-0250-X
33. P.J. Olscamp: *The Moral Philosophy of George Berkeley.* 1970 ISBN 90-247-0303-4
34. C.G. Noreña: *Juan Luis Vives (1492-1540).* 1970 ISBN 90-247-5008-3
35. J. O'Higgens: *Anthony Collins (1676-1729), the Man and His World.* 1970 ISBN 90-247-5007-5
36. F.T. Brechka: *Gerard van Swieten and His World (1700- 1772).* 1970 ISBN 90-247-5009-1
37. M.H. Waddicor: *Montesquieu and the Pilosophy of Natural Law.* 1970 ISBN 90-247-5039-3
38. O.R. Bloch: *La Philosophie de Gassendi (1592-1655).* Nominalisme, matérialisme et métaphysique. 1971 ISBN 90-247-5035-0
39. J. Hoyles: *The Waning of the Renaissance (1640-1740).* Studies in the Thought and Poetry of Henry More, John Norris and Isaac Watts. 1971 ISBN 90-247-5077-6 *For* Henry More, *see also below under Volume 122 and 127.*
40. H. Bots: *Correspondance de Jacques Dupuy et de Nicolas Heinsius (1646-1656).* 1971 ISBN 90-247-5092-X
41. W.C. Lehmann: *Henry Home, Lord Kames, and the Scottish Enlightenment.* A Study in National Character and in the History of Ideas. 1971 ISBN 90-247-5018-0
42. C. Kramer: *Emmery de Lyere et Marnix de Sainte Aldegonde.* Un admirateur de Sébastien Franck et de Montaigne aux prises avec le champion des calvinistes néerlandais.[Avec le texte d'Emmery de Lyere:] *Antidote ou contrepoison contre les conseils sanguinaires et envinemez de Philippe de Marnix Sr. de Ste. Aldegonde.* 1971 ISBN 90-247-5136-5

43. P. Dibon: *Inventaire de la correspondance (1595-1650) d'André Rivet (1572-1651).* 1971 ISBN 90-247-5112-8

44. K.A. Kottman: *Law and Apocalypse.* The Moral Thought of Luis de Leon (1527?-1591). 1972 ISBN 90-247-1183-5

45. F.G. Nauen: *Revolution, Idealism and Human Freedom.* Schelling, Hölderlin and Hegel, and the Crisis of Early German Idealism. 1971 ISBN 90-247-5117-9

46. H. Jensen: *Motivation and the Moral Sense in Francis Hutcheson's* [1694-1746] *Ethical Theory.* 1971 ISBN 90-247-1187-8

47. A. Rosenberg: *[Simon] Tyssot de Patot and His Work (1655–1738).* 1972
ISBN 90-247-1199-1

48. C. Walton: *De la recherche du bien.* A study of [Nicolas de] Malebranche's [1638-1715] Science of Ethics. 1972

ISBN 90-247-1205-X

49. P.J.S. Whitmore (ed.): *A 17th-Century Exposure of Superstition.* Select Text of Claude Pithoys (1587-1676). 1972 ISBN 90-247-1298-X

50. A. Sauvy: *Livres saisis à Paris entre 1678 et 1701.* D'après une étude préliminaire de Motoko Ninomiya. 1972 ISBN 90-247-1347-1

51. W.R. Redmond: *Bibliography of the Philosophy in the Iberian Colonies of America.* 1972 ISBN 90-247-1190-8

52. C.B. Schmitt: *Cicero Scepticus.* A Study of the Influence of the *Academica* in the Renaissance. 1972 ISBN 90-247-1299-8

53. J. Hoyles: *The Edges of Augustanism.* The Aesthetics of Spirituality in Thomas Ken, John Byrom and William Law. 1972 ISBN 90-247-1317-X

54. J. Bruggeman and A.J. van de Ven (éds.): *Inventaire* des pièces d'Archives françaises se rapportant à l'Abbaye de Port-Royal des Champs et son cercle et à la Résistance contre la Bulle *Unigenitus* et à l'Appel. 1972 ISBN 90-247-5122-5

55. J.W. Montgomery: *Cross and Crucible.* Johann Valentin Andreae (1586–1654), Phoenix of the Theologians. Volume I: Andreae's Life, World-View, and Relations with Rosicrucianism and Alchemy; Volume II: The *Chymische Hochzeit* with Notes and Commentary. 1973 Set ISBN 90-247-5054-7

56. O. Lutaud: *Des révolutions d'Angleterre à la Révolution française.* Le tyrannicide & *Killing No Murder* (Cromwell, *Athalie*, Bonaparte). 1973 ISBN 90-247-1509-1

57. F. Duchesneau: *L'Empirisme de Locke.* 1973 ISBN 90-247-1349-8

58. R. Simon (éd.): *Henry de Boulainviller - Œuvres Philosophiques, Tome I.* 1973
ISBN 90-247-1332-3

For Œvres Philosophiques, Tome II *see below under Volume 70.*

59. E.E. Harris: *Salvation from Despair.* A Reappraisal of Spinoza's Philosophy. 1973
ISBN 90-247-5158-6

60. J.-F. Battail: *L'Avocat philosophe Géraud de Cordemoy (1626-1684).* 1973
ISBN 90-247-1542-3

61. T. Liu: *Discord in Zion.* The Puritan Divines and the Puritan Revolution (1640-1660). 1973 ISBN 90-247-5156-X

62. A. Strugnell: *Diderot's Politics.* A Study of the Evolution of Diderot's Political Thought after the *Encyclopédie.* 1973 ISBN 90-247-1540-7

ARCHIVES INTERNATIONALES D'HISTOIRE DES IDÉES
*
INTERNATIONAL ARCHIVES OF THE HISTORY OF IDEAS

85. Bérault Stuart, Seigneur d'Aubigny: *Traité sur l'art de la guerre.* Introduction et édition par Élie de Comminges. 1976   ISBN 90-247-1871-6

86. S.L. Kaplan: *Bread, Politics and Political Economy in the Reign of Louis XV.* 2 vols., 1976   Set ISBN 90-247-1873-2

87. M. Lienhard (ed.): *The Origins and Characteristics of Anabaptism / Les débuts et les caractéristiques de l'Anabaptisme.* With an Extensive Bibliography / Avec une bibliographie détaillée. 1977   ISBN 90-247-1896-1

88. R. Descartes: *Règles utiles et claires pour la direction de l'esprit en la recherche de la vérité.* Traduction selon le lexique cartésien, et annotation conceptuelle par J.-L. Marion. Avec des notes mathématiques de P. Costabel. 1977   ISBN 90-247-1907-0

89. K. Hardesty: *The 'Supplément' to the 'Encyclopédie'.* [Diderot et d'Alembert]. 1977
                                                          ISBN 90-247-1965-8

90. H.B. White: *Antiquity Forgot.* Essays on Shakespeare, [Francis] Bacon, and Rembrandt. 1978   ISBN 90-247-1971-2

91. P.B.M. Blaas: *Continuity and Anachronism.* Parliamentary and Constitutional Development in Whig Historiography and in the Anti-Whig Reaction between 1890 and 1930. 1978   ISBN 90-247-2063-X

92. S.L. Kaplan (ed.): *La Bagarre.* Ferdinando Galiani's (1728-1787) 'Lost' Parody. With an Introduction by the Editor. 1979   ISBN 90-247-2125-3

93. E. McNiven Hine: *A Critical Study of [Étienne Bonnot de] Condillac's* [1714-1780] *'Traité des Systèmes'.* 1979   ISBN 90-247-2120-2

94. M.R.G. Spiller: *Concerning Natural Experimental Philosphy.* Meric Casaubon [1599-1671] and the Royal Society. 1980   ISBN 90-247-2414-7

95. F. Duchesneau: *La physiologie des Lumières.* Empirisme, modèles et théories. 1982
                                                          ISBN 90-247-2500-3

96. M. Heyd: *Between Orthodoxy and the Enlightenment.* Jean-Robert Chouet [1642-1731] and the Introduction of Cartesian Science in the Academy of Geneva. 1982
                                                          ISBN 90-247-2508-9

97. James O'Higgins: *Yves de Vallone* [1666/7-1705]: *The Making of an Esprit Fort.* 1982   ISBN 90-247-2520-8

98. M.L. Kuntz: *Guillaume Postel* [1510-1581]. Prophet of the Restitution of All Things. His Life and Thought. 1981   ISBN 90-247-2523-2

99. A. Rosenberg: *Nicolas Gueudeville and His Work (1652-172?).* 1982
                                                          ISBN 90-247-2533-X

100. S.L. Jaki: *Uneasy Genius: The Life and Work of Pierre Duhem* [1861-1916]. 1984
                                  ISBN 90-247-2897-5; Pb (1987) 90-247-3532-7

101. Anne Conway [1631-1679]: *The Principles of the Most Ancient Modern Philosophy.* Edited and with an Introduction by P. Loptson. 1982   ISBN 90-247-2671-9

102. E.C. Patterson: *[Mrs.] Mary [Fairfax Greig] Sommerville* [1780-1872] *and the Cultivation of Science (1815-1840).* 1983   ISBN 90-247-2823-1

103. C.J. Berry: *Hume, Hegel and Human Nature.* 1982   ISBN 90-247-2682-4

104. C.J. Betts: *Early Deism in France.* From the so-called 'déistes' of Lyon (1564) to Voltaire's 'Lettres philosophiques' (1734). 1984   ISBN 90-247-2923-8

ARCHIVES INTERNATIONALES D'HISTOIRE DES IDÉES
*
INTERNATIONAL ARCHIVES OF THE HISTORY OF IDEAS

105. R. Gascoigne: *Religion, Rationality and Community.* Sacred and Secular in the Thought of Hegel and His Critics. 1985 ISBN 90-247-2992-0

106. S. Tweyman: *Scepticism and Belief in Hume's 'Dialogues Concerning Natural Religion'.* 1986 ISBN 90-247-3090-2

107. G. Cerny: *Theology, Politics and Letters at the Crossroads of European Civilization.* Jacques Basnage [1653-1723] and the Baylean Huguenot Refugees in the Dutch Republic. 1987 ISBN 90-247-3150-X

108. Spinoza's *Algebraic Calculation of the Rainbow* & *Calculation of Changes.* Edited and Translated from Dutch, with an Introduction, Explanatory Notes and an Appendix by M.J. Petry. 1985 ISBN 90-247-3149-6

109. R.G. McRae: *Philosophy and the Absolute.* The Modes of Hegel's Speculation. 1985 ISBN 90-247-3151-8

110. J.D. North and J.J. Roche (eds.): *The Light of Nature.* Essays in the History and Philosophy of Science presented to A.C. Crombie. 1985 ISBN 90-247-3165-8

111. C. Walton and P.J. Johnson (eds.): *[Thomas] Hobbes's 'Science of Natural Justice'.* 1987 ISBN 90-247-3226-3

112. B.W. Head: *Ideology and Social Science.* Destutt de Tracy and French Liberalism. 1985 ISBN 90-247-3228-X

113. A.Th. Peperzak: *Philosophy and Politics.* A Commentary on the Preface to Hegel's *Philosophy of Right.* 1987 ISBN Hb 90-247-3337-5; Pb ISBN 90-247-3338-3

114. S. Pines and Y. Yovel (eds.): *Maimonides* [1135-1204] *and Philosophy.* Papers Presented at the 6th Jerusalem Philosophical Encounter (May 1985). 1986 ISBN 90-247-3439-8

115. T.J. Saxby: *The Quest for the New Jerusalem, Jean de Labadie* [1610-1674] *and the Labadists (1610-1744).* 1987 ISBN 90-247-3485-1

116. C.E. Harline: *Pamphlets, Printing, and Political Culture in the Early Dutch Republic.* 1987 ISBN 90-247-3511-4

117. R.A. Watson and J.E. Force (eds.): *The Sceptical Mode in Modern Philosophy.* Essays in Honor of Richard H. Popkin. 1988 ISBN 90-247-3584-X

118. R.T. Bienvenu and M. Feingold (eds.): *In the Presence of the Past.* Essays in Honor of Frank Manuel. 1991 ISBN 0-7923-1008-X

119. J. van den Berg and E.G.E. van der Wall (eds.): *Jewish-Christian Relations in the 17th Century.* Studies and Documents. 1988 ISBN 90-247-3617-X

120. N. Waszek: *The Scottish Enlightenment and Hegel's Account of 'Civil Society'.* 1988 ISBN 90-247-3596-3

121. J. Walker (ed.): *Thought and Faith in the Philosophy of Hegel.* 1991 ISBN 0-7923-1234-1

122. Henry More [1614-1687]: *The Immortality of the Soul.* Edited with Introduction and Notes by A. Jacob. 1987 ISBN 90-247-3512-2

123. P.B. Scheurer and G. Debrock (eds.): *Newton's Scientific and Philosophical Legacy.* 1988 ISBN 90-247-3723-0

124. D.R. Kelley and R.H. Popkin (eds.): *The Shapes of Knowledge from the Renaissance to the Enlightenment.* 1991 ISBN 0-7923-1259-7

125. R.M. Golden (ed.): *The Huguenot Connection*. The Edict of Nantes, Its Revocation, and Early French Migration to South Carolina. 1988   ISBN 90-247-3645-5

126. S. Lindroth: *Les chemins du savoir en Suède*. De la fondation de l'Université d'Upsal à Jacob Berzelius. Études et Portraits. Traduit du suédois, présenté et annoté par J.-F. Battail. Avec une introduction sur Sten Lindroth par G. Eriksson. 1988
ISBN 90-247-3579-3

127. S. Hutton (ed.): *Henry More (1614-1687)*. *Tercentenary Studies*. With a Biography and Bibliography by R. Crocker. 1989   ISBN 0-7923-0095-5

128. Y. Yovel (ed.): *Kant's Practical Philosophy Reconsidered*. Papers Presented at the 7th Jerusalem Philosophical Encounter (December 1986). 1989   ISBN 0-7923-0405-5

129. J.E. Force and R.H. Popkin: *Essays on the Context, Nature, and Influence of Isaac Newton's Theology*. 1990   ISBN 0-7923-0583-3

130. N. Capaldi and D.W. Livingston (eds.): *Liberty in Hume's 'History of England'*. 1990
ISBN 0-7923-0650-3

131. W. Brand: *Hume's Theory of Moral Judgment*. A Study in the Unity of *A Treatise of Human Nature*. 1992   ISBN 0-7923-1415-8

132. C.E. Harline (ed.): *The Rhyme and Reason of Politics in Early Modern Europe*. Collected Essays of Herbert H. Rowen. 1992   ISBN 0-7923-1527-8

133. N. Malebranche: *Treatise on Ethics* (1684). Translated and edited by C. Walton. 1993
ISBN 0-7923-1763-7

134. B.C. Southgate: *'Covetous of Truth'*. The Life and Work of Thomas White (1593–1676). 1993   ISBN 0-7923-1926-5

135. G. Santinello, C.W.T. Blackwell and Ph. Weller (eds.): *Models of the History of Philosophy*. Vol. 1: From its Origins in the Renaissance to the 'Historia Philosphica'. 1993   ISBN 0-7923-2200-2

136. M.J. Petry (ed.): *Hegel and Newtonianism*. 1993   ISBN 0-7923-2202-9

137. Otto von Guericke: *The New (so-called Magdeburg) Experiments* [Experimenta Nova, Amsterdam 1672]. Translated and edited by M.G.Foley Ames. 1994
ISBN 0-7923-2399-8

138. R.H. Popkin and G.M. Weiner (eds.): *Jewish Christians and Cristian Jews*. From the Renaissance to the Enlightenment. 1994   ISBN 0-7923-2452-8

139. J.E. Force and R.H. Popkin (eds.): *The Books of Nature and Scripture*. Recent Essays on Natural Philosophy, Theology, and Biblical Criticism in the Netherlands of Spinoza's Time and the British Isles of Newton's Time. 1994   ISBN 0-7923-2467-6

140. P. Rattansi and A. Clericuzio (eds.): *Alchemy and Chemistry in the 16th and 17th Centuries*. 1994   ISBN 0-7923-2573-7

141. S. Jayne: *Plato in Renaissance England*. 1995   ISBN 0-7923-3060-9

142. A.P. Coudert: *Leibniz and the Kabbalah*. 1995   ISBN 0-7923-3114-1

143. M.H. Hoffheimer: *Eduard Gans and the Hegelian Philosophy of Law*. 1995
ISBN 0-7923-3114-1

144. J.R.M. Neto: *The Christianization of Pyrrhonism*. Scepticism and Faith in Pascal, Kierkegaard, and Shestov. 1995   ISBN 0-7923-3381-0

145. R.H. Popkin (ed.): *Scepticism in the History of Philosophy*. A Pan-American Dialogue. 1996   ISBN 0-7923-3769-7

ARCHIVES INTERNATIONALES D'HISTOIRE DES IDÉES
*
INTERNATIONAL ARCHIVES OF THE HISTORY OF IDEAS

146. M. de Baar, M. Löwensteyn, M. Monteiro and A.A. Sneller (eds.): *Choosing the Better Part*. Anna Maria van Schurman (1607–1678). 1995   ISBN 0-7923-3799-9
147. M. Degenaar: *Molyneux's Problem*. Three Centuries of Discussion on the Perception of Forms. 1996   ISBN 0-7923-3934-7
148. S. Berti, F. Charles-Daubert and R.H. Popkin (eds.): *Heterodoxy, Spinozism, and Free Thought in Early-Eighteenth-Century Europe*. Studies on the *Traité des trois imposteurs*. 1996   ISBN 0-7923-4192-9

KLUWER ACADEMIC PUBLISHERS – DORDRECHT / BOSTON / LONDON